AF249706

INDEX BIBLIOGRAPHIQUE

DE LA PRESSE ET DE LA LIBRAIRIE MÉDICALES

MÉDICALES

TOME Ier

109
85

INDEX BIBLIOGRAPHIQUE

DE LA PRESSE ET DE LA LIBRAIRIE

MÉDICALES

SUPPLÉMENT

DE LA

Revue Bibliographique universelle des Sciences Médicales

Dirigée et publiée

Par le Dr Cte **MEYNERS D'ESTREY**

TOME PREMIER
TRAVAUX DE 1883

PARIS

ADMINISTRATION ET RÉDACTION

6, place Saint-Michel, 6

1884

INDEX BIBLIOGRAPHIQUE

DE LA PRESSE ET DE LA LIBRAIRIE

MÉDICALES

A

Abcès. — De la cornée, étiologie. (*Gaz. Hôp.*, p. 987.) — De l'articulation péronéotibiale. (*Gaz. Hôp.*, p. 860.) — Du muscle droit antérieur de l'abdomen, suite de fièvre typhoïde. (*Gaz. Hôp.*, p. 25.) — Du rein. (*Gaz. Hôp.*, p. 1190.) — Abcès froid tuberculeux. (*Revue de thérap.*, p. 273.) — Abcès froid du genou. (*Gaz. Hôp.*, p. 697.) — Abcès froid de la langue, ablation de la poche, suture, réunion par première intention. (*France méd.*, t. I, p. 157.) (*Revue de thérap.*, p. 248.) — Abcès froids par congestion. Leur guérison spontanée. (*Gaz. Hôp.*, p. 761.) (*Courrier méd.*, p. 252.) — Abcès périnéphrétique. (*Gaz. Hôp.*, p. 756.) (*Sem. méd.*, p. 242.) (*Prog. méd.*, p. 72.) — De la fosse iliaque. (*Gaz. méd. Par.*, p. 13.) — Des deux fosses iliaques suite de paramétrite. (*Journ. d'accouch.*, Liège, p. 206.) — Intra-pelvien; issue par le vagin. (*Courrier méd.*, p. 22.) — De l'apophyse mastoïde. (*Prog. méd.*, p. 370.) — De la bourse olécranienne. (*Prog. méd.*, p. 414.) — Sous-pectoral ouvert directement dans le poumon. (*Prog. méd.*, p. 226.) — Des replis arythéno-épiglottiques. (*France méd.*, t. II, p. 10.) — Tuberculeux sous-ombilical. (*Union méd.*, t. XXXV, p. 61.) (*Gaz. méd.*, Nantes, p. 32.) (*Journ. de méd. et de chir. prat.* p. 221.) — Du sinus frontal. (*Union méd.*, t. XXXV, p. 425.) — Du cervelet consécutif à une otite moyenne et survenu plusieurs mois après une guérison apparente. (*Paris méd.*, p. 91.) — Du foie, pris au début pour une pleurésie diaphragmatique droite; mort. (*Paris méd.*, p. 544.) — Rétro-vertèbraux chez les enfants. (*Paris méd.*, p. 399.) (*Journ. de méd. et de chir. prat.*, p. 165.) — Rétro-laryngés primitifs aigus. (*Abeille méd.*, p. 95.) — Traitement des abcès chroniques par les irrigations d'alcool. (*Ibid.*, p. 135.) — Application de la méthode antiseptique en cas d'abcès par congestion. (*Ibid.*, p. 338.) — Abcès de la paroi abdominale. (*Revue mens. des mal. de l'enfance*, p. 274.) — Abcès préthyroïdien, suffocations. (*Ibid.*, p. 469.) — Rétropharingiens. (*Ibid.*, p. 308.) — Traitement des abcès urineux. (*Thérapeutique contempor.*, p. 770.) — Abcès froids des régions palpébrales supérieures et inférieures, reconnaissant pour cause une lésion osseuse du frontal. (*L'Art méd.*, t. LVI, p. 284.) — Abcès périspléniques. (*Revue de thérap.*, p. 79.) — Abcès chauds et microbes.

(*Ibid.*, p. 207.) — Abcès du sein avec glycosurie. (*Journ. de med. et de chir. prat.*, p. 322.) — Abcès retro-pharingien ouvert par le cou. (*Revue des Sciences méd.*, t. XXI, p. 703.) — Abcès du cerveau. (*Ibid.*, p. 556.) Du cervelet, Suite d'otite, p. 724.) — Retro-laryngés. (*Ibid.*, t. XXII, p. 728.) — Rétro-pharyngiens. (*Ibib.*, p. 726.) — Trépanation pour un abcès du cerveau. (*Ibid.*, p. 303.) — Traitement des abcès du foie. (*Ibid.*, p. 538.) — Des abcès chauds, par VERUT. (*Thèse de Paris*, 5 mars.) — Sur le traitement des abcès par congestion d'origine cérébrale, par LACHARRIÈRE. (*Thèse de Paris*, 2 juillet.) — Procédé à employer pour éviter les cicatrices consécutives aux abcès du cou. (*Lancet*, 20 janvier.) — Abcès du psoas suite de traumatisme, ouverture antiseptique, guérison. (*Méd. Times*, 10 février.) — Des abcès chroniques du bassin. (*Méd. News*, 29 sept.) — Etude clinique sur les abcès. Cent cas observés dans la pratique privée. (*Glasgow Med. Journ.*, t. XX, p. 267.)

Abdomen. — Phlegmon de la paroi de l'abdomen. (*Gaz. Hôp.*, p. 989, 1017.) Cancer des ganglions. (*Prog. méd.*, p. 263.) — Tumeur de l'abdomen. (*Prog. méd.*, p. 615.) — Kystes hydatiques multiples de l'abdomen. (*Abeille méd.*, p. 494.) — Contusion de l'abdomen. (*Gaz. Hebd. Sciences méd.*, Bordeaux, p. 390.) — Lésions de l'abdomen. (*Revue de thérap.*, p. 39, 214, 215.) — Modification de la sensibilité de la peau de l'abdomen pendant la grossesse. (*Bul. gén. de thérap.*, p. 124.) — Résultats de l'introduction dans l'abdomen de liquides caustiques. (*Revue des Sciences méd.*, t. XXII, p. 53.) — Températures locales dans les maladies de l'abdomen. (*Ibid.*, p. 220.) — Ruptures traumatiques de l'intestin sans lésions de l'abdomen. (*Ibid.*, p. 309.) — Plaie pénétrante de l'abdomen. (*Ibid.*, p. 309.) — Pierre extraite de l'abdomen. (*Ibid.*, p. 309.) — Kystes hydatiques de l'abdomen. (*Ibid.*, t. XXI, p. 186.) — Des lésions tardives de l'intestin consécutives aux traumatismes de l'abdomen sans trace de contusion sur les parois abdominales, par MUGNIER. (*Thèse de Paris*, 1er mai.) — Corps flottant dans l'abdomen, fragment d'épiploon détaché et dégénéré. (*Berlin. klin. Woch.*, 2 avril.) — Plaie de l'abdomen avec procidence de l'intestin. Guérison. (*Corr. Blatt. F. Schweiz.*, Aerzte, 15 février.) — Un cas de dilatation extrême des veines des parois abdominales. (*Berlin. klin. Woch.*, 5 mars.) — Etiologie de certains abcès de la paroi abdominale antérieure, par MOROUX. (*Thèse de Paris*, 31 juillet.) — Des fibromes du tronc en rapport avec la paroi abdominale antérieure, par GUERRIER. (*Thèse de Paris*, 21 juin.) — Phlegmon de la cavité prépéritonéale de Retrius, terminé par résolution. (*France médicale*, 16 mai.) Des tumeurs de l'ombilic chez l'adulte, par CODET DE BOISSE. (*Thèse de Paris*, 5 juillet.) — Considérations sur les plaies pénétrantes de l'abdomen par instrument piquant ou tranchant, par BARRÈME. (*Thèse de Montpellier*, n° 30.) — Enorme tumeur myxolipomateuse de l'abdomen. (*Lancet*, 30 juin.) — Sur un cas de fibrome malin de la fosse iliaque chez l'homme, par MAKSOND-CHERBÉTAN. (*Thèse de Paris*, 21 déc.) — Cystosarcome rétro-péritonéal chez un homme. (*Méd News*, 24 novembre.) — Plaie par arme à feu pénétrante de l'abdomen; issue de la balle par la région sacro-vertébrale; guérison. (*Britt. Med. Journ.*, mars.) — Etude des phénomènes consécutif à la contusion de l'abdomen ; ischurie, etc. (*Bol. dell. Soc. delle Sc. med. Siena.*, n° 2.) — De la suture de la paroi abdominale. (*Cent. f. Chir.*, n° 50.)

Abeilles. — Piqûres des abeilles. (*Union méd.*, t. XXXV, p. 664.)

Ablations. — De la matrice dans un cas d'inversion utérine. (*Journ. d'accouch.*, Liège, p. 60.) — De l'utérus et d'un myome de 8.600 grammes. (*Journ. d'accouch.*, Liège, p. 84.) — De l'utérus par le vagin. (*Ibid.*, p. 23.) — De l'utérus pour un cancer de cet organe. (*Ibid.*, p. 83.) — De l'utérus par le procédé de Bardenhauer. (*Revue méd. chir. des mal. des femmes*, p. 181.) — Ablation de l'estomac. (*Practicien*, p. 298.)

Aboiements. — Dans l'hystérie. (*Gaz. Hôp.*, p. 578.) — Guéris par la métallothérapie. (*Prog. méd.*, p. 510.)

Absence de matrice. — (*Journ. d'accouch.*, Liège, p. 168.)

Absinthisme chronique. — Etude clinique. (*Gaz. méd. Par.*, p. 9.) — Influence de l'essence d'absinthe sur les fonctions motrices du cerveau et des muscles. (*Revue des Sciences méd.*, t. XXI, p. 496.) — Délire. (*Ibid.*, p. 496.) — De l'absinthisme chronique. (*Ibid.*, p. 653.)

Absorption péritonéale. — (*Prog. méd.*, p. 492.) — Par voie cutanée des substances purgatives. (*Bul. gén. de thérap.*, p. 423.) — Par la peau des substances dissoutes dans l'eau. (*Revue des Sciences méd.*, t. XXI, p. 432.) — Par le péritoine. (*Ibid.*, p. 475.) — Rapidité de l'absorption des virus à la surface des plaies. (*Ibid.*, p. 77.) — Sur la question de l'absorption cutanée. (*Berlin. klin. Woch.*, n° 15, p. 221, 9 avril.) — Recherches expérimentales sur quelques phénomènes relatifs à l'absorption de la graisse. (*Acad. des Sciences*, 6 août.)

Acarien des serpents. — (*Prog. méd.*, p. 991.)

Accent. — De l'accent gascon. (*Gaz. hebd., Sciences méd.*, Bordeaux, p. 254.)

Accès épileptiformes multiples. — (*Courrier méd.*, p. 215.)

Accès pernicieux. — (*Abeille méd.*, p. 383.) — Leur cause. (*Journ. de méd. et de chir. prat.*, p. 412.)

Accidents. — Consécutifs aux maladies infectieuses chez les enfants. (*Gaz. méd. Par.*, p. 17.) — Accidents pernicieux d'origine palustre. (*Gaz. méd. Par.*, p. 483.) (*Union méd.*, t. XXXV, p. 816.) — Accidents secondaires rebelles, albuminurie syphilitique traitée avec succès par l'eau de Challes. (*Union méd.*, t. XXXV, p. 544.) — Accidents nerveux et pathogénie du diabète sucré. (*Union méd.*, t. XXXV, p. 876.) — Accidents cardio-pulmonaires, consécutifs aux troubles gastro-hépatiques. (*Union méd.*, t. XXXV, p. 1004.) (*Revue de thérap.*, p. 354.) — Accidents par la rupture des fils électriques. (*Art. méd.*, Bruxelles, p. 14.) — Accidents observés chez les cuisinières qui se servent du gaz. (*Ibid.*, p. 356.) — Accidents de chemins de fer; troubles consécutifs. (*Journ. de méd. et de chir. prat.*, p. 314.)

Acclimatement. — Des Européens en Algérie. (*Gaz. méd. Par.*, p. 18.)

dans les accouchements laborieux. (*Ibid.*, p. 560.) — Glycosurie après l'accouchement. (*Abeille méd.*, p. 143.) — Accouchement sans douleur; adhérences du placenta, délivrance artificielle. (*Journ. d'accouch.*, Liège, p. 289.) — Accouchements compliqués du cancer du col. (*Ibid.*, p. 69.) — Accouchement prématuré pour la prévention de la cécité. (*Art. méd.*, Bruxelles, p. 315.) — Accouchement chez les femmes à deux vagins. (*Revue méd. chir. des mal. des femmes*, p. 407.) — Acc. compliqué de tumeurs de l'ovaire. (*Ibid.*, p. 48.) — Acc. laborieux. (*Revue de thérap.*, p. 417.) — De l'emphysème sous-cutané pendant l'accouchement. (*Bul. gén. de thérap.*, p. 374.) — Accouchement prématuré, épidémies. (*Journ. de méd. et de chir. prat.*, p. 560.) — Accouchement trigemellaire. (*Ibid.*, p. 359.) — Accouchement chez les Esthoniennes. (*Revue des Sciences méd.*, t. XXII, p. 250.) — Emploi du chloroforme dans les accouchements naturels. (*Revue des Sciences méd.*, t. XXI, p. 191.) — De l'insertion du placenta dans ses rapports avec l'époque de la rupture des membranes. (*Ibid.*, t. XXII, p. 595.) — Rapport des coliques hépatiques avec l'accouchement. (*Ibid.*, t. XXII, p. 252, 538.) — Accès de fièvre intermittente survenant après l'accouchement. (*Ibid.*, p. 591.) — Des accouchements difficiles par direction vicieuse des forces. (*Ibid.*, t. XXI, p. 196.) — Accouchement compliqué par un kyste hydatique de l'utérus. (*Ibid.*, t. XXII, p. 258.) — Etude des myomes utérins dans leurs rapports avec l'accouchement. (*Ibid.*, p. 591.) — Les tumeurs de l'ovaire comme complication de l'accouchement. (*Ibid.*, p. 603.) — Rupture utérine pendant l'accouchement. (*Ibid.*, t. XXI, p. 198.) — Rupture des symphyses pelviennes pendant l'accouchement. (*Ibid.*, p. 193.) — Procédé pour déterminer l'accouchement prématuré. (*Ibid.*, p. 196.) — Hygiène de la nouvelle accouchée, par BARBARIN. (*Thèse de Paris*, 19 mai.) — Des présentations du tronc, par PORQUET. (*Thèse de Paris*, 14 avril.) — Présentation simultanée du sommet et du membre supérieur droit. (*Gaz. hebd. Sc. méd.* Montpellier, n° 4.) — Accouchement trigémellaire. (*Rev. méd.*, Suisse romande, février.) — Quelques observations sur l'accouchement prématuré artificiel. (*Ibid.*, février.) — Remarques sur les règles pratiques données par le Dr BRENNEKE pour amener des suites de couches normales. (*Berlin. klin. Woch*, 27 août.) — Eruption bulleuse chez une accouchée. (*Lancet*, 6 janvier.) — Accouchement prématuré provoqué. (*Archiv. de tocol.*, avril.) — Tétanie chez une accouchée. (*Wien. méd. Woch.*, n° 1.) — D'où vient la plus grande fréquence des présentations de la tête. (*Arch. f. Gynek.*, t. XX, n° 2.) — Rétention pendant quarante jours à l'intérieur de la cavité utérine et sans aucune réaction, de la tête d'un enfant à terme et des débris du placenta. (*Ibid.*, t. XIX, n° 3.) — Dystocie par ascite fœtale, ponction. Extraction d'un fœtus ayant tête et bras arrachés. Hypertrophie des parois vésicales. Dégénérescence kystique des reins avec rupture du gauche. (*Berlin. klin. Woch.*, 1er oct.) — Emphysème sous-cutané de la peau et du cou survenu pendant le travail de l'accouchement. (*New-York méd. Journ.*, 26 mai.) — Accouchement sans souffrance chez une paraplégique. (*Ibid.*, 3 mars.) — De la version par manœuvres externes, par STEPHANOFF. (*Thèse de Mont-*

pellier.) — Un cas de présentation simultanée de la tête, de la main, du pied et du cordon. (*New-York. med. Journ.*, 16 juin.) — Mort par introduction de l'air dans les sinus utérins après l'accouchement. (*Lancet*, 9 juin.) — Embryon expulsé avec son enveloppe amniotique entière et complètement isolé du chorion. (*Arch. f. Gynek.*, t. XIX, n° 3.) — Accouchement provoqué dans le but de prévenir la perte de la vue, par rétinite albuminurique. (*New-York med. Journ.*, 20 janv.) — De l'usage local des antiseptiques après l'accouchement et l'avortement. (*Ibid.*, 23 juin.) — De l'emploi du chloral en clinique obstétricale, par PEYRONNET. (*Thèse de Montpellier*, n° 31.) — Etude sur la montée du lait chez les nouvelles accouchées, par GRAVIN. (*Thèse de Paris*, 27 déc.) — De l'examen des lochies au point de vue du pronostic des suites de couches, par LEFEBVRE. (*Thèse de Paris*, 13 déc.) — Sur une forme particulière de la poche des eaux, en sablier, par DUTHEIL. (*Thèse de Paris*, 29 nov.) — Longueur de la période de délivrance, par le procédé CREDÉ. (*Corr. Bl. f. Sch. Aerzte*, 1er oct.) — Un cas de présentation dorso-lombaire au terme de la grossesse. (*Ann. de Ostetricia*, n°s 9 et 10.) — Un perforateur des membranes; sorte d'ongle d'acier. (*Med. News*, 8 déc.) — Des procidences des membres dans les présentations du sommet et de la face, par EYSSANTIER. (*Thèse de Montpellier*.) — Complication du travail par une occlusion cicatricielle du vagin. (*Brit. med. Journ.*, février.) — Arrachement de l'utérus et de ses annexes, par une sage-femme. (*Brit. med. Journ.*, mars.) — Les fractures indirectes du crâne fœtal. (*Ann. de Ostetricia*, n°s 9 et 10.) — Hémorrhagie à la suite d'une délivrance tardive. (*Ween. med. Woch.*)

Accoucheurs. — Des hôpitaux. (*France méd.*, t. I, p. 897.) — Leur assimilation aux médecins et aux chirurgiens. (*Union méd.*, t. XXXV, p. 709, 757, 769, 811, 1097.) (*Journ. de méd. et de chir. prat.*, p. 193, 241.)

Accoucheuses. — Peuvent-elles traiter les maladies des femmes? (*Journ. d'accouch.*, Liège, p. 134.)

Acétals. — Action physiologique et thérapeutique des acétals. (*Gaz. méd. Par.*, p. 328.) — Action hypnotique (*Gaz. méd. Par.*, p. 328) et anesthésique (*Paris méd.*, p. 188) et narcotique. (*Paris méd.*, p. 381.) (*Revue des Sciences méd.*, t. XXI, p. 485.)

Acétate végétal antirabique. — (*Bul. Acad. méd.*, p. 455.)

Acétonémie. — La doctrine de l'acétonémie à propos d'un cas de coma diabétique. (*Progrès méd.*, p. 1009, 1028.) — Dans le diabète sucré, ses causes. (*Union méd.*, t. XXXV, p. 805.)

Acétonurie. — (*Gaz. méd. Par.*, p. 273), (*Progrès méd.*, p. 588), (*Paris-méd.*, p. 18), (*Revue des Sciences méd.*, t. XXI, p. 39.) — Acétonurie et coma diabétique. (*Gaz. méd. Par.*, p. 316), (*Revue des Sciences méd.*, t. XXII, p. 51, 170.)

Acide acétique. — Dans l'urine. (*Revue des Sciences méd.*, t. XXII, p. 457.)

Acide borique. — (*Sem. méd.*, p. 179.) — Empoisonnement. (*Paris-méd.*, p. 115.) — Moyen de pulvériser l'acide borique. (*Courrier méd.*, p. 290.)

— **Pansement** antiseptique sec avec l'acide borique. (*Praticien*, p. 19.) — Acide borique dans la vaginite. (*Thérapeut. comtemp.*, p. 317.) — Traitement local de la diphthérie. (*Bul. gén. de thérap.*, p. 143.)

Acide bromhydrique. — Notes sur son emploi. (*Bul. gén. de thérap.*, p. 240.)

Acide carbonique de l'air. — Dosage hygiénique. (*Bul. Acad. méd.*, p. 805), (*Revue méd. Fr. et étrang.*, t. I, p. 889.)

Acide carbonique et refroidissement. — (*Sem. méd.*, p. 139.)

Acide chlorhydrique. — De l'acide chlorhydrique libre dans le cours de la digestion stomacale. (*Progrès méd.*, p. 731.)

Acide chromique. — Son emploi contre certaines affections de la langue. (*Union méd.*, t. XXXVI, p. 11), (*Paris-méd.*, p. 333.) — Acide chromique caustique. (*Revue de thérap.*, p. 608.)

Acide chrysophanique. — Emploi topique. (*Gaz. méd. Par.*, p. 234), (*France méd.*, t. I, p. 126), (*Revue méd.*, t. I, p. 304), (*Thérap. contemp.*, p. 123.)

Acide cinnamique. — (*Thérapeut. contemp.*, p. 36, 57.)

Acide gastrique. — Principe acide. (*Bul. Acad. méd.*, p. 1438.)

Acide hippurique. — Emploi médical ; et des hippurates. (*Bul. Acad. méd.*, p. 1438.)

Acide hyperosmique. — Injections parenchymateuses d'acide hyperosmique. (*Revue méd.*, t. I, p. 558.)

Acide phénique. — Guérison d'un œdème charbonneux de la face à l'aide d'injections sous-cutanées d'une solution d'acide phénique. (*Bul. Acad. méd.*, p. 578.) — Dans les rhumatismes musculaires. (*Courrier méd.*, p. 259.) — Dans la tuberculose pulmonaire. (*Journ. d'accouch.*, Liège, p. 10.) — Injections sous-cutanées d'acide phénique dans la sciatique. (*Thérap. contemp.*, p. 122.) — Lavements d'acide phénique dans la fièvre typhoïde. (*Bul. gén. de thérap.*, p. 188.) — Dans le traitement abortif des bubons. (*Ibid.*, p. 192.) — Empoisonnement par l'acide phénique traité par les inhalations d'oxygène. (*Bul. gén. de thérap.*, p. 417.) — Moyen d'atténuer les inconvénients de l'acide phénique. (*Revue méd.*, t. II, p. 28.)

Acide phosphorique. — Excrétion de l'acide phosphorique dans la paralysie agitante. (*Gaz. méd. Par.*, p. 537.)

Acide picrique. — Son emploi pour reconnaître dans l'urine la présence de l'albumine et du sucre. (*France méd.*, t. I, p. 448), (*Union méd.*, t. XXXV, p. 915.) — En dermatologie. (*Revue de thérap.*, p. 583.)

Acide pyrogallique. — Traitement du phagédénisme du chancre simple par l'acide pyrogallique. (*Bul. Acad. méd.*, p. 14), (*France méd.*, t. I, p. 9, 388), (*Thérap. contemp.*, p. 25, 123), (*Bul. gén. de thérap.*, p. 466). — Empoisonnement par l'acide pyrogallique. (*Bul. Acad. méd.*, p. 459), (*Thérap. contemp.*, p. 131), (*Bul. gén. de thérap.*, p. 138.) — Employé en frictions dans le traitement du psoriasis. (*Bul. Acad. méd.*, p. 459.)

Acide sulfurique. — Son action sur les tissus organiques. (*Prog. méd.*, p. 937.) — Suicide par l'acide sulfurique. (*France méd.*, t. I, p. 421.) — Empoisonnement par l'acide sulfurique. (*Revue méd.*, t. I, p. 798.)

Acide salicylique. — Traitement des maladies de la peau par l'acide salicylique. (*Revue méd.*, t. I, p. 61.)

Acide trichloracétique. — Comme réactif de l'albumine dans l'urine. (*Bul. gén. de thérap.*, p. 287.)

Acide urique. — Dosage rapide de l'acide urique dans l'urine. (*Bul. Acad. méd.*, p. 608.) — Rapports de l'acide urique avec les fonctions des reins. (*France méd.*, t. I, p. 590.)

Acné. — Mélange contre l'acné. (*Union méd.*, t. XXXVI, p. 182.) -- Soufre. (*Paris-méd.*, p. 488.) — Son traitement par l'ergot de seigle. (*Courrier méd.*, p. 32.) — Traitement de l'acné. (*Revue de thérap.*, p. 52, 386.) — Acné rosacée. (*Ibid.*, p. 584.) — Traitement de l'acné. (*Journ. de méd. et de chir. prat.*, p. 351.) — Traitement de l'acné érythémateuse. (*Revue méd.*, t. II, p. 591.) — Acné éléphantiasique. (*Revue des Sciences méd.*, t. XXI, p. 632.) — Sur le traitement local de l'acné et de la couperose, par Morin. (*Thèse de Paris*, 30 avril.)

Aconitine (Aconits et). — (*Bul. Acad. méd.*, p. 251), (*Courrier méd.*, p. 41), (*Bul. gén. de thérap.*, p. 48.) — Aconitines et oreillons. (*Gaz. Hôp.*, p. 19.) — Médicaments que l'aconit fournit à la thérapeutique. *Paris méd.*, p. 394.) — Préparations d'aconit. (*Courrier méd.*, p. 86.) (*Revue de Thérap.*, p. 184.) — Aconitine vraie ou fausse ; son action physiologique. (*Paris méd.*, p. 129.) — Empoisonnement par l'aconitine, (*Abeille méd.*, p. 15), (*Praticien*, p. 428), (*L'Art méd.*, t. LVI, p. 180), (*Bul. gén. de thérap.*, p. 141.) — Sur une nouvelle préparation médicinale d'aconitine. (*Gaz. hebd. Sciences méd. Bordeaux*, p. 33.) — Action de l'aconitine dans les névralgies. (*Journ. d'accouch.*, Liège, p. 283), (*Praticien*, p. 580.) — Aconit dans les métrorrhagies. (*Revue de thérap.*, p. 45.) — De l'aconitine dans les névralgies faciales. (*Revue des Sciences méd.*, t. XXI, p. 110.)

Acrodynie et trichinose. — (*Bul. Acad. méd.*, p. 1521.)

Actes insolites, délictueux et criminels, par M. Legrand du Saulle. Bibl. par M. Régis. (*Gaz. méd. Par.*, p. 434.)

Actes inconscients à la suite de l'empoisonnement par l'oxide de carbone. (*Praticien*, p. 445.)

Actinomycose. — Des hommes et des animaux. (*Revue des Sciences méd.*, t. XXI, p. 539.)

Acupuncture. — Au Japon. (*Gaz. hôp.*, p. 395), (*Sem. méd.*, p. 83), (*Prog. méd.*, p. 324.)

Addison. — Maladie d'Addison, par Vince. (*Thèse de Paris*, 4 août.) — Un cas de maladie d'Addison. (*Lancet*, 20 janvier.) — Un cas de maladie d'Addison sans tuberculose des capsules surrénales ni altération des ganglions semi-lunaires. (*Lancet*, 6 janvier.) — Maladie d'Addison avec dyschromie marquée de la langue. (*Lancet*, 24 mars.) — Les capsules surrénales de la maladie d'Addison, par CARL BERGER. (*Berlin*.)

Adénite inguinale par effort en ayant imposé pour une hernie étranglée.
(*France méd.*, t. II, p. 921.)

Adénite cervicale. — Traitement de l'adénite cervicale. (*Union méd.*,
t. XXXVI, p. 405.)

Adénite chancreuse. — (*Praticien*, p. 461.)

Adénite scrofuleuse. — Nature des adénites externes dites scrofuleuses.
(*Revue des Sciences méd.*, t. XXI, p. 638.)

Adénoïde. — Tumeurs adénoïdes du pharynx, leur influence sur l'audition, la respiration, la phonation. (*Revue des Sciences méd.*, t. XXII,
p. 718.)

Adénome. — Du voile du palais. (*Paris-méd.*, p. 351.) — Du foie. (*Revue
des Sciences méd.*, t. XXII, p. 528, 538.) — Utérin. (*Ibid.*, t. XXI, p. 197.)

Adénopathies scrofuleuses superficielles ; leur traitement. (*Paris-méd.*,
p. 81.) — Un cas d'adénopathie bronchique de nature syphilitique. (*Concours méd.*, p. 280.) — Adénopathie topographique de la région céphalocervicale chez les enfants. (*Revue mens. des mal. de l'enfance*, p. 233.)
— Adénopathie trachéo-laryngienne. (*Revue des Sciences méd.*, t. XXI,
p. 708.)

Adhérences. — Pleurales anciennes. (*Prog. méd.*, p. 209), (*Union méd.*,
t. XXXVI, p. 73), (*Courrier méd.*, p. 104.)

Adonidine. — Dans les maladies du cœur et les hydropisies. (*Paris-méd.*,
p. 142), (*Bul. gén. de thérap.*, p. 285.)

Adonis vernalis. — Ses propriétés. (*France méd.*, t. II, p. 594.) — Son
principe actif. (*Revue des Sciences méd.*, t. XXI, p. 494.)

Aérothérapie. — Appareil aérothérapique. (*Bull. Acad. méd.*, p. 802.) —
Du traitement pneumatique. (*Deuts. med. Woch.*, n° 50, 1882.) — De la
pneumatométrie envisagée comme moyen de diagnostic, par PÉRINGUEY.
(*Thèse de Bordeaux.*) — Du traitement pneumatique. (*Deut. med. Woch*,
n° 15.) — Des indications et de l'emploi des chambres pneumatiques.
(*Ibid.*, n° 22.)

Affections. — Locales et maladies constitutionnelles. (*Gaz. hôp.*, 795.) —
Affections calculeuses; traitement médical. (*Gaz. méd. Par.*, p. 565.)
(*Abeille méd.*, p. 303.) — Affections cérébrales consécutives aux affections du rocher, par M. ROBIN. Bibl. par M. MUSELIER. (*Gaz. méd. Par.*,
p. 321.) Bibl. par L. H. PETIT. (*Union méd.*, t. XXXV, p. 876.) — Affections cutanées d'origine nerveuse, par M. LELOIR. Bibl. par M. PAUL
FABRE. (*Gaz. méd. Par.*, p. 166.) — Emploi de l'acide pyrogallique.
(*Union méd.*, t. XXXV, p. 904.) — Affection spinale consécutive à une
contusion du nerf sciatique. (*Progrès méd.*, p. 157, 185.) — Affection
syphilitique psoriasiforme de la paume des mains et de la plante des
pieds. (*Union méd.*, t. XXXV, p. 762.) — Affections de l'oreille. (*Union
méd.*, t. XXXV, p. 918.) — Affections chirurgicales du membre supérieur.
(*Courrier méd.*, p. 270.) — Affections utéro-ovariennes chez les aliénées.

(*Journ. d'accouch.*, Liège, p. 71.) — Affections puerpérales ; leur prévention. (*Revue méd.-chir. des mal. des femmes*, p. 115.) — Affections utérines et stérilité. (*Ibid.*, p. 700.) — Affections associées de la moelle et du cerveau, et notamment des lésions combinées des cordons postérieurs et latéraux. (*Thérap. contemp.*, p. 3.)

Agaric blanc. — Contre les sueurs nocturnes. (*Paris méd.*, p. 130.) (*Abeille méd.*, p. 120.) (*Bul. gén. de thérap.*, p. 383.) (*Revue des Sciences méd.*, t. XXI, p. 114.)

Ages. — Hygiène des âges au point de vue des devoirs sociaux. (*Prog. méd.*, p. 229.) — Age critique de la femme. (*Revue méd. chir. des mal. des femmes*, p. 301, 426, 486, 548, 606, 665.)

Agents virulents atténués par la chaleur. — De leur faculté prolifique. (*Gaz. méd. Par.*, p. 125.)

Ail. — Dans la rage. (*Paris méd.*, p. 370.)

Aimantation. — Hémiplégie. (*Gaz. Hôp.*, p. 68.) (*Abeille méd.*, p. 358.) (*Revue méd.*, t. I, p. 102.) — Recherches cliniques et expérimentales sur l'emploi de l'aimant dans l'épilepsie. (*Progrès méd.*, p. 239.) — Ablation des corps étrangers de l'œil au moyen de l'aimant. (*Revue des Sciences méd.*, t. XXII, p. 342.)

Ainhum. — Affections bizarres analogues à l'ainhum. (*Gaz. Hôp.*, p. 965.) — Observation d'un cas d'ainhum indigène. (*Union méd.*, t. XXXVI, p. 678.) (*Thérapeut. contemp.*, p. 780.) — Ainhum et amputations congénitales. (*Union méd.*, t. XXXVI, p. 713, 797.) — De l'ainhum. (*Revue des Sciences méd.*, t. XXI, p. 544.)

Air. — Dosage hygiénique de l'acide carbonique de l'air. (*Bul. acad. méd.*, p. 805.) — Respiration d'air comprimé dans l'anémie grave. (*France méd.*, t. II, p. 568.) — Air comprimé en douches. (*Paris méd.*, p. 559.) — Air de Paris. Sa pureté. Valeur relative des divers antiseptiques. (*Paris méd.*, p. 185.) — Air de Paris, analysé à Montsouris. (*Paris méd.*, p. 223.) — Air et chloroforme; action de leur mélange. (*Courrier méd.*, p. 237.) — Entrée de l'air dans les veines utérines comme cause de mort subite chez la femme en couches. (*Gaz. méd.*, Nantes, p. 169.) — Bains d'air comprimé dans la phthisie pulmonaire. (*Bul. gén. de thérap.*, p. 46.) — De la respiration dans l'air raréfié. (*Revue méd.*, t. II, p. 2.) (*Revue des Sciences méd.*, t. XXII, p. 431.) (*Ibid.*, t. XXI, p. 500.) — Action de l'air privé d'oxygène sur les grenouilles paralysées. (*Ibid.*, t. XXI, p. 70.) — Renouvellement d'air nécessaire dans les espaces habités. (*Ibid.*, p. 531.) — Appareil pour maintenir l'air des appartements au degré d'humidité convenable. (*Ibid.*, p. 531.) — Accident des ouvriers travaillant dans l'air comprimé. (*Ibid.*, t. XXII, p. 510.) — Effet de l'air osonisé. (*Ibid.*, p. 485.) — Pénétration de l'air dans le sang. (*Ibid.*, t. XXI, p. 462.) — Influence du bain d'air sur les maladies fébriles. (*Ibid.*, t. XXII, p. 86.) — Appareil pour administrer les bains d'air chaud. (*Ibid.*, t. XXII, p. 499.) — Analyse de l'air qui entoure immédiatement le corps des malades. (*Wralch*, n° 26 et 27.)

Aisselle. — Phlegmon de la paroi antérieure de l'aisselle. (*Courrier méd.*,

p. 307.) (*Abeille méd.*, p. 182.) (*Revue méd.*, t. I, p. 475.) (*Revue méd.*, t. II, p. 186.)

Albumine. — Formation de sérum albumine dans l'estomac. (*Revue des Sciences méd.*, t. XXII, p. 434.) — Sur les albumines normales et anormales de l'urine. (*Bull. de thérap.*, 5 janvier.) — De la peptone de gélatine. (*Acad. des Sciences*, 24 sept.) — Valeur de l'acide picrique pour reconnaître l'albumine. (*Med. News.*, oct.)

Albuminoïdes. — Lieu de transformation des albuminoïdes. (*Revue des Sciences méd.*, t. XXII, p. 434.) — Dialyse avec l'eau chloroformée pour l'analyse des albuminoïdes. (*Ibid.*, t. XXII, p. 39.) — Albuminoïdes du lait de vache. (*Ibid.*, t. XXI, p. 35.) — L'albuminoïde du lait peut-elle donner lieu à une formation de la caséine. (*Ibid.*, t. XXI, p. 36.) — Des premiers produits de décomposition des albuminoïdes. (*Zeits. f. Biol.*, t. XIX, p. 159.)

Albuminurie. — Rapports de l'albuminurie avec les lésions des reins. (*Bull. acad. méd.*, p. 740.) — Traitement hygiénique de l'albuminurie. (*Courrier méd.*, p. 151.) — Nature et cause de l'albuminurie. (*Ibid.*, p. 203.) — Albumines normales et modifiées. (*Gaz. Hôp.*, p. 924) et pathologiques. (*Gaz. méd. Par.*, p. 413.) (*France méd.*, t. II, p. 356.) (*Paris méd.*, p. 52.) (*Revue méd.*, t. II, p. 414.) — De l'albuminurie. (*Gaz. Hôp.*, p. 517.) (*Sem. méd.*, p. 126, 241.) (*Gaz. méd. Par.*, p. 273.) (*France méd.*, t. I, p. 793.) (*Union méd.*, t. XXXVI, p. 25.) — Réactif de l'albumine. (*Sem. méd.*, p. 350.) — Principe diastasique trouvé dans l'albumine d'œuf. (*Paris méd.*, p. 30.) — Recherches expérimentales et cliniques sur les albuminuries. (*Prog. méd.*, p. 449, 471.) (*Union méd.*, t. XXXV, p. 238, 1006.) — Albuminurie des femmes grosses. (*Prog. méd.*, p. 590.) (*Paris méd.*, p. 388.) (*Revue méd.*, t. II, p. 687.) (*Revue des Sciences méd.*, t. XXII, p. 261.) — Amputation chez un albuminurique. (*Prog. méd.*, p. 290.) (*France méd.*, t. I, p. 247.) — Albuminurie chez les enfants. (*Revue mens. des mal. de l'enfance*, p. 239.) — L'acide picrique employé pour reconnaître dans l'urine la présence de l'albumine. (*France méd.*, t. I, p. 448.) (*Courrier méd.*, p. 333.) — Albuminurie syphilitique traitée avec succès par l'eau de Challes. (*Union méd.*, t. XXXV, p. 544.) (*Revue de thérap.*, p. 123.) — Albuminurie consécutive aux excitations cutanées. (*Union méd.*, t. XXXV, p. 939.) (*Paris méd.*, p. 37.) (*Revue des Sciences méd.*, t. XXII, p. 32.) — Le chloral dans l'albuminurie. (*Union méd.*, t. XXXVI, p. 562.) (*Paris méd.*, p. 538.) — Albuminurie à frigore. (*Paris méd.*, p. 14.) — Albuminurie transitoire. (*Paris méd.*, p. 330.) (*Abeille méd.*, p. 191.) (*Revue des Sciences méd.*, t. XXII, p. 32.) — Albuminurie et tuberculose. (*Paris méd.*, p. 586.) — Pilules-réactifs pour la recherche clinique de l'albumine. (*Concours méd.*, p. 190.) — L'acide trichloracétique comme réactif de l'albumine dans l'urine. (*Bul. gén. de thérap.*, p. 287.) — Albuminurie dans la syphilis. (*Journ. de méd. et de chir. prat.*, p. 316.) — Théorie de Semmola. (*Ibid.*, p. 329.) — De l'albuminurie dans les cas où les reins sont sains. (*Revue des Sciences méd.*, t. XXI, p. 40.) — Albuminurie alimentaire. (*Ibid.*, t. XXII, p. 32.) — Dans l'épilepsie.

(Ibid., t. XXI, p. 268.) — Dans l'angine. *(Ibid.*, t. XXII, p. 726.) — **Albu-**
minurie passagère dans l'alcoolisme. *(Ibid.*, t. XXI, p. 278.) — Etude **sur**
l'albuminurie alimentaire, par RENDALL. *(Thèse de Paris,* 17 mars.) —
Recherches expérimentales et cliniques sur les albuminuries transitoires,
par CAPITAN. *(Thèse de Paris,* 5 avril.) — Expériences sur la production
artificielle de l'albuminurie. *(Berlin. klin. Woch.,* 14 mai.) — Sur l'albuminurie physiologique, par de CHATEAUBOURG. *(Thèse de Paris,* 31 juillet.)
— Albuminurie nerveuse. Observation clinique. *(Wratch.,* n° 30.) — Des
complications pulmonaires de l'albuminurie, par MAUX. *(Thèse de Paris,*
26 juillet.) — De l'albuminurie liée aux irritations cutanées, par J. BOYER.
(In-8° *Lyon.*) — Réactif de l'albumine. Moyen de distinguer la peptonurie
de l'albuminurie. *(Brit. med. journ.,* avril.)

Alcalins et pepsine. — *(Revue de thérap.,* p. 326.) — Substance alcaline
du sérum sanguin. *(Revue des Sciences méd.,* t. XXII, p. 448.)

Alcaloïdes. — Cadavériques. *(Gaz. méd. Par.,* p. 273.) — De la putréfaction.
(Revue des Sciences méd., t. XXII, p. 458, 459, 460.) — De l'origine intestinale de certains alcaloïdes normaux ou pathologiques. *(Union méd.,*
t. XXXV, p. 155.) — D'un nouvel alcaloïde du cannabis indica. *(Union
méd.,* t. XXXVI, p. 575.) — Conservation des solutions d'alcaloïdes.
(Revue méd., t. I, p. 342.) — Antagonisme des alcaloïdes. *(Revue des
Sciences méd.,* t. XXII, p. 75.) — Présence d'alcaloïde dans les urines au
cours de maladies infectieuses. *(Ibid.,* t. XXII, p. 49.)

Alcool. — Son influence sur l'action physiologique du chloroforme. *(Gaz.
Hôp.,* p. 1043.) *(Prog. méd.,* p. 951.) *(Abeille méd.,* p. 458.) — Action des
alcools. *(Gaz. Hôp.,* p. 93.) — Soif de l'alcool. *(Sem. méd.,* p. 9.) —
Toxicité de l'alcool. *(Sem. méd.,* p. 129.) *(Prog. méd.,* p. 449.) — Alcool
de chicorée. *(France méd.,* t. I, p. 288.) — Alcool comme topique.
(Courrier méd., p. 466.) — Injection d'alcool dans les abcès chroniques.
(Abeille méd., p. 135.) — Alcool pur comme topique résolutif dans les
inflammations aiguës. *(Bul. gén. de thérap.,* p. 527.) — Influence de
l'alcool sur les fonctions motrices du cerveau et des muscles. *(Ibid.,*
t. XXI, p. 496.) — Effets sudorifiques des frictions d'alcool. *(Ibid.,*
p. 120.) — Précipité produit par l'alcool dans l'urine normale. *(Ibid.,*
p. 42.) — Modifications que subit l'alcool introduit dans l'économie, par
JAILLET. (In-8°, Paris.) — Sur le rôle de l'alcool dans la nutrition. *(Bull.
acad. des Sciences de Belgique,* n° 1.) — De l'action de l'alcool sur le
cœur. *(Maryland med. journ.,* sept.)

Alcoolé dentifrice ammoniacal. — *(Union méd.,* t. XXXVI, p. 879.)

Alcooliques (Teintures) et alcoolatures. — *(Bul. acad. méd.,* p. 1441.)
— Alcoolature d'aconit. *(Gaz. Hôp.,* p. 899.)

Alcoolisés. — *(Gaz. Hôp.,* p. 258, 281, 297, 321, 345, 369.)

Alcoolisme. — Anesthésie des extrémités chez un alcoolique. *(Gaz. Hôp.,*
p. 731.) — Anesthésie symétrique des extrémités. *(Gaz. Hôp.,* p. 706.) —
Troubles de la sensibilité dans l'alcoolisme chronique. *(Gaz. Hôp.,* p. 683.)
(Gaz. méd. Par., p. 282.) *(Revue méd.,* t. II, p. 489.) — Paralysie. *(Gaz.*

Hôp., p. 361.) — Recherches expérimentales sur l'alcoolisme chronique. (*France méd.*, t. I, p. 795.) (*Union méd.*, t. XXXV, p. 1017.) (*Courrier méd.*, p. 203.) (*Thérap contemp.*, p. 410.) (*Acad des Sciences*, 28 mai.) — Influence de l'alcoolisme sur la mortalité. (*Courrier méd.*, p. 69.) (*Abeille méd.*, p. 103.) — Emploi du chloral dans l'alcoolisme. (*Courrier méd.*, p. 440.) — De l'alcoolisme. (*Concours méd.*, p. 506, 522.) (*Revue de thérap.*, p. 574.) — Le délire de l'alcoolisme est un rêve. (*Revue des Sciences méd.*, t. XXI, p. 274.) — Du purpura. (*Ibid.*, p. 274.) — Méningite de l'alcoolisme. (*Ibid.*, p. 653.) — Albuminurie et glycosurie passagères dans l'alcoolisme. (*Ibid.*, p. 278.) — Traitement de l'alcoolisme par les bains froids et le bromure de potassium. (*Ibid.*, p. 280.) — Alcoolisme traité par la strychnine. (*Ibid.*, t. XXII, p. 655.) — Alcoolisme, mort à la suite de blessures légères; autopsie. (*Ann. d'hyg. publ.*, janvier.) — Sur la question de l'alcoolisme en général et du delirium tremens en particulier. (*Wratchebn Wiedom*, n° 1 à 3.) — Deux cas d'adipose de la musculature vésicale chez des alcooliques. (*Berlin. klin. Woch.*, 7 mai.) — Du réveil du délire alcoolique chez les buveurs, par GABRIEL. (*Thèse de Paris*, 20 déc.)

Aldéhyde. — Action de la para aldéhyde. (*Revue des Sciences méd.*, t. XXI, p. 487.)

Aletris farinosa. — (*Sem. méd.*, p. 351.) — Tonique de l'utérus. (*Union méd.*, t. XXXVI, p. 781.)

Aliénés. — Asile d'Etat de Broadmoor pour les aliénés criminels en Angleterre. (*Bul. acad. méd.*, p. 655.) — Les aliénés criminels. (*Gaz. Hôp.*, p. 406.) (*Sem. méd.*, p. 87, 321.) (*Prog. méd.*, p. 345.) (*Union méd.*, t. XXXV, p. 766.) — Assistance aux aliénés en Angleterre. (*Bul. acad. méd.*, p. 863.) — Aliénés dits criminels. (*Gaz. méd. Par.*, p. 206.) Au point de vue de la responsabilité pénale. (*Bul. acad. méd.*, p. 649.) — Les familles des aliénés au point de vue biologique. (*Bul. acad. méd.*, p. 1493.) (*Gaz. méd. Par.*, 00.) (*L'Encéphale*, juillet.) — Révision de la législation sur les aliénés. (*Bul. acad. méd.*, p. 589, 694, 699, 728, 1223.) — Loi sur les aliénés. (*France méd.*, t. I, p. 793.) — Asiles publics de la Seine. *France méd.*, t. I, p. 216, 526, 550.) — Législation étrangère concernant les aliénés traités à domicile. (*Bul. acad. méd.*, p. 1444.) — Etude comparative des législations étrangères concernant les aliénés traités à domicile. (*Gaz. Hôp.*, p. 1140.) (*Sem. méd.*, p. 354.) (*Prog. méd.*, p. 1019.) (*France méd.*, t. II, p. 849.) — Statistique de l'aliénation mentale. (*France méd.*, t. II, p. 963.) (*Union méd.*, t. XXXVI, p. 648, 736.) — Paralysie générale des aliénés. (*Gaz. Hôp.*, p. 777, 801, 825, 849, 873.) — Injections hypodermiques chez les aliénés. (*Sem. méd.*, p. 214.) (*France méd.*, t. II, p. 308.) (*Gaz. Hôp.*, p. 932.) (*Bul. gén. de thérap.*, p. 224.) — Maladies des organes génitaux chez les aliénées. (*Abeille méd.*, p. 136.) (*Revue méd.*, t. I, p. 95.) — Aliénation mentale et fièvre typhoïde. (*Gaz. hebd. Sciences med.*, Bordeaux, p. 99.) — Affections utero-ovariennes chez les aliénées. (*Journ. d'accouch.*, Liège, p. 71.) — Traitement des aliénés malpropres. (*Art méd.*, Bruxelles, p. 44.) — Leçons concernant l'aliénation. (*Revue*

des Sciences méd., t. XXI, p. 259, 261, 643.) — Traité de la folie à double
forme. (*Ibid.*, t. XXII, p. 639.) — Diagnostic de la folie à double forme
et de la paralysie générale. (*Ibid.*, t. XXII, p. 640.) — Proportion des
lettrés parmi les aliénés des asiles de Prusse. (*Ibid.*, t. XXI, p. 257.) —
Crâne des aliénés. (*Ibid.*, t. XXII, p. 650.) — Crâniologie des aliénés.
(*Ibid.*, t. XXI, p. 645.) — Poids du cerveau des aliénés. (*Ibid.*, t. XXI,
p. 646, 647.) — Sang des aliénés. (*Ibid.*, t. XXI, p. 275.) — Cirrhose atrophique du cerveau chez les aliénés. (*Ibid.*, t. XXII, p. 653.) — Inversion
du sens génital chez les aliénés. (*Ibid.*, t. XXII, p. 651.) — Fréquence des
maladies sexuelles chez les aliénés. (*Ibid.*, t. XXII, p. 651.) — Athéthose
chez les aliénés. (*Ibid.*, t. XXI, p. 278.) — Des affections mentales qui
peuvent se développer sous l'influence de l'épilepsie. (*Ibid.*, t. XXI,
p. 267.) — Folie du doute. (*Ibid.*, p. 279.) — Délire des négations. (*Ibid.*,
p. 649.) — Manie survenant à l'époque menstruelle après une hystérotomie. (*Ibid.*, p. 651.) — Influence de la suppuration des parotides sur
l'évolution de l'aliénation. (*Ibid.*, p. 650.) — Aliénation suite d'affections
fébriles. (*Ibid.*, p. 647.) — Folie liée à l'anémie et à la cachexie paludéenne.
(*Ibid.*, p. 279.) — Aliénation passagère par administration de l'acide salicylique. (*Ibid.*, p. 656.) — Étude sur les testaments contestés pour cause
de folie. (*Ibid.*, p. 260.) — La folie est-elle une cause de divorce. (*Ibid.*,
p. 262.) — Emploi de l'hyoscine chez les aliénés. (*Ibid.*, p. 656). — Traité
de psychiatrie, par R. von KRAFFT-EBING. (2° édit. Revue. *Stuttgart.*) —
De l'érotomanie ou folie érotique. (*L'Encéphale* n° 2.) — Manuel de psychiatrie à l'usage des étudiants et médecins, par R. ARNDT. (In-8°, *Vienne.*)
— De la manie chronique à forme rémittente, par S. MABIT. (*Thèse de
Paris*, 4 janvier.) — De la mimique chez les fous, par BONNAUD. (*Thèse
de Montpellier.*) — Faits d'aliénation mentale. (*Charité Annal*, p. 423.)
— Sur la question de la folie primaire. (*Wratchebn Wiedom*, n° 11, 12, 13.)
— Diagnostic différentiel de la démence paralytique ou de la paralysie
générale des aliénés. (*Med-News*, 10 mars.) — Affection mentale dérivant
du système de détention cellulaire. (*Berlin. klin. Woch.*, 26 février.) —
De l'usage de l'hyoscyamine dans la pratique psychiatrique. (*Allg. Zeit.
f. Psych.*, t. XXXIX, p. 660.) — Manuel des maladies mentales, par BRA.
(In-18. *Paris.*) — Du suicide dans quelques formes d'aliénation mentale,
par CLAMENT. (*Thèse de Paris*, 4 août.) — Le suicide des aliénés. (*Wien.
med. Woch.*, n° 15.) — De la démence précoce chez les jeunes aliénés
héréditaires, par GAUTHIER. (*Thèse de Paris*, 31 juillet.) — Sarcome
cérébral chez un aliéné. (*Rivistas per. di fren. e di med. leg.*, n° 1.) — Le
restreint et le traitement des aliénés. (*Journ. of mental Sc.*, janvier.) —
Rapports de l'état social avec la pathologie mentale. (*Ibid.*, janvier.) —
Hérédité dans l'aliénation. (*Ibid.*, janvier.) — Le chanvre indien et la
syphilis comme causes d'aliénation en Turquie, en Asie Mineure et au
Maroc. (*Ibid.*, janvier.) — Sur la valeur des signes de la guérison chez
les aliénés, par GUILLEMIN. (*Thèse de Paris*, 28 juin.) — Le traitement
des affections utérines chez les aliénés. (*Berlin. Klin. Woch.*, 27 août.) —
Étude de la psychiatrie chez l'adolescent. (*Westn. Klin. i. Soud. psichiat.
i newopath.*, n° 1.) — Recherches cliniques sur l'hérédité de la folie dans

ses rapports avec la fécondité des époux et la mortalité des enfants. (*L'Encéphale*, juillet.) — Contribution clinique à la doctrine de la folie systématique primitive. (*Giorn. della R. acad. di Torino*, avril, mai.) — L'idiotie et ses rapports avec l'aliénation mentale, par PICHENOT. (*Thèse de Montpellier.*) — Remarques sur quelques cas de catalonie, mélancolie accompagnée d'attaques épileptiformes et cataleptiformes, alternant avec des accès de manie aiguë. (*New-York med. Journ.*, 5 mai.) — Un cas de monomanie primitive. (*Am. Journ. of the med. Sc.*, juillet.) — Des guérisons tardives dans la folie. (*L'Encéphale*, n° 3.) — Du traitement gynécologique chez les aliénés. (*Berlin. klin. Wooch.*, 5 mars et 4 juin.) — Des bains prolongés, chez les aliénés agités. (*L'Encéphale*, n° 3.)

Alimentation. — Dans la tuberculose. (*Bul. acad. méd.*, p. 421.) — Alimentation par la sonde après la trachéotomie. (*Journ. de méd. et de chir. prat.*, p. 453.) — Alimentation normale. (*Bul. acad. méd.*, p. 1369.) — Artificielle. (*Concours méd.*, p. 573.) — Alimentation par jus de viande. (*Revue de thérap.*, p. 656.) (*Courrier méd.*, p. 388.) — Alimentation des malades. (*Bul. acad. méd.*, p. 1369.) — Alimentation forcée chez les enfants. (*Bull. gén. de thérap.*, p. 48.) — Valeur nutritive des aliments. (*Bul. acad. méd.*, p. 1369.) — Détermination de l'amidon et du sucre des aliments. (*Revue des sciences méd.*, t. XXII, p. 461.) — Alimentation des jeunes enfants. (*Concours méd.*, p. 573.) (*Gaz. hóp.*, p. 994.) — Avec la farine d'avoine. (*Paris méd.*, p. 193, 445.) (*Praticien*, p. 547.) — Alimentation par le rectum. (*Gaz. hóp.*, p. 1180.) — Alimentation par les injections sous-cutanées. (*Union méd.*, t. XXXV, p. 547.) — Alimentation dans l'anorexie. (*Gaz. méd. Par.*, p. 357.) (*Praticien*, p. 380.) — Alimentation des convalescents. (*Praticien*, p. 21.) — Observation pour servir à l'histoire de l'alimentation. (*Bull. gén. de thérap.*, p. 254.) — De l'alimentation envisagée surtout dans le traitement de la phthisie pulmonaire. (*Ibid.*, p. 259, 350, 393, 441, 495, 541.) — Moyen de prévenir et de réprimer la falsification des aliments. (*Revue des sciences méd.*, t. XXI, p. 534.) — De l'absorption continue du plomb dans l'alimentation. (*Ibid.*, t. XXI, p. 537.) — Le salicylage des aliments. (*Ibid.*, t. XXI, p. 533.) — Sur l'état actuel de la question de l'alimentation des nourrissons avec exposé d'une nouvelle préparation. (*Corr. Blat. f. Schweiz. Aerzte*, 1er janvier.) — Des condiments et particulièrement du sel et du vinaigre au point de vue de l'alimentation. (*Acad. des sciences*, 28 mai). — Des troubles de la nutrition à la suite de manque de fer dans l'alimentation. (*Zeits. f. biol.*, t. XVIII, p. 612.) — De l'alimentation des nourrissons. (*Berlin klin. woch.*, 16 juillet.) — Influence de l'alimentation sur le lait. (*Bull. soc. d'anthrop.*, mars, mai.) — De quelques procédés actuellement en usage pour la conservation des substances alimentaires, par DUGARDIN. (*Thèse de Lille*, 2 août.) — De l'alimentation forcée des enfants. (*Lancet*, 16 juin.)

Allaitement. — Artificiel. (*Bul. acad. méd.*, p. 260, 353, 576, 1203, 1492.) (*France méd.*, t. I, p. 146, 158, 220, 230, 244, 270, 305, 317, 326, 341.) — Nouveaux motifs de l'allaitement de femme. (*Paris méd.*, p. 253.) — Durée de l'allaitement. (*Abeille méd.*, p. 346.) — Allaitement et sevrage.

(Praticien, p. 411.) — Allaitement des nouveau-nés. (*Revue des Sciences méd.*, t. XXI, p. 223.) — Effets des médicaments sur la nourrice et le nourrisson pendant l'allaitement. (*Ibid.*, p. 84.) — Leucémie splénique et ganglionnaire à la suite d'un allaitement prolongé. (*Berlin. klin. Woch.*, 19 nov.)

Allochirie. — De la nature et du siège de l'allochirie. (*Union méd.*, t. XXXVI, p. 911.)

Aloës. — Mixture d'aloës composée. (*Union méd.*, t. XXXVI, p. 164.)

Alopécie. — Arcata. (*Revue des Sciences méd.*, t. XXI, p. 637.)

Aluminium. — Dans l'hystérie. (*Gaz. hôp.*, p. 578.) (*Revue de thérap.*, p. 376, 661.)

Amaranthus spinosa. — Dans la gonorrhée et l'eczéma. (*Bul. gén. de thérap.*, p. 288.)

Amaurose. — Consécutive avec lésion de la région orbitaire. (*Paris méd.*, p. 40.) — Amaurose nicotinique. (*Gaz. méd. Algérie*, p. 27.) — Simulation de l'amaurose et de l'ambliopie. (*Thérap. contemp.*, p. 77.) — Dans l'empoisonnement phéniqué. (*Revue des Sciences méd.*, t. XXII, p. 488.)

Amblyopie hystérique. — Son traitement par le platine. (*Gaz. Hôp.*, p. 753.)

Amblyopie croisée et hémianopsie dans les lésions cérébrales. (*Union méd.*, t. XXXVI, p. 119.)

Amblyopie quinique. — (*Union méd.*, t. XXXV, p. 643.) — Amblyopie toxique produite par le sulfate de quinine. (*Revue méd.*, t. II, p. 596.)

Amblyopie chez les fumeurs et les alcooliques. — (*Courrier méd.*, p. 324.)

Amblyopie tabacique. — (*Gaz. méd. Algérie*, p. 1.)

Ambulances. — De Toulouse en 1870-1871. (*Bul. acad. méd.*, p. 354.) — Urbaines aux Etats-Unis. (*Union méd.*, t. XXXVI, p. 771.)

Aménorrhée. — De la conception au cours de l'aménorrhée. (*Gaz. Hôp.*, p. 782.) — Traitement de l'aménorrhée. (*Prog. méd.*, p. 136.) — Par le manganèse. (*Courrier méd.*, p. 413.) — Par l'iode. (*Ibid.*, p. 438.) — Traitement de l'aménorrhée et de la dysménorrhée (*Journ. d'accouch. Liège*, p. 27.) — Aménorrhée par imperforation de l'hymen. (*Revue méd. chir. des mal. des femmes*, p. 104.) — Traitement des morphimanes atteintes d'aménorrhée. (*Revue méd.*, t. I, p. 236.)

Amidon salycilé. — (*Union méd.*, t. XXXVI, p. 1000.) — Détermination de l'amidon des aliments. (*Revue des Sciences méd.*, t. XXII, p. 461.)

Ammoniurie. — (*Revue méd.*, t. II, p. 11.)

Amnésie et cécité verbales. — (*Courrier méd.*, p. 407.)

Amnios. — Genèse de l'hydramnios. (*Revue des Sciences méd.*, t. XXII, p. 598.) — Hydramnios et grossesse gémellaire. (*Ibid.*, p. 598.) — Rôle de l'amnios dans la production des anomalies des membres. (*Ibid.*,

t. XXI, p. 445.) — Note sur le liquide amniotique. (*Progrès méd.*, p. 221.)

Amphoriques (phénomènes.) — Dans la pleurésie. (*Journ. de méd. et de chir. prat.*, p. 244.)

Amputation. — Cas d'atrophie du cerveau consécutive à l'amputation d'un membre. (*Bul. acad. méd.*, p. 656.) (*Gaz. Hôp.*, p. 445.) (*Prog. méd.*, p. 386.) — Amputation spontanée. (*Revue méd.*, t. II, p. 567.) — Amputation double. (*Revue des Sciences méd.*, t. XXII, p. 290.) — Amputation. (*Gaz. Hôp.*, p. 12.) — Amputation quadruple. (*Courrier méd.*, p. 219.) (*Revue des Sciences méd.*, t. XXII, p. 290.) — Calibre des vaisseaux. (*Gaz., Hôp.*, p. 20.) (*Revue des Sciences méd.*, t. XXI, p. 64.) — Chez les tuberculeux. (*Gaz. Hôp.*, p. 364.) (*Union méd.*, t. XXXV, p. 305.) — Chez un albuminurique. (*Gaz. méd. Par.*, p. 94.) (*Prog. méd.*, p. 290.) (*France méd.*, t. I, p. 247.) — De la cuisse chez un tuberculeux. (*Gaz. Hôp.*, p. 621.) — Pour un cancer épithélial du creux poplité. (*Union méd.*, t. XXXV, p. 862.) — De Pirogoff. (*Gaz. Hôp.*, p. 228.) — Ostéo-plastique du pied, suture osseuse. (*Gaz. Hôp.*, p. 341.) (*Gaz. méd. Par.*, p. 188.) (*Prog. méd.*, p. 290.) (*France méd.*, t. I, p. 80, 520.) (*Union méd.*, t. XXXV, p. 80, 651.) — Amputations congénitales. (*Sem. méd.*, p. 293.) (*Gaz. méd. Par.*, p. 517.) (*Union méd.*, t. XXXVI, p. 709.) (*Revue des Sciences méd.*, t. XXI, p. 445.) — Amputation d'un orteil surnuméraire. (*Union méd.*, t. XXXV, p. 241.) — Amputation des désarticulations sous-périostées et à lambeau ou à manchettes périostiques. (*Union méd.*, t. XXXV, p. 119.) — Amputation scapulo-thoracique pour un enchondrôme de l'humérus. (*Union méd.*, t. XXXVI, p. 181.) — L'ainhum et les amputations congénitales. (*Union méd.*, t. XXXVI, p. 713, 797.) — Amputation du col de l'utérus dans les affections cancéreuses. (*Journ. d'accouch. Liège*, p. 166, 269.) — Amputation utéro-ovarique de Porro ; femme et enfants vivants. (*Ibid.*, p. 49.) — Amputation de la portion vaginale du col de l'utérus. (*Bul. gén. de thérap.*, p. 129.) — Ostéomyélite multiple, désarticulation fémorale. Guérison. (*Méd. Wiestnik*, n°s 15 et 16.) — Sarcome ostéo-périostique de l'humérus ; désarticulation de l'épaule, récidive rapide ; ablation consécutive de l'omoplate et de l'extrémité externe de la clavicule. Guérison. (*Amer. Journ. of the med. Sc.*, p. 102.) — Contribution à l'étude de la question des amputations chez les phthisiques. (*Revue méd. Suisse romande*, janvier.) — Sur un cas d'amputation congénitale, par LADMIRAL. (*Thèse de Paris*, 20 juillet.) — Amputation transtarsienne irrégulière. (*Lyon méd.*, 1er juillet.) — Des amputations traumatiques secondaires, par ROQUANCOURT. (*Thèse de Paris*, 14 juin.) — Anémie locale dans la désarticulation de la cuisse. (*Rev. clin. et térap.*, n° 3.) — Amputation sous-périostée de la hanche. (*Med. Times*, 17 février.) — De l'atrophie cérébrale consécutive aux amputations anciennes, par J.-F. GIRARDEAU. (*Thèse de Bordeaux.*) — De l'ablation totale du membre supérieur avec l'omoplate, par SAMBUCY. (*Thèse de Paris*, 12 déc.) — Spasme du moignon chez un amputé de cuisse, alcoolique, attaques épileptiformes survenues quatre ans après l'amputation. (*Arch. de Phys.*)

Amygdale. — Epithélioma de l'amygdale. (*Gaz. Hôp.*, p. 266.) (*Revue des Sciences méd.*, t. XXI, p. 704.) — De l'amygdalite infectieuse. (*Prog. méd.*, p. 601, 628.) — Chancre infectant de l'amygdale. (*France méd.*, t. I, p. 752.) — Friabilité des amygdales. (*Courrier méd.*, p. 15.) — Traitement de l'amygdalite. (*Courrier méd.*, p. 32.) (*Revue méd.*, t. I, p. 195.) — De l'inflammation diphthérique des amygdales. (*Revue des Sciences méd.*, t. XXII, p. 137.) — Hypertrophie syphilitique des amygdales. (*Ibid.*, t. XXI, p. 249.) — Abcès de l'amygdale, pyémie, mort. (*Wiener med. Presse*, n° 48.) — Du bicarbonate de soude dans le traitement de l'amygdalite aiguë. (*Med. News*, 10 février.) — Note sur l'amygdalotomie. (*Med. Rec.*, New-York, p. 146.) — Ligature de la carotide primitive gauche dans un cas d'hémorrhagie de l'amygdale. (*Lancet*, 13 janvier.) — Chancre syphilitique de l'amygdale. (*Ann. de dermat. et de syphil.*, janvier, p. 39.) — Gonflement considérable des amygdales déterminant des signes d'asphyxie. (*Arch. of laryngol.*, t. IV, n° 1.) — De l'hypertrophie des amygdales. (*Ibid.*) — Tumeur maligne de l'amygdale. (*Med. Times*, 26 mai.) — Epithelioma de l'amygdale propagé à l'épiglotte et au larynx. (*Soc. anat.*, 16 février.)

Amyle. — Nitrite d'amyle. Son action sur la température. (*Revue des Sciences méd.*, t. XXI, p. 520.) — Dans la fièvre intermittente. (*Ibid.*, t. XXI, p. 520.)

Amyotrophies consécutives à deux accès de goutte simulant l'atrophie musculaire progressive. (*Prog. méd.*, p. 405.)

Anales. — Déformations vulvaires et anales. (*Bul. acad. méd.*, p. 1236). Tumeurs et excroissances. (*Praticien*, p. 319.)

Analgésie. — Par un mélange de protoxyde d'azote et d'oxygène. (*Journ. d'accouch.*, Liège, p. 7.) — Par le bromure d'éthyle. (*Revue méd. chir. des mal. des femmes*, p. 54.)

Anasarque. — Unilatéral, suite de contusion du rein. (*Gaz. Hôp.*, p. 154.) (*Union méd.*, t. XXXV, p. 744.) — Potion contre l'anasarque scarlatineuse. (*Union méd.*, t. XXXV, p. 48.) — Emploi de l'oxydendron contre l'anasarque. (*Union méd.*, t. XXXVI, p. 820.) (*Courrier méd.*, p. 412.) — Anasarque dans la fièvre intermittente. (*Gaz. méd. Nantes*, p. 183.) (*Journ. de méd. et de chir. prat.*, p. 505.)

Anastomose. — Du nerf médian et du nerf cubital à la partie supérieure de l'avant-bras. (*Prog. méd.*, p. 347.) (*Union méd.*, t. XXXV, p. 205.) (*Revue méd.*, t. I, p. 830.)

Anatomie. — Du placenta. (*Bul. Acad. méd.*, p. 252.) — Du cheval. (*Bul. Acad. méd.*, p. 577.) — De la portion brachiale du nerf musculo-cutané. (*Bul. Acad. méd.*, p. 608, 1237.) — Anatomie pathologique et chirurgie des temps préhistoriques. (*Gaz. hôp.*, p. 900.) — Anatomie comparative et anatomie philosophique sur les caractères du crâne et du cerveau, par M. Manouvrier. Bibl. par M. E. Duchesne. (*Gaz. méd. Par.*, p. 57.) — Traité d'Anatomie histologique, par M. Renaut. — Anatomie des races nègres. (*Gaz. hebd. Sciences méd. Bordeaux*, p. 561, 572.) — Méthode de préparation du système nerveux. (*Revue des Sciences méd.*, t. XXI,

p. 412.) — Procédé de conservation sèche du cerveau. (*Ibid.*, t. XXII, p. 424.) — Emploi de la paraffine dans la préparation des pièces. (*Ibid.*, t. XXI, p. 14.) — Méthode d'examen *post mortem* des viscères thoraciques et abdominaux, pénétration de la main par une incision vaginale ou périnéale sans incision de la paroi abdominale. (*Med.-News*, 30 juin.) — La technique des autopsies à l'amphithéâtre de la Charité de Berlin, par R. VIRCHOW. (*Berlin*, 3ᵉ édition.) — Les opérations sur le cadavre, guide d'exercices opératoires, par HOLL. (*Stuttgart.*) — L'enseignement de l'anatomie à la faculté de Berlin. (*Deuts. med. Woch*, nᵒ 4.)

Anche vocale chez l'homme et chez la femme. — (*Bul. Acad. méd.*, p. 999), (*Sem. méd.*, p. 206), (*Prog. méd.*, p. 654), (*France méd.*, t. II, p. 237), (*Courrier méd.*, p. 291), (*Thérap. contemp.*, p. 536), (*Revue méd.*, t. II, p. 247.)

Andol-andol. — (*Revue de thérap.*, p. 491.)

Anémie. — Respiration d'air comprimé dans l'anémie grave. (*France méd.*, t. II, p. 568.) — Recherches sur le rôle étiologique de l'ankylostome duodénal dans l'anémie des mineurs de Saint-Etienne. (*Union méd.*, t. XXXV, p. 223), (*Revue des Sciences méd.*, t. XXI, p. 168.) — Action du thymol dans l'anémie des mineurs. (*Union méd.*, t. XXXV, p. 604.) — Folie liée à l'anémie. (*Revue des Sciences méd.*, t. XXI, p. 279.) — Anémie traumatique; numération des globules. (*Union méd.*, t. XXXV, p. 547.) — Influence de l'anémie sur l'excitabilité électrique du cerveau. (*Union méd.*, t. XXXVI, p. 105.) — Anémie chronique traitée par des injections souspéritonéales d'albuminate de fer. (*Union méd.*, t. XXXVI, p. 317.) — Transfusion du sel de cuisine dans l'anémie aiguë. (*Courrier méd.*, p. 315), (*Bul. gén. de thérap.*, p. 383.) — Anémie, chloro-anémie. (*Journ. d'accouch.*, Liège, p. 147), (*Praticien*, p. 106.) — Sur le traitement par l'arsenic de la leucémie, de la pseudo-leucémie et de l'anémie progressive pernicieuse. (*Bul. gén. de thérap.*, p. 512), (*Revue des Sciences méd.*, t. XXII, p. 500.) — De la gastro-entéralgie anémique des pays chauds, par JEANNE. (*Thèse de Paris*, 11 juillet.) — L'anémie des mineurs au point de vue parasitologique. (*Arch. ital. de biol.*, II, nᵒ 3.) — Etiologie de l'anémie pernicieuse. (*Centralbl. f. med. Wis.* nᵒ 4.)

Anémie cérébrale. — Médication opiacée dans l'anémie cérébrale due aux affections du cœur. (*Bul. Acad. méd.*, p. 803.)

Anémone de mer. — Comme révulsif dans le traitement des névralgies et des douleurs rhumatismales. (*Paris méd.*, p. 94), (*Bul. gén. de thérap.*, p. 480.) — Usages thérapeutiques de l'anémone pulsatile. (*Revue des Sciences méd.*, t. XXI, p. 110.)

Anencéphalie. — Mécanisme de la production de l'anencéphalie. (*Abeille méd.*, p. 48.) — Diagnostic de l'anencéphalie pendant la grossesse (*Thérap. contemp.*, p. 531.) *Voy. aussi :* Cerveau.

Anesthésie. — Par le protoxyde d'azote. (*Bul. Acad. méd.*, p. 293), (*Progrès méd.*, p. 344.) — Par mélange de vapeurs de chloroforme et d'air. (*Gaz. hôp.*, p. 331, 531), (*Prog. méd.*, p. 1050.) — Par le chlorure de méthylène. (*Bul. Acad. méd.*, p. 568, 579.) — Par les mélanges de liquides neutres. (*Gaz. hôp.*, p. 629), (*Sem. méd.*, p. 179.) — Nouvel anesthésique local. (*Bul. Acad. méd.*, p. 608), (*Gaz. hôp.*, p. 486), (*Gaz. méd. Par.*, p. 340), (*Prog. méd.*, p. 511), (*Courrier méd.*, p. 200.) — Anesthésie. (*Gaz. hôp.*, p. 588), (*Sem méd.*, 67, 89, 114, 154, 155, 161, 254, 302, 330, 349, 372.) — Anesthésie absolue du côté droit ; platine. (*Gaz. hôp.*, p. 753.) — Anesthésie caustique. (*Gaz. hôp.*, p. 372), (*Revue méd.-chir. des mal. des femmes*, p. 684), (*Revue de thérap.*, p. 263.) — Anesthésie chloroformique ; procédé. (*Gaz. hôp.*, p. 629.) — Dans les opérations faites au devant des mâchoires. (*Gaz. hôp.*, p. 900), (*Gaz. méd. Par.*, p. 417), (*France méd.*, t. II, p. 368.) — Influence des vapeurs anesthésiques sur la substance organisée. (*Gaz. hôp.*, p. 532.) — Anesthésie symétrique des extrémités chez les buveurs de liqueurs fortes. (*Gaz. hôp.*, p. 706.) — Chez un alcoolique atteint de parésie trémulente à redoublement. (*Gaz. hôp.*, p. 731.) — Action des anesthésiques. (*Sem. méd.*, p. 18, 74.) — Action sur le cœur et les reflèxes. (*Revue des Sciences méd.*, t. XXI, p. 481.) — Anesthésie de cause cérébrale. (*Prog. méd.*, p. 510.) — Anesthésie générale par les insufflations d'acide carbonique et de chloroforme. (*Prog. méd.*, p. 8.) — Par galvanisation du laryngé supérieur. (*Ibid.*, p. 190.) — Par projection d'acide carbonique sur le larynx. (*Ibid.*, p. 868), (*Paris méd.*, p. 535.) — Anesthésiques pendant le travail. (*France méd.*, t. I, p. 730), (*Union méd.*, t. XXXVI, p. 149.) — De la mort par l'administration des anesthésiques. (*Union méd.*, t. XXXV, p. 931.) — Mode de production de l'anesthésie dans les affections organiques de l'encéphale. (*Union méd.*, t. XXXVI, p. 9), (*Gaz. méd. Par.*, p. 317), (*Courrier méd.*, p. 229.) — Anesthésie par les respirations forcées. (*Paris méd.*, p. 77.) — Anesthésie cutanée progressive du croup par anoxémie. (*Paris méd.*, p. 85.) — Anesthésie chirurgicale. (*Courrier méd.*, p. 1.) — Moyen simple de faciliter l'anesthésie. (*Courrier méd.*, p: 344.) — De l'administration des anesthésiques. (*Concours méd.*, p. 190.) — Anesthésique chez les enfants. (*Ibid.*, p. 58.) — Expériences sur l'anesthésie. (*Abeille méd.*, p. 202.) — Anesthésie obstétricale. (*Journ. d'accouch.*, Liège, p. 196.) — Anesthésie par le bichlorure de méthylène. (*Ibid.*, p. 105.) — Influence des anesthésiques sur les reflèxes. (*Praticien*, p. 9.) — Anesthésie dans l'ovariotomie. (*Revue méd.-chir. des mal. des femmes*, p. 229.) — Anesthésie dans les maladies de l'encéphale. (*Revue de thérap.*, p. 403.) — Valeur comparée de l'éther et du chloroforme. (*Revue des Sciences méd.*, t. XXI, p. 481.) — Avantages et accidents de l'anesthésie mixte. (*Ibid.*, t. XXI, p. 482.) — Valeur comparée du chloroforme et de l'éthidène dichlorée. (*Ibid.*, 482.) — Action des acétals. (*Ibid.*, 485.) — De l'observation du reflèxe palpébral dans l'anesthésie chloroformique. (*Ibid.*, p. 280.) — Etat des voies aériennes supérieures dans l'anesthésie. (*Ibid.*, p. 481.) Effets de la traction de la langue dans l'anesthésie. (*Ibid.*, p. 482.) — Anesthésie du larynx par l'acide carbonique. (*Ibid.*, t. XXII, p. 52.) — Anesthésie dans le mal de Bright. (*Ibid.*, t. XXI, p. 281.) — De l'anesthésie chez les sujets atteints d'une affection des voies respiratoires. (*Ibid.*, t. XXII, p. 670.) — Mort par le chloroforme. (*Ibid.*, t. XXII, p. 671.) — Mort par l'éther. (*Ibid.*, XXI, p. 281.) — Oscillations spontanées ou provoquées de la sensibilité dans l'hémianesthésie. (*Ibid.*, t. XXI, p. 581.) — Sur l'emploi du bromure d'éthyle dans les accouchements naturels simples, **par** DUCASSE. (*Thèse de Paris*, 8 mars.) -- De l'anesthésie chirurgicale produite par l'emploi combiné du chloroforme et de l'alcool. (*Berlin klin. Woch*, 1ᵉʳ janvier.) — Etude de l'action du chloroforme, par SAUVE. (*Thèse de Paris*, 26 juillet.) — Sur l'action des mélanges d'air et de vapeur de chloroforme et sur un nouveau procédé d'anesthésie. (*Acad. des Sciences*, 25 juin.) — Un cas de mort dans l'anesthésie par le bichlorure d'éthidène. (*Lancet*, 27 janvier.) — Note sur la narcose par l'éther. (*Med. Times*, 8 sept.) — Accidents dus à l'anesthésie par le chloroforme. (*Journ. Sc. méd. de Lille.*) — Remarques sur la mortalité par les anesthésiques. (*Brit. med. journ.*, février.) — Mort par trombose cardiaque à la suite d'une éthérisation. (*Boston med. jour.*, 13 déc.)

Anévrysme. — Signes de l'anévrysme de l'aorte. (*Bul. Acad. méd*, p. 544), (*Prog. méd.*, p. 161, 110, 147.) — De la crosse de l'aorte. (*Paris méd.*, p. 545), (*Loire méd.*, Saint-Etienne, p. 281.) — Compression digitale. (*Bul. Acad. méd.*, p. 1525.) — Artério-veineux. (*Revue des Sciences méd.*, t. XXI, p. 155), (*Gaz. hôp.*, p. 318), (*Sem. méd.*, p. 66), (*Gaz. méd. Par.*, p. 176), (*Prog. méd.*, p. 272.) — Orbitaire double. (*Gaz. hôp.*, p. 900), (*Sem. méd.*, p. 242), (*Gaz. méd. Par.*, p. 431), (*Prog. méd.*, p. 717), (*France méd.*, t. II, p. 358.) — Cirsoïde du crâne. (*Sem. méd.*, p. 257.) — Anévrysmes valvulaires du cœur, par M. LAURAND. — De l'artère sous-clavière. (*Prog. méd.*, p. 11.) — Anévrysme poplité bilatéral. (*France méd.*, t. I, p. 110), (*Courrier méd.*, p. 106.) — Du traitement de l'anévrysme artério-veineux poplité par la méthode sanglante. (*France méd.*, t. I, p. 484), (*Union méd.*, t. XXXV, p. 585.) — Anévrysme volumineux d'une artère pulmonaire chez une phthisique morte d'hémoptysie. (*Union méd.*, t. XXXV, p. 555, 570.) — Anévrysme de la carotide. (*Courrier méd.*, p. 44.) — Traitement des anévrysmes des artères de petit et de moyen calibre. (*Concours méd.*, p. 363.) — Anévrysme artériel poplité, ligature, dans le triangle de Scarpa, guérison. (*Gaz. méd. Nantes*, p. 20.) — Anévrysme aortique. (*Revue des Sciences méd.*, t. XXI, p. 154.) — De l'aorte communiquant avec l'artère pulmonaire. (*Ibid.*, p. 155). Aortiques. (*Ibid.*, t. XXII, p. 286.) — Pseudo-anévrysme par dilatation artérielle de l'aorte. (*Ibid.*, t. XXI, p. 155.) — Anévrysme de l'aorte avec oblitération complète de la carotide gauche. (*Ibid.*, t. XXI, p. 155.) — Obstruction soudaine de l'aorte abdominale par un anévrysme. (*Ibid.*, t. XXI, p. 155.) — Anévrysme de l'artère basilaire. (*Ibid.*, t. XXI, p. 593.) — Anévrysme du tronc brachio-céphalique traité par la méthode de Wardrop. (*Ibid.*, t. XXII, p. 673.) — Anévrysme traumatique temporal. (*Ibid.*, t. XXI, p. 672.) — Anévrysme de la carotide externe. (*Ibid.*, t. XXI, p. 672.) — De la sous-clavière traitée par la désarticulation de l'épaule. (*Ibid.*, t. XXI, p. 672.) — De la partie profonde du conduit auditif externe. (*Ibid.*, t. XXII, p. 750.) — De la fémorale. (*Ibid.*, t. XXI, p. 672.) — Artério-veineux de l'artère et de la veine fémorales. (*Ibid.*, t. XXI, p. 672.) — Poplité. (*Ibid.*, t. XXI, p. 672.) — Diffus consécutif à la réduction de luxation de l'épaule. (*Ibid.*, t. XXI, p. 672.) — Traitement des anévrysmes aortiques par la glace. (*Ibid.*, t. XXI, p. 155.) — **Par** l'électro-puncture. (*Ibid.*, t. XXI, p. 155.) — Par l'ischémie. (*Ibid.*, t. XXI, p. 672.) — Un cas d'anévrysme de la crosse aortique. (*Berlin. klin. Woch*, 15 janvier.) — Cas rare et intéressant d'anévrysme de l'aorte ascendante. (*Riv. clin. di Bol.*, mars.) — Un cas d'anévrysme de l'aorte. (*Med. Wiestnik*, nº 16.) — Contribution à la symptomatologie des anévrysmes aortiques. (*Berlin. klin. Woch*, 16 avril.) — Ligature de la carotide et de la sous-clavière par la méthode de Brasdor, pour un anévrysme du tronc brachio-céphalique. (*Ibid.*, 14 mai.) — Contribution à la symptomatologie de l'anévrysme artério-veineux. (*Ibid.*, 8 janvier.) — Deux cas d'anévrysme de l'aorte diagnostiqués à l'aide du laryngoscope. *Italia medica*, nº 10.) — Anévrysme de la crosse consistant avec un squirrhe du sein droit. (*Berlin. klin. Woch.* 4 juin.) — Traitement des anévrysmes de l'aorte par l'iodure de potassium, par LECOINTE. (*Thèse de Paris*, 31 juillet.) — Anévrysme axillaire volumineux ; ligature de la sous-clavière ; guérison. (*Lancet*, 6 janvier.) — Anévrysme de l'artère fémorale chez une femme de vingt ans, atteinte d'insuffisance mitrale et d'albuminurie ; gangrène du pied ; ligature de l'iliaque externe et amputation de la cuisse ; mort, autopsie. (*Lancet*, 20 janvier.) — Deux cas de guérison rapide d'anévrysmes poplités par l'emploi de la bande élastique. (*Med. News*, 28 juillet.) — Anévrysme de la crosse de l'aorte, anévrysme des artères iliaques externe et primitive ; anévrysme de l'aorte abdominale et des iliaques gauches externe et primitive. (*Boston med. and surg. journ.*, p. 420.) — Anévrysme de la crosse de l'aorte embrassant l'artère innommée. Remarques sur la ligature à distance. (*Med. Times*, 24 février.) Ligature de la sous-clavière et de la carotide droites pour un anévrysme aortique ; mort de rupture du sac au 31ᵉ jour de l'opération. (*Ibid.*) — Anévrysme de l'aorte thoracique descendante simulant un épanchement pleurétique. (*Ibid.*, 3 février.) — Anévrysme intra-thoracique, comprenant la crosse et la partie descendante de l'aorte jusqu'au bord inférieur de la 6ᵉ côte. (*Med. News*, 4 août.) — Anévrysme variqueux de l'aorte et de la veine cave supérieure. (*Prag. Zeits. f. Heilk.*, t. III, nº 2.) — Anévrysme de l'artère innommée ; rupture au sommet du poumon. (*Med. Times*, 3 février.) — Anévrysme de la carotide externe, ligature de la carotide primitive, guérison de l'anévrysme, mort de paralysie. (*Med. Times*, 24 février.) — Un cas d'anévrysme de la carotide interne. (*Thèse de Montpellier*.) — Ligature de la carotide primitive dans un cas d'anévrysme de la carotide externe. (*New-York med. journ.*, 7 avril.) — Anévrysme abdominal, rupture dans le duodénum. (*Med. Times*, 21 juillet.) — Contribution à l'étude des anévrysmes de l'artère fessière. (*Deut. milit. Zeits.*, p. 229.) — Ligature de l'artère fessière à la suite d'une plaie par un instrument piquant. (*Ibid.*, p. 241.) — Anévrysme poplité ; ligature de la fémorale ; état anatomique des parties 33 jours après l'opération. (*Lancet*, 16 juin.) — Anévrysme poplité ; rupture dans l'articulation du genou ; amputation de la cuisse ; guérison. (*Lancet*, 21 avril.) — Deux cas d'anévrysme traumatique, l'un fémoral, l'autre poplité, traités par la méthode ancienne. (*Lancet*, 28 avril.) — Anévrysme de l'artère axillaire ; ligature de la sous-clavière dans sa troisième portion ; guérison. (*Lancet*, 24 fév.) — Des anévrysmes du sinus de Valsalva à developpement intra-cardiaque, par DURAND. (*Thèse de Lyon*.) — Anévrysme de l'aorte ouvert dans le péricarde. (*Journ. de méd. de Bordeaux*, 16 sept.) — Anévrysmes spontanés de l'aorte ascendande, par LEGENDRE. (*Thèse de Paris*, 20 déc.) — Anévrysme de la carotide externe ; ligature de la carotide primitive ; guérison de l'anévrysme, mais, hémiplégie mortelle le 35ᵉ jour. (*Brit. med. journ.*, février.) — Anévrysme artério-veineux de la carotide primitive et de la jugulaire interne. (*Med. News*, 8 déc.) — Etude sur la double ligature périphérique dans le traitement des anévrysmes intra-thoraciques, par MALLIÉ. (*Thèse de Bordeaux*.) — Ligature de l'iliaque primitive pour un anévrysme de l'iliaque externe. (*Med. News*, 8 déc.) — Anévrysme de l'artère fémorale traitée par l'injection de ferment fibrineux, puis soudainement par la ligature de l'iliaque externe. (*Brit. med. journ.*, août.) Du traitement des anévrysmes par la galvano-puncture. (*Amer. journ. of med. Sc.*, p. 447.)

Angines. — L'éthérisation dans les angines. (*Courrier méd.*, p. 44, 211, 384.) — Traitement des angines. (*Revue de thérap.*, p. 101, 110, 265, 373.) (*Bul. gén. de thérap.*, p. 336.) — Angine et albuminurie. (*Revue des Scien-méd.*, t. XXII, p. 726.) — Pulvérisation d'éther dans les angines. (*Ibid.*, t. XXI, p. 117.) — Du diagnostic différentiel de l'angine scrofuleuse avec l'angine syphilitique, par MADAILLE. (In-8°, *Marseille*.) — Deux cas d'angine, dite de Ludwig. Injections parenchymateuses d'acide phénique. (*Wratch.* n° 1.) — Sur l'angine sèche, par FAYSELER. (*Thèse de Paris*, 24 juillet.)

Angine catharrale. — Traitement. (*Revue méd.*, t. II, p. 836.)

Angine chronique. — (*Revue méd.*, t. I, p. 887.)

Angine couenneuse. — Suc d'ananas frais comme dissolvant des fausses membrannes. (*Paris méd.*, p. 283.) — Traitement par l'eau bromée. (*Praticien*, p. 608.)

Angine diphtérique. — Emploi rationnel du chlorate de potasse. (*Bul. acad. méd.*, p. 1268.) Oxygène. (*Gaz. hôp.*, p. 1106.) — Epidémie à Saint-Dié en 1880-84. (*Bul. acad. méd.*, p. 1493.) — Récidive le vingtième jour sur le même sujet. (*France méd.*, t. I, p. 61.) (*Abeille méd.*, p. 52.) — Mort subite pendant une irrigation d'eau phéniquée dans la gorge, dans le cours d'une angine diphtérique. (*France méd.*, t. II, p. 257.) (*Abeille méd.*, p. 387.) — Contribution à l'étude du traitement de l'angine diphtérique. (*France méd.*, t. II, p. 185.) (*Courrier méd.*, p. 30.) — Emploi de la pilocarpine. (*Courrier méd.*, p. 70.) — Inhalations d'oxygène. (*Courrier méd.*, p. 458.) — Mort par paresie progressive du muscle cardiaque dans l'angine diphthérique. (*Abeille méd.*, p. 148.)

Angine érythémateuse. — (*Revue méd.*, t. II, p. 837.)

Angine érysipélateuse. — (*Revue méd.*, t. II, p. 837.)

Angine gangréneuse. — Emploi du sublimé. (*Courrier méd.*, p. 8.)

Angine phlegmoneuse. — (*Gaz. hôp.*, p. 371.) (*France méd.*, t. I, p. 185.) — De l'angine phlegmoneuse, par JOAN. (*Thèse de Paris*, 12 avril.) —

Traitement de l'angine phlegmoneuse par la méthode de **Mackenzie**; pastilles de résine de gaïac. (*Berlin. Klin. Woch.*, 10 décembre.)

Angine de poitrine. — (*Gaz hôp.*, p. 1180, 1188.) (*Sem. méd.*, p. 380.) *France méd.*, t. II, p. 925.) (*Union méd.*, t. XXXVI, p. 329.) — Chez un syphilitique : Mécanisme de la mort par ischémie cardiaque. (*Prog. méd.*, p. 765.) — Envisagée comme symptôme et dans ses rapports avec le nervosisme arthritique. (*Progr. méd.*, p. 689, 710.) — Anatomie pathologique de l'angine de poitrine. (*Gaz. méd. par.*, p. 629.) (*Progr. méd.*, p. 1055.) — Des différentes angines de poitrine qui peuvent se montrer dans la fièvre typhoïde. (*Progr. méd.*, p. 365, 409.) (*Union méd.*, t. XXXVI, p. 864.) — Traitement par le nitrite de sodium. (*Paris méd.*, p. 332.) — Par éthérisation. (*Ibid.*, p. 213.) — Angine de poitrine pseudo-membraneuse. Traitement. (*Paris méd.*, p. 381.) (*Praticien*, p. 405.) — Traitement de l'angine de poitrine. (*Courrier méd.*, p. 273.) (*Revue méd.*, t. I, p. 569.) — Angine de poitrine dans l'hystérie. (*Abeille méd.*, p. 80.) — Nitrite d'amyle dans l'angine de poitrine. (*Ibid.*, p. 385.) (*Praticien*, p. 470.) — Traitement et curabilité des angines de poitrine. (*Bull. gén. de thérap.*, 15 sept.) — La nitro-glycérine dans l'angine de poitrine. (*Iegen. Klin. Gazeta*, nᵒˢ 24 et 25.)

Angine sèche. — (*Revue de thérap.*, p. 608.)

Angine tonsillaire. — Traitement. (*Sem. méd.*, p. 219.) — Par le salicylate de soude. (*Courrier méd.*, p. 28.) — Traitement abortif. (*Revue méd.*, t. II, p. 308.)

Angine tuberculeuse. — (*Prog. méd.*, p. 70.) (*Revue des Sciences méd.*, t. XXI, p. 459.) (*Ibid.*, t. XXII, 723, 726.)

Angine ulcéreuse. — Dans la fièvre typhoïde. (*Gaz. hôp.*, p. 394.) (*Sem. méd.*, p. 88.) (*Gaz. méd. par.*, p. 261.) (*Prog. méd.*, p. 350.) (*Union méd.*, t. XXXVI, p. 83, 101, 127.) (*Courrier méd.*, p. 169.) (*Praticien*, p. 234. (*Journ. de méd. et de chir, prat.*, p. 279.) (*Revue méd.*, t. I, p. 635.) (*Revue méd.*, t. II, p. 837.) — Angines ulcéreuses terminées par le **croup**. (*Revue des Sciences méd.*, t. XXII, p. 137.)

Angiochotite. — Suppurée. (*Prog. méd.*, p. 107.)

Angiome. — Parotidien. (*Gaz. hôp.*, p. 1190.) (*Sem. méd.*, p. 371.) — Pulsatile. (*Gaz. hôp.*, p. 940.) (*Sem. méd.*, p. 356.) (*Gaz. méd. par.*, p. 591.) (*France méd.*, t. II, p. 822.) (*Union méd.*, t. XXXVI, p. 1011, 1102.) (*Praticien*, p. 618.) — Ablation d'un angiome caverneux. (*Sem. méd.*, p. 254.) — Angiome caverneux de la joue. (*Sem. méd.*, p. 349.) (*France méd.*, t. II, p. 777.) (*Courrier méd.*, p. 437.) — Angiome du foie. (*Revue des Sciences méd.*, t. XXII, p. 469.) — Dystocie par un angiome de l'enfant. (*Ibid.*, t. XXII, p. 604.) — A propos de deux observations d'angiomes caverneux de l'orbite. (*Arch d'ophtalm.*, janvier.) — Sur les **angiomes** des muqueuses, par **Arragon**. (*Thèse de Paris*, 28 juin.) — Du traitement des noevus, fer rouge, galvanocautère. (*Méd. News.*, 19 mai.) — Traitement des tumeurs érectiles. (*Brit. méd. Journ.*, août.) — Angiome de la face et de l'orbite, électrolyse, ligature de la carotide **primitive**, amélioration. (*Méd News*, 8 déc.)

Aniline. — Empoisonnement par l'aniline. (*Revue des Sciences méd.*, t. XXII, p. 491.)

Animaux domestiques. — Maladies contagieuses observées chez les animaux domestiques en 1882 dans le département de la Seine. (*Bull. Acad. méd.*, p. 578.)

Ankyloglosse totale. — (*Gaz. hop.*, p. 500.) (*Sem. méd.*, p. 128.) (*Gaz. méd. par.*, p. 271.) (*Prog. méd.*, p. 432.) (*Union méd.*, t. XXXV, p. 993.) (*Courrier méd.*, p. 209.) (*Praticien*, p. 296.) (*Revue de thérap.*, p. 377.) (*Journ. de méd. et de chir. prat.*, p. 329.) (*France méd.*, t. I, p. 767.)

Ankylose. — Artificielles pratiquées sur des membres paralysés. (*Revue des Sciences méd.*, t. XXI, p. 657.) — Section du col fémoral pour détruire l'ankylose vicieuse de la hanche. (*Ibid.*, t. XXI, p. 657.) — Du redressement de l'ankylose du genou par de nouveaux procédés d'arthroclasie et d'ostéoclasie mécaniques, par EDOUARD. (*Thèse de Lyon.*)

Ankylostome duodénal chez les mineurs. — (*Bull. acad. méd.*, p. 166.) (*Courrier méd.*, p. 248.) (*Thérap. cont.*, p. 106.) (*Union méd.*, t. XXXV, p. 223.) — Action du thymol. (*Union méd.*, t. XXXV, p. 664.) — Ankylostomiase. (*Revue des Sciences méd.*, t. XXI, p. 168 et t. XXII, p. 510.)

Anomalies dentaires. (*Bul. acad. méd.*, p. 166.) — Artérielles. (*Prog. méd.*, p. 191.) — Asymétriques chez deux cynocéphales hamadryas. (*Prog méd.*, p. 532.) — Asymétriques du cerveau. (*Prog. méd.*, p. 614.) — Dans le squelette de l'épaule droite. (*Prog. méd.*, p. 227.) — De l'artère humérale. (*Prog. méd.*, p. 227.) — D'origine de la carotide droite et de l'artère sous-clavière du même côté. (*Prog. méd.*, p. 734.) — Du nerf radial portant sur le nombre des rameaux terminaux de la branche antérieure. (*Prog. méd.*, p. 734.) — Anomalie uro-génitale. (*Union méd.*, t. XXXIV, p. 664.) — Anomalie thermique. (*Courrier méd.*, p. 68.) — Anomalie fœtale. (*Ibid.*, p. 101.) — Anomalie vaccinale. (*Ibid.*, p. 351). — Anomalies acquises du cœur et du corps de l'utérus. (*Thérap. contemp.*, p. 544.) — Maladies par anomalies de la nutrition. (*Ibid.*, p. 641.) — Anomalies de développement du cerveau et de la moëlle. (*Revue des Sciences méd.*, t. XXI, p. 556.) — Poumons à six lobes. (*Ibid.*, p. 445.) — Diventricules de la trachée. (*Ibid.*, p. 452.) — Anomalies musculaires. (*Ibid.*, p. 10.) — Persistance du conduit omphalo-mésentérique. (*Ibid.*, p. 445.) — Anomalies des organes génito-urinaires. (*Ibid.*, p. 445.) — Transposition des viscères limités à l'estomac, à la rate et au gros intestin. (*Berlin, Klin. Woch.*, 26 mars.) — Transposition des viscères. (*Brit. méd. Journ.*, mai.) — Anomalie d'origine de la carotide et de la sous-clavière droites. (*Soc. anat.*, 9 fév.) — Atrophie unilatérale congénitale. (*Med. News*, 11 août.)

Anophthalmie. — Un cas d'anophthalmie. (*Revue des sciences méd.*, t. XXII, p. 341.)

Anorexie. — Et sécrétions gastriques et pancréatiques. (*Gaz. hôp.*, p. 332), (*Gaz. méd. par.*, p. 301), (*Courrier méd.*, p. 150.) — Anorexie hystérique, anorexie nerveuse. (*Prog. méd.*, p. 127), (*Concours méd.*, p. 219.) — Anorexie des phthisiques. (*Revue de thérap.*, p. 372.)

Anosmie. — (*Paris médical*, p. 102.)

Anoxhémie. — Des houilleurs. (*Revue des sciences méd.*, t. XXII, p. 510.)

Antagonisme. — De la morphine et des alcaloïdes des solanées vireuses. (*Revue des sciences méd.*, t. XXII, p. 75.)

Anthracosis et tuberculose pulmonaire. (*Prog. méd.*, p. 48.)

Antrhacose pulmonaire et méningite. (*Abeille méd.*, p. 925.)

Anthrax. — Malin de la région parotidienne. (*Gaz. hôp.*, p. 617), (*France méd.*, t. II, p. 529.) -- Résorcine dans le traitement de l'anthrax. (*Abeille méd.*, p. 155.) — Traitement de l'anthrax. (*Revue des sciences méd.*, t. XXII, p. 316.) — Quelques considérations cliniques sur l'anthrax, par F. FAURE. (*Thèse de Montpellier.*) — De l'anthrax du talon, par CHABERT. (*Thèse de Montpellier.*) — Traitement du furoncle, du charbon et de l'anthrax. (*Deut. méd. Woch.*, n° 21.)

Anthropologie. — Mémoires d'anthropologie. (*Bul. acad. méd.*, p. 207, 1234.) — Etude anthropologique de la race juive. (*Revue des sciences méd.*, t. XXI, p. 527.) — Observations sur le tablier des femmes hottentotes, par PÉRON et LESUEUR. (In-8°, *Paris.*) — Nouvelle contribution à l'anthropologie du Modénois. (*Giorn. della R. acad. di Torino*, juin.)

Anthropométrie. — Médicale au point de vue du recrutement des cuirassiers. (*Revue des sciences méd.*, t. XXI, p. 733.) — Etudes d'anthropométrie sur les criminels, les fous, et les hommes normaux. (*Arch. ital. de biol.*, t. III, n° 3.)

Antidotes et poisons. — (*Praticien*, p. 46, 106, 298.)

Antilaiteux. — (*Revue méd. chir. des mal. des femmes*, p. 53)

Antimoine. — Empoisonnement chronique par l'antimoine. (*Revue des sciences méd.*, t. XXII, p. 80.)

Antinévralgique. (Poudre.) — (*Revue méd.*, t. I, p. 420.)

Antipyrétique. — De chlorhydrate de kairine. (*Gaz. hôp.*, p. 294.) — Influence des antipyrétiques. (*Sem. méd.*, p. 323.)

Antisepsie. — Du sublimé corrosif dans l'antisepsie puerpérale. (*Bul. gén. de thérap.*, p. 374.) — Antisepsie et désinfection. (*Jour. de méd. et de chir. prat.*, p. 335.)

Antiseptiques. — Action antiseptique des sels de cuivre. (*Bul. acad. méd.*. p. 326, 1087, 1113, 1161, 1209, 1322, 1333.) — Nouvelles expériences sur les antiseptiques. (*Thérap. contemp.*, p. 522), (*Concours méd.*, p. 309.) — Antiseptiques chez les anciens et les modernes, méthodes. (*Gaz. hôp.*, p. 793.) — Comparaison des méthodes. (*Prog. méd.*, p. 831.) — Dans le pansement des plaies. (*Gaz. hôp.*, p. 810), (*Gaz. méd. Par.*, p. 443), (*Union méd.*, t. XXXVI, p. 430), (*Concours méd.*, p. 13), (*Praticien*, p. 491.) — Les antiseptiques. (*Gaz. hôp.*, p. 949.) — En obstétrique, méthodes. (*Gaz. hôp.*, p. 793.) — Frigidité antiseptique des plaies. (*Gaz. hôp.*, p. 819.) — Mode d'action des antiseptiques. (*L'Art. méd.*, t. LVII. p. 305.) — Action locale des antiseptiques. (*Sem. méd.*, p. 286), (*Prog. méd.*, p. 829.) — Antiseptiques et bactéries. (*Sem. méd.*, p. 222.) — Les pansements antiseptiques en Allemagne. (*Gaz. hebd., sciences méd., Bordeaux*. p. 567, 577), (*Bul. gén. de thérap.*, p. 365.) — Valeur relative de quelques antiseptiques. (*Praticien*, p. 129.) — Bains antiseptiques. (*Revue de thérap.*, p. 146.) — Poussière de tourbe. (*Ibid.*, p. 210.) — Pulvérisation. (*Ibid.*, p. 416.) — Antiseptiques en oculistique. (*Ibid.*, p. 625.) Pleurotomie. (*Bull. gén. de thérap.*, p. 370), (*Jour. de méd. et de chir. prat.*, p. 312.) — Action antiseptique du chlorure de nickel. (*Revue des sciences méd.*, t. XXII, p. 487.) — Eucalyptol comme antiseptique. (*Ibid.*, t. XXII, p. 91).

Antivaccinateurs. — Congrès des antivaccinateurs. (*France méd.*, t. II, p. 408.)

Antre d'Hygmore. — Tumeur épithéliale de l'antre d'Hygmore ayant envahi la cavité orbitaire et pénétré dans le crâne. (*Prog. méd.*, p. 208.)

Anurie. — Consécutive à une péritonite chronique et à un cancer de matrice pris pour un polype. (*Gaz. hôp.*, p. 804.) — Consécutive à des coliques néphrétiques. (*Concours méd.*, p. 610). — Suite de néphrite calculeuse. (*Ibid.*, p. 671.)

Anus. — Fissures à l'anus. (*Gaz. hôp.*, p. 241.) — Traitement par le draînage. (*Bull. gén. de thérap.*, p. 142.) — Fissures borgnes de l'anus. (*Gaz. hôp.*, p. 1032.) — Fistules borgnes externes. (*Gaz. hôp.*, p. 969.) — Présentation simultanée par la vulve et l'anus. (*Gaz. hôp.*, p. 114), (*Revue méd. chir. des mal. des femmes*, p. 527.) — Relâchement du sphincter de l'anus. (*Gaz. hôp.*, p. 353.) — Anus contre nature, traitement. (*Sem. méd.*, p. 322.) — Consécutif à une hernie crurale étranglée. (*Prog. méd.*, p. 451); guérie spontanément en deux mois. (*Union méd.*, t. XXXVI, p. 33.) — Iléovaginal et fistules intestino-utérines. (*Union méd.*, t. XXXVI, p. 363), (*Cour. méd.*, p. 321.) — Ulcération tuberculeuse de l'anus. (*Prog. méd.*, p. 698.) — Absence d'anus et d'une partie du rectum; abouchement anormal du rectum dans l'urèthre; opération; guérison. (*Gaz. méd., Nantes*, p. 129.) — Avantages de l'emploi du thermo-cautère dans le traitement des fistules à l'anus. (*Bull. gén. de thérap.*, p. 479.) — Suppositoire contre la fistule à l'anus. (*Rev. méd.*, t. I, p, 417.) — Variété d'imperforation de l'anus. (*Rev. méd.*, t. I, p. 660.) — Imperforation de l'anus. (*Rev. des sciences méd.*, t. XXI, p. 445, 452.) — Vices de conformation de l'anus. (*Ibid.*, p. 21, 445.) — Anus contre nature congénitaux. (*Ibid.*, t. XXII, p. 686.) — Colotomie de l'anus. (*Ibid.*, t. XXII, p. 686.) — Résection de l'intestin pour anus contre nature. (*Ibid.*, t. XXII, p. 686.) — Fissures chez l'enfant. (*Ibid.*, t. XXII, p. 618.) — Discussion de la Société médicale de Berlin sur le traitement de l'anus contre nature. (*Berlin. Klin-Woch*, 2 et 9 avril.) — De l'iodoforme contre la fissure anale, bons résultats. (*Med. News*, 3 mars.) — Traitement de la fistule à l'anus par la ligature élastique non serrée, par PICOT. (*Thèse de Paris*, 7 mars.) — Du traitement de rétrécissements syphiliques du rectum par la colotomie. (*Arch. f., Klin, chir.*, t. XXIX, p. 395.) — Incontinence des matières fécales traitée avec succès par la cautérisation rayonnée de l'anus. (*New-York méd. journ.*, 14 juin.) — Sept cas de colotomie. (*Lancet*, 5 mai.) — De l'insufflation de l'intestin dans la colotomie lombaire. (*Lancet*, 7 avril.) — Vice de conformation de l'anus, ouvertures fistuleuses multiples sans ampoule rectale, débridement et réunion des fistules. (*Revue méd., Suisse romande*, t. III, sept.) — Prurit anal et fissure anale. (*Brit. méd. jour.*, juin.) — Sur la question du traitement de l'anus contre nature. (*Deuts. méd.*, Woch, n° 7.) — Imperforation de l'anus avec conformation normale du rectum et issue du mécanisme par un orifice cutané rétro-scrotal, opération, guérison. (*Arch. gén. de méd.*, mars.) — Traitement de l'anus contre nature. (*Deuts. méd.*, Woch, n° 1.)

Aorte. — Signes de l'anévrysme de l'aorte. (*Bul. acad. méd.*, p. 544.) — Anévrysme de l'aorte abdominale. (*Abeille méd.*, p. 352.) Voy. aussi : Anévrysme. — Lésions expérimentales de l'aorte. (*Sem. méd.*, p. 129.) — Absence d'une des sigmoïdes de l'aorte. (*Prog. méd.* p. 810), (*Soc. anat.*, 9 mars.) — Adhérence de l'aorte thoracique au poumon, sa rupture. (*Prog. méd.*, p. 678.) — Athéromasie et dilatation cylindrique de la crosse de l'aorte. (*Prog. méd.*, p. 11.) — Perforation de l'aorte. (*Prog. méd.*, p. 532.) — Produite par un corps étranger de l'œsophage. (*Abeille méd.*, p. 263.) — Des phénomènes fonctionnels cardiaques et vasculaires dans l'insuffisance de l'aorte. (*Prog. méd.*, p. 449.) — Traité clinique et pratique des maladies du cœur et de la crosse de l'aorte, par PETER. Bibliogr. (*Bull. gén. de thérap.*, p. 183.) — Effets de la ligature de l'aorte thoracique. (*Revue des sciences méd.*, t. XXI, p. 155.) — Oblitération par thrombose de l'aorte ascendante. (*Ibid.*, t. XXI, p. 155.) — Blessure de l'aorte. (*Ibid.*, p. 152.) — Tumeur pulsatile de la rate dans un cas d'insuffisance de l'aorte. (*Ibid.*, p. 142.) — Obstruction de l'aorte abdominale par une coagulation sanguine ; gangrène des membres inférieurs ; mort. (*Lancet*, 8 février.) — Oblitération de l'aorte abdominale par embolie ou par thrombose, par MEYNARD. (*Thèse de Paris*, 28 déc.)

Aortite ulcéreuse chronique avec formation de poche anévrysmale. (*Prog. méd.*, p. 10.) — Aiguë à répétition. (*Union méd.*, t. XXXVI, p. 197.) (*Revue de thérap.*, p. 302, 521.)

Aphasie. — (*Gaz. Hôp.*, p. 604, 1097.) (*Gaz. méd. Par.*, p. 277, 352, 359, 364.) — Avec surdité des mots. (*Gaz. Hôp.*, p. 470.) (*Revue des sciences méd.*, t. XXI, p. 589.) — Avec intégrité de la troisième circonvolution. (*Gaz. méd. Par.*, p. 558.) — Aphasie motrice. (*Prog. méd.*, p. 521, 859.) — Des différentes formes de l'aphasie. (*Prog. méd.*, p. 441, 469, 487.) — Aphasie avec hémiplégie droite. (*Prog. méd.*, p. 454.) — Aphasie chez les enfants. (*Paris méd.*, p. 373.) — Dans la fièvre thyphoïde. (*Concours méd.*, p. 508, 519.) — Aphasie déterminée par la présence d'un ténia. (*Courrier méd.*, p. 196), (*Journ. de méd. et de chir. prat.*, p. 115.) — Aphasie et cécité. (*Courrier méd.*, p. 383.) — Aphasie au début de la méningite tuberculeuse. (*Abeille méd.*, p. 479.) (*Praticien*, p. 476.) — Aphasie transitoire ou spasmodique. (*Journ. méd. et de chir. prat.*, p. 499.) (*Revue des Sciences méd.*, t. XXI, p. 589.) — Aphasie totale guérie par un courant faradique. (*Ibid.*, p. 589.) — Formes curables de l'aphasie. (*Ibid.*, t. XXII, p. 653.) — Aphasie causée par des indigestions chez des enfants. (*Ibid.*, t. XXII, p. 614.) Voy. aussi : Cerveau.

Aphonie sans dyspnée. — (*France méd.*, t. II, p. 2.) Reflexe à stomacholaeso. (*Abeille méd.*, p. 316.)

Aphtes. — (*Revue de thérap.*, p. 568.)

Apocynum cannabinum. — (*Sem. méd.*, p. 261.)

Apomorphine. — (*France méd.*, t. I, p. 743.) — En injections sous-cutanées dans les cas d'empoisonnement. (*Paris méd.*, p. 333.) — Empoisonnement par l'apomorphine. (*Revue des Sciences méd.*, t. XXI, p. 502.)

Aponévrose. — Rétraction de l'aponévrose pulmonaire. (*Gaz. Hôp.*, p. 58.) (*Praticien*, p. 596.) — Son traitement chirurgical. (*Bull. gén. de thérap.*, p. 46.)

Apophyse. — Luxation de l'apophyse odontoïde. (*Prog. méd.*, p. 29.) — Ostéite condensante de l'apophyse mastoïde. (*Revue méd.*, t. I, p. 802.)

Apoplexie. — Son traitement par la saignée. (*Courrier méd.*, p. 86.) (*Revue de thérap.*, p. 185, 211.)

Apozème diurétique. — (*Union méd.*, t. XXXV, p. 564.)

Appareils. — Hyponarthéciques à suspension. (*Gaz. Hôp.*, p. 636.) — Appareil spirométrique et carbonimétrique. (*Thérap. contemp.*, p. 408.) Appareils plâtrés. (*Sem. méd.*, p. 313.) — Appareil élytro-ptérygoïde. (*Union méd.*, t. XXXV, p. 167.) (*Revue des Sciences méd.*, t. XXII, p. 605.) — Appareil nouveau pour le traitement des fractures de la clavicule. (*Union méd.*, t. XXXV, p. 854.) — Appareil pour le redressement des ankyloses du genou. (*Union méd.*, t. XXXV, p. 995.) — Appareil pour administrer les bains d'eau chaude. (*Revue des Sciences méd.*, t. XXII, p. 499.) — Nouveau lien pour les présentations du siège. (*Ibid.*, p. 594.) — Appareil pour recevoir les liquides de l'irrigation continue des organes génitaux. (*Ibid.*, p. 587.) — Tube métallique de Leiter. (*Ibid.*, p. 498.) — Speculums chirurgicaux trouvés dans les ruines de Pompéi et d'Herculanum. (*Il Morgagni*, mars, p. 185.) — Appareil d'éclairage électrique pour les voies aériennes supérieures. (*Med. News*, 26 mai.) — Un nouveau compte-globules. (*Wratch*, n° 23 et 26.) — Des aspirateurs injecteurs. (*Riv. Clin. di Bol.* Avril et mai.) — Pince à acupressure pour suspendre l'hémorrhagie dans le cours des opérations. (*Med. News*, 1er sept.) — Le pneumomètre. (*Arch. f. die gesammte Phys.*, t. XXIX, p. 244.)

Appareil auditif. — Lésions. (*Sem. méd.*, p. 19.) — Expériences relatives aux troubles de la motilité dans les lésions de l'appareil auditif. (*Abeille méd.*, p. 44.)

Appartements. — Renouvellement d'air nécessaire pour les appartements. (*Revue des Sciences méd.*, t. XXI, p. 531.) — Appareil pour maintenir l'air des appartements au degré d'humidité convenable. (*Ibid.*, p. 531.)

Appendice cæcal. — Abcès du foie consécutif à une ulcération de l'appendice cæcal par une épingle. (*France méd.*, t. I, p. 25.)

Arabes. — Sciences médicales chez les Arabes. (*Gaz. méd. Par.*, p. 152.) (*Revue de thérap.*, p. 296.)

Arachnoïdes. — Du rôle des franges arachnoïdes dans la métastase des tumeurs. (*Revue des Sciences méd.*, t. XXI, p. 50.)

Ardoisiers. — Maladies et hygiène des ardoisiers. (*Revue des Sciences méd.*, t. XXII, p. 510.)

Argas de Perse. — (*Bul. acad. méd.*, p. 328.)

Argile. — De son emploi thérapeutique dans quelques nécroses du cœur et des vaisseaux. (*Revue des Sciences méd.*, t. XXII, p. 504.)

Argileux (topiques). — Suppositoires vaginaux. (*Bull. gén. de thérap.*, p. 145.)

Armes à feu. — Traitement des plaies par armes à feu, dites plaies en sélon. (*Bul. acad. méd.*, p. 49.)

Arnica. — Eruptions érysipélateuses par la teinture d'arnica. (*Revue des Sciences méd.*, t. XXI, p. 641.)

Aromatiques. — Substances du corps des animaux. (*Revue des Sciences méd.*, t. XXII, p. 453.)

Arrachement du nerf nasal externe. — Traitement du glaucome par l'arrachement du nerf nasal externe (*Bul. acad. méd.*, p. 1229.)

Arrachement de la dernière phalange de l'index avec tout le tendon fléchisseur profond. — (*Union méd.*, t. XXXVI, p. 573.)

Arsenic. — Présence de l'arsenic dans certains vins. (*Gaz. méd. Par.*, p. 490.) — Arsenic dans le diabète. (*Paris méd.*, p. 58.) — En injections parenchymateuses dans les cas de goître. (*Paris méd.*, p. 443.) (*Revue des Sciences méd.*, t. XXII, p. 685.) — Les paralysies dans l'empoisonnement par l'arsenic. (*Abeille méd.*, p. 18.) — Injections sous-cutanées d'arsenic dans les maladies de la peau. (*Ibid.*, p. 370.) — Médication arsenicale. (*Praticien*, p. 323.) — Dosage de l'arsenic dans quelques eaux minérales. (*Ibid.*, p. 463.) (*Revue des Sciences méd.*, t. XXI, p. 511.) — L'hystéro-épilepsie compliquée de chorée. (*Bull. gén. de thérap.*, p. 118.) — Traitement des tumeurs épithéliales par le caustique arsenical. (*Ibid.*, p. 143.) — Dans la phthisie pulmonaire. (*Ibid.*, p. 419.) — Dans la leucémie, la pseudo-leucémie et l'anémie progressive pernicieuse. (*Ibid.*, p. 512.) (*Revue des Sciences méd.*, t. XXII, p. 500.) — Contre-poison de l'arsenic. (*Revue méd.*, t. I, p. 126.) — Action de l'arsenic. (*Revue des Sciences méd.*, t. XXII, p. 57.) — De l'empoisonnement par l'arsenic et l'hydrogène (*Ibid.*, p. 57.) — Intoxication aiguë. (*Ibid.*, t. XXI, p. 103.) — De l'empoisonnement chronique. (*Ibid.*, p. 506.) — Traitement du lymphome par l'arsenic. (*Ibid.*, t. XXII, p. 501, 502.)

Arsénicisme professionnel et domestique. (*Journ. de méd. et de chir. prat.*, p. 173). — Empoisonnement par l'arsenic domestique et professionnel. (*Revue des Sciences méd.*, t. XXII, p. 61.)

Arsénite de potasse. — Injections d'arsénite de potasse. (*Sem. méd.*, p. 7.)

Artère. — Rétrécissement de l'artère pulmonaire. (*Gaz. Hôp.*, p. 763, 1180.) (*Sem. méd.*, p. 364.) (*Gaz. méd. Par.*, p. 391.) (*Prog. méd.*, p. 414.) (*Union méd.*, t. XXXVI, p. 825.) (*Revue méd.*, t. II, p. 897.) — Anomalie des artères. (*Prog. méd.*, p. 222.) — Artérite de l'artère crurale. (*Revue méd.*, t. II, p. 766.) — Rupture de l'artère radiale par écrasement. (*Prog. méd.*, p. 350.) — Traitement de l'épilepsie par la ligature des artères vertébrales. (*Union méd.*, t. XXXV, p. 431, 1067.) (*Ibid.*, XXXVI, p. 429.) — Artère innominée ; érosion consécutive à une infection diphthérique. (*Paris méd.*, p. 42.) — Place de l'artère fémorale. (*Revue des Sciences méd.*, t. XXII, p. 674.) (*Courrier méd.*, p. 312.) — Perforation des artères dans les foyers purulents. (*Abeille méd.*, p. 15.) — Nerfs des petites artères. (*Revue des Sciences méd.*, t. XXI, p. 404.) — Effets de l'occlusion passagère ou permanente de l'artère rénale. (*Ibid.*, p. 79.) — Souffles du rétrécissement de l'artère pulmonaire. (*Ibid.*, p. 142.) — Lésions du système veineux dans un cas de rétrécissement de l'artère pulmonaire. (*Ibid.*, p. 142.) — *Voy. aussi :* Anévrysme. Blessure de la carotide dans une fracture du crâne. (*Ibid.*, t. XXII, p. 297.) — Rupture de l'artère axillaire dans une réduction de luxation de l'épaule. (*Ibid.*, t. XXI, p. 672.) — Plaie de l'artère épigastrique. (*Ibid.*, p. 672.) — Ligature de l'artère et de la veine axillaire et de l'artère et de la veine sous-clavière. (*Ibid.*, p. 672.) — Ligature de la sous-clavière et de l'artère carotide. (*Ibid.*, p. 672.) — Ligature des deux carotides primitives. (*Ibid.*, p. 672.) — Ligature de l'artère fémorale. (*Ibid.*, p. 672.) — Ligature de l'iliaque primitive. (*Ibid.*, t. XXI, p. 672 et t. XXII, p. 673.) — Ligature de l'iliaque externe. (*Ibid.*, t. XXI, p. 672.) — Ligature de l'iliaque interne. (*Ibid.*, t. XXII, p. 674.). — Procédé de compression de l'humérale. (*Ibid.*, t. XXI, p. 284.) — Ligature de l'artère iliaque primitive. (*Berlin. klin. Woch.*, 14 mai.) — Développement irrégulier des artères, cause de divers états morbides. (*Arch. gén. de méd.*, novembre.)

Artérite. — Syphilitique précoce des artères de la base du cerveau, thrombose du tronc basilaire. (*France méd.*, t. I, p. 884, 898.) (*Thérap. contemp.*, p. 673.) (*Revue méd.*, t. II, p. 7.) — Deux cas d'artérite simulant le purpura hémorrhagique. (*Méd. Obosr.* janvier.) — Sur l'artérite, ses formes cliniques et sa pathogénie. (*Collez. ital. di lett. sulla méd.*, vol. II, n° 10.) — Traitement des plaies artérielles du membre thoracique par les ligatures au catgut phéniqué, par FAUCON. (In-8°, Lille.)

Arthrite. — (*Gaz. Hôp.*, p. 12.) — Arthrite blennoragique. (*Gaz. Hôp.*, p. 618.) (*Revue des Sciences méd.*, t. XXII, p. 275.) — Congestions et hémoptysies pulmonaires chez les arthritiques. (*Gaz. Hôp.*, p. 947.) (*Prog. méd.*, p. 671.) (*France méd.*, t. II, p. 305.) (*Thérap. contemp.*, p. 600.) — Arthrite cervicale. (*Gaz. méd. Par.*, p. 38, 51, 86.) (Périodes tardives d'arthrite. (*Gaz. méd. Par.*, p. 437.) — Arthrite suppurée du genou. (*Prog. méd.*, p. 957.) — Arthrite fongeuse. (*Prog. méd.*, p. 38.) — Arthrite noueuse. (*Revue des Sciences méd.*, t. XXI, p. 657.) — Arthrite tuberculeuse primitive ou tuberculose des synoviales articulaires. (*Union méd.*, t. XXXVI, p. 416.). — Arthrites tuberculeuses et scrofuleuses. (*Revue des Sciences méd.*, t. XXI, p. 657.) — Arthrites puerpérales. (*Paris méd.*, p. 601.) — Arthrite intermittente. (*Abeille méd.*, p. 103.) — Arthrites syphilitiques. (*Revue de thérap.*, p. 276.) (*Revue des Sciences méd.*, t. XXI,

p. 250, 251.) — Arthrites génitales. (*Ibid.*, p. 512.) — Sur trois cas d'arthrite tuberculeuse du coude. (*Berlin. klin. Woch.*, 7 mai.) — Un cas d'arthrite purulente atypique du genou. (*Med. Pribawlen, K. Morsk, Sbornikou*, mars.) — De l'arthrite génitale survenue pendant la grossesse et dans le cours de la lactation, par GEORGIADES. (*Thèse de Paris*, 21 juillet.) — Plaie pénétrante du coude, par aiguille. — Arthrite suppurée, résection par deux incisions latérales. — Guérison avec mouvements. (*Med. Times*, t. II, p. 98.)

Arthropathies. — Et inflammations tuberculeuses périarticulaires. (*Union méd.*, t. XXXV, p. 521.) — Arthropathies pseudo-rhumatismales dans les maladies infectieuses. (*Concours méd.*, p. 482.) — Des arthropathies et leur traitement par l'arthrotomie antiseptique, par FIBICH. (*Thèse de Paris*, 8 juin.)

Arthrophytes du genou. — (*Union méd.*, t. XXXV, p. 118.) — Des arthrophytes et de leur traitement, par FIBRICH ; Bibliogr. (*Bull. gén. de thérap.*, p. 429.) — Etude sur les arthrophytes entroarticulaires du genou considérés surtout au point de vue de leur traitement. (*Bull. gén. de thérap.*, p. 528.) *Voy. aussi :* Corps articulaires.

Articulation. — Radio-carpienne, sa résection. (*Union méd.*, t. XXXV, p. 586). — Extention forcée des articulations. (*Courrier méd.*, p. 88.) — Manière de procéder à l'extension des articulations. (*Revue méd.*, t. I, p. 266.) — Mobilité des articulations du bassin. (*Revue des Sciences méd.*, t. XXII, p. 590.) — De la laxité des articulations. (*Ibid.*, t. XXI, p. 658.) — De la cause du relâchement des articulations, chez les rachitiques. (*Ibid.*, t. XXII, p. 297.) — Atrophie des articulations. (*Ibid.*, t. XXI, p. 604.) — Des fractures interarticulaires. (*Ibid.*, t. XXI, p. 294.) — Corps articulaires du genou. (*Ibid.*, t. XXII, p. 296.) — Du cubitus valjus. (*Ibid.*, p. 618.) — Exostose du fémur intéressant l'articulation du genou. (*Ibid.*, t. XXI, p. 274.) — Tuberculose des articulations. (*Ibid.*, p. 657.) — Atrophie musculaire consécutive aux lésions des articulations. (*Ibid.*, p. 657.) — Contracture réflexe consécutive au traumatisme. (*Ibid.*, p. 657.) — Résection de l'articulation du coude. (*Ibid.*, p. 658.) — Résection du genou. (*Ibid.*, p. 658.) — Résultats définitifs des résections du membre supérieur. (*Ibid.*, p. 657.) — Trois faits de névroses articulaires. (*Berlin. klin. Woch.*, 23 avril.) — Lésion nerveuse du membre inférieur, destruction rapide de l'articulation correspondante du genou par les excès de marche. (*Ibid.*, 23 avril.) — Articulation du côté sain dans la coxalgie. (*Thèse de Paris*, 3 août.) — Des signes et du traitement au début de la coxalgie tuberculeuse chez les enfants, par SIMONNEAUX. (*Thèse de Paris*, 19 juillet.) — Présentation d'une articulation du genou complètement détruite en l'espace de huit jours à la suite d'une piqûre de la région dorsale. (*Deut. Gesells. fur Chir.* XIIe congrès.) — Contribution à l'étude des corps mobiles des articulations et de leur traitement, par CASTELLI. (*Thèse de Montpellier.*) — De la coxalgie cotyloïdienne, des lésions de la cavité cotyloïde dans la coxalgie, par DHOURDIN. (*Thèse de Paris*, 29 nov.) — Du traitement des hématomes du genou par la compression et l'immobilisation, par DUPRÉ. (*Thèse de Paris*, 12 déc.)

Aryténoïdes. — Carie des aryténoïdes cartilages. (*Gaz. Hôp.*, p. 580.) (*France méd.*, t. II, p. 11.)

Arythéno-épiglottiques. — Abcès des replis. (*France méd.*, t. II, p. 10.)

Ascarides lombricoïdes. — Accidents réflexes déterminés par les ascarides lombricoïdes dans l'intestin de l'enfant (*Bul. acad. méd. p.* 102.) — Invagination intestinale provoquée par des ascarides. (*Gaz. Hôp.*, p. 1060.) (*Revue méd.*, t. II, p. 758.) — Ascarides vermiculaires. Traitement. (*Prog. méd.*, p. 980.) (*Courrier méd.*, p. 437.) — Mort causée par les ascarides. (*Praticien*, p. 473.) — Ascarides (*Revue de thérap.*, p. 391.) — Ascarides simulant une attaque de choléra. (*Revue des Sciences méd.*, t. XXI, p. 182.) — Perforation des intestins par les ascarides. (*Ibid.*, p. 182.) — Péritonite simulée par la présence d'ascarides dans l'intestin. (*Ibid.* p. 182.) *Voy. aussi :* Entozoaire.

Ascite. — Faradisation contre l'ascite. (*Sem. méd.*, p. 359.) (*Prog. méd.*, p. 53.) — De l'ascite. (*Revue des Sciences méd.*, t. XXII, p. 92, 219.) — Trois cas d'ascite dite essentielle et quelques considérations relatives à cette variété d'ascite. (*France méd.*, t. II, p. 301, 303, 325.) — Traitement par la pilocarpine. (*Paris méd.*, p. 610.) — Etude sur les ascites chyliformes. (*Gaz. méd. Nantes,* p. 190.)

Asclépias. — Action de l'asclépias. (*Revue des Sciences méd.*, t. XXI, p. 96.)

Asepticité des sels de cuivre. (*Union. méd.*, t. XXXVI, p. 549.)

Asiles d'aliénés. — (*France méd.*, t. II, p. 560, 562, 838, 891.)

Asphyxie. — Par la vapeur de charbon. (*Bul. acad. méd.*, p. 1073.) — Un phénomène de l'asphyxie par le charbon. (*Concours méd.*, p. 469.) (*L'art méd.*, t. LVII, p. 301.) — Asphyxie par briquettes. (*Journ. de méd. et de chir. prat.*, p. 46.) — Secours aux asphyxiés. (*Bul. acad. méd.* p. 48.) — Asphyxie d'un nouveau-né avec persistance des battements du cœur (*Paris méd.*, p. 485.) — Traitement de l'asphyxie des nouveau-nés. (*Union méd.*, t. XXXV, p. 64, 787.) — Asphyxie toxique (*Union méd.*, t. XXXV, p. 776.) — Non toxique. (*Ibid.*, p. 776.) (*Revue des sciences méd.*, t. XXII, p. 569.) — Asphyxie par immersion (*Courrier méd.*, p. 200.) — Asphyxie locale et gangrène palustre (*Thérap. contemp.*, p. 436.) — Asphyxie traitée par l'oxygène. (*L'art méd.*, t. LVII, p. 309.) — Influence de la pression et de la température sur l'asphyxie et l'intoxication des poumons. (*Revue méd.*, t. II, p. 759.) — Des asphyxies toxiques, par Artigalas. (*Thèse d'agrégation de Paris.*)

Aspirateur de Creuzan. — (*Journal de méd. et de chir. prat.*, p. 420.)

Assainissement de la Seine. — Travaux de la Commission technique. (*Bul. acad. méd.*, p. 1352.) — Travaux de la Commission du Hâvre. (*Bul. acad. méd.* p. 1103.) — Travaux de la Compagnie Romaine. (*Bul. acad. méd.* p. 699).

Assassins. — Cerveaux d'assassins. (*Revue méd.*, t. I, p. 76.)

Assistance médicale. — Service de l'assistance médicale et de la vaccine en Meurthe-et-Moselle en 1882. (*Bul. acad. méd.*, p. 1070.)

Ataxie. — Recherches sur les causes de l'ataxie locomotrice. (*Bul. acad. méd.*, p. 977, 1450.)— Son traitement. (*Paris méd.*, p. 549.) (*Courrier méd.*, p. 433.)— Par le chlorure d'or et le platine. (*Ibid.*, p. 140.) — Accidents cutanés et autres. (*Gaz. hôp.*, p. 931.) (*Gaz. méd. Par.*, p. 417, 523, 356.) (*Prog. méd.*, p. 717.) (*France méd.*, t. II, p. 359.) (*Courrier méd.*, p. 315.) — D'origine syphilitique. (*Gaz. hôp.*, p. 580.) (*Gaz. méd. Par.*, p. 160, 173, 184, 194, 332.) (*Progr. méd.*, p. 574, 536.) (*France méd.*, t. II, p. 9, 761.) (*Union méd.*, t. XXXV, p. 116, 289, 297, 532, 538.) — Locomotrice progressive. (*Gaz. hôp.*, p. 555, 561 586.) — Dangers du seigle ergoté dans l'ataxie locomotrice progressive. (*Prog. méd.*, p. 201.) (*Ibid.*, p. 50.) — A début et symptômes anormaux. (*Gaz. hôp.*, p. 202.) — Un cas d'ataxie terminé par de la paralysie générale. (*France méd.*, t. II, p. 364.) — Lésions bulbaires, crises laryngées. (*Gaz. hôp.*, p. 486.) (*Prog. méd.*, p. 412.) — De l'élongation des nerfs chez les ataxiques. (*Progr. méd.*, p. 225.) (*Union méd.*, t. XXXV, p. 392.) — Ataxie thérapeutique des hystériques. (*France méd.*, t. I, p. 606.) — Ataxie locomotrice par névrites périphériques, nervotabès périphérique. (*France méd.*, t. II, p. 605.) (*Abeille méd.*, p. 149.) — Ataxie héréditaire. (*Union méd.*, t. XXXV, p. 299.) — Ataxie avec lésion des cordes vocales inférieures. (*Union méd.*, t. XXXV, p. 794.) — Sur une forme particulière de crises gastriques non gastralgiques dans l'ataxie locomotrice progressive. (*Union méd.*, t. XXXVI, p. 11.) — Phénomènes irréguliers. (*Ibid.*, p. 59.) — Consécutive à la rupture d'un scaphandre. (*Ibid.*, p. 201, 390.) — Troubles trophiques. (*Ibid.*, p. 421.) — Altérations des cordons médullaires postérieurs dans leurs rapports avec la curabilité de l'ataxie locomotrice. (*Ibid.*, p. 565, 595.) — Crises douloureuses urétro-vésicales et rénales dans l'ataxie locomotrice. (*Paris méd.*, p. 169.) — Troubles mentaux dans l'ataxie locomotrice. (*Paris méd.*, p. 329.) — Ataxie spinale diphthérique. (*Paris méd.*, p. 148.) — Curabilité et traitement de l'ataxie. (*Abeille méd.*, p. 314.) (*Revue des Sciences méd.*, t. XXI, p. 125.) — Thérapeutique. (*Revue de thérap.*, p. 212.) — Fractures chez les ataxiques. (*Journ. de méd. et de chir. prat.*, p. 439.) — Diagnostic différentiel de l'ataxie et de la paralysie générale. (*Revue des Sciences méd.*, t. XXI, p. 275.) — Laryngite de l'ataxie. (*Ibid.*, t. XXII, p. 732.) — *Voy. aussi :* Moelle.

Atélectasie. — Pulmonaire à gauche, guérison. (*Gaz. Hôp.*, p. 786.) (*Revue des Sciences méd.*, t. XXII, p. 662.) — De l'atélectasie. (*Gaz. Hôp.*, p. 722, 732, 746, 755.)

Athérôme généralisé. (*Prog. méd.*, p. 849.)

Athétose. — Traitée par l'élongation. (*Paris méd.*, p. 198.) — Observation d'athétose. (*Revue des Sciences méd.*, t. XXI, p. 581.)— Chez les aliénés. (*Ibid.*, p. 278.)

Athrepsie. — Son traitement. (*Gaz. méd. Algérie*, p. 6.)

Atmosphère. — Organismes vivants de l'atmosphère. (*Bul. acad. méd.*, p. 609.) — Atmosphère raréfiée; ses effets toxiques. (*Courrier méd.*, p. 259.) — Action des hautes pressions sur l'organisme. (*Revue des*

t. XXI, p. 99.) — Moyen de rendre inoffensives les injections de morphine en ajoutant de l'atropine. (*Ibid.*, t. XXI, p. 113.)

Attentats à la pudeur. — (*Sem. méd.*, p. 139, 170.) (*France méd.*, t. II, p. 881.)

Atténuation des virus. — (*Bul. acad. méd.*, p. 332, 395, 416, 569, 547, 985, 1239, 1372.) (*Gaz. méd. Par.*, p. 133.) — Par la chaleur. (*Journ. méd. et de chir. prat.*, p. 181.) — Eau oxygénée comme moyen d'atténuation des virus. (*Bul. acad. méd.*, p. 3.) — Atténuation des cultures virulentes. (*Gaz. méd. Par.*, p. 115, 138.)

Attitude. — De l'homme au point de vue de l'équilibre du travail et de l'expression. (*Revue des Sciences méd.*, t. XXII, p. 447.)

Audiomètre. — Du Dr Ladreit de Lacharrière. (*Union méd.*, t. XXXV, p. 34.)

Audition. — L'audition colorée. (*Union méd.*, t. XXXVI, p. 387.) (*Revue des Sciences méd.*, t. XXII, p. 704.) — Influence des tumeurs adénoïdes du pharynx sur l'audition. (*Revue des Sciences méd.*, t. XXII, p. 718.) — Audition chez les serruriers et les forgerons. (*Ibid.*, t. XXI, p. 721.)

Auscultation. — Des bruits œsophagiens durant la déglutition. (*Bul. acad. méd.*, p. 1087.) (*France méd.*, t. II, p. 403.) — Auscultation de la parole à la surface de la tête. (*Journ. de méd. et de chir. prat.*, p. 96.) — Précis d'auscultation. (*France méd.*, t. II, p. 834.) — De la production en dehors de l'organisme des signes pulmonaires donnés par l'auscultation et la percussion. (*France méd.*, t. II, p. 401.) De l'auscultation des vaisseaux cruraux. (*Prag. Zeits. f. Heilk.*, t. III.)

Auto-inoculation traumatique. — (*Gaz. Hôp.*, p. 933.) (*Sem. méd.*, p. 224.) (*Gaz. méd. Par.*, p. 413.) (*Prog. méd.*, p. 696.) (*France méd.*, t. II, p. 332.) (*Courrier méd.*, p. 326.) (*Revue de thérap.*, p. 545.) (*Journ. de méd. et de chir. prat.*, p. 472.)

Autopsie. — De Gambetta. (*Gaz. méd. Par.*, p. 45.)

Aveugles. — Les aveugles au Japon. (*Union méd.*, t. XXXVI, p. 357.)

Avoine. — Note sur la propriété excitante de l'avoine. (*Union méd.*, t. XXXV, p. 69.) (*Abeille méd.*, p. 43.) — Avoine et avenine. (*Thérap. contemp.*, p. 340.) (*Bull. gén. de thérap.*, p. 430.)

Avortement. — Parotidite suppurée après péritonite, suite d'avortement. (*Gaz. hôp.*, p. 659.) — Avortement provoqué dans les cas de cécité albuminurique pour prévenir l'éclampsie. (*Paris méd.*, p. 415.) (*Courrier méd.*, p. 308.) — Traitement de l'avortement. (*Paris méd.*, p. 44.) — De la conduite à tenir en cas d'avortement. (*Concours méd.*, p. 579.) — Emploi du sulfate de quinine pour prévenir l'avortement. (*Courrier méd.*, p. 398.) — Avortement provoqué par la diphthérie. (*Concours méd.*, p. 481.) — Avortement et épidémies puerpérales. (*Ibid.*, p. 577.) — Usage de la curette dans les avortements. (*Abeille méd.*, p. 160.) — Avortement terminé par l'électricité. (*Revue méd. chir. des mal. des femmes*, p. 688.) — Rétention du placenta après l'avortement. (*Bull. gén. de thérap.*, p. 128.) — Sensations perçues pendant les manœuvres de l'avortement.

B

biliaires. (*Union méd.*, t. XXXV, p. 808.) — De l'emploi du bain antiseptique dans quelques cas spéciaux. (*Union méd.*, t. XXXVI, p. 309, 322.) — Bains de pieds chaud, effets physiologiqnes. (*Ibid.*, p. 974.) — Bain de sublimé contre l'ophthalmie conjonctivale. (*Ibid.*, p. 1024.) — Les bains de Baden, en Suisse. (*Ibid.*, p. 13.) — Bains froids, leur emploi dans le traitement de l'érysipèle. (*Ibid.*, p. 143.) — Bains antiseptiques prolongés dans le traitement des affections chirurgicales du membre supérieur. (*Paris méd.*, p. 159.) — Bains sulfureux. (*Paris méd.*, p. 416.) — Bains de mer, (*Courr. méd.*, p. 250, 285, 293.) — Bains froids dans la fièvre puerpérale. (*Ab. méd.*, p. 344.) — Action thérapeutique des bains froids. (*Revue méd.*, t. I, p. 64.) — Bains prolongés chez les enfants. (*Revue méd.*, t. II, p. 733.) — Effets thérapeutiques des bains russes. (*Ibid.*, t. II, p. 599.) — Bains de mer, influence sur la température. (*Journ. de méd. et de chir. prat.*, p. 415.) — Traitement de la phthisie et de l'emphysème pulmonaire par les bains d'air comprimé. (*Bul. gén. de thérap.*, p. 46.) — Bains salés. (*Revue thérap.*, p. 583.) — Influence du bain sur la pression sanguine et la sécrétion urinaire. (*Revue Sc. méd.*, t. XXII, p. 75.) — Bains électriques. (*Ibid.*, t. XXI, p. 113.) — Traitement du rhumatisme pur les bains froids. (*Ibid.*, t. XXII, p. 81, 85.) — Traitement de l'éclampsie par les bains chauds. (*Ibid.*, p. 601.) — Bain de vapeur russe contre la diphtérie. (*Ibid.*, p. 138.) — Bains d'air chaud au lit. (*Ibid.*, p. 199.) — Des bains de mer en général, et sur les rives méridionales de la Crimée en particulier. (*Mediz-Obosren.*, fév. et mars.) — Sur les effets physiologiques du bain russe. (*Wratch*, n° 5.) — Nouvelles recherches sur les effets des bains de boues. (*Berlin. klin. woch.*, 9 avril.) — Du traitement de la sciatique par les bains chauds. (*Ibid.*) — Méthodes d'évaluation de la teneur des bains salés et de boues. (*Ibid.*) — Les bains d'eau salée. (*Lyon méd.*, p. 265, 24 juin.) — Des bains de vapeur donnés sur une chaise. (*Corr. Blatt. f. Schweizer Aerzte*, 1ᵉʳ août.) — Des bains chauds donnés dans le lit. (*Ibid.*, p. 381.)

Balanite. — Chancrelleuse. (*Revue thérap.*, p. 44.)

Balano-posthite. — Des diabétiques. (*Gaz. hôp.*, p. 132.) — Parasitaire. (*Paris méd.*, p. 199.) (*Journ. de méd. et de chir. prat.*, p. 129.)

Balles. — Cautérisation de leur extraction. (*Paris méd.*, p. 598.) (*Bull. gén de thérap.*, p. 286.)

Balsamiques. — Abus des balsamiques. (*Revue méd.*, t. II, p. 770.)

Baroba. — (*Paris méd.*, p. 358.)

Baryte. — Contre-poison de la baryte. (*Revue méd.*, t. I, p. 127.)

Basedow. — Sur la maladie de Basedow. (*Prog. méd.*, p. 547.) (*Thérap. contemp.*, p. 284.)

Basiotribe. — (*Bul. acad. méd.*, p. 1425.)

Bassin. — Rétrécissement du bassin. (*Gaz. hôp.*, p. 417.) (*Journ. d'acc.*, Liège, p. 13, 77, 195, 237, 249, 261, 273, 285, 290.) — Ostéomalacie, céphalotripsie. (*Ibid.*, p. 290.) — Influence de la luxation coxofémorale sur la conformation du bassin. (*Revue méd.*, t. II, p. 504.) — Bassin rétréci.

(*Revue thérap.*, p. 73.) — Degré d'adhérence du péritoine au bassin. (*Revue Sc. méd.*, t. XXII, p. 226.) — Bassin des esthoniennes. (*Ibid.*, p. 250.) — Bassin spondylolisthésique. (*Ibid.*, p. 596.) — Du cranioclaste et de la céphalotripsie dans les bassins rétrécis. (*Ibid.*, p. 266.) — Sarcome du bassin simulant une coxalgie. (*Berlin. klin. woch.*, 4 juin.)

Battements du cœur. — Leur persistance après la destruction du bulbe chez un fœtus. (*Courr. méd.*, p. 223.) (*Thérap. contemp.*, p. 663.)

Baume antirhumatismal. — (*Sem. méd.*, p. 271.)

Bec-de-lièvre. — (*Gaz. hóp.*, p. 721.) — Double. (*Ibid.*, p. 969.) — Unilatéral opéré une première fois à quatre mois. (*Ibid.*, p. 852.) — Opération du bec-de-lièvre. (*Revue méd.*, t. II, p. 490.) — Complication de l'opération. (*Revue mens. des mal. de l'enfance*, p. 461.) — Sur l'opération du bec-de-lièvre. (*Berlin. klin. woch.*, 14 mai.) — De la saillie de l'os intermaxillaire dans le bec-de-lièvre. (*Verhandl. d. Gesell. f. chir.*, 12e congrès.)

Bégaiement. — Compliqué de tics coordonnés. (*Gaz. méd. Paris*, p. 536, 548.)

Belladone. — Extrait de belladone. (*Bull. acad. méd.*, p. 1489.) — La belladone dans la hernie étranglée. (*Union méd.*, t. XXXV, p. 829.) — La belladone dans l'obstruction intestinale. (*Ibid.*, p. 1057.) — Emploi du chloroforme comme antidote de la belladone. (*Courr. méd.*, p. 297.) — Richesse en alcaloïde de la belladone. (*Ibid.*, p. 134.) — Belladone et éruptions médicamenteuses. (*Concours méd.*, p. 321.) — Empoisonnement par l'extrait de belladone. (*Ab. méd.*, p. 15.) — Diphtérie simulant un empoisonnement par la belladone. (*Revue Sc. méd.*, t. XXII, p. 152.)

Benzine. — Des accidents produits par la benzine et la nitro-benzine. (*Prog. méd.*, p. 751.)

Benzoïque (acide). — Production des benzoïques par la fermentation. (*Revue Sc. méd.*, t. XXII, p. 454.)

Berberis aquifolium. — Antisyphilitique. (*Paris méd.*, p. 358.)

Béribéri. — (*Bull. acad. méd.*, p. 852, 866, 882.) (*Sem. méd.*, p. 175.) (*Union méd.*, t. XXXVI, p. 806.) (*Courr. méd.*, p. 238.) — Béribéri et lathyrisme médullaire. (*Concours méd.*, p. 349.) (*Ab. méd.*, p. 379.) (*Revue méd.*, t. II, p. 96.) (*Revue de thérap.*, p. 218.) — Rapport de la névrite multiple périphérique et du béribéri. (*Revue sc. méd.*, t. XXI, p. 544.) — Le béribéri. (*Med. Pribaw., K. Morsk, Sbornikou*, mai, juin et juillet.)

Biberon. — Alimentation des enfants au biberon. (*Bull. acad. méd.*, p. 1203.)

Bibliothèque. — La future bibliothèque de l'école de médecine de Paris. (*Union méd.*, t. XXXVI, p. 676.) — De la Faculté de médecine. (*Ibid.*, p. 723.)

Bicarbonate. — Formation des eaux bicarbonate ferrugineuses. (*Revue Sc. méd.*, t. XXI, p. 514.)

Biceps huméral. — Insertion anormale. — (*Gaz. méd. Paris*, p. 285.)

Bichlorure d'éthylène. — Mort à la suite de son administration. (*Union méd.*, t. XXXVI, p. 561.)

Bichlorure de mercure. — Dans les affections nasales. (*Journ. de méd. et de chir. prat.*, p. 556.)

Bichlorure de méthylène. — (*Prog. méd.*, p. 344.) (*France méd.*, t. I, p. 583, 624.) (*Union méd.*, t. XXXV, p. 764, 757.)

Bichromate de potasse. — Son action toxique et son emploi thérapeutique. (*Union méd.*, t. XXXVI, p. 911.) (*Revue méd.*, t. I. p. 735.) — Accidents produits par le bichromate de potasse chez les ouvriers teinturiers. (*Revue Sc. méd.*, t. XXII, p. 510.)

Bichromatisation. — (*Courr. méd.*, p. 331.)

Bière. — La consommation de la bière dans les hôpitaux de Paris. (*Prog. méd.*, p. 448, 492.) (*France méd.*, t. I, p. 883.) (*Union méd.*, t. XXXV p. 1049.) *Courr. méd.*, p. 291.) (*Concours méd.*, p. 302.)

Bifidité du gros orteil. — (*Gaz. méd. Paris*, p. 415.) (*Revue thérap.*, p. 546.)

Bile. — Réaction de la bile. (*Revue Sc. méd.*, t. XXII, p. 458.) — Digestion des graisses par la bile. (*Ibid.*, p. 29.) — Passage des médicaments par la bile après leur résorption par la muqueuse rectale. (*Ibid.*, t. XXI, p. 90.)

Biliaire. — Extirpation de la vésicule biliaire. (*Ab. méd.*, p. 175.) (*Revue Sc. méd.*, t. XXII, p. 314.) — Accumulation de calculs dans la vésicule biliaire et le canal cystique; obstruction, mort. (*Med. News*, 3 mars.) — Cancer du duodenum, abcès et perforation de la vésicule biliaire, péritonite mortelle. (*Med. Times*, 21 avril.) — Cancer du canal cholédoque. (*New York Med. Journ.*, 26 mai.)

Bismuth. — Traitement de la sueur fétide des pieds par le sous-nitrate de bismuth. (*Bull. acad. méd.*, p. 352.) — Toxicité du bismuth. (*Revue de thérap.*, p. 135.) (*Thérap. contemp.*, p. 621.)

Blé. — Fièvre des jaugeurs de blé. (*Revue Sc. méd.*, t. XXII, p. 510.)

Blennorrhagie. — Arthrites. (*Gaz. hôp.*, p. 618.) — Et fièvre typhoïde. (*Ibid.*, p. 141.) — Influence des diathèses sur l'évolution de la blennorrhagie. (*Sem. méd.*, p. 117.) — Note sur un cas de fistule vestibulo-uréthrale d'origine blennorrhagique. (*France méd.*, t. II, p. 433.) — Potion contre la blennorrhagie. (*Union méd.*, t. XXXV, p. 574.) — Notes sur les microbes de la blennorrhagie. (*Ibid.*, p. 1016.) — Gonococcus de la blennorrhagie. (*Paris méd.*, p. 40.) — Blennorrhagie localisée chez la femme. (*Ibid.*, p. 126.) — Blennorrhagie uréthrale traitée par le crayon d'iodoforme. (*Paris méd.*, p. 201.) — Traitement abortif. (*Ibid.*, p. 417.) — Traitement par l'eau chaude. (*Ibid.*, p. 214.) — Traitement par les injections au bromure de potassium. (*Courr. méd.*, p. 35.) — Traitement par le tannate de glycérine. (*Ibid.*, p. 71.) — Nature et traitement. (*Concours méd.*, p. 304, 435.) — De la blennorrhagie. (*Revue méd.*, t. II, p. 692.) — Traitement de la blennorrhagie chronique. (*Journ. de méd. et de chir.*

prat., p. 496.) — Traitement de l'uréthrite chronique et de la cystite consécutive à une blennorrhagie. (*Bull. gén. de thérap.*, p. 462.) — Blennorrhagie. (*Revue de thérap.*, p. 106, 305, 330, 441, 540, 554.) (*Thérap. contemp.*, p. 486, 512.) — Formes atténuées de l'ophthalmie blennorrhagique. (*Revue Sc. méd.*, t. XXII, p. 327.) — Inoculation du pus blennorrhagique pour le pannus des cornées. (*Ibid.*, p. 328.) — Traitement antiparasitaire de la blennorrhagie uréthrale. (Insuccès du permanganate.) (*Lyon méd.*, 1ᵉʳ juillet.)

Blépharite. — Granulo-ulcéreuse. (*Gaz. méd. Par.*, p. 8.) — Chronique, tuberculeuse. (*Union méd.*, t. XXXV, p. 378.) (*Revue de thérap.*, p. 71.) (*Revue Sc. méd.*, t. XXII, p. 325.)

Blépharospasme. — Traitement. (*Revue de thérap.*, p. 132.)

Blessés. — Secours aux blessés. (*France méd.*, t. I, p. 448.) — Transport des blessés. (*Ibid.*, t. II, p. 607.) — Blessures et blessés. (*Concours méd.*, p. 530, 542.)

Blessures. — Par flèches empoisonnées. (*Bull. acad. méd.*, p. 1369.) — Remèdes contre ces blessures. (*Ibid.*, p. 496.) — De la cornée. (*Gaz. hôp.*, p. 852.) — Par armes à feu. (*Courr. méd.*, p. 389.) — Blessure chez un hépatique. (*Revue de thérap.*, p. 515.)

Borate de soude. — (*Sem. méd.*, p. 18.) (*Revue méd.*, t. II, p. 84.) — Son élimination. (*Revue de thérap.*, p. 101.)

Borax et psoriasis. — (*Praticien*, p. 607.) (*Revue Sc. méd.*, t. XXI, p. 642.)

Boriline. — (*Paris méd.*, p. 453.)

Borique. (Acide.) — Dans la vaginite. (*Journ. de méd. et de chir. prat.*, p. 128.) — Dans les conjonctivites. (*Ibid.*, p. 248.) — Acide borique dans la dacryocystite. (*Revue Sc. méd.*, t. XXI, p. 309.)

Boroglyceride. — (*Sem. méd.*, p. 17.)

Botal. — Persistance du trou de botal. (*Progr. méd.*, p. 449.)

Bothriocéphales. — (*Gaz. hôp.*, p. 293, 395.) (*Sem. méd.*, p. 59, 89.) (*Gaz. méd. Paris*, p. 211.) (*Prog. méd.*, p. 589.) (*Union méd.*, t. XXXV, p. 295, 977, 978.) (*Concours méd.*, p. 296.) (*Revue méd.*, t. I, p. 467.) (*Journ. de méd. et de chir. prat.*, p. 233.) (*Revue de thérap.*, p. 210.) (*Praticien*, p. 7, 187.) (*Revue Sc. méd.*, t. XXI, p. 186.)

Bouche. — Prothèse de la bouche. (*Gaz. hôp.*, p. 796.) — Tumeur dermoïde du plancher de la bouche. (*Ibid.*, p. 939.) — Vices de conformation de la bouche chez un nouveau-né. (*Ibid.*, p. 707.) — Hydroa de la bouche. (*Revue Sc. méd.*, t. XXI, p. 626.) — Syphilome de la cavité de la bouche. (*Ibid.*, p. 249.) — Hypertrophie de la lèvre inférieure, opération. (*Clin. soc. med. Times*, 27 janv.)

Bouchon cérumineux. — (*Praticien*, p. 346.)

Bougies médicamenteuses. — (*Sem. méd.*, p. 287.) (*Union méd.*, t. XXXV, p. 444.) — Antiblennorrhagiques. (*Revue méd.*, t. I, p. 528.) (*Praticien*, p. 201.)

Bouillon. — Le bouillon dans les maladies. (*France méd.*, t. I, p. 555.)

Bourbonne-les-Bains. — Maladies infantiles aux eaux de Bourbonne-les-Bains. (*Revue mens. des mal. de l'enf.*, p. 174.)

Bourses. — Lésions des bourses séreuses sous-cutanées et tendineuses dans la syphilis secondaire. (*Union méd.*, t. XXXV, p. 32.) (*Revue Sc. méd.*, t. XXI, p. 767.)

Bouton d'Alep. — (*Revue Sc. méd.*, t. XXI, p. 628.)

Brand. — Méthode de Brand. (*Sem. méd.*, p. 42, 71.) (*Union méd.*, t. XXXVI, p. 381, 396.) (*Revue méd.*, t. I, p. 64.) (*Thérap. contemp.*, p. 50, 267.)

Branchies. — Carcinome branchies du cou. (*Rev. Sc. méd.*, t. XXI, p. 693.)

Bras. — Fracture comminutive de l'avant-bras. (*Progr. méd.*, p. 369.) Tumeur cancéreuse du bras. (*Ibid.*, p. 450.)

Bride congénitale enserrant un membre. — (*France méd.*, t. II, p. 559.) (*Courr. méd.*, p. 379.) — Amniotique. (*Thérap. contemp.*, p. 122.)

Brides. — Obésité. (*Journ. de méd. et de chir. pr.*, p. 222.)

Brightiques. — Examen des crachats chez les brightiques. (*Gaz. méd. Paris*, p. 273.) — Hérédité du mal de Bright. (*Paris méd.*, p. 101.)

Broderie. — Maladies d'hygiène des ouvriers en broderie. (*Revue Sc. méd.*, t. XXII, p. 510.) — Myopie des enfileurs de la broderie. (*Ibid.*, p. 510.)

Brôme. — Contre-poison du brôme. (*Revue méd.*, t. I, p. 127.)

Bronche. — Remarques cliniques sur le traitement de la bronchite aiguë. *Glasg. med. journ.*, t. XX, p. 181.)

Bromhydrosis pedum. — Traitement. (*Revue méd.*, t. II, p. 776.) (*Revue de thérap.*, p. 526.)

Bromoménorrhée. — Menstruation fétide. (*Concours méd.*, p. 59.)

Bromures. — Pathologie des bromures. (*Courr. méd.*, p. 90.) — Action comparée des bromures. (*Revue de thérap.*, p. 361.) —· Les bromurés. (*Ibid.*, p. 133.) — Bromure d'éthyle dans l'épilepsie et l'hystérie. (*Revue Sc. méd.*, t. XXI, p. 521.) — Tétanos traité par le bromure. (*Ibid.*, 295.) — Du diabète par les bromures. (*Ibid.*, t. XXII, p. 181.)

Bromure d'arsenic. — (*Sem. méd.*, p. 261.)

Bromure d'or. — Contre l'épilepsie. (*Prog. méd.*, p. 87.)

Bromure de potassium. — Guérison du diabète sucré et de la glycosurie par le bromure de potassium. (*Bull. acad. méd.*, p. 1005.) — Recherches expérimentales sur l'action du bromure de potassium. (*France méd.*, t. I, p. 520.) — Traitement de l'hystero-épilepsie compliquée de chorée. (*Bull. gén. de thérap.*, p. 118.)

Bronche. — Oblitération de la bronche droite. (*Prog. méd.*, p. 674.) — Dilatation des bronches. (*Ibid.*, p. 392.) — Kystes hydatiques du foie ouverts dans les bronches. (*Revue Sc. méd.*, t. XXI, p. 186.) — Syphilis des bronches. (*Ibid.*, t. XXII, p. 271.)

Bronchite. — Application du sphygmiographe à l'étude de la bronchite. (*Bull. acad. méd.*, p. 672.) — Foyers osseux multiples de nature tuberculeuse. (*Gaz. hôp.*, p. 978.) — Bronchite chronique traitée par l'iodoforme. (*Paris méd.*, p. 201.) — Pronostic et traitement. (*Concours méd.*, p. 172, 194.) — Bronchite fétide, hyposulfide de soude. (*Journ. de méd. et de chir. prat.*, p. 470.) — Traitement de la bronchite. (*Revue de thérap.*, p. 456, 457.) — (*Revue Sc. méd.*, t. XXII, p. 505.)

Broncho-pneumonie. — (*Gaz. hôp.*, p. 371.)

Bronchorrhée. — Potion contre la bronchorrhée. (*Union méd.*, t. XXXV, p. 11.)

Brucine. — Contre-poison de la brucine. (*Revue méd.*, t. I, p. 127.) — Propriétés antiseptiques de la brucine. (*Bull. gén. de thérap.*, p. 287.)

Bruits du cœur. — A distance. (*Sem. méd.*, p. 322, 358.) — *Gaz. méd. Paris*, p. 418.) — Dédoublement des bruits cardiaques. (*Ibid.*, p. 103.) — Diagnostic des bruits organiques et inorganiques du cœur. (*Union méd.*, t. XXXVI, p. 667, 682, 716.)

Bruits de galop. — (*Union méd.*, t. XXXV, p. 881, 898.)

Bruits fonctionnels gastriques et clapotage intestinal. — (*Thérap. contemp.*, p. 764.)

Bruits œsophagiens. — Auscultation durant la déglutition. (*Bull. acad. méd.*, p. 1087.)

Brûlures. — Remèdes contre les brûlures. (*Bull. acad. méd.*, p. 292, 1023, 1024.) — Brûlures intenses par le grisou. (*Ibid.*, p. 1114.) — Brûlures graves du cuir chevelu. (*Gaz. méd. Paris*, p. 115.) — Dangers de l'application de l'encre sur les brûlures. (*Union méd.*, t. XXXV, p. 358.) — Liniment. (*Ibid.*, p. 708.) — Brûlures. (*Courr. méd.*, p. 37.) — Leur traitement. (*Ibid.*, p. 218.) — Traitement des trois premiers dégrés (*Praticien*, p. 3.) — Troubles graves succédant aux brûlures étendues. (*Revue Sc. méd.*, t. XXII, p. 55.) — Essai de statistique médicale des brûlures. *Vratch.*, nᵒˢ 29 et 30.) — Un cas très compliqué de rétraction cicatricielle à la suite d'une brûlure. (*New-York med. journ.*, 23 juin.) — Brûlure grave suivie d'hémorrhagie intestinale par ulcération du duodénum, guérison. (*Glasg. med. journ.*, p. 357.)

Bubons. — Traitement abortif. (*Courr. méd.*, p. 27, 357.) — Par l'acide phénique. (*Ibid.*, p. 194.) (*Ab. méd.*, p. 176.) (*Journ. de méd. et de chir. prat.*, p. 75.) (*Revue de thérap.*, p. 487.) (*Praticien*, p. 83, 150.)

Bulbe rachidien. — Etat des muscles après la section du bulbe rachidien. (*Sem. méd.*, p. 55, 59.) — Lésions du bulbe. (*Ibid.*, p. 349.) — Compression du bulbe. (*Prog. méd.*, p. 29, 732.) — Section du bulbe. (*Ibid.*, p. 225, 244.) — Dégénérescences secondaires dans le bulbe. (*Revue Sc. méd.*, t. XXII, p. 188.) — Hypérémie et hémorrhagie du tube. (*Ibid.*, t. XXI, p. 593.)

C

Cabinet de travail. — Hygiène du cabinet de travail. (*Bull. acad. méd.*, p. 295.)

Cacao. — Cuivre dans les graines. (*Sem. méd.*, p. 67.)

Cachexie cardiaque. — (*Prog. méd.*, p. 50.)

Cactus. — Grandiflora dans le traitement du rhumatisme. (*Courrier méd.*, p. 94.) (*Par. méd.*, p. 94.) (*Bull. gén. thérap.*, p. 47.)

Cadavres. — Leur conservation par l'injection d'éther ou de chloroforme dans l'estomac. (*Paris méd.*, p. 173.) — Destruction des cadavres. (*Sem. méd.*, p. 321.) — Moulage des cadavres. (*Prog. méd.*, p. 272.) — Enlèvement des cadavres. (*Revue méd.*, t. I, p. 235.) — Leur dissolution. (*Rev. thérap.*, p. 405.) — Les ptomaines. Recherches physiques, physiologiques et médico-légales. (*Arch. Ital. de biol.*, t. II, n° 3.)

Caduque utérine. — Destruction. (*Sem. méd.*, p. 51.) — Desquamation particielle de la caduque utérine pendant la grossesse non suivie d'avortement. (*Prog. méd.*, p. 207.) — Expulsion sans avortement de la caduque. (*Revue méd.*, t. I, p. 435.)

Café. — Usage et abus du café. (*Bull. acad. méd.*, p. 863.) — Café et gaz du sang. (*Gaz. hôp.*, p. 1109.) — Effets physiologiques du café. (*Gaz. méd. Paris*, p. 149.) (*Prog. méd.*, p. 868.) — Son action sur la consommation d'aliments azotés et hydrocarbonés. (*Paris méd.*, p. 581.) — Dans la hernie étranglée. (*Abeille méd.*, p. 351.) (*Jour. méd. chir. prat.*, p. 367.)

Caféïne. — Son emploi dans les affections du cœur. (*Bull. acad. méd.*, p. 803.) — Empoisonnement par le citrate de caféïne. (*Union méd.*, t. XXXVI, p. 150.) — Etude physiologique et thérapeutique. (*Ibid.*, p. 593.) (*Concours méd.*, p. 667.) (*Bull. gén. thérap.*, p. 427.) — Injections hypodermiques. (*Revue Sc. méd.*, t. XXI, p. 111.)

Caïrine. — Action physiologique et thérapeutique de la caïrine. (*Union méd.*, t. XXXVI, p. 387.)

Cal. — Formation du cal. (*Revue Sc. méd.*, t. XXI, p. 81.)

Calabar. — Fève de Calabar contre la diarrhée. (*Revue sc. méd.*, t. XXII, p. 508.)

Calamine. — Dans l'eczéma. (*Jour. méd. prat.*, p. 33.)

Calamus. — Piqûre du bec du calamus. (*Sem. méd.*, p. 43, 51.) (*Prog. méd.*, p. 166.)

Calcification. — Des reins dans l'intoxication subaigüe par le sublimé corrosif. (*Gaz. méd. Paris*, p. 66.)

Calcifié. — Epithéliome calcifié des glandes sébacées. (*Gaz. méd. Nantes*, p. 135.)

Traitement du cancer du sein. (*Ibid.*, p. 213.) — Cancer épithélial du creux poplité, amputation de la cuisse. (*Union méd.*, t. XXXV, p. 862.) — Recherches sur les causes de sa fréquence. (*Ibid.*, t. XXXV, p. 915.) — Extirpation complète du cancer de l'utérus. (*Union méd.*, t. XXXVI, p. 387.) — Cancer encéphaloïde. (*Ibid.*, p. 646.) — Causes de l'accroissement dans le nombre des cancers. (*France méd.*, t. I, p. 658.) — Hérédité du cancer. (*Ibid.*, p. 498.) — Purpura à disposition symétrique survenu à la période ultime d'un cancer de l'estomac. (*France méd.*, t. II, p. 517.) — Diagnostic du cancer de l'estomac. (*France méd.*, t. II, p. 678.) — Cancer du col pendant l'accouchement. (*Journ. accouch. Liège*, p. 69.) Cancer utérin. (*Ibid.*, p. 69, 166, 244, 271, 269.) — Etude critique sur le traitement du carcinôme. (*Bull. gén. thérap.*, p. 48.) — Sur le cancer du corps tyroïde. (*Ibid.*, p. 189.) — Cancer épithélial ; curabilité. (*Thérap. contemp.*, p. 497.) — Cancer de l'estomac et laparotomie. (*Ibid.*, p. 505.) — Cancer de l'ovaire. (*Ibid.*, p. 171.) (*Revue méd. chir. mal. femmes*, p. 337.) — Cancer endothélial. (*Revue Sc. méd.*, t. XXI p. 456.) — Lymphangite. (*Ibid.*, p. 456.) — Transformations cancéreuses des néoplasmes bénins de la peau. (*Ibid.*, t. XXII, p. 622.) — Cancer de la base du crâne. (*Ibid.*, p. 557.) — Cancer de la pie-mère. (*Ibid.*, p. 557.) — Résection de l'intestin pour un cancer. (*Ibid.*, p. 686.) — Cancer opéré pendant la grossesse. (*Ibid.*, p. 258.) — Récidive de cancer après l'hystérotomie. (*Ibid.*, p. 243.) — Fait de carcinose aiguë généralisée (homme de 30 ans, carcinose mortelle en 5 semaines.) (*Charité-annales*, VII Jahrg, p. 383.) — Traitement du cancer. (*Arch. f. klin. chir.*, XXIX, 1.) — Sur le développement du cancer à la suite d'affections non malignes. (*New-York med. Journ.*, 30 juin.) — Recherches sur l'accroissement des maladies cancéreuses (*Brit. med. Journ.*, avril, p. 708.) — De l'origine locale des tumeurs malignes. (*Brit. med. Journ.*, p. 552, mars.) — Valeur des opérations précoces pour les tumeurs malignes. (*Trans. of. the americ. surg. ass.*, I, p. 253.) — Considérations sur l'étiologie du cancer et sur sa prophylaxie. (*Bull. acad. de méd. de Belgique*, XVII, n° 11.) — Epithéliome de la face né sur une verrue et mettant à nu le cerveau après destruction de l'éthmoïde. (*Berlin. Klin. Woch.*, 10 déc.)

Cancroïde. — De la mamelle. (*Gaz. hôp.*, p. 937.) — De la vulve (*Ibid.*, p. 1115.) — Du nez. (*Ibid.*, 1033.) — Du rectum. (*Ibid.*, p. 649.) — Du sein. (*Ibid.*, p. 969.) — Cancroïde de la peau. (*Revue Sc. méd.*, t. XXI, p. 632.)

Canons. — Anthropométriques. (*Bull. acad. méd.*, p. 208.)

Canabis indica. — (*Sem. méd.*, p. 342.) — D'un nouvel alcaloïde du canabis indica. (*Union méd.*, t. XXXVI, p. 575.) (*Paris méd.*, p. 538.) — Comme spécifique de la ménorrhagie. (*Bull. gén. thérap.*, p. 77.)

Cantharides. — Leur contre-poison. (*Revue méd.*, t. I, p. 239.) — Ulcère rond de l'estomac déterminé par les injections de cantharidine. (*Revue Sc. méd.*, t. XXI, p. 501.)

Cantharidine. — Toxicologie. (*Bull. acad. méd.* p. 989.) — Injection de cantharidine. (*Union méd.*, t. XXXV, p. 844.) (*France méd.*, t. II, p. 183.)

Caoutchouc. — Usage de la bande de caoutchouc. (*Revue Sc. méd.*, t. XXI, p. 283.) — Eléphantiasis des membres traité par la bande de caoutchouc. (*Ibid.*, p. 283.) — Traitement des entorses. (*Ibid.*, p. 658.)

Capacité. — Respiratoire des mammifères. (*Sem. méd.*, p. 35.)

Capillaires. — Nerfs des capillaires. (*Revue Sc. méd.*, t. XXI, p. 404.)

Carbamide. — Dans la fièvre intermittente. (*Revue Sc. méd.*, t. XXII, p. 92.)

Carbonate de plomb. — En application locale dans l'érysipèle. (*Bull. gén. thérap.*, p. 233.)

Carbonate de soude. — Influence de l'emploi persistant du carbonate de soude sur la composition du sang. (*Revue Sc. méd.*, t. XXI, p. 87.)

Carbone. — Empoisonnement par l'oxyde de carbone. (*Courrier méd.*, p. 281.) — Ses effets nerveux. (*Journ. méd. chir. prat.*, p. 472.)

Carbonimètre. — Et spiromètre. (*Bull. gén. thérap.*, p. 40.)

Carbonique (Acide). — Action de l'acide carbonique du sang sur le centre respiratoire. (*Revue Sc. méd.*, t. XXII, p. 428). — Exhalation d'acide carbonique dans la respiration. (*Ibid.*, t. XXI, p. 470.) — Anesthésie du larynx par l'acide carbonique. (*Ibid.*, t. XXII, p. 52.)

Cardia. — Cancer du cardia avec communication pulmonaire. (*Progr. méd.*, p. 431, 494.) — Relation entre le mal de Bright et l'hypertrophie cardiaque. (*Gaz. méd. Nantes*, p. 9.)

Cardialgie. — Avec névralgie costale. (*Gaz. hôp.*, p. 923.) (*Sem. méd.*, p. 223.) (*Gaz. méd. Par.*, p. 481.) — Etiopie. (*France méd.*, t. II, p. 161.) — Influence de la névralgie intercostale sur la cardialgie. (*Abeille méd.*, p. 238.) — Cardialgie d'origine intercostale. (*Journ. méd. chir. prat.*, p. 473.)

Cardiopathies. — Quelques considérations relatives au traitement des cardiopathies. (*Union méd.*, t. XXXVI, p. 11.) — Cardiopathies réflexes d'origine brachiale. (*Par. méd.*, p. 402.) — Réflexions sur quelques affections cardio-pulmonaires. (*Gaz. méd. Nantes*, p. 45.) — Cardiopathies et blennorrhagies. (*Revue thérap.*, p. 540.)

Carie. — Des aryténoïdes. (*Gaz. hôp.*, p. 580.) — Du larynx dans la fièvre typhoïde. (*Ibid.*, p. 487.) — Influence des microbes sur la carie dentaire. (*Gaz. méd. Par.*, p. 53.) — Carie vertébrale avec perforation de l'œsophage. (*Union méd.*, t. XXXV, p. 548.) — Carie dentaire traitée par l'iodoforme désinfecté. (*Par. méd.*, p. 142.) — Par la créosote solidifiée. (*Ibid.*, p. 346.) — Fistule consécutive à la carie dentaire. (*Revue méd.*, t. I, p. 287.) — Carie dentaire de la grossesse. (*Revue méd. chir. mal. femmes*, p. 290.) (*Revue Sc. méd.*, t. XXI, p. 690.)

Carmin. — Préparation de la masse neutre au carmin. (*Revue Sc. méd.*, t. XXI, p. 413.)

Carritte. — Diphtérie. (*Bull. acad. méd.*, p. 2.)

Carotide. — Perforation de la carotide consécutive à un abcès rétropharyngé. (*Par. méd.*, p. 19.) — Perforation ulcéreuse de la carotide interne. (*Revue méd.*, t. I, p. 779.) — Ligature des carotides dans l'épilepsie. (*Bull. gén. prat.*, p. 336.)

Cartilage. — De la chondrine, par Schwarz. (*Thèse Saint-Pétersbourg.*)

Cas. — Curieux de syncope pendant le coït. (*Journ. accouch. Liège*, p. 97.) — Cas d'absence de matrice. (*Ibid.*, p. 168.) — Cas de cystocèle compliquant le travail. (*Ibid.*, p. 170.) — Cas de grossesse avec hymen intact. (*Ibid.*, p. 145.) — Cas de polygalactie indéfinie. (*Ibid.*, p. 96.) — Cas de présentation de spina-bifida. (*Ibid.*, p. 153, 157.) — Cas d'hystérie guéri par la métallothérapie. (*Ibid.*, p. 156.) — Cas fort curieux. (*Ibid.*, p. 183.) — Cas tragique du Dr Edwards de Londres. (*Ibid.*, p. 88.)

Cascara amorca. — Antisyphilitique. (*Par. méd.*, p. 478.) (*Abeille méd.*, p. 296.) (*Revue thérap.*, p. 527.)

Casernement. — A pavillons isolés. Etat sanitaire dans un casernement. (*Bull. acad. méd.*, p. 457.) — Influence du casernement des troupes sur le développement de la fièvre typhoïde. (*Ibid.*, p. 949.) — Casernes Tollet. (*Sem. méd.*, p. 182.) — Sa réforme. (*Courr. méd.*, p. 103.)

Castration. — Chez une jument nymphomane. (*Bull. acad. méd.*, p. 1336.) — A gauche, hyperthrophie compensatrice du testicule à droite. (*Gaz. hôp.*, p. 233.) — Castration d'une hermaphrodite. (*Par. méd.*, p. 318.)

Carbures d'hydrogène. — Leur histoire. (*Bull. acad. méd.*, 649.)

Carcinose. — Etude sur la carcinose primitive généralisée. (*France méd.*, t. I, p. 279, 290, 301.)

Carcinome utérin. — De son traitement. (*Abeille méd.*, p. 166.) — Carcinome du sein ; un symptôme négligé. (*Revue méd. chir. mal. femmes*, p. 290.)

Cartilages aryténoïdes. — Carie des cartilages. (*Gaz. méd. Par.*, p. 297.) — Mécanisme de la guérison des plaies de cartilages. (*Revue Sc. méd.*, t. XXII, p. 56.) — Ossification des cartilages du larynx. (*Ibid.*, t. XXI, p. 10.)

Caséïne. — Transformation de la caséïne du lait. (*Revue Sc. méd.*, t. XXI, p. 34.)

Catalepsie. — Etat cataleptiforme dans les muscles. (*Gaz. hôp.*, p. 261.) — Paralysie provoquée. (*Ibid.*, p. 1115.) — Catalepsie dans un cas d'irritation spinale. (*Revue Sc. méd.*, t. XXII, p. 186.)

Cataplasmes. — Poudre de lin inaltérable. (*Bull. acad. méd.*, p. 1229.) (*Gaz. Hôp.*, p. 523.) (*Revue thérap.*, p. 49.)

Cataracte. — Extraction. (*Bull. acad. méd.*, p. 420-500.) — Leçons sur l'opération de la cataracte. (*Ibid.*, p. 611.) — Cataracte chez les diabétiques. (*Gaz. hôp.*, p. 605.) — Nécessité d'abandonner l'incision de l'iris dans l'extraction de la cataracte. (*Gaz. méd. Par.*, p. 7.) (*Union méd.*, t. XXXV, p. 778.) — Extraction de la cataracte dans le cas de catarrhe du sac lacrymal. (*France méd.*, t. I, p. 248.) — Du spray phéniqué dans

Cavernes. — Traitement local des cavernes. (*Courrier méd.*, p. 294.) — Base du poumon. (*Revue Sc. méd.*, t. XXI, p. 130.)

Cavité de Retzius. — Epanchement de sang dans la cavité. (*Gaz. méd. Paris*, p. 380.) — De l'accumulation du pus dans la cavité. (*Union méd.*, t. XXXVI, p. 480.) — Double cavité utérine. (*Revue méd. chir. mal. des femmes*, p. 406.)

Cécité. — Des mots. (*Gaz. hôp.*, p. 396, 426.) (*Sem. méd.*, p. 89.) (*Prog. méd.*, p. 22.) — Cécité et surdité verbales. (*Ibid.*, p.266.) — Prévention de la cécité. (*France méd.*, t. I, p. 468.)

Celtes. — Leurs idées et connaissances médicales. (*Bul. acad. méd.*, p. 1491.)

Cellules. — Note sur une espèce de granuleuse et ses relations avec la **sy**philis, le lupus, le rhinosclérome et la lèpre. (*Prog. méd.*, p. 447.) — Chimie des noyaux des cellules. (*Revue Sc. méd.*, t. XXII, p. 42.)

Celluloïde. — Fabrication du celluloïde. (*Revue Sc. méd.*, t. XXII, p. 511.)

Centres. — Psycho-moteurs. (*Bul. acad. méd.*, p. 1490.) — Centres coordinateurs des mouvements. (*Progrès méd.*, p. 245.) — Centre respiratoire. (*Gaz. hebd. Sc. méd. Bord.*, p. 122.)

Céphalalgie. — De croissance. (*Gaz. hôp.*, p. 450.) — Traitement. (*Prog. méd.*, p. 875.) (*Paris méd.*, p. 345, 539.) (*Gaz. méd. Nantes*, p. 118.) (*Journ. méd. chir. prat.*, p. 262.) (*Revue mens. mal. enf.*, p. 117, 165.) (*Praticien*, p. 546.)

Céphalée. — Traitement de la céphalée d'origine nerveuse. (*Abeille méd.*, p. 34.)

Céphalématome. — Tardif. (*Gaz. hôp.*, p. 206.) — Céphalématome traumatique du frontal ostéite. (*Paris méd.*, p. 145.)

Céphalotribe. — Nouveau de M. Tarnier. (*Journ. accouch. Liège*, p. 289.)

Céphalotripsie. — (*Gaz. hôp.*, p. 417.) (*Journ. accouch. Liège*, p. 13, 237, 273, 285, 290.) — Tête première et tête dernière. (*Praticien*, p. 116, 128, 104.) — Céphalotripsie sans broiement pour un rétrécissement du bassin. (*Revue Sc. méd.*, t. XXII, p. 266.) — Indication de l'extraction avec le cranioclaste. (*Samml. klin. vorträge*, n° 23.)

Cercueils. — En verre. (*France méd.*, t. I, p. 218.)

Céréales. — Cuivre dans les céréales. (*Bul. acad. méd.*, p. 252.) (*Revue Sc. méd.*, t. XXII, p. 528.)

Cérébrales. — Localisations. (*Gaz. hebd. Sc. méd. Bord.*, p. 169.) — Clinique chez les cérébraux. (*Revue méd.*, t. I, p. 253.) — Accidents **tardifs** après traumatismes. (*Journ. méd. chir. prat.*, p. 3110.)

Cercomonas intestinales. — Présence des cercomonas dans la sérosité intestinale. (*Gaz. méd. Par.*, p. 414.) (*Prog. méd.*, p. 697.) (*France méd.*, t. II, p. 354.) (*Revue méd.*, t. II, p. 390.)

Certamen. — De médecine mentale. (*Prog. méd.*, p. 218.) (*Union méd.*, t. XXXV, p. 240.)

Céruse. — Sa fabrication et celle du minium. (*Bull. acad. méd.*, p. 207.) ·

p. 276.) — De la porencéphalie. (*Ibid.*, t. XXII, p. 466.) — Ancéphalopathies transitoires. (*Ibid.*, p. 278.) — Ramollissement du cerveau chez les vieillards. (*Ibid.*, p. 566.) — Troubles psychiques consécutifs aux hémorrhagies du cerveau. (*Ibid.*, p. 577.) — Hémichorée posthémiplégique, suite de ramollissement du thalamus optique. (*Ibid.*, p. 565.) — Hémorrhagie du cerveau. (*Ibid.*, p. 556.) — Thrombose des sinus du cerveau. (*Ibid.*, p. 556.) — Tumeurs du cerveau chez l'enfant. (*Ibid.*, t. XXII, p. 611.) — Hypertrophie du cerveau chez l'enfant. (*Ibid.*, p. 613.) — Thrombose des sinus dans le choléra infantile. (*Ibid.*, p. 616.) — Hémorrhagie du cerveau dans le cours du purpura. (*Ibid.*, p. 544.) — De l'aphasie. (*Ibid.*, t. XXI, p. 589.) — Aphasie par ramollissement de la capsule interne de l'hémisphère gauche sans surdité verbale. (*Ibid.*, p. 589.) — Cécité et surdité verbales. (*Ibid.*, p. 589.) — Surdité verbale. (*Ibid.*, p. 589.) — Dégénérescences latérales de la moelle consécutives à des lésions unilatérales du cerveau. (*Ibid.*, t. XXII, p. 187.) — Sclérose du cerveau. (*Ibid.*, p. 654.) — Rhumatisme du cerveau. (*Ibid.*, p. 81.) — Lésions du cerveau consécutives à la perte d'un œil. (*Ibid.*, p. 340.) — Anévrisme de l'artère basilaire. (*Ibid.*, t. XXI, p. 593.) — Gliome du cerveau. (*Ibid.*, p. 556.) — Pneumonie gangréneuse avec tumeur du cerveau. (*Ibid.*, p. 577.) — Sarcome du cerveau. (*Ibid.*, t. XXII, p. 185.) Tubercules des circonvolutions du cerveau. (*Ibid.*, t. XXI, p. 581.) — Abcès du cerveau. (*Ibid.*, p. 556.) — Trépanation pour un abcès du cerveau. (*Ibid.*, t. XXII, p. 303.) — Cysticerques multiples de l'écorce du cerveau. (*Ibid.*, t. XXI, p. 577.) — Syphilome du centre ovale. (*Ibid.*, p. 557.) — Syphilis du cerveau. (*Ibid.*, p. 248, 577, t. XXII, p. 269.) — Altérations du cerveau chez les chiens enragés. (*Ibid.*, t. XXI, p. 62.) — Monstruosité du cerveau. (*Ibid.*, 467.) — Sclérose tubéreuse du cerveau. (*Ibid.*, p. 647, 649, 653.) — Cirrhose atrophique du cerveau chez les aliénés. (*Ibid.*, p. 653.) — Localisation des tumeurs du cerveau. (*Ibid.*, t. XXI, p. 557.) — Etude générale de la localisation du cerveau. (*Ibid.*, p. 565.) — De la localisation des lésions produisant l'hémianopsie et les convulsions unilatérales. (*Ibid.*, p. 565.) — Lésions traumatiques du cerveau avec symptômes de foyer et symptômes diffus. (*Ibid.*, p. 565.) — Hémiplégie et hémianesthésie produite par une lésion de l'hémisphère gauche. (*Ibid.*, p. 565.) — Epilepsie corticale. (*Ibid.*, p. 565.) — Symptômes des lésions protubérantielles et déviations conjuguées des yeux dans les affections. (*Ibid.*, p. 593.) — Lésion circonscrite de la zone motrice corticale. (*Ibid.*, p. 566.) — Lésion en foyer du lobe temporal. (*Ibid.*, p. 565.) — Lésion du lobule de l'insula. (*Ibid.*, p. 565.) — Déviation conjuguée de la tête et des yeux dans un cas de ramollissement. (*Ibid.*, p. 577.) — Hémianopie corticale. (*Ibid.*, p. 311.) — Troubles oculaires dans les maladies du cerveau. (*Ibid.*, p. 598.) — Origine médullaire des paralysies consécutives aux lésions. (*Ibid.*, t. XXII, p. 46.) — Des localisations du cerveau d'ordre psychique. (*Ibid.*, p. 643.) — Torpeur du cerveau. (*Ibid.*, p. 644.) — Ischémie. (*Ibid.*, p. 645.) — Obnubilation passagère de la conscience. (*Ibid.*, p. 645.) — Troubles intellectuels provoqués par les traumatismes du cerveau. (*Ibid.*, t. XXI, p. 269.) — Diagnostic et traitement des maladies du cerveau. (*Ibid.*, p. 577.) — Traitement de l'hypéremie du cerveau et de ses enveloppes par les excitations cutanées. (*Ibid.*, p. 273.) — De la fonction du thalamus optique. (*Wratch*, n° 4.) — Contribution expérimentale aux compensations fonctionnelles corticales du cerveau. (*Arch. sper. di fren. e di med. leg.*, fasc. I.) — Sur la genèse des phénomènes moteurs corticaux. (*Il Morgagni*, p. 176.) — Contribution à la localisation des fonctions cérébrales. (*Berlin. Klin. Woch.*, 2 avril.) — De la localisation de l'hémianopsie et du sens musculaire. (*Char. Annal. VII Jahrg.* p. 466.) — Un cas remarquable d'abcès du cerveau. (*Wratchelen, Wiedom.*, n° 1.) — Un cas d'aphasie avec lésion du lobe temporal gauche. (*Riv. Clin. di Bol.*, février.) — Un cas d'encéphalite intersticielle diffuse avec kératite ulcéreuse double consécutive. (*Berlin. Klin. Woch.*, 12 février.) — Gliosarcome de la couche optique. (*Rev. méd.*, Suisse romande, III, 86, fév.) — Cinq cas de tumeurs cérébrales. (*Inaug. Diss. Berlin.*) — De la localisation des sensations cutanées (du tact et de la douleur) et des sensations musculaires sur la surface des hémisphères cérébrales. (*Wratch*, n° 30.) — Sur la doctrine des localisations cérébrales, sur l'hypertrophie consécutive des reins. (*Arch. Ital. de biol.* II, n° 3.) — Sur la genèse des phénomènes cortico-moteurs. (*Il Morgagni*, mars, p. 176.) — Hydrocéphalie, hydramnios et insertion vicieuse du cordon ombilical. (*Annali universal.*, mai.) — Hémiatrophie totale progressive. (*Nordiskt méd. Arkiv.*, n° 4.) — Sarcome névroglique du 4° ventricule. (*Lyon méd.*, 22 juillet.) — Plan du cerveau humain, par Paul Flechsig. (*Bâle.*) — De l'architecture générale du cerveau et de la moelle épinière. (*New-York med. Journ.*, 14 juil.) — Nouveau microscope pour l'examen de section de l'encéphale humain entier. (*Giorn. della R. Acad. de Torino*, juin.) — De la direction des fibres optiques depuis le corps genouillé jusqu'aux tubercules quadrijumeaux. (*Wiestn. Klin. i Soudebn psichiatri nevropat.*, n° 1.) — Asymétrie du cerveau, particularités intéressant la question des rapports des nerfs optiques avec certaines zones corticales. (*Med. Times*, p. 571, 19 mai.) — De quelques anomalies de la scissure de Rolando. (*Riv. sper. di fren. e di med. leg.*, fasc. II, III.) — De la disposition des faisceaux des fibres nerveuses dans les différentes régions de la surface corticale du cerveau. (*Médizinsk. Obosrénie*, sept.) — Etude sur la localisation des fonctions cérébrales, par Benedikt. (Vienne.) — Gliome du pont de Varole. (*Med. Times*, p. 570. 19 mai.) — Périencéphalite diffuse et ramollissement cérébral aigu survenant trois mois après une fièvre typhoïde, syphilis douteuse. (*Gaz. hebd. Sc. méd.*, Montpellier, n° 35.) — Délire aigu, dégénérescence diffuse des artères cérébrales et foyers de ramollissement dans la substance cérébrale. (*Wiestn. Klin. i Soudeb. psichiatri nevropat.*, n° 1.) — Un cas d'hémianopsie. (*Ibid.*) — Embolie de l'artère cérébrale moyenne, (3 observations.) (*Glasgow med. Journ.*, XX, p. 251.) — Contusions du cerveau et de la moelle épinière. (*Amer. Journ. of the med. Sc.*, juillet, p. 31.) — Traitement par l'électricité de l'hémiplégie consécutive à l'hémorrhagie cérébrale. (*Gaz. heb. Sc. méd.*, Montpellier, n° 21.) — Considérations anatomiques sur la doctrine des localisations cérébrales. (*Arch. Ital. de biol.* II, fasc. 2.) — Bandelette de l'insula de l'hippocampe. (*Ibid.*) — Contribution à l'étude du développement de l'anencéphalie. (*Arch. f. pathol. Anat., u. Physiol.*, Bd. XCIII, Hft. 3.) — Congestion cérébrale avec convulsions. Saignée, guérison. (*Brit. med. Journ.*, p. 811, avril.) — Hémipilepsie paralytique et aphasie à la suite d'une lésion corticale. (*Arch. per le Sc. med.* VII, n° 1.) — Aphasie. (Cécité et surdité verbales.) — (*Rev. méd.*, Suisse romande, nov. et déc.) — Discussion sur l'aphasie. (*Brit. med. Journ.*, p. 309, août.) — Contusion cérébrale grave, guérie par le bromure de potassium à hautes doses. (*Glasgow med. Journ.*, p. 431.) — Cinq cas de tumeurs cérébrales, sarcome de la glande pituitaire, tumeurs du corps calleux. Gliome du lobe occipital. (*Berlin. Klin. Woch.*, n° 24, déc.) — Sur un cas de tumeur de l'hypophyse. (*Arch. f. pathol. Anat., u. Physiol.*, Bd. XCIII, Hft. 2.)

Cervelet. — Lésions du cervelet. (*Sem. méd.*, p. 59.) — Altération du cervelet. (*Prog. méd.*, p. 264.) — Tumeur du cervelet. (*Ibid.*, p. 533.) — Atrophie du cervelet. (*Revue Sc. méd.*, t. XXII, p. 655.) — Abcès du cervelet, suite d'otite. (*Ibid.*, t. XXI, p. 724.) — Cholestéatome du temporal sans carie, mort par abcès cérébelleux. (*Berlin. Klin. Woch.*, 15 janv.)— Sarcome du temporal comprimant le cervelet ; paralysie faciale ; mort. (*Lancet*, 27 janv.) — Tumeurs du cervelet chez un enfant. (*Cor. Blatt. f. Schweiz. Aerzte*, 15 nov.) — Notes sur trois cas de maladies du cervelet. (*Journ. of anat. and physiol.*, vol. XVII, juil.)

Césarienne. — Opération. (*Gaz. méd. Nantes*, p. 34.) (*Gaz. hebd. Sc. méd. Bord.*, p. 68.) — De la laparo-élytrotomie. (*Revue Sc. méd.*, t. XXI, p. 206.) — Quatre cas d'opération césarienne par la méthode de Porro (service de Braun à Vienne.) (*Med. News*, 14 juil.) — Un cas d'opération de Porro. (*Med. News*, 13 oct.) — Du pédicule dans l'opération de Porro. Traitement intra-péritonéal par la ligature élastique et l'inversion du moignon. (*Gaz. hebd. Sc. méd. Montpellier*, n° 23.) — De la classification des opérations de Porro. (*Amer. Journ. of the med. Sc.*, p. 430.) — Une modification de l'opération de Porro, abandon du pédicule dans le ventre. (*Ibid.*, p. 447.) — Les récentes modifications de l'opération césarienne. (*Ann. di ostetric.*, n° 7 et 8.)

Chair. — En sommeil. (*Par. méd.*, p. 531.)

Chalazion. — Son traitement. (*Revue thérap.*, p. 302.)

Chaleur. — Traitement du chancre simple par la chaleur. (*Bull. Acad. méd.*, p. 985.) (*Gaz. hôp.*, p. 724.) (*France méd.*, t. II, p. 199.) (*Revue méd.*, t. II, p. 206.) — Action de la chaleur sur l'organisme. (*Revue Sc. méd.*, t. XXI, p. 509.) — Dyspnée par la chaleur. (*Ibid.*, p. 466). — Sur la transmission des impressions thermiques. (*Rev. méd. de la Suisse romande*, t. III, p. 372, juin.)

Champignons. — Histoire naturelle des champignons comestibles et vénéneux. (*Bull. acad. méd.*, p. 1336.) — Empoisonnement par des champignons. (*Sem. méd.*, p. 303.) (*Par. méd.*, p. 462.) — Leurs principes toxiques. (*Courrier méd.*, p. 4.) — Champignon du muguet. (*Journ. accouch. de Liège*, p. 232.) — Contrepoison des champignons. (*Revue méd.*,

t. I, p. 239.) — Flore générale des champignons. (*Revue Sc. méd.*, t. XXII, p. 57.) — Aspergillus de l'oreille. (*Ibid.*, t. XXI, p. 721.) — Otomyces purpureux dans l'oreille. (*Ibid.*, p. 721.) — De l'actinomycose chez l'homme et les animaux. (*Ibid.*, p. 539.) — Lésions produites par l'agaric bulbeux. (*Ibid.*, t. XXII, p. 77.) — Le champignon du muguet, par F. A. Kehrer. (*Heidelberg.*)

Chancre simple. — Traitement du phagédénisme du chancre simple par l'acide pyrogallique ou pyrogallol. (*Bull. acad. méd.*, p. 14.) — Traitement des chancres simples par la chaleur. (*Ibid.*, p. 985.) — Remèdes contre les chancres simples. (*Ibid.*, p. 101.) — Chancres simples du col de l'utérus. (*Gaz. hôp.*, p. 188.) — Accidents inflammatoires du chancre. (*Sem. méd.*, p. 181.) — Syphilitique. (*Ibid.*, p. 53.) (*Gaz. méd. Par.*, p. 3.) — Moulages de chancres chez le singe. (*Prog. méd.*, p. 271.) — Chancre mou infectant du col de l'utérus. (*France méd.*, t. I, p. 284.) — Chancre infectant de l'amygdale. (*Ibid.*, p. 752.) — Chancre simple, son traitement par la résorcine. (*Courrier méd.*, p. 210.) — Sur l'excision d'un chancre induré, douze heures après son apparition. (*Bull. gén. thérap.*, p. 47.) — Sa destruction par excision comme moyen abortif. (*Art méd.*, t. LVI, p. 468.) — Chancres simples du limbe; bubon saillant et douloureux en imminence d'ouverture, résolution de ce bubon à la suite d'une marche forcée. (*Lyon méd.*, 30 sept.) — La chaleur et le chancre simple. (*Lyon méd.*, 12, 19 et 26 août.)

Chancrelle. — Chauffage de la chancrelle. (*Revue méd.*, t. II, p. 374.)

Chanvre indien. — En thérapeutique. (*Par. méd.*, 477.) — Contrepoison du chanvre indien. (*Revue méd.*, t. I, p. 239.) — Tétanos traité par le chanvre indien. (*Revue Sc. méd.*, t. XXI, p. 295.)

Charbon. — Symptomatique. Atténuation du virus du charbon par l'eau oxygénée. (*Bull. acad. méd.*, p. 3.) — Charbon et vaccination charbonneuse d'après les travaux récents de M. Pasteur. (*Ibid.*, p. 395, 442, 509, 547, 577, 586, 684, 1070.) — Traitement des maladies charbonneuses chez l'homme par les injections sous-cutanées d'iode en solution. (*Ibid.*, p. 420.) — Inoculation préventive avec les cultures charbonneuses atténuées par la méthode des chauffages rapides. (*Ibid.*, p. 1372.) — Œdème charbonneux de la face guéri à l'aide d'injections sous-cutanées d'acide phénique. (*Ibid.*, p. 578.) — Accidents provoqués par l'asphyxie par la vapeur de charbon. (*Ibid.*, p. 1073.) — Inoculation. (*Gaz. hôp.*, p. 468.) — Charbon symptomatique, son virus. (*Ibid.*, p. 164.) — Charbon bactérien. (*Gaz. méd. Par.*, p. 362.) — Destruction des cadavres d'animaux charbonneux. (*Ibid.*, p. 353.) — Recherches sur la destruction et l'utilisation des cadavres des animaux morts de maladies contagieuses et notamment du charbon. (*Union méd.*, t. XXXVI, p. 118.) — Réceptivité de certaines régions pour le virus du charbon. (*Abeille méd.*, p. 497.) — Art de prévenir le charbon. (*Revue méd.*, t. I, p. 397.) — Vaccination, mémoire de Koch. (*Journ. méd. chir. prat.*, p. 50.) — Passage de la bactéridie de la mère au fœtus. (*Ibid.*, p. 83.) — De la maladie du charbon. (*Revue Sc. méd.*, t. XXII, p. 561.) — Modifications que subit le virus du charbon symptomatique ou bactérien sous l'influence de quelques causes ou agents de destruction. (*Lyon méd.*, 6 mai.) — Expérience pour déterminer si la sporification du bacillus anthracis a lieu chez les animaux infectés, et sous quelle forme il traverse le placenta dans les cas de transmission du charbon de la mère au fœtus. (*Giorn. della R. acad. di Torino*, juin.) — Notes relatives à l'inoculation du charbon (*Ibid.*, avril-mai.) — Vaccinations charbonneuses en Italie. (*Ibid.*, juin.) — Bacilles des crachats dans la pustule maligne. (*Med. Times*, p. 311, 17 mars.) — Des changements dans la composition chimique du lait chez les brebis inoculées avec le charbon, par M. Monatzkoff. (*Thèse Saint-Pétersbourg.*) — Sur la ténacité de vie du virus charbonneux dans ses formes de corpuscule germe et de bacillus anthracis. (*Arch. Ital. de biol.*, III, n° 3.) — Du contage du sang de rate. (*Centralblatt. f. méd. Wiss.*, n° 15.)

Charlatan. — Origine du mot. (*Prog. méd.*, p. 945.) — Charlatans habiles. (*Praticien*, p. 1.)

Charpie. — Végétale. (*Bull. acad. méd.*, p. 981.)

Chauffage. — Des instruments afin de prévenir la septicémie gangréneuse. (*Bull. acad. méd.*, p. 1323.) — Rapides inoculations préventives avec les cultures·charbonneuses atténuées par la méthode des chauffages.(*Ibid.*, p. 1372.) — Chauffage des organes génitaux. (*Revue thérap.*, p. 353.) (*Revue Sc. méd.*, t. XXII, p. 278.) — Nouvelles expériences faites sur le chauffage et la ventilation. (*Berlin. Klin. Woch.*, n° 19, p. 287.) — Les appareils de chauffage fumivores. (*Sanitary record*, n° 305, p. 335, fév.)

Chaussures. — Effets de chaussure vicieuse. (*Praticien*, p. 34.)

Chaux — Préparations de chaux contre la diphtérie. (*Revue Sc. méd.*, t. XXII, p. 138.)

Chemin de fer. — Troubles nerveux consécutifs à une fracture du crâne par accident de chemin de fer. (*Bull. acad. méd.*, p. 1334.) (*Journ. méd. chir. prat.*, p. 314.) (*Revue Sc. méd.*, t. XXI, p. 648.)

Cheval. — Extérieur du cheval. (*Bull. acad. méd.*, p. 577.)

Cheveux. — Lotion contre leur chute. (*Union méd.*, t. XXXV, p. 71.) — Décoloration rapide de la chevelure. (*Abeille méd.*, p. 14.) — Nature de la couleur verte des cheveux chez les ouvriers en cuivre. (*Revue Sc. méd.*, t. XXII, p. 510.) — Calvitie héréditaire. (*Lyon méd.*, 1er avril, p. 452.) — Changement subit de la couleur des cheveux et de la peau. (*Med. Times*, p. 340, 24 mars.)

Chiens. — Maladies des jeunes chiens. (*Abeille méd.*, p. 46.)

Chimiatrie. — (*Thérap. contemp*, p. 161.)

Chimie. — Biologique et voies urinaires. (*Gaz. méd. Par.*, p. 225.) — Chimie physiologique. (*Prog. médic.*, p. 221.) (*Union méd.*, t. XXXV, p. 962.) — Micro-chimie végétale. (*Revue Sc. méd.*, t. XXII, p. 35.) — — Guide d'analyses qualitatives de chimie morganique à l'usage des médecins, par Latschenberger. (Fribourg-en-Brisgau.)

Chinoline. — Du tartrate de chinoline. (*Union méd.*, t. XXXVI, p. 598.) — Salycilate de chinoline dans l'otorrhée. (*Revue Sc. méd.*, t. XXI, p. 724.) — Chinoline dans la diphtérie. (*Ibid.*, p. 138.)

Chirurgie. — A la campagne. (*Bull. acad. méd.*, p. 250, 608.) — Orthopédique. (*Ibid.*, p. 500.) — Précis d'opérations de chirurgie. (*Ibid.*, p. 576.) — De quelques désastres chirurgicaux. (*Gaz. hôp.*, p. 876, 882.) — Chirurgie des temps préhistoriques. (*Ibid.*, p. 900.) (*Sem. méd.*, p. 241.) — — Précis de petite chirurgie et de chirurgie d'urgence. (*Prog. méd.*, p. 31.) — Des tumeurs de la région temporale. (*Ibid.*, p. 1038.) — Traitement des déviations de la colonne vertébrale par la méthode de Sayre. (*Ibid.*, p. 31.) — Du drainage des plaies dans la chirurgie antiseptique. (*Ibid.*, p. 31.) — Eléments d'orthopédie. (*Ibid.*, p. 31.) — De la réduction de la luxation du pouce en arrière par les manœuvres de douceur. (*Ibid.*, p. 1038.) — Manœuvres de réduction dans un cas de traumatisme du rachis. (*Ibid.* p. 1038.) — Note sur un cas de spina bifida traité avec succès par les injections de glycérine. (*Ibid.*, par 833.) — Recherches sur l'éxostose sous-unguéale du gros orteil. (*Ibid.*, p. 31.) — De la hernie obturatrice. (*Ibid.*, p. 1038.) — Passage de 40 pouces d'intestin par le rectum, suivi de guérison. (*Ibid.*, p. 833.) — Encyclopédie internationale de chirurgie. (*Gaz. hebd. Sc. méd. Bord.*, p. 131, 143, 279.) — Chirurgie à la Wagner. (*Journ. accouch. Liège*, p. 270.)

Chloral. — Applications externes. (*Gaz. hôp.*, p. 92.) — Sur les phénomènes morbides qui se manifestent chez les lapins sous l'influence de l'injection dans l'oreille du chloral hydraté. (*Gaz. méd. Par.*, p. 77.) — — Recherches expérimentales sur l'action du chloral, de l'opium et du bromure de potassium. (*Union méd.*, t. XXXV, p. 915.) — Le chloral dans l'albuminurie. (*Union méd.*, t. XXXVI, p. 562.) — Contre les accidents alcooliques. (*Ibid.*, p. 910.) — Chloral hydraté, nouvelle application. (*Ibid.*, p. 998.) — Le chloral dans la chorée. (*Courrier méd.*, p. 154.) — Chloral employé comme vésicant. (*Ibid.*, p. 401.) — Empoisonnement par le chloral. (*Ibid.*, p. 91.) — Sirop de chloral. (*Ibid.*, p. 124, 182.) — Purgatif au séné et au chloral. (*Gaz. méd.*, Nantes, p. 73.) — Traitement de la fièvre typhoïde par le chloral. (*Revue méd.*, t. I, p. 193.) — Empoisonnement par la strychnine traité par le chloral avec succès. (*Bull. gén. thérap.*, p. 284, 431.) — Traitement de l'éclampsie, par le chloral. (*Revue Sc. méd.*, t. XXII, p. 264.) — Tétanos traité par le chloral. (*Ibid.*, t. XXI, p. 295.)

Chlorate de potasse. — Empoisonnement par le chlorate de potasse. (*Bull. acad. méd.*, p. 327.) — Son emploi rationnel dans les angines diphtéritiques. (*Ibid.*, p. 1268.) — Ses usages thérapeutiques. (*Par. méd.*, p. 9.) — Danger de l'emploi du chlorate de potasse chez les enfants. (*Concours méd.*, p. 225.)

Chlorhydrate de kairine. — (*Gaz. hôp.*, p. 294.) (*Gaz. méd. Par.*, p. 212.) — Nouvel antipyrétique. (*Par. méd.*, p. 177.) — Chlorhydrate d'apomorphine dans le traitement de la toux et de l'expectoration muqueuse. (*Ibid.*, p. 116.)

Chlorhydrique. (Acide). — Présence de l'acide chlorhydrique dans l'estomac. (*Revue Sc. méd.*, t. XXII, p. 41.)

Chloro-anémie. — Pilules contre la chloro-anémie avec aménorrhée. (*Union méd.*, t. XXXV, p. 384, 792.)

Chloroforme. — Et chlorure de méthylène. (*Bull. acad. méd.*, p. 568, 577, 579.) — Anesthésie par le chloroforme. (*Gaz. hôp.*, p. 1109.) — Chloroforme et éther. (*Ibid.*, p. 1060.) — Chloroforme et morphine. (*Ibid.*, p. 1108.) — Influence de l'alcool sur l'action physiologique du chloroforme. (*Ibid.*, p. 1043.) (*Sem. méd.*, p. 31, 86, 340.) — Dosage du chloroforme dans le sang. (*Gaz. méd. Par.*, p. 191.) — Antagonisme de l'atropine et de la morphine avec le chloroforme. (*Prog. méd.*, p. 956, 992.) — Lavage de l'estomac avec l'eau saturée de chloroforme. (*Union méd.*, t. XXXV, p. 584.) — Note sur l'action des mélanges d'air et de vapeur de chloroforme et sur un nouveau procédé d'anesthésie. (*Union méd.*, t. XXXVI, p. 34.) — Deux cas de mort. (*Ibid.*, p. 518.) — Dosage du chloroforme dans le sang d'un animal anesthésié. (*France méd.*, t. II, p. 519.) — Danger de l'inversion de la tête, dans la syncope produite par le chloroforme. (*Par. méd.*, p. 560.) (*Courrier méd.*, p. 400.) — Son emploi dans la pratique obstétricale. (*Ibid.*, p. 183.) — Deux cas de mort par le chloroforme. (*Ibid.*, p. 402.) — Un moyen de diminuer les dangers du chloroforme. (*Concours méd.*, p. 298.) — L'eau chloroformée en thérapeutique. (*Ibid.*, p. 552.) — Influence de l'alcool sur l'action physiologique du chloroforme. (*Abeille méd.*, p. 459.) — Un adjuvant du chloroforme. (*Gaz. méd. Nantes*, p. 121.) — Empoisonnement. (*Journ. méd. chir. prat.*, p. 550.) — Eau chloroformée. (*Ibid.*, p. 465.) (*Bull. gén. thér.*, p. 97.) (*Thérap. cont.*, p. 733.) — Dialyse chimique avec l'eau chloroformée pour l'analyse des substances albuminoïdes. (*Revue Sc. méd.*, t. XXII, p. 39.) — Emploi du chloroforme dans les accouchements. (*Ibid.*, p. 75.)

Chloractérine. — (*Revue méd.*, t. II, p. 671.)

Chloroformisation. — Diabète consécutif. (*Gaz. hôp.*, p. 1178.) — Mixte. (*Sem. méd.*, p. 349.) (*Prog. méd.*, p. 324, 288.) (*Revue thérap.*, p. 102, 216, 248, 269, 586.)

Chlorophylle. — De l'influence des radiations simples sur la formation de la chlorophylle. (*Prog. méd.*, p. 8.)

Chloro-peptonate de fer. — (*Bull. acad. méd.*, p. 105.) — Chloro-anémie, indication du fer. (*Praticien*, p. 15.)

Chlorose. — (*Gaz. hôp.*, p. 41, 65, 99, 121.) (*Revue thérap.*, p. 371.) (*Art méd.*, t. LVI, p. 124.) — Traitement de la chlorose. (*Revue méd. chir. mal. femmes*, p. 292.) — Température locale dans la chlorose. (*Rev. Sc. méd.*, t. XXII, p. 220.) — Pathologie et traitement de la chlorose. (*Deutsche med. Voch.*, n° 19.)

Chlorure. — De méthylène. (*Sem. méd.*, p. 80, 86.) — Variations des chlorures dans les maladies. (*Gaz. méd. Par.*, p. 418.) — Chlorure d'oxéthylquinoleïne ammonium. (*Ibid.*, p. 65.) — Chlorures de l'urine dans les maladies. (*Courrier méd.*, p. 326.) — Falsification des chlorures de méthylène. (*Ibid.*, p. 148.) (*Thérap. contemp.*, p. 281, 296, 344.) — Action des chlorures sur le cœur de la grenouille. (*Revue Sc. méd.*, t. XXI, p. 89.) — Transfusion de solutions alcalines de chlorure de sodium. (*Ibid.*, p. 681.)

Cholélithiase. — Sur la cholélithiase. (*Union méd.*, t. XXXV, p. 452.)

Choc. — Sur le siège du choc du cœur. (*Union méd.*, t. XXXV, p. 595.)

Cholélitectomie. — Pour calculs de la vésicule. (*Revue Sc. méd.*, t. XXII, p. 538.)

Choléra. — Epidémie de choléra en Egypte. (*Bul. acad. méd.*, p. 344, 917, 954, 1025, 1115, 1125, 1341, 1356.) — Au Hedjaz. (*Ibid.*, p. 251, 294.) — En Cochinchine. (*Ibid.*, p. 105.) — A Villedieu-les-Poëles. (*Ibid.*, p. 1322, 1333.) — Cuivre contre le choléra. (*Ibid.*, p. 999, 1002, 1022, 1067, 1269, 1333, 1356.) — Traitement du choléra. (*Ibid.*, p. 862, 878, 880, 914, 951, 987, 1001, 1025, 1028, 1070.) — Mesures à prendre en cas de choléra à Paris. (*Ibid.*, p. 953.) — Etiologie et prophylaxie du choléra. (*Ibid.*, p. 1004, 1165, 1166.) — Dans ses rapports avec la théorie du microzyma. (*Ibid.*, p. 1089, 1139.) — Ouvrage de M. Proust sur le choléra. (*Ibid.*, p. 1165.) — Contagiosité du choléra. (*Ibid.*, p. 1166.) — Le choléra. (*Gaz. hôp.*, p. 607, 614, 705, 823, 998, 1142.) — Bulletin du choléra. (*Ibid.*, p. 622, 630, 654, 663, 671, 679, 703, 711, 727, 735, 759.) — Au point de vue clinique. (*Ibid.*, p. 989.) — Discussion sur le choléra. (*Ibid.*, 678, 700.) — Documents historiques et prophylactiques sur le choléra. (*Ibid.*, p. 781.) — Enquêtes sur la prophylaxie cuprique dans le choléra. (*Ibid.*, p. 982, 1076, 1178.) — Choléra en Angleterre. (*Ibid.*, p. 731, 737.) — Choléra et microzima. (*Ibid.*, p. 884.) — Choléra et quarantaines. (*Ibid.*, p. 948.) — Traitement du choléra. (*Ibid.*, 675, 706.) — Au point de vue chimique. (*Gaz. méd. Par.*, p. 454.) — Elixir oxalique dans le traitement du choléra. (*Ibid.*, p. 333.) — Choléra nostras à la suite de l'usage d'une eau corrompue. (*Paris méd.*, p. 305.) — Choléra traité par les injections intraveineuses de tauro-cholate de soude. (*Paris méd.*, p. 430.) — Choléra infantile. (*Ibid.*, p. 442.) — Application de collodion. (*Courrier méd.*, p. 265, 277.) — Du choléra des poules. (*Ibid.*, p. 167.) — Traitement du choléra sporadique. (*Abeille méd.*, p. 398.) — Alimentation des cholériques pendant la période de collapsus. (*Gaz. méd. Nantes*, p. 150.) — Choléra électrique. (*Journ. méd. chirur. prat.*, p. 509.) — Choléra du larynx. (*Ibid.*, p. 517.) — Trombose des veines dans le choléra infantile. (*Revue Sc. méd.*, t. XXII, p. 616.) — Symptômes de choléra dus à des ascarides. (*Ibid.*, XXI, p. 182.) — L'Angleterre et le choléra. (*Gaz. hebd. sc. méd. Montpellier*, n° 32.) — Injections nutritives intra-veineuses et intra-péritonéales, dans le collapsus cholérique. (*Med. Times*, 4 août.) — Discussion de la société des médecins sanitaires du Yorkshire sur le choléra. (*Sanit. Record.*, n° 312, p. 131, sept.) — Les épidémies de choléra et de peste en Orient, rapport de la Commission des épidémies. (*Bul. de l'acad. de méd. de Belgique*, n° 1.) — Le choléra et les désinfectants, ou considérations sur les meilleurs moyens d'empêcher le développement et la propagation du choléra et des autres affections miasmatiques. (*Bul. acad. de méd. de Belgique*, XVII, n° 10.) — Précautions individuelles à prendre en cas d'épidémie cholérique. (*Sanit. Record.*, n° 312, p. 111, nov.)

Cholestéatome. — De l'apophyse mastoïde. (*Revue Sc. méd.*, t. XXI, p. 725.)

Cholestérine. — Calculs de cholestérine ayant déterminé des accidents d'obstruction intestinale. (*Abeille méd.*, p. 142.)

Chondrome parotidien. — (*Gaz. hôp.*, p. 241, 353.) (*Courrier méd.*, p. 206.

Chorée. — Du larynx. (*Bul. acad. méd.*, p. 1224.) — Choréomanie épidémique en Orient. (*Gaz. hôp.*, p. 899.) — Chorée traumatique. (*Prog. méd.*, p. 1055.) — De l'anatomie pathologique de la chorée. (*Union méd.*, t. XXXVI, p. 217.) — Chorée guérie par le nitrite d'amyle. (*Ibid.*, p. 585.) — Traitement de la chorée. (*France méd.*, t. I, p. 68.) — Chorée du larynx chez les enfants. (*Courrier méd.*, p. 367.) — Chorée laryngée. (*Revue méd.*, t. II, p. 563.) — Hystéro-épilepsie compliquée de chorée, traitement par le bromure de potassium, l'arsenic et les pulvérisations d'éther. (*Bul. gén. thérap.*, p. 118.) — Hémi-chorée post-hémiplégique, suite de ramollissement du thalamus optique. (*Revue Sc. méd.*, t. XXI, p. 565.) — Hémi-chorée à la suite d'un coup de foudre. (*Ibid.*, p. 603). — Névrite optique dans la chorée. (*Ibid.*, p. 581.) — Un cas de chorée électrique. (*Berlin. klin. Woch.*, janvier.) — Anatomie pathologique de la chorée. (*Lyon méd.*, 27 mai, p. 120.) — Quelques cas de chorée. (*Lancet*, 17 fév.) — Sur la chorée. (*Berlin. klin. Woch.*, 24 déc.)

Choréomanie. — Epidémique. (*Sem. méd.*, p. 240.) (*Progr. méd.*, p. 719.) (*France méd.*, t. II, p. 370.) — Son existence actuelle. (*Courrier méd.*, p. 337.)

Choroïde. — Sarcome de la choroïde. (*Revue Sc. méd.*, t. XXII, p. 333.) — Coloboma de la choroïde. (*Ibid.*, t. XXI, p. 310.) — Cécité consécutive à une double métastase cancéreuse des choroïdes. (*Berlin. klin. Woch.*, 12 fév.) — Métastase cancéreuse des choroïdes. (*Berlin. klin. Woch.*, 29 janv.) — Rupture double de la choroïde. (*Klin. mon. f. Augen.*, juillet.) — Recherches ophthalmoscopiques dans deux cas de cicatrices de la choroïde consécutives à une perforation traumatique du bulbe. (*Klin. Monatsbl. f. Augenheilk.*, oct.)

Choroïdite antérieure. — (*Gaz. hôp.*, p. 219.) — Choroïdite métastatique consécutive à l'extraction d'une dent. (*France méd.*, t. II, p. 365.) — Choroïdite métastatique consécutive à l'extraction d'une molaire. (*Wien. med. Woch.*, n. 9.)

Chromatique. — Physiologie de la sensibilité. (*France méd.*, t. I, p. 549.)

Chrome. — Son action sur la santé. (*Praticien*, p. 35.)

Chronique. — Judiciaire. — (*Journ. accouch. Liège*, p. 108, 186.) — Médico-légale. (*Ibid.*, p. 122.)

Chrysophanique (Acide). — Emploi de l'acide chrysophanique contre le psoriasis. (*Revue Sc. méd.*, t. XXII, p. 633.)

Chute de matrice. — Traitement par le cloisonnement du vagin. (*Bull. acad. méd.*, p. 72.) — Chute et inversion de l'utérus après l'accouchement. (*Journ. accouch. Liège*, p. 71.)

Chyliformes. — Epanchements. (*Journ. méd. chir. prat.*, p. 126.)

Chylurie Hémato. — Des pays chauds, et chylurie nostras. (*Prog. méd.*,

p. 551.) (*Revue Sc. méd.*, t. XXII, p. 305.) — Observation sur la chylurie. (*Charité annal.*, VII Jahrg., p. 257.)

Cicatrice. — Tumeur de la cicatrice ombilicale. (*Sem. méd.*, p. 64.) — Action des antiseptiques dans la cicatrisation des plaies. (*Gaz. méd. Par.*, p. 443.) — Réunion immédiate des tissus divisés par le thermocautère. (*Revue Sc. méd.*, t. XXII, p. 672.) — Epithélioma du larynx récidivant sur la cicatrice cutanée. (*Ibid.*, p. 735.)

Cidre. — Ses propriétés médicales et hygiéniques. (*Bull. acad. méd.*, p. 745.) — Inconvénients des falsifications du cidre au point de vue du développement de l'alcoolisme. (*Prog. méd.*, p. 769.)

Cigarettes anti-asthmatiques. — (*Union méd.*, t. XXXVI, p. 415.)

Ciguë. — Extrait. (*Bull. acad. méd.*, p. 1489.)

Ciliaire. — Elongation du nerf nasal externe dans les douleurs ciliaires. (*Revue Sc. méd.*, t. XXII, p. 713, 714.)

Cinchonine. — Son action sur le cœur. (*Sem. méd.*, p. 351.) — Effets physiologiques de la cinchonidine. (*Gaz. méd. Par.*, p. 187.) — Recherches expérimentales sur l'action physiologique du sulfate de cinchonidine. (*Union méd.*, t. XXXVI, p. 468.) — Pouvoir toxique de la cinchonine. (*France méd.*, t. I, p. 282.) — Action comparée de la cinchonine et de la quinine. (*Revue méd.*, t. I, p. 123.) (*Bull. gén. thérap.*, p. 381.) (*Thérap. contemp.*, p. 10.) (*Revue Sc. méd.*, t. XXII, p. 74.)

Circonvolution. — Frontale ascendante droite. Lésion de la circonvolution. (*Abeille méd.*, p. 304.)

Circulation. — Action de la morphine sur la circulation. (*Bull. acad. méd.*, p. 1370.) — Circulation veineuse du cœur. (*Gaz. hôp.*, p. 285.) — Circulation veineuse du sang. (*Prog. méd.*, p. 245.) — La circulation dans les membres inférieurs. (*Union méd.*, t. XXXVI, p. 496.) — Circulation utéro-placentaire. (*Gaz. méd. Nantes*, p. 186.) — Les effets des antiseptiques sur la circulation capillaire. (*Gaz. hebd. Sc. méd. Bord.*, p. 437.) — Influence de la respiration sur la circulation. (*Revue Sc. méd.*, t. XXI, p. 417.) — Variations respiratoires de la pression sanguine. (*Ibid.*, p. 417.) — Etat de la circulation dans la caisse du tympan. (*Ibid.*, p. 478.) — Rapports qui existent entre les maladies des reins et les altérations secondaires du système de la circulation. (*Ibid.*, p. 79.) — Rôle des veines épathiques dans la circulation du foie et la circulation générale. (*Ibid.*, p. 26.) — Du membre inférieur après la ligature de la veine fémorale. (*Ibid.*, p. 679.) — Action de la muscarine sur les organes de la circulation. (*Ibid.*, p. 95.) — Contribution à l'étude du ralentissement du pouls. (*Lyon méd.*, 8 juillet.) — Manuel de pathologie générale des systèmes de la circulation et de la nutrition, par F. von Recklinghausen. (*Stuttgart.*)

Circulatoire. — Hystérie de l'appareil. (*Concours méd.*, p. 245.)

Cirrhose. — Du foie. (*Bull. acad. méd.*, p. 74.) — Hypertrophique biliaire. (*Ibid.*, p. 327.) — Hypertrophique graisseuse. (*Gaz. hôp.*, p. 205.) — Atrophique à marche rapide. (*Gaz. méd. Par.*, p. 302.) — Cirrhose hypertrophique avec ascite et ictère. (*Prog. méd.*, p. 53.) (*Union méd.*, t. XXXV, p. 238.) — La cirrhose du système sus-hépatique d'origine cardiaque. (*Union méd.*, t. XXXVI, p. 341.) — Cirrhose alcoolique avec hypertrophie du foie. (*France méd.*, t. I, p. 349.) — Du diagnostic et du pronostic de la cirrhose du foie. (*France méd.*, t. II, p. 907.) (*Courrier méd.*, p. 2.) — Cirrhose et traitement. (*Revue thérap.*, p. 357.) — Cirrhose des poumons. (*Revue Sc. méd.*, t. XXII, p. 529.) — Cirrhose hépatique dans le diabète. (*Ibid.*, p. 170.)

Citrate de quinoïdine comparé à d'autres fébrifuges. (*Par. méd.*, p. 250.)

Citron et malaria. — (*Par. méd.*, p. 409.) (*Abeille méd.*, p. 351.) — Citron dans la fièvre intermittente. (*Journ. méd. chir. prat.*, p. 368.)

Clapotage stomacal. — (*Thérap. contemp.*, p. 743.)

Clavelisation. — Par injections sous-cutanées avec du claveau dilué. (*Bull. acad. méd.*, p. 1164.) (*Sem. méd.*, p. 268.) (*Par. méd.*, p. 559.) (*Courrier méd.*, p. 351.) (*Abeille méd.*, p. 88, 126.) (*Thérap. contemp.*, p. 651.)

Clavicule. — Fractures de la clavicule. (*Gaz. hôp.*, p. 428.) (*Sem. méd.*, p. 97, 104.) — Appareil plâtré pour éviter les consolidations vicieuses des fractures de la clavicule. (*Union méd.*, t. XXXV, p. 808.)

Climat. — De Saint-Raphaël, Boulouris et Valescure. (*Bull. acad. méd.*, p. 922.) — Traitement des maladies tropicales dans les tempérés. (*Ibid.*, p. 1269.) — Hygiène des Européens dans les intertropicaux. (*Ibid.*, p. 1335.) — Pneumonie suivant les climats. (*Sem. méd.*, p. 3.) — Notes sur le climat de Nantes. (*Gaz. méd. Nantes*, p. 27.) — Climat de Menton. (*Ibid.*, p. 123.) — Climat d'Alicante, d'Alger, du Sénégal, des stations des montagnes de l'Hindoustan, du Gabon. (*Revue Sc. méd.*, t. XXI, p. 543.) — Mortalité de la pneumonie suivant les climats. (*Ibid.*, p. 544.) — Parallèle hygiénique sur le climat de Rome. (*Bul. d. Commiss. d'igiene del munic. di Roma*, p. 1.) — Traité de climatologie, par Han. (*Stuttgart.*) — Climat d'hiver d'Andermatt (Uri). (*Corresp. blat. f. Schweizer Aerzte*, 15 oct.) — San Remo, colonie hivernale pour les Allemands, par R. Korner. (*Leipzig.*)

Clinique. — Eléments de clinique et pathologie médicales. (*Bull. acad. méd.*, p. 2.) — Thérapeutique. (*Ibid.*, p. 354.) — Leçon de clinique médicale. (*Ibid.*, p. 1371.) — Pathologie infantile. (*Ibid.*, p. 1271.) — De la clinique. (*Gaz. hôp.*, p. 1058.) — Clinique chirurgicale. (*Prog. méd.*, p. 20, 41, 103, 141, 159, 187, 260, 321, 383, 408, 526, 550, 631, 645, 707, 797, 824, 965, 1027.) — Clinique infantile. (*Ibid.*, p. 361, 467, 504, 523, 565.) — Clinique obstétricale. (*Ibid.*, p. 339.) — Clinique expérimentale. (*Ibid.*, p. 471.) — Clinique médicale. (*Ibid.*, p. 3, 22, 85, 99, 123, 125, 142, 161, 201, 237, 257, 281, 301, 405, 507, 547, 585, 601, 628, 650, 663, 689, 691, 710, 725, 743, 765, 779, 799, 841, 929, 947, 966, 983, 1011, 1045.) — Clinique nerveuse. (*Ibid.*, p. 1, 37, 81, 157, 185, 335, 362, 379, 441, 469, 487, 521, 568, 859.) — Clinique d'accouchement et de gynécologie de Paris. (*Journ. accouch. Liège*, p. 243, 291.)

Clitoris. — Epithélioma. (*Gaz hôp.*, p. 1115.)

Cloison nasale. — Les déviations de la cloison nasale. (*France méd.*, t. II, p. 791.)

Clous fumants. — Contre les moustiques. (*Union méd.*, t. XXXVI, p. 472.) — Le clou. (*Praticien*, p. 74.)

Coagulation. — Coagulation du sang. (*Revue Sc. méd.*, t. XXII, p. 47.) — Rôle des hématoblastes dans la coagulation du sang. (*Ibid.*, p. 48.) — Importance des éléments morphologiques du sang dans la coagulation. (*Ibid.*, p. 401.)

Cœlome. — Développement du cœlome. (*Revue Sc. méd.*, t. XXII, p. 7.)

Cœur. — Diagnostic et traitement des maladies du cœur. (*Bul. acad. méd.*, p. 50.) — Recherches expérimentales sur les bruits du cœur. (*Ibid.*, p. 205, 326.) — Pleurésie dans les maladies du cœur. (*Ibid.*, p. 200.) — Diagnostic des lésions valvulaires du cœur par la percussion. (*Ibid.*, p. 250.) — Choc précordial du cœur. (*Ibid.*, p. 456.) — Caféine dans les maladies du cœur. (*Ibid.*, p. 803.) — Médication opiacée dans l'anémie cérébrale due aux affections du cœur. (*Ibid.*, p. 803.) — Ectopie du cœur. (*Ibid.*, p. 1208.) — Physiologie des mouvements du cœur. (*Ibid.*, p. 1208.) — Relations de la pleurésie avec les affections du cœur. (*Ibid.*, p. 1353.) — Anatomie et physiologie du cœur. (*Ibid.*, p. 1423.) — Circulation veineuse du cœur. (*Gaz. hôp.*, p. 285.) — Hypertrophie des cavités gauches du cœur. (*Ibid.*, p. 17.) — Hypertrophie du cœur dans la tuberculose. (*Ibid.*, p. 818.) — Lésions cardiaques et aortiques, saturnines et arthritiques. (*Ibid.*, p. 153.) — Modifications fonctionnelles du cœur, produites expérimentalement. (*Ibid.*, p. 508.) — Retard du pouls et insuffisance aortique. (*Ibid.*, p. 92.) — Développement du cœur. (*Gaz. méd. Par.*, p. 379.) — Altération du cœur dans la néphrite. (*Ibid.*, p. 550.) — Observation d'un cas de malformation du prolongement en doigt de gant du ventricule gauche à travers le diaphragme. (*Prog. méd.*, p. 440.) — Revue des maladies du cœur. (*Prog. méd.*, p. 56.) — L'hystérie viscérale, les dilatations du cœur droit. (*Ibid.*, p. 56.) — Etude sur l'endocardite congénitale du cœur gauche et sur quelques anomalies valvulaires et d'orifice de nature non inflammatoire. (*Ibid.*, p. 56.) — Etude sur la sclérose du myocarde ; de son importance dans la pathogénie des accidents asystoliques. (*Ibid.*, p. 113.) — De la méthode graphique dans le diagnostic des lésions organiques du cœur gauche. (*Ibid.*, p. 113.) — Traité clinique et pratique des maladies du cœur et de la crosse de l'aorte. (*Ibid.*, p. 538.) — De la température générale et locale dans les maladies du cœur. (*Ibid.*, p. 113.) — Du diagnostic et du traitement des maladies du cœur et en particulier de leurs formes anormales. (*Ibid.*, p. 538.) — Etude sur les souffles du rétrécissement et de l'insuffisance de l'artère pulmonaire. (*Ibid.*, p. 538.) — De l'hypertrophie cardiaque dans les néphrites consécutives aux affections des voies excrétoires de l'urine. (*Ibid.*, p. 56.) — Préparations ferrugineuses. (*Prog. méd.*, p. 438.) — Nerfs sensitifs du cœur. (*Ibid.*, p. 476.) — Persistance des battements du cœur après la destruction du bulbe chez un fœtus. (*Ibid.*, p. 411.) —

Plaies du cœur ayant laissé vivre le blessé pendant un an. (*Paris méd.*, p. 173.) — Thérapeutique des maladies du cœur. (*Paris méd.*, p. 8.) — Igniponcture dans les maladies du cœur. (*Ibid.*, p. 200.) — Pénétration des corps étrangers dans le cœur des bêtes bovines. (*Abeille méd.*, p. 176, 206.) — De la percussion du cœur. (*Revue méd.*, t. I, p. 317.) — Persistance, après la lésion du bulbe, des battements du cœur. (*Ibid.*, p. 867.) — Sutures dans les blessures du cœur. (*Revue méd.*, t. II, p. 852.) — Dissociation du rhythme du cœur. (*Journ. méd. chir. prat.*, p. 172.) — Action du convallaria maialis sur le cœur. (*Bull. gén. thérap.*, p. 559.) — Quelques troubles mécaniques de la circulation dans les maladies du cœur. (*Praticien*, p. 57.) — Du segment cellulaire contractile et du tissu connectif du cœur. (*Revue Sc. méd.*, t. XXI, p. 131.) — Mode d'insertion du réseau musculaire du cœur. (*Ibid.*, t. XXII, p. 5.) — Innervation du cœur. (*Ibid.*, t. XXI, p. 131.) — Durée de la systole. (*Ibid.*, p. 131.) — Excitabilité électrique et mécanique du cœur. (*Ibid.*, p. 419.) — Lois de l'activité du cœur. (*Ibid.*, t. XXI, p. 18.) — Excitation directe de la surface du cœur. (*Ibid.*, p. 19.) — Physiologie des oreillettes du cœur. (*Ibid.*, t. XXII, p. 22.) — Influence du nerf vague sur l'activité du cœur. (*Ibid.*, p. 16.) — Propriétés rythmiques du cœur. (*Ibid.*, p. 21.) — Influence des modifications de la pression sanguine sur l'activité du cœur. (*Ibid.*, t. XXI, p. 131.) — Rythme doublé du cœur. (*Ibid.*, p. 148.) — Souffles du rétrécissement de l'artère pulmonaire. (*Ibid.*, p. 142.) — Lésions du système veineux dans un cas de rétrécissement de l'artère pulmonaire. (*Ibid.*, p. 142.) — Des bruits de souffle diastoliques. (*Ibid.*, p. 132.) — Causes et signification du redoublement des bruits du cœur. (*Ibid.*, p. 142.) — Influence du traumatisme sur les lésions du cœur. (*Ibid.*, t. XXII, p. 281.) — Influence des lésions du cœur sur la menstruation. (*Ibid.*, t. XXI, p. 131.) — De la sphygmographie dans les affections du cœur. (*Ibid.*, p. 131.) — Etude des urines dans les maladies du cœur. (*Ibid.*, p. 131.) — De la tachycardie. (*Ibid.*, p. 148.) — Sténose vraie du cœur. (*Ibid.*, p. 146.) — Rétrécissement mitral pur. (*Ibid.*, p. 142.) — Embolie à la suite d'un rétrécissement mitral, panophtalmie pyémique. (*Ibid.*, p. 138.) — Altération de l'hémoglobine musculaire dans le cœur feuille-morte. (*Ibid.*, t. XXII, p. 38.) — De la désintégration du myocarde. (*Ibid.*, t. XXI, p. 131.) — Des complications du cœur de la diphtérie. (*Ibid.*, p. 138.) — Perforation d'un ulcère de l'estomac dans le ventricule gauche du cœur. (*Ibid.*, p. 152.) — Syphilis du cœur. (*Ibid.*, p. 249.) — Poisons du cœur. (*Ibid.*, p. 20.) — Possibilité d'entretenir au moyen du lait l'activité du cœur. (*Ibid.*, t. XXII, p. 434.) — Emploi de l'argile dans les névroses du cœur. (*Ibid.*, p. 504.) — Sur les rapports qui existent entre les maladies de l'abdomen et celles du cœur droit. (*Gaz. degli ospitali*, 3 janv.) — Contribution aux névroses de la motilité du cœur. (*Berlin. klin. Woch.*, 12 fév.) — L'énergie cardiaque au sphygnomètre métallique. (*Berlin. klin. Woch.*, n° 20, p. 307, 14 mai.) — Rupture traumatique de la cloison ventriculaire du cœur. (*Berlin. klin. Woch.*, 9 avril.) — Sur la question de l'innervation du cœur chez le chien. (*Jegen. klin. Gazeta*, n° 21.) — Du murmure présystolique et de sa production en l'absence de toute lésion mitrale. (*Lancet*, 27 janv.) — Du timbre métallique des bruits du cœur. (*Berlin. klin. Woch.*, 4 juin.) — Un cas de sténose congénitale de l'artère pulmonaire avec persistance de l'ouverture ovale et occlusion du conduit de Botal. (*Med. Obosrenié*, avril.) — Un cas de myocardite aiguë. (*Lancet*, 20 janv.) — Sur la myocardite intersticielle chronique, hypertrophique, idiopathique. (*Lo sperimentale*, p. 113, février.) — Diagnostic de l'insuffisance aortique. (*Wien. med. Woch.*, n° 4.) -- Coagulations intra-cardiaques. (*Lancet*, 13 janv.) — Du traitement des maladies du cœur. (*Berlin. klin. Woch.*, 4 juin.) — Les dimensions du cœur humain, par W. Muller. (*Hambourg et Leipzig.*) — Sur la théorie de l'innervation du cœur et des vaisseaux sanguins ; sur l'état post-mortem du cœur et sur l'action des aldéhydes sur l'organisme animal. (*Med. Obosr.*, août.) — Cyanose congénitale avec hémiplégie droite chez une petite fille. (*Rev. méd. Suisse romande*, III, 540, sept.) — Affaiblissement intellectuel avec excitation d'apparence maniaque, consécutif à une lésion organique du cœur chez une jeune fille de 25 ans. (*Gaz. hebd. Sc. méd. Montpellier*, n° 32.) — Influence de la température sur le cœur. (*Studies from the biolog. laborat.*, II, n° 4.) — Influence des variations de la pression artérielle sur les mouvements du cœur. (*Ibid.*) — Du siège et du mécanisme des souffles cardiaques chez les malades affaiblis et anémiques. (*Brit. med. Journ.*, p. 1053, juin.) — Observations d'affections cardiaques. (*Charité Annalen*, VIII Jahrg., p. 247 et 263.) — De l'accélération cardiaque extrême, contribution à l'étude des névroses de la motilité cardiaque, par Rommelaere. (*Bruxelles.*) — Insuffisance mitrale, hypertrophie excessive du ventricule gauche. Embolie de l'artère dorsale du pied, frottement péricardique. (*Dublin. Journ. of med. Sc.*, p. 179, fév.) — Sténose congénitale de l'artère pulmonaire, accompagnée de cyanose, diagnostic confirmé par l'autopsie. (*Bull. de l'acad. de méd. de Belgique*, n° 4.)

Coca. — (*Courrier méd.*, p. 63.)

Cocaïne. — Recherche sur son action. (*Par. méd.*, p. 163.)

Cochenille. — Sa préparation. (*Concours méd.*, p. 298.)

Coccus. — Note sur le coccus laucécolé dans la pnenmonie lobaire fibrineuse. (*Prog. méd.*, p. 103.)

Coït. — Maladie du coït. (*Abeille méd.*, p. 561.)

Col. — Scarificateur du col utérin. (*Bull. acad. méd.*, p. 168.) — Observation d'absence complète du col de l'utérus. (*Union méd.*, t. XXXVI, p. 851.) — Symptôme pathognomonique de la fracture du col du fémur. (*Courrier méd.*, p. 381.) — Abus des cautérisations du col utérin. (*Revue méd., chir. mal. femmes*, p. 49.)

Coliques hépatiques. — (*Gaz. hôp.*, p. 593.) — Spermatique due au méat étroit placé haut sur le gland. (*Ibid.*, p. 275, 283.) — Rapports des coliques hépathiques avec la grossesse et l'accouchement. (*Union méd.*, t. XXXV, p. 695, 711.) — Traitement de la colique du cheval. (*Abeille méd.*, p. 6.)

Collections. — Des collections purulentes périspléniques. (*Union méd.*, p. 238.)

Collodion. — Traitement du choléra par le badigeonnage abdominal **avec** le collodion. (*Bul. acad. méd.*, p. 880.) — Collodion dans les points **de** côté des tuberculeux. (*Gaz. hôp.*, p. 854.)

Collutoire antiseptique. — (*Union méd.*, t. XXXVI, p. 552.)

Collyre. — Contre les opacités de la cornée. (*Union méd.*, p. 1095.)

Coloboma. — De la choroïde. (*Revue Sc. méd.*, t. XXI, p. 310.)

Colonisation. — Dans les pays chauds. (*Revue méd.*, t. II, p. 704.)

Colonne vertébrale. — Traitement des déformations idiopathiques de la colonne vertébrale. (*Bull. acad. méd.*, p. 649.) — Fracture de la colonne vertébrale. (*Sem. méd.*, p. 73.)

Coloration. — Des cheveux et des yeux. (*Prog. méd.*, p. 477.) — Dans les préparations du bulbe et de la moëlle épinière. (*Ibid.*, p. 130.) — De la coloration des tissus dans les examens histologiques. (*Union méd.*, t. XXXV, p. 931.)

Colorées. — Physiologie des sensations. (*Bull. acad. méd.*, p. 524, 659.)

Colotomie lombaire. — (*Gaz. hôp.*, p. 909.) — Application de la colotomie lombaire au traitement des fistules vésico-intestinales. (*Prog. méd.*, p. 717.) (*France méd.*, t. II, p. 368.) (*Revue méd.*, t. II, p. 418.) (*Bull. gén. thérap.*, p. 231.)

Coma. — Du coma diabétique. (*Union méd.*, t. XXXVI, p. 46.) (*France méd.*, t. I, p. 649.) (*Ibid.*, t. II, p. 825.) (*Courrier méd.*, p. 153.) — Coma prolongé consécutif à une chute sur le siège. (*Concours méd.*, p. 77.) — Coma hystérique. (*Ibid.*, p. 277.)

Combinaisons nitrées. — Action narcotique des combinaisons nitrées. (*Gaz. méd. Par.*, p. 274.)

Combustion. — Organique pendant le refroidissement. (*Prog. méd.*, p. 476.)

Commandements. — Du médecin. (*Journ. accouch.*, p. 76.)

Commotion. — Cérébrale chez un jeune enfant. (*Gaz. hôp.*, p. 893.) (*Gaz. méd. Par.*, p. 453.) (*Prog. méd.*, p. 719.) — Commotion thoracique. (*France méd.*, t. I, p. 560.) (*Courrier méd.*, p. 144.) — Etat du fond de l'œil dans la commotion de la moëlle. (*Revue Sc. méd.*, t. XXII, p. 185.)

Compression. — Dans l'inflammation de la gaîne des tendons de la main. (*Gaz. hôp.*, p. 1177.) — Compression et tumeur blanche. (*Ibid.*, p. 622.) — Compression de l'ovaire chez les hystériques. (*Journ. d'accouch. Liége*, p. 9.)

Conception. — Dans l'aménorrhée. (*Par. méd.*, p. 316.)

Concrétions sanguines. — Leur origine par les hémaroblastes. (*Gaz. méd. Par.*, p. 125.) — Nouvelle contribution à l'étude des concrétions sanguines intravasculaires. (*France méd.*, t. II, p. 113.) (*Abeille méd.*, p. 285.)

Condiments. — Note sur les condiments au point de vue de l'alimentation. (*Union méd.*, p. 1018.) (*Abeille méd.*, p. 243.) (*Revue thérap.*, p. 375.) (*Praticien*, p. 313.)

Conduits billiaires. — Leurs terminaisons dans le lobule. (*Gaz. méd. Par.*, p. 222.) — Fracture du conduit auditif. (*Gaz. méd. Nantes*, p. 75.) (*Thérap. contemp.*, p. 314.)

Condylomes. — Péniens. (*Revue thérap.*, p. 221.) — Traitement. (*Ibid.*, p. 520.) (*Courrier méd.*, p. 79.)

Congélation. — Traitement des engelures par la faradisation. (*Berlin. klin. Woch.*, 8 janv.)

Congestion. — Cérébrale. (*Gaz. hôp.*, p. 601, 625, 641, 665.) — Du larynx d'origine paludéenne. (*Ibid.*, p. 315.) — Pulmonaire chez les arthritiques. (*Ibid.*, p. 947.) — Pulmonaire, diagnostic. (*Ibid.*, p. 683.) — Influence de la réfrigération sur les congestions viscérales. (*Sem. méd.*, p. 74, 122.) — Recherche sur l'hystérie fruste et sur la congestion pulmonaire hystérique. (*Union méd.*, t. XXXV, p. 135, 145, 171.) — Congestion rhumatismale des méninges rachidiennes. (*Union méd.*, t. XXXVI, p. 333.) — Congestion cérébrale avec convulsion disparaissant par la saignée. (*France méd.*, t. I, p. 743.) — Congestion pulmonaire chez les enfants. (*Concours méd.*, p. 160, 171.) — Congestion des méninges. (*Journ. méd. chir. prat.*, p. 202.)

Conine. — Parallélisme entre l'action de la conine et celle du curare. (*Bull. gén. thérap.*, p. 186.) — Action de la conine. (*Revue Sc. méd.*, t. XXI, p. 96.)

Conjonctive. — Traitement de la xérophtalmie par la transplantation de conjonctive de lapin. (*Revue Sc. méd.*, t. XXI, p. 309.) — En cas de tuberculose conjonctivale. (*Corresp. Blat. Schweiz. Aerzte*, 15 fév.) — Sur la conjonctivite, épidémique contagieuse. (*Medizinsk. Wiestn.*, n° 30.) — Le xérosis de la conjonctive et de la cornée chez les enfants du premier âge. (*Arch. f. Opht.* B. 29, I.) — Lupus primitif de la conjonctive. (*Dublin. Journ. of. med. Sc.*, p. 78, janv.) — Un cas d'ostéome de la conjonctive. (*New-York med. Journ.*, 6 janv.) — Granulome et tuberculisation de la conjonctive. (*Giorn. della R. acad. de Torino*, fév.) — De la tuberculose de la conjonctive, par Hesseling. (*Inaug. diss. Bonn.*) — Lupus primitif de la conjonctive. (*Dublin. Journ. of med. Sc.*, p. 78, janv.)

Conjonctivite. — Purulente rhumatismale. (*Bull. acad. méd.*, p. 514, 584, 613.) — Conjonctivite membraneuse. (*Gaz. hôp.*, p. 18.) — Rhumastismale. (*Ibid.*, p. 357.) — Granuleuse. (*Sem. méd.*, p. 160.) — Purulente des nouveau-nés, traitement prophylactique. (*Union méd.*, t. XXXV, p. 119.) — Pommade contre la conjonctivite. (*Ibid.*, t. XXXVI, p. 132.) — Collyre contre l'ecchimose de la conjonctive. (*Ibid.*, p. 296.) — Conjonctivites rebelles. (*Courrier méd.*, p. 227.) — Vermineuse. (*Ibid.*, p. 142.) — Traitement de la conjonctivite par l'acide borique. (*Concours méd.*, p. 667.) — Conjonctivite catarrhale. (*Revue méd.*, t. I, p. 376.) — Traitement de la conjonctivite purulente grave. (*Bull. gén. thérap.*, p. 93.) — Conjonctivite diphtérique des deux yeux, adénite, mort.

(*Saint-Pétersb. med. Woch.*, n° 5.) — De la conjonctivite épidémique contagieuse. (*Med. Wiestnik*, n°s 30-36.) — Cas de conjonctivite granuleuse guérie par le jéquirity. (*Gaz. degli ospitali*, mai.)

Conscience. — De la sensation avec conscience. (*Revue méd.*, t. I, p. 5.)

Conservation. — Des viandes fraîches. (*Journ. accouch. Liège*, p. 88.) — Conservation des viandes d'outre-mer. (*Journ. méd. chir. prat.*, p. 431.)

Considérations. — Pratiques sur la fièvre typhoïde chez les enfants. (*Journ. accouch. Liège*, p. 147.) — Considérations sur l'extirpation totale de l'utérus par le vagin. (*Ibid.*, p. 23.)

Constipation. — Potion contre la constipation. (*Sem. méd.*, p. 359.) — Constipation rebelle, traitée par l'extrait de fève de Calabar. (*Paris méd.*, p. 58.) — Cascara sagrada dans la constipation. (*Ibid.*, p. 478.) — Lavements de solutions de sels neutres. (*Ibid.*, p. 537.) — Son traitement. (*Courrier méd.*, p. 279, 295.) (*Revue méd.*, t. II, p. 78.) — Trois prescriptions contre la constipation habituelle. (*Bull. gén. thérap.*, p. 79.) — Constipation. (*Revue thérap.*, p. 372.)

Contagion. — De la tuberculose. (*Gaz. hôp.*, p. 908.) — Du choléra. (*Ibid.*, p. 681.) — Des parasites dans les maladies contagieuses. (*Courrier méd.*, p. 395.) — Prophylaxie administrative des maladies contagieuses à Paris. (*Concours méd.*, p. 313.) — Contagion virulente. (*Revue méd.*, t. II, p. 677.) — Contagion de la phthisie. (*Journ. méd. chir. prat.*, p. 358, 408.)

Contention. — Procédé de la contention. (*Gaz. hôp.*, p. 1012.) (*Progr. méd.*, p. 370.)

Contractilité utérine. — Sous l'influence des courants électriques. (*Bull. acad. méd.*, p. 20.) — De la matrice. (*Ibid.*, p. 1442.)

Contraction musculaire. — Luxation de la rotule par contraction. (*Gaz. hôp.*, p. 805.) — Musculaire reflexe. (*Ibid.*, p. 981.) (*Gaz. méd. Par.*, p. 516, 598, 610, 626.) — Sur la forme et les caractères de la contraction musculaire. (*Union méd.*, t. XXXVI, p. 783.) — Sur la contraction pseudo-paralytique infantile. (*France méd.*, t. II, p. 341.) (*Courrier méd.*, p. 327.) — Indépendance des contractions de l'utérus par rapport au système cérébro-spinal. (*Revue méd. chir. mal. femmes*, p. 9.)

Contracture. — Chez les hystériques, diathèse de contracture. (*Gaz. hôp.*, p. 1164.) — Contracture pseudo-paralytique infantile. (*Ibid.*, p. 932.) (*Gaz. méd. Par.*, p. 418.) — Deux cas de contracture d'origine traumatique. (*Progr. méd.*, p. 1, 37, 81.) — Contracture simulée. (*Abeille méd.*, p. 90.) — Contracture hystérique guérie subitement. (*Journ. méd. chir. prat.*, p. 166.) — Sur un cas de contracture hystérique ancienne guérie subitement par une pilule de micapanis. (*Bull. gén. thérap.*, p. 143.) — Trismus unilatéral. (*Revue Sc. méd.*, t. XXI, p. 688.) — Contracture musculaire d'origine ischémique. (*Ibid.*, p. 283.)

Contrexéville. — Eau de Contrexéville chez les calculeux. (*Par. méd.*, p. 270.)

Contribution. — A la thérapeutique des maladies de l'estomac. (*Journ.*

accouch. Liège, p. 184.) — Contribution à la septicémie puerpérale. (*Ibid.*, p. 82.)

Contusion. — Traitement de la contusion du genou. (*Union méd.*, t. XXXVI, p. 276.)

Convalescence. — De la fièvre typhoïde. (*Gaz. hôp.*, p. 337.) — Les jeunes convalescentes. (*Union méd.*, t. XXXVI, p. 724.) — De deux signes de convalescence franche dans la fièvre typhoïde. (*France méd.*, t. I, p. 4.) (*Journ. méd. chir. prat.*, p. 171.) — Accidents de la convalescence de la variole. (*Revue Sc. méd.*, t. XXII, p. 121.)

Convallaria maialis. — (*Gaz. hôp.*, p. 137.) (*Union méd.*, t. XXXV, p. 796.) (*France méd.*, t. II, p. 377, 542.) — Ses propriétés. (*Courrier méd.*, p. 305.) (*Gaz. hebd. Sc. méd. Bord.*, p. 262.) — Son action sur le cœur. (*Bull. gén. thérap.*, p. 559.) (*Revue Sc. méd.*, t. XXI, p. 107.)

Convulsions. — Epileptiforme d'origine gastro-intestinale. (*Union méd.*, t. XXXV, p. 31, 73.) — Convulsions puerpérales traitées par l'ellébore vert. (*Paris méd.*, p. 46.) — Convulsions des enfants et leur traitement. (*Abeille méd.*, p. 274.) (*Praticien*, p. 105.)

Coqueluche. — Remède contre. (*Bull. acad. méd.*, p. 1267.) (*Gaz. hôp.*, p. 100.) — Microbe de la coqueluche. (*Gaz. méd. Par.*, p. 53.) — Emploi de l'extrait de foie de morue. (*Ibid.*, p. 239.) — Emploi de l'ergot. (*Union méd.*, p. 865.) — Eclampsie et coqueluche. (*Ibid.*, p. 829.) — Etiologie et traitement. (*Ibid.*, p. 865.) (*Union méd.*, t. XXXVI, p. 109, 133, 157, 169.) (*France méd.*, t. II, p. 483.) — Traitement antiseptique. (*Par. méd.*, p. 454.) — Traitement par la chinoline. (*Courrier méd.*, p. 155.) — Par la cochenille. (*Ibid.*, p. 269.) — Par le coton chloral. (*Ibid.*, p. 438.) — Par les inhalations d'acide carbonique. (*Ibid.*, p. 396.) — Traitement de la coqueluche. (*Concours méd.*, p. 298, 575.) — Complications de la coqueluche. (*Abeille méd.*, p. 10.) — Teinture d'eucalyptus dans la coqueluche. (*Ibid.*, p. 276.) — Essence de térébenthine dans la coqueluche. (*Gaz. méd. Nantes*, p. 187.) — Emploi de l'alun dans la coqueluche. (*Revue méd.*, t. II, p. 701.) — Traitement antiparasitaire, fumigations thymiques. (*Journ. méd. chir. prat.*, p. 513.) — Du traitement des formes graves de la coqueluche (hypercoqueluche.) (*Bull. gén. thérap.*, p. 1.) — Traitée par le nitrite d'amyle. (*Ibid.*, p. 189.) — Traitement de la coqueluche. (*Revue Sc. méd.*, t. XXI, p. 232.) — Le champignon de la coqueluche. (*Berlin. klin. Woch.*, 1er janv.) — Emphysème interlobulaire et abcès du poumon à la suite de la coqueluche chez un enfant de deux mois. (*Amer. Journ. of the med. Sc.*, juill., p. 147.)

Corde. — Vocale, immobilité d'une corde vocale. (*Sem. méd.*, p. 254.) — Recherches expérimentales sur la tension des cordes vocales. (*Union méd.*, t. XXXVI, p. 374.) — Pathogénie de la corde épiploïque. (*Revue méd.*, t. II, p. 531.) — Sur un cas de véritable spermatorrhée survenue chez un homme âgé à la suite de plusieurs lésions de la corde spinale. (*Bull. gén. thérap.*, p. 94.)

Cordons. — Médullaires. Altérations des cordons médullaires postérieurs dans leurs rapports avec la curabilité de l'ataxie locomotrice.

(*Union méd.*, t. XXXVI, p. 565.) — Cordon près de l'anneau ombilical. (*Courrier méd.*, p. 391.) — Brièveté du cordon ombilical. (*Concours méd.*, p. 320.) — Procidence du cordon. (*Abeille méd.*, p. 62.) — De l'hémorrhagie par rupture spontanée des vaisseaux du cordon dans le cas d'insertion vélamenteuse. (*Bull. gén. thérap.*, p. 471.) — Les nœuds du cordon ombilical. (*Journ. de méd. de l'Ouest*, janvier.)

Cornée. — Astigmatisme de la cornée. (*Gaz. hôp.*, p. 485.) — Blessure de la cornée. (*Ibid.*, p. 852.) — Etiologie des abcès de la cornée. (*Ibid.*, p. 987.) (*France méd.*, t. II, p. 197.) — Traitement des ulcères de la cornée. (*Revue méd.*, t. II, p. 58.) — Collyre contre les opacités de la cornée. (*Ibid.*, p. 203). — Du massage de l'œil dans quelques affections de la cornée et des paupières. (*Bull. gén. thérap.*, p. 527.) — De la nutrition de la cornée. (*Revue Sc. méd.*, t. XXI, p. 306.) — Diagnostic des anomalies de courbure de la cornée. (*Ibid.*, t. XXII, p. 705.) — Inoculation du pus blennorragique contre le panus de la cornée. (*Ibid.*, p. 328.) — Traitement du trachome par l'iodoforme. (*Ibid.*, p. 343.) — Recherches sur la nutrition de la cornée. (*Wratchelen Wiedom.*, nᵒˢ 9-12.) — Etudes de la kératite névro-paralytique. (*Prager. med. Woch.*, p. 69.) — Un cas de tuberculose chronique de la cornée avec inoculations fructueuses dans l'œil du lapin. (*Corr. Bl. f. Schweiz. Aerzte*, 15 mars.) — Nouvel instrument pour le traitement des fistules de la cornée. (*La oftalmologia pratica*, mars.) — Coup de feu entraînant une plaie de la cornée. Infection par cataplasmes. Kératite à hypopyon ; iridochoroïdite. Guérison par ponction de la chambre antérieure et lavages phéniqués. (*Corr. Blatt. f. Schweizer Aerzte*, août.) — Avantages de la détermination des courbures de la cornée avec l'ophtalmomètre de Javal et de Schivtz. (*Berlin. klin. Woch.*, p. 686, 29 oct.) — Gangrène cornéenne occasionnée par une nourriture insuffisante. (*Arch. f. Augenh.*, XII, 3.) — Des effets de l'ésérine sur la kératite suppurative. (*Ann. di Ottalmol.*, XII, p. 326.) — Kératites expérimentales, résultats contraires à la théorie de Stricker sur l'inflammation. (*Amer. Journ. of the med. Sc.*, juil., p. 120.) — De l'iridectomie double pour la cure du staphylome partiel de la cornée. (*Giorn. della R. Acad. de Torino*, janv.) — Démonstration clinique de la circulation lymphatique sous-épithéliale antérieure de la cornée chez l'homme. (*Ann. di Ottalm.*, XII, p. 386.) — Kératite parenchymateuse intra-utérine. (*Klin. Monatsbl., f. Augenheilk*, déc.)

Coronaires. — Anastomoses des artères. (*Gaz. méd. Nantes*, p. 152.)

Corps. — A l'état sphéroïdal. (*Bull. acad. méd.*, p. 653.) — Etrangers spéciaux aux ouvriers de la métallurgie. (*Ibid.*, p. 1334.) — Corps étrangers de l'estomac. (*Gaz. hôp.*, p. 307.) — Des fosses nasales chez un jeune enfant. (*Ibid.*, 689.) — Du rectum. (*Ibid.*, p. 853.) — Du vagin. (*Ibid.*, p. 962.) — Enserrant la verge. (*Ibid.*, p. 301.) — Corps étranger de l'œsophage. (*Prog. méd.*, p. 532.) — Corps étranger dans l'oreille pendant vingt ans. (*France méd.*, t. I, p. 517.) — Corps étranger de l'urèthre. (*France méd.*, t. II, p. 198.) — Corps étranger dans la cavité conjonctivale. (*Courrier méd.*, p. 70.) — Corps étranger trouvé à l'autopsie dans l'intestin grêle. (*Ibid.*, p. 170.) — Morceau de verre dans les tissus. (*Ibid.*, p. 171.) — Pot de pommade dans le rectum. (*Ibid.*, p. 356, 380.) — Grain d'avoine dans le conduit auditif. (*Ibid.*, p. 400.) — Noyau de cerise dans les fosses nasales. (*Ibid.*, p. 289.) — Corps étranger de l'utérus. (*Journ. accouch. Liège*, p. 272.) — Du vagin enlevé au bout de quatre ans. (*Ibid.*, p. 39.) — Corps étrangers dans le corps vitré. (*Revue méd.*, t. I, p. 732.) — Corps caverneux, son induration. (*Journ. méd. chir. prat.*, p. 39.) — Corps étrangers de l'orbite. (*Ibid.*, p. 79.) — Corps fibreux utérins. (*Revue méd. chir. mal. femmes*, p. 460.) — Corps jaune. (*Ibid.*, p. 357.) — Corps étrangers engagés au niveau de la glotte. (*Revue Sc. méd.*, t. XXI, p. 711.) — Ganglion tuberculeux tombé dans les bronches. (*Ibid.*, t. XXII, p. 617.) — Ablation des corps étrangers de l'œil au moyen de l'aimant. (*Ibid.*, p. 342.) — Trépanation du sternum pour extraire une balle. (*Ibid.*, p. 701.) — Corps étrangers introduits dans le rectum. (*Ibid.*, p. 309.) — 120 noyaux de cerises et de prunes retirés par le lavage d'un estomac. (*Revue méd. Suisse romande*, III, 160, mars.) — Quelques faits de corps étrangers de l'appendice cœcal simulant l'étranglement interne. (*Rev. méd. Suisse romande*, III, 133, mars.) — Aiguille implantée dans le sacrum, chez un enfant de 6 mois. (*Rev. méd. Suisse romande*, fév.) — Corps étranger du vagin (anneau élastique d'un parapluie). (*Berlin. klin. Woch.*, 6 août.) — Corps étranger dans les voies aériennes pendant deux ans, expulsion spontanée. (*Med. news*, 13 oct.) — Extirpation d'un pot de pommade introduit dans le rectum. (*Lyon méd.*, 16 sept.)

Corpuscules. — Examen des corpuscules tenus en suspension dans l'eau. (*Union méd.*, t. XXXVI, p. 80.)

Cors. — Traitement. (*Revue thérap.*, p. 67.)

Coryza. — Poudre contre le coryza. (*Sem. méd.*, p. 351.) — Mixture. (*Prog. méd.*, p. 944.) — Bactéries dans le coryza chronique. (*Par. méd.*, p. 30.) — Coryza syphilitique. (*Courrier méd.*, p. 16.) — Emploi de l'atropine dans le coryza. (*Revue méd.*, t. I, p. 195.) (*Bull. gén. thérap.*, p. 191.) (*Praticien*, p. 59.)

Côté. — Un côté de la question du lait. (*Journ. accouch. Liège*, p. 157.)

Côtes. — Résection. (*Par. méd.*, p. 505.) — Fracture de côtes par action musculaire. (*Revue Sc. méd.*, t. XXI, p. 293.) — Trois exemples de côtes cervicales. (*Am. Journ. of the med. Sc.*, p. 112.)

Cotoïne. — (*Sem. méd.*, p. 144.) — Applications thérapeutiques de la cotoïne. (*Gaz. méd. Par.*, p. 76.) (*Union méd.*, t. XXXV, p. 665.) — Cotoïne. (*Revue thérap.*, p. 301.) — Cotoïne contre la diarrhée. (*Thérap. contemp.*, p. 380.) — De la cotoïne. (*Revue Sc. méd.*, t. XXI, p. 492.)

Coton. — Iodé. (*Union méd.*, t. XXXVI, p. 295.) — Coton à l'iodoforme. (*Ibid.*, p. 880.) (*Revue méd.*, t. II, p. 628.)

Cou. — Tumeur du cou. (*Gaz. hôp.*, p. 661.) — Kystes du cou. (*France méd.*, t. II, p. 66.) — Etude sur une variété de tumeurs du cou chez les nouveau-nés. (*Par. méd.*, p. 542.) — Crampe fonctionnelle. (*Journ. méd. chir. prat.*, p. 502.) — Carcinome branchial du cou. (*Revue Sc. méd.*, t. XXI, p. 693.) — Lésion des troncs veineux du cou dans la fracture de la clavicule. (*Ibid.*, p. 291.) — Un cas de cancer primaire du cou. (*Wratch.*, n° 9.)

Couches. — Traitement des suites de couches. (*Bull. gén. thérap.*, p. 377.)

Coude. — Plaie du coude par arrachement. (*Bull. acad. méd.*, p. 200.) — Névrome consécutif à un traumatisme du coude. (*Gaz. hôp.*, p. 226.) — — Résection du coude. (*Ibid.*, 661.) (*Sem. méd.*, p. 357.) (*Courrier méd.*, p. 276.) (*Revue méd.*, t. II, p. 70.) — Luxation récidivante. (*Journ. méd. chir. prat.*, p. 308.) — Coude valgus. (*Revue Sc. méd.*, t. XXII, p. 618.)

Couleurs. — Perception des couleurs. (*Gaz. méd. Par.*, p. 181.) — Sensibilité de l'œil aux couleurs. (*Revue Sc. méd.*, t. XXII, p. 703.) — Cécité des couleurs. (*Ibid.*, p. 323.)

Coup. — De fouet. (*Bull. acad. méd.*, p. 1353.) — Effets produits par un coup de foudre. (*Gaz. méd. Par.*, p. 588.) — Coup de pied de cheval, péritonite, laparotomie, entérorraphie, mort. (*France méd.*, t. II, p. 246.) — Coups sur l'oreille. (*Revue thérap.*, p. 272.)

Courants. — Influence des courants électriques sur la contractilité utérine. (*Thérap. contemp.*, p. 10, 42.)

Courbe. — De la secousse des muscles dans les différentes maladies du système nervo-musculaire. (*Art. méd.*, t. LVII, p. 233.)

Course. — Sa physiologie. (*Bull. acad. méd.*, p. 1031.)

Couveuse pour enfants. — (*Union méd.*, t. XXXVI, p. 1025.)

Cow-pox. — D'Eysines. (*Gaz. hebd. Sc. méd. Bord.*, p. 217.) — Cow-pox spontané d'Eysines. (*Ibid.*, p. 372, 384.)

Coxalgies. — Ostéotomie pour des coxalgies. (*Sem. méd.*, p. 243.) (*France méd.*, t. II, p. 364.) (*Courrier méd.*, p. 348.) — Traitement de la coxalgie tuberculeuse infantile. (*Abeille méd.*, p. 424.) (*Revue thérap.*, p. 510.) — Du toucher rectal dans la coxalgie. (*Revue Sc. méd.*, t. XXI, p. 657.)

Coxo-fémorale. — Traitement de luxation. (*Revue méd.*, t. I, p. 177.)

Crachats. — Des tuberculeux, bacilles dans leurs crachats. (*Bull. acad. méd.*, p. 1396, 1429, 1496.) — Substance sucrée dans les crachats des phtisiques. (*Abeille méd.*, p. 242.)

Crampe. — De la crampe des écrivains. (*Union méd.*, t. XXXV, p. 22.) (*Union méd.*, t. XXXVI, p. 79.) — Crampe fonctionnelle du cou. (*Ibid.*, p. 865.) — Remède contre les crampes. (*Courrier méd.*, p. 412.)

Crâne. — Mensuration et poids. (*Bull. acad. méd.*, p. 207.) — Troubles nerveux consécutifs à une fracture du crâne par accident de chemin de fer. (*Ibid.*, p. 1334.) — Dépression du crâne. (*Gaz. hôp.*, p. 20.) — Fracture du crâne. (*Ibid.*, p. 139, 333.) — Influence des courants faradiques à travers le crâne. (*Ibid.*, p. 44.) — Kyste hydatique de la base du crâne. (*Ibid.*, p. 1109.) — Lymphadénome du crâne. (*Ibid.*, p. 505.) — Trépanation du crâne. (*Sem. méd.*, p. 65, 135, 145.) — Mensuration des crânes d'assassins. (*Gaz. méd. Par.*, p. 21.) — Accidents et complications des lésions traumatiques du crâne et de l'encéphale. (*Progr. méd.*, p. 121.)

— Compression par épanchement sanguin dans le crâne. (*Ibid.*, p. 63.) — Cris hydrencéphaliques. (*Ibid.*, p. 510.) — Crâne de crétin. (*Progr. méd.*, p. 72.) — Fracture de la base du crâne. (*Courrier méd.*, p. 186.) — Fracture du crâne chez un enfant de quatre mois. (*Journ. méd. chir. prat.*, p. 202.) — Moyens de communication du sytème veineux intra et extra crânien. (*Revue Sc. méd.*, t. XXII, p. 416.) — Analogie des systèmes veineux du crâne et du rachis. (*Ibid.*, t. XXI, p. 410.) — Difformité du crâne par encéphalocèle congénitale. (*Ibid.*, p. 444.) — Des fissures du crâne sous-cutanées chez les enfants. (*Ibid.*, p. 225.) — Epitaxis mortelle par ulcération de la carotide dans une fracture du crâne. (*Ibid.*, t. XXII, p. 297.) — Plaies du crâne. (*Ibid.*, p. 286.) — Perte de mémoire consécutive aux traumatismes du crâne. (*Ibid.*, t. XXII, p. 642.) — Nécrose des os du crâne. (*Ibid.*, t. XXI, p. 724.) — Cancer de la base du crâne. (*Ibid.*, p. 557.) — Kyste congénital du dos de la tête, avec contenu séreux, et ne communiquant pas avec la cavité crânienne. (*Amer. Journ. of the med. Sc.*, p. 124.) — De la fracture de la base du crâne. (*Samml. klin. Vorträge*, n° 228.) — Mémoire sur le basiotique, un nouvel os de la base du crâne, situé entre l'occipital et le sphénoïde, par P. Albrecht. (*Bruxelles.*) — Des modifications des fissures traumatiques du crâne par la croissance. (*Verh. d. deuts. ges. f. chir.*, 12° congrès.) — Fracture comminutive du temporal avec hernie du cerveau ; guérison. (*Lancet*, 20 juin.) — Deux observations de fracture de la base du crâne, guérison. (*Med. Times*, 24 mars.) — Guérison d'une fracture de la base du crâne. (*Berlin. klin. Woch.*, p. 614, 1er oct.) — Etude comparative sur le crâne du porc. (*Arch. Ital. de biol.*, t. III, p. 228.) — Des plaies de tête. (*Med. news*, 22 déc.) — Fracture comminutive du crâne, intéressant le cerveau ; guérison sans trépanation. (*Brit. med. journ.*, p. 15, juil.) — Fracture comminutive du crâne, trépanation ; greffe éponge. (*Brit. med. journ.*, p. 767, avril.) — Trépanation par un cal vicieux du crâne donnant lieu à une paralysie, période de folie consécutive, guérison complète. (*Ibid.*) — Traitement des fractures du crâne récentes ou anciennes avec dépression. (*Trans. of the Americ. surg. assoc.*, I, p. 83.)

Cranioclaste. — De Braun, son emploi. (*Journ. accouch. Liège*, p. 13, 290.) — Emploi dans les bassins rétrécis. (*Revue Sc. méd.*, t. XXII, p. 266.)

Craniotomie. — (*Abeille méd.*, p. 108.) — Et céphalotripsie. (*Ibid.*, p. 36, 67.)

Crayon. — Médicamenteux pour le traitement de la blennorragie urêthrale, pour la vulvovaginite. (*Courrier méd.*, p. 15.) — Crayon d'iodoforme. (*Journ. méd. chir. prat.* p. 34.)

Crémation. — (*Bull. acad. méd.*, p. 1184, 1203.) (*Progr. méd.*, p. 66, 181, 560, 598, 626, 683, 778.) — La crémation en Italie. (*Ibid.*, p. 963.) — En Portugal. (*Ibid.*, p. 795.) — La crémation. (*Union méd.*, t. XXXVI, p. 379.)

Cresson. — Ses propriétés. (*Courrier méd.*, p. 249.) (*Revue méd.*, t. II, p. 479.) (*Thérap. contemp.*, p. 553.)

Créosote de hêtre. — (*Gaz. méd. Par.*, p. 554.) — Associée au baume de tolu et au goudron de Norwège. (*Par. méd.*, p. 533.) — Lésions produites par le séjour prolongé dans l'air chargé de ses vapeurs. (*Art. méd.*, t. I.VI, p. 465.) — Créosote solidifiée contre la carie dentaire. (*Praticien*, p. 342.)

Crétin. — Le crétin des Batignolles. (*Concours méd.*, p. 1.) (*Praticien*, p. 1.) — Crétinisme sporadique. (*Revue Sc. méd.*, t. XXI, p. 655.)

Criminalité. — Dans les départements, (*Journ. méd. chir. prat.*, p. 335.)

Crin. — L'industrie du crin frisé. (*Revue Sc. méd.*, t. XXII, p. 510.)

Crise. — Laryngée dans l'ataxie locomotrice avec lésion des cordes vocales inférieures. (*Union méd.*, t. XXXV, p. 791.) — Sur une forme particulière de crises gastriques, non gastralgiques, dans l'ataxie locomotrice progressive. (*Ibid.*, p. 676.)

Cristallin. — Accroissement du cristallin. (*Revue Sc. méd.*, t. XXII, p. 419.) — Anatomie du cristallin. (*Ibid.*, t. XXI, p. 313.) — Un cas de luxation spontanée du cristallin dans la chambre antérieure avec glaucome consécutif. (*Ophth. Review*, I, p. 209.) — Remarques anatomiques et pratiques sur l'opération de la cataracte. (*Berlin. klin. Woch.*, 15 janv.) — Sur le vortex et l'arc des noyaux du cristallin. (*Arch. f. Augenh.*, XII, 2.) — L'accroissement du cristallin. (*Soc. of great Britain.*, 11 janv.) — Deux opérations de cataracte par extraction du cristallin dans sa capsule. (*Rev. méd. Suisse romande*, III, 285, mai.) — Sur l'enclavement de la capsule dans l'extraction de la cataracte et sur l'iridectomie. (*Hygiea*, avril.) — L'accroissement du cristallin. (*Opht. soc. med. Times*, 20 janv.) — De l'astigmatisme consécutif à l'opération de la cataracte par extraction. (*Giorn. della R. acad. de Torino*, mars.) De la cataracte d'origine rénale. (*Arch. f. Opht.*, Band XXIX, 3 Abth.) — Luxation latérale du cristallin avec glaucome secondaire. (*Ophthalmic Review*, II, n° 23.) — Luxation spontanée du cristallin dans l'humeur vitrée. (*Ann. di Oftalmol.*, XII, p. 320.) — Des méthodes pour accélérer la maturité de la cataracte, par Gallenga. (*Turin.*) — Leçons sur la cataracte, ses causes, ses variétés, son traitement, par G. Cawell. (*Londres.*) — Note sur l'extraction de la cataracte sénile. (*Brit. med. journ.*, p. 41, janv.) — Notes sur l'opération de la cataracte. (*Klin. monatsbl. f. Augenheilk.*, déc.) — Discision d'une cataracte congénitale chez un enfant de 5 mois, mort 15 heures après l'opération. (*Ibid.*, déc.)

Croissance. — Des extrémités de l'homme après la naissance. (*Revue Sc. méd.*, t. XXI, p. 10.) — Accroissement du corps après la croissance. (*Ibid.*, t. XXII, p. 422.) — Céphalalgie de croissance. (*Abeille méd.*, p. 115.)

Croton-chloral. — Le croton-chloral comme soporifique. (*Union méd.*, t. XXXVI, p. 362.)

Croup. — Traitement, indications et contre-indications. (*Gaz. hôp.*, p. 563, 577.) — Traitement médical et chirurgical, émétique et trachéotomie. (*Par. méd.*, p. 397.) — Excrétion d'urée dans le croup, l'angine couenneuse et le faux croup. (*Ibid.*, p. 457, 469.) — Traitement par le turbith minéral. (*Paris méd.*, p. 153.) — Emploi de l'émétique dans le traitement du croup. (*Revue méd.*, t. I, p. 312.) — Anesthésie dans le croup. (*Revue méd.*, t. II, p. 841.) — Croup et angine couenneuse traités par la méthode antiseptique. (*Revue mens. mal. enfance*, p. 590.)

Croûtes varioliques. — Leur destruction. (*Gaz. méd. Par.*, p. 344.)

Cubèbe. — Le cubèbe en thérapeutique. (*Courrier méd.*, p. 380.)

Cubitus. — Traitement des luxations anciennes et compliquées du cubitus. (*Progr. méd.*, p. 831.) — Fracture indirecte du cubitus. (*Revue méd.*, t. I, p. 738.)

Cuir. — Affection du cuir chevelu. (*Courrier méd.*, p. 250.)

Cuisse. — Amputation de la cuisse chez un tuberculeux. (*Gaz. hôp.*, p. 621.) — Amputation de la cuisse. (*Prog. méd.*, p. 675-957.) — Désarticulation de la cuisse par la méthode de Tredelenburg. (*Gaz. méd. Nantes*, p. 22.)

Cuivre. — Dans les céréales, la farine, le pain, etc., et l'extrait de quinquina des hôpitaux. (*Bull. acad. méd.*, p. 252.) — Immunité des ouvriers en cuivre vis-à-vis de la fièvre typhoïde et du choléra. (*Ibid.*, p. 326, 673, 999, 1002.) — Et plomb dans l'alimentation et l'industrie au point de vue de l'hygiène. (*Ibid.*, p. 206.) — Asepticité des sels de cuivre. (*Gaz. hôp.*, p. 883.) — Des propriétés du cuivre. (*Ibid.*, p. 763.) — Préservation dans les maladies infectieuses. (*Ibid.*, p. 1061.) — Présence du cuivre dans le cacao. (*Ibid.*, p. 348.) — Action antiseptique des sels de cuivre. (*Gaz. méd. Par.*, p. 155.) — Son emploi dans le choléra. (*Courrier méd.*, p. 291, 299, 309, 317, 405, 446.) — Action des sels de cuivre sur les organes inférieurs. (*Ibid.*, p. 335.) (*Revue méd.*, t. II, p. 408, 447, 492, 679, 707). — Cuivre préservatif de la fièvre typhoïde. (*Art. méd.*, t. LVI, p. 466.) — Cuivre comme prophylactique. (*Praticien*, p. 409, 433, 457, 467.) Le cuivre est-il toxique. (*Ibid.*, p. 393.) — Action de l'oxyde de cuivre sur l'urine. (*Revue Sc. méd.*, t. XXI, p. 437.)

Curare. — (*Gaz. hôp.*, p. 1158.) — Son action dans la série animale. (*Prog. méd.*, p. 1034.) — Curare dans l'épilepsie. (*Par. méd.*, p. 130.) — Parallélisme entre l'action du curare et celle de la conine. (*Bull. gén. thérap.*, p. 186.) — Action convulsivante du curare. (*Revue Sc. méd.*, t. XXII, p. 73.) — Analogie et différences entre le curare et la strychnine. (*Ibid.*, p. 73.)

Cure. — Radicale d'une hernie inguinale. (*Bull. acad. méd.*, p. 1016.) — (*Journ. méd. chir. prat.*, p. 471.)

Cutanées. — Des affections cutanées de l'enfance. (*France méd.*, t. I, p. 49.) — Voie cutanée (absorption par) des substances purgatives. (*Bull. gén. thérap.*, p. 423.)

Cuterebra noxialis. — (*Gaz. méd. Nantes*, p. 134.)

Cyanose cardiaque congénitale. — (*Prog. méd.*, p. 449.) — Cyanose fébrile entérique pernicieuse avec hémoglobinurie. (*France méd.*, t. II, p. 618.) (*Abeille méd.*, p. 468.) — Anomalie cardiaque pouvant provoquer

la cyanose. (*Revue méd.*, t. II, p. 27.) — Cyanose cardiaque des enfants.
(*Revue mens. mal. enfance*, p. 191.)

Cyanures. — Leur emploi. (*Sem. méd.*, p. 67, 372.) — Emploi du cyanure
de mercure contre l'atrophie papillaire. (*Prog. méd.*, p. 288.) — Des
cyanures d'or et de potassium dans l'ataxie. (*Ibid.*, p. 1054.) — Traitement de la diphtérie par le cyanure de mercure. (*Par. méd.*, p. 429.) —
Injections sous-cutanées de cyanure de mercure. (*Revue méd.*, t. I, p.
478.) — Cyanures en thérapeutique. (*Revue thérap.*, p. 320.) — Cyanures
de mercure, d'or, d'argent et de platine dans l'ataxie et la syphilis.
(*Thérap. contemp.*, p. 347.)

Cyclopie. — Chez l'homme. (*Union méd.*, p. 829.)

Cyphose. — (*Gaz. hôp.*, p. 530.)

Cystalgies. — Et leur traitement chirurgical. (*Gaz. méd. Nantes*, p. 90.)
(*Bull. gén. thérap.*, p. 191.)

Cysticerque. — Du sein. (*Bull. acad. méd.*, p. 1334.) (*Union méd.*, t.
XXXVI, p. 684.) (*Thérap. contemp.*, p. 715.) — Cysticerques multiples de
l'écorce cérébrale. (*Revue Sc. méd.*, t. XXI, p. 577.) — Cysticerques
siégeant dans l'épaisseur du muscle petit oblique. (*Lyon méd.*, p. 355,
15 juillet.)

Cystite aiguë. — (*Gaz. hôp.*, p. 1146.) — Cystite du col, solution contre.
(*Ibid.*, p. 268.) — Cystite chronique. (*Prog. méd.*, p. 958.) — Pilules contre la cystique chronique. (*Union méd.*, p. 756, 808, 1132.) — Traitement
chirurgical de la cystite chronique. (*Courrier méd.*, p. 164, 199.) —
Traitement de la cystite blennorragique. (*Abeille méd.*, p. 479.) (*Journ.
méd. chir. prat.*, p. 496.) — Prophylaxie et thérapie de la cystite de la
femme. (*Bull. gén. thérap.*, p. 130.) (*Revue thérap.*, p. 554.)

Cystocèle. — Pendant l'accouchement. (*Journ. accouch. Liège*, p. 170.)

Cystome. — Pulmonaire. (*Revue méd.*, t. I, p. 590.)

Cystorrhaphie. — De la cystorrhaphie hypogastrique. (*Union méd.*,
p. 965.)

D

Dacryocystite. — Dilatation forcée du sac dans la dacryocystite. (*Revue
méd.*, t. II, p. 626.) — Traitement de la dacryocystite chronique. (*Bul. gén.
thérap.*, p. 189.)

Dactylite. — Linguéale scrofuleuse chez les enfants. (*Bull. gén. thérap.*,
p. 140.)

Daltonisme. — Du daltonisme et de l'éducation du sens des couleurs chez
les écoliers. (*Gaz. hebd. Sc. méd. Bord.*, p. 43.) — Thèses et hypothèses
sur la perception de la lumière et des couleurs. (*Annal. di Ottalmol.*, XI,
fasc. 2 et 3.) — Les systèmes des daltonistes. (*Arch. f. Ophth.*, XXVIII,
2, p. 1.) — Rapport sur l'examen de la sensibilité chromatique chez les

Traitement du délire aigu par les bains froids et le bromure de potassium. (*Ibid.*, p. 280.)

Délirium tremens. — Traitement du délirium tremens. (*Union méd.*, t. XXXVI, p. 735.) (*Courrier méd.*, p. 411.) — Cas remarquable de délirium tremens. (*Concours méd.*, p. 522.) (*Revue thérap.*, p. 304, 661.)

Délivrance. — De la délivrance dans les accouchements à terme. (*Concours méd.*, p. 597.) — Traité de la période de délivrance. (*Abeille méd.*, p. 343.) — Délivrance artificielle dans un cas d'adhérence. (*Journ. accouch. Liège*, p. 289.)

Delphinium consolida. — (*Sem. méd.*, p. 351.) — Ses propriétés. (*Courrier méd.*, p. 355.)

Demangeaison. — Comme symptôme de maladie de Bright. (*Praticien*, p. 201.)

Démence. — Mélancolique. (*Gaz. méd. Par.*, p. 457.) — De la démence précoce chez les jeunes aliénés héréditaires. (*Union méd.*, t. XXXVI, p. 1099.) — Emploi de l'iodoforme chez les déments. (*Courrier méd.*, p. 402.) — Démence subite compliquant une pleuropneumonie. (*Gaz. hebd. Sc. méd. Bord.*, p. 285.) — Démence primitive aiguë. (*Revue Sc. méd.*, t. XXI, p. 270.) — Démence paralytique. (*Ibid.*, p. 272.)

Démographie. — (*Sem. méd.*, p. 103.)

Dénombrement. — De la population française en 1881. (*Bull. acad. méd.*, p. 1160.)

Dentifrice. — Antiputride. (*Journ. méd. chir. prat.*, p. 34.)

Dentistes. — Névralgie crurale des dentistes. (*Union méd.*, t. XXXV, p. 39.)

Dents. — Anomalies dentaires. (*Bull. acad. méd.*, p. 166.) — Mutilations au Mexique et dans le Yucatan. (*Ibid.*, p. 600.) — Ecole et Hôpital de Paris. (*Ibid.*, p. 1204.) — Accidents de l'éruption des dents. (*Gaz. hôp.*, p. 19.) — Causes de l'érosion des dents. (*Ibid.*, p. 389, 419.) — Des anomalies de l'éruption des dents. (*Ibid.*, p. 460.) — Greffe des dents. (*Ibid.*, p. 948.) — Avulsion des dents. (*Sem. méd.*, p. 313, 339.) — Altérations syphilitiques des dents. (*Ibid.*, p. 85, 93.) — Des déviations des arcades dentaires et de leur traitement rationnel. (*Prog. méd.*, p. 351.) — De la chute physiologique des dents de lait. (*Ibid.*, p. 720.) — Formulaire de l'hygiène et de la pathologie de l'appareil dentaire. (*Ibid.*, p. 720.) — Altérations des dents chez les chiens. (*Prog. méd.*, p. 396.) — Avulsion des dents à l'aide d'un carré de caoutchouc. (*Ibid.*, p. 973.) — Fabrication des dents en Amérique. (*Ibid.*, p. 1043.) — Choroïdite métastatique consécutive à l'extraction d'une dent. (*France méd.*, t. II, p. 363.) — Dent à la naissance. (*Paris méd.*, p. 584.) — Extraction et réimplantation. (*Ibid.*, p. 596.) — Hémorrhagie consécutive. (*Ibid.*, p. 606.) — Soulagement du mal de dents. (*Courrier méd.*, p. 423.) — Dentifrices antiseptiques. (*Ibid.*, p. 61.) — Traitement de la carie dentaire. (*Concours méd.*, p. 357.) — Dent cariée amenant surdité. (*Journ. méd. chir. prat.*, p. 70.) — Pansements divers. (*Ibid.*, p. 175.) — Erosions du rachitisme

Développement. — Arrêt de développement. (*Sem. méd.*, p. 313.)

Déviations. — Les déviations de la cloison nasale. Difficultés qu'elles apportent au cathétérisme de la trompe d'Eustache et nouveau moyen d'y remédier. (*Prog. méd.*, p. 299, 318, 336, 364.) (*Union méd.*, t. XXXVI, p. 802.) — Déviation du flux cataménial. (*Jour. méd. chir. prat.*, p. 161.) — Déviations utérines. Démonstration du mécanisme de l'appareil du Dr Verrier pour le redressement des déviations utérines. (*Revue méd. chir. mal. des femmes*, p. 32.)

Diabète. — Pathologie. Diagnostic et traitement du diabète. (*Bull. acad. méd.*, p. 546.) — Nature et traitement du diabète. (*Ibid.*, p. 744.) — Diabète goutteux. (*Ibid.*, p. 514.) — Diabète sucré, guérison par le bromure de potassium. (*Ibid.*, p. 1005.) — Diabète balano-posthite. (*Gaz. hôp.*, p. 132.) — Consécutif à la chloroformisation. (*Ibid.*, p. 1178.) — Consolidation des fractures dans le diabète. (*Ibid.*, p. 678.) — Cataracte du diabète. (*Ibid.*, p. 605.) — Phosphatique, gangrène spontanée, par le diabète. (*Ibid.*, p. 946.) — Diabète salé. (*Ibid.*, p. 609.) — Nodus de la verge et diabète. (*Sem. méd.*, p. 30.) — Traitement par la glycérine. (*Gaz. méd. Par.*, p. 285.) — Forme héréditaire du diabète insipide. (*Ibid.*, p. 515.) — Du diabète sucré et des névralgies de la deuxième paire. (*Union méd.*, t. XXXV, p. 13.) — Diabète sucré, pathogénie et accidents nerveux. (*Ibid.*, p. 876.) — Diabète traité par le permanganate de potasse. (*Union méd.*, t. XXXVI, p. 524.) — Diabète glycosurique suivi d'inosurie. (*Ibid.*, p. 649.) — Diabète et néphrites, névralgie. (*Ibid.*, p. 820.) — Diabète azoturique. (*Paris méd.*, p. 327.) — Altération du pancréas dans le diabète. (*Ibid.*, p. 464.) — Mort subite et coma. (*Ibid.*, p. 557.) — Phosphatique. (*Ibid.*, p. 557.) — Diabète sucré chez les enfants. (*Ibid.*, p. 596.) — Son traitement par la liqueur arsenico-bromurée. (*Paris méd.*, p. 297.) — Par le sozigium jambolanum. (*Ibid.*, p. 310.) — Diabète et croûte de pain. (*Courrier méd.*, p. 115.) (*Concours méd.*, p. 260.) — Etat mental dans certains cas de diabète. (*Abeille méd.*, p. 342.) — L'ergot de seigle dans le diabète insipide. (*Gaz. méd. Nantes*, p. 121.) — Troubles nerveux dans le diabète. (*Revue méd.*, t. 1, p. 149.) — Traitement. (*Ibid.*, p. 306.) — Détermination du sucre dans l'urine. (*Revue Sc. méd.*, t. XXI, p. 41.) — Examen des urines par le perchlorure de fer. (*Ibid.*, t. XXII, p. 170.) — Influence du travail musculaire sur l'excrétion de sucre et d'urée dans le diabète. (*Ibid.*, p. 170.) — De la glycopolyurie ou petit diabète avec excès d'acide urique. (*Ibid.*, p. 170.) — Diabète et paludisme. (*Ibid.*, p. 164.) — Névralgies osseuses dans le diabète. (*Ibid.*, p. 171.) — Valeur diagnostique de la périostite des mâchoires dans le diabète. (*Ibid.*, p. 170.) — Diabète compliquant la fièvre typhoïde. (*Ibid.*, p. 170.) — Acétonémie du diabète. (*Ibid.*, p. 170.) — Diabète compliqué de septicémie (*Ibid.*, p. 170.) — Des grangrènes chez les diabétiques. (*Ibid.*, p. 170.) — Congestion veineuse et cirrhose hépatique dans le diabète. (*Ibid.*, p. 170.) — Diabète causé par une tumeur de la moelle allongée. (*Ibid.*, p. 171.) — De l'acide lactique dans le diabète. (*Ibid.*, p. 181.) — Du diabète sucré, leçon. (*Med. News*, 31 mars.) — Autopsie d'une fillette de 4 ans atteinte de diabète insipide. (*Corr. Bl. f. Schweiz. Aerzte*, 15 mars.) — Des affections du prépuce dans le diabète. (*Weiner med. Blätter*, p. 149.) — Sur la sensibilité dans le diabète. (*Lo sperimentale*, mars, p. 225.) — Altération histologique des divers organes et tissus dans le diabète sucré et considérations sur la pathogénie et sur l'acétonémie. (*Il Morgagni*, janv., fév., mars.) — Etude sur le diabète sucré, par Zimmer. (*Carlsbad.*) — Note sur un cas de coma diabétique (survenu après un vomitif.) (*Revue méd. Suisse romande*, III, 512, sept.) — La pathologie du diabète, discussion à la pathologic society. (*Med. Times*, 14 avril.) — Un cas de diabète aigu. (*The Lancet*, 24 fév.) — Contribution à l'étude des maladies oculaires d'origine diabétique : paralysie de l'abduction ou amblyopie. (*Centralb. f. prakt. Augenheilk*, oct.) — Traitement du diabète insipide par l'ergot de seigle. (*Lancet*, 12 mai.) — Note sur l'urine de certains diabétiques à poids spécifique faible (de 1,005 à 1,008.) (*Dublin. journ. of. med. Sc.*, p. 295, avril.) — Sur l'usage des courants continus dans le diabète sucré. (*Saint-Thomas's hosp. Rep.*, XI, p. 61.) — Sur l'action de l'iodoforme dans le diabète sucré. (*Arch. Ital. de biol.*, III, n° 3.) — Du diabète sucré aux eaux de Neuenahr. (*Deutsche med. Woch.*, n° 6.) — Le pain de gluten doit-il être prescrit aux diabétiques. (*Deutsche med. Woch.*, n° 13.

Diabétiques. — Consolidation des fractures chez les diabétiques. (*Bull. acad. méd.* p. 934.) (*Sem. méd.*, p. 184.) — Pneumaturie. (*France méd.*, t. I, p. 207, 195.) — De l'état mental chez certains diabétiques. (*Courrier méd.*, p. 365.) — Valeur du pain de gluten, des féculents. (*Journ. méd. chir. prat.*, p. 225.)

Diachylon. — Onguent diachylon contre eczéma, Hébra. (*Union méd.*, t. XXXV, p. 1019.)

Diagnostic. — Traité de diagnostic et de sémiologie. (*Union méd.*, t. XXXV, p. 213.) — Diagnostic et traitement de l'ulcère simple de l'estomac. (*Ibid.*, p. 363.) — Diagnostic de la syphilis hépatique. (*Ibid.*, p. 565.) — Diagnostic certain de la grossesse avant l'apparition des signes dits certitude. (*Journ. accouch. Liège*, p. 119.) — Diagnostic des phtisies douteuses. (*Ibid.*, p. 219, 289.)

Diamine. — De la diamine salicylique. (*Revue Sc. méd.*, t. XXI, p. 94.)

Diapason. — Dans les névralgies. (*Abeille méd.*, p. 64.) — Diagnostic des maladies de l'oreille, par le diapason. (*Revue méd.*, t. I, p. 161.) — Diapason antinévralgique. (*Revue thérap.*, p. 135.)

Diaphragme. — Développement du diaphragme. (*Revue Sc. méd.*, t. XXII, p. 7.) — Des hernies du diaphragme. (*Ibid.*, t. XXI, p. 62, 445.)

Diarrhées. — Endémiques des pays chauds. (*Bull. acad. méd.*, p. 1370.) — Elixir contre la diarrhée. (*Ibid.*, p. 250.) — Diarrhée chez les enfants. (*Gaz. hôp.*, p. 146, 163, 186, 193.) — Potion contre la diarrhée. (*Sem. méd.*, p. 219.) — Traitement de la diarrhée et de la dysenterie scorbutiques. (*Union méd.*, t. XXXV, p. 1008.) — Diarrhée et dysenterie guéries par la pulpe du fruit de baobab. (*Paris méd.*, p. 563.) — Diarrhée puerpérale. (*Revue méd. chir. mal. femmes*, p. 345.) — Traitement de la diarrhée infantile par l'infusion de camomille. (*Ibid.*, p. 417.) — Diarrhée de Cochinchine traitée par les peptones. (*Praticien*, p. 463.) — Traitement

de la diarrhée par la fève de Calabar. (*Revue Sc. méd.*, t. XXII, p. 508.)
— Epidémie de diarrhée par eaux potables polluées. (*Sanit. Record*, n° 305, p. 367, fév.)

Diastasis. — Musculaire. (*Bull. acad. méd.*, p. 1353.) — Pepsine et diastase. (*Abeille méd.*, p. 22.)

Diathèses. — Traumatismes et diathèses. (*Gaz. hôp.*, p. 301, 428.) (*France méd.*, t. I, p. 424, 450, 636, 675, 696, 808.) — Diathèse purulente. (*Art méd.*, t. LVI, p. 191.)

Diathésiques. — Des opérations chez les diathésiques. (*Revue méd.*, t. I, p. 429, 462, 632, 676, 712.)

Dicéologie. — Médicale. (*Bull. acad. méd.*, p. 545.)

Dicrotisme. — Et sulfate de quinine. (*Thérap. contemp.*, p. 178.)

Diète. — De la diète lactée dans la maladie de Graves. (*Union méd.*, t. XXXV, p. 791.)

Digestion. — Diverses influences pouvant modifier la digestion stomacale. (*Concours méd.*, p. 60.) — Des procédés artificiels de digestion dans l'entérite chronique des pays chauds. (*Bull. gén. thérap.*, p. 286.) — Modifications de l'urine dans les troubles digestifs. (*Revue Sc. méd.*, t. XXII, p. 44.) — De la digestion pancréatique. (*Ibid.*, t. XXI, p. 423.) — Action des sucs digestifs des céphalopodes. (*Ibid.*, p. 430.) — Transformation de l'élastine pendant la digestion pepsique. (*Ibid.*, p. 37.)

Digitale. — Etude comparative du muguet et de la digitale. (*Bull. acad. méd.*, p. 497, 1354.) — Action de son administration à fortes doses. (*Courrier méd.*, p. 33.) — Empoisonnement par la digitale. (*Ibid.*, p. 368.) — Etude du groupe pharmacologique de la digitale. (*Revue Sc. méd.*, t. XXII, p. 68.)

Dilatation. — Aortique. (*Sem. méd.*, p. 25.) — Dilatation intermittente et progressive de la trompe d'Eustache. (*Gaz. méd. Par.*, p. 629.) — La théorie de Balfour sur la dilatation du cœur considérée comme cause des souffles inorganiques. (*Union méd.*, t. XXXV, p. 1004.) — De la dilatation de l'estomac. (*Union méd.*, t. XXXVI, p. 11.) — Dilatation cardiaque ; action de la strychnine. (*Ibid.*, p. 806.) — Dilatation artificielle du gros intestin dans ses rapports avec le diagnostic et la thérapeutique. (*Journ. accouch. Liège*, p. 231.) — Dilatation du col de l'utérus dans l'endométrite. (*Ibid.*, p. 23.) — Dilatation immédiate progressive. (*Revue méd.*, t. I, p. 104, 116.) — Dilatateur gouttière. (*Journ. méd. chir. prat.*, p. 323.) — Dilatation des bronches chez un enfant. (*Ibid.*, p. 207.)

Diphtérie. — Etiologie, nature et traitement de la diphtérie. (*Bull. acad. méd.*, p. 608, 775.) — Influence de la diphtérie sur la grossesse. (*Ibid.*, p. 1108.) — Epidémie de diphtérie à Saint-Dié, en 1880-81. (*Ibid.*, p. 1493.) — Perchlorure de fer dans la diphtérie. (*Gaz. hôp.*, p. 612.) — Atrophie généralisée consécutive à la diphtérie. (*Gaz. méd. Par.*, p. 53.) — Nature parasitaire de la diphtérie. (*Ibid.*, p. 238.) (*Prog. méd.*, p. 528.) — Diphtérie et microbes. (*Ibid.*, p. 35.) — Emploi de la pilocarpine dans la diphtérie. (*Union méd.*, t. XXXV, p. 453.) — Diphtérie, inhalations. (*Ibid.*,

p. 692.) — Traitement de la diphtérie par les antiseptiques. (*France méd.*, t. II, p. 349.) — Vomissement au début de la diphtérie. (*Par. méd.*, p. 379.) — Traitement par la quinoléine. (*Courrier méd.*, p. 349.) — Par le sulfure de calcium. (*Ibid.*, p. 401.) — Diphtérie et avortement. (*Concours méd.*, p. 105.) — Paralysie de l'œsophage dans la diphtérie. (*Abeille méd.*, p. 215.) — Diphtérie à forme prolongée. (*Ibid.*, p. 3.) — Complication rare de la diphtérie. (*Ibid.*, p. 232.) — Inoculabilité de la diphtérie. (*Gaz. méd. Nantes*, p. 153.) — Emploi du cyanure de mercure dans le traitement de la diphtérie. (*Rev. méd.*, t. II, p. 243.) — De la transmissibilité de la diphtérie du poulet à l'homme. (*Bul. gén. thérap.*, p. 90.) — Traitement local de la diphtérie par l'acide boracique en solution. (*Ibid.*, p. 143.) — Par la salicine. (*Ibid.*, p. 288.) — Par l'essence de térébenthine. (*Ibid.*, p. 513.) — Influence de la diphtérie sur le produit de la conception. (*Thérap. contemp.*, p. 618.) — Diphtérie du larynx, formules diverses contre. (*Revue mens. mal. enfance*, p. 436.) — Prophylaxie de la diphtérie. (*Revue Sc. méd.*, t. XXII, p. 152.) — Mortalité comparée de la diphtérie et de la fièvre typhoïde. (*Ibid.*, p. 158.) — Mortalité comparée de la diphtérie et de la scarlatine à Saint-Pétersbourg. (*Ibid.*, p. 120.) — Diphtérie sans angine. (*Ibid.*, p. 137.) — Inflammation diphtéritique des amygdales. (*Ibid.*, p. 137.) — Angines ulcéreuses terminées par le croup. (*Ibid.*, p. 137.) — Fausse membrane diphtéritique de l'estomac. (*Ibid.*, p. 152.) — Fausse membrane croupale non diphtéritique. (*Ibid.*, p. 152.) — De l'endocardite et des complications cardiaques dans la diphtérie. (*Ibid.*, p. 138.) — Traitement de la diphtérie par les feuilles de noyer. (*Ibid.*, p. 138.) — Traitement par la salicine. (*Ibid.*, p. 138.) — Des bains de vapeur contre la diphtérie. (*Ibid.*, p. 138.) — Préparation de chaux dans la diphtérie. (*Ibid.*, p. 138.) — Chinoline dans la diphtérie. (*Ibid.*, p. 138.) — Papayotine contre la diphtérie. (*Ibid.*, p. 138.) — Trachéotomie dans la diphtérie. (*Ibid.*, p. 138.) — La diphtérie considérée principalement au point de vue de ses causes, de sa nature et de son traitement, par X. Francotte. (*Bruxelles.*) — L'épidémie de diphtérie à Saint-Pétersbourg, dans ses relations avec les conditions climatologiques et locales. (*Jégéned. Klinitch. gaz.*, n° 7-11.) — Sur une forme spéciale d'atrophie généralisée à la suite de la diphtérie. (*Berlin. klin. Woch.*, 1 janv.) — Sur la diphtérie. Discussion de deux congrès de médecine allemande. (*Berlin. klin. Woch.*, n° 19, p. 289, 7 mai.) — De la diphtérie. (*Berlin. klin. Woch.*, 26 mars.) — Pilocarpine dans un cas d'angine diphtéritique; guérison. (*Arch. méd. belges*, p. 15.) — La diphtérie dans le gouvernement de Charkow, 1880-1881. (*Med. Wiestnik*, n°ˢ 12-20.) — Sur les champignons microscopiques comme causes de la diphtérie. (*Jégéned. Klin. gaz.*, n°ˢ 21-23.) — Angine couenneuse et croup chez une dame âgée de 63 ans; guérison. (*Ann. de la Soc. de méd. d'Anvers*, avril.) — Traitement de la diphtérie, de la stomatite ulcéreuse et de la vulvo-vaginite chez les enfants, par l'iodoforme; résultats médiocres. (*Wien. med. Woch.*, n° 7.) — Diphtérie nasale. (*New-York med. Journ.*, 3 fév.) — Etiologie et nature de la diphtérie et pathogénie de la mort subite de cette affection. (*Lancet*, 17 mars.) — De la paralysie diphtéritique. (*Roy.*

Soc. med. Times, 20 janv.) — Nouvelles observations sur l'emploi de la quinoline dans la diphtérie. (*Berlin. klin. Woch.*, 3 et 10 sept.) — Du traitement de la diphtérie. (*Ibid.*, 24 sept.) — Mort subite pendant ou peu après la convalescence de la diphtérie. (*Med. news*, 15 déc.) — Des arthrites consécutives à l'angine couenneuse. (*Berlin. klin. Woch.*, 5 nov.) — Infiltration diphtéritique des paupières et du tissu cellulaire rétrobulbaire, à la suite d'une opération de distichiasis ; atrophie aiguë du nerf optique. (*Klin. monatsbl. f. Augenheilk.*, déc.) — Le perchlorure de fer dans la diphtérie. (*Deutsche med. Woch.*, n° 46.) — Réhabilitation du chlorate de potasse dans le traitement de la diphtérie. (*Ibid.*, 45.) — Diphtérie et chlorate de potasse. (*Ibid.*, 52.)

Diphtérite. — Son inoculation chez l'homme, et nature des paralysies diphtéritiques. (*Paris méd.*, p. 449.)

Diphtéritiques. — Emploi rationnel du chlorate de potasse dans les angines diphtéritiques. (*Bul. acad. méd.*, p. 1268.) — Signes différentiels des fausses membranes diphtéritiques et catarrhales. (*Paris méd.*, p. 30.) — Ataxie spinale. (*Gaz. méd. Nantes*, p. 54.) — Nature du poison diphtéritique. (*Revue Sc. méd.*, t. XXII, p. 137.)

Dipsomanie — Et alcoolisme. (*Courrier méd.*, p. 35.) (*Revue thérap.*, p. 105.)

Diptère. — Larves de diptère trouvées dans le corps humain. (*Revue Sc. méd.*, t. XXI, p. 188.)

Dislocation — Des os du crâne chez les enfants, dans la méningite. (*Thérap. contemp.*, p. 14.)

Dissociation. — Du rhythme auriculaire et ventriculaire. (*Journ. méd. chir. prat.*, p. 172.)

Distoma. — Hœmatobium. Des altérations occasionnées par le distoma hœmatobium dans les voies urinaires et dans le gros intestin. (*Union méd.*, t. XXXV, p. 229.)

Distome. — Œufs de distome inclus dans les œufs de poule. (*Abeille méd.*, p. 454.) — Distome hœmatobien dans la formation des calculs vésicaux. (*Revue Sc. méd.*, t. XXI, p. 166.) — Distome Ringeri. (*Ibid.*, p. 166.)

Divorce. — La folie est-elle une cause de divorce ? (*Revue Sc. méd.*, t. XXI, p. 262.)

Divulsion. — Rétrograde de l'œsophage et du pylore. (*Union méd.*, t. XXXVI, p. 1115.)

Docimasie. — Hydrostatique. (*Gaz. hôp.*, p. 444.) (*Gaz. méd. Nantes*, p. 166.)

Doctrines. — Microbiennes. (*Sem. méd.*, p. 71, 78, 86.) (*Gaz. méd. Par.*, p. 188.) (*Courrier méd.*, p. 167.) (*Journ. accouch. Liège*, p. 80, 105, 117.) — Les doctrines. (*Art méd.*, t. LVI, p. 81.)

Doigts. — Luxation des phalanges des doigts en avant. (*Bull. acad. méd.*, p. 1229.) — Corps étranger fixé sur le doigt. (*Revue méd.*, t. II, p. 339.) — Doigts surnuméraires. (*Thérap. contemp.*, p. 10, 43.)

Dynamite. — Propriétés toxides de la nitroglycérine et de la dynamite. (*Gaz. méd. Nantes*, p. 133.)

Dyscrasie. — Veineuse. (*Bull. acad. méd.*, p. 544.) — De la dyscrasie dans la maladie de Bright chronique. (*Union méd.*, t. XXXVI, p. 341.)

Dysenterie. — Epidémie de dysenterie saisonnière à Constantine. (*Bull. acad. méd.*, p. 75.) — Microbes de la dysenterie. (*Ibid.*, p. 75.) — Dysenterie sporadique. (*Prog. méd.*, p. 125.) — Traitement de la dysenterie. (*Prog. méd.*, p. 61.) (*France méd.*, t. I, p. 389.) — La bilharzia hœmatobia et certaine forme de dysenterie en Egypte. (*Paris méd.*, p. 30.) — Nouveau parasite. (*Ibid.*, p. 534.) — Dysenterie traitée par les benzoates. (*Revue méd.*, t. II, p. 740.) — Rôle de la bilharzia dans l'origine de la dysenterie. (*Revue Sc. méd.*, t. XXI, p. 166.) — Dysenterie chronique, péritonite diffuse, aiguë, mort. (*Charité annalen*, VII, p. 314.)

Dysménorrhée. — Traitement chez les arthritiques par les salicylates. (*Prog. méd.*, p. 217.) — Dysménorrhée par hyperestésie de la membrane hymen. (*Union méd.*, t. XXXV, p. 755.) — Du viburnum prunifolium dans la dysménorrhée. (*Union méd.*, t. XXXVI, p. 597.) — Dysménorrhée pseudo-membraneuse. (*Concours méd.*, p. 262.) (*Journ. accouch. Liège*, p. 8, 271.) — Traitement de la dysménorrhée accidentelle par la potion stimulante et diaphorétique. (*Revue méd. chir. mal. femmes*, p. 357.) — Traitement par l'iode. (*Ibid.*, p. 599.)

Dyspepsies. — Des dyspepsies gastro-intestinales. (*Union méd.*, t. XXXVI, p. 522.) — Dyspepsie d'origine cérébrale. (*France méd.*, t. I, p. 518.) — Dyspepsie douloureuse. (*France méd.*, t. II, p. 298.) — Traitement de la dyspepsie dans les affections utérines. (*Gaz. méd. Nantes*, p. 187.) — Dyspepsie atonique par insuffisance de suc gastrique. (*Journ. accouch. Liège*, p. 292.) — Traitement de la dyspepsie flatulente. (*Revue méd.*, t. I, p. 57, 887.) (*Revue méd.*, t. II, p. 408.) — Traitement par le sable. (*Journ. méd. chir. prat.*, p. 465.) — Traitement des dyspepsies constitutionnelles par les eaux sulfureuses. (*Revue Sc. méd.*, t. XXI, p. 515.)

Dysphagie. — Nerveuse. (*Union méd.*, t. XXXV, p. 1025.)

Dyspnée. — De l'emphysème pulmonaire, respirateur élastique, contre la dyspnée. (*Bull. acad. méd.*, p. 800.) — Du nitrite d'amyle et de la nitroglycérine dans la dyspnée urémique. (*Union méd.*, t. XXXVI, p. 820.) — Dyspnée salycilique. (*Journ. méd. chir. prat.*, p. 413.) — De la dyspnée et de son traitement par le quebracho aspidosperma. (*Bull. gén. thérap.*, p. 31.) — Dyspnée dans l'œdème de la glotte. (*Praticien*, p. 331.) — Dyspnée calorifique. (*Revue Sc. méd.*, t. XXI, p. 466.) — Dyspnée chez les tuberculeux. (*Ibid.*, p. 148.)

Dystocie. — Grave, occasionnée par un myome interstitiel développé à l'union du col et du corps de l'utérus gravide ; obstruction du conduit pelvien ; défaut de dilatation de l'orifice cervical. Mort pendant le travail. (*Prog. méd.*, p. 339.) — Dystocie par cloisonnement transversal du col. (*Ibid.*, p. 55.) — Cas de dystocie grave. (*Ibid.*, p. 348.) — Dystocie due à une tumeur du col de l'utérus. (*Journ. accouch. Liège*, p. 206.) — Dystocie fœtale. (*Revue méd. chir. mal. femmes*, p. 230.) — Dystocie par rétrécissement circulaire du vagin. (*Revue Sc. méd.*, t. XXII, p. 602.) — Dystocie par des tumeurs de l'ovaire. (*Ibid.*, p. 603.) — Dystocie par une tumeur caverneuse chez l'enfant. (*Ibid.*, p. 604.)

Dystonie. — Un cas de dystonie. (*Concours méd.*, p. 357.)

E

Eau. — Emploi thérapeutique de la vapeur d'eau surchauffée. (*Bull. acad. méd.*, p. 930.) — Eau de mer et de Vichy. (*Ibid.*, p. 421.) — Eau oxygénée comme moyen d'atténuation de certains virus. (*Ibid.*, p. 3.) — Préparation et emploi thérapeutique de l'eau oxygénée. (*Ibid.*, p. 671.) — Eau unique. (*Ibid.*, p. 326.) — Eau potable en Sologne. (*Ibid.*, p. 1186.) — Rôle des eaux potables dans l'étiologie de la fièvre typhoïde. (*Ibid.*, p. 75, 167, 205, 699.) — Leçons sur les eaux minérales. (*Gaz méd. Paris*, p. 375, 482.) — Injections d'eau chaude contre les tumeurs hémorroïdales. (*Union méd.*, t. XXXV, p. 540.) — Eau de Challes dans un cas d'albuminurie syphilitique. (*Ibid.*, p. 541.) — Eau chaude dans le tétanos. (*Ibid.*, p. 844.) — De l'emploi de l'eau chaude et de l'eau froide en gynécologie. (*Union méd.*, t. XXXVI, p. 16.) (*Abeille méd.*, p. 175.) — Injection d'eau salée. (*Ibid.*, p. 381.) — Injection rétrograde d'eau chaude dans la blennorrhagie. (*Thérap. contemp.*, p. 561.) — Parasite dangereux de l'Egypte trouvé dans l'eau potable. (*Revue Sc. méd.*, t. XXI, p. 188.) — Absorption par la peau des substances dissoutes dans l'eau. (*Ibid.*, p. 432.) — Action de grandes quantités d'eau introduites dans l'estomac. (*Ibid.*, t. XXII, p. 484.) — Recherche et dosage de l'arsenic dans les eaux minérales. (*Ibid.*, t. XXI, p. 511.) — Origine et formation des eaux bicarbonatées ferugineuses. (*Ibid.*, p. 514.) — Action du traitement par les eaux de Contrexéville sur la pierre. (*Ibid.*, p. 512.) — Eaux de Saint-Gervais et de Sail-les-Bains. (*Ibid.*, p. 514.) — Traitement des affections cardiaques à Nauheim. (*Ibid.*, t. XXII, p. 503.) — Traitement des dyspepsies constitutionnelles par les eaux sulfureuses. (*Ibid.*, t. XXI, p. 515.) — Eaux de Vichy dans le diabète. (*Ibid.*, t. XXII, p. 181.) Indication des eaux de la Malou dans le traitement des névralgies. (*Ibid.*, t. XXI, p. 516.) — Les conditions hygiéniques requises dans l'analyse des eaux. (*Sanit. Record.*, n° 306, p. 397, mars.) — Note sur le développement dans l'eau de germes vivants, par le procédé de Koch. (*Sanit. Rec.*, n° 305, p. 344, 15 fév.) — Présence d'arséniate de chaux dans les thermes de Baden (Argovie). (*Corr. Blatt. f. Schweizer Aerzte*, 15 juillet.) — Sur les eaux minérales de Slawiansk. (*Med. Wietsnik*, n°s 21-24.) — Les cardiaques à Bagnols-les-Bains (Lozère). (*Lyon méd.*, p. 253, 24 juin.) — De la protection des sources d'eau potable. (*Revue d'hyg.*, t. V, p. 441, juin.) — Les eaux de Paris (*Revue d'hyg.*, juillet.) — Réplique. (*Idem.*, p. 544.) — Traitement de la syphilis par les eaux sulfureuses et en particulier par les eaux de Cauterets. (*Ann. Soc. d'hydrol.*, t. XXVIII.) — Analyses de l'eau-mère de Kreuznach. (*Berlin. klin. Woch.*, p. 617, 1er oct.) — Analyse de l'eau minérale d'Eucheloup. (*Journ. de phar.*, juil.) — Sur les effets thérapeutiques des eaux minérales de Ceresole Reale. (*Giorn. della R. acad. de Torino*, juin.) — Description de quelques procédés usités en Angleterre et en Ecosse pour épurer les eaux industrielles. (*Viertelj. f. gericht. med.*, t. XXXIX, p. 121 et 298.) — Du traitement des maladies des femmes aux thermes de Landeck. (*Deutsche med. Woch.*, n° 10.)

Echinocoque. — Et urticaire. (*Union méd.*, t. XXXV, p. 1017.)

Eclampsie. — Puerpérale, chloroformisation. (*Gaz. hôp.*, p. 820.) — **Traitement de l'éclampsie.** (*Sem. méd.*, p. 7.) — Eclampsie et coqueluche. (*Union méd.*, t. XXXV, p. 829.) — Eclampsie albuminurique chez une primipare. (*Gaz. méd. Nantes*, p. 5.) — Chez une pluripare. (*Ibid.*, p. 117.) — Son étiologie et son traitement. (*Gaz. hebd. Sc. méd. Bord.*, p. 297.) — Eclampsie survenant à une époque avancée des couches. (*Journ. accouch. Liège*, p. 23, 198, 215.) — Traitement de l'éclampsie par le chloral. ((*Revue Sc. méd.*, t. XXII, p. 264.) — Traitement par les bains chauds. (*Ibid.*, p. 601.) — Etude sur l'éclampsie puerpérale par ROSEN-FELD. (*Inaug. Dissert. Tubingue.*) — Du traitement de l'éclampsie. (*Méd. Obozren*, juin.) — Eclampsie, emploi de l'apareil élytro-ptérygoïde, succès pour la mère et l'enfant. (*Lyon méd.*, 24 juin.) — Eclampsie tardive pendant les suites de couches. (*Zeit. f. Geburts. u. gyn.* B. VIII, Heft. 2.)

Ecole, écoliers. — Acuité visuelle et myopie des écoliers. (*Revue Sc. méd.*, t. XXII, p. 320.) — Astigmatisme des écoliers. (*Ibid.*, p. 322.) — Colonies, écoles de vacances. (*Ibid.*, t. XXI, p. 220.) — Ecole de rachitiques. (*Ibid.*, p. 220.) — Matériaux pour l'étude sur l'état sanitaire des écoles en Russie. (*Mediz. Wiestn.*, n° 28.)

Ecriture. — Des différentes formes d'écriture. (*Sem. méd.*, p. 340.) — Sur le mécanisme de l'écriture. (*Berlin. klin. Woch.*, 12 mars.)

Ecrouelles. — Remède contre les écrouelles. (*Bull. acad. méd.*, p. 1023.)

Ectopie. — Cardiaque. (*Bull. acad. méd.* p. 955.) — Rapport sur ce cas. (*Ibid.*, p. 1208.) — Ectopie du cœur. (*Gaz. hôp.*, p. 700, 957.) (*Gaz. méd. Paris*, p. 498, 523, 546.) (*Union méd.*, t. XXXVI, p. 190.) (*Abeille méd.*, p. 395.) — Du diagnostic de l'ectopie rénale. (*Gaz. hebd. Sc. méd. Bord.*, p. 311.) (*Thérap. contemp.*, p. 528, 797.) — Ectopie du testicule au périnée. (*Revue Sc. méd.*, t. XXI, p. 290.)

Ectropion. — Opération pour l'ectropion. (*Revue Sc. méd.*, t. XXII, p. 324.)

Eczéma. — Nature et traitement de l'eczéma. (*Bull. acad. méd.*, p. 672.) — Lymphangite dans l'eczéma. (*Gaz. hôp.*, p. 689.) — Eczéma de la face. (*Prog. méd.*, p. 580.) — Des mains et de la face. (*Ibid.*, p. 198.) — Des parties génitales. (*Ibid.*, p. 874.) — Pommade contre l'eczéma. (*Union méd.*, t. XXXV, p. 95.) — Glycéré contre l'eczéma des fosses nasales. (*Union méd.*, t. XXXVI, p. 668.) — Traitement de l'eczéma des enfants. (*Gaz. méd. Nantes*, p. 24.) — Eczéma des mains et des pieds. (*Journ. méd. chir. prat.*, p. 33.) — Traitement de l'eczéma dans la gonorrhée et dans l'amaranthus spinosa. (*Bul. gén. thérap.*, p. 288.) — Eczéma marginé. (*Thérap. contemp.*, p. 497.) — Eczéma de la mamelle. (*Revue Sc. méd.*, t. XXII, p. 628.) — Pullulation vaccinale chez un enfant atteint d'eczéma généralisé. (*Ibid.*, p. 121.) — Des complications lymphatiques dans l'eczéma. (*Ibid.*, t. XXI, p. 628.) — Eczéma de la face chez un enfant, application de teinture d'iode. (*Med. News*, 3 fév.) — Un cas d'eczéma sous l'influence de l'instillation de l'atropine dans l'œil. (*Med. Wiestnik*, n° 15.)

Education. — Causes qui rendent difficile l'éducation des enfants. (*Gaz. méd. Par.*, p. 4.) — Education du sens des couleurs et daltonisme. (*Gaz. hebd. Sc. méd. Bord.*, p. 9.)

Effractions. — Durée des effractions épidermiques. (*Thérap. contemp.*, p. 28.)

Egouts. — Epuration des eaux d'égouts. (*Sem. méd.*, p. 34.)

Elastine. — Transformation de l'élastine pendant la digestion pepsique. (*Revue Sc. méd.*, t. XXI, p. 37.)

Electricité. — Traité d'électricité. (*Bull. acad. méd.*, p. 1236.) — Electricité médicale et magnétique. (*Ibid.*, p. 1440.) — Courants faradiques à travers le crâne. (*Gaz. hôp.*, p. 44.) — Electricité et la douleur ovarienne chez les hystériques. (*Ibid.*, p. 898.) — Ses applications à l'ophthalmothérapie. (*Revue méd.*, t. II, p. 743.) — Avortement terminé par l'électricité. (*Revue méd. chir. mal. femmes*, p. 688.) — Sur l'excitation des centres nerveux vasculaires par sommation d'excitants. (*Revue Sc. méd.*, t. XXII, p. 13.) — Aphasie datant de trois mois guérie par l'électricité. (*Ibid.*, t. XXI, p. 589.) — Sation de la rate dans la fièvre intermittente. (*Ibid.*, p. 520.) — Traitement de l'ascite par l'électricité. (*Ibid.*, t. XXII, p. 92.) — Des bains électriques. (*Ibid.*, t. XXI, p. 115.) — L'électricité statique en médecine. (*Mediz. Wiestnik.*, n°s 11-18.) — Effets des bains électriques. (*Berlin. klin. Woch.*, n° 20, p. 307, 14 mai.) — Recherches sur l'action des bains faradiques et galvaniques. (*Neural. Centralb.*, p. 121.) — L'électricité statique en médecine. (*Med. Wiestnik.*, n°s 11-18.) — Quelle méthode d'électrisation doit-on préférer dans les cas d'hémiplégie cérébrale ? (*Troudy obch. roussk. Wratch. w. S. Petersb*, 2e livraison.) — Faradisation dans l'acné pustuleuse. (*Med. News*, 27 oct.) — Electricité médicale et électrothérapie, par J. Rosenthal et M. Bernhardt. (*Berlin*, 1884.) — Des indications comparées de l'électricité statique et de l'électricité dynamique. (*New-York med. Journ.*, 3 fév.) — Paralysie du grand dentelé et du rhomboïde, amélioré par l'électricité. (*Lancet*, 9 juin.) — De l'emploi des courants continus. (*Gaz. hebd. Sc. méd. Montpellier*, n° 45.) — Mensuration de l'électricité dans ses usages médicaux. (*St-Thomas's hosp. rep.*, vol. XI, p. 147.)

Electriques. — Contractilité utérine sous l'influence des courants électriques. (*Bull. acad. méd.*, p. 20.) — Piles électriques au bichromate de potasse. (*Ibid.*, p. 50.) — Pile électrique médicale portative à courants continus. (*Ibid.*, p. 355.) — Photophore électrique frontal. (*Ibid.*, p. 501.) — Lampe électrique. (*Ibid.*, p. 1271.)

Electrisation. — Spéculum pour l'électrisation utérine. (*Bull. acad. méd.*, p. 806.) — Electrisation de la matrice. (*Ibid.*, p. 1442.)

Electrolyse. — Capillaire. Traitement du goitre vasculo-kystique par l'électrolyse capillaire. (*Bull. acad. méd.*, p. 49.) — Emploi chirurgical de l'électrolyse. (*Prog. méd.*, p. 831.) — Electrolyse dans le traitement des rétrécissements cicatriciels de l'œsophage. (*Gaz. méd. Nantes*, p. 73.) — Du traitement des tumeurs par l'électrolyse. (*Bull. gén. thérap.*, p. 95.) (*Praticien*, p. 429.)

Electro-ostéotome. — (*Bull. acad. méd.*, p. 1492.)

Electro-puncture. — Traitement du décollement de la rétine par l'électro-puncture. (*Revue Sc. méd.*, t. XXI, p. 310.) — Electro-puncture pour le traitement des anévrismes aortiques. (*Ibid.*, p. 155.)

Electrothérapie. — Manuel d'électrothérapie. (*Bull. acad. méd.*, p. 1442.) — L'électrothérapie en dermatologie. (*Union méd.*, t. XXXVI, p. 449.)

Eléments. — Recherches sur le passage des éléments figurés à travers le placenta suivies de considérations sur la variole fœtale et la vaccination congétinale. (*Gaz. méd. Par.*, p. 593.) — Fabrication des formes des éléments organiques. (*Revue Sc. méd.*, t. XXI, p. 404.)

Eléphantiasis. — Des Arabes. Hypertrophie des nerfs et des ganglions lymphatiques. Néphrite albumineuse. Dégénérescence anyloïde du rein et de la rate. Examen microscopique. (*Prog. méd.*, p. 729.) — Note pour servir à l'histoire des pseudo-strumeux. (*Ibid.*, p. 968.) — Eléphantiasis du pénis, du scrotum et du membre inférieur gauche. (*Union méd.*, t. XXXV, p. 665.) — Eléphantiasis des paupières. (*Revue Sc. méd.*, t. XXI, p. 309.) — Eléphantiasis des membres supérieurs guéri par la bande de caoutchouc. (*Ibid.*, p. 283.)

Elixir. — Asiatique. (*Bull. acad. méd.*, p. 250.) — Elixir asiatique pour la guérison des fièvres. (*Ibid.*, p. 693.) — Quelques mots sur l'élixir Gendrin. (*Gaz. hebd. Sc. méd. Bord.*, p. 93.) — Elixir ferrugineux. (*Thérap. contemp.*, p. 312.)

Elongation. — Des nerfs. (*Sem. méd.*, p. 27, 30, 312.) — Elongation du nerf sciatique. (*Ibid.*, p. 55.) — Elongation du nerf dentaire inférieur. (*Gaz. méd. Par.*, p. 56.) — Elongation pour névralgie du trijumeau. (*Ibid.*, p. 7, 80.) — Du nerf nasal externe dans le traitement du glaucome. (*Union méd.*, t. XXXV, p. 1002.) — Elongation des nerfs crâniens. (*Gaz. méd. Nantes*, p. 39.) — Elongation du spinal pour le torticolis spasmodique. (*Revue Sc. méd.*, t. XXI, p. 297.) — Elongation des nerfs sus-orbitaires pour un blépharospasme. (*Ibid.*, t. XXII, p. 714.) — Elongation des nerfs dans le tétanos. (*Ibid.*, t. XXI, p. 295.)

Elytrorraphie. — Médiane. (*Bull. acad. méd.*, p. 251.)

Embarras. — Gastrique. (*Gaz. hôp.*, p. 372.) (*Revue thérap.*, p. 568.)

Embolie. — De l'artère fémorale dans la convalescence de la diphtérie. (*Prog. méd.*, p. 10.) — Théorie des embolies graisseuses. (*Revue Sc. méd.*, t. XXI, p. 83.) — Embolie chez un cardiaque amenant une panophtalmie pyémique. (*Ibid.*, p. 138.) — Contribution à l'étude de l'embolie graisseuse. (*Berlin. klin. Woch.*, 26 mars.)

Embryologie. — Etude d'un embryon de trois semaines. (*Revue méd. Suisse romande*, III, 213, avril.) — Sur l'origine du mésoderme et ses rapports avec le vitellus. (*Arch. Ital. de biol.*, II, n° 3.) — Du développement des fentes et arcs branchiaux chez l'embryon. (*Journ. de l'anat.*, XIX, n° 1.)

Embryon. — Queue de l'embryon chez les mammifères. (*Abeille méd.*, p. 208.)

Emétique. — La fraude de l'émétique. (*Prog. méd.*, p. 1052.) — Traitement du croup par l'émétique. (*Concours méd.*, p. 129.) — Mode d'administration de l'émétique. (*Abeille méd.*, p. 120.) (*Revue méd.*, t. I, p. 312.)

Emissions. — Des émissions sanguines. (*Courrier méd.*, p. 354.) (*Praticien*, p. 448.)

Emphysème. — Interlobulaire. (*Bull. acad. méd.*, p. 1228.) — Respirateur élastique contre la dyspnée de l'emphysème interlobulaire. (*Ibid.*, p. 800.) — Emphysème pulmonaire chronique généralisé. (*Gaz. hôp.*, p. 1146.) — Emphysème vésiculaire. (*Prog. méd.*, p. 10.) — Traitement de la phthisie et de l'emphysème pulmonaire par les bains d'air comprimé. (*Bull. gén. thérap.*, p. 46.) — De l'emphysème sous-cutané pendant l'accouchement. (*Ibid.*, p. 374.) — De l'emphysème du bassin. (*Revue Sc. méd.*, t. XXII, p. 604.)

Empoisonnement. — Saturnin à Paris. (*Bull. acad. méd.*, p. 207.) — Par le chlorate de potasse. (*Ibid.*, p. 327.) — Par l'acide pyrogallique employé en frictions dans le traitement du psoriasis. (*Ibid.*, p. 450.) — Par les gesses. (*Ibid.*, p. 829, 866, 882.) — Par la strychnine. (*Gaz. hôp.*, p. 494, 205.) — Par l'oxyde de carbone. (*Ibid.*, p. 716.) — Par l'acide chlorhydrique. (*Prog. méd.*, p. 1056.) (*Union méd.*, t. XXXV, p. 901.) — Par le citrate de caféine. (*Union méd.*, t. XXXVI, p. 150.) — Note sur un cas d'empoisonnement par la pelletiérine. (*France méd.*, t. I, p. 229.) — Suicide par l'acide sulfurique. (*Ibid.*, p. 421.) — Sur l'empoisonnement par le jequirity. (*France méd.*, t. II, p. 555.) — Douleur provoquée pour combattre l'empoisonnement par l'opium. (*Ibid.*, p. 354.) — Les empoisonnements par le plomb du boulevard de Doulon. (*Gaz. méd. Nantes*, p. 136.) — Par le phosphore. (*Ibid.*, p. 18.) — Par l'acide phénique. (*Journ. méd. chir. prat.*, p. 434.) — Par l'aconit. (*Bull. gén. thérap.*, p. 141.) — Par le chloroforme. (*Revue Sc. méd.*, t. XXI, p. 501.) — Par la morphine. (*Ibid.*, t. XXII, p. 79, 493.) — Par l'apomorphine. (*Ibid.*, t. XXI, p. 502.) — Par la fougère mâle. (*Ibid.*, p. 502.) — Diphtérie simulant un empoisonnement par la belladone. (*Ibid.*, t. XXII, p. 152.) — Par les champignons. (*Ibid.*, t. XXI, p. 504.) — Par l'essence de térébenthine. (*Ibid.*, p. 79.) — Par la nitro-benzine et l'aniline. (*Ibid.*, t. XXII, p. 491.) — Par le seigle ergoté. (*Ibid.*, p. 78.) — Par l'arsenic. (*Ibid.*, p. 57-61.) — Empoisonnement chronique par l'antimoine. (*Ibid.*, p. 80.) — Décalcification des os dans l'empoisonnement par le sublimé corrosif. (*Ibid.*, p. 493.) — Par l'acide phénique. (*Ibid.*, t. XXI, p. 505.) — Empoisonnement par une seule ingestion d'alcool. (*Viertelig. f. gerich. med.*, t. XXXVIII, p. 15, janv.) — Empoisonnement par la damiana ; guérison.

(*Therap. Gaz.*, p. 57.) — La morphiomanie et son traitement, par Albrecht Erlenmeyer. (*Leipzig.*) — Quatre cas d'empoisonnement par la strychnine. (*Corr. Blatt. f. Schweiz. Aerzte*, 1er janv.) — Empoisonnement par l'anis étoilé. (*Viertelj. f. gericht. med.*, p. 357, avril.) — De l'empoisonnement par l'iodoforme. (*Aerstl. int. bl.*, p. 55.) — Le chlorate de potasse est-il toxique aux doses habituelles? (*Chicago med. Journ. and. exam.*, p. 245.) — Empoisonnement subaigu par le phosphore. (*Corr. blatt. f. Schweiz. Aerzte*, 1er fasc.) — Fait d'intoxication phosphorée avec gangrène symétrique des pieds. (*Char. Ann.*, VII, *Jahrg*, p. 231.) — Sur les convulsions épileptiques par les poisons. (*Arch. Ital. de biol.*, II, n° 3.) — Un cas de guérison après intoxication par 0, 40 de chlorhydrate de morphine. (*Wratch. Wied.*, n° 27.) — Des altérations de la moelle épinière dans l'intoxication par la morphine, le nitrate d'argent et le bromure de potasse. (*Med. pribaw. k. morsk. sbornikou*, mai et juin.) — Un cas d'empoisonnement par la teinture d'aconit. (*Viertlj. f. gericht. med.*, t. XXXIX, p. 76, juil.) — Absorption du zinc par l'emploi d'une solution de chlorure de zinc dans un cas de brûlure, néphrite. (*Med. news*, 19 mai, p. 572.) — Un cas de mort à la suite d'un empoisonnement aigu par l'acide phénique. (*Vier. f. gericht. med.*, t. XXXIX, p. 57, juil.) — Empoisonnement par la teinture d'iode. (*Ann. d'hygiène publ.*, t. IX, p. 534, juin.) — Des altérations dans le système vasculaire et des différents organes sous l'influence de l'intoxication chronique par la cantharidine. (*Mediz. obosrénié*, sept.) — Empoisonnement par la strychnine chez un chien. (*New York med. Journ.*, 16 juin.) — Morphiomanie, rétrécissement spasmodique de l'urèthre. (*L'Encéphale*, n° 3.) — Un cas d'empoisonnement par le citrate de caféine, guérison. (*Lancet*, 21 avril.) — Deux cas d'empoisonnement par les champignons. (*Am. Journ. of the med. Sc.*, p. 358.) — Paralysie ataxique observée chez les Kabyles à la suite de l'ingestion d'une variété de gesse. (*Arch. de méd. et de pharm. milit.*, t. I, p. 95.) — Trois cas d'empoisonnement par l'acide chlorhydrique. *Med. Times*, 28 avril.) — Empoisonnement par le phosphore. (*Lancet*, 16 juin.) — Empoisonnement par le phosphore. (*Med. news*, p. 215, 25 août.) — Un cas d'empoisonnement par le bichromate de potasse. (*Glasg. med. Journ.*, p. 373.) — Absorption de zinc à la suite de l'usage local d'une solution de chlorure de zinc dans le traitement d'une brûlure; néphrite consécutive. (*New York med. Journ.*, 26 mai.) — Un cas d'empoisonnement par le trichlorure d'antimoine (beurre d'antimoine). (*Lancet*, 19 mai.) — Empoisonnement par deux drachmes (7 gr.) d'arsenic; guérison. (*Med. news*, 27 oct.) — Mort par suite d'usage externe de l'acide borique pulvérisé. (*Med. news*, 25 août.) — De quelques accidents observés chez les cuisinières qui se servent du gaz et des moyens de les prévenir. (*Revue sanit. de Bordeaux*, 10 déc.) — Deux cas d'intoxication par l'iodoforme. (*Deutsche med. Woch.*, n° 30.) — Empoisonnement par les champignons. (*Journ. de méd. de Bordeaux*, 2 sept.) — Recherches sur l'intoxication aiguë et chronique par la morphine. (*Deutsche med. Woch.*, n° 14.) — Morphinisme chronique, statistique du Johannes-hosp. de Bonn. (*Deutsche med. Woch.*, n° 3.) — Acide cyanhydrique antidote de la strychnine. (*Brit. med. Journ.*, p. 165, juil.) — Empoisonnement par le turbith minéral ; mort. (*Med. news*, 22 déc.) — Empoisonnement par le chloral. (*Brit. med. Journ.*, p. 820, oct.) — Deux cas d'intoxication par la morphine. (*Wien. med. Presse*, n° 7.) — Intoxication mortelle par le chlorate de potasse. (*Deutsche med. Woch.*, n° 33.)

Empoisonnées. — Blessures par flèches empoisonnées. (*Bull. acad. méd.*, p. 1369.)

Empyème. — Et pleurésie purulente. (*Gaz. hôp.*, p. 757, 763, 770.) — Traitement de l'empyème. (*Sem. méd.*, p. 3, 208.) — Évacué par le colon. (*Union méd.*, t. XXXV, p. 54, 83.) — Accidents réflexes survenant après l'opération de l'empyème. (*Paris méd.*, p. 229.) — Guérison de l'empyème. (*Revue méd.*, t. II, p. 173.) — Variété latente et bénigne. (*Journ. méd. chir. prat.*, p. 167.) — Pansement antiseptique. (*Praticien*, p. 415.)

Encéphale. — Son poids. (*Bull. acad. méd.*, p. 207.) — Effet de l'ablation de certaines parties de l'encéphale chez les oiseaux. (*Gaz. hôp.*, p. 141.) — Fonctions de l'encéphale. (*Sem. méd.*, p. 31.) — Diagnostic différentiel des lésions traumatiques de l'encéphale. (*Prog. méd.*, p. 219.) — Mode de production de l'anesthésie dans les affections organiques de l'encéphale. (*Union méd.*, t. XXXVI, p. 9.)

Encéphalite. — Méninge encéphalite suppurée chez un nourrisson. (*Revue Sc. méd.*, t. XXI, p. 228.)

Encéphalocèle. — Difformité du crâne par encéphalocèle congénitale. (*Revue Sc. méd.*, t. XXI, p. 228.)

Enchondrome. — De l'épaule. Ablation d'un énorme enchondrome. (*Gaz. hôp.*, p. 708.) — Extirpation d'un enchondrome volumineux. (*Ibid.*, p. 909.) — Observations. (*Gaz. méd. Paris*, p. 419.) — Enchondromes multiples de la main gauche. (*Abeille méd.*, p. 352.) — Enchondrome du testicule. (*Revue Sc. méd.*, t. XXI, p. 299.) — Enchondromes récidivés de la tête et du cou. (*Med. Times*, p. 255, 3 mars.) — Enchondrome des poumons, avec néoplasme secondaire dans le cerveau. (*Lancet*, 31 mars.)

Endocardite. — Infectieuse et endocardite ulcérée. (*Gaz. hôp.*, p. 841.) — Endocardite mitrale, rhumatismale, végétante et perforante ou s'ulcérant. (*Ibid.*, p. 842.) — Ulcéreuse. (*Ibid.*, p. 836.) — Primitive. (*Gaz. méd. Paris*, p. 103.) — Endocardite septique consécutive à un érysipèle traumatique de la face. (*Prog. méd.*, p. 512.) — Poussée d'endocardite aiguë surajoutée à une endocardite chronique. (*Ibid.*, p. 345.) — Recherches sur la pathogénie des endocardites et des scléroses cardiaques. (*Union méd.*, t. XXXV, p. 1003.) — Endocardite ulcéreuse chez le chien. (*Abeille méd.*, p. 327.) — Endocardite dans la fièvre intermittente. (*Revue Sc. méd.*, t. XXI, p. 138.) — De l'endocardite diabétique. (*Ibid.*, p. 138.) — Endocardite dans la scarlatine. (*Ibid.*, t. XXII, p. 120.) — Dans la diphtérie. (*Ibid.*, t. XXI, p. 138.) — Endocardite congénitale du cœur gauche. (*Ibid.*, p. 116.) — Endocardite ulcéreuse avec abcès miliaires du cœur. (*Lancet*, 6 janv.) — Deux cas d'endocardite ulcéreuse. (*Lancet*, 7 avril.)

Endométrite. — Cervicale ; emploi de l'iode. (*Courrier méd.*, p. 329.) (*Revue méd. chir. mal. femmes*, p. 419.)

Enfance.—Dilatation pupillaire dans les affections méningo-encéphaliques de l'enfance. (*Gaz. hôp.*, p. 865.) — Ostéotomie appliquée au genu valgum de la première enfance. (*Ibid.*, p. 947.) — Paralysie athrophique de l'enfance. (*Ibid.*, p. 771.) — Paralysie spinale de l'enfance. (*Ibid.*, p. 292.) — De la contagion de la rougeole. (*Prog. méd.*, p. 13.) — Physiologie et hygiène de la première enfance. (*Gaz. méd. Nantes*, p. 25.) — Tumeurs malignes de l'enfance. (*Revue méd.*, t. I, p. 11.) — Maladies de l'enfance, (*Ibid.*, p. 88.)

Enfants. — Maladies infectieuses des enfants. (*Gaz. méd. Par.*, p. 17.) — Histoire d'un enfant qui a séjourné 56 ans dans le sein de sa mère. (*Union méd.*, t. XXXVI, p. 433.) — Tubercule du cœur. (*Ibid.*, p. 497.) — De la dactylite unguéale scrofuleuse chez les enfants. (*Bull. gén. thérap.*, p. 141.) — Valeur thérapeutique et diagnostique des lavements d'eau froide chez les enfants. (*Ibid.*, p. 273.) — Alimentation des enfants après la trachéotomie. (*Ibid.*, p. 463.) — Médication des enfants. (*Praticien*, p. 8.) — Nouveau-nés, nutrition. (*Ibid.*, p. 400.) — Méningite cérébro-spinale des enfants. (*Revue Sc. méd.*, t. XXI, p. 227.) — Hémiplégie chez un enfant. (*Ibid.*, p. 229.) — De la paralysie d'enfant et son traitement. (*Ibid.*, p. 229.) — Tétanie chez un enfant. (*Ibid.*, p. 230.) — Des fissures crâniennes sous-cutanées chez les enfants avec saillie du cerveau et pseudo-méningocèle. (*Ibid.*, p. 225.) — Rhumatismes noueux chez les enfants. (*Ibid.*, t. XXII, p. 208.) — Rhumatisme articulaire aigu chez les enfants. (*Ibid.*, t. XXI, p. 230.) — Diathèse rhumatismale chez les enfants. (*Ibid.*, t. XXII, p. 208.) — De la dilatation aiguë du cœur chez les enfants. (*Ibid.*, t. XXI, p. 234.) — Du rachitisme aigu. (*Ibid.*, t. XXII, p. 607.) — Dépression du crâne. (*Ibid.*, p. 610.) — Céphalématome. (*Ibid.*, p. 610.) —Tumeurs cérébrales. (*Ibid.*, p. 611.) —Hypertrophie du cerveau et méningite. (*Ibid.*, p. 613.) — Sclérose en plaques. (*Ibid.*, p. 614.) — Aphasie et troubles réflexes causés par les indigestions. (*Ibid.*, p. 614.) — Crises de vomissements à répétition. (*Ibid.*, p. 615.) — Vomissements de scybales liés à une névrose. (*Ibid.*, p. 615.) — Varicelle gangreneuse. (*Ibid.*, p. 616.) — Thrombose des sinus dans le choléra des enfants. (*Ibid.*, p. 616.) — Asphyxie par un ganglion tuberculeux tombé dans les bronches. (*Ibid.*, p. 617.) — Cirrhose du foie et des poumons. (*Ibid.*, p. 329.) — Polyurie et glycosurie dans le mal de Pott. (*Ibid.*, t. XXI, p. 230.) — Epithélioma de la main chez un enfant. (*Ibid.*, p. 239.) — Sarcome congénital de la paroi thoracique. (*Ibid.*, p. 234.) — Trachéotomie pratiquée à neuf semaines. (*Ibid.*, p. 233.) — Tumeurs du larynx. (*Ibid.*, t. XXII, p. 741.) — Maladies de l'oreille chez l'enfant. (*Ibid.*, p. 717.) — Des cubitus valgus. (*Ibid.*, p. 618.) — Fissure anale. (*Ibid.*, p. 618.) — Chute du rectum. (*Ibid.*, p. 619.) — Du rétrécissement congénital de l'extrémité supérieure du rectum comme cause de prolapsus. (*Ibid.*, t. XXI, p. 237.) — De la vulvo-vaginite chez les enfants. (*Ibid.*, p. 238.) — Calcul vésical chez une petite fille. (*Ibid.*, p. 700.) — Administration des narcotiques chez les enfants. (*Ibid.*, t. XXII, p. 88.) — Effets des médicaments sur l'enfant, pendant l'allaitement. (*Ibid.*, t. XXI, p. 84.) — Contribution à l'étude des maladies du cœur chez les enfants. (*Arch. di patol. infant.*, p. 9.) — Diminution des divers organes chez des enfants morts d'atrophie. (*Zeitschr. f. Biol.*, Bd XVIII, p. 78.) — Hystero-épilepsie chez un enfant de 10 ans. (*Med. news*, 28 juil.) — La grippe chez les enfants. (*Med. Obosrén.* juin.) — De la différence dans l'augmentation du poids chez les enfants d'un grand et d'un petit poids. (*Medizinsk Obosrénié*, sept.) — Embolie cérébrale chez une enfant de 15 ans, suivie d'hémorrhagie. (*Lancet*, 16 juin.) — De l'empyème chez les enfants et de son traitement. (*Med. Times,* 6 janv.) — Leçon clinique sur la grippe chez les enfants, par N. Filatoff. (*Moscou.*) — Plaie contuse de la cuisse et de la jambe chez un enfant de quatorze mois, gangrène, mort. Discussion sur les amputations chez les enfants. (*Med. Times*, p. 420, 14 avril.) — Précis de physiologie et de pathologie thérapeutique de l'enfance, par W. Reitz. (*Berlin.*) — Etiologie des convulsions chez les enfants. (*Chicago med. Journ.*, août.) — Du traitement purement diététique des maladies des voies digestives chez les nourrissons. (*Deutsche med. Woch.*, n° 3.) — Discussion sur la diarrhée estivale des jeunes enfants. (*Brit. med. Journ.*, p. 364, août.) — Du traitement de la toux convulsive. (*Arch. di patol. infant.*, nov.) — L'orthopédie moderne et les maladies chirurgicales des enfants. (*Giorn. int. delle sc. med.*, II.) — Myome prostatique chez un enfant de treize mois. (*Saint-Louis med. and surg. Journ.*, nov.)

Engelures. — Remède contre les engelures. (*Bull. acad. méd.*, p. 878.) (*Prog. méd.*, p. 296.) (*Courrier méd.*, p. 25.) (*Revue méd.*, t. I, p. 196.) (*Journ. méd. chir. prat.*, p. 81.) (*Revue thérap.*, p. 241.)

Engorgement. — Traitement de l'engorgement du col utérin par les cautérisations avec le caustique Filhos. (*Union méd.*, t. XXXV, p. 157, 255, 337, 421, 517, 577, 693, 793, 885, 986, 1088.) (*Union méd.*, t. XXXVI, p. 5, 88, 146, 245, 312, 393, 436, 518, 580, 661, 501.)

Enrouement. — Son traitement. (*Courrier méd.*, p. 145.) (*Gaz. méd. Nantes*, p. 105.) — Enrouement des chanteurs et des orateurs. (*Praticien*, p. 513.)

Entérite. — Nerveuse ou accidentelle. (*Prog. méd.*, p. 1041.) — Entérite muco-membraneuse. (*Paris méd.*, p. 565.) — Chronique des pays chauds traitée par des procédés artificiels de digestion. (*Bull. gén. thérap.*, p. 286.)

Entérocèle. — Irréductible. (*Courrier méd.*, p. 292.)

Entéroraphie. — (*Sem. méd.*, p. 206.) (*Gaz. méd. Par.*, p. 405.) — Entéroraphie et laparotomie. (*Gaz. méd. Nantes*, p. 173.)

Entérotomie. — Considérée comme complication de l'ovariotomie et de l'oophrectomie. (*Prog. méd.*, p. 832.)

Entomologie. — Application à la médecine légale de l'entomologie. (*Gaz. méd. Paris*, p. 258.) (*Revue méd.*, t. I, p. 365.) (*Journ. méd. chir. prat.*, p. 191.)

Entorse. — Traitement par la bande de caoutchouc. (*Revue Sc. méd.*, t. XXI, p. 658.)

Entozoaires. — Contribution à la symptomatologie de l'oxyure vermiculaire. (*Berlin. klin. Woch.*, 15 janv.) — Exemple d'oestres chez l'homme. (*Berlin. klin. Woch.*, 2 avril.) — Contribution aux affections vermineuses de l'homme. (*Berlin. klin. Woch.*, 26 fév.) — Cas d'épilepsie réflexe par des oxyures vermiculaires. (*Allg. med. Cent. Zeit.*, p. 605.) — Des maladies de la filiaire. (*Samml. klin. Vorträge*, n° 232.) — Les parasites animaux de l'homme, par Max Braun. (*Wurzbourg.*) — Note sur les anguillules et les anchylostomes. (*Giorn. della R. acad. de Torino*, fév.) — Ictère consécutif à l'obstruction du canal cholédique par un ascaride lombricoïde. (*Lancet*, 30 juin.) — Note sur un cas de cysticerque du sein. (*Lyon méd.*, 16 sept.)

Entrecroisement. — Des mouvements d'origine cérébrale. (*Gaz. méd. Par.*, p. 104.)

Enucléation. — De l'énucléation des myomes utérins. (*Union méd.*, t. XXXVI, p. 616.) (*Journ. accouch. Liège*, p. 256.) (*Bull. gén. thérap.*, p. 371.)

Eosine. — Emploi de l'éosine en histologie. (*Revue Sc. méd.*, t. XXI, p. 15.)

Epanchement. — Pleurétique. (*Gaz. hôp.*, p. 683.) — Sanguin considérable. (*Ibid.*, p. 708.) — Epanchement pleural hémorrhagique. (*Gaz. méd. Par.*, p. 417.) — Epanchement purulent du péritoine. (*Union méd.*, t. XXXV, p. 949.) — Epanchement chyliforme. (*Journ. méd. chir. prat.*, p. 126.)

Epaule. — Désarticulation de l'épaule. (*Bull. acad. méd.*, p. 200.) (*Gaz. hôp.*, p. 124.) — Enchondrome de l'épaule. (*Sem. méd.*, p. 213.) — Névrite consécutive à des luxations de l'épaule. (*Abeille méd.*, p. 183.) — Quelques cas rares de luxation de l'épaule. (*Revue méd.*, t. I, p. 201.)

Ephélides. — Leur traitement. (*Courrier méd.*, p. 15.) — Ou taches de rousseur. (*Concours méd.*, p. 600.)

Epidémie. — De fièvre typhoïde importée. (*Gaz. hôp.*, p. 909.) — De trichinose. (*Ibid.*, p. 1188.) — Epidémie sur les gardons. (*Ibid.*, p. 1036.) — Typhoïde. (*Ibid.*, p. 59.)

Epiderme. — Sarcome de l'épiderme au début. Marche extrêmement rapide simulant une affection inflammatoire. (*Prog. méd.*, p. 626.) — Génération des cellules de renouvellement de l'épiderme. (*Revue Sc. méd.*, t. XXII, p. 6.) — Cas de desquamation de l'épiderme. (*Ibid.*, t. XXI, p. 629.)

Epiglotte. — Rôle de la portion libre de l'épiglotte. (*Revue méd.*, t. I, p. 780.)

Epilepsie. — Délires et épilepsie. (*Bull. acad. méd.*, p. 416.) — Des délires instantanés, transitoires, consécutifs à des crises d'épilepsie. (*Gaz. hôp.*, p. 283.) — Epilepsie partielle, sa production expérimentale. (*Ibid.*, p. 299.) — Spinale. (*Ibid.*, p. 729.) — Epilepsie partielle. (*Sem. méd.*,

Epistaxis. — Arrêté par des injections d'eau chaude. (*Courrier méd.*, p. 340.) — Epistaxis mortelle, suite de fracture du crâne. (*Revue Sc. méd.*, t. XXII, p. 297.)

Epithélioma. — Calcifié des glandes sébacées. (*Bull. acad. méd.*, p. 383.) — Epithélioma clitoridien. (*Gaz. hôp.*, p. 1115.) — De la cuisse. (*Ibid.*, p. 721.) — De la langue. (*Ibid.*, p. 610.) — De la mâchoire inférieure. (*Ibid.*, p. 667.) — De l'amygdale, envahissant le voile du palais, le plancher de la bouche et la base de la langue. (*Ibid.*, p. 266.) — Du rectum. (*Ibid.*, p. 137.) — Intracanaliculaire de la glande mammaire. (*Ibid.*, p. 937.) — Epithélioma primitif de la rate. (*Gaz. méd. Paris*, p. 166.) — Epithélioma cylindrique de la valvule iléo-icécale, obstruction intestinale. (*Prog. méd.*, p. 85.) — Ablation d'un épithéliome intra-bucca chez une diabétique. (*Union méd.*, t. XXXV, p. 781.) — Extirpation d'un épithéliome du rectum sur une femme de 62 ans. (*Union méd.*, t. XXXVI, p. 585.) — Epithélioma du cuir chevelu. (*Revue mens. mal. enfance*, p. 470.) — Epithélioma du col utérin. (*Revue méd. chir. mal. femmes*, p. 163.) — Epithéliome tubulé. (*Revue Sc. méd.*, t. XXI, p. 51.) — Epithélioma du larynx récidivant sur la cicatrice cutanée. (*Ibid.*, t. XXII, p. 735.) — Epithéliome de la main chez un enfant. (*Ibid.*, t. XXI, p. 239.) — De la verge. (*Ibid.*, t. XXII, p. 317.) — Deux cas d'épithélioma apparu sur d'anciennes cicatrices. (*Med. Times*, p. 683, 16 juin.)

Epithélium. — Sur l'épithélium sécréteur de l'humeur aqueuse et de l'humeur vitrée. (*France méd.*, t. I, p. 319.) — Action des métaux sur l'épithélium vibratile. (*Revue Sc. méd.*, t. XXI, p. 491.) — De la membrane olfactive. (*Ibid.*, p. 405.) — Epithélium rénal. (*Ibid.*, p. 408.)

Epizooties. — Dans l'arrondissement de Senlis en 1881-83. (*Bull. acad. méd.*, p. 1230.) — Nouvelle maladie des bestiaux. (*Progr. méd.*, p. 136.)

Eponges. — Phéniquées. (*Sem. méd.*, p. 211.) — Colossale. (*France méd.*, t. I, p. 762.)

Epuisement. — De l'épuisement nerveux ou névrosthénie cérébro-spinale. (*Union méd.*, t. XXXVI, p. 430.)

Epulis. — Un cas d'épulis. (*Gaz. hôp.*, p. 498.) (*Abeille méd.*, p. 235.)

Erasmus Wilson. — Maladie d'Erasmus Wilson. (*Courrier méd.*, p. 412.)

Erectiles. — Traitement des tumeurs érectiles chez les enfants. (*Gaz. méd. Nantes*, p. 121.)

Ergot de seigle. — (*Sem. méd.*, p. 144.) — Dans les maladies uro-génitales. (*Progr. méd.*, p. 723.) — De l'ergot de seigle dans les maladies de la peau. (*Union méd.*, t. XXXV, p. 756.) — Son emploi dans la coqueluche. (*Ibid.*, p. 865.) — Dans le délirium tremens. (*Union méd.*, t. XXXVI, p. 1122.) — Association de l'ergot de seigle au salicylate de soude et au sulfate de quinine. (*France méd.*, t. II, p. 339.) — Dans le diabète insipide. (*Paris méd.*, p. 57.) — Action physiologique et thérapeutique. (*Ibid.*, p. 152.) — Ergot de seigle, dans la fièvre typhoïde. (*Gaz. méd. Nantes*, p. 39.) — Dans la paralysie saturnine. (*Bull. gén. thérap.*,

p. 479.) — Dans les troubles de l'ouïe causés par le salycilate de soude. (*Thérap. contemp.*, p. 394.)

Ergotisme. — Des manifestations médullaires de l'ergotisme et du lathyrisme. (*Prog. méd.*, p. 64, 83.) — Ergotine, ergotinine, extrait d'ergot. (*Ibid.*, p. 180.) — De l'ergotine dans les maladies de l'encéphale. (*Union méd.*, t. XXXV, p. 468.) — Nouvelle préparation d'ergotine. (*Union méd.*, t. XXXVI, p. 576.) — Injection d'ergotine dans le traitement du prolapsus rectal. (*Gaz. méd. Nantes*, p. 104.) — Ergotine dans les accouchements. (*Journ. méd. chir. prat.*, p. 151.)

Erosions. — Dentaires et syphilis. (*Sem. méd.*, p. 88.) (*Revue thérap.*, p. 317.)

Eruption. — Disparition d'une éruption érysipélateuse sous l'influence d'une injection sous-cutanée de morphine. (*Union méd.*, t. XXXVI, p. 971.) — Eruption causée par les médicaments. (*Paris méd.*, p. 220.) — Eruptions cutanées chez les ouvriers mineurs. (*Courrier méd.*, p. 133.) — Eruption quinique. (*Revue thérap.*, p. 469.) — Eruptions, marche dans la scarlatine, la rougeole et la variole. (*Praticien*, p. 365.)

Erysipèle. — Accident pernicieux, observation ancienne. (*Gaz. hôp.*, p. 892.) — Microbes dans l'érysipèle. (*Sem. méd.*, p. 209.) — De l'érysipèle antérieur comme prédisposition à l'érysipèle traumatique. (*Gaz. méd. Paris*, p. 26.) — De l'emploi des bains froids dans le traitement de l'érysipèle. (*Union méd.*, t. XXXVI, p. 143.) — Erysipèle de la face, néphrite infectieuse. (*Ibid.*, p. 532.) (*France méd.*, t. II, p. 344.) — Traitement de l'érysipèle chez les enfants. (*Abeille méd.*, p. 238.) — Traitement de l'érysipèle par la peinture à la céruse. (*Gaz. méd. Nantes*, p. 88.) — Etiologie de l'érysipèle. (*Ibid.*, p. 119.) — Influence sur la syphilis. (*Journ. méd. chir. prat.*, p. 304.) — Sur le traitement de l'érysipèle par l'application locale de carbonate de plomb. (*Bull. gén. thérap.*, p. 233.) — Erysipèle de l'estomac. (*Revue thérap.* p. 220.) — Bactéries de l'érysipèle. (*Revue Sc. méd.*, t. XXI, p. 59.) — Erysipèle menstruel. (*Ibid.*, p. 614.) — Vaccinal. (*Ibid.*, t. XXII, p. 95.) — Eruptions érysipélateuses produites par la teinture d'arnica. (*Ibid.*, t. XXI, p. 641.) — Traitement de l'érysipèle par le trichlorophénol. (*Ibid.*, t. XXII, p. 91.) — Par les injections de résorcine. (*Ibid.*, t. XXI, p. 519.) — Par les injections de bimuriate de quinine carbamidé. (*Ibid.*, p. 519.) — De l'effet curatif de l'érysipèle sur quelques tumeurs. (*Méd. Pribaw. k. morsk. sbornikou*, juin.) — Traitement de l'érysipèle par le trichlorophénol. (*Jejened. klin. Gazeta*, n° 5.) — De quelques maladies accompagnant l'érysipèle. (*Med. Times*, 6 janv.) — Néphrite hémorrhagique aiguë. Mortelle dans le cours d'un érysipèle migrateur. (*Charité Annalen*, VII, p. 314.)

Erythème. — Noueux fébrile. (*Bull. acad. méd.*, p. 544.) — Erythème polymorphe dans l'infection puerpérale. (*Gaz. hôp.*, p. 961.) — Des complications pulmonaires de l'érythème. (*Prog. méd.*, p. 287, 301.) — Note sur un cas d'érythème scarlatiniforme survenu dans le cours d'un rhumatisme articulaire aigu. (*Union méd.*, t. XXXV, p. 86, 1056.) — Erythème diphthéritique. (*Thérap. contemp.*, p. 497.) — Erythème symétrique des membres. (*Revue Sc. méd.*, t. XXII, p. 627.) — Erythème scarlatiniforme desquamatif, huitième attaque. Deux attaques successives à un mois d'intervalle. Chute des ongles. (*Ann. de derm. et de syphil.*, juin.) — Observation d'érythème scarlatiniforme desquamatif. (*Ibid.*)

Erythrina. — Corallodendron. (*Sem. méd.*, p. 261.) — Sur le tétron érythrène dans le règne animal. (*Revue Sc. méd.*, t. XXI, p. 441.)

Eschares. — Sacrées. (*Revue thérap.*, p. 637.)

Esérine. — Dans les maladies des yeux. (*Revue méd.*, t. II.) — De l'esérine dans la pratique ophtalmologique. (*Revue Sc. méd.*, t. **XXI**, p. 317.)

Essence. — De Wintergreen dans le rhumatisme. (*Paris méd.*, p. 442.) — De térébenthine dans la coqueluche. (*Gaz. méd. Nantes*, p. 187.)

Estomac. — Cancer de l'estomac. (*Gaz. hôp.*, p. 645.) — Corps étranger. (*Ibid.*, p. 307.) — Dilatation de l'estomac. (*Ibid.*, p. 997.) — Du bruit de flot ou de clapotage comme signe de dilatation de l'estomac. (*Ibid.*, p. 1169.) — Faux cancer de l'estomac. (*Ibid.*, p. 1048.) — Ulcère de l'estomac. (*Sem. méd.*, p. 262.) — Tumeur dans l'estomac. (*Gaz. méd. Paris*, p. 200.) — Cancer latent de l'estomac. (*Prog. méd.*, p. 3.) — De l'intervention chirurgicale dans le cancer du tube digestif, sauf le rectum. (*Ibid.*, p. 851.) — Cancer de l'estomac propagé à la rate, au rein gauche et au foie. Pas d'hématémèses ni de meloena. (*Ibid.*, p. 677.) — Des affections hémorrhagiques de l'estomac. (*Courrier méd.*, p. 176.) — De l'ulcère simple de l'estomac. (*Concours méd.*, p. 26.) — Catarrhe aigu de l'estomac et les germes du sol. (*Abeille méd.*, p. 422.) — Purpura dans le cancer de l'estomac. (*Abeille méd.*, p. 395.) — Dilatation de l'estomac et son traitement par le lavage. (*Ibid.*, p. 19.) (*Gaz. méd. Nantes*, p. 23.) — Lumière électrique appliquée à l'examen de l'estomac. (*Revue méd.*, t. II, p. 104.) — Injections sous-cutanées de sang dans l'ulcère simple de l'estomac. (*Bull. gén. thérap.*, p. 185.) — Lavage de l'estomac par l'aspirateur Potain. (*Thérap. contemp.*, p. 494.) — Dilatation par rétrécissement du duodénum. (*Praticien*, p. 544.) — Inervation motrice de l'estomac. (*Revue Sc. méd.*, t. XXI, p. 27.) — Muqueuse pylorique. (*Ibid.*, p. 28.) — Présence de l'acide chlorhydrique libre dans l'estomac. (*Ibid.*, t. XXII, p. 41.) — Formation de sérum-albumine dans l'estomac. (*Ibid.*, p. 434.) — Influence des oxydes de fer sur la digestion. (*Ibid.*, p. 486.) — Influence de grandes quantités d'eau introduites dans l'estomac. (*Ibid.*, p. 484.) — Prolapsus congénital de la muqueuse de l'estomac par l'anneau ombilical. (*Ibid.*, p. 309.) — Ulcère rond de l'estomac provoqué par les injections de cantharidine. (*Ibid.*, t. XXI, p. 501.) — Ulcère de l'estomac chez un nouveau-né. (*Ibid.*, p. 237.) — Ulcère de l'estomac chez les tourneurs en porcelaine. (*Ibid.*, t. XXII, p. 510.) — Perforation d'un ulcère de l'estomac dans le ventricule gauche du cœur. — *Ibid.*, t. XXI, p. 152.) — Fausse membrane diphtéritique de l'estomac. — (*Ibid.*, t. XXII, p. 152.) — De la divulsion du pylore pour les rétrécissements cicatriciels. (*Ibid.*, p. 308.) — Conciliation des théories de Schiff et de Heidenhair sur la production du ferment gastrique. (*Rev.*

méd. Suisse romande, t. III p. 45, janv.) — De l'hémicrânie gastrique. *Berlin. klin. Woch.*, 16 avril.) — Un cas d'ulcère simple de l'estomac d'origine nerveuse. (*Jégéned. klinitchesk. Gazeta*, nᵒˢ 11 et 12.) — Diagnostic entre le cancer de l'estomac et le cancer du pancréas ; alimentation rectale et emploi des aliments artificiellement digérés. (*Med. news*, 7 avril.) — Du lavage de l'estomac. (*Wratch.*, nᵒ 12.) — Aspirateur gastrique, irrigation gastrique continue établie à l'aide de la sonde à double courant. (*D. Arch. f. Klin. med.* Bd. XXXIII, p. 227, Hft. 2.) — Sur un cas de dilatation stomacale chronique. (*Rev. de méd.*, juillet.) — De la gastrite phlegmoneuse. (*Wratch*, nᵒ 23.) — L'ulcère de l'estomac. (*Lo Sperimentale*, mars, p. 243.) — Cancer de l'estomac généralisé à la vessie. (*Lyon méd.*, 27 mai, p. 119.) — Un cas de tumeur pileuse enlevée de l'estomac par la gastrostomie. (*Arch. f. Klin. chir.*, t. XXIX, 3, p. 609.) — Epithélioma de l'estomac avec noyaux secondaires de la peau. (*Med. Times*, p. 370, 31 mars.) — Un cas d'adénome de l'estomac, diagnostic différentiel de quelques tumeurs gastriques. (*Riv. Clin. di Bologna*, nᵒ 8.) — De l'emploi de l'iode comme sédatif de l'estomac. (*Am. Journ. of the med. Sc.*, p. 413.) — De l'utilité et de l'innocuité de la sonde à syphon pour le lavage de l'estomac. (*Riv. Clin. di Bologna*, nᵒ 8.) — Deux cas de résection de l'estomac. (*Arch. f. Klin. chir.*, t. XXIX, 3, p. 650.) — Innervation du cardia par les nerfs pneumogastriques. (*Centralb. f. die med. Wiss.*, nᵒ 31.) — Structure de la muqueuse gastrique. (*Centralbl. f. med. Wiss.*, nᵒ 10.) — Idem. (*Ibid.*, nᵒ 13.) — Dix cas de contraction congénitale de l'estomac, avec remarques. (*Journ. of anat. and physiol.*, vol. XVII, juil.) — Observation de dilatation de l'estomac. (*Brit. med. Journ.*, p. 612, mars.) — Deux cas d'ulcère perforant de l'estomac. (*Brit. med. Journ.*, p. 862, mai.) — Sonde à double courant pour le lavage de l'estomac. (*Berlin. klin. Woch.*, 31 déc.) — Du manuel opératoire de la suture de l'estomac et de l'intestin. (*Cent. f. chir.*, nᵒ 45.)

Etats. — Pathologiques antérieurs. Influence du traumatisme sur les états pathologiques antérieurs. (*Sem. méd.*, p. 35, 37, 57, 63, 93, 104, 112, 136, 184, 355, 363.) — Etats constitutionnels et traumatisme. (*Gaz méd. Par.*, p. 22.) — Etat de la muqueuse utérine pendant la menstruation. (*Journ. accouch. Liège*, 183.) — Etat mental chez certains diabétiques. (*Praticien*, p. 425.)

Ether. — En injections sous-cutanées dans la fièvre typhoïde à forme adynamique. (*Gaz. hôp.*, p. 795.) — Ether et chloroforme. (*Ibid.*, p. 1060.) — Ether et respiration de la levure de bière. (*Ibid.*, p. 1109.) — Fièvre typhoïde et injections sous-cutanées d'éther. (*Ibid.*, p. 773.) — Ether amylvalérianique. (*Sem. méd.*, p. 260.) — Des douches d'éther pour combattre les douleurs locales. (*Union méd.*, t. XXXVI, p. 910.) — Paralysies consécutives à des injections d'éther. (*Paris méd.*, p. 115, 557.) — Ether bromhydrique dans les accouchements. (*Ibid.*, p. 406.) — Ethérisation dans les angines. (*Ibid.*, p. 243.) — Ether produisant l'anesthésie locale. (*Journ. accouch. Liège*, p. 39.) — Hystéro-épilepsie compliquée de chorée ; traitement par le bromure de potassium, l'arsenic et les pulvérisations d'éther. (*Bull. gén. thérap.*, p. 118.) — Du traitement des loupes par les injections d'éther. (*Ibid.*, p. 454.) — Action de l'éther sur le cœur. (*Revue Sc. méd.*, t. XXI, p. 481.) — Dialyse chimique avec l'eau éthérée. (*Ibid.*, t. XXII, p. 39.) — Injection d'éther dans la variole. (*Ibid.*, t. XXI, p. 117, 118.) — Paralysies consécutives aux injections d'éther. (*Ibid.*, p. 118.) — Mort par l'éther. (*Ibid.*, p. 281.)

Ethéromane. — Un éthéromane. (*Gaz. hôp.*, p. 844.)

Ethidène. — Valeur comparée de l'éthidène dichlorée et du chloroforme. (*Revue Sc. méd.*, t. XXI, p. 482.)

Ethyle. — Action du bromure d'éthyle dans l'épilepsie et l'hystérie. (*Revue Sc. méd.*, t. XXI, p. 521.) — Traitement de l'épilepsie et de la manie **par** le bromure d'éthyle. (*Ibid.*, p. 264.)

Etiologie. — Et prophylaxie des maladies zimotiques. (*Journ. accouch. Liège*, p. 141.) — Etiologie et traitement des anti et retro-déviations de l'utérus. (*Revue méd. chir. mal. femmes*, p. 200.)

Etoupe. — A pansement purifiée et antiseptique. (*Bull. acad. méd.*, p. 679.) (*Gaz. hôp.*, p. 469.) — Etoupe au chlorure de zinc. (*Sem. méd.*, p. 343.) — Etoupe phéniquée. (*Courrier méd.*, p. 185.)

Etranglement. — Bactéries dans l'étranglement interne. (*Sem. méd.*, p. 138.) — Taxis dans l'étranglement interne. (*Ibid.*, p. 226.) — Etranglement de l'iléon. (*Gaz. méd. Paris*, p. 41.) — Etranglement interne traité par la laparotomie. (*Ibid.*, p. 172, 183, 207, 229.) — Etranglement herniaire. (*Prog. méd.*, p. 388.) — Intestinal par une bride due à une ancienne pelvi-péritonite. (*Ibid.*, p. 452.) — Par une bride fibreuse épiploïque. (*Ibid.*, p. 247.) — Etranglement herniaire chez les enfants. (*Abeille méd.*, p. 426.) (*Journ. méd. chir. prat.*, p. 544.) — Hernie ovalaire étranglée. (*Revue Sc. méd.*, t. XXII, p. 693.) — Hernie ombilicale. (*Ibid.*, p. 693.) — Résection de l'intestin dans la hernie. (*Ibid.*, p. 686.)

Eucalyptus. — Propriétés assainissantes de l'eucalyptus. (*Prog. méd.*, p. 752.) — Huile d'eucalyptus en obstétrique. (*Ibid.*, p. 118.) — Dans les maladies de matrice. (*Paris méd.* p. 46.) — Sur un cas de gangrène pulmonaire, bons effets de l'eucalyptus. (*Bull. gén. thérap.*, p. 73.) — Eucalyptus et coqueluche. (*Revue thérap.*, p. 521.)

Evacuateur. — Simplifié pour la lithotricie rapide. (*Union méd.*, t. XXXVI, p. 415.)

Evolution. — Des organismes microscopiques sur l'animal vivant, dans le cadavre et les produits morbides. (*Gaz. méd. Paris*, p. 6.) (*Journ. accouch. Liège*, p. 7.)

Evonymin. — (*Bull. acad. méd.*, p. 670.) (*Sem. méd.*, p. 145, 260.) (*Courrier méd.*, p. 209. — Action purgative de l'evonymus. (*Concours méd.*, p. 666.)

Examen. — De l'œil et de la vision. (*Bull. acad. méd.*, p. 355.)

Exanthème. — Scarlatiniforme. (*Revue méd.*, t. I, p. 200.) — Exanthèmes dans les états infectieux. (*Revue Sc. méd.*, t. XXII, p. 135.) — Exanthème de la grossesse. (*Ibid.*, p. 627.) — Menstruel. (*Ibid.*, p. 628). — Médicamenteux. (*Ibid.*, t. XXI, p. 641, 642.)

Excision. — Du goître parenchymateux. (*Journ. accouch. Liège*, p. 172.) — Dans le traitement de l'épiplocèle traumatique. (*Bull. gén. thérap.*, p. 190.)

Excitabilité. — Du faisceau antérieur de la moelle épinière. (*Gaz. hôp.*, p. 141.) — De la surface et des parties profondes du cerveau. (*Abeille méd.*, p. 453.)

Excitations. — Génésiques : influences des excitations génésiques sur la marche des plaies. (*Gaz. méd. Paris*, p. 114.)

Excitateur. — Utérin double. (*Bull. acad. méd.*, p. 260.)

Existence. — Existence double. (*Paris méd.*, p. 223.)

Exophtalmie. — Obs. d'exophtalmie traumatique. (*Rev. Sc. méd.*, t. XXII, p. 710.)

Exostose. — De l'humérus. (*Gaz. méd. Paris*, p. 284). (*France méd.*, t. I, p. 806.) — Exostose de l'oreille. (*Revue Sc. méd.*, t. XXI, p. 724.) — Exostose du fémur intéressant l'articulation du genou. (*Ibid.*, p. 294.) — Des exostoses fronto-orbitaires. (*Arch. d'ophtal.*, juil., août.)

Expédient. — Obstétrical. (*Journ. accouch. Liège*, p. 200.)

Expulsion. — De la caduque utérine. (*Revue méd. chir. mal. femmes*, p. 274.) — Expulsion spontanée d'un calcul à travers la paroi urétro-vaginale. (*Praticien*, p. 114.)

Exstrophie. — Complète de la vessie chez une jeune fille. (*Gaz. hôp.*, p. 161, 170.) — Opération pour une exstrophie de la vessie. (*Revue Sc. méd.*, t. XXI, p. 701.)

Extension. — De l'extension considérée au point de vue mécanique et physiologique dans ses applications au membre inférieur. (*Prog. méd.*, p. 183, 202, 242.) — Extension continue dans les fractures du fémur. (*Revue Sc. méd.*, t. XXII, p. 298.)

Extérieur. — Du cheval. (*Bull. acad. méd.*, p. 577.)

Extirpation. — De l'utérus cancéreux. (*Journ. accouch. Liège*, p. 244, 271.) — De l'utérus. (*Ibid.*, p. 23, 83, 234.) — De l'utérus et des annexes dans un cas d'épithélioma de la cavité. (*Ibid.*, p. 70.) — Totale du vagin. (*Ibid.*, p. 271.)

Extraction. — Quelques considérations sur l'extraction de la tête dernière. (*Courrier méd.*, p. 158.)

Extrait. — Cuivre dans l'extrait de quinquina des hôpitaux. (*Bull. acad. méd.*, p. 252.) — Extrait de quinquina, de belladone et de ciguë du commerce de la droguerie. (*Ibid.*, p. 1489.) — Extrait de guachamaco, son action thérapeutique. (*Paris méd.*, p. 45.)

F

Face. — Hémiatrophie de la face. (*Revue Sc. méd.*, t. XXI, p. 581.) — Atrophie bilatérale de la face. (*Ibid.*, p. 581.)

Faïence. — Dangers de la faïence tressaillée. (*Revue thérap.*, p. 490.)

Faisceaux. — Lésion des faisceaux sensitifs. (*Sem. méd.*, p. 101.) — (*Prog. méd.*, p. 531.) (*Union méd.*, t. XXXV, p. 239.)

Falsification des substances alimentaires. — (*Thérap. contemp.*, p. 8.) (*Revue Sc. méd.*, t. XXI, p. 534.) — Du vinaigre, coloration des vins. (*Ibid.*, p. 536.) — Coloration frauduleuse des huîtres vertes. (*Ibid.*, p. 535).

Farcin. — Histoire du farcin. (*Gaz. hôp.*, p. 833, 843, 881, 905.) — Anatomie pathologique du farcin. (*Revue Sc. méd.*, t. XXI, p. 63.)

Farine. — Cuivre dans la farine. (*Bull. acad. méd.*, p. 252.) — Propriétés diurétiques de la farine de moutarde. (*Gaz. méd. Paris*, p. 82.) — Note sur les altérations qu'éprouvent les farines en vieillissant. (*Union méd.*, t. XXXVI, p. 255.) (*Revue thérap.*, p. 459.)

Fascination. — De l'état de fascination. (*Gaz. hôp.*, p. 1011.) (*Sem. méd.*, p. 302, 356.) — Dans le somnambulisme provoqué. (*Prog. méd.*, p. 867, 1018.) — Fascination chez des sujets non malades. (*Paris méd.*, p. 532.)

Fausses membranes. — Diphtéritiques et catarrhales, signes différentiels. (*Praticien*, p. 83.)

Favus. — Histologie du favus. (*Revue Sc. méd.*, t. XXI, p. 637.)

Fébrifuge végétal africain. — (*Bull. acad. méd.* p. 1233.)

Fecès. — Rapports de la stase fecès et de la fièvre. (*Revue Sc. méd.*, t. XXII, p. 583.) — Vomissements fecès dus à une névrose. (*Ibid.*, p. 615.)

Fécondation. — Fécondation artificielle au point de vue médico-légal. (*Sem. méd.*, p. 356.) — Fécondité tardive. (*Prog. méd.*, p. 439.) — Processus de fécondation dans l'œuf. (*Revue Sc. méd.*, t. XXII, p. 10.)

Femmes. — Femmes-singe. (*France méd.*, t. II. p. 60.) — Injections vaginales d'eau chaude dans le traitement de leurs maladies. (*Paris méd.*, p. 185.) — Femmes à l'université de Liège. (*Journ. acc. Liège*, p. 176.) — Femmes médecins. (*Ibid.*, p. 111.)

Fémurs. — Ostéotomie des fémurs. (*Sem. méd.*, p. 243.) — Appareil d'Hennequin pour les fractures du fémur. (*Bull. gén. thérap.*, p. 464.)

Fer. — Adjuvants rationnels du fer. (*Gaz. hôp.* p. 1400.) — Perchlorure de fer dans la diphtérie. (*Ibid.*, p. 612.) — Doit-on donner le fer à haute dose. (*Gaz. hebd. Sc. méd. Bord.*, p. 313.) — Médication ferrugineuse. (*Ibid.*, p. 445.) — Fer dans les affections cardiaques. (*Journ. méd. chir. prat.*, p. 128.) — Du traitement local des ulcérations par le sous-carbonate de fer. (*Bull. gén. thérap.*, p. 139.) — Influence des oxydes de fer sur la digestion stomacale. (*Revue Sc. méd.*, t. XXII, p. 486.) — Fer contenu dans le foie. (*Ibid.*, p. 460.) — Présence du fer dans l'urine et les tumeurs mélaniques. (*Ibid.*, t. XXI, p. 41.) — Origine des eaux ferrugineuses. (*Ibid.*, p. 514.) — Influence du traitement du fer sur le chiffre d'hémoglobine du sang. (*Ibid.*, p. 120.)

Ferment. — Diastasique des bactéries. (*Revue Sc. méd.*, t. XXI, p. 33.) — Action de l'eau oxygénée sur les ferments. (*Ibid.*, p. 498.) — Activité des ferments surchauffés. (*Ibid.*, p. 422.) — Production des acides benzoïques par la fermentation. (*Ibid.*, t. XXII, p. 454.) — Ferment de l'urine normale. (*Ibid.*, p. 43.) — Nature chimique des ferments non figurés. (*Ibid.*, t. XXI, p. 33.) — Modification du ferment de la digestion gastrique. (*Ibid.*, p. 430.) — Ferments et microparasites. (*Von Pettenkoter und von ziemssen's Handbuch der hygièn*, 1re part., 2e sect., Leipzig.)

Fermentation. — Panaire. (*Bull. acad. méd.*, p. 1163.) (*Sem. méd.*, p. 27.) — Influence du magnétisme sur les fermentations. (*Prog. méd.*, p. 106.)

Fève. — Nouvelle analyse de la fève du cacaoyer. (*Union. méd.*, t. XXXV, p. 966.)

Fibres. — Nouveau schéma des fibres optiques. (*Revue méd.*, t. I, p. 739.)

Fibro. — Névromes périostaux. (*Sem. méd.*, p. 7.) — Fibro-myomes dans la grossesse. (*Prog. méd.*, p. 106.) — Fibro-myomes vasculaires interstitiels de l'utérus. (*Courrier méd.*, p. 40.) — Fibro-myome de l'utérus double et symétrique. (*Revue méd. chir. mal. femmes*, p. 268, 639.)

Fibroïde. — Volumineux de l'utérus. (*Journ. ac. Liège*, p. 194.)

Fibrômes. — Traitement des fibrômes de l'utérus. (*Bull. acad. méd.*, p. 456.) — Fibrôme de l'orbite devenu sarcomateux sous l'influence d'un sarcome utérin. (*Gaz hôp.*, p. 901.) — Fibrôme utérin et grossesse. (*Ibid.*, p. 125.) — Fibrôme du ligament rond. (*Sem. méd.*, p. 262.) — Malin de la paroi abdominale. (*Ibid.*, p. 317.) — Fibrômes douloureux du périoste (*Gaz. méd. Paris*, p. 20.) — Fibrôme orbitaire. (*Ibid.*, p. 117.) — Extirpation d'un fibrôme du pylore. (*Union méd.*, t. XXXV, p. 22.) — Fibrôme du col utérin par la ligature élastique. (*Courrier méd.*, p. 5.) — Fibrôme douloureux du genou. (*Ibid.*, p. 24.) — Fibrômes périostaux. (*Gaz. méd. Nantes*, p. 57.) — Du vagin. (*Revue Sc. méd.*, t. XXII, p. 584.) — Des fibrômes à kystes sanguins de l'utérus. (*Ibid.*, p. 241.) — Fibrôme utérin suivi de septicémie gangréneuse. (*Ibid.*, p. 235.) — Excision partielle d'un fibrôme utérin. (*Ibid.*, p. 240.) — Castration pour fibrôme utérin. (*Ibid.*, p. 235.) — Résection des annexes de l'utérus pour un cas d'hémorrhagie rebelle consécutive à un fibrôme. (*Ibid.*, t. XXI, p. 622.) — Traitement des fibrômes utérins par les injections d'ergotine. (*Ibid.*, t. XXII, p. 235.)

Fièvres. — Emploi de la glycérine dans le traitement des fièvres. (*Bull. acad. méd.*, p. 673.) — Fièvre bilieuse hématurique. (*Ibid.*, p. 328.) — Bilieuses et typhiques des pays chauds. (*Ibid.*, p. 497.) — Remède contre les fièvres intermittentes ou paludéennes. (*Ibid.*, p. 802.) — Etiologie et prophylaxie de la fièvre. (*Ibid.*, p. 295, 384, 420.) — Précautions hygiéniques prophylactiques contre la fièvre. (*Ibid.*, p. 326.) — Fièvre chez les enfants. (*Ibid*, p. 744.) — Traitement de la fièvre par les bains froids. (*Ibid.*, p. 39, 65, 75, 89, 211, 250, 344, 363, 502, 509.) — Fièvres intermittentes de typhoïde et phtisie (*Gaz. hôp.*, p. 893.) — Cause primordiale de la fièvre jaune. (*Ibid.*, p. 821.) — Fièvre larvée. (*Ibid.*, p. 529.) — Fièvre pernicieuse. (*Ibid.*, p. 529.) — Puerpérale dans les hôpitaux. (*Ibid.*, p. 486.) — Réfrigération du corps humain dans les fièvres.) — (*Ibid.*, p. 234.) — Typhoïde, abcès consécutif. (*Ibid.*, p. 25.) — Fièvre typhoïde à forme adynamique et injections sous-cutanées d'éther. (*Ibid.*, p. 795.) — Typhoïde à forme rénale. (*Ibid.*, p. 662.) — Angine ulcéreuse. (*Ibid.*, p. 394.) — Fièvre typhoïde, broncho-pneumonie. (*Ibid.*, p. 371.) — Carie du larynx dans la fièvre typhoïde. (*Ibid.*, p. 487.) — Convalescence et recherches de la fièvre typhoïde. (*Ibid.*, p. 337.) — Du perchlorure de fer dans la fièvre typhoïde. (*Ibid.*, p. 652.) — Muguet de la gorge dans la fièvre typhoïde. (*Ibid.*, p. 446.) — Fièvre typhoïde et plexus solaire. (*Ibid.*, p. 91.) — Fièvre typhoïde, son influence sur la syphilis et la blennorragie. (*Ibid.*, p. 141.) (*Sem. méd.*, p. 31.) — Sur le microbe de la fièvre jaune. (*Gaz. méd. Paris*, p. 309.) — Formes ébauchées et période prodromique de la fièvre typhoïde. (*Ibid.*, p. 20.) — Fièvre scarlatine avec déterminations articulaires et sortiques. (*France méd.*, t. II, p. 217.) — Fièvre syphilitique. (*Ibid.*, p. 292.) — Fièvre de foin. (*Paris méd.*, p. 460.) — Traitement de la fièvre typhoïde par le salicylate de soude. (*Courrier méd.*, p. 165.) — Par l'acide phénique. (*Ibid.*, p. 238.) — Ergot et ergotine dans la fièvre typhoïde. (*Concours méd.*, p. 185.) — Déterminations pharyngées de la fièvre typhoïde. (*Abeille méd.*, p. 491.) — Emploi du chloral dans la fièvre typhoïde. (*Revue méd.*, t. I, p. 194.) — Périsplénite et pleurésie dans la fièvre typhoïde. (*Ibid.*, p. 883.) — Symptômes précurseurs de la perforation. (*Revue méd.*, t. II, p. 744.) — Bacillus de la fièvre typhoïde (*Ibid.*, p. 595.) — Fièvre typhoïde en Australie. (*Ibid.*, p. 911.) — Fièvre typhoïde avec phlegmatia dolens. (*Journ. méd. chir. prat.*, p. 28.) — Fièvre typhoïde à Auxerre. (*Ibid.*, p. 39.) — Influence de la fièvre typhoïde chez les aliénés. (*Art méd.*, t. LXI, p. 154.) — Fièvre typhoïde légère, rechute mortelle. (*Ibid.*, p. 254, 265, 289.) — Fièvre typhoïde et réfrigération. (*Ibid.*, p. 238.) — Prophylaxie de la fièvre typhoïde. (*Ibid.*, p. 247, 259.) — Traitement par les antithermiques de la fièvre typhoïde. (*Ibid.*, p. 50.) — Des rapports du pouls et de la température dans la fièvre typhoïde. (*Ibid.*, p. 298.) — Epidémie de fièvre typhoïde de Pensacola. (*Union méd.*, t. XXXV, p. 721.) — Fièvre typhoïde et grossesse. (*Ibid.*, p. 590, 601, 645.) — Atrophie musculaire consécutive, scoliose aiguë. (*Ibid.*, p. 660.) — Lésion du fond de l'œil dans le cours de la fièvre typhoïde. (*Union méd.*, t. XXXVI, p. 59.) — Fièvre typhoïde avec aphasie. Hémiplégie droite et hémianesthésie. (*Ibid.*, p. 581.) — Fièvre typhoïde, traitement par le salicylate de bismuth. (*Ibid.*, p. 984.) — Emploi de la teinture d'iode. (*Ibid.*, p. 585.) — Sur les microbes trouvés dans le foie et dans le rein d'individus morts de la fièvre jaune. (*France méd.*, t. II, p. 449.) — Fièvres éphémères, synoque typhoïde, leur traitement. (*Art méd.*, p. 374.) — Rapport entre la glycosurie diabétique et la fièvre intermittente. (*Revue Sc. méd.*, t. XXII, p. 164.) — Hémorrhagie traumatique dans la fièvre intermittente. (*Ibid.*, p. 281.) — Influence du traumatisme sur le retour des fièvres intermittentes. (*Ibid.*, p. 281.) — Accès de fièvre survenant après l'accouchement. (*Ibid.*, p. 291.) — Folie liée à la cachexie fiévreuse. (*Ibid.*, t. XXI, p. 279.) — La carbamide dans la fièvre. (*Ibid.*, t. XXII, p. 92.) — Electrisation de la rate dans la fièvre. (*Ibid.*, t. XXI, p. 520.) — Prophylaxie de la fièvre sur les rades des Antilles. (*Ibid.*, p. 544.) — Fièvre récurrente. (*Ibid.*, p. 461.) — Traitement de la fièvre (*Berlin. klin. Woch.*, n° 20, p. 307, 14 mai.) — Le parasite de l'impaludisme. (*Rev. scientifique*, p. 113.) — Remarques sur les bacillus de la malaria. (*Deutsche med. Woch.*, n° 48.) — Etudes sur quelques fièvres intermittentes. (*Riv. clin. e. terap.*, n° 3.) — Tableau de vingt-quatre cas de fièvre malariale hémorrhagique. (*Med. news*, 21 juil.) — Un cas de cécité et d'exophthalmie d'origine malarique, guéri par la quinine. (*Méd. obosrénie*, mai.) — De la thérapie du mal de tête dans l'intoxication palustre. (*Wratchieb Wiédom.*, n°s 18 et 19.) — Du traitement des fièvres infectieuses par les inhalations anti-septiques, et de l'usage du chloroforme ammonié. (*Lancet*, 9 juin.) — De la fièvre typho-malariale. (*Am. Journ. of. the med. Sc.*, p. 450.) — Démonstrations de l'inefficacité de l'iode dans les fièvres paludéennes. (76 observations.) (*Ibid.*, juil., p. 63.) — De la fièvre et de son traitement. (*Deutsche med. Woch.*, n° 5.) — Sur quelques cas de pyrexie paroxystique simulant la fièvre intermittente. (*Saint Thomas's hosp. Rep.* Vol. XI, p. 31.) — Des germes et organismes inférieurs contenus dans les terrains à malaria. (*Arch. Ital. de Biol.*, t. II, fasc. II.) — Observation d'urticaire paludique. (*Ann. de dermat. et de syph.*, août.) — De l'efficacité de l'iodure dans la malaria. (*Med. news*, 27 sept.)

Filaire. — Papulose. De la filaire du sang. (*Revue Sc. méd.*, t. XXI, p. 182.)

Fils de soie. — Phéniqués. (*Sem. méd.*, p. 211.)

Fissures. — Fissures à l'anus. (*Gaz. hôp.*, p. 241.) (*Courrier méd.*, p. 149.) — Formule contre les fissures anales. (*Gaz. méd. Nantes*, p. 194.) (*Revue thérap.*, p. 598.) — Fissures anales chez l'enfant. (*Revue Sc. méd.*, t. XXII, p. 618.)

Fistule. — Fistule anale borgne externe. (*Gaz. hôp.*, p. 969.) — Biliaire. (*Ibid.*, p. 1158.) — Borgne de l'anus. (*Ibid.*, p. 1033.) — Lacrymale d'origine héréditaire. (*Ibid.*, p. 182.) — Osseuse de la région trochantérienne. (*Ibid.*, p. 1033.) — Uréthro-vaginale. (*Ibid.*, p. 229.) — Vésico-intestinale. (*Ibid.*, p. 909.) — Vésico-vaginale. (*Ibid.*, p. 962.) — Fistules dentaires. (*Sem. méd.*, p. 42.) — Génito-vulvaires. (*Ibid.*, p. 15.) — Pleurales. (*Ibid.*, p. 297.) — Urinaires. (*Ibid.*, p. 77.) — Uréthro-rectale. (*France méd.*, t. I, p. 515.) — Fistule vestibulo-uréthrale. (*Ibid.*, t. II, p. 433.) — Traitement des fistules à l'anus. (*Gaz. méd. Nantes*, p. 11.) (*Bull. gén. thérap.*, p. 142.) — Fistule de l'anus contre nature iléo-vaginal et des fistules intestino-utérines. (*Ibid.*, p. 468.) — Fistules recto-vulvaires et recto-vaginales inférieures guéries par l'incision et la perméorraphie immédiate. (*Revue méd. chir. mal. femmes*, p. 391.) — Traitement des fistules salivaires du canal de Stenon. (*Revue Sc. méd.*, t. XXII, p. 504.) — Fistule congénitale de la région lombo-sacrée. (*Ibid.*, t. XXI, p. 702.) — Fistule paracoccygienne. (*Ibid.*, t. XXII, p. 318.) — Nouvelle méthode de pratiquer les fistules d'expérimentation chez les animaux. (*Jégéned. klinitch. Gazeta*, n° 4.) — Des fistules vésico-vaginales. (*Med. news*, 18 août.)

Flèches. — Blessures par flèches empoisonnées. (*Bull. acad. méd.*, p. 1369.) (*Gaz. méd. Par.*, p. 285.)

Fluxions. — Fluxions pleuro-pulmonaires réflexes d'origine urétro-ovarienne. (*Gaz. hôp.*, p. 947.) (*Sem. méd.*, p. 239.) — Fluxions de poitrine catarrhales. (*Revue thérap.*, p. 43.)

Fœtus. — A peu près à terme extraits par la laparatomie chez deux femmes atteintes de grossesses extra-utérines. (*Bull. acad. méd.*, p. 1423.) — Dans l'empoisonnement par l'oxyde de carbone, ce gaz passe-t-il de sa mère au fœtus ? (*Gaz. hôp.*, p. 716.) — Hyperthermie et vitalité du fœtus. (*Ibid.*, p. 669.) — Bruits du cœur chez le fœtus. (*Sem. méd.*, p. 114.) — Fœtus de Quimperlé. (*Sem. méd.*, p. 262.) — Fœtus ayant séjourné 56 ans dans le sein de sa mère. (*Gaz. méd. Par.*, p. 443.) (*France méd.*, t. II, p. 317.) (*Courrier méd.*, p. 317.) (*Abeille méd.*, p. 109.) — Rétention anormale du fœtus. (*Ibid.*, p. 500.) — Bassin vicié chez le fœtus. (*Revue méd.*, t. I, p. 370.) — Altération des milieux réfringents de l'œil chez les fœtus macérés. (*Revue Sc. méd.*, t. XXII, p. 562.) — Moulage de la tête du fœtus. (*Ibid.*, p. 670.) — Rétention d'un fœtus à terme dans la corne non complètement développée d'un utérus bicorne. (*Ibid.*, t. XXI, p. 202.) — Des fœtus transformés en lithopœdions. (*Ibid.*, p. 217.) — De la situation des œufs et des fœtus dans l'utérus en cas de grossesse gémellaire. (*Ibid.*, t. XXII, p. 254.) — Influence de l'insertion du placenta sur le développement du fœtus. (*Ibid.*, p. 595.) — Dystocie causée par une tumeur du fœtus. (*Ibid.*, p. 604.) — Du développement insolite du fœtus. (*Wien med. Woch.*, n° 12.)

Foie. — Maladies du foie. (*Bull. acad. méd.*, p. 74, 1350.) — Traitement des maladies du foie par les eaux de Pougues. (*Ibid.*, p. 612.) — Cirrhose du foie. (*Sem. méd.*, p. 33.) — Cancer du foie. (*Ibid.*, p. 165.) — Faradisation du foie. (*Ibid.*, p. 323.) — Abcès du foie. (*Prog. méd.*, p. 125.) — Etude sur la sclérose hépatique considérée au point de vue chirurgical. (*Ibid.*, p. 174.) — Cavernules tuberculeuses du foie chez un enfant de 18 mois. (*Prog. méd.*, p. 614.) — De l'héméralopie dans les affections du foie. (*Union méd.*, t. XXXV, p. 655.) — Foie cardiaque et cœur hépatique. (*Ibid.*, p. 669.) — Abcès du foie consécutif à une ulcération de l'appendice cœcal par une épingle. (*France méd.*, t. I, p. 25.) — Foie mobile. (*Paris méd.*, p. 79.) (*Revue thérap.*, p. 192.) — Structure des cellules du foie. (*Revue Sc. méd.*, t. XXI, p. 11.) — Communication entre les branches intrahépatiques de la veine porte et les veines sus-hépatiques. (*Ibid.*, t. XXII, p. 9.) — Fer contenu dans le foie. (*Ibid.*, p. 460.) — Les peptones envisagées comme matériaux pour la formation du sucre dans le foie. (*Ibid.*, t. XXI, p. 29.) — Changements anatomiques du foie pendant les différents états d'activité. (*Ibid.*, t. XXII, p. 538.) — Rapport des coliques du foie avec la grossesse et l'accouchement. (*Ibid.*, p. 552, 538.) — Cirrhose du foie dans le diabète. (*Ibid.*, p. 170.) — Altérations du fond de l'œil dans les affections du foie. (*Ibid.*, p. 538.) — Cirrhose hypertrophique du foie. (*Ibid.*, p. 528.) — Cirrhose atrophique, adénome du foie. (*Ibid.*, p. 528.) — Angiome du foie. (*Ibid.*, p. 469.) — Tuberculose du foie. (*Ibid.*, p. 470, 538.) — Kystes hydatiques du foie. (*Ibid.*, p. 538.) — Douve du foie chez l'homme. (*Ibid.*, t. XXI, p. 166.) — Traité des maladies du foie, par Harley. (*Londres.*) — Un cas d'atrophie aiguë du foie. (*Arch. f. path. Anat. u. phys.*, t. XCI, p. 334.) — Pathogénie de l'ictère quand les voies biliaires sont perméables. Discussion à la société médicale de Berlin. (*Berlin. klin. Woch.*, n° 20, p. 304, 14 mai.) — Des changements anatomiques du foie sous l'influence de son activité glycogénique et productrice de la bile. (*Wratch.*, n° 3.) — Un cas d'ictère grave. (*Journ. de méd. de Bordeaux*, 1er avril.) — De l'adénome multiloculaire du foie. (*Jégénéd. klinitch. Gazeta*, n° 1.) — Valeur des expériences physiologiques et chirurgicales faites sur le foie. (*Arch. f. klin. chir.*, XXIX, 1.) — Foie de forme anormale avec appendices complémentaires. (*Wratch.*, n° 26.) — Un cas d'atrophie jaune du foie. (*Med. Obosrénié*, mai.) — Sclérose hypertrophique du foie à évolution rapide, mort par acholie. (*Journ. de méd. de Bordeaux*, 1er juil.) — Cirrhose alcoolique du foie chez un enfant de huit ans. (*Lancet*, 6 janv.) — Un cas d'abcès du foie. (*Lancet*, 20 janv.) — Etude sur les abcès aréolaires du foie. (*Arch. de phys.*, fév.) — Anomalies des conduits hépatiques. (*Boll. scient. di Pavia*, V, fasc. 1 et 2.) — Etude expérimentale sur la régénération partielle et sur la néoformation du foie. (*Arch. Ital. de biol.*, III, p. 267.) — Recherches expérimentales et pathologiques sur l'hypertrophie et la régénération partielle du foie. (*Ibid.*, III, p. 270.) — Abcès hépatique ouvert dans les bronches, guérison. (*Med. news*, 25 août.) — Abcès sus-hépatique. (*Med. news*, p. 247, 1er sept.) — Un cas de cirrhose hypertrophique du foie avec ictère chronique. (*Med. Obosrén.*, juil.) — Altération de la veine cave dans la cirrhose hépatique. (*Bol. sc. di Pavia*, V, 1 et 2.) — Abcès du foie ; ponction dans le huitième espace intercostal ; résection sous-périostée d'un tronçon de la neuvième côte ; large ouverture et drainage de la cavité, guérison. (*Lancet*, 24 mars.) — Dysenterie et abcès du foie. (*Ibid.*, 19 mai.) — Un cas de périhépatite aiguë. (*Glasg. med. Journ.*, XX, p. 297.) — Hypertrophie du lobe droit du foie, prise pour un fibrome de l'ovaire. (*Med. news*, 15 sept.) — Sur l'adénome du foie. (*Arch. per le sc. med.*, VII, p. 87.) — Sucre dans le liquide ascitique d'un cirrhotique. (*Journ. de méd. de Bordeaux*, 4 nov.) — Sur une variété de cirrhose encore inédite accompagnant la gastrite chronique avec sclérose sous-muqueuse hypertrophique. (*Gaz. hebd.*, n° 12, p. 199.) — Cirrhose du foie sans ascite. (*Brit. med. Journ.*, p. 316, fév.) — D'un nouveau symptôme de dégénérescence graisseuse du foie. (*Gaz. med. Ital. prov. Veneti*, n° 30.) — Abcès du foie pris au début pour une pleurésie droite, mort. (*Journ. de méd. de Bordeaux*, 2 sept.) — Contusion du thorax et de l'abdomen. Fracture de côtes, rupture du foie, mort. (*Journ. de méd. de Bordeaux*, 19 août.) — Adénome du foie. (*Arch. per le sc. med.*, VII, n° 1.)

Folie. — A double forme circulaire alterne. (*Bull. acad. méd.*, p. 776.) — Folie congestive. (*Gaz. hôp.*, p. 601, 625, 641, 664.) — Folie circulaire. (*Gaz. méd. Par.*, p. 153.) — Guérisons tardives dans la folie. (*Ibid.*, p. 561.) — Le fou de l'avenue de Clichy. (*Prog. méd.*, p. 873.) — Les frontières de la folie. (*Courrier méd.*, p. 48.) — Folie menstruelle. (*Abeille méd.*, p. 147.) (*Journ. accouch. Liège*, p. 120.) — Folie du doute. (*Journ. méd. chir. prat.*, p. 285.) — Folie en rapport avec les affections utérines. (*Revue méd. chir. mal. femmes*, p. 589.) — Folie limitée. (*Praticien*, p. 263.)

Follicules. — Epithélium fenêtré des follicules clos de l'intestin. (*Gaz. méd. Paris*, p. 389.)

Fongosités tuberculeuses. — (*Prog. méd.*, p. 414.)

Fontaine de l'Etuvée. — Son histoire. (*Bull. acad. méd.*, p. 879.)

Forceps de Levret. — Modifications. (*Bull. acad. méd.*, p. 292.) — Considérations sur le forceps. (*Union méd.*, t. XXXV, p. 389, 401.) — Application du forceps-scie. (*Journ. accouch. Liège*, p. 249, 261.) — De l'application du forceps dans la présentation du siège. (*Revue Sc. méd.*, t. XXII, p. 256.) — Des forceps où la traction s'opère selon l'axe du bassin. (*Berlin. klin. Woch.*, 15 janv.) — Application du forceps. (*Wien. med. Woch.*, n° 13.) — Nouveau modèle de forceps à traction suivant l'axe. (*Arch. f. Gynœk.*, t. XX, heft 2.) — D'un tracteur qu'on peut annexer à volonté au forceps classique. (*Arch. de Toco*, juin.)

Forgeron. — Diminution de l'ouïe chez les forgerons. (*Revue Sc. méd.*, t. XXI, p. 721.)

Formiamide. — De mercure dans le traitement de la syphilis. (*Paris méd.*, p. 249.)

Fosses. — Moyen facile d'extraire les corps étrangers des fosses nasales. (*Revue méd.*, t. II, p. 598.)

Foudre. — Hémichorée à la suite d'un coup de foudre. (*Revue Sc. méd.*, t. XXI, p. 603.) — Accidents oculaires, rétinites, cataractes, produits par la foudre. (*Ibid.*, t. XXII, p. 334.)

Fouet. — Coups de fouet. (*Bull. acad. méd.*, p. 1353.) (*Paris méd.*, p. 561.) — Du coup de fouet ou diastasis musculaire et de sa guérison immédiate par la faradisation. (*Concours méd.*, p. 446, 458.)

Fougère. — Empoisonnement par l'extrait de fougère mâle. (*Paris méd.*, p. 304.) (*Revue méd.*, t. I, p. 269.) (*Revue Sc. méd.*, t. XXI, p. 502.)

Foulahs. — Poison des foulahs. (*Sem. méd.*, p. 195.)

Fous. — Les fous dangereux. (*France méd.*, t. I, p. 822.) — Fous. (*Revue méd.*, t. I, p. 643.)

Foyer. — Hémorrhagique dans la substance blanche avoisinant le lobule de l'insula. (*Prog. méd.*, p. 454.) — Foyer cérébral latent. (*Courrier med.*, p. 373.)

Fractures. — Troubles nerveux consécutifs à une fracture du crâne par accident de chemin de fer. (*Bull. acad. méd.*, p. 1334.) — *Consolidation des fractures chez les diabétiques.* (*Ibid.*, p. 934.) — Fracture de jambe. (*Gaz. hôp.*, p. 852.) — De la clavicule. (*Ibid.*, p. 428.) — De la colonne vertébrale et des deux pieds. (*Ibid.*, p. 721.) — De la malléole externe chez un hépatique. (*Ibid.*, p. 923.) — De la rotule, suture osseuse dans les fractures. (*Ibid.*, p. 1028.) — De la voûte du crâne. (*Gaz. méd. Paris*, p. 114.) — Fracture de la base du crâne, rupture de la carotide interne. (*Prog. méd.*, p. 383.) — Fracture du col du fémur. (*Ibid.*, p. 260.) (*Union méd.*, t. XXXV, p. 370.) — Fracture de la rotule et rôle musculaire dans les fonctions du membre blessé. (*Union méd.*, t. XXXVI, p. 922.) — *Fracture de cuisse à consolidation rapide chez un sujet paraplégique.* (*France méd.*, t. I, p. 6.) — Fracture des phalanges. (*Ibid.*, t. II, p. 310.) — Fracture du crâne chez un enfant de 4 mois. (*Paris méd.*, p. 330.) — Appareils plâtrés dans le traitement des fractures. (*Concours méd.*, p. 437, 460.) — Appareils d'Hennequin pour fracture du fémur. (*Ibid.*, p. 478.) — *Fracture de l'extrémité inférieure du péroné.* (*Ibid.*, p. 284). — Fracture du sternum. (*Journ. accouch. Liége*, p. 22.) — Influence du diabète. (*Journ. méd. chir. prat.*, p. 376.) — Des phlyctènes dans les fractures. (*Bull. gén. thérap.*, p. 284.) — Fracture du larynx. (*Revue Sc. méd.*, t. XXI, p. 716.) — Fracture de l'orbite. (*Ibid.*, t. XXII, p. 341.) — De la trépanation dans les fractures du crâne. (*Ibid.*, p. 297.) — Fractures inter-articulaires. (*Ibid.*, t. XXI, p. 294.) — Lésion des troncs veineux du cou dans les fractures de la clavicule. (*Ibid.*, p. 291.) — Résection d'un cal de la clavicule comprimant les vaisseaux et nerfs sous-claviers. (*Ibid.*, p. 291.) — Fracture de côtes par action musculaire. (*Ibid.*, p. 293.) — Fracture du cubitus par cause indirecte. (*Ibid.*, t. XXII, p. 297.) — Du retrait de la membrane inter-osseuse sur la perte des mouvements de suppination dans les fractures de l'avant-bras. (*Ibid.*, t. XXI, p. 292.) — Suture osseuse dans la fracture de l'olécrâne. (*Ibid.*, p. 293.) — Fracture des deux calcanéums. (*Ibid.*, t. XXII, p. 298.) — Fractures du bassin. (*Med. news*, 17 mars.) — De quelques fractures articulaires compliquées. (*Med. news*, 2 juin.) — Sur le traitement des fractures auriculaires compliquées de plaie. (*New York med. Journ.*, 9 juin.) — *Fracture de la colonne cervicale avec compression de la moelle ; guérison.* (*Lancet*, 10 fév.) — Un cas de fracture de l'extrémité sternale de la clavicule. (*Gaz. hebd. des Sc. méd. de Montpellier*, nº 19.) — Fracture de plusieurs côtes à leur extrémité antérieure. Diagnostic d'avec les luxations chondro-costales. (*Ibid.*, nº 21.) — Un cas de fracture du calcanéum. (*Ibid.*, nº 14.) — De la fracture de l'extrémité interne de la clavicule. (*Gaz. hebd.*, mai.) — Fracture de l'humérus avec cal carcinomateux. (*Berlin. klin. Woch.*, nº 49, p. 764, 3 déc.) — De la fracture de l'apophyse coronoïde du cubitus. (*Berlin. klin. Woch.*, 10 déc.) — Traitement de certaines fractures de l'extrémité inférieure du fémur. (*Brit. med. Journ.*, p. 306, fév.) — Observation de fracture de la rotule traitée par la suture osseuse. (*Brit. med. Journ.*, p. 1118, juin.) — Le traitement de la fracture transversale de la rotule dans le but de produire un cal osseux. (*Trans. of the Amer., surg. ass.* 1, p. 99.) — Appareil d'extension pour le traitement des fractures du membre inférieur. (*Wien. med. Presse*, n° 10.) — Fracture de la rotule, suture des fragments, guérison. (*Deutsche med. Woch.*, n° 34.)

Fragment. — De chandelier dans l'utérus d'une aliénée. (*Journ. acc. Liège*, p. 272.) — Fragment de clinique médicale. (*Thérap. contemp.*, p. 76.)

Française. — Dégénérescence de la population. (*Gaz. méd. Nantes*, p. 152.)

Franklinisation. — De la franklinisation. (*Union méd.*, t. XXXVI, p. 46.)

Frigidité. — Note sur la frigidité antiseptique des plaies. (*Union méd.*, t. XXXVI, p. 470, 481.)

Froid. — Conservation des viandes et destruction des trichines par le froid. (*Bull. acad. méd.*, p. 419.) — De la mort par le froid. (*Revue Sc. méd.*, t. XXII, p. 52.) — Action du froid sur l'organisme. (*Ibid.*, p. 509.) — De l'hémoglobinurie par l'action du froid. (*Ibid.*, t. XXI, p. 608.) — Action de l'application continue du froid sur les tissus profonds. (*Zeitschr. f. Heilk.*)

Front. — Cancroïde du front. (*Prog. méd.*, p. 388.)

Frontale. — Cancroïde frontale ascendante. (*Prog. méd.*, p. 166.)

Frottement. — Caractères du frottement péricardique. (*Abeille méd.*, p. 329.) (*Journ. méd. chir. prat.*, p. 343.)

Furoncle. — Traitement et moyen de prévenir son auto-inoculation. (*Gaz. hôp.*, p. 203.) — Furoncle, son traitement. (*Courrier méd.*, p. 23, 107.) (*Revue méd.*, t. I, p. 414.) (*Revue thérap.*, p. 130.) (*Praticien*, p. 178, 464.)

G

Galactogène. — Un nouveau médicament. (*Gaz. méd. Par.*, p. 76.) (*Courrier méd.*, p. 183.) (*Journal accouch. Liège*, p. 106.)

Galactorrhée. — Galactorrhée traitée par la compression. (*Par. méd.*, p. 333.) (*Courrier méd.*, p. 173.) — Traitement de la galactorrhée. (*Revue méd.*, t. I, p. 334.) (*Revue thérap.*, p. 243.) (*Revue méd. chir. mal. femmes*, p. 712.)

Gale. — Traitement de la gale. (*Sem. méd.*, p. 90.) — Gale chez le furet. (*Prog. méd.*, p. 1054.) — Lotion contre la gale. (*Union méd.*, t. XXXV, p. 732.) (*Union méd.*, t. XXXI, p. 350.) (*France méd.*, t. II, p. 102.) —

Mixture contre la gale. (*Courrier méd.*, p. 142.) — Cas de guérison de la gale folliculaire du chien. (*Abeille méd.*, p. 47.) — Emploi du naphtol. (*Journ. méd. chir. prat.*, p. 515.) (*Revue Sc. méd.*, t. XXI, p. 633.)

Galibis. — Etude sur les galibis. (*Prog. méd.*, p. 149.)

Galop. — Les bruits de galop. (*Union méd.*, t. XXXV, p. 881, 898.)

Galvano-poncture. — Dans les maladies de la prostate. (*Par. méd.*, p. 236.)

Ganglions. — Rôle des ganglions sympathiques. (*Sem. méd.*, p. 35.) (*Gaz. méd. Paris*, p. 91.) — Du sarcome primitif des ganglions lymphatiques. (*Union méd.*, t. XXXV, p. 155.)

Gangrène. — Des deux pieds. (*Gaz. hôp.*, p. 549.) — Du scrotum. (*Ibid.*, p. 220.) — Spontanée du membre inférieur chez un jeune homme. (*Ibid.*, p. 106.) — Spontanée par diabète phosphatique. (*Ibid.*, p. 946.) — Gangrène et diabète. (*Sem. méd.*, p. 146.) — Des amputations dans la gangrène sénile. (*Gaz. méd. Par.*, p. 124.) — Gangrène symétrique. (*Ibid.*, p. 571.) (*Union méd.*, t. XXXV, p. 529.) — Gangrène sèche du petit doigt d'origine probablement paludique. (*Ibid.*, t. XXXVI, p. 505.) — Gangrène de la vulve chez les adultes. (*Ibid.*, p. 1020.) — Gangrène gazeuze, suite de traumatisme. (*Courrier méd.*, p. 48.) — Gangrène pulmonaire. (*Ibid.*, p. 297.) — Traitement de la gangrène. (*Revue méd.*, t. II, p. 206.) — Gangrène foudroyante. (*Journ. méd. chir. prat.*, p. 134.) — Gangrène de la vessie produite par la rétroflexion de l'utérus gravide. (*Revue Sc. méd.*, t. XXII, p. 592.) — Deux obs. d'érythème gangréneux. (*Roy. soc. ; med. Times*, 20 janv.) — Gangrène symétrique des extrémités, compliquée de divers autres phénomènes vaso-moteurs. (*Lancet*, 5 mai.) — Deux observations de gangrène gazeuze foudroyante. (Dans les deux cas, l'autopsie n'a pu être faite.) (*Gaz. hebd. des Sc. méd. Montpellier*, n° 43.) — De la gangrène sénile. (*Journ. de méd. de Bordeaux*, 2 déc.) — Traitement des gangrènes cutanées produites par la compression sur la tête du nouveau-né. (*Centralb. f. Gynœkol.*, n° 4.)

Gardons. — Epidémie sur les gardons. (*Abeille méd.*, p. 500.)

Gargarisme. — Contre la stomatite mercurielle. (*Union méd.*, t. XXXV, p. 108.) — Créosote. (*Ibid.*, p. 868.) — Contre la salivation mercurielle. (*Ibid.*, p. 1060.) — Gargarisme térébenthiné. (*Union méd.*, t. XXXVI, p. 120.) — Gargarisme calmant. (*Courrier méd.*, p. 67.) (*Journ. méd. chir. prat.*, p. 63, 82.) — Gargarisme à l'alun. (*Revue thérap.*, p. 442.)

Gartner. — Canaux de Gartner chez la femme. (*Revue Sc. méd.*, t. XXII, p. 422.)

Gastralgie. — Poudre contre la gastralgie. (*Courrier méd.*, p. 277.) — Formule contre la gastralgie. (*Gaz. méd. Nantes*, p. 141.)

Gastrique. — Hypersécrétion. (*Revue thérap.*, p. 51.) — Etat gastrique et maladies bilieuses. (*Thérap. contemp.*, p. 793.) — Composition du suc gastrique. (*Revue Sc. méd.*, t. XXII, p. 41.)

Gastrite. — Chronique par alimentation insuffisante. (*Gaz. hôp.*, p. 593.)

— Gastrite chronique avec rétrécissement inflammatoire des deux orifices. (*France méd.*, t. I, p. 671.) — Gastrite ulcéreuse alcoolique. (*Courrier méd.*, p. 305.) (*Abeille méd.*, p. 329.) (*Journ. méd. chir. prat.*, p. 343.) — Gastrite en général. (*Thérap. contemp.*, p. 777.)

Gastro-entérite. — Empoisonnement par la viande. Gastro-entérite septique. (*Union méd.*, t. XXXVI, p. 548.)

Gastro-hystérotomie. — Suture de l'utérus au catgut. (*Gaz. méd. Nantes*, p. 184.) — Dans un cas de tumeur fibreuse de la matrice, mort. (*Journ. accouch. Liège*, p. 59.)

Gastro-intestinales. — Affections des gastro-intestinales des enfants. (*Revue mens. mal. enfance*, t. I, p. 192.)

Gastronomie. — (*Gaz. méd. Par.*, p. 517.)

Gastrorrhagie. — Transfusion directe dans la gastrorrhagie. (*Gaz. hôp.*, p. 867.)

Gastrostomie. — Observation de gastrostomie dans un cas de rétrécissement de l'œsophage. (*Union méd.*, t. XXXV, p. 474.) (*Ibid.*, t. XXXVI, p. 673.) — Sur le lieu d'élection de la fistule dans la gastrostomie. (*France méd.*, t. II, p. 644.) — Tribut à l'historique de la gastrostomie. (*Berlin. klin. Woch.*, 12 fév.) — Un cas de gastrostomie suivie de succès. (*Lancet*, 3 fév.) — Gastrostomie pour rétrécissement infranchissable de l'œsophage, de nature indéterminée, chez un homme de 40 ans. Guérison. (*Rev méd. Suisse romande*, III, 583, oct.) — Gastrostomie, œsophagotomie externe et interne dans le traitement du rétrécissement de l'œsophage. (*Am. Journ. of the med. sc.*, p. 420.)

Gastrotomie. — (*Prog. méd.*, p. 870.) (*Courrier méd.*, p. 42, 370.) — Pour grossesse extra-utérine. (*Journ accouch. Liège*, p. 289.) (*Revue méd.*, t. I, p. 192, 387.) (*Ibid.*, t. II, p. 532, 561, 638.) — Gastrotomie. (*Journ. méd. chir. prat.*, p. 520, 185.) (*Revue thérap.*, p. 126, 235, 600, 641.) Dans les rétrécissements cancéreux de l'œsophage. (*Thérap. contemp.*, p. 75.) — Gastrotomie. (*Praticien*, p. 534, 558.) (*Revue Sc. méd.*, t. XXI, p. 371.)

Gavage. — Gavage et inhalations iodoformées chez les phtisiques. (*Bull. acad. méd.*, p. 743.)

Gaz. — Le catarrhe aigu de l'estomac et les gaz du sol. (*Union méd.*, t. XXXVI, p. 548.) — Gaz de l'éclairage dans les appartements. (*Par. méd.*, p. 270.) (*Courrier méd.*, p. 219.) — Développement de gaz dans la vessie. (*Journ. méd. chir. prat.*, p. 319.) — Accidents produits par le séjour du gaz dans les chambres d'épuration des usines. (*Revue Sc. méd.*, t. XXII, p. 511.) — Gaz de l'intestin. (*Ibid.*, t. XXI, p. 441.)

Gaze. — Phéniquée. (*Sem. méd.*, p. 211.) — Iodoformée. (*Ibid.*, p. 211.) (*Courrier méd.*, p. 423.)

Géant. — Accroissement du corps une fois la croissance normale terminée. (*Revue Sc. méd.*, t. XXII, p. 422.)

Gélatine. — Sur la peptone de gélatine. (*Abeille méd.*, p. 411). — Gélatine glycérinée. (*Revue méd.*, t. II, p. 306.) — Préparation de la masse neutre à la gélatine. (*Revue Sc. méd.*, t. XXI, p. 413.) — Valeur nutritive de la gélatine. (*Ibid.*, p. 30.)

Gelsemium. — Extrait, tcinture, chlorhydrate. (*Progr. méd.*, p. 198.) — Gelsemium sempervirens, son action physiologique. (*Par. méd.*, p. 45.) (*Revue Sc. méd.*, t. XXII, p. 71.)

Gelure. — Des gelures. (*Arch. f. klin. chir.*, XXVII, 2, p. 278.)

Génitaux. — Un cas de malformation des organes génitaux. (*Concours méd.*, p. 179.) — Tuberculose des organes génitaux. (*Revue méd.*, t. I, p. 82.) — Obsession génitale. (*Journ. méd. chir. prat.*, p. 21.) — Maladies génitales chez les aliénés. (*Revue thérap.*, p. 296.) — Situation des organes génitaux internes de la femme. (*Revue Sc. méd.*, t. XXII, p. 10.) — Arrêt de développement des organes génitaux. (*Ibid.*, t. XXI, p. 445.) — Fréquences des maladies des organes génitaux chez les aliénés. (*Ibid.*, t. XXII, p. 651.) — Inversion du sens chez les aliénés. (*Ibid.*, p. 651.) — Chauffage des organes génitaux. (*Ibid.*, p. 278.)

Genou. — Abcès froid du genou. (*Gaz. hôp.*, p. 697.) — Synovite pseudo-membraneuse du genou. (*Ibid.*, p. 785.) — Tumeurs douloureuses du genou. (*Ibid.*, p. 12.) — Tuberculose de la synoviale du genou. (*Sem. méd.*, p. 340.) — Ecrasement du genou. (*Prog. méd.*, p. 526.) — Artrophytes. (*Union méd.*, t. XXXV, p. 118.) — Lipome douloureux (*Ibid.*, p. 235.) — Déformation congénitale des deux articulations du genou. (*France méd.*, t. I, p. 693.) (*Abeille méd.*, p. 200.) — Ganglions périarticulaires du genou. (*Revue méd.*, t. II, p. 115.) — Tumeurs irritables. (*Journ. méd. chir. prat.*, p. 87.) — Luxation du genou. (*Revue Sc. méd.*, t. XXI, p. 658.)

Genu valgum. — (*Bull. acad. méd.*, p. 649.) — Genu valgum de la première enfance, ostéotomie appliquée. (*Gaz. hôp.*, p. 947.) — (*France méd.*, t. II, p. 322.) — Présentation de genu valgum opéré. (*France méd.*, t. II, p. 850.) — Traitement du genu valgum. (*Revue méd.*, t. II, p. 222.) — De l'ostéotomie dans le genu valgum, guérison complète. (*Il morgagni*, p. 199.)

Géographie médicale. — (*Bull. acad. méd.*, p. 1370.) — Universelle. (*Gaz. méd., Par.*, p. 629.) (*Union méd.*, t. XXXVI, p. 1089.) — Constitution médicale de la vallée du Lot. (*Revue Sc. méd.*, t. XXI, p. 543.) — Topographie médicale du Sénégal. (*Ibid.*, p. 543.) — Etude sur le Gabon. (*Ibid.*, p. 543.) — Voyage dans l'Amérique équatoriale. (*Ibid.*, p. 543.) — Pathologie de l'île Maurice. (*Ibid.*, p. 543.) — Climat d'Alicante. (*Ibid.*, p. 543.) — Climat d'Alger. (*Ibid.*, p. 543.) — Climat des stations de l'Hindoustan. (*Ibid.*, p. 543.) — Fièvres de Chypre ; Malte et Gibraltar. (*Ibid.*, p. 543.) — Pathologie de la race nègre. (*Ibid.*, p. 544.) — Topographie de Vingh-Long. (*Ibid.*, p. 544.) — Rapports climatiques de la pneumonie. (*Ibid.*, p. 544.) — Du myxœdème en Basse-Bretagne. (*Ibid.*, p. 609.) — Sur l'anhum. (*Ibid.*, p. 544.) — Prophylaxie de la fièvre jaune aux Antilles. (*Ibid.*, p. 544.) — Le kakke ou béribéri. (*Ibid.*, p. 544.) — Mortalité comparée de la diphtérie et de la scarlatine à Saint-Pétersbourg. (*Ibid.*, t. XXII, p. 120.) — Compte rendu du premier congrès international de médecins des Colonies tenu à Amsterdam en 1883, par Van Overbeck et Meyer. (*Rev. d'hyg.*, p. 839, oct.) — Remarques sur la côte occidentale du golfe de Gênes. (*Berlin. klin. Woch.*, 22 oct.)

Gerçures. — Du mamelon. (*Courrier méd.*, p. 90.) (*Journ. accouch. Liège*, p. 82.)

Germes. — Et virulence. (*Concours méd.*, p. 205.) — Germes morbifiques. (*Art. méd.*, t. LVII, p. 391.)

Gesses. — Empoisonnement par les gesses. (*Bull. acad. méd.*, p. 829, 806, 882.) — Recherches sur les graines de gesses. (*Ibid.*, p. 985.) (*France méd.*, t. II, p. 199.)

Gestation. — Hyperthermie et gestation. (*Gaz. hôp.*, p. 669.)

Gingivites. — (*Revue thérap.*, p. 373.)

Glace. — Impure. (*Prog. méd.*, p. 249.) Traitement des anévrismes aortiques par des applications de glace. (*Revue Sc. méd.*, t. XVI, p. 155.)

Glandes. — Epithéliome calcifié des glandes sébacées. (*Bull. acad. méd.*, p. 384.) — La glande biliaire et l'évolution nodulaire graisseuse du foie. (*Union méd.*, t. XXXVI, p. 340.) — Glandes en grappe de la base de la langue. (*Revue Sc. méd.*, t. XXII, p. 421.)

Glaucome. — Traitement du glaucome par l'arrachement du nerf nasal externe. (*Bull. acad. méd.*, p. 1229.) — Rapport clinique et pathogénique entre le décollement de la rétine, la myopie et le glaucome. (*France méd.*, t. II, p. 343.) — Elongation du nerf nasal externe dans le glaucome. (*Revue Sc. méd.*, t. XXII, p. 713, 714.) — Glaucome aigu traité par la duboisine. (*Ibid.*, t. XXI, p. 310.) — Du glaucome et de son traitement. (*Corr. Blatt. Schweiz. Aerzte*, 1ᵉʳ janv.) — Transmission héréditaire du glaucome. (*Opht. review.*, fév.) — Du glaucome sympathique. (*Recueil d'ophtalmologie*, n° 4, p. 217.) — Sur l'emploi de l'ésérine dans le glaucome. (*Birmingham med. Review*, mars.) — Contribution à l'étude clinique du glaucome. (*Arch. f. ophtalm.*, B. 29, fasc. III.) — Du glaucome. (*Annali di Ottalm.*, XII, p. 353.) — Nouvelle méthode de traitement du glaucome chronique. (*Brit. med. Journ.*, 5 mai.)

Gliome. — Ossifiant de la rétine. (*Courrier méd.*, p. 7.) — Gliome cérébral. (*Revue Sc. méd.*, t. XXI, p. 556, 593.) — Gliome de la protubérance et du bulbe. (*Ibid.*, p. 593.) — Gliome de la moelle. (*Ibid.*, t. XXII, p. 185.)

Globules. — Numérateur des globules de lait de femme dans ses rapports avec le choix des nourrices et la direction de l'allaitement. (*Paris méd.*, p. 433.)

Glossite. — Exfoliatrice marginée. (*Bull. acad. méd.*, p. 804.) (*Journ. méd. chir. prat.*, p. 458.) (*Thérap. contemp.*, p. 561.) — Diagnostic de la glossite aiguë. (*Revue Sc. méd.*, t. XXI, p. 689.)

Glotte. — Œdème de la glotte. (*Sem. méd.*, p. 130.) (*France méd.*, t. I, p. 835.) (*Abeille méd.*, p. 249.)

Glycéré. — Contre l'eczéma des fosses nasales. (*Union méd.*, t. XXXVI, p. 668.)

Glycérine. — Emploi de la glycérine dans le traitement de la fièvre typhoïde. (*Bull. acad. méd.*, p. 673.) — Mode d'administration et doses pour l'usage interne. (*Gaz. hôp.*, p. 291.) — Usage interne et effets thérapeutiques. (*Union méd.*, t. XXXV, p. 546.) — Dans les maladies inflammatoires. (*Ibid.*, p. 1029.) — Emploi de la glycérine dans le traitement des fièvres aiguës. (*Thérap. contemp.*, p. 584.) (*Revue Sc. méd.*, t. XXII, p. 507.)

Glycogène. — Glycogène et amidon. (*Prog. méd.*, p. 1018.) — Purification du glycogène. (*Revue Sc. méd.*, t. XXI, p. 39.)

Glycose. — Glycose dans les urines. (*Sem. méd.*, p. 314.)

Glycosurie. — Guérison de la glycosurie par le bromure de potassium. (*Bull. acad. méd.*, p. 1005.) — Glycosurie après l'ablation des mamelles. (*Gaz. hôp.*, p. 261.) — Glycosurie chez un paludique. (*Ibid.*, p. 549.) — Glycosurie des nourrices. (*Ibid.*, p. 300.) — Glycosurie et bromure de potassium. (*Ibid.*, p. 788.) — Gangrène des deux pieds. (*France méd.*, t. I, p. 845.) — Glycosurie dans les abcès du sein chez les nourrices. (*Paris méd.*, p. 582.) (*Journ. méd. chir. prat.*, p. 322.) — Glycosurie et induration pénienne. (*Revue thérap.*, p. 69.) — Glycosurie et diabète sucré. (*Art. méd.*, t. LVII, p. 298.) — Glycosurie passagère dans l'alcoolisme. (*Revue Sc. méd.*, t. XXI, p. 278.) — Glycosurie et polyurie chez l'enfant dans le mal de Pott. (*Ibid.*, p. 239.)

Goître. — Traitement du goître vasculo-kystique par l'électrolyse capillaire. (*Bull. acad. méd.*, p. 49.) — Opération de goître. (*Ibid.*, p. 879.) — Goître exophtalmique. (*Gaz. hôp.*, p. 433.) — Extirpation du goître et ses conséquences. (*Gaz. méd. Par.*, p. 200.) — Goître plongeant. (*Ibid.*, p. 510.) — Traitement à l'aide des injections parenchymateuses d'arsenic. (*Prog. méd.*, p. 279.) — Traitement du goître exophtalmique par les injections sous-cutanées de duboisine. (*Abeille méd.*, p. 56.) — Injections parenchymateuses de teinture d'iode. (*Gaz. méd. Nantes*, p. 198.) — Goître parenchymateux, excision. (*Revue méd.*, t. II, p. 845.) — Goîtres kystiques fibreux colloides. (*Ibid.*, p. 665.) — Altérations de la trachée par le goître. (*Revue Sc. méd.*, t. XXII, p. 680.) — Goître cancéreux. (*Ibid.*, t. XXI, p. 692.) — Tétanie après l'ablation d'un goître. (*Ibid.*, t. XXII, p. 677.)

Gommes. — Gommes syphilitiques et abcès froids, diagnostic différentiel. (*Prog. méd.*, p. 965.) — Gommes scrofuleuses. (*Revue Sc. méd.*, t. XXII, p. 622.)

Gonorrhée. — Amaranthus spinosa dans la gonorrhée et l'eczéma. (*Bull. gén. thérap.*, p. 288.)

Gorge. — Muguet de la gorge. (*Gaz. hôp.*, p. 446.)

Gossypium. — Galactogène. (*Revue thérap.*, p. 248.)

Goudron. — (*Gaz. hôp.*, p. 1093.) — Goudron caustique dans le traitement des chevaux couronnés. (*Abeille méd.*, p. 174.)

Goutte. — Traitement de la goutte. (*Bull. acad. méd.*, p. 695.) — Goutte viscérale. (*Ibid.*, p. 544.) — Considérations sur la théorie de la goutte. *Union méd.*, t. XXXVI, p. 42, 65.) — La goutte des saturnins. (*France méd.*, t. I, p. 811, 825.) — Traitement par les bains de vapeur de térébentine et par l'emploi des bains de vapeur. (*Courrier méd.*, p. 169.) — Amyotrophies consécutives à deux accès de goutte. (*Abeille méd.*, p. 217.) — Formule contre la goutte. (*Gaz. méd. Nantes*, p. 121.) — Goutte traitée par la pepsine et la pancréatine. (*Journ. accouch. Liège*, p. 222.) — Sur le traitement diététique de la goutte. (*Bul. gén. thérap.*, p. 44.) — Traitement de la goutte par l'eau froide. (*Berlin. klin. Woch.*, 19 mars.)

Graisse. — Absorption de la graisse. (*Abeille méd.*, p. 365.) — Théorie des embolies. (*Revue Sc. méd.*, t. XXI, p. 83.) — Digestion et absorption des graisses. (*Ibid.*, t. XXII, p. 29.)

Grand'mère. — Une jeune grand'mère. (*Prog. méd.*, p. 760.)

Granulations. — Traitement par le jequerity. (*Journ. méd. chir. prat.*, p. 467.) — Granulations conjonctivales, traitement par le massage. (*Journ. méd. chir. prat.*, p. 531.) (*Thérap. contemp.*, p. 436.)

Granules. — Et médecine dosimétrique. (*Courrier méd.*, p. 23.)

Grattage. — Scrofulides des enfants traitées par le grattage et le thermocautère. (*Bul. gén. thérap.*, p. 187.)

Gratteros. — Dans les ulcères chroniques. (*Paris méd.*, p. 549.)

Gravelle. — Etude sur la gravelle urinaire simultanée et ses rapports chez la femme avec l'hystérie. (*Bull. acad. méd.*, p. 644.) — Traitement de la gravelle urique. (*Ibid.*, p. 695.) — Gravelle simulée. (*Gaz. hôp.*, p. 421.) (*Semaine méd.*, p. 95.) (*Gaz. méd. Par.*, p. 223.) (*Union méd.*, t. XXXV, p. 819.) (*Courrier méd.*, p. 167.) — Mixture contre la gravelle. (*Rev. méd.*, t. II, p. 594.)

Greffe. — Greffe dentaire. (*Gaz. hôp.*, p. 948.) — Greffe osseuse. (*Ibid.*, p. 300.) (*Sem. méd.*, p. 242, 63.) — Nouvelles expériences sur les greffes iriennes destinées à établir l'étiologie des kystes de l'iris. (*Gaz. méd. Par.*, p. 42.) — De la greffe éponge. (*Union méd.*, t. XXXVI, p. 78.) (*Courrier méd.*, p. 330.) (*Journ. accouch. Liège*, p. 195, 196.) — Note sur l'application pratique de la greffe éponge. (*Brit. med. Journ.*, p. 7, janv.) — La greffe éponge. (*Ibid.*, p. 31, janv.) — Deux cas de greffe éponge. (*Ibid.*, p. 205, fév.)

Grenouillette. — Injections parenchymateuses d'acide phénique dans le cas de grenouillette. (*Gaz. méd. Par.*, p. 185.) — Son traitement (*Courrier méd.*, p. 356.) (*Journ. méd. chir. prat.*, p. 398.) — Grenouillette récidivante. (*Praticien*, p. 542.)

Grippe. — Formule contre la grippe. (*Gaz. méd. Nantes*, p. 80.)

(*Ibid.*, p. 595.) — Etude des myomes utérins dans leurs rapports avec la grossesse. (*Ibid.*, p. 591.) — Cancer opéré pendant la grossesse. (*Ibid.*, p. 258.) — Laparotomie dans la grossesse. (*Ibid.*, t. XXI, p. 202.) — De la diathèse hémorrhagique et de son influence sur la grossesse, par Schumann. (*Inaug. diss. Berlin.*) — Grossesse tubaire gauche avec développement du fœtus tombé dès le 5e mois dans la cavité abdominale. (*Berlin klin. Woch.*, 29 janv.) — De la grossesse extra-utérine tubo-abdominale. (*Annali universali*, fév.) — Un cas de grossesse extra-utérine avec vomissements incoërcibles. (*Méd. Obosr.*, fév.) — Du diagnostic certain de la grossesse avant l'apparition des signes de certitude. (*Arch. de Tocol.*, mai.) — De l'influence de la grossesse répétée sur le pronostic de l'accouchement dans les cas d'une conformation normale du bassin. (*Méd. Obosr.*, juin.) — Un cas de grossesse extra-utérine avec vomissements incoërcibles. (*Dniéwnik Kasan, obsch. Wratchej*, n° 12.) — Contribution à l'étude de la grossesse gémellaire intra et extra-utérine combinée. (*Ann. de gynécol.*, janvier.) — De l'interruption artificielle de la grossesse. (*Prag. Zeitschr. f. heilk.* Bd. III, p. 295.) — Grossesse gémellaire. (*Arch. de Tocol.*, juin.) — Vomissements incoërcibles (3 observations). (*Glasg. med. Journ.*, p. 198.) — Spasmes cloniques de l'utérus probablement de nature hystérique survenus deux fois chez la même femme pendant les périodes de gestation et d'allaitement. (*Gaz. hebd. des Sc. méd. Montpellier*, n° 34.) — Epithélioma du col extirpé pendant la grossesse sans amener d'avortement. (*Med. Times*, p. 228, 24 fév.) — Superfétation. (*Ibid.*, p. 108, 27 janv.) — Un cas de grossesse extra-utérine, rupture du kyste, mort. (*Lancet*, 24 mars.) — Grossesse extra-utérine suivie de l'évacuation d'os fœtaux par la vessie; fistule utéro-vésicale persistante. (*Ibid.*, 10 mars.) — Deux cas de vomissements incoërcibles dans la grossesse, un cas suivi de mort. (*Boston med. Journ.*, 6 déc.) — Grossesse prolongée pendant plus de dix mois. Naissance d'un enfant pesant 12 livres. (*Brit med. Journ.*, p. 12, juil.) — Grossesse tubaire, rupture du kyste et mort subite. (*Boston med. Journ.*, 6 déc.) — Grossesse tubaire, rupture de la trompe, guérison. (Observation douteuse.) (*Brit. med. Journ.*, p. 355, fév.) — Cas de grossesse tubaire, rupture de la trompe en pleine santé, hémorrhagie mortelle en quinze heures. (*Ibid.*, p. 250, fév.)

Gruau d'avoine. — (*Courrier méd.*, p. 163.)

Guachamaco. — Extrait de. (*Prog. méd.*, p. 217.) (*Revue méd.*, t. II, p. 742.)

Gustation. — Perte de la gustation par affection de la 5e paire. (*Revue Sc. méd.*, t. XXI, p. 415.)

Gymnastique. — Histoire de la gymnastique moderne. (*Bull. acad. méd.*, p. 577.) (*Prog. méd.*, p. 769.) — Traité pratique et méthodique de gymnastique hygiénique et médicale. (*Union méd.*, t. XXXV, p. 129.)

Gynécologie. — Notes sur la gynécologie. (*Revue méd.*, t. II, p. 233.) — Gynécologie générale. (*Revue thérap.*, p. 426.) — Revue de gynécologie. (*Revue méd. chir. mal. femmes*, p. 421, 481, 541, 602.) — Des rapports de l'hystérie avec la gynécologie. (*Rev. Sc. méd.*, t. XXI, p. 612.) —

Notes gynécologiques, spray, drainage, pédicule des tumeurs. (*Lyon méd.*, 18 fév.) — Le traitement gynécologique dans ses rapports avec les affections mentales. (*Berlin. klin. Woch.*, 5 mars.) — Des sutures dans les opérations de gynécologie. (*New York med. Journ.*, 20 janv.)

Gynécologique. — Emploi de l'huile d'eucalyptus dans la pratique. (*Gaz. méd. Par.*, p. 185.) — De l'emploi de l'eau chaude et de l'eau froide. (*Courrier méd.*, p. 256.) — De l'eucalyptus globulus dans la pratique. (*Gaz. méd. Nantes*, p. 23.)

H

Habitations. — Hygiène des habitations. (*Revue méd.*, t. II, p. 126.)

Hallucinations. — Bilatérales. (*Gaz. hôp.*, p. 923.) (*Sem. méd.*, p. 241.) (*Gaz. méd. Par.*, p. 587, 430.) (*Prog. méd.*, p. 716.) (*Union méd.*, t. XXXV, p. 845, 869.) (*France méd.*, t. II, p. 357.) — Hallucinations unilatérales de l'ouïe consécutives à une inflammation chronique de l'oreille moyenne. (*Paris méd.*, p. 582.) — Hallucinations de la vue. (*Praticien*, p. 85.)

Hanamelis virginica. — (*Sem. méd.*, p. 342.)

Hanche. — Résection de la hanche. (*Gaz. hôp.*, p. 1190.) — Luxations de la hanche. (*Sem. méd.*, p. 27.) (*Prog. méd.*, p. 1056.) — Réduction des luxations irréductibles de la hanche par la méthode sanglante. (*France méd.*, t. I, p. 165.) — Dislocation paralytique de la hanche. (*Revue mens. mal. enfance*, p. 195.) — Section du col fémoral pour remédier à l'ankylose de la hanche. (*Revue Sc. méd.*, t. XXI, p. 657.)

Hélénine. — Dans les maladies de l'appareil respiratoire. (*Bull. gén. thérap.*, p. 54.)

Hélénol. — Du pansement à l'hélénol. (*Prog. méd.*, p. 931.)

Helminthes. — Leur simulation. (*Revue thérap.*, p. 17.)

Helminthiasis. — Simulant la fièvre typhoïde. (*Paris méd.*, p. 476.) (*Courrier méd.*, p. 357.)

Helvelles. — De l'empoisonnement par les helvelles. (*Bull. gén. thérap.*, p. 478.)

Hématemèses. — Hématemèses produites par un lavage de l'estomac chez un malade atteint d'ulcère simple. (*Prog. méd.*, p. 317.) — Hématemèses hystériques. (*Concours méd.*, p. 243.)

Hématoblastes. — (*Sem. méd.*, p. 240.) (*Union méd.*, t. XXXVI, p. 294.)

Hématocèles. — Utérines. (*Gaz. méd. Paris*, p. 421.) — Vaginales. (*Concours méd.*, p. 134.) (*Gaz. méd. Nantes*, p. 106.) — Hématocèle extra-péritonéale. (*Revue Sc. méd.*, t. XXI, p. 618.) — Péri-utérine extra-péritonéale. (*Ibid.*, t. XXII, p. 576.) — Intra-testiculaire. (*Ibid.*, t. XXI,

p. 299.) — Hématocèle sous-péritonéale. (*Med. news*, 31 mars.) — Un cas d'hématocèle sous-péritonéale. (*Gaz. hebd. des Sc. méd. de Montpellier*, n° 36.)

Hématome. — Du rein gauche. (*Paris méd.*, p. 606.) — Hématome du sterno-mastoïdien chez les nouveau-nés. (*Gaz. méd. Nantes*, p. 87.) (*Journ. méd. chir. prat.*, p. 410.) (*Revue mens. mal. enfance*, p. 140.) — Hématome de la partie supérieure du médiastin, amenant la mort par suffocation. (*Med. news*, p. 214, 25 août.)

Hématomètre. — Son traitement. (*Revue Sc. méd.*, t. XXII, p. 577.)

Hématopoièse. — Fonction hématopoièse de la rate. (*Revue Sc. méd.*, t. XXI, p. 68, 69.)

Hématropine. — Expériences comparatives des effets produits sur l'œil par l'atropine, la duboisine et l'hématropine. (*Bull. gén. thérap.*, p. 140.)

Hématurie. — Hémorroïdale. (*Bull. acad. méd.*, p. 1369. — Hématurie. (*Gaz. hôp.*, p. 275, 283.) (*Prog. méd.*, p. 169.) — Hématurie périodique chez une petite fille. (*Paris méd.*, p. 41.) — Déviation catameniale. (*Journ. méd. chir. prat.*, p. 161.)

Héméralopie. — De l'héméralopie dans les affections du foie. (*Union méd.*, t. XXXV, p. 655.) — De la pilocarpine contre l'héméralopie. (*Revue Sc. méd.*, t. XXI, p. 318.)

Hémialbuminose. — (*Revue Sc. méd.*, t. XXI, p. 40.)

Hémialbuminosurie. — (*Revue Sc. méd.*, t. XXI, p. 40.)

Hémianesthésie. — Croisée, coïncidant avec les troubles moteurs de rotation en manège. (*Gaz. hôp.*, p. 628.) — Hémianesthésie sensitivo-sensorielle dans les tumeurs intra-crâniennes. (*Union méd.*, t. XXXV, p. 239.) (*Thérap. contemp.*, p. 28.)

Hémianopsie. — De la localisation des lésions cérébrales qui produisent l'hémianopsie. (*Revue Sc. méd.*, t. XXI, p. 565.)

Hémiatrophie. — De l'hémiatrophie de la langue dans le tabès dorsalis. (*Prog. méd.*, p. 847.)

Hémichorée. — Gauche. (*Prog. méd.*, p. 573.) — Hémichorée post-hémiplégique droite. (*Ibid.*, p. 573.) — Hémichorée præ-paralytique. (*Union méd.*, t. XXXV, p. 1009.)

Hémiplégie. — Aimantation. (*Gaz. hôp.*, p. 68.) (*Gaz. méd. Paris*, p. 32.) — Hémiplégie faciale gauche. (*Prog. méd.*, p. 46.) — Gauche avec contracture à gauche. (*Ibid.*, p. 130.) — Gauche suivie de contracture. (*Ibid.*, p. 348.) — Note sur un cas d'hémiplégie accompagnée d'hémianesthésie, emploi des aimants. (*Union méd.*, t. XXXVI, p. 37.) — Hémiplégie infantile avec hyperexcitabilité réflexe. (*Ibid.*, p. 561.) — Hémiplégie droite avec hémianesthésie et aphasie dans le cours d'une fièvre typhoïde. (*Ibid.*, p. 581.) — Hémiplégie et aphasie passagères chez un enfant à la suite d'une chute sur la tête. (*Ibid.*, p. 664.) — Hémiplégie d'origine traumatique. (*France méd.*, t. I, p. 806, 843.) — Hémiplégie homonyme de la face et des membres dans les lésions en foyer de la protubérance annulaire. (*France méd.*, t. II, p. 269.) — Hémiplégie consécutive à l'hémorrhagie cérébrale. (*Abeille méd.*, p. 243.) — Hémiplégie guérie. (*Revue thérap.*, p. 97.) (*Praticien*, p. 54.) — Mouvements involontaires post-hémiplégiques. (*Revue Sc. méd.*, t. XXI, p. 577.) — Hémichorée post-hémiplégique. (*Ibid.*, p. 565.) — Hémiplégie par lésion de l'hémisphère gauche. (*Ibid.*, p. 565.) — Altération du tissu osseux chez les hémiplégiques. (*Ibid.*, p. 581.) — Des hémiplégies émotives. (*Ibid.*, p. 650.) — Hémiplégie due à un tænia. (*Ibid.*, p. 186.)

Hémiplégiques. — Sur quelques symptômes qui peuvent se montrer chez les hémiplégiques du côté opposé à l'hémiplégie. (*Prog. méd.*, p. 761, 781, 802.)

Hémoglobine. — Dosage de l'hémoglobine. (*Gaz. hôp.*, p. 11.) (*Sem. méd.*, p. 55, 358, 374.) — Richesse en hémoglobine du sang des animaux vivants sur les hauts lieux. (*Revue Sc. méd.*, t. XXI, p. 420.) — Des proportions de l'hémoglobine du sang dans la cure ferrugineuse. (*Ibid.*, p. 120.) — Methémoglobine cristalline. (*Ibid.*, t. XXII, p. 36.) — Altération de l'hémoglobine musculaire dans le cœur feuille morte. (*Ibid.*, p. 38.) — De la methémoglobine. (*Ibid.*, t. XXI, p. 47.)

Hémoglobinurie. — (*Sem. méd.*, p. 358, 374.) (*Gaz. méd. Paris*, p. 273.) — De l'hémoglobinurie paroxistique ou à frigore. (*Union méd.*, t. XXXV, p. 277.) (*Abeille méd.*, p. 351.) (*Praticien*, p. 358.) — Hémoglobinurie par action du froid. (*Revue Sc. méd.*, t. XXI, p. 608; t. XXII, p. 557.) — Paroxistique. (*Ibid.*, p. 552.) — Diagnostic de l'hémoglobinurie et de la fièvre bilieuse mélanurique des pays chauds. (*Ibid.*, p. 552.) — Hémoglobinurie dans l'empoisonnement phéniqué. (*Ibid.*, p. 488.) — De l'hémoglobinurie et de ses suites. (*Berlin klin. Woch.*, n° 20, p. 306, 14 mai.)

Hémophylie. — (*Bull. acad. méd.*, p. 1271.) (*Sem. méd.*, p. 90.) (*Abeille méd.*, p. 337.) (*Praticien*, p. 112.) — Diathèse, hémophylie chez trois générations. (*Revue Sc. méd.*, t. XXII, p. 544.)

Hémoptysies. — Pulmonaires chez les arthritiques. (*Gaz. hôp.*, p. 947.) — Arthritiques. (*Sem. méd.*, p. 216.) — Hémoptysies et congestions pulmonaires chez les asthmatiques. (*Gaz. méd. Paris*, p. 403.) — Hémoptysie foudroyante. (*Progr. méd.*, p. 10, 678.) — Prises contre l'hémoptysie. (*Union méd.*, t. XXXV, p. 432.) — Hémoptysie supplémentaire des hémorrhoïdes. (*Ibid.*, p. 1056.) — Hémoptysie parasitaire et distoma. (*Paris méd.*, p. 234.) — Diagnostic de la nature tuberculeuse par la recherche des bacilles. (*Ibid.*, p. 604.) — Son traitement. (*Ibid.*, p. 32.) (*Courrier méd.*, p. 1271.) — Etiologie de l'hémoptysie. (*Abeille méd.*, p. 231.) (*Praticien*, p. 334.)

Hémorrhagies. — Cérébrales. (*Gaz. hôp.*, p. 348.) — Hémorrhagies encéphaliques. (*Sem. méd.*, p. 216.) — Styptiques contre les hémorrhagies. (*Ibid.*, p. 115.) — Hémorrhagies cutanées liées à des affections du système nerveux et en particulier du purpura myélopathique. (*Gaz.*

méd. Paris, p. 143.) — Hémorrhagies cérebelleuses. (*Progr. méd.*, p. 170.) — Stomacales et intestinales. (*Ibid.*, p. 110.) — Hémorrhagie par le canal lacrymal dans le cours d'un saignement de nez. (*Union méd.*, t. XXXV, p. 932.) — Des hémorrhagies produites par la quinine. (*Ibid.*, p. 431.) — Hémorrhagie du thymus. (*Union méd.*, t. XXXVI, p. 497.) — Artérielle produite par une piqûre de sangsue. (*Ibid.*, p. 843.) — Hémorrhagie interne post-partum, état syncopal grave, injections sous-cutanées d'éther. (*France méd.*, t. II, p. 649.) — Hémorrhagies multiples à la suite d'une frayeur. (*Paris méd.*, p. 199.) — Hémorrhagie utérine excessivement intense, guérie par une injection d'eau chaude. (*Ibid.*, p. 233.) — Hémorrhagie de la gorge après la scarlatine, nécessitant la ligature de la carotide primitive. (*Paris méd.*, p. 271.) — Hémorrhagie méningée par thrombose du sinus de la dure-mère ; pachyméningite et méningo-encéphalite. (*Paris méd.*, p. 447.) — Hémorrhagie à la suite de l'extraction d'une dent chez un hémophile. (*Paris méd.*, p. 606.) — Hémorrhagie après la chute du bourbillon d'un furoncle. (*Courrier méd.*, p. 447.) — Traitement de l'hémorrhagie post-puerpérale. (*Concours méd.*, 394.) — Hémorrhagie ombilicale. (*Abeille méd.*, p. 266.) — Hémorrhagie supplémentaire par l'oreille. (*Ibid.*, p. 103.) — Injections intraveineuses salines alcooliques dans le traitement des hémorrhagies graves. (*Gaz. méd. Nantes*, p. 72.) — Hémorrhagies des derniers mois de la grossesse et de l'accouchement. (*Journ. accouch. Liège*, p. 89, 102, 113, 125, 137, 149, 161, 177, 189, 201, 213.) — Hémorrhagie dentaire, pincement. (*Journ. méd. chir. prat.*, p. 557.) — De l'hémorrhagie par rupture spontanée des vaisseaux du cordon dans le cas d'insertion vélamenteuse. (*Bull. gén. thérap.*, p. 471.) — Psychoses consécutives aux hémorrhagies cérébrales. (*Revue Sc. méd.*, t. XXI, p. 577.) — Hémorrhagie du bulbe et de la protubérance. (*Ibid.*, p. 503.) — Mécanisme de l'arrêt des hémorrhagies. (*Ibid.*, p. 473.) — Troubles de la vision après les hémorrhagies. (*Ibid.*, t. XXII, p. 338.) — Traitement des hémorrhagies consécutives à l'extraction des dents. (*Ibid.*, p. 281.) — Hémorrhagies traumatiques chez les paludéens. (*Ibid.*, p. 281.) — Hémorrhagies chez les femmes opérées de hernie à l'époque de la menstruation. (*Ibid.*, p. 693.) — Résection des annexes de l'utérus pour un cas d'hémorrhagie rebelle consécutive à un myome. (*Ibid.*, t. XXI, p. 622.) — Un cas d'hémophilie, hémorrhagies diverses durant 15 jours. (*Med. news*, 10 mars.) — Considérations pratiques sur les hémorrhagies utérines puerpérales. (*Riv. clin. di Pol.*, mars.) — Injections intra-utérines de perchlorure de fer dans les hémorrhagies post-puerpérales. (*Lancet*, 27 janvier.) — Traitement de l'hémorrhagie après l'accouchement. (*Med. Times*, p. 498, 5 mai.) — De l'emploi de l'eau chaude dans les hémorrhagies secondaires après les opérations obstétricales. (*Med. news*, 322, 22 sept.) — Note sur un cas d'hémorrhagie ombilicale. (*Journ. de méd. de Bordeaux*, 15 juillet.) — Hémorrhagie sous-périostique probablement scorbutique de trois os longs chez un enfant rachitique. (*Med. Times*, p. 395, 7 avril.) — De l'hémoptysie endémique. (*Lancet*, 31 mars.) — Mort subite par hémorrhagie des veines hépatiques. (*Boston med. Journ.*, 20 déc.) — Hémorrhagie grave provenant des organes génitaux externes pendant le travail et après l'accouchement. (*Edinb. med. Journ.*, p. 800, mars.)

Hémorroïdes. — De la vessie. (*Bull. acad. méd.*, p. 1369.) — Hémorroïdes ulcérées. (*Gaz. hôp.*, p. 241.) — Suppositoires contre les hémorroïdes. (*Sem. méd.*, p. 351.) — De l'emploi de la pince-cautère écrasante dans le traitement des hémorroïdes. (*France méd.*, t. II, p. 254.) — Leur traitement. (*Paris méd.*, p. 443.) (*Courrier méd.*, p. 52.) — Emploi de l'iodoforme contre les hémorroïdes. (*Revue méd.*, t. I, p. 336.) (*Journ. méd. chir. prat.*, p. 513.) — Sur la prostatite chronique d'origine hémorrhoïdale. (*Bull. gén. thérap.*, p. 191.) — Cure radicale des hémorroïdes, par Edgelow. (*Londres.*)

Hémostatiques. — Pilules hémostatiques. (*Gaz. méd. Nantes*, p. 134.)

Hémothorax. — Traumatique. (*Revue Sc. méd.*, t. XXI, p. 131.)

Hépatique. — Fracture chez un hépatique. (*Gaz. hôp.*, p. 923.) (*Prog. méd.*, p. 670.) (*France méd.*, t. II, p. 285.) — Blessure chez un hépatique. (*Courrier méd.*, p. 311.) — Rapport des coliques hépatiques avec la grossesse et l'accouchement. (*Gaz. méd. Nantes*, p. 132.) — Coliques hépatiques, mort subite. (*Art. méd.*, t. LVI, p. 154.)

Hépatites. — Parenchymateuses et prolifératives. (*Bull. acad. méd.*, p. 74.) — Hépatite syphilitique des enfants. (*Gaz. méd. Paris*, p. 221.) — Hépatite de la face concave. (*Courrier méd.*, p. 114.)

Héréditaires. — Dégénérés. (*Thérap. contemp.*, p. 761.)

Hérédité. — Syphilitique. (*Gaz. hôp.*, p. 449.) (*Gaz. méd. Paris*, p. 331.) (*Union méd.*, t. XXXV, p. 1146.) — Transmission par hérédité d'états organiques morbides. (*Revue Sc. méd.*, t. XXI, p. 476.)

Hermaphrodisme. — Observation d'hermaphrodisme. (*Union méd.*, t. XXXV, p. 689.) (*Revue méd. chir. mal. femmes*, p. 341, 344.) — Hermaphrodisme et pseudo-hermaphrodisme. (*Revue Sc. méd.*, t. XXII, p. 468.)

Herniaire. — Etranglement herniaire par le collet du sac, kélotomie, guérison. (*Gaz. méd. Nantes*, p. 115.) — Lipome herniaire. (*Journ. méd. chir. prat.*, p. 107.) — Etranglement herniaire chez les enfants. (*Ibid.*, p. 544.)

Hernie. — Cure radicale d'une hernie inguinale. (*Bull. acad. méd.*, p. 1016.) — Méthode sous-cutanée pour la cure des hernies. (*Ibid.*, p. 1019.) — Remède contre les hernies. (*Ibid.*, p. 102.) — Hernie crurale. (*Gaz. hôp.*, p. 1013.) — Du taxis progressif et prolongé dans le traitement des hernies. (*Ibid.*, p. 459, 500.) — Hernie épiploïque. (*Ibid.*, p. 963.) — Hernie étranglée et bactérienne. (*Ibid.*, p. 922.) — Etranglée et chlorhidrate de morphine. (*Ibid.*, p. 517.) — Réduction par les injections sous-cutanées de morphine. (*Ibid.*, p. 131, 379, 418.) — Hernies inguinales congénitales. (*Ibid.*, p. 228, 301, 897.) — Hernie péritonéo-vaginale étranglée chez l'adulte. (*Ibid.*, p. 662.) — Pseudo-étranglement. (*Ibid.*, p. 817.) — Hernie ombilicale étranglée. (*Gaz. méd. Paris*, p. 260.) — De la belladone dans le traitement des hernies. (*Ibid.*, p. 42.)

— Traitement radical des hernies. (*Prog. méd.*, p. 831.) — Hernie ombilicale étranglée à la suite d'une obstruction au cours des matières dans l'intérieur du sac. (*Ibid.*, p. 307.) — Hernie du testicule d'origine tuberculeuse. (*Ibid.*, p. 269.) — Cure radicale d'une hernie inguinale par la kélotomie. (*France méd.*, t. II, p. 297.) — Hernie diaphragmatique traumatique suivie d'étranglement. (*Paris méd.*, p. 205.) — Utilité du café dans la hernie étranglée. (*Abeille méd.*, p. 199, 351.) — Rupture spontanée d'une hernie. (*Ibid.*, p. 315.) — Hernie de l'ovaire. (*Revue méd. chir. mal. femmes*, p. 48.) — Hernie du diaphragme. (*Revue Sc. méd.*, t. XXI, p. 62.) — Hernie traumatique de l'intestin. (*Ibid.*, t. XXII, p. 309.) — Hernie de l'estomac. (*Ibid.*, p. 309.) — Hernie de l'S iliaque. (*Ibid.*, p. 693.) — Hernie inguinale étranglée avec résection de l'intestin. (*Ibid.*, p. 686.) — Laparotomie pour une hernie ombilicale. (*Ibid.*, p. 619.) — Hernie étranglée, compliquée d'hypertrophie du cordon spermatique et de l'épididyme. (*Amer. Journ. of the med. Sc.*, janv., p. 117.) — Un cas de hernie obturatrice étranglée. (*Deutsche zeitsch. fur chirurgie*, XVIII, 1 et 2, p. 203.) — Un cas de hernie obturatrice étranglée, opération, guérison. (*Aerztl. Intelligenzbl.*, p. 119.) — Phénomènes hystériques disparaissant à la suite de l'application d'un brayer sur une pointe de hernie crurale. (*Rev. méd. Suisse rom.*, III, 368, juin.) — Kélotomie pour entéro-épiplocèle crurale droite étranglée. Guérison. (*Lo Sperimentale*, février, p. 139.) — Résection de l'intestin dans un cas de hernie gangréneuse. (*Eira*, p. 313.) — Sur les hernies de Littré. (*Médiz. obosr. sept.*) — Un cas de hernie de la ligne blanche de l'abdomen. (*Méd. Wietstnik*, n° 32.) — Hernie inguinale étranglée. Opération. Guérison après diverses complications. (*Gaz. hebd. de Montpellier*, n° 20.) — Deux opérations de kélotomie. (*Gaz. hebd. Sc. méd. de Montpellier*, n° 37.) — Observation de hernie crurale étranglée chez un homme de 73 ans. Opération. Guérison. (*Med. news*, 6 oct., p. 388.) — Leçon sur un cas de hernie crurale étranglée. (*Med. Times*, 18 août.) — Hernie ombilicale congénitale irréductible contenant le cœcum. Opération. Mort. (*Med. Times*, 9 juin.) — Hernie crurale volumineuse, rupture des enveloppes, issue d'une anse intestinale au dehors, réduction après plusieurs heures. Guérison. (*Lancet*, 7 avril.) — Cure radicale des hernies par les injections sous-cutanées. (*Glasg. med. Journ.*, mars, avril, mai.) — Trois cas d'opération pour la cure radicale de la hernie inguinale ; emploi des précautions antiseptiques ; succès complet. (*Lancet*, 12 mai.) — Opération de cure radicale de la hernie crurale. (*Lancet*, 23 juin.) — Hernie congénitale étranglée. (*Edinb. med. Journ.*, p. 797, mars.) — Remarques sur le traitement opératoire de la hernie irréductible. (*Med. news*, 22 déc., p. 690.) — Est-il nécessaire d'enlever le testicule dans la cure radicale des hernies congénitales ? (*Berlin. klin. Woch.*, n° 48, p. 747, 26 nov.) — De la cure radicale des hernies congénitales de l'aine. (*Berlin. klin. Woch.*, p. 786, 17 déc.) — Traitement des hernies gangrenées. (*Deutsche med. Woch.*, n° 45.) — Guérison radicale de la hernie ombilicale. (*Brit. med. Journ.*, p. 1118, déc.) — Nouvelle opération pour la cure radicale des hernies. (*Brit. med. Journ.*, p. 1110, déc.)

Herniotomie. — Antiseptique. (*Gaz méd. Paris*, p. 42.) — Herniotomie ; double perforation intestinale, entérorraphie, guérison. (*Gazz. degli ospit.*, p. 138.) — Du résultat de la herniotomie depuis l'introduction des opérations antiseptiques. (*Berlin. klin. Woch.*, n° 16, p. 247, 16 avril.) — Deux cas d'herniotomie avec complications. (*Wratch.*, n°s 24 et 25.)

Herpès. — Labial, fièvre éruptive. (*Union méd.*, t. XXXV, p. 946.) — Pneumonie avec herpès. (*France méd.*, t. II, p. 361.) — Herpès vulvaire avec prurit. (*Progr. méd.*, p. 759.) — Herpès tonsurant, traité par l'acide salicylique. (*Paris méd.*, p. 44, 153.) (*Courrier méd.*, p. 63.) — Formule contre l'herpès. (*Gaz. méd. Nantes*, p. 121.) — Etude sur l'herpès zoster. (*Revue méd.*, t. I, p. 230.) — Herpès laryngé. (*Revue thérap.*, p. 135.) — Herpès gangréneux de la face. (*Revue Sc. méd.*, t. XXI, p. 627.) — Herpès noir des lèvres. (*Ibid.*, p. 627.) — Herpès menstruel. (*Ibid.*, t. XXII, p. 628.) — Présence du micrococcus et de bactéries dans les vésico-pustules de l'herpès labial. (*Gazz. degli ospit.*, p. 103.) — Deux cas d'herpès impétigineux ou impétigo herpétiforme. (*Berlin. klin. Woch.*, 1er janv.) — Epidémie d'herpès facial à l'hôpital de Bâle. (*Corr. Bl. f. schweiz. Aerzte*, 15 mars.) — Note sur deux cas d'hydroa. (*Chicago Journ. and examiner*, p. 476.) — Epidémie de fièvre herpétique. (*Lancet*, 20 janvier.) — Cas d'impétigo herpétiforme. (*Med. news*, 2 juin.) — Herpès zoster purpurique. (*Journ. of cut. and ven. diseasers*, mai.)

Herpétisme. — Traité de l'herpétisme. (*Bull. acad. méd.*, p. 501.) (*Gaz. hôp.*, p. 473.) (*Union méd.*, t. XXXV, p. 307.) (*France méd.*, t. II, p. 205.) — Etiologie et traitement de l'herpétisme. (*Thérap. contemp.*, p. 258.)

Hippurique. — Formation de l'acide hippurique dans les maladies. (*Revue Sc. méd.*, t. XXII, p. 44.)

Histoire. — Des médecins arabes et de l'école de Salerne. (*Gaz. hôp.*, p. 1065, 1081, 1113, 1137, 1161.) — Histoire d'un pont. (*Union méd.*, t. XXXVI, p. 1053.) — Histoire d'une famille atteinte de variole. (*Journ. accouch. Liège*, p. 5.) — Histoire d'une nourrice. (*Ibid.*, p. 108.)

Histologie. — Normale. (*Revue méd.*, t. I, p. 225.) — Pathologique. (*Ibid.*, p. 327.) — Procédés de coloration en histologie. (*Revue Sc. méd.*, t. XXII, p. 423.) — Méthodes de coloration par la safranine. (*Ibid.*, p. 12.) — Microchimie végétale. (*Ibid.*, p. 35.) — Emploi de léosine en histologie. (*Ibid.*, t. XXI, p. 15.) — Méthode de coloration des préparations de la moelle. (*Ibid.*, p. 412.) — Préparation de la masse neutre au carmin et à la gélatine. (*Ibid.*, p. 413.) — Manuel de microscopie clinique par Bizzozero, trad. par E. Firket. (*Bruxelles.*) — Appareil pour régler le déplacement horizontal des préparations sur la platine du microscope. (*Giorn. della R. Accad. di Torino*, avril, mai.)

Hoang-nan. — Le hoang-nan et la rage. (*Bull. gén. thérap.*, p. 147.) (*Thérap. contemp.*, p. 796.)

Homatropine. — (*Sem. méd.*, p. 72.) (*Thérap. contemp.*, p. 340.) — Action de l'homatropine. (*Revue Sc. méd.*, t. XXI, p. 97.) — Emploi de l'homatropine en oculistique. (*Ibid.*, p. 318.)

Homicide. — Par imprudence. (*Gaz. hôp.*, p. 749.) — De l'homicide commis par les enfants. (*Revue Sc. méd.*, t. XXI, p. 652.)

Hommes. — Hommes fossiles et hommes sauvages. (*Bull. acad. méd.*, p. 1234.) — L'homme préhistorique. (*France méd.*, t. II, p. 59.)

Homœopathie. — Son influence sur la science contemporaine. (*Art méd.*, t. LVII, p. 135.)

Honoraires. — Des experts. (*Sem. méd.*, p. 67.) — Les honoraires au Canada. (*France méd.*, t. II, p. 564.) — Honoraires médicaux. (*Journ. méd. chir. prat.*, p. 526.)

Hôpital. — De Cagliari. (*Bull. acad. |méd.*, p. 669.) — Hôpital de contagieux à Dublin. (*Ibid.*, p. 287.) — A Glasgow. (*Ibid.*, p. 1112.) — Hôpital et école dentaires de Paris. (*Ibid.*, p. 1204.) — Le nouvel hôpital Victoria du Caire. (*Union méd.*, t. XXXV, p. 252.) — Hôpital provisoire. (*Ibid.*, t. XXXVI, p. 196.) — Hôpital à Bucharest. (*Ibid.*, p. 380.) — Un hôpital imaginaire. (*France méd.*, t. II, p. 36.) — Hôpital de la clinique. (*Journ. accouch. Liège*, p. 8.) — Hospitalisation de l'enfance en France et à l'étranger. (*Thérap. contemp.*, p. 81.) — A l'hospice des enfants assistés. (*Ibid.*, p. 148.) — Hôpital Saint-Luc à Lyon. (*Art méd.*, t. LVI, p. 516.) — Clinique de l'hôpital Saint-Jacques. (*Art méd.*, t. LVI, p. 90.) — Hôpital de la Conception de Marseille. (*Revue mens. mal. enfance*, p. 314.) — Hôpital Jenner pour les enfants, à Berne. (*Ibid.*, p. 200.) — L'hospice des enfants assistés de Paris, ce qu'il est, ce qu'il devrait être. (*Ann. d'hyg. publ.*, juin.) — Le nouveau pavillon de l'hôpital Augusta. (*Berlin. klin. Woch.*, juin.) — Projet de construction et plan d'un hôpital pour maladies infectieuses. (*Med. Times*, 3 fév.) — Berck et les hôpitaux maritimes. (*Ann. d'hyg. publ.*, sept.) — Remarques sur l'importance d'avoir des infirmières instruites pour les petites villes et les districts ruraux ; moyen de se les procurer. (*Med. news*, 15 sept.) — L'hôpital pour enfants, par P. Hampelin. (*Berlin.*)

Hôpitaux. — Documents pour servir à l'histoire des hôpitaux de Paris. (*Bull. acad. méd.*, p. 1422.) — Contagion de la fièvre typhoïde dans les hôpitaux de Paris. (*Ibid.*, p. 875.) — Rations alimentaires dans les hôpitaux de Varsovie. (*Ibid.*, p. 1369.) — Construction des hôpitaux. (*Sem. méd.*, p. 95.) — Hygiène des maisons à Londres. (*Gaz. méd. Paris*, p. 56.) — Personnel médical des hôpitaux de Paris. (*Prog. méd.*, p. 323, 355.) — Service médical des hôpitaux de Paris. (*Ibid.*, p. 287, 305, 343, 398.) — Création d'hôpitaux d'enfants. (*Union méd.*, t. XXXVI, p. 172.) — Hôpitaux de Nantes. (*France méd.*, t. II, p. 444.) — Quelques mots sur les hôpitaux de Bordeaux. (*Gaz. hebd. Sc. méd. Bord.*, p. 421, 542.) — Hôpitaux militaires. (*Gaz. hebd. Sc. méd. Bord.*, p. 223.) — Suppression de la bière dans les hôpitaux. (*Rev. méd.*, t. I, p. 895.) — Hôpitaux de l'avenir. (*Revue Sc. méd.*, t. XXI, p. 728.) — Note sur les hôpitaux de marine à l'étranger. (*Medizinsk. Pribawlen. K. Morsk. Sbornikou*, février.) — L'hôpital des petites localités, une nécessité humanitaire. (*Viertelj. f. gericht. med.*, avril.) — Les défauts de construction des hôpitaux, envisagés dans leurs rapports avec la diffusion des maladies. (*Sanitary re-*

cord, n° 306, p. 417, mars.) — Rapport et proposition sur un sanatorium pour enfants rachitiques et scrofuleux. (*Corr. Bl. f. schweiz Aerzte*, 1 avril.) — Rapport à la Société de médecine publique sur la construction des hôpitaux. (*Ann. d'hyg. publ.*, 423, mai.) — Des hôpitaux d'enfants. (*Deutsche med. Woch.*, n° 30.)

Hopochondriaques. — (*Praticien*, p. 553.)

Hoquet. — Violent guéri par le chlorhydrate de pilocarpine. (*Paris méd.*, p. 585.) (*Journ. méd. chir. prat.*, p. 558.) (*Bull. gén. thérap.*, p. 422.)

Hospice. — Des enfants assistés de Paris. (*Bull. acad. méd.*, p. 204, 253.) — Hospice marin pour les enfants. (*Ibid.*, p. 252.) — Hospice de Bar-le-Duc. (*Union méd.*, t. XXXVI, p. 84.) — Général de Tours. (*Ibid.*, p. 196, 512.) — Hospice civil de Marseille. (*Ibid.*, p. 676.) — De Brest. (*France méd.*, t. II, p. 263.) — Hospices de Liège. (*Journ. accouch. Liège*, p. 52.) — Hospice orthopédique de la Suisse romande. (*Revue mens. mal. enfance*, p. 383.)

Hottentotes. — Tablier des Hottentotes. (*Sem. méd.*, p. 123.)

Huile. — De croton tiglium et méningite des enfants. (*Gaz. hôp.*, p. 387.) — Huile de foie de morue sans odeur. (*Sem. méd.*, p. 323.) — Huile de foie de morue phosphatée. (*Union méd.*, t. XXXV, p. 980.) — Huile antiseptique contre l'eczéma. (*Ibid.*, p. 1149.) — Huile de Chaulmoogra dans la lèpre. (*Paris méd.*, p. 511.) — Huile de morue, usage externe. (*Journ. méd. chir. prat.*, p. 61.)

Huîtres. — Empoisonnement par les huîtres. (*Courrier méd.*, p. 383.) — Coloration frauduleuse des huîtres vertes. (*Revue Sc. méd.*, t. XXI, p. 535.)

Humérus. — Résection sous-périostique de l'humérus. (*Gaz. hôp.*, p. 1002.) — Exostose de l'humérus. (*Sem. méd.*, p. 135.) (*Courrier méd.*, p. 217.) — Extirpation d'un enchondrome de l'extrémité supérieure de l'humérus avec conservation de l'articulation. (*Bull. gén. thérap.*, p. 229.)

Hybridité morbide. — (*Sem. méd.*, p. 61.)

Hydarthrose. — (*Gaz. hôp.*, p. 860.) — Hydarthrose du genou. (*Paris méd.*, p. 40.) (*Courrier méd.*, p. 8.)

Hydatides. — Du rectum. (*Rev. méd.*, t. I, p. 214.) — Pleurales. (*Revue thérap.*, p. 78.) — Hydatides de l'orbite. (*Revue Sc. méd.*, t. XXII, p. 341.) — Kystes hydatiques du foie. (*Ibid.*, p. 538.) — Ouverture des kystes hydatiques du foie dans la plèvre et les bronches. (*Ibid.*, t. XXI, p. 186.) — Kystes hydatiques de l'abdomen. (*Ibid.*, p. 186.) — Accouchement compliqué par kyste hydatique de l'utérus. (*Ibid.*, t. XXII, p. 258.) — Kystes idatiques de l'abdomen. (*Journ. de méd. de Bordeaux*, 7 janvier.) — Contribution à l'étude des hydatides du foie. (*Berlin. klin. Woch.*, 29 janv.) — Du traitement chirurgical des hydatides du foie. (*Berlin. klin. Woch.*, 7 et 14 mai.) — Ossification de la paroi d'un kyste à échinocoques trouvé dans le cerveau. (*Lo Sperimentale*, fév., p. 135.) — Un cas d'échinocoques du péritoine et du tissu cellulaire du bassin. (*Wratch*, n°s 24 et 25.) — Deux cas d'hépatotomie (incision simple) pour hydatide du foie. (*Med.*

Times, 27 janv.) — Trois cas de kystes hydatiques sous-conjonctivaux avec remarques sur la structure histologique de la capsule. (*Klin. Monatsbl. f. Augenheilk.*, août.) — Kyste hydatique intermusculaire dans la région des lombes. (*Lancet*, 23 juin.) — Kyste hydatique suppuré du foie, guérison (ponctions, lavages iodés). (*Lyon méd.*, 18 nov.) — Deux cas d'échinocoques de la mamelle. (*Bul. delle Sc. med.*) — Kystes hydatiques multiples de l'abdomen. (*Journ. de méd. de Bordeaux*, 16 déc.)

Hydrastis. — Emploi de l'hydrastis canadensis en gynécologie. (*Gaz. méd. Par.*, p. 587.)

Hydrencéphalocèle. — (*Gaz. hôp.*, p. 49.)

Hydrobrométhyle. — De l'emploi de l'hydrobrométhyle comme anesthésique pendant la parturition. (*Union méd.*, t. XXXVI, p. 1020.)

Hydrocèles. — Doubles. (*Sem. méd.*, p. 65.) — Cure radicale de l'hydrocèle. (*Union méd.*, t. XXXV, p. 140.) — Nouvel agent thérapeutique. (*Ibid.*, p. 916.) — Cas d'hydrocèle chez la femme. (*France méd.*, t. I, p. 394.) — Nouvel agent pour la cure de l'hydrocèle. (*Ibid.*, p. 448.) (*Courrier méd.*, p. 243.) — Hydrocèle vaginale. (*Concours méd.*, p. 67.) — Traitement de l'hydrocèle par l'acide phénique. (*Abeille méd.*, p. 399.) — Des hydrocèles enkystées. (*Revue Sc. méd.*, t. XXI, p. 299.) — Des hydrocèles symptomatiques des tumeurs du testicule. (*Ibid.*, p. 299.) — Traitement de l'hydrocèle par l'incision. (*Ibid.*, p. 299.)

Hydrocéphalie. — Chronique. (*Union méd.*, t. XXXV, p. 381.) — Hydrocéphalie ventriculaire. (*France méd.*, t. II, p. 529.) — Hydrocéphalie à symptômes méningitiques. (*Journ. accouch. Liège*, p. 288.) — Hydrocéphalie chronique avec méningocèle. (*Revue Sc. méd.*, t. XXI, p. 228.)

Hydronéphrose. — (*Prog. méd.*, p. 368.) — Extirpation du rein. (*Union méd.*, t. XXXVI, p. 720.) — Extirpation du sein. (*Courrier méd.*, p. 404.)

Hydrophobie. — Remarques sur l'hydrophobie. (*Union méd.*, t. XXXVI, p.   .) — Hydrophobie et mutité simulées chez un enfant. (*Revue méd.*, t. I, p. 200.)

Hydropisie. — De l'emploi des solutions salines, purgatives, concentrées contre l'hydropisie. (*Union méd.*, t. XXXVI, p. 998.) — Sur l'emploi des solutions concentrées des cathartiques salins dans l'hydropisie. (*Bull. gén. thérap.*, p. 234.) — Hydropisie. (*Revue thérap.*, p. 610.)

Hydrothérapie. — Dans la phthisie pulmonaire. (*Paris méd.*, p. 163.) — Des méthodes hydrothérapiques dans les maladies aiguës de l'enfance. (*Concours méd.*, p. 560.) — Origine de l'hydrothérapie. (*Revue méd.*, t. I, p. 35.) — Hydrothérapie froide. (*Ibid.*, p. 275.) — Marine. (*Ibid.*, p. 874.) — Action de l'hydrothérapie, étude statistique et clinique du service hydrothérapique de l'hôpital de Bordeaux. (*Revue Sc. méd.*, t. XXI, p. 509.)

Hydroxylamine. — Action toxique de l'hydroxylamine. (*Revue Sc. méd.*, t. XXI, p. 495.

Hydroa. — Buccal. (*Revue Sc. méd.*, t. XXI, p. 626.)

Hygiène. — Du cabinet de travail. (*Bull. acad. méd.*, p. 295.) — Hygiène de l'enfance. (*Ibid.*, p. 293, 352, 807, 1161.) — Eléments d'hygiène à l'usage des écoles primaires. (*Ibid.*, p. 457.) — Enseignement de l'hygiène aux jeunes filles. (*Ibid.*, p. 295.) — Hygiène des Européens dans les climats intertropicaux. (*Ibid.*, p. 1335.) — Hygiène des saisons. (*Ibid.*, p. 1322.) — Service d'hygiène de Bruxelles. (*Ibid.*, p. 251.) — Hygiène et industrie dans le département du Nord. (*Ibid.*, p. 327.) — Hygiène en Allemagne. (*Sem. méd.*, p. 291, 308.) — Hygiène internationale. (*Ibid.*, p. 343.) — Enseignement de l'hygiène dans les écoles des Etats d'Europe. (*Gaz. méd. Paris*, p. 4.) — Hygiène publique, effets de la respiration d'un air chargé de vapeurs de pétrole. (*Ibid.*, p. 77.) — Revue d'hygiène. (*Ibid.*, p. 129, 179.) (*Prog. méd.*, p. 458.) — Leçons d'hygiène infantile. (*Union. méd.*, t. XXXV, p. 70.) — Hygiène publique et les mesures sanitaires au Caire. (*Ibid.*, t. XXXVI, p. 273.) — Hygiène rurale. (*Ibid.*, p. 417.) — Hygiène des pèlerins et ses rapports avec le choléra. (*Ibid.*, p. 597.) — Hygiène militaire. (*France méd.*, t. II, p. 607.) — Hygiène individuelle et publique contre le choléra. (*Concours méd.*, p. 391.) — Hygiène et médecine à bord des vaisseaux anglais. (*Journ. méd. chir. prat.*, p. 80.) — Hygiène oculaire. (*Revue thérap.*, p. 381.) — Hygiène scolaire. (*Thérap. contemp.*, p. 713.) — Hygiène scolaire des Européens en Cochinchine et au Tonkin. (*Thérap. contemp.*, p. 785.) — Traités d'hygiène. (*Revue Sc. méd.*, t. XXI, p. 522.) — Emigration des ouvriers creusois au point de vue de l'hygiène. (*Ibid.*, t. XXII, p. 509.) — Hygiène de la vue chez les typographes. (*Ibid.*, p. 704.) — Mesures d'hygiène contre la variole et transport des varioleux. (*Ibid.*, p. 113.) — Prophylaxie de la variole. (*Ibid.*, p. 113.) — Durée de l'isolement des maladies contagieuses au point de vue des écoles. (*Ibid.*, t. XXI, p. 531.) — Procédé pour adoucir l'eau. (*Ibid.*, p. 537.) — De l'absorption continue du plomb dans l'alimentation. (*Ibid.*, p. 537.) — Le salicylage des substances alimentaires. (*Ibid.*, p. 533.) — Falsification des aliments et boissons. (*Ibid.*, p. 534.) — Coloration frauduleuse des huîtres vertes. (*Ibid.*, p. 535.) — Rapport sur l'organisation départementale de la médecine publique en France. (*Rev. d'hygiène*, janv.) — Dosage hygiénique de l'acide carbonique de l'air, nouveau procédé. (*Ann. d'hygiène publ.*, mars et avril.) — Prophylaxie, déclaration obligatoire et isolement des maladies infectieuses. (*Sanitary Record.*, n° 306, p. 401, mars.) — Avantages du système de déclaration obligatoire des maladies contagieuses et moyens de le mettre à exécution. (*Sanit. Record.*, n° 204, p. 295, janvier.) — De la fermeture des écoles comme moyen de prévenir l'extension des épidémies. (*Sanit. Record.*, n° 307, p. 451, avril.) — De l'inspection sanitaire des maisons. (*Sanit. Record.*, n° 305, p. 347, février.) — Règlement sur la salubrité des constructions et des habitations dans la ville de Bucharest. (*Ann. d'hyg. publ.*, IX, 290, mars.) — Résultats de l'inspection sanitaire des maisons. (*Sanit. Record.*, p. 293, janvier.) — Rapport sur les habitations pauvres de Bishop's-Head Court, Gray's inn Road. (*Sanit. Record.*, n° 204, p. 294, janvier.) — L'habitation du pauvre à Paris. (*Ann. d'hyg. publ.*, p. 11, janvier.) — Contribution aux recherches méthodiques sur l'hygiène des habitations. (*Viertelj. f. gerich. med.* XXXVIII, p. 135, janvier.) — L'humidité du poste de l'équipage dans les navires en fer. (*Sanit. Record.*, n° 307, p. 454, avril.) — Méthode perfectionnée pour ventiler les salles d'hôpital et les habitations. (*Sanit. Record.*, n° 306, p. 399, mars.) — Règlement sur les bâtisses dans la ville de Bruxelles. (*Ann. d'hygiène publ.*, 447, mai.) — De quelques appareils nouveaux pour le chauffage et la ventilation des voitures. (*Rev. d'hyg.*, février.) — Influence du revêtement du sol des ateliers sur les pieds et les jambes des ouvriers qui y travaillent. (*Ann. d'hyg. publ.*, mai.) — Influence des eaux dans les travaux de mine, au point de vue de l'hygiène profession-nelle. (*Ann. d'hyg. publ.*, 445, mai.) — Notes d'hygiène sur le canal du Nicaragua. (*Sanitarian*, p. 113.) — La commission technique de l'assai-nissement de la Seine. (*Rev. d'hyg.*, janvier.) — De la centralisation de l'abattage des viandes à Berlin. (*Berlin. klin. Woch.*, 15 janv.) — Fosses d'inhumation ne laissant pas échapper de gaz. (*Sanit. record.*, n° 304, p. 289, janv.) — Mesures de police contre la prostitution et les affections vénériennes à Bâle. (*Corr. Bl. f. schweiz. Aerzte*, n° 8, p. 204, 15 avril.) — L'influence des pluies d'orage sur la fermeture hydraulique des égouts de maisons. (*Sanit. Record.*, n° 307, p. 452, avril.) — Ventilation des égouts. (*Sanit. Record.*, p. 299, janv.) — Système simple de fosses d'ai-sances mobiles ventilées. (*Viertelj. f. gericht. med.*, XXXVIII, 155, jan-vier.) — Manuel d'hygiène scolaire, par Adolf Baginski. (*Stuttgart.*) — L'hygiène à l'exposition universelle de Moscou en 1882. (*Dniéwnik. Ka-sansk. obsch. Wratchej*, n° 3-12.) — De l'enseignement de l'hygiène en Suisse. (*Corr. Bl. f. schweizer Aerzte*, 15 juillet.) — Hygiène publique, maladies vénériennes, moyen d'en empêcher la propagation, par Ossian Bonnet. (*Rio de Janeiro.*) — Petits logements parisiens. (*Ann. d'hyg. publ.*, juin.) — Les planchers dans les maisons et les casernes au point de vue de l'hygiène. (*Wratch*, n°s 26, 27.) — L'hygiène à Londres. (*Rev. d'hyg. et pol. sanit.*, mai.) — Expériences sur les effets du séjour pro-longé dans les vapeurs de créosote. (*Ann. d'hyg. publ.*, juillet.) — Les photographes. Etude d'hygiène professionnelle. (*Rev. d'hyg. et polic. sa-nit.*, mai.) — Note sur le meulage en mégisserie. (*Ibid.*, mai.) — De l'ac-tion débilitante du travail dans les fabriques. (*Wratch*, n°s 27, 29.) — Les abattoirs particuliers dans la banlieue de Paris. (*Ann. d'hyg. publ.*, juin.) — Du nombre et de la disposition des cabinets d'aisance. (*Ibid.*, juin.) — De l'usage de la fonte pour les égouts privés. (*Sanitary review*, n° 310, p. 1, juillet.) — Rapports entre la géologie et l'hygiène. (*Sanit. Record.*, n° 311, p. 51, août.) — Compte rendu de la sous-section d'hygiène et de médecine publique de l'association française pour l'avancement des sciences. (*Rev. d'hyg.*, V, 761, sept.) — De l'organisation départementale de la médecine publique dans le Calvados. (*Rev. d'hyg.*, V, 810, oct.) — L'exposition d'hygiène à Berlin. (*Rev. d'hyg.*, sept.) — Les maladies con-tagieuses à Paris. (*Rev. scientifique*, 22 sept.) — Hygiène des profes-sions, cultures et métiers insalubres dans les colonies. (*Rev. d'hyg.*, V, 843, oct.) — La profession de plombier en Angleterre et en Amérique. (*Rev. d'hyg.*, 793, oct.) — Maladies observées chez les détenus employés à la fabrication des cordes d'alfa. (*Arch. de méd. et de pharm. milit.*, t. I, p. 91.) — Désinfection des wagons ayant servi au transport des animaux. (*Journ. d'hyg.*, p. 300.) — L'exposition d'hygiène allemande à Berlin en 1883. (*Ann. d'hyg.*, nov. et déc.) — Hygiène scolaire aux Etats-Unis. (*Sanit. Record.*, n° 312, p. 104, sept.) — Leçon sur les médicaments et sur l'hygiène. (*Glasg. med. Journ.*, p. 414.) — Etudes sur l'assainissement de la campagne romaine. (*Arch. ital. de Biol.*, t. III, f. 1.) — Note sur les poussières industrielles, modifications à apporter à la législation en matière d'hygiène industrielle. (*Rev. d'hyg.*, nov.) — Contrôle expérimental du théorème de Donkin, Lens, Herscher, sur les coefficients de ventilation. (*Rev. d'hyg.*, nov.) — De la désinfection par la chaleur avec la description d'une nouvelle chambre désinfectante. (*Glasg. med. Journ.*, p. 337.) — La ventilation des égouts. (*Sanit. Record.*, n° 312, p. 114, sept.) — Des accidents produits par la benzine et la nitro-benzine. (*Ann. d'hyg. publ.*, nov. et déc.)

Hygrodermométrie. — (*Bull. acad. méd.*, p. 1201.) (*Gaz. hôp.*, p. 933.)

Hygroma. — (*Gaz. hôp.*, p. 697.) — Hygroma sous-tricipital. (*Revue méd.*, t. I, p. 154.)

Hygrométrie. — Médicale appliquée à la peau et à sa fonction. (*Union méd.*, t. XXXVI, p. 633.) (*Revue méd.*, t. II, p. 526.)

Hymen. — Dysménorrhée par hyperesthésie de la membrane hymen. (*Union méd.*, t. XXXV, p. 755.) — Hymen imperforé persistant pendant le travail. (*France méd.*, t. I, p. 694.) (*Abeille méd.*, p. 215.) — Hymen pendant la grossesse. (*Journ. accouch. Liège*, p. 145.) — Hymen fibreux. (*Revue méd.*, t. I, p. 314.)

Hyoïdien. — Appareil hyoïdien chez les vertébrés. (*Bull. acad. méd.*, p. 1422.)

Hyosciamine. — Des propriétés thérapeutiques de l'hyosciamine. (*Bull. gén. thérap.*, p. 431.)

Hyoscine. — Emploi de l'hyoscine chez les aliénés. (*Revue Sc. méd.*, t. XXI, p. 656.)

Hypercoqueluche. — (*Union méd.*, t. XXXVI, p. 157, 169.)

Hypérémies. — Et phlegmasies broncho-pulmonaires dans l'évolution des lésions tuberculeuses du poumon. (*Gaz. méd. Paris*, p. 63.) — Séton contre l'hypérémie conjonctivale. (*Union méd.*, t. XXXVI, p. 159.)

Hypéridrose. — Axillaire des personnes nues. (*Paris méd.*, p. 270.) (*Revue méd.*, t. I, p. 272.) (*Journ. méd. chir. prat.*, p. 168.)

Hyperosmique. — Injections parenchymateuses d'acide hyperosmique dans les tumeurs. (*Abeille méd.*, p. 174.) — Hyperosmique viscérale. (*Ibid.*, p. 26.) — Chez l'homme. (*Ibid.*, p. 90.) — Traitement de l'hyperosmique. (*Ibid.*, p. 114.)

Hyperthermie. — Et gestation et vitalité du fœtus. (*Gaz. hôp.*, p. 669.) — De l'influence de l'hyperthermie sur les femmes en gestation. (*Prog. méd.*, p. 611.) — De l'hyperthermie. (*Revue méd.*, t. I, p. 243.) — Hyperthermie simulée. (*Journ. méd. chir. prat.*, p. 78.)

Hypertrophie. — De la boule graisseuse de Bichat. (*Gaz. hôp*, p. 1041.) — Hypertrophie des petites lèvres. (*Ibid.*, p. 301.) — Mammaire. (*Ibid.*, p. 317.) — Hypertrophie du cœur. (*Prog. méd.*, p. 389, 449, 993.) — Hypertrophie amygdalienne syphilitique. (*Union méd.*, t. XXXV, p. 32.) — Hypertrophie cardiaque dans les néphrites consécutives aux affections des voies excrétoires de l'urine. (*Ibid.*, p. 395.) — Hypertrophie prostatique. (*Courrier méd.*, p. 323.) — Hypertrophie de l'utérus. (*Revue méd. chir. mal. femmes*, p. 100.)

Hyphomycèles. — Hyphomycèle dans l'entéromycose. (*Revue Sc. méd.*, t. XXII, p. 475.)

Hypnotisme. — Phénomènes neuro-musculaires. (*Gaz. hôp.*, p. 1115.) — Hypnotisme. (*Sem. méd.*, p. 349, 365.) (*Prog. méd.*, p. 1035.) — Traité du sommeil nerveux ou hypnotisme. (*Union méd.*, t. XXXVI, p. 583.) — Hypnotisme par pression d'une cicatrice vulvaire pendant le coït. (*Paris méd.*, p. 305.) — Conditions mentales dans l'hypnotisme. (*Revue Sc. méd.*, t. XXII, p. 646.) — Des plus récentes études sur l'hypnotisme. (*Ann. univ. di med. e di chir.*, avril.) — Contribution à l'étude expérimentale de l'hypnotisme. (*Arch. Ital. de biol.*, t. II, fasc. 3.)

Hypodermique. — De la méthode hypodermique et des injections médicamenteuses sous-cutanées chez les nerveux et les aliénés. (*France méd.*, t. II, p. 368.)

Hypohémos. — Consécutifs aux iritis et aux irido-cyclites. (*Revue méd.*, t. II, p. 627.)

Hyposulfite. — De soude dans la bronchite fétide. (*Journ. méd. chir. prat.*, p. 470.)

Hypothermie. — Chez les cachectiques. (*Journ. méd. chir. prat.*, p. 393.)

Hystérectomie. — (*Gaz. hôp.*, p. 429, 1078, 1101.) (*Sem. méd.*, p. 105, 338, 348.) — Traitement du pédicule dans l'hystérectomie. (*Gaz. méd. Paris*, p. 236.) — Hystérectomie. (*Prog. méd.*, p. 617.) — Hystérectomie appliquée aux tumeurs fibreuses et fibro-kystiques de l'utérus. (*Union méd.*, t. XXXV, p. 966.) — Des indications de l'hystérectomie. (*Ibid.*, t. XXXVI, p. 710.) — Ligature élastique dans l'hystérectomie. (*France méd.*, t. II, p. 776.) — Hystérectomie. (*Gaz. médicale Nantes*, p. 122.) — Hystérectomie. (*Gaz. heb. sc. méd. Bord.*, p. 584.) — Hystérectomie abdominale pour un prolapsus de l'utérus et des fibromes multiples. (*Journ. accouch. Liège*, p. 119.) — Hystérectomie partielle. (*Revue méd. chir. mal. femmes*, p. 340.)

Hystérical spine. — (*Union méd.*, t. XXXV, p. 467.)

Hystérie. — Gastrique. (*Bull. acad. méd.*, p. 421.) — Etude sur la gravelle urinaire simultanée et ses rapports chez la femme avec l'hystérie. (*Ibid.*, p. 644.) — Diatèse de contracture dans l'hystérie. (*Gaz. hôp.*, p. 1164.) — Hystérie rebelle. (*Ibid.*, p. 578.) — Traitement de l'électricité de la douleur ovarienne dans l'hystérie. (*Ibid.*, p. 898.) — Traitement de l'hystérie. (*Sem. méd.*, p. 155.) — Hystérie et métallothérapie. (*Gaz. méd. Paris*, p. 332.) — Nouveaux cas d'hystérie chez l'homme.

(*Prog. méd.*, p. 665.) — Recherches sur l'hystérie fruste et sur la congestion pulmonaire hystérique. (*Union méd.*, t. XXXV, p. 135, 145, 171.) — Hystérie précoce. (*Ibid.*, p. 675.) — Hystérie gastrique. (*Ibid.*, p. 891.) — Grave, traitée par l'aluminium. (*Ibid.*, t. XXXVI, p. 35.) — Hystérie simulant les tumeurs abdominales. (*Ibid.*, p. 878.) — Influence du traumatisme. (*Ibid.*, p. 1008.) — Phénomènes pseudo-méningitiques dans l'hystérie. (*France méd.*, t. I, p. 218.) — Hystérie traitée par la cautérisation du clitoris. (*Paris méd.*, p. 235.) (*Paris méd.*, p. 586.) — De l'hystérie. (*Courrier méd.*, p. 119.) — De l'hystérie viscérale. (*Concours méd.*, p. 218, 243.) — Coma hystérique. (*Ibid.*, p. 277.) — Hystérie interne guérie par la castration. (*Journ. accouch. Liège*, p. 255.) — Sur un cas de contracture hystérique ancienne guérie subitement par une pilule de mica-panis. (*Bull. gén. thérap.*, p. 143.) (*Revue thérap.*, p. 520.) — Traitement de l'hystérie. (*Revue méd. chir. mal. femmes*, p. 595.) — Des rapports de l'hystérie avec la gynécologie. (*Rev. Sc. méd.*, t. XXI, p. 612.) — Hystérie, épilepsie. (*Ibid.*, p. 581.) — Action du bromure d'éthyle dans l'hystérie. (*Ibid.*, p. 521.) — Elongation des nerfs sus-orbitaires pour un blépharospasme ; hystérie. (*Ibid.*, t. XXII, p. 714.) — La grande hystérie ou hystéro-épilepsie chez l'homme. (*Rivista sper di fren. e di med. leg.*, fasc. 1.) — Contribution à l'étude de l'hystérie chez l'homme. Influence de l'arthritisme ; hémoptysies d'origine hystérique ; hystérie locale ; contractures. (*Gaz. hebd. méd. Montpellier*, n° 3.) — Récidive de léthargie et catalepsie. (*Berlin. klin. Woch.*, 26 février.) — Traitement de l'hystérie, de l'asthénie nerveuse et autres névroses fonctionnelles générales analogues, par V. Holst. (*Stuttgart.*) — Sur le traitement symptomatique de l'hystérie par l'hypnotisme. (*Ann. de la Soc. de méd. d'Anvers*, mars.) — De l'étiologie de l'hystérie. (*Troudy ob. roussk. Vratch. W. Moskwié.*) — De l'hystérie et de son traitement. (*Samml. klin. Vorträge*, n° 246.) — Du vitiligo dans l'hystérie. (*Il Morgagni*, n° 165.) — Phénomènes de transfert chez un aliéné, à la fois monomane et hystérique. (*Berlin. klin. Woch.*, 4 juin.) — Un cas de névrose hypnotique. (*Rev. méd. Suisse rom.*, III, 374, juin.) — Le traitement de l'hystérie, de l'asthénie nerveuse et des névroses fonctionnelles générales analogues, V. Holst. (*Stuttgart.*) — Etude symptomatologique sur le somnambulisme. (*Lyon méd.*, 19 août.) — Un cas d'hystérie viscérale avec phénomènes dyspnéiques. (*Lancet*, 10 fév.) — Du mutisme hystérique. (*Rev. méd. Suisse rom.*, III, 560 et 585, oct.) — Hystérie et névralgie ovarienne. (*Berlin. klin. Woch.*, 1er oct.) — De l'hystérie et de son traitement, par Liebermeister. (*Leipzig.*) — Trois cas d'hémiplégie hystérique. (*Finska Lakares Handlingar*, XXVI, n° 6.) — De l'hystéroépilepsie comme complication de la grossesse. (*Med. news*, p. 698, 22 déc.) — Un cas d'hystérie avec hypnotisme. (*Brit. med. Journ.*, p. 567, sept.)

Hystériques. — Injections médicamenteuses dans la trachée. (*Prog. méd.*, p. 720.) — Injections médicamenteuses sous-cutanées chez les nerveux et les aliénés. (*Ibid.*, p. 673.) — Etat physique et état mental. (*Union méd.*, t. XXXV, p. 582.) — Du traitement électrique de la douleur ovarienne chez les hystériques. (*France méd.*, t. II, p. 342.) — Fausse phtisie des hystériques. (*Abeille méd.*, p. 98.) — Compression de l'ovaire chez les hystériques. (*Journ. accouch. Liège*, p. 9.) — Angine de poitrine. (*Journ. méd. chir. prat.*, p. 68.)

Hystéro-épilepsie. — Et trauma. (*Gaz. méd. Par.*, p. 590.) (*Prog. méd.*, p. 996.) (*Union méd.*, t. XXXVI, p. 1009.) (*France méd.*, t. II, p. 819.) — Hystéro-épilepsic causée par la dysménorrhée. (*Paris méd.*, p. 475.) — Hystéro-épilepsie. (*Courrier méd.*, p. 464.) — Hystéro-épilepsie avec somnambulisme spontané. (*Gaz. hebd. Sc. méd. Bord.*, p. 295, 467.) — Hystéro-épilepsie compliquée de chorée. (*Bull. gén. thérap.*, p. 118.)

Hystérogènes. — Zones hystérogènes. (*Journ. méd. chir. prat.*, p. 549.)

Hystérotomie. — (*Gaz. hôp.*, p. 74.) (*Revue méd.*, t. II, p. 752, 783.) — Traitement du pédicule dans l'hystérotomie. (*Revue Sc. méd.*, t. XXI, p. 624, t. XXII, p. 242.) — Hystérotomie avec réduction du pédicule et de la ligature. (*Ibid.*, t. XXII, p. 583.) — Hystérotomie pour le cancer utérin. (*Ibid.*, t. XXI, p. 624.) — Manie survenant à l'époque fixée pour les menstrues après une hystérotomie. (*Ibid.*, p. 651.) — Un cas d'extirpation de l'utérus pour cancer du col. (*Berlin. klin. Woch.*, 9 avril). — L'opération du fibrome utérin. (*Corr. Bl. schweiz. Aerzte*, 1ᵉʳ et 15 janv.). — Laparo-hystérotomie sus-vaginale pour fibromyome utérin. (*Il Morgagni*, janv., p. 17.)

I

Ichthyol. — (*Sem. méd.*, p. 59.) — Action de l'ichtyol. (*Revue méd.*, t. II, p. 550.) — Ichthyol dans les maladies de la peau. (*Bull. gén. thérap.*, p. 172.) — L'ichthyol dans les maladies internes. (*Ibid.*, p. 273.) — Ichthyol. (*Revue thérap.*, p. 323, 623.) (*Thérap. contemp.*, p. 561.) (*Praticien*, p. 369.)

Ichtyose. — De la langue. (*Revue Sc. méd.*, t. XXII, p. 305.) — Ichtyose ansérine des scrofuleux. (*Ibid.*, t. XXI, p. 630.)

Ictères. — Graves. (*Bull. acad. méd.*, p. 74.) — Ictères de la grossesse. (*Ibid.*, p. 1350.) — Ictère permanent datant de 19 mois. (*Gaz. hôp.*, p. 1073.) — Ictère infractus du poumon. (*Prog. méd.*, p. 370.) — Contribution à l'étude de l'ictère malin. (*Union méd.*, t. XXXVI, p. 762.) — Ictère catarrhal. (*Gaz. hebd. Sc. méd. Bord.*, p. 4.) — Ictère infectieux. (*Revue thérap.*, p. 106.)

Idiotie. — Dyssenterie sporadique, abcès du foie. (*Prog. méd.*, p. 125.) — Recherches sur l'idiotie. (*Union méd.*, t. II, p. 728.) — Anatomie pathologique de l'idiotie. (*Revue Sc. méd.*, t. XXII, p. 647, 648.) — Cerveau d'idiot. (*Ibid.*, p. 649.)

Idiots. — Mariage entre idiots. (*Sem. méd.*, p. 3.)

Ignipuncture. — Traitement des tumeurs blanches par l'ignipuncture. (*Revue méd.*, t. I, p. 833.)

Iguanodon. — De Bernissart. (*Abeille méd.*, p. 287.)

Iléo-cœcal. — Perforation de l'appendice iléo-cœcal par corps étranger. (*Prog. méd.*, p. 103.)

Iléus. — Son traitement par les clystères d'air et l'injection simultanée de balles et de grains de plomb de chasse. (*Concours méd.*, p. 308.) — Iléus. (*Revue thérap.*, p. 551, 555.) — Iléus guéri par le mercure coulant. (*Revue Sc. méd.*, t. XXII, p. 686.)

Iliaque. — Ligature iliaque externe. (*Thérap. contemp.*, p. 169.)

Imagination. — (*Revue méd.*, t. I, p. 112.)

Imides. — Histoire des imides. (*Gaz. hebd. Sc. méd. Bord.*. p. 469.)

Immobilisation. — Tumeur blanche et immobilisation. (*Gaz. hôp.*, p. 622.)

Immondices. — Des villes. (*Journ. accouch. Liège*, p. 205.)

Immunité. — Cuprique. (*Sem. méd.*, p. 83.)

Impaludisme. — De la nature parasitaire de l'impaludisme. (*Union méd.*, t. XXXV, p. 1033, 1051.) — Gangrène des deux pieds chez un paludique, amputation, guérison. (*Concours méd.*, p. 330.) — De l'impaludisme. (*Revue méd.*, t. I, p. 664.) — Ses causes, ses remèdes. (*Bull. gén. thérap.*, p. 481.)

Impétigo. — Contagiosa. (*Gaz. hôp.*, p. 20.) — Epidémie d'impétigo. (*Concours méd.*, p. 215.)

Imperforation. — De l'hymen, rétention des menstrues. (*Journ. accouch. Liège*, p. 255.)

Impulsions. — Génitales, dans la paralysie générale. (*Abeille méd.*, p. 77.)

Impuissance. — Psychique. (*Union méd.*, t. II, p. 460.)

Inappétence. — Mixture contre l'inappétence des femmes enceintes. (*Union méd.*, t. XXXVI, p. 472.)

Incendies. — Dans les hôpitaux. (*Prog. méd.*, p. 448.)

Incontinence. — D'urine, pilules. (*Gaz. hôp.*, p. 100.) (*Prog. méd.*, p. 97.) (*Courrier méd.*, p. 100, 304.)

Incubation. — Changements gazeux et chimiques qui se produisent dans l'œuf de poule pendant l'incubation. (*Revue Sc. méd.*, t. XXI, p. 31.)

Indigestion. — Aphasie et troubles réflexes causés par des indigestions. (*Revue Sc. méd.*, t. XXII, p. 614.)

Indigo. — De l'urine. (*Revue Sc. méd.*, t. XXII, p. 451.)

Induration. — Des corps caverneux et de la verge. (*Praticien*, p. 18.)

Inertie. — De l'estomac. (*Thérap. contemp.*, p. 324.)

Infantiles. — Manuel de pathologie clinique. (*Thérap. contemp.*, p. 749.)

Infection. — Paludéenne, altération du sang dans l'infection paludéenne. (*Courrier méd.*, p. 424.) — Prophylaxie des maladies infectieuses. (*Concours méd.*, p. 538.) — Infection purulente spontanée. (*Journ. méd. chir.*

prat., p. 522.) (*Revue thérap.*, p. 607.) — Infection de l'organisme par les ferments. (*Praticien*, p. 13.)

Infiltration. — Des parois abdominales à la suite d'infection puerpérale septique, terminaison par gangrène. (*Journ. accouch. Liège*, p. 7.)

Inflammation. — Et tuberculose. (*Gaz. hôp.*, p. 385.) (*Sem. méd.*, p. 23.) Inflammation chronique intra-pelvienne. (*Prog. méd.*, p. 832.) — Des rapports de l'inflammation avec le tubercule. (*Union méd.*, t. XXV, p. 482, 506.) — Rapports avec la tuberculose. (*Ibid.*, p. 685.) — Inflammations tuberculeuses péri-articulaires. (*Ibid.*, p. 521.) — De l'inflammation purulente de toutes les grandes séreuses. (*Union méd.*, t. XXXVI, p. 1020.) — Leçons sur l'inflammation. (*Revue Sc. méd.*, t. XXI, p. 464.)

Influence. — De la suppression d'un membre sur le système nerveux central. (*Paris méd.*, p. 55.) — Influence du mode d'allaitement sur la production du muguet et sur sa disparition. (*Journ. accouch. Liège*, p. 9.)

Inhalateurs. — (*Bull. gén. thérap.*, p. 558.)

Inhalations. — Médicamenteuses. (*Gaz. hôp.*, p. 1044.) — Inhalations antiseptiques. (*Sem. méd.*, p. 210.) — Inhalations contre la diphtérie. (*Union méd.*, t. XXXV, p. 692.) — Inhalations contre le catarrhe aigu. (*Ibid.*, t. XXXVI, p. 182.) — Inhalations médicamenteuses dans le traitement des maladies respiratoires. (*Courrier méd.*, p. 405.) (*Concours méd.*, p. 589, 650.) — Traitement par les inhalations. (*Revue méd.*, t. II, p. 708.) — Inhalations d'iodoforme dans la tuberculose. (*Journ. méd. chir. prat.*, p. 81.) — Inhalations antimicrobiques. (*Thérap. contemp.*, p. 740.) (*Praticien*, p. 551.) — Appareils d'inhalation. (*Revue Sc. méd.*, t. XXI, p. 114.)

Inhibition. — (*Prog. méd.*, p. 552.) — Cérébrale. (*Ibid.*, p. 106.) — Des centres nerveux par les agents excitants appliqués à la périphérie. (*Ibid.*, p. 69.) — Inhibition. (*Gaz. hebd. Sc. méd. Bord.*, p. 121.) (*Courrier méd.*, p. 65, 94.) (*Revue thérap.*, p. 100.) — Inhibition respiratoire réflexe. (*Revue Sc. méd.*, t. XXI, p. 22, 23.)

Injection. — Puerpérale, érythème, polymorphe. (*Gaz. hôp.*, p. 961.) — Injections d'urines albuminuriques. (*Ibid.*, p. 669.) — Injections médicamenteuses dans la trachée. (*Ibid.*, p. 946.) — Injections sous-cutanées chez les nerveux et les aliénés. (*Ibid.*, p. 932.) — Injections sous-cutanées d'éther dans la fièvre typhoïde à forme adynamique. (*Ibid.*, p. 795.) — Injections salines intra-péritonéales. (*Sem. méd.*, p. 270.) — Injections chloroformiques sous-muqueuses. (*Progr. méd.*, p. 220.) — De l'alimentation par les injections sous-cutanées. (*Union méd.*, t. XXXV, p. 547.) Injections d'eau chaude contre les tumeurs hémorrhoïdales. (*Ibid.*, p. 540.) — Injections parenchymateuses dans le goître. (*Ibid.*, p. 581.) — Injections iodées dans la pustule maligne. (*Ibid.*, p. 727.) — Injections contre la cystite chronique. (*Ibid.*, p. 808.) — Injections intra-pulmonaires. (*Ibid.*, p. 1028.) — Injections d'éther, paralysies consécutives. (*Ibid.*, p. 1056.) — Injections antiblennorrhagiques. (*Union méd.*, t. XXXVI,

p. 83.) — Injections sous-péritonéales d'albuminate de fer dans l'anémie chronique. (*Ibid.*, p. 317.) — Injections d'eau dans le péritoine. (*Ibid.*, p. 720.) — Injections hypodermiques. (*Paris méd.*, p. 190.) — Injections dans le tissu utérin. (*Ibid.*, p. 598.) — Accidents produits dans les injections vaginales. (*Abeille méd.*, p. 62.) — Injections d'eau chaude en gynécologie. (*Journ. accouch. Liège*, p. 156.) — Injections sous-cutanées de sang dans l'ulcère simple de l'estomac. (*Bull. gén. thérap.*, p. 185.) — Paralysie consécutive aux injections sous-cutanées d'éther. (*Ibid.*, p. 336.) — Injections par Pietra-Santa. (*Ibid.*, p. 472.) — Injections dans la trompe d'Eustache. (*Revue thérap.*, p. 192.) — Mort rapide à la suite d'injections intra-utérines. (*Revue méd. chir. mal. femmes*, p. 281.) — Injections sous-cutanées d'iodure de potassium. (*Revue Sc. méd.*, t. XXII, p. 94.) — Intra-veineuse de peptone. (*Ibid.*, t. XXI, p. 423.) — Traitement de la dilatation des bronches par les injections intra-pulmonaires. (*Ibid.*, t. XXII, p. 505.) — Injections médicamenteuses dans le poumon. (*Ibid.*, p. 693, 695, 696.) — Des purgatifs administrés en injections. (*Ibid.*, t. XXI, p. 517.) — Injections de résorcine et de bimuriate de quinine dans l'érysipèle. (*Ibid.*, p. 519.) — Injections hypodermiques de caféine. (*Ibid.*, p. 111.) — D'éther dans la pneumonie adynamique. (*Ibid.*, p. 116.) — Moyen de rendre inoffensives les injections de morphine en ajoutant de l'atropine. (*Ibid.*, p. 113.) — Injections d'éther dans la variole. (*Ibid.*, p. 117, 118.) — Injections d'arsenic contre le goître. (*Ibid.*, t. XXII, p. 685.) — Sous-cutanées de peptone mercurique contre la syphilis. (*Ibid.*, t. XXI, p. 256.) — D'ergotine contre les fibroïdes utérins. (*Ibid.*, t. XXII, p. 235.) — Appareil pour recevoir les liquides d'injections continues. (*Ibid.*, p. 587.) — Nouvelle formule d'injections pour la conservation des cadavres. (*Ibid.*, t. XXI, p. 15.) — Des injections sous-cutanées de médicaments stimulants. (*Deutsche med. Woch*, n° 9.)

Innervation. — Collatérale. (*Gaz. hôp.*, p. 478.) — Innervation vaso-motrice. (*Sem. méd.*, p. 169.) (*Prog. méd.*, p. 552.) — Note sur l'innervation des muscles fléchisseurs communs des doigts, anastomose du nerf médian et du nerf cubital. (*Union méd.*, t. XXXV, p. 205.)

Inoculations. — Tuberculeuses. (*Prog. méd.*, p. 935.) — De l'inoculation purulente dans le traitement des granulations de la conjonctive et de la cornée. (*Union méd.*, t. XXXV, p. 961.) — Les inoculations charbonneuses. (*Ibid.*, p. 809.) (*Ibid.*, t. XXXVI, p. 972.) — La méthode des inoculations en médecine. (*Concours méd.*, p. 205.) — Inoculabilité de la diphtérie. (*Journ. méd. chir. prat.*, p. 464.) — De l'inoculation auto-traumatique. (*Bull. gén. thérap.*, p. 227.)

Inosurie. — (*Gaz. hôp.*, p. 757.) (*Sem. méd.*, p. 194.) (*Prog. méd.*, p. 617.) — Note sur l'inosurie succédant au diabète glycosurique. (*Union méd.*, t. XXXVI, p. 649.) (*Thérap. contemp.*, p. 715.)

Insertion. — De l'hémorrhagie par rupture spontanée des vaisseaux du cordon dans le cas d'insertion vélamenteuse. (*Bull. gén. thérap.*, p. 471.)

Insolation. — (*Revue Sc. méd.*, t. XXI, p. 374, 778.)

Insomnies. — Vertiges et hyperhémie cérébrale chronique, produits par un corps étranger dans le conduit auditif. (*Paris, méd.*, p. 496.)

Inspection. — Médicale des établissements scolaires de la ville de Paris. (*Prog. méd.*, p. 1061.) — Inspection de la boucherie de Paris. (*Union méd.*, t. XXXV, p. 360.) — Médicale du personnel enseignant du département de la Seine. (*France méd.*, t. I, p. 323.)

Inspectorat. — L'inspectorat des eaux minérales. (*Union méd.*, t. XXXV, p. 180, 1145.)

Instinct. — Et sensibilité. (*Thérap. contemp.*, p. 20.)

Institutions. — Médicales. (*Gaz. hôp.*, p. 1057.)

Institut. — Pour les enfants rachitiques. (*Prog. méd.*, p. 760.) — Institut vaccinal de Liège. (*Journ. d'accouch. Liège*, p. 224.) — Institut d'hygiène de la Faculté de Montpellier. (*Bul. acad. méd.*, p. 49.)

Instruction. — Publique. (*Prog. méd.*, p. 155.) (*Gaz. hebd. Sc. méd. Bord.*, p. 359.)

Instruments et appareils. — Appareils à irrigation. (*Gaz. hôp.*, p. 668, 675.) — Appareils orthopédiques. (*Ibid.*, p. 252, 541.) — Aspirateur Voiturier. (*Ibid.*, p. 206.) — Cautère Paquelin nouveau type. (*Ibid.*, p. 437.) — Dilatateur-gouttière. (*Ibid.*, p. 566.) — Excitateur utérin d'Apostoli. (*Ibid.*, p. 206.) — Irrigateur-aspirateur Maréchal. (*Ibid.*, p. 165, 189.) — Manomètre double. (*Ibid.*, p. 470.) — Nouveau thermomètre circulaire de Burq. (*Ibid.*, p. 659. — Pantographie chirurgicale. (*Ibid.*, p. 922.) — Pèse-bébé. (*Ibid.*, p. 1172, 1190.) — Pessaire sigmoïde élastique. (*Ibid.* p. 102.) — Photophore électrique frontal. (*Ibid.*, p. 336, 437.) — Pneumographe buccal de Bloch. (*Ibid.*, p. 348.) — Respirateur élastique. (*Ibid.*, p. 564.) — Spéculum pour électrisation utérine. (*Ibid.*, p. 605.) — Spéculum vaginal Collin. (*Ibid.*, p. 1117.) — Spirométrie et carbonimétrie cliniques. (*Ibid.*, p. 589.) — Tracteurs de la commissure des lèvres pendant la chloroformisation. (*Ibid.*, p. 437.) — Tube à drainage. (*Ibid.*, p. 940.) — Pulvérisateur. (*Prog. méd.*, p. 941.) — Respiration, appareils pour dosage et analyse. (*Ibid.*, p. 498.) — Stétoscope à ventouse centrale. (*Ibid.*, p. 1006.) — Thermomètre circulaire. (*Courrier méd.*, p. 253.) — Nouveau pèse-Bébés. (*Prog. méd.*, p. 978.)

Insuffisance. — De l'insuffisance rénale. (*Union méd.*, t. XXXV, p. 931.) — De la symphyse cardiaque et des insuffisances valvulaires qui peuvent en résulter. (*Ibid.*, t. XXXVI, p. 541, 577.) — Insuffisance aortique. (*Courrier méd.*, p. 91.) (*Concours méd.*, p. 550.) (*Revue méd.*, t. II, p. 73.) (*Revue thérap.*, p. 130.) (*Praticien*, p. 154, 236.)

Intermittentes. — Fièvres intermittentes larvées et pernicieuses. (*Gaz. méd. Nantes*, p. 125.)

Intermittents. — Pathogénie des accès intermittents pernicieux. (*Gaz. méd. Nantes*, p. 111.) — Formule contre les accès intermittents avec phénomène douloureux. (*Ibid.*, p. 14.)

Internat. — Des hôpitaux de Paris. (*Gaz. hôp.*, p. 1174.) (*Prog. méd.*, p. 217.) (*Praticien*, p. 23, 628.)

Intermaxillaire. — De l'. (*Sem. méd.*, p. 242.)

Intertrigo. — Poudre contre l'intertrigo. (*Revue méd.*, t. I, p. 196.) (*Revue thérap.*, p. 370.)

Intestin. — Invagination provoquée par des ascarides. (*Gaz. Hôp.*, p. 1060.) — Présence de cercomonas intestinalis dans la sérosité péritonéale de certains cas d'obstruction de l'intestin. (*Prog. méd.*, p. 697.) — Cancer de l'extrémité inférieure de l'intestin grêle. (*Ibid.*, p. 150.) — Rupture de l'intestin grêle sans contusion grave de la paroi abdominale à la suite d'un coup de pied de cheval. (*Ibid.*, p. 637.) — Résection et suture dans les hernies gangrénées et l'anus contre nature. (*Union méd.*, t. XXXVI, p. 414.) — Rétrécissements. (*Paris méd.*, p. 286.) — Emploi du mercure dans les rétrécissements de l'intestin. (*Courrier méd.*, p. 164.) — Action du suc. (*Revue Sc. médicales*, t. XXI, p. 430.) — Mouvements de l'intestin à l'état pathologique. (*Ibid.*, p. 78.) — Action de la morphine sur l'intestin. (*Ibid.*, t. XXII, p. 483.) — Gaz de l'intestin. (*Ibid.*, t. XXI, p. 441.) — Arrêt de développement de l'intestin. (*Ibid.*, p. 445.) — Anus par défaut d'occlusion de l'intestin primitif. (*Ibid.*, t. XXII, p. 686.) — Mycose intestinale. (*Ibid.*, p. 475.) — Atrophie de l'intestin. (*Ibid.*, p. 469.) — Paralysies d'origine intestinale. (*Ibid.*, t. XXI, p. 189.) — Occlusion par invagination. (*Ibid.*, t. XXII, p. 686.) — Occlusion par diverticulum de l'intestin grêle. (*Ibid.*, t. XXII, p. 686.) — Occlusion par anneaux fibreux de la muqueuse. (*Ibid.*, t. XXII, p. 686.) — Invagination de l'S iliaque dans le rectum. (*Ibid.*, t. XXII, p. 686.) — Résection de l'intestin pour l'anus contre nature. (*Ibid.*, p. 686.) — Résection de l'intestin pour un cancer de l'S iliaque. (*Ibid.*, p. 686.) — Ablation de 63 centimètres d'intestin. (*Ibid.*, p. 686.) — Ruptures traumatiques de l'intestin sans lésion de l'abdomen. (*Ibid.*, p. 309.) — Hernie traumatique de l'intestin. (*Ibid.*, p. 309.) — Suture de l'intestin. (*Ibid.*, p. 309.) — Perforation de l'intestin par des ascarides. (*Ibid.*, t. XXI, p. 182.) — Lipome de l'intestin amenant une occlusion. (*Ibid.*, t. XXII, p. 686.) — Cancer de l'intestin. (*Ibid.*, p. 693.) — Syphilis héréditaire. (*Ibid.*, t. XXI, p. 247.) — Résection du pylore suivie de guérison. (*Berlin. klin. Woch.*, 7 mai.) — Du traitement des rétrécissements cicatriciels du canal digestif d'origine traumatique. (*Jégénéd. klin. Gazeta*, nᵒˢ 9-11.) — L'extirpation du rectum avec formation d'un lambeau périnéal musculo-cutané. (*Berlin. klin. Woch.*, 9 avril.) — Contribution à la résection de l'intestin. (*Berlin. klin. Woch.*, 23 avril.) — Le cæcum au point de vue pratique et anthropologique. (*Wratch.*, nᵒ 23.) — Un nouveau compressseur de l'intestin. (*Prager zeits, f. Heilk.*, Bd. III, p. 331.) — Perforation intestinale sans lésions des parois abdominales. (*Lyon méd.*, 29 juil.) — Rétrécissement annulaire de l'intestin, causé par un cancer colloïde de la vulve de Bauchin. (*Revue méd. Suisse rom.*, III, 214, avril.) — Du manuel opératoire de la gastro-entérotomie. Présentation de pièces d'entérotomie avec remarques sur l'opération. Du traitement des ulcérations syphilitiques du rectum. (*Bericht über die Verhandlangen der Deutschen gesellschaft f. chir.* XII, *Kongress*, 1883.) — Quelques cas de cancer de l'intestin. (*New-York* *med. Journ.*, 20 janv.) — Du cancer de l'intestin, par Maydl. (*Vienne.*) — Sur un nouveau cas de coagulations fibrineuses ramifiées dans les évacuations intestinales. (*Berlin. klin. Woch.*, 12 nov.) — Entérite pseudomembraneuse. (*Boston. med. Journ.*, p. 516, 29 nov.) — La percussion du colon dans les diarrhées. (*Deutsche med. Woch.*, n° 7.) — Sur un cas d'embolie de l'artère mésaraïque supérieure, suivie de perforation de l'intestin. (*Gaz. med. ital., prov. Venete*, n° 36.) — Oblitération congénitale de l'intestin grêle. (*Charité ann.*, Jahrg. VIII, p. 565.) — Cancer du cæcum, du mésentère et du pancréas. (*Journ. de méd. de Bordeaux*, 18 nov.) — Du traitement du cancer du rectum, rectotomie linéaire, colotomie lombaire, extirpation du rectum. (*Arch. méd. Ital.*, oct.)

Intestinale. — Résection intestinale chez la vache. (*Journ. méd. chir. prat.*, p. 190.)

Intolérance. — Des névropathes pour les médicaments. (*Journ. d'accouch. Liège*, p. 282.)

Intoxication. — Par les vapeurs de charbon. (*Gaz. hôp.*, p. 838.) — Des intoxications saturnines à forme lente. (*Union méd.*, t. XXXV, p. 690.) — Intoxication strychnique, état des nerfs sensitifs. (*Ibid.*, t. XXXVI, p. 818.) — Intoxication paludéenne. (*Courrier méd.*, p. 191.) — Intoxication par le tabac. (*Journ. méd. chir. prat.*, p. 217.)

Intussusception. — (*Courrier méd.*, p. 34.)

Invagination. — Intestinale provoquée par des ascarides. (*Gaz. hôp.*, p. 1060.) (*Prog. méd.*, p. 955.) — Invagination de l'S iliaque dans le rectum. (*Paris méd.*, p. 101.) — Invagination intestinale chez une enfant de onze mois. (*Revue méd. chir. mal. femmes*, p. 99.) — Invagination totale du gros intestin. (*Praticien*, p. 251.)

Inversion. — Utérine. (*Union méd.*, t. II, p. 582.) (*Gaz. hebd. Sc. méd. Bord.*, p. 348.) — Inversion complète de l'utérus après l'accouchement, hémorrhagies considérables, guérison. (*Journ. accouch. Liège*, p. 25.) — Inversion de l'utérus avec adhérence du placenta. (*Ibid.*, p. 143.) — Inversion du sens génital. (*Ibid.*, p. 11, 39.) — Danger de l'inversion de la tête dans la syncope produite par le chloroforme. (*Bul. gén. thérap.*, p. 371.) — Inversion vaginale. (*Revue Sc. méd.*, t. XXII, p. 225.) — Elimination spontanée d'un utérus en inversion. (*Ibid.*, p. 574.)

Invidia. — Medicorum. (*Journ. accouch. Liège*, p. 112.)

Involution. — Utérine. (*Journ. accouch. Liège*, p. 9.) (*Revue méd. chir. mal. femmes*, p. 607.)

Iode. — Dans l'endrométrite cervicale. (*Prog. méd.*, p. 687.) — Préparation extemporanée de la teinture d'iode. (*Union méd.*, t. XXXVI, p. 524.) — Iode contre les fièvres intermittentes. (*Ibid.*, p. 585.) — De la teinture d'iode. (*Courrier méd.*, p. 60.) — Empoisonnement par l'iode. (*Ibid.*, p. 413.) — Iode contre les vomissements. (*Gaz. méd. Nantes*, p. 120.) — Solution caustique d'iode. (*Revue méd.*, t. I, p. 194.) — Iode dans les hémorrhagies. (*Revue thérap.*, p. 636.) — Iode dans les morsures de serpent. (*Thérap. contemp.*, p. 716.) — Traitement de l'aménorrhée et de la dysménorrhée par l'iode. (*Revue méd. chir. mal. femmes*, p. 599.)

Iodoforme. — En oculistique. (*Gaz. hôp.*, p. 890.) — Iodoforme. (*Sem. méd.*, p. 261.) — Iodoforme dans la blennorrhagie. (*Prog. méd.*, p. 1024.) — Dans le diabète sucré. (*Ibid.*, p. 500.) — Inhalation d'iodoforme dans la tuberculose. (*Prog. méd.*, p. 314.) — Sur la médication chirurgicale avec l'iodoforme. (*Union méd.*, t. XXXVI, p. 454.) — Iodoforme coton. (*Ibid.*, p. 880.) — Déodorisation de l'iodoforme. (*Union méd.*, t. II, p. 221, 295.) — Dans les affections intra-utérines. (*Paris méd.*, p. 274.) — L'iodoforme en Italie. (*Courrier méd.*, p. 44, 148.) — Insufflation d'iodoforme contre l'otorrhée chronique. (*Gaz. méd. Nantes*, p. 121.) — Inhalation d'iodoforme dans la phthisie pulmonaire. (*Ibid.*, p. 151.) — Traitement de la syphilis par les injections d'iodoforme. (*Revue méd.*, t. I, p. 95.) — Injections sous-cutanées d'iodoforme. (*Ibid.*, p. 559.) — Traitement des ulcères de la cornée par l'iodoforme. (*Revue méd.*, t. II, p. 262.) — Crayons iodoforme. (*Journ. méd. chir. prat.*, p. 34.) — Iodoforme dans le lupus. (*Ibid.*, p. 351.) — Iodoforme, suppositoires dans les hémorrhoïdes. (*Ibid.*, p. 513.) — Iodoforme dans les déchirures du périnée. (*Bull. gén. thérap.*, p. 267, 384.) — Dangers de l'iodoforme. (*Revue thérap.*, p. 35, 583.) — Moyen d'enlever à l'iodoforme son odeur. (*Thérap. contemp.*, p. 153.) — Action physiologique de l'iodoforme. (*Art. méd.*, t. LVI, p. 463.) — Emploi interne de l'iodoforme. (*Ibid.*, p. 473.) — Emploi de l'iodoforme en ophtalmologie. (*Revue Sc. méd.*, t. XXII, p. 343.) — De l'iodoforme contre le trachome. (*Ibid.*, p. 343.) — Le pansement à l'iodoforme. (*Ibid.*, t. XXI, p. 738.)

Iodo-phénol. — (*Sem. méd.*, p. 114.) — Iodo-glycérine. Injections d'iodo-glycérine dans le traitement du spinabifida. (*Gaz. méd. Nantes*, p. 104.)

Iodure. — De potassium et méningite des enfants. (*Gaz. hôp.*, p. 387.) — Injections sous-cutanées d'iodure de potassium. (*Ibid.*, p. 45.) (*Prog. méd.*, p. 5.) — Note sur la décomposition de l'iodure de potassium par l'azotate de potasse. (*Union méd.*, t. XXXVI, p. 599.) — Iodure de potassium dans la céphalalgie frontale. (*Paris méd.*, p. 539.) — Injections hypodermiques d'iodure de potassium. (*Bull. gén. thérap.*, p. 560.) (*Revue thérap.*, p. 158.) (*Thérap. contemp.*, p. 658.) — Iodure de potassium dans la syphilis secondaire. (*Ibid.*, p. 711.)

Ipéca. — Susceptibilités idiosyncrasiques vis-à-vis de l'ipéca. (*Union méd.*, t. XXXVI, p. 549.) (*Courrier méd.*, p. 403.) — Emploi de l'ipéca dans les accouchements laborieux. (*Concours méd.*, p. 560.) (*Journ. accouch. Liège*, p. 270.) (*Revue méd.*, t. I, p. 489.) — Ipéca en obstétrique. (*Revue thérap.*, p. 417.)

Iridectomie. — Décollement de la rétine guéri par une iridectomie. (*Bull. acad. méd.*, p. 862.) — Appréciation de l'iridectomie. (*Revue méd.*, t. I, p. 131.) — De l'iridectomie dans la kératite parenchymateuse et dans la scléro-kératite. (*Bull. gén. thérap.*, p. 92.)

Iridérémie. — Congénitale. (*Revue Sc. méd.*, t. XXII, p. 332.)

Iridodésis. — (*Revue Sc. méd.*, t. XXII, p. 332.)

Iris. — Pathogénie des kystes de l'iris. (*Gaz. hôp.*, p. 85.) (*Courrier méd.*, p. 29.) (*Gaz. méd. Nantes*, p. 72.) (*Revue méd.*, t. I, p. 147.) — Mouvements spontanés de l'iris. (*Revue Sc. méd.*, t. XXI, p. 32.) — Inoculation de la tuberculose à l'iris du lapin. (*Ibid.*, p. 476.) — Tuberculose de l'iris. (*Ibid.*, t. XXII, p. 333, 708.) — Kystes de l'iris. (*Ibid.*, p. 331, 332.) — Absence de l'iris. (*Ibid.*, p. 332.) — Tumeurs sarcomateuses de l'iris. (*Med. Times*, p. 337, 24 mars.) — Un cas de tumeur sarcomateuse de l'iris enlevée avec succès. (*Opht. soc. of Great Brit.*, 8 mars.) — Iridotomie et discision. (*Klin. monatsbl. f. Augenheilk.*) — Etudes des hypohémas consécutifs aux iritis et aux iridocyclites. (*Arch. d'ophthalm.*, sept.)

Iritis. — Traitement de l'iritis goutteuse. (*Union méd.*, t. XXXVI, p. 207.) — Iritis, collyre. (*Ibid.*, p. 807.) — Traitement de l'iritis. (*Courrier méd.*, p. 430.) — Iritis de la grossesse. (*Ibid.*, p. 405.)

Irritation. — Cérébrale infantile. (*Revue méd.*, t. II, p. 739.)

Ischémie. — De l'emploi de la bande d'Esmarch en campagne. (*Revue Sc. méd.*, t. XXI, p. 730.) — Traitement des anévrismes par l'ischémie. (*Ibid.*, p. 672.) — Paralysies et contractures musculaires d'origine ischémique. (*Ibid.*, p. 283.)

Isolement. — Des varioleux à l'hôpital Tenon. (*Union méd.*, t. XXXV, p. 842.) — Isolement des varioleux dans les hôpitaux. (*Ibid.*, p. 1061.) (*Union méd.*, t. XXXVI, p. 534, 596, 656.)

Ivresse. — Phénomènes de l'ivresse. (*Revue méd.*, t. II, p. 381.) — Ivresse à l'eau de Botot. (*Praticien*, p. 21.) — Ivresse, ivrognerie, alcoolisme, dipsomanie. (*Ibid.*, p. 566, 589.)

J

Jaborandi. — De l'emploi du jaborandi contre l'urticaire. (*Union méd.*, t. XXXV, p. 141.) — Jaborandi dans la fièvre typhoïde. (*Paris méd.*, p. 382.) — Jaborandi. (*Bull. gén. thérap.*, p. 48.) — Emploi du jaborandi et de la pilocarpine dans certaines maladies des enfants. (*Revue mens. mal. enfance*, p. 100.) — Action du chlorhydrate de pilocarpine sur le cœur de la grenouille. (*Revue Sc. méd.*, t. XXI, p. 98.) — De la pilocarpine contre l'héméralopie. (*Ibid.*, p. 318.) — Emploi du jaborandi dans les affections oculaires. (*Ibid.*, t. XXII, p. 717.) — De la pilocarpine contre la diphtérie. (*Ibid.*, p. 138.)

Jalap. — Purgatif à la résine de jalap. (*Revue méd.*, t. II, p. 483.) (*Thérap. contemp.*, p. 547.)

Jambe. — Fracture de jambe. (*Gaz. hôp.*, p. 852.) — Amputation de jambe. (*Sem. méd.*, p. 81.) — Albuminurique amputé de la jambe. (*Revue méd.*, t. I, p. 216.) — Contusion de jambe. (*Revue thérap.*, p. 555.)

K

Kélotomie. — (*Bull. acad. méd.*, p. 1016).) (*Gaz. hôp.*, p. 477.) — Cure radicale d'une hernie inguinale par la kélotomie. (*France méd.*, t. II, p. 297.) — Résection d'épiplocèle enflammée. (*Courrier méd.*, p. 197.)

Kératite. — Interstitielle hérédo-syphilitique. (*Sem. méd.*, p. 173.) — Kératite astigmatique. (*Gaz. méd. Paris*, p. 443.) — Traitement de la kératite d'origine granuleuse. (*Concours méd.*, p. 43.) — Kératite syphilitique. (*Revue méd.*, t. I, p. 371.) — De l'iridectomie dans la kératite parenchymateuse et dans la scléro-kératite. (*Bull. gén. thérap.*, p. 92.) — Kératite trophique. (*Revue Sc. méd.*, t. XXII, p. 707.) — Paludéenne. (*Ibid.*, p. 706.)

Kératoscope. — Nouveau. (*Gaz. méd. Nantes*, p. 185.) — De Placido. (*Revue Sc. méd.*, t. XXII, p. 705.)

Kola-nut. — (*Prog. méd.*, p. 97.)

Kolpohystérotomie. — Technique de la kolpohystérotomie. (*Bull. gén. thérap.*, p. 375.)

Koumys. — Champignons du koumys. (*Sem. méd.*, p. 359.) — Koumys au lait de vache. (*Paris méd.*, p. 225.) — Préparation du koumys. (*Bull. gén. thérap.*, p. 47.)

Kyste. — De l'iris. (*Gaz. hôp.*, p. 85.) — De l'ovaire. (*Ibid.*, p. 619, 620, 661, 921.) — De l'ovaire, péritonite aiguë généralisée. (*Ibid.*, p. 830.) — Dermoïdes, mode de formation. (*Ibid.*, p. 923.) — Du ligament large. (*Ibid.*, p. 620.) — Du testicule. (*Ibid.*, p. 132, 156.) — Hydatique de la base du crâne. (*Ibid.*, p. 1109.) — Hydatique de l'orbite. (*Ibid.*, p. 1102.) — Hydatique du cerveau. (*Ibid.*, p. 201.) — Hydatique et traumatisme. (*Ibid.*, p. 1026.) — Sublingual. (*Ibid.*, p. 353.) — Kyste du plancher de la bouche. (*Sem. méd.*, p. 277.) — Ganglionnaire du cou. (*Ibid.*, p. 177.) — Des os. (*Ibid.*, p. 366.) — De la prostate. (*Ibid.*, p. 31.) — Kyste hydatique du poumon. (*Ibid.*, p. 262.) — Du tibia. (*Ibid.*, p. 357.) — Kyste du biceps. (*Gaz. méd. Paris*, p. 136.) — Du cœur. (*Ibid.*, p. 103.) — Incision des kystes hydatiques du foie. (*Ibid.*, p. 209.) — Kystes du foie ouverts dans l'estomac. (*Ibid.*, p. 64, 585, 600.) — Inclusion des kystes de l'ovaire dans les ligaments larges. (*Prog. méd.*, p. 537.) — Kyste de l'ovaire gauche, ovariotomie, guérison. (*Union méd.*, t. XXXV, p. 1115, 1139.) — Pathogénie des kystes de l'iris. (*Ibid.*, p. 330.) — Kystes hydatiques de la rate. (*Ibid.*, p. 1109.) — Kystes développés dans des ganglions lymphatiques. (*Union méd.*, t. XXXVI, p. 93.) — Kystes séreux à grains riziformes. (*France méd.*, t. I, p. 806.) — Kystes de la queue du sourcil. (*France méd.*, t. II, p. 399.) — Du canal cholédoque. (*Paris méd.*, p. 61.) — De la ponction dans les kystes de l'ovaire. (*Ibid.*, p. 589.) — Kystes de la grande lèvre traités par la ligature élastique. (*Ibid.*, p. 598.) — Kystes simples de la mamelle. (*Gaz. méd. Nantes*, p. 179.) — Kyste suppuré du ligament large, rupture dans la vessie, laparotomie. (*Journ. accouch. Liège*, p. 193.) — Kystes du bassin. (*Revue méd.*, t. II, p. 32, 68.) — Du vagin. (*Journ. méd. chir. prat.*, p. 164.) — Kystes de la langue. (*Bull. gén. thérap.*, p. 93.) (*Praticien*, p. 430.) — Kyste du corps thyroïde. (*Revue Sc. méd.*, t. XXII, p. 677, 680, 685.) — Traitement des kystes du pancréas. (*Ibid.*, 699.) — Kystes du mésentère. (*Ibid.*, p. 693.) — De l'ovaire à paroi interne végétante et récidivant. (*Ibid.*, t. XXI, p. 620.) — Des liquides extraits des kystes ovariques. (*Ibid.*, p. 43, 45.) — Kystes séreux du péroné. (*Ibid.*, t. XXII, p. 300.) — Kyste sébacé pédiculé de l'ombilic. (*Rev. de chir.*, mars.) — Un cas de kyste athéromateux en arrière du rectum, extirpation, guérison. (*Mediz. Oboz.*, sept.) — Kyste volumineux du mésentère simulant un kyste de l'ovaire. Opération, mort. (*Brit. med. Journ.*, 7 janvier.)

Kystique. — Myxôme kystique du testicule. (*Gaz. méd. Nantes*, p. 74.)

L

Laboratoires. — De toxicologie. (*Prog. méd.*, p. 483.) — Municipaux. (*Ibid.*, p. 136, 331.) (*France méd.*, t. I, p. 287, 323.) (*Ibid.*, t. II, p. 84, 209.)

Lacrymal. — Manifestations syphilitiques de l'appareil lacrymal. (*Revue Sc. méd.*, t. XXII, p. 326.) — Traitement du rétrécissement des voies lacrymales. (*Ibid.*, p. 326.) — De l'acide borique contre la dacryocistite. (*Ibid.*, t. XXI, p. 309.) — Un cas de luxation de la glande lacrymale. (*Ophtalm. review*, t. I, p. 207.) — Une nouvelle cause de mydriase (cathétérisme du canal nasal). (*Ann. di ottalm.*, XI, 6.) — Recherches sur l'étiologie et l'hérédité des maladies des voies lacrymales. (*Cent. bl. f. prakt. Augenheilk.*, août.) — Atrésie de trois points lacrymaux. (*Klin. monatsbl. f. Augenheil.*, déc.) — Calculs lacrymaux. (*Gaz. méd. Nantes*, p. 9.) — Voies lacrymales, tumeurs à leptotrix. (*Journ. méd. chir. prat.*, p. 366.)

Lactation. — Anormale. (*Gaz. hôp.*, p. 629.) — Influence des maladies sur la lactation. (*Abeille méd.*, p. 371.) (*Journ. méd. chir. prat.*, p. 393.)

Lactée. — Moyen de faire reparaître la sécrétion lactée. (*Gaz. méd. Nantes*, p. 151.) — Influence de quelques médicaments sur la sécrétion lactée. (*Thérap. contemp.*, p. 794.)

Lactique. — Acide lactique contre le diabète. (*Revue Sc. méd.*, t. XXII, p. 182.)

Lactopeptine. — Dans les troubles gastriques chez les enfants. (*Paris méd.*, p. 510.) — Lactopeptine. (*Revue thérap.*, p. 501.)

Ladoga. — Homme préhistorique de l'âge de pierre du lac Ladoga. (*Abeille méd.*, p. 45.)

Ladrerie. — Un cas de ladrerie chez l'homme. (*Union méd.*, t. XXXV, p. 109.) — Emploi de la viande de porc ladre. (*Abeille méd.*, p. 288.) — Ladrerie du bœuf en Syrie. (*Gaz. hebd. des Sc. méd. Bordeaux*, p. 232.) — Son traitement. (*Revue thérap.*, p. 103.)

Laïcisation. — Des hôpitaux. (*Gaz. hôp.*, p. 145.) — Des asiles d'aliénés. (*Progr. méd.*, p. 1023.)

Lait. — Sécrétion du lait. (*Bull. acad. méd.*, p. 292.) — Appareil destiné à la cuisson prolongée du lait. (*Ibid.*, p. 915.) — Zymase du lait de femme. (*Ibid.*, p. 690.) (*Gaz. hôp.*, p. 468.) (*Gaz. méd. Paris*, p. 246.) — Des modifications produites dans la sécrétion du lait sous l'influence de certains médicaments. (*Union méd.*, t. XXXV, p. 675.) — Laits condensés. (*Paris méd.*, p. 90.) — Lait utérin dans le placenta humain. (*Ibid.*, p. 581.) — Doit-on faire bouillir le lait pour les petits enfants. (*Concours méd.*, p. 104.) — Influence des médicaments sur la sécrétion du lait de femme. (*Revue méd.*, t. I, p. 849.) — Effets des médicaments sur la sécrétion du lait. (*Ibid.*, p. 561.) — Remède pour tarir le lait. (*Thérap. contemp.*, p. 481.) — Recherches sur le lait humain. (*Revue Sc. méd.*, t. XXI, p. 84.) Acide phosphorique du lait. (*Ibid.*, t. XXII, p. 462.) — Des albuminoïdes du lait de vache. (*Ibid.*, t. XXI, p. 35.) — L'albumine du lait peut-elle donner lieu à une formation de caséine. (*Ibid.*, p. 36.) — Transformation du lait conservé. (*Ibid.*, p. 34.) — Transformation de la caséine du lait. (*Ibid.*, p. 34.) — Lait filant. (*Ibid.*, p. 34.) — Effets des médicaments sur le lait de la nourrice. (*Ibid.*, p. 84.) — Possibilité d'entretenir au moyen du lait l'activité du cœur. (*Ibid.*, t. XXII, p. 434.) — Propagation de la scarlatine par le lait. (*Ibid.*, p. 120.) — Comparaison des résultats des dosages de 53 laits de femme, au point de vue de l'albumine et de la graisse. (*Berlin. klin. Woch.*, 5 mars.) — Recherches sur la quantité de lait sécrétée et ses oscillations. (*Berlin. klin. Woch.*, 12 mars.) — De la conservation du lait. (*Viertelj. f. gericht medicin.*, p. 380, avril.) — Le koumys des steppes et son usage dans le traitement des maladies des appareils respiratoire et digestif, par W. Stangué. (*Thèse de Saint-Pétersbourg.*) — Du temps nécessaire à la digestion du lait et de la viande suivant leurs modes de préparation. (*Zeisch. f. Biol.*, XIX Bd., p. 129.)

Lampe. — Electrique. (*Bull. acad. méd.*, p. 1271.) (*France méd.*, t. II, p. 209.)

Langage. — Imaginé par une lypémaniaque. (*Gaz. hebd. des Sc. méd. Bord.*, p. 41.) (*Journ. méd. chir. prat.* p. 141.)

Langue. — Affection douleuse de la langue. (*Gaz. hôp.*, p. 293.) — Epithélioma de la langue. (*Ibid.*, p. 610.) — Lipome de la langue. (*Ibid.*, p. 620.) — Ulcération. (*Ibid.*, p. 189.) — Hypertrophie de la langue. (*Sem. méd.*, p. 43.) — Cas de langue noire. (*Prog. méd.*, p. 616.) — Affection de la langue, emploi de l'acide chromique. (*Courrier méd.*, p. 269.) — Abcès froids de la langue. (*Gaz. méd. Nantes*, p. 72.) — Un cas de symphyse de la langue. (*Revue méd.*, t. I, p. 784.) — Hémiatrophie de la langue. (*Revue méd.*, t. II, p. 902.) — Adhérence totale. (*Journ. méd. chir. prat.*, p. 339.) — Des kystes de la langue. (*Bull. gén. thérap.*, p. 93.) — Glandes en grappe de la base de la langue. (*Revue Sc. méd.*, t. XXII, p. 421.) — Effets de la traction de la langue dans l'anesthésie. (*Ibid.*, t. XXI, p. 482.) — Atrophie unilatérale de la langue. (*Ibid.*, t. XXII, p. 186.) — Plaie par arrachement de la langue. (*Ibid.*, t. XXI, p. 689.) — Du cancer et de l'ichtyose ou psoriasis de la langue. (*Ibid.*, t. XXII, p. 305.) — De la macroglossie et la macrochilie. (*Ibid.*, t. XXI, p. 59.) — De la glossite parenchymateuse suraiguë, par Grazzi. (*Florence.*) — Appendice au traité des maladies de la langue. (*Bull. delle Sc. med.*, p. 22.) — De la glossite parenchymateuse de nature rhumatismale. (*Gaz. degli ospit.*, p. 250.) — Hygroma de la langue. (*New-York surg. soc. med. news*, p. 501.) — Grenouillettes sublinguales. (*Med. Times*, II, 329.) — Kyste séreux de la base de la langue. (*New-York med. Journ.*, 26 mai.) — Epithéliome de la langue, ulcération de l'artère linguale, ligature de la carotide primitive. (*Lancet*, 2 juin.) — De l'extirpation de la langue entière avec les ciseaux, suivant la méthode de Whitehead. (*Lancet*, 14 avril.) — Quatre cas d'excision de la langue à l'aide de ciseaux. (*Lancet*, 21 avril.) — Extirpation d'un large kyste sébacé de la langue, guérison (femme de 28 ans). (*Med. Times*, p. 682, 16 juin.) — Kyste dermoïde ou sébacé de la langue, excision, guérison. (*Brit. med. Journ.*, p. 1122, juin.) — Extirpation de la langue, des glandes sous-maxillaires et sublinguales, et de la paroi latérale du pharynx, par la méthode de Kocher, guérison (épithélioma). (*Med. news*, 24 nov., p. 575.) — Plaie de la langue par arme à feu. (*Brit. med. Journ.*, p. 457, mars.)

Laparo-élytrotomie. — (*Prog. méd.*, p. 832.)

Laparotomie. — Dans le traitement de l'occlusion intestinale. (*Bull. acad. méd.*, p. 1266.) — Laparotomie chez deux femmes atteintes de grossesse extra-utérine. (*Ibid.*, p. 1423.) — Laparotomie. (*Gaz. hôp.*, p. 645.) (*Sem. méd.*, p. 206.) (*Gaz. méd. Paris*, p. 172, 183.) (*Prog. méd.*, p. 103.) — Laparotomie pour kyste de l'ovaire et fibrômes utérins. (*Union méd.*, t. XXXVI, p. 1114.) — Laparotomie et entéroraphie. (*Gaz. méd. Nantes*, p. 173.) — Laparotomie pour rupture intestinale. (*Journ. méd. chir. prat.*, p. 422.) — Hernie ombilicale, congénitale irréductible traitée par l'incision de la poche herniaire. (*Bull. gén. thérap.*, p. 18.) — Laparotomie pour invagination intestinale. (*Revue Sc. méd.*, t. XXII, p. 686.) — Sarcocèle intra et rétro-péritonéal extirpé par la laparotomie. (*Ibid.*, t. XXI, p. 299.) — Laparotomie dans la péritonite puerpérale. (*Ibid.*, t. XXII, p. 226, 266.) — Laparotomie, élytrotomie. (*Ibid.*, t. XXI, p. 206.) — Laparotomie pour tumeurs de la trompe de Fallope. (*Berlin. klin. Woch.*, 22 janv.) — Laparotomie pour étranglement interne (*Corr. Blatt. f. Schweiz. Aerzte*, 15 janv.) — Deux cas d'extirpation d'énormes tumeurs graisseuses de l'abdomen par la laparotomie. (*Lancet*, 17 mars.) — De la laparotomie dans la grossesse extra-utérine. (*Medizinsk. Obosr.*, sept.) — Laparotomie pour myomes utérins suivie de guérison chez une femme enceinte. (*Berlin. klin. Woch.*, 22 oct.)

Larmes. — De sang. (*Courrier méd.*, p. 423.) (*Abeille méd.*, p. 461.) (*Revue méd.*, t. II, p. 668.) (*Journ. méd., chir prat.*, p. 463.)

Larve. — D'un insecte du Brésil à Paris. (*Bull. acad. méd.*, p. 729.) (*Journ. méd., chir prat.*, p. 328.) — Conjonctivite due aux larves de mouche. (*Revue Sc. med.*, t. XXII, p. 327.)

Larvées. — Fièvres intermittentes larvées et pernicieuses. (*Gaz. méd. Nantes*, p. 125.)

Laryngite. — Complication. (*Gaz. hôp.*, p. 605.) — Galvanisation du laryngé supérieur. (*Sem. méd.*, p. 47.) — De la laryngite sèche. (*Prog. méd.*, p. 627.) — Laryngite catarrhale aiguë. (*Prog. méd.*, p. 252.) — Tuberculeuse. (*Ibid.*, p. 70.) — De la laryngite œdémateuse. (*Union méd.*, t. XXXVI, p. 1008.) — Traitement de la laryngite aiguë. (*France méd.*, t. II, p. 339.) — Laryngite striduleuse. (*Courrier méd.*, p. 34.) — Laryngite. (*Revue thérap.*, p. 52, 455, 462, 552.) — Laryngite phlegmoneuse aiguë. (*Praticien*, p. 59.) — De l'ataxie. (*Revue Sc. méd.*, t. XXII, p. 732.) — Paludéenne, hypertrophique, pachydermie. (*Ibid.*, p. 729, 732.) — Laryngite œdémateuse chronique, d'origine traumatique. (*Rev. clin.; supp. della gazz. degli. osp.*, p. 3.) — Observation de laryngite œdémateuse. (*Arch. of laryngol.*, IV, n° 1.)

Laryngologie. — Et laryngoscopie. (*Bull. acad. méd.*, p. 5.)

Laryngotomie. — Intercrico-thyroïdieme. (*France méd.*, t. II, p. 778.) (*Bull. gén. thérap.*, p. 283.) (*Praticien*, p. 136.)

Laryngoscopie. — Manuel de laryngoscopie. (*Gaz. méd. Paris*, p. 471.) (*Union méd.*, t. XXXV, p. 10.) — Contribution à l'histoire de la laryngoscopie. (*Arch. of laryngol.*, IV, n° 2.)

Larynx. — Chorée du larynx. (*Bull. acad. méd.*, p. 1224.) — Carie du larynx dans la fièvre typhoïde. (*Gaz. hôp.*, p. 487.) — Congestion d'origine paludéenne. (*Ibid.*, p. 315.) — De l'œdème des replis aryténo-épiglottiques dans les maladies chroniques du larynx. (*Ibid.*, p. 938.) — Névroses du larynx. (*Prog. méd.*, p. 19, 39, 100.) — Indication de la trachéotomie dans la tuberculose du larynx. (*Ibid.*, p. 673.) — Larynx de phtisique. (*Prog. méd.*, p. 432, 476.) — Traité pratique des maladies du larynx et de la trachée. (*Union méd.*, t. XXXV, p. 55, 827, 1015.) — Présentation du larynx d'un phtisique ayant été atteint d'aphonie. (*Ibid.*, t. XXXVI, p. 458, 511.) — Paralysies du larynx et leur traitement. (*France méd.*, t. I, p. 739, 829.) — Anesthésie produite par insufflation d'acide carbonique sur le larynx. (*Abeille méd.*, p. 438.) — Abcès sous-hyoïdien symptomatique de lésion cartilagineuse du larynx. (*Revue méd.*, t. I, p. 767.) — Extraction d'une sangsue dans le larynx. (*Revue méd.*, t. II, p. 531.) — Méthodes d'exploration du larynx. (*Ibid.*, p. 833.) — Anesthésie du larynx. (*Revue thérap.*, p. 523.) — Sécrétion de mucus dans le larynx. (*Revue Sc. méd.*, t. XXI, p. 25.) — Entre-croisement des cartilages corniculés. (*Ibid.*, t. XXII, p. 737.) — Ossification des cartilages du larynx. (*Ibid.*, t. XXI, p. 10.) — Adénopathie trachéo du larynx. (*Ibid.*, p. 708.) — Spasme rythmique du larynx. (*Ibid.*, p. 708.) — Paralysie des crico-aryténoïdiens postérieurs. (*Ibid.*, p. 715.) — Paralysie bilatérale du nerf récurrent. (*Ibid.*, p. 709.) — Causes de la paralysie des muscles abducteurs. (*Ibid.*, t. XXII, p. 736.) — Pachydermie du larynx. (*Ibid.*, p. 732.) — Aura épileptique. (*Ibid.*, p. 736.) — Rétrécissement trachéal par compression due à un cancer thyroïdien. (*Ibid.*, p. 735.) — Epithélioma du larynx récidivant sur la cicatrice cutanée. (*Ibid.*, p. 736.) — Papillomes du larynx. (*Ibid.*, p. 741.) — Polypes du larynx. (*Ibid.*, t. XXI, p. 710.) — Pont membraneux congénital du larynx. (*Ibid.*, t. XXII, p. 741.) — Corps étrangers du larynx. (*Ibid.*, p. 742, 743, t. XXI, p. 711, 712, 713.)

— Fracture du larynx. (*Ibid.*, p. 716.) — Syphilis du larynx. (*Ibid.*, p. 713, 715.) — Extirpation du larynx. (*Ibid.*, t. XXII, p. 743, 744, 747.) — Remarques sur quelques travaux récents relatifs à l'aphonie nerveuse ou aux autres paralysies bilatérales des muscles du larynx. (*Lyon méd.*, 17 fév.) — Spasme de la glotte. (*Arch. de patol infant.*, p. 9.) — Pathogénie du spasme de la glotte. (*Cor. Bl. f. schweiz. Aerzte*, 15 fév.) — Un cas d'aphonie spasmodique hystérique. (*Cor. Bl. f. schweiz. Aerzte*, 15 mars et 1er avril.) — Du diagnostic des ulcérations tuberculeuses du larynx. (*Berlin. klin. Woch.*, 22 janv.) — Quelques remarques sur l'observation de paralysie traumatique du récurrent due à Sommerbrodt. (*Berlin. klin. Woch.*, 1er janv.) — Préparations microscopiques de tuberculose laryngée avec périchondrite aryténoïdienne. (*Berlin. klin. Woch.*, 2 avril.) — De la tuberculose laryngée. (*Amer. Journ. of the méd. Sc.*, p. 126.) — Corps étranger du larynx (os) chez une enfant de 2 ans. (Trachéotomie au bout de trois mois, et huit jours après l'opération, expulsion du fragment, absence complète de toux et d'altération de la voix. (*Cor. bl. f. schweiz. Aerzte*, 15 mars.) — Polype du larynx, opération. (*Rev. méd. Suisse romande*, III, 156, mars.) — Deux cas de traitement chirurgical d'affection laryngée. (*Jégéned. klinitchesk Gazeta*, n° 12.) — Etude expérimentale sur les fonctions du muscle thyro-cricoïdien. (*Arch. de phys.*, p. 582.) — Du rôle de la portion libre de l'épiglotte et des fossettes glosso-épiglottiques. (*Ann. de la soc. de méd. d'Anvers*, juin.) — Une anomalie rare du larynx (sac ventriculaire extra-laryngien.) (*Med. Wiestnik*, n° 19.) — Paralysie laryngée occasionnée par un anévrisme aortique (3 obs. où ce fut le 1er symptôme qui attira l'attention.) (*Med. news*, p. 603, 26 mai.) — De la tuberculose du larynx et de son traitement. (*Sam. klin. Vortrage*, n° 230.) — De l'œdème des replis aryténo-épiglottiques surtout dans les maladies chroniques du larynx. (*Ann. des maladies de l'oreille*, juillet.) — Trois faits d'œdème de la glotte, deux dans le cours d'une phtisie aiguë et un dans celui d'une phtisie chronique. (*An. des mal. du larynx*, juillet.) — Traitement de la phtisie laryngée. (*Med. news*, p. 598, 26 mai.) — Guérison des ulcères dans la phtisie laryngée. (*Ibid.*) — Un cas d'exulcération de l'épiglotte. (*Troudy ob. roussk. Wratch. W. Moskwie.*) — Trois cas de périchondrite du larynx. (*Med. Obor.*, avril.) — Valeur des papillomes laryngés (post laryngéal) pour le diagnostic de la tuberculose. (*Med. news*, 2 juin, p. 623.) — Chorée laryngée. (*Med. news*, p. 598, 26 mai.) — Contribution à l'étude du cancer du larynx. (*An. de la soc. de méd. d'Anvers*, mai.) — Volumineuse tumeur (myxo-sarcom) extirpée du sinus glosso-épiglottique. (*Med. news*, p. 623, 2 juin.) — Chorée laryngée. (*Arch. of. laryngol.*, IV, n° 3.) — Périchondrite du cartilage cricoïde survenue pendant le cours d'une fièvre typhoïde. Œdème de la glotte, trachéotomie. Mort. (*Gaz. hebd. des Sc. méd. de Montpellier*, n° 39.) — Valeur diagnostique de l'immobilité d'une corde vocale. (*Am. Journ. of. the med. Sc.*, p. 81, juillet.) — Paralysie rhumatismale de la corde vocale droite, guérison complète, neuf ans plus tard, paralysie de la corde gauche guérison. (*Arch. of laryngol.*, IV, n° 2.) — De la paralysie des crico-aryténoïdiens postérieurs dans la phtisie pulmonaire par P. Duvemiez. (*Thèse inaugurale, Wurzbourg.*) — Œdème de la glotte aigu et primitif chez un homme de 62 ans. (*Journ. de méd. de Bordeaux,* 24 juin.) — Traitement de la phtisie laryngée par l'iodoforme. (*Nederl. Tydschr. v. geneesk.,* XIX, 49.) — Guérison de la phtisie laryngée, iodoforme. (*Arch. of laryngol,* IV, 3.) — Un cas de fracture des cartilages suivie de mort. (*Med. Oboz.,* juillet.) — Fracture du larynx par violence directe. (*Lancet,* 30 juin.) — Un cas de fracture comminutive du larynx par strangulation, avec quelques remarques sur le traitement de ces fractures. (*Cent. bl. f. chir.,* nº 23, p. 361.) — Deux cas de tumeur laryngée, ablation de l'une de ces tumeurs par la thyrotomie. (*Glasg. med. Journ.,* p. 249.) — Du traitement mécanique des rétrécissements du larynx. (*Rev. méd. de la Suisse romande,* III, 471 et 516, août et sept.) — Une sangsue (mignatta) extraite du larynx quinze jours après la pénétration dans les voies aériennes. (*Arch. di laringologia,* III, fasc. 2.) — Deux cas de corps étrangers du larynx (pièce de monnaie). (*Arch. of laryngol.,* IV, 3.) — Ablation de la moitié droite du larynx pour un épithélioma. (*Arch. of laryngol.,* IV, nº 2.) — Nouvelles pinces tubaires pour opérations sur le larynx, les fosses nasales postérieures et le nez. (*Berlin. klin. Woch.,* 11 juin.) — Examen de quelques points controversés de la physiologie de la voix, spécialement des registres de la voix chantée et de la voix de fausset. (*The Journ. of physiol.,* IV, nᵒˢ 2 et 3.) — La photographie du larynx. (*Arch. of laryngol.,* IV, nº 4.) — Spasme respiratoire limité à l'expiration chez un garçon de 14 ans. (*Berlin. klin.* Woch., nº 19.) — Quelques cas d'affections laryngées. (*Deutsche med.* Woch., nº 2.) — Sur les convulsions des muscles respiratoires. (*Zeitsche f. klin med.* Bd. VI, p. 550.) — Sur la paralysie des diverses espèces de fibres du nerf récurrent. (*Berliner klinisch.* Wochens., 12, 19, 26 novembre et 3 déc.) — Paralysie laryngée causée par un anévrisme. (*Arch. of laryngol.,* IV, nº 4.) — Paralysie traumatique du muscle crico-aryténoïdien postérieur, (en tournant violemment la tête). (*Ibid.*) — Disparition d'un trachome de la corde vocale (végétation), sans traitement local. (*Ibid.*) — Phtisie laryngée. (*Edimb. med. Journ.,* p. 504, janv.) — Traitement de la tuberculose laryngée (trachéotomie, inhalations de baume du Pérou, insufflations de nitrate d'argent, scarifications de l'épiglotte. (*Berlin. klin.* Woch., p. 782, 10 déc.) — Du traitement de la phtisie laryngée. (*Arch. of laryngol.,* IV, nº 4.) — Trois cas de corps étrangers du larynx ou de la trachée, trachéotomie, guérison (deux cas chez des enfants de 17 et 19 mois) (*Med. news,* 17 nov.) — De la thyrotomie pour l'extirpation de corps étrangers engagés dans l'épaisseur du cartilage thyroïde. (*Med. chir. Transact.,* LXV, p. 177.) — Extirpation du larynx. (*Prager med.* Woch., 1ᵉʳ août.)

Lathyrisme. — Médullaire, spasmodique. (*Bull. acad. méd.,* p. 829, 866, 882, 985.) (*Gaz. hôp.,* p. 612.) — Lathyrisme. (*Sem. méd.,* p. 159, 166, 175.) (*Gaz. méd. Paris,* p. 318, 320, 341.) — Lathyrisme médullaire et béribéri. (*Gaz. méd. Paris,* p. 337.) (*Prog. méd.,* p. 842.) (*Courrier méd.,* p. 255.) Lathyrisme médullaire symptomatique. (*Ibid.,* p. 238, 245.) — Lathyrisme dans le pays de Montbéliard. (*Revue méd.,* t. II, p. 139.)

Lathyrus. — Cicer, des graines du lathyrus cicer. (*Gaz. hôp.,* p. 724.)

(*Sem. méd.*, p. 199.) (*Courrier méd.*, p. 281.) (*Concours méd.*, p. 385.) — (*Thérap. contemp.*, p. 519.)

Lavages. — De l'estomac avec l'eau saturée de chloroforme. (*Union méd.*, t. XXXV, p. 584.) — Lavages utérins après l'accouchement. (*Courrier méd.*, p. 198.) — Lavage de l'estomac et alimentation artificielle. (*Gaz. méd. Nantes*, p. 23.)

Lavements. — Les lavements de thé comme antidote de l'opium. (*Union méd.*, t. XXXV, p. 1048.) — Lavements contre les oxyures. (*Ibid.*, p. 1115.) — Lavements phéniqués dans la fièvre typhoïde. (*Bull. gén. thérap.*, p. 180.) — Valeur thérapeutique et diagnostic des lavements d'eau froide chez les enfants. (*Ibid.*, p. 273.) (*Revue mens. mal. enfance*, p. 544.) — Traitement de la fièvre typhoïde par les bains froids. (*Revue Sc. méd.*, t. XXI, p. 119.) — Des lavements salés dans la constipation et le catarrhe du gros intestin. (*Wien. med. Woch.*, nº 10.) — Absorption des lavements nutritifs. (*New-York med. Record.*, 6 janv.)

Lèpre. — Bacilles de la lèpre. (*Sem. méd.*, p. 75, 123.) (*Prog. méd.*, p. 432.) — La lèpre aux Etats-Unis. (*Ibid.*, p. 731.) — Aux îles Havaï. (*Union méd.*, t. XXXV, p. 1021.) — Rectification relative à une communication faite en 1881 sur l'anatomie pathologique de la lèpre. (*Ibid.*, t. XXXVI, p. 458.) — La lèpre des Indes. (*France méd.*, t. I, p. 497.) — La lèpre anesthésique. (*Courrier méd.*, p. 400.) — Traitement de la lèpre grecque. (*Ibid.*, p. 46.) — Etude comparative des bactéries de la lèpre. (*Abeille méd.*, p. 203.) — Etiologie de la lèpre parasitaire. (*Gaz. méd. Nantes*, p. 168.) — La lèpre à l'île Maurice et à Saint-Lazare. (*Revue Sc. méd.*, t. XXI, p. 633.) — Essais d'inoculation de la lèpre aux animaux. (*Ibid.*, p. 634.) — Sang des lépreux. (*Ibid.*, p. 635.) — Culture du bacillus de la lèpre. (*Ibid.*, t. XXII, p. 630.) — Contagion de la lèpre. (*Ibid.*, p. 630.) Effets produits sur le système lymphatique par la lèpre. (*Ibid.*, t. XXI, p. 50.) — Un signe de la lèpre tuberculeuse au début. (*Gazz. degli osp.*, p. 154.) — De la lèpre aux Etats-Unis. Le bacillus de la lèpre. (*Journ. of cut. and ven. diseases*, juillet.) — Un cas de lèpre tuberculeuse. (*Lancet*, 5 mai.) — La lèpre aux îles Hawaï. (*Am. Journ. of med. Sc.*, p. 443.) — Quelques inoculations de nodules lépreux. (*Arch. ital. de biol.*, III, nº 3.) — Inoculation de la lèpre des Arabes. (*Arch. p. le Sc. med.*, VII, nº 1.) — Le bacille de la lèpre. (*Giorn. ital. delle mal. vener.*, fasc. 4.) — Sur le bacille de la lèpre. (*Brit. med. Journ.*, p. 1178, juin.) — Trois cas de lèpre. (*New-Orléans med. Journ.*, XI, nº 5.) — Traitement de la lèpre. (*Edimb. med. Journ.*, p. 809, mars.)

Lésions. — Tuberculeuses du poumon. (*Gaz. méd. Par.*, p. 101, 122.) — Crise laryngée dans l'ataxie locomotrice avec lésions des cordes vocales inférieures. (*Union méd.*, p. 791.) — Lésions ophtalmoscopiques dans la paralysie générale. (*Ibid.*, p. 431.) — Lésions tardives après un traumatisme du rachis. (*Ibid.*, p. 863.) — Lésions non congénitales du cœur droit et leurs effets. (*Ibid.*, p. 1055.) — Lésions du fond de l'œil dans le cours de la fièvre typhoïde. (*Union méd.*, t. XXXVI, p. 59.) — Lésions inflammatoires traitées par les bains froids. (*Courrier méd.*, p. 305.) —

Lésions accidentelles de l'utérus gravide dans les laparotomies. (*Journ. accouch. Liège*, p. 243.)

Leucocythémie. — Nature de la leucocythémie. (*Sem. méd.*, p. 23.) — Leucocythémie et tuberculose généralisée. (*Gaz. méd. Paris*, p. 333.) — Leucocythémie. (*France méd.*, t. II, p. 11.) — Leucocythémie splénique. (*Paris méd.*, p. 157.) — Hypertrophie de la rate. (*Ibid.*, p. 157.) — Leucocythémie aiguë et numération des globules de sang dans la dyphtérite. (*Ibid.*, p. 409.) — Jetage lymphatique dans la leucocythémie. (*Revue méd.*, t. II, p. 197.)

Leucémie. — Sur le traitement par l'arsenic de la leucémie et de l'anémie progressive pernicieuse. (*Bull. gén. thérap.*, p. 512.) (*Revue Sc. méd.*, t. XXII, p. 500.)

Leucoplasie. — (*Union méd.*, p. 37.) — Leucoplasie buccale. (*France méd.*, t. I, p. 387.) (*Revue méd.*, t. I, p. 236.)

Leucorrhée. — Etude sur la leucorrhée. (*Revue méd.*, t. I, p. 557.) — Leucorrhée chez les enfants. (*Revue méd. chir. mal. femmes*, p. 393.) — Leucorrhée traitée par l'aulnée. (*Ibid.*, p. 659.)

Leugémie. — (*Gaz. hôp.*, p. 581.)

Lèvre. — Structure du bord libre de la lèvre. (*Gaz. hôp.*, p. 605.) — Ulcérations tuberculeuses de la lèvre. (*Prog. méd.*, p. 70.) — Hypertrophie du capuchon clitoridien et des petites lèvres. (*Union méd.*, t. XXXV, p. 549.) — Molluscum simplex de la grande lèvre. (*Abeille méd.*, p. 221.) — Kystes de la grande lèvre traités par la ligature élastique. (*Bull. gén. thérap.*, p. 285.) — Herpès noir des lèvres. (*Revue Sc. méd.*, t. XXI, p. 627.)

Levure. — Respiration de la levure de bière. (*Sem. méd.*, p. 349.) (*Prog. méd.*, p. 993.)

Lichen. — Anatomie pathologique du lichen. (*Sem. méd.*, p. 97.) (*Prog. méd.*, p. 612.) — Lichen ruber traité par l'emplâtre d'Inna. (*Paris méd.*, p. 562.) — Plan hypertrophique. (*Revue méd.*, p. 695.) — Traitement du lichen ruber sans arsenic. (*Thérap. contemp.*, p. 497.) — Lichen. (*Revue Sc. méd.*, t. XXII, p. 377.) — Des lichens et principalement du lichen plan. (*Ann. univ. di med.*, fév.)

Ligaments larges. — Rapports entre les tumeurs de l'ovaire et les ligaments larges. (*France méd.*, t. II, p. 7.) — Kystes du ligament large. (*Gaz. méd. Nantes*, p. 55, 109.) — Difficultés opératoires de certains kystes de l'ovaire enclavés en partie dans le ligament large. (*Ibid.*, p. 152.)

Ligature. — Elastique (*Gaz. hôp.*, p. 1102.) — Ligature élastique dans les tumeurs élastiques et ovariennes. (*Prog. méd.*, p. 995.) — Ligature du cordon ombilical. (*Journ. accouch. Liège*, p. 38.) — De la ligature dans le traitement de l'épiplocèle traumatique. (*Bull. gén. thérap.* p. 190.) — Ligature élastique dans les kystes de la grande lèvre. (*Ibid.*, p. 285.) — Ligature des carotides dans l'épilepsie. (*Ibid.*, p. 336.) — Effets de la ligature de l'aorte thoracique. (*Revue Sc. méd.*, t. XXI, p. 155.) — Cir-

benthinées. (*Bull. acad. méd.*, p. 1228.) — Lithiase biliaire, son diagnostic par l'exploration avec une aiguille. (*Par. méd.*, p. 102.)

Lithine. — Recherche et dosage de la lithine dans les eaux de Vichy. (*Thérap. contemp.*, p. 91.)

Litholapaxie. — (*Revue Sc. méd.*, t. XXI, p. 700.) — Appareil simplifié pour l'évacuation des fragments dans la litholapaxie. (*Lancet*, 6 janv.)

Lithopédion. — Etudes des lithopédions. (*Revue Sc. méd.*, t. XXI, p. 217.)

Lithotritie. — Quelques réflexions sur la lithotritie d'après la méthode du docteur Bigelow. (*Union méd.*, t. XXXV, p. 798, 827.) — Moderne. (*Revue thérap.*, p. 610.) (*Thérap. contemp.*, p. 516.) — Procédé d'opération des fragments après la lithotritie. (*Ibid.*, p. 436.) — Ses suites, accidents consécutifs. (*Praticien*, p. 125.) — Lithotritie. (*Revue Sc. méd.*, t. XXI, p. 376, 780 ; t. XXII, p. 378, 778.)

Lithotomistes. — Bordelais. (*Bull. acad. méd.*, p. 1695, 1789, 1334, 1355.)

Lobelia inflata. — Note sur l'emploi thérapeutique de la lobelia inflata. (*Bull. gén. thérap.*, p. 49.) — Lobélie. (*Revue thérap.*, p. 184.) (*Praticien*, p. 474.)

Lobules. — Les lobules biliaires terminaux et marginaux, valeur anatomique des glandes annexées aux voies bilaires et des vasa aberrantia. (*Prog. méd.*, p. 503.)

Localisation. — Cérébrale. (*Bull. acad. méd.*, p. 459.) (*Gaz. hôp.*, p. 333.) (*Sem méd.*, p. 66.) (*Gaz. méd. Paris*, p. 298.) — Deux cas peu conformes aux localisations cérébrales. (*Prog. méd.*, p. 325.) — Des localisations motrices. (*Courrier méd.*, p. 433.)

Locomotion. — De l'homme. (*Bull. acad. méd.*, p. 1028, 1117, 1187.) (*Gaz. hôp.*, p. 934, 884, 814.) (*Sem. méd.*, p. 258, 276.) — Progrès réalisés dans l'histoire du mécanisme de la locomotion. (*Gaz. méd. Paris*, p. 433.) — Mesure des forces dans les actes de la locomotion. (*Ibid.*, p. 503.) — Etudes sur les mécanismes de la locomotion chez l'homme. (*Union méd.*, t. XXXVI, p. 418.) — Photographie des mouvements de locomotion. (*Revue méd.*, t. II, p. 416.) — Locomotion humaine. (*Praticien*, p. 441, 447.) (*Revue Sc. méd.*, t. XXII, p. 778.)

Logements. — Révision de la loi sur l'assainissement des logements insalubres. (*Bull. acad. méd.*, p. 648, 1355.) (*Prog. méd.*, p. 1062.)

Lois. — Les lois sanitaires de la Serbie. (*Union méd.*, t. XXXV, p. 857.)

Lombaires. — Névralgie des plexus lombaires et sacres consécutive à l'effort. (*Gaz. méd. Nantes*, p. 47.)

Lombrics. — Perforation de l'estomac causée peut-être par des lombrics. (*Union méd.*, t. XXXVI, p. 330.) — Par le conduit auditif d'un enfant. (*Paris méd.*, p. 341.) — Accidents causés par les lombrics. (*Courrier méd.*, p. 123.) — Traitement des lombrics chez les enfants. (*Gaz. méd. Nantes*, p. 9.) — Lombrics dans la rougeole, issue par l'oreille. (*Journ. méd. chir. prat.*, p. 258.)

Longévité. — (*Revue méd.*, t. II, 701.)

Looch. — Expectorant. (*Union méd.*, t. XXXVI, p. 472.)

Lotions. — Conjonctivales. (*Sem. méd.*, p. 171.) — Contre la chute des cheveux. (*Union méd*, t. XXXV, p. 71.) — Contre la gale. (*Ibid.*, p. 732.) — Lotion anti-syphilitique. (*Ibid.*, t. XXXVI, p. 795.) — Lotions contre l'eczéma des parties génitales. (*Ibid.*, p. 1007.) — Lotions au soufre et au camphre. (*Praticien*, p. 464.)

Louchettes. — Le l'emploi des louchettes, après la strabotomie. (*France méd.*, t. I, p. 297.)

Loupes. — Leur traitement. (*Courrier méd.*, p. 117.) — Du traitement des loupes par les injections d'éther. (*Bull. gén. thérap.*, p. 454.) — Chez les sujets pusillanimes. (*Thérap. contemp.*, p. 699.)

Luette. — Influence de l'hypertrophie et de la paralysie de la luette sur la voix. (*Revue Sc. méd.*, t. XXI, p. 703.)

Lumière. — Etude des sources de la lumière. (*Bull. acad. méd.*, p. 524.) — Mesure de la lumière. (*Ibid.*, p. 659.) — Nouvelles recherches sur la lumière. (*Sem. méd.*, p. 102.) — Transformation de la lumière en impression visuelle. (*Revue Sc. méd.*, t. XXII, p. 22.) — Durée de la perception lumineuse dans la vision directe et indirecte. (*Ibid.*, t. XXI, p. 306.) — Rétinite par action directe de la lumière solaire. (*Ibid.*, t. XXII, p. 336, 337.)

Lupin. — Elément toxique contenu dans certains lupins. (*Revue Sc. méd.*, t. XXII, p. 74.)

Lupus. — Nature du lupus. (*Gaz. hôp.*, p. 44, 716.) — Lupus de la peau. (*Sem. méd.*, p. 195.) — Rapport du lupus et de la tuberculose. (*Prog. méd.*, p. 9.) — Recherches sur le lupus. (*Ibid.*, p. 612.) — Pommade contre le lupus. (*Union méd.*, t. XXXV, p. 503.) (*Ibid.*, t. XXXVI, p. 637.) — Nouveau traitement du lupus par la cautérisation interstitielle fractionnée. (*Abeille méd.*, p. 463.) — Lupus tuberculeux. (*Revue méd.*, t. I, p. 145.) — Lupus érythémateux, traitement. (*Journ. méd. chir. prat.*, p. 253.) — Lupus et iodoforme. (*Ibid.*, p. 351.) — Traitement du lupus à l'antiquaille. (*Thérap. contemp.*, p. 402.) — Inoculation. (*Praticien*, p. 453.) — Le lupus n'est qu'une tuberculose locale. (*Revue Sc. méd.*, t. XXII, p. 632.) — Son traitement. (*Ibid.*, p. 631.) — Développement de chéloïde après le râclage du lupus. (*Med. Times*, p. 107, 27 janv.)

Lutidine. — Action physiologique de la lutidine. (*Abeille méd.*, p. 81.)

Luxation. — Des phalanges des doigts en avant. (*Bull. acad. méd.*, p. 1229.) — Luxation de la rotule par contraction musculaire. (*Gaz. hôp.*, p. 805.) — Luxation irréductible de la hanche, réduction par l'opération sanglante. (*Ibid.*, p. 108.) — Luxation pathologique. (*Ibid.*, p. 1027.) — Luxations subites dans le rhumatisme aigu. (*Ibid.*, p. 1005.) — Luxation sous-coracoïdienne complète. (*Ibid.*, p. 733.) — Luxation de la cinquième cervicale. (*Gaz. méd. Paris*, p. 148.) — Luxation du pouce en arrière. (*Ibid.*, p. 22.) — Luxation sous-astragalienne en avant et en dehors. (*Prog. méd.*, p. 187.) — Luxation de l'apophyse odontoïde. (*Prog. méd.*, p. 732.) — Luxations spontanées dans le cours des maladies graves.

(*France méd.*, t. II, p. 663.) — Triple luxation traumatique des phalangines de la main gauche. (*France méd.*, t. II, p. 265.) — Luxation scapulo-humérale, produite par éternuement. (*Paris méd.*, p. 595.) (*Courrier méd.*, p. 122.) — Luxation de l'astragale avec renversement complet. (*Concours méd.*, p. 235.) — Luxation du coude en arrière. (*Gaz. hebd. Sc. méd.*, p. 501, 513.) — Luxation coxo-fémorale, son traitement. (*Revue méd.*, t. I, p. 177.) — Luxations iliaques. (*Revue thérap.*, p. 182.) — Luxations de l'atlas. (*Ibid.*, p. 603.) — Rôle des muscles dans les luxations traumatiques. (*Revue Sc. méd.*, t. XXI, p. 658.) — Luxation de l'apophyse odontoïde. (*Ibid.*, p. 658.) — Luxation de la région cervicale inférieure du rachis. (*Ibid.*, p. 658.) — Lésions vasculaires dans les luxations de l'épaule. (*Ibid.*, p. 658.) — Rupture de l'artère axillaire dans une réduction de luxation de l'épaule, anévrisme diffus consécutif. (*Ibid.*, p. 672.) — Luxation des quatre métacarpiens sur le carpe. (*Ibid.*, p. 658). — Luxation du genou; d'un cartilage semi-lunaire du genou; incomplète de la jambe en dehors ; du scaphoïde du tarse, interphalangienne du gros orteil. (*Ibid.*, p. 658.) — Du cunéiforme en bas, et luxation incomplète des os du métatarse. (*Ibid.*, t. XXII, p. 293.) — Luxation claviculaire présternale. (*Jégéned. Klinik. Gaz.*, n° 18.) — Luxation de l'humérus suivie de mort après la réduction. Autopsie partielle : arrachement de la grosse tubérosité laissant la moelle osseuse à nu. Embolie graisseuse. (*Rev. méd. Suisse rom.*, III, 284, mai.) — Luxation radio-carpienne. (*Med. Wiestnik*, n° 17.) — Subluxation iliaque droite chez un nouveau-né. (*Journ. de méd. de Bordeaux*, 20 avril.) — Luxation de la mâchoire pendant une attaque d'hystérie. (*Med. Times*, p. 556, 19 mai.) — Luxation en haut de la portion sternale de la clavicule. (*Ibid.*) — Luxation simultanée de l'extrémité interne de la clavicule et des deux premiers cartilages costaux. (*New-York med. Jour.*, 14 juillet.) — Réduction de cinq luxations sous coracoïdiennes et d'une luxation sous glénoïdienne par la méthode de Kocher. (*Lancet*, 14 avril.) — Luxation du cubitus au poignet, excision de l'extrémité saillante de l'os; guérison. (*Lancet*, 15 mars.) — Cas de luxation sus-pubienne. (*Med. news.* 6 oct.) — Luxation du fémur en arrière. (*Lancet*, 5 mai.) — Luxation du poignet et fracture de l'extrémité inférieure du radius. (*Edimb. med. Journ.*, p. 867, avril.) — Luxation des deux rotules, enfant de 11 ans. (*Med. news*, p. 636, 8 déc.) — Luxation de l'astragale. (Relation d'un accident personnel. (*Trans. of the Amer. surg. assoc.*, I, p. 285.) Luxation irréductible de l'astragale ; extirpation totale de l'os avec conservation des mouvements de l'articulation tibio-tarsienne. (*Revue méd. Suisse, rom.*, III, p. 684, déc.)

Lymphadémie. — De la lymphadémie. (*Revue Sc. méd.*, t. XXI, p. 640.)

Lymphadénome. — De la base du crâne. (*Gaz. hôp.*, p. 505.) — Lymphadénome du cou. (*Prog. méd.*, p. 1027.) — Lymphadénome et diagnostic. (*Journ. méd. chir. prat.*, p. 444.) — Lymphadénome et engorgement scrofuleux. (*Praticien*, p. 101.) — Lymphadénome. (*Revue Sc. méd.*, t. XXI, p. 781.) — Lymphadénome cervical volumineux. (*Lancet*, 3 mars.) — Observation de lymphadénome chez un homme de 55 ans. (*Brit. med. Journ.*, p. 154, janv.)

Lymphangite. — Dans le cours d'un eczéma des mains. (*Gaz. hôp.*, p. 689.) — Lymphangite mammaire. (*Prog. méd.*, p. 209.) — Carcinomateuse. (*Revue Sc. méd.*, t. XXI, p. 456.)

Lymphatiques. — Système lymphatique au point de vue pathologique. (*Bull. acad. méd.*, p. 1325, 1339.) — Leur rôle dans la pathogénie des maladies virulentes. (*Gaz. hôp.*, p. 1068.) — Lymphatiques. (*Gaz. méd. Par.*, p. 149.) — Mode d'origine des vaisseaux. (*Prog. méd.*, p. 936.) — Procédé pour observer les premières radicules du système lymphatique. (*Abeille méd.*, p. 241.) — Rôle des lymphatiques dans la production de certains phénomènes pathologiques. (*Ibid.*, p. 171.) — Origine et rôle des lymphatiques. (*Revue méd.*, t. I, p. 436.) — Influence du système nerveux sur les lymphatiques. (*Revue Sc. méd.*, t. XXI, p. 422.) — Rôle des vaisseaux lymphatiques dans la coloration de la peau. (*Ibid.*, p. 5.) — Des complications lymphatiques dans l'éczéma. (*Ibid.*, p. 628.) — Métastase des tumeurs par les lymphatiques du système nerveux. (*Ibid.*, p. 50.) — Effets produits sur le système lymphatique par le carcinome et la lèpre. (*Ibid.*, p. 50.) — Sarcome des ganglions. (*Ibid.*, t. XXII, p. 475.) — Des lymphorrhagies survenant au pourtour des blessures avant la mort. (*Viertelj f. gericht med.*, juillet.) — Note sur le traitement des bubons inguinaux. (*Wratch*, nos 25, 27.) — Lymphangiome de la peau. (*New-York med. Journ.*, 26 mai.) — Un cas de leucocythémie. (*Bull. méd. du Nord*, avril.) — De la tuméfaction des ganglions bronchiques comme cause d'irritation du nerf pneumogastrique. (*Am. Journ. of the med Sc.*, juil., p. 125.) — Traitement des bubons par la compression. (*Wratch.*, n° 31.) — Du traitement des bubons. (*Ibid.*, 35 et 36.)

Lymphe. — Cristaux dans la lymphe des poissons. (*Prog. méd.*, p. 955.) — Action des peptones et tryptones sur la lymphe. (*Revue Sc. méd.*, t. XXII, p. 435.)

Lymphome. — Traitement du lymphome par l'arsenic. (*Revue Sc. méd.*, t. XXII, p. 501, 502.)

Lympho-sarcome. — Son traitement. (*Courrier méd.*, p. 400.) (*Praticien*, p. 572.) — Lympho-sarcome ayant envahi le duodénum. (*Pathol. soc. med. Times*, 13 janv.) — Fait de lympho-sarcome généralisé chez un enfant de 11 ans. (*Charité ann.*, VIII Jahrg, p. 556.)

Lypémanie. — Essai sur la lypémanie et le délire des persécutions chez les tabétiques. (*Union méd.*, t. XXXV, p. 250.)

Lythrum salicaria. — Sur l'emploi thérapeutique du lythrum salicaria. (*Bull. gén. thérap.*, p. 337.)

M

Machine. — Animale. (*Praticien*, p. 433.)

Mâchoires. — Anesthésie dans les opérations faites au devant des mâchoires. (*Gaz. hôp.*, p. 900.) — Epithélioma de la mâchoire inférieure. (*Ibid.*, p. 667.) — Résection de la mâchoire. (*Courrier méd.*, p. 161.)

Macrochilie. — (*Revue Sc. méd.*, t. XXI, p. 59.)

Macroglossie. — (*Gaz. hôp.*, p. 141.) (*Sem. méd.*, p. 31.) (*Gaz. méd. Paris*, p. 105.) (*Prog. méd.*, p. 132.) — Enfant atteinte de macroglossie. (*Union méd.*, t. XXXV, p. 931.) — Macroglossie. (*Paris méd.*, p. 148.) (*Courrier méd.*, p. 75.) (*Journ. méd. chir. prat.*, p. 38.) (*Revue thérap.*, p. 13.) (*Praticien*, p. 104.) (*Revue Sc. méd.*, t. XXI, p. 59.)

Magistère. — De bismuth dans l'eczéma. (*Paris méd.*, p. 362.)

Magnésie. — Contre les verrues. (*Journ. méd. chir. prat.*, p. 223, 359.)

Magnétisme. — Hémiplégie guérie par le magnétisme. (*Sem. méd.*, p. 12.) — Fermentation et magnétisme. (*Ibid.*, p. 27.)

Main. — Inflammation des gaines des tendons de la main. (*Gaz. hôp.*, p. 1177.) — Lymphangite survenant dans le cours d'un eczéma des mains. (*Ibid.*, p. 689.) — Epithélioma infiltré de la main. (*Prog. méd.*, p. 415.) — Plaie de la main. (*Ibid.*, p. 414.) — Main droite et main gauche. (*Journ. méd. chir. prat.*, p. 237.) — Luxation des métacarpiens sur le carpe. (*Revue Sc. méd.*, t. XXI, p. 658.) — Sur la rétraction de l'aponévrose palmaire. (*Lancet*, 6 janv.) — L'appareil du tact étudié sur la main des diverses races humaines et des singes, par A. Kollmann. (*Hambourg et Leipsig.*)

Maïs. — Propriétés hygiéniques du maïs. (*Revue méd.*, t. I, p. 157.)

Maisons. — Dangers au point de vue sanitaire des maisons mal construites. (*Bul. acad. méd.*, p. 1043.) — Sur les maisons de santé pour les buveurs habituels. (*Union méd.*, t. XXXV, p. 572.) — Maison nationale de Charenton. (*France méd.*, t. II, p. 432.)

Mal. — Perforant aux deux pieds d'origine spinale. (*Gaz. hôp.*, p. 1170.) — Origine dyscrasique du mal de Bright. (*Gaz. méd. Paris*, p. 265.) — Mal des montagnes. (*Ibid.*, p. 379.) — Mal de Pott sous-occipital. (*Prog. méd.*, p. 732.) (*Union méd.*, t. XXXV, p. 1073.) (*Ibid.*, t. XXXVI, p. 249.) — Mal de Pott cervical avec pachyméningite caséeuse et compression de la moelle. (*Paris méd.*, p. 161.) — Mal de mer, son traitement, indications fournies par ses causes. (*Ibid.*, p. 82.) — Injections de morphine. (*Ibid.*, p. 610.) — Traité par la pepsine. (*Ibid.*, p. 499.) — Mal rouge du porc. (*Gaz. hebd. Sc. méd. Bord.*, p. 80, 91.) — Mal de tête. (*Revue thérap.*, p. 134, 230.) — Glycosurie et polyurie chez l'enfant dans le mal de Pott. (*Revue Sc. méd.*, t. XXI, p. 239.) — Le mal de mer comme moyen thérapeutique. (*Médizinsk. Pribawlen. K. Morsk. Sbornikou*, avril.)

Malades. — Transport des malades contagieux. (*Prog. méd.*, p. 87, 954.)

Maladies. — Chirurgicales. Les eaux minérales dans les maladiés chirurgicales. (*Bull. acad. méd.*, p. 1355.) — Emploi des eaux minérales dans les maladies chroniques. (*Ibid.*, p. 674.) — Pleurésie dans les maladies du cœur. (*Ibid.*, p. 209.) — Diagnostic et traitement des maladies du cœur. (*Ibid.*, p. 50.) — Prophylaxie administrative des maladies contagieuses humaines à Paris. (*Ibid.*, p. 817.) — Etude sur la genèse des parasites des maladies contagieuses. (*Ibid.*, p. 1297.) — Organites et maladies contagieuses. (*Ibid.*, p. 1379.) — Influence du système nerveux sur les maladies cutanées. (*Ibid.*, p. 625.) — Remède contre les maladies cutanées. (*Ibid.*, p. 1332.) — Maladie du foie. (*Ibid.*, p. 74.) — Traitement des maladies du foie par les eaux de Pougues. (*Ibid.*, p. 612.) — Leçons sur les maladies mentales. (*Ibid.*, p. 353.) — Maladies paludéennes à la Guyane. (*Ibid.*, p. 1206.) — Maladie de la pierre à Bordeaux. (*Ibid.*, p. 1334.) — Traité des maladies puerpérales. (*Ibid.*, p. 727.) — Maladies régnantes à Lyon en 1882. (*Ibid.*, p. 459.) — Du Sénégal. (*Ibid.*, p. 631.) — Du sommeil. (*Ibid.*, p. 74.) — Traitement des maladies tropicales dans les climats tempérés. (*Ibid.*, p. 1269.) — Maladies vénériennes. (*Ibid.*, p. 672.) — Des voies urinaires. (*Ibid.*, p. 421.) — Maladies constitutionnelles et affections locales. (*Gaz. hôp.*, p. 795.) — Maladies virulentes, rôle des lymphatiques. (*Ibid.*, p. 1068.) — Maladies parasitaires au Japon. (*Sem. méd.*, p. 80.) — Maladie du comte de Chambord. (*Ibid.*, p. 251.) — Maladie de Basedow. (*Gaz. méd. Paris*, p. 554.) — Recherches sur les maladies de l'enfance. (*Ibid.*, p. 523, 592.) — Traité des maladies du cœur. (*Ibid.*, p. 518.) — Rapport sur les maladies épidémiques. (*Ibid.*, p. 280.) — Théorie microbienne des maladies infectieuses. (*Ibid.*, p. 163.) — Prophylaxie des maladies infectieuses et contagieuses chez les animaux domestiques et le cheval de guerre. (*Ibid.*, p. 5.) — Traitement abortif des maladies infectieuses. (*Ibid.*, p. 249.) — Leçons cliniques sur les maladies des femmes. (*Ibid.*, p. 166.) — Maladies de l'oreille. (*Ibid.*, p. 507.) — Leçons sur les maladies mentales. (*Ibid.*, p. 446.) — Maladies nerveuses des enfants d'âge scolaire. (*Ibid.*, p. 5.) — Sur les traitements des maladies nerveuses de la peau. (*Ibid.*, p. 5.) — Traité des névroses. (*Prog. méd.*, p. 193.) — De l'amblyopie croisée et de l'émianopsie dans les lésions cérébrales. Nouveau schéma du trajet présumé des nerfs optiques. (*Ibid.*, p. 738.) — Des lésions anatomiques et de la nature du myxœdème. (*Ibid.*, p. 737.) — Du traitement méthodique de la neurosthénie et de quelques formes d'hystères. (*Ibid.*, p. 737.) — Les hystériques, état physique et mental, actes insolites, délictueux et criminels. (*Ibid.*, p. 193.) — Maladie kystique du testicule. (*Union méd.*, t. XXXV, p. 260, 303.) — Maladies de Graves, diète lactée. (*Ibid.*, p. 791.) — Du larynx, du pharynx et de la trachée. (*Ibid.*, p. 55, 827, 1015.) — Maladies aiguës, leur influence sur l'évolution de la syphilis. (*Ibid.*, p. 393.) — De la peau, emploi de l'ergot de seigle. (*Ibid.*, p. 756.) — A hyperthermie, réfrigération. (*Ibid.*, p. 1085, 1098.) — Maladies inflammatoires, emploi de la glycérine. (*Ibid.*, p. 1029.) — Maladie de Duchenne vraie et pseudomaladie de Duchenne. (*Union méd.*, t. XXXVI, p. 773.) — Maladie d'Hébra ou érythème polymorphe exsudatif. (*Ibid.*, p. 842.) — Maladie de Thomsen, dysmyotomie congénitale. (*Ibid.*, p. 995.) — Maladies contagieuses, destruction et utilisation des cadavres des animaux. (*Ibid.*, p. 118.) — Maladies génitales de la femme ; rôle de la masturbation. (*Ibid.*, p. 250.)

— Maladies infectieuses, danger de contagion par l'emploi des vases en faïence tressaillée. (*Ibid.*, p. 342.) — Maladie de la mémoire et de la volonté. (*Ibid.*, p. 773.) — Maladies contagieuses, étude sur la genèse de leurs parasites. (*Ibid.*, p. 805.) — Altération du sang dans les maladies infectieuses. (*Paris méd.*, p. 5.) — Maladie nouvelle des nouveau-nés non encore décrite. (*Ibid.*, p. 6.) — Démangeaisons symptomatiques. (*Ibid.*, p. 174.) — Maladie aiguë de Menière, par otite aiguë catarrhale. (*Ibid.*, p. 337.) — Maladie bronzée d'Addison ou mélanodermie. (*Ibid.*, p. 529.) — Considérations sur la thérapeutique des maladies infantiles. (*Abeille méd.*, p. 475.) — Maladies de l'estomac. (*Journ. accouch. Liège*, p. 184.) — Mode de transmission des maladies infectieuses de la mère au fœtus. (*Thérap. contemp.*, p. 613.) — Maladie des roseaux. (*Thérap. contemp.*, p. 469.) — Maladies à symptômes obscurs ou trompeurs. (*Art méd.*, t. LVII, p. 203.) — Maladies professionnelles, mortalité d'après les professions. (*Revue Sc. méd.*, t. XXII, p. 509.) — Conditions sanitaires des ouvriers des grands chantiers. (*Ibid.*, p. 509.) — De la ténosité crépitante des professions. (*Ibid.*, p. 509.) — Accidents chez les scaphandriers. (*Ibid.*, p. 510.) — L'ouvrier mégissier; industrie du triage de plumes. (*Ibid.*, p. 510.) — Industrie des papiers peints. (*Ibid.*, p. 511.) — Manipulation du plomb. (*Ibid.*, p. 511.) — Céruseries anglaises. (*Ibid.*, p. 511.) — Saturnisme chez les fabricants d'instruments de musique. (*Ibid.*, p. 511.) — Accidents par l'acide hypoazotique. (*Ibid.*, p. 511.) — Les ouvriers secreteurs. (*Ibid.*, p. 511.) — Phosphorisme professionnel. (*Ibid.*, p. 511.) — Accidents dans les chambres d'usine à gaz. (*Ibid.*, p. 511.) — Fabrication du celluloïde. (*Ibid.*, p. 511.) — Industrie du crin frisé. (*Ibid.*, p. 510.) — Les nacriers. (*Ibid.*, p. 510.) — Ulcère stomacal chez les tourneurs en porcelaine. (*Ibid.*, p. 510.) — Les ardoisiers. (*Ibid.*, p. 510.) — Maladies des houilleurs. (*Ibid.*, p. 510.) — Myopie des enfileurs de broderie. (*Ibid.*, p. 510.) — Fièvre des jaugeurs de blé. (*Ibid.*, p. 510.) — Couleur verte des cheveux chez les ouvriers en cuivre. (*Ibid.*, p. 510.) — Accidents par l'emploi du bichromate chez les teinturiers. (*Ibid.*, p. 510.) — Des ouvriers qui travaillent le jute. (*Ibid.*, p. 519.) — Accidents par le tabac chez les ouvriers des manufactures. (*Ibid.*, p. 525.) — Hygiène de la vue chez les typographes. (*Ibid.*, p. 704.) — Diminution de l'ouïe chez les serruriers et les forgerons. (*Ibid.*, t. XXI, p. 721, t. XXII, p. 509.) — Sur un accident professionnel survenu chez un scaphandrier. (*Rev. d'hyg.*, v. 244, mars.)

Malaria. — Miasme de la malaria. (*Bull. acad. méd.*, p. 577.) — Bacille de la malaria. (*Ibid.*, p. 699.) — Malaria chez les femmes. (*Ibid.*, p. 671.) — Malaria en Italie. (*Union méd.*, t. XXXV, p. 868.) — Malaria et maladies périodiques. (*Paris méd.*, p. 464.) — Malaria traitée par le citron. (*Paris méd.*, p. 562.) (*Courrier méd.*, p. 218.) (*Abeille méd.*, p. 351.) — Des conditions étiologiques de la malaria. (*Gaz. méd. Nantes*, p. 161.) — Malaria. (*Revue méd.*, t. II, p. 198.) — Toile d'araignée contre la malaria. (*Bull. gén. thérap.*, p. 31.) — Ses causes, ses remèdes. (*Ibid.*, p. 481.) — Influence de la malaria sur la grossesse. (*Thérap. contemp.*, p. 613.)

Malaxation. — De l'œil après la sclérotomie. (*Gaz. méd. Paris*, p. 319.)

(*Prog. méd.*, p. 513.) (*Union méd.*, t. XXXVI, p. 8.) (*Gaz. méd. Nantes*, p. 144, 152.) (*Praticien*, p. 344.)

Malformation. — Des deux genoux. (*Union méd.*, t. XXXV, p. 915.) — Congénitale du gros orteil. (*Ibid.*, t. XXXVI, p. 573.) — De la poitrine en entonnoir. (*Revue Sc. méd.*, t. XXI, p. 455.) — De l'intestin. (*Ibid.*, p. 445.) — Des organes génitaux. (*Ibid.*, p. 445, 452.) — Malformation congénitale des membres chez un nouveau-né. (*Berlin. klin. Woch.*, 15 janvier.) — Arrêt de développement de la totalité du corps, chez une femme de 27 ans (aspect d'un enfant de 5 ans.) (*Ibid.*) — Monstruosité congénitale (membres palmés.) (*Berlin. klin. Woch.*, 26 février.) — Un cas de malformation congénitale multiple (sans autopsie). (*Glasg. med. Journ.*, p. 26.) — Un cas de transposition des viscères avec luxation en bas du foie. (*Glasg. med. Journ.*, p. 401.) — Hypertrophie congénitale des membres. (*Med. Times*, p. 514, 5 mai.) — Malformation du squelette de l'épaule. (*Ibid.*, p. 369, 31 mars.) — Quatre cas de malformation congénitale des organes génitaux chez la femme. (*Lancet*, 23 juin.)

Malléole. — Fractures de la malléole. (*Sem. méd.*, p. 213.) (*Prog. méd.*, p. 771.) (*France méd.*, t. II, p. 284.) (*Revue méd.*, t. II, p. 316.)

Mamelle. — Cancroïde de la mamelle. (*Gaz. hôp.*, p. 937.) — Glycosurie après l'ablation de la mamelle. (*Ibid.*, p. 261.) — Hypertrophie. (*Ibid.*, p. 317.) — Papilloma de la mamelle. (*Sem. méd.*, p. 373.) — Squirrhe de la mamelle. (*Ibid.*, p. 369.) — Traitement du phlegmon laiteux. (*Paris méd.*, p. 202.) (*Abeille méd.*, p. 199.) — Kystes simples de la mamelle. (*Gaz. méd. Nantes*, p. 179.) (*Revue méd.*, t. II, p. 876.) — Emploi du citron contre la maladie kystique de la mamelle. (*Ibid.*, p. 862.) — Aiguilles extraites de la mamelle chez une jeune femme. (*Revue méd. chir. mal. femmes*, p. 108.) — Développement de la mamelle. (*Revue Sc. méd.*, t. XXII, p. 9.) — Développement de la glande. (*Ibid.*, t. XXI, p. 408.) — Eczéma de la mamelle. (*Ibid.*, t. XXII, p. 628.) — Un cas de gynécomastie, (*Mediz. Wiéstnik.*, n° 12.) — Cancer de l'aréole et du bout du sein simulant un eczéma. (*Gaz. Sc. méd. Montp.*, n° 2.) — Ostéome carcinomateux de la mamelle. (*Med. news*, 19 mai, p. 565.) — Analyse de trente-neuf cas de tumeurs de la mamelle opérés consécutivement à la Western infirmary de Glasgow. (*Lancet*, 6 janv.) — Cancer en cuirasse du sein remarquable par son développement rapide et son extension. (*Berlin. klin. Woch.*, 8 oct.) — Squirrhe du sein chez l'homme. (*Boston med. Journ.*, p. 471, 15 nov.) — Adeno-sarcome du sein. (*Lancet* 30 juin.) — De la présence d'os et de cartilage dans une tumeur du sein chez la femme. (*Arch. f. klinische chir.*, XXVII, 3, p. 615.) — Deux cas de maladie de Paget du mamelon. (*Am. Journ. of the med. Sc.*, p. 116, juil.)

Mamelon. — Traitement des gerçures du mamelon. (*Revue méd.*, t. I, p. 618.)

Mammaire. — Hypertrophie mammaire. (*Revue thérap.*, p. 238.)

Manaca. — Des propriétés physiologiques de la manaca. (*Union méd.*, t. XXXV. p. 655.) — Son emploi dans le rhumatisme. (*Ibid.*, p. 656.) — Usages thérapeutiques. (*Paris méd.*, p. 346.)

Manganèse. — Dans le traitement de l'aménorrhée. (*Gaz. méd. Nantes*, p. 55.) — Pharmacologie du manganèse. (*Revue Sc. méd.*, t. XXII, p. 62.)

Manie. — Aiguë et menstruation. (*Gaz. hôp.*, p. 988.) — Manie chronique à forme rémittente. (*Gaz. méd. Paris*, p. 274.) — Manie aiguë périodique. (*Praticien*, p. 77.) — Traitement de la manie par le bromure d'éthyle. (*Revue Sc. méd.*, t. XXI, p. 264.)

Manite. — Dans l'urine. (*Revue Sc. méd.*, t. XXII, p. 456.)

Manœuvre. — Obstétricales externes chez les peuples primitifs. (*Journ. accouch. Liège*, p. 135, 147.) — Préventives pour éviter la déchirure du périnée. (*Ibid.*, p. 208.)

Manomètre. — (*Prog. méd.*, p. 386.)

Massage. — (*Bull. acad. méd.*, p. 1321.) — Dangers du massage. (*Sem. méd.*, p. 314.) — Du massage dans le traitement de l'hypopion. (*Union méd.*, t. XXXVI, p. 343.) — Massage utérin. (*Revue méd.*, t. I, p. 513.) — Massage contre les granulations. (*Journ. méd. chir. prat.*, p. 551.) — Du massage. (*Bull. gén. thérap.*, p. 270.) (*Thérap. contemp.*, p. 804.) — Physiologie du massage. (*Revue Sc. méd.*, t. XXII, p. 498.) — Du massage. (*Deutsche med. Woch.*, n° 12.) — Du massage. (Aliptic art.) (*Med. news*, 11 août.) — Heureux effets du massage dans certains cas d'asthénie nerveuse avec dyspepsie. (*Lancet*, 2 juin.) — Chorée aiguë traitée par le massage. (*Lancet*, 10 fév.)

Mastite. — Traitement de la mastite. (*Abeille méd.*, p. 192.)

Mastoïde. — Suppuration des cellules mastoïdiennes, trépanation, guérison. (*Concours méd.*, p. 537.) — Ouverture du sinus transverse dans une trépanation mastoïde. (*Revue Sc. méd.*, t. XXI, p. 723.) — Polypes de l'apophyse mastoïde. (*Ibid.*, p. 722.) — Cholestéotome de l'apophyse mastoïde. (*Ibid.*, p. 725.)

Masturbation. — Du rôle de la masturbation dans l'étiologie des maladies génitales de la femme. (*Union méd.*, t. XXXVI, p. 250.)

Maté. — Recherches sur le maté. (*Revue Sc. méd.*, t. XXII, p. 85.)

Maternité. — De Bruxelles. (*Journ. accouch. Liège*, p. 2, 84.)

Matières. — Réaction des matières amylacées. (*Sem. méd.*, p. 365.) — Dosage des matières extractives (*Gaz. méd. Paris*, p. 163.) — La matière et ses transformations. (*Union méd.*, p. 864.) — Incontinence des matières fécales chez les enfants. (*Revue mens. mal. enfance*, p. 192.) — Manuel de matières médicales. (*Revue Sc. méd.*, t. XXI, p. 107.)

Matrice. — Traitement de la chute de matrice par le cloisonnement du vagin. (*Bull. acad. méd.*, p. 72.) — Electrisation et contractibilité de la matrice. (*Ibid.*, p. 1442.) — Absence de matrice. (*Courrier méd.*, p. 274.)

Maturation. — Etude clinique sur la maturation artificielle de la cataracte. (*Union méd.*, t. XXXVI, p. 350.) (*Thérap. contemp.*, p. 443.)

Mauhourat. — Du rôle de l'eau de Mauhourat dans la cure de Cauterets. (*Bull. gén. thérap.*, p. 205.)

Maurice. — Influence de l'opium et du hachisch sur la criminalité à l'île Maurice. (*Abeille méd.*, p. 247.)

Maxillaire. — Luxation en arrière du maxillaire inférieur. (*Bull. acad. méd.*, p. 775.) — Atrésie du maxillaire supérieur. (*Gaz. hôp.*, p. 923.) (*France méd.*, t. II, p. 340.) — Tumeur du maxillaire supérieur. (*Abeille méd.*, p. 162.) — Résection du corps du maxillaire inférieur. (*Gaz. méd. Nantes*, p. 25.) — Sur un moyen de faciliter l'anesthésie dans les opérations anti-maxillaires. (*Bull. gén. thérap.*, p. 229.) — Valeur diagnostique de la périostite alvéolaire des maxillaires dans le diabète. (*Rev. Sc. méd.*, t. XXII, p. 170.) — Kyste du maxillaire. (*Ibid.*, t. XXI, p. 688.) — Résection de l'os malaire. (*Ibid.*, p. 686.) — Ostéosarcome du maxillaire supérieur. (*Ibid.*, t. XXII, p. 300.) — Périostose diffuse du maxillaire. (*Ibid.*, p. 301.) — Résection du maxillaire. (*Ibid.*, p. 301.) — Pseudarthrose de la mâchoire inférieure. (*Mediz. Westnik*, n°s 27 et 28.) — Kyste des mâchoires et leur étiologie. (*Brit. med. Journ*, p. 1, janv.) — De l'ankylose de la mâchoire inférieure et de son traitement par un procédé nouveau. (*Amer. Journ. of the med. Sc.*, p. 454.) — Sarcome du sinus maxillaire, résection de la mâchoire supérieure ; guérison. (*Brit. med. Journ.*, p. 323, août.) — Adéno-ostéo-chondrome de la glande sous-maxillaire. (*Med. news*, 22 déc., p. 693.) — Appareil pour la prothèse du maxillaire inférieur. (*Verhandl. der deuts. ges. f. chir.*, 12e congrès.) — Adénome du maxillaire inférieur. (*Journ. de méd. de l'Ouest*, mai.) — Nécrose phosphorée du maxillaire supérieur droit chez un homme de 36 ans. Extraction de cet os par sa face orbitaire. Suture périostique. (*Corr. Blatt. schweizer Aerzte*, n° 21, p. 526, nov.)

Mécanique. — Animale. (*Bull. acad. méd.*, p. 1117, 1118, 1028.) (*Sem. méd.*, p. 230.) — Etude rétrospective sur les progrès réalisés dans l'histoire des mécanismes de la locomotion chez l'homme. (*France méd.*, t. II, p. 229.)

Médecin. — Devoirs privés et publics du médecin. (*Bull. acad. méd.*, p. 545.) — Le médecin à différentes époques. (*Ibid.*, p. 746.) — Médecins auxiliaires militaires ; règlement. (*Gaz. hôp.*, p. 741.) — Médecins de la réserve. (*Ibid.*, p. 669.) — Des bureaux de bienfaisance. (*Ibid.*, p. 1038.) — Nécessité de nommer dans tous les pays des médecins scolaires. (*Gaz. méd. Paris*, p. 4.) — Médecins du temps de l'an 1600. — Exemple de l'intolérance des névropathes pour les médecins. (*France méd.*, t. I, p. 606.) — Situation des médecins en France. (*Courrier méd.*, p. 405.) — Médecins des colonies. (*Gaz. hebd. Sc. méd. Bord.*, p. 212.) — Protestation des médecins accoucheurs. (*Revue méd.*, t. I, p. 683, 719.) — Médecins et biologistes. (*Thérap. contemp.*, p. 33.) — Le médecin chez les Peaux-Rouges de la Guyane. (*Praticien*, p. 509.)

Médecine. — Exercice de la médecine à la campagne. (*Bull. acad. méd.*, p. 250, 497, 608.) — Exercice de la médecine dans le Morbihan. (*Ibid.*, p. 1335.) — Médecine chez les Celtes. (*Ibid.*, p. 1491.) — Médecine légale. (*Ibid.*, p. 1004.) — Légale en Chine. (*Ibid.*, p. 1491.) — Légale vétérinaire. (*Ibid.*, p. 5.) — Organisation d'une direction de la médecine publique.

(*Ibid.*, p. 713, 817, 984.) — Médecine publique en Angleterre. (*Ibid.*, p. 777.)— Application de l'entomologie à la médecine. (*Gaz. hôp.*, p. 212.) — Docimasie hydrostatique. (*Ibid.*, p. 444.) — Médecine pratiquée par les animaux. (*Ibid.*, p. 92.) — Médecine militaire, école préparatoire. (*Union méd.*, t. XXXVI, p. 629.) — La médecine dosimétrique. (*France méd.*, t. I, p. 336.) — De la médecine pratique en Algérie. (*Ibid.*, t. II, p. 551.) — Médecine aux Etats-Unis. (*Ibid.*, p. 731.) — Médecine pratique de l'enfance. (*Journ. accouch. Liège*, p. 3, 15, 33, 44, 55, 66, 70, 91, 102, 115, 127, 139, 151, 163, 178, 191, 227, 238, 250, 262, 274, 286.) — Note sur la possibilité de faire disparaître un cadavre. (*Revue méd.*, t. II, p. 757.) — Médecine chez les bêtes. (*Revue thérap.*, p. 99.) — Médecine expectante et agissante. (*Thérap. contemp.*, p. 135.) — Médecine de la foi. (*Praticien*, p. 1.) — De la strangulation, de la pendaison. (*Rev. Sc. méd.*, t. XXII, p. 656, 660.) — Atélectasie pulmonaire. (*Ibid.*, p. 662.) — De la submersion. (*Ibid.*, p. 663. 664.) — Distinction du sang de l'homme et des mammifères. (*Ibid.*, p. 665.) — Altérations des milieux réfringents de l'œil chez les fœtus macérés. (*Ibid.*, p. 665.) — Application de l'entomologie à la médecine. (*Ibid.*, p. 666.) — Distinction entre les poils des hommes et les poils des animaux. (*Ibid.*, p. 667.) — Les déchirures cervico-vaginales. (*Ibid.*, p. 668.) — Blessures du crâne. (*Ibid.*, p. 668.) — Blessures par les explosifs. (*Ibid.*, p. 669.) — Moulage de la tête du fœtus. (*Ibid.*, p. 670.) — Etude médicale sur les testaments contestés pour cause de folie. (*Ibid.*, t. XXI, p. 260.) — Traité de chirurgie de guerre. (*Ibid.*, p. 726.) — L'hôpital et la caserne de l'avenir. (*Ibid.*, p. 726.) — Etat sanitaire de l'armée prussienne. (*Ibid.*, t. XXII, p. 751.) — Antropométrie médicale au point de vue du recrutement des cuirassiers. (*Ibid.*, t. XXI, p. 733.) — Maladies les plus fréquentes chez les soldats pendant la première année du service. (*Ibid.*, t. XXII, p. 754.) — Vaccination dans l'armée française et l'armée prussienne. (*Ibid.*, p. 95.) — Variole dans l'armée. (*Ibid.*, p. 95.) — Les maladies syphilitiques et leur prophylaxie dans les armées d'Europe. (*Ibid.*, t. XXI, p. 735.) — Les ophthalmies contagieuses comme motif d'exclusion au moment du recrutement. (*Ibid.*, t. XXII, p. 757.) — Les blessures causées par les substances explosibles modernes. (*Ibid.*, p. 669.) — La transfusion du sang en campagne. (*Ibid.*, t. XXI, p. 737.) — Desiderata du service de santé en campagne. (*Ibid.*, p. 731.) — De l'emploi de la bande d'Esmarch en campagne. (*Ibid.*, p. 780.) — Transport des blessés à bord des navires. (*Ibid.*, p. 732.) — Utilisation des fleuves et des canaux pour l'évacuation des malades et des blessés. (*Ibid.*, t. XXII, p. 757.) — Atlas de médecine légale, par Adolf Lesser. (*Berlin.*) — Le paragraphe 224 du Code pénal allemand (blessures) au point de vue médico-légal. (*Viertelj. f. gericht. med.*, XXXVIII, p. 93, janv.) — Prétendu étranglement criminel, interprétation inexacte des hypostases cadavériques habituelles. Mort naturelle. (*Ibid.*, p. 71, janv.) — Soupçon de meurtre par strangulation. Divergence des experts. (*Ibid.*) — Etat mental de trois épileptiques chez lesquels les crises avaient cessé depuis des années. (*Ibid.*, p. 21, janv.) — Meurtre involontaire d'un enfant par confusion du calomel avec la morphine. (*Ibid.*, p. 82, janv.) ·

La sage-femme M... en pratiquant de son chef la version et l'extraction d'un jumeau, a-t-elle agi contrairement aux règles de son art? (*Ibid.*, p. 87, janv.) — Note médico-légale sur le testament d'une démente paralytique. (*Ann. d'hyg. publ.*, IX, 28 janv.) — La mort a-t-elle été causée par la blessure du crâne ou par la phtisie pulmonaire? Rapport nécrologique. (*Viertelj. f. gericht med.*, p. 355, avril.) — Lésions rares de la strangulation. (*Ibid.*) — Jalousie ou folie? Rapport médico-légal. (*Ibid.*, p. 238, avril.) — Sept rapports médicaux sur les troubles mentaux. (*Ibid.*) — Violences légères sur la tête. Hémorrhagies multiples dans diverses portions de la masse encéphalique. Mort rapide. (*Ann. d'hyg. publ.*, février.) — Rapport médico-légal sur un cas de plaie pénétrante de poitrine rapidement mortelle. (*Corresp. Blatt. f. schweizer Aerzte*, 15 février.) — La médecine légale à l'île Maurice. (*Ann. d'hygiène publ.*, mars.) — L'habillement et l'hygiène des troupes. (*Journ. d'hyg.*, p. 61.) — Les causes d'erreurs dans les expertises relatives aux attentats à la pudeur. (*An. d'hyg., publ.*, juillet.) — Les institutions médicales de la Finlande. (*Nordiskt. med. Arkiv.*, n° 2.) — Présomption d'infanticide. Mort vraisemblablement naturelle. (*Viertelj. f. gericht. med.*, juillet.) — Homicide soupçonné d'une mère et de son enfant par strangulation ou empoisonnement avec combustion consécutive, en réalité mort par combustion accidentelle. (*Ibid.*, juillet.) — Nouveau-né. Mort probablement naturelle tenant à l'accouchement lui-même. (*Ibid.*) — Consultation médico-légale dans une affaire d'avortement. (*Ann. d'hyg. publ.*, juillet.) — Rapport médico-légal sur un cas de morphiomanie. (*Ibid.*, X, 22 juillet.) — La croix rouge en Allemagne, par F. von Criegern. (*Leipzig.*) — Manuel d'instruction pour les infirmiers militaires, par Knorr. (*Berlin.*) — L'hôpital Victoria au Caire. (*Brit. med. Journ.*, 16 juin.) — De la prédisposition des soldats (anglais) vis-à-vis des maladies de l'appareil circulatoire. (*Ibid.*, 16 juin.) — Des signes extérieurs de l'aptitude physique du soldat. (*Der militairarzt*, n°s 4-6.) — La chirurgie d'armée d'il y a mille ans. (*Arch. fur Klin. chir.*, t. XVIII, p. 862.) — Fracture de la première côte par le recul du fusil. (*Deutsch militairarzt. zeitsch.*, p. 244.) — Les principes de l'alimentation du soldat. (*Der militairarz.*, n°s 4-7.) — Les Français et la découverte de la circulation. (*Arch. f. path. anat. u Physiol.*, Bd. XCIV, hft. I, p. 86.) — De l'enseignement de la médecine en Italie. (*Arch. Ital. de Biol.*, 20 mai.) — Le médecin devant les cours d'assises. (*Rev. scientifique*, 29 déc.) — Recherches sous une tache d'encre, photogénie et photochimie. (*Lyon méd.*, 9 déc.) — Remarques sur l'infanticide avec obs. d'un cas d'infanticide par submersion. (*Boston med. and surg. Journ.*, 25 oct.) — Etude médico-légale sur l'affaire Peltzer. (*Dublin Journ. of med. Sc.*, p. 106, fév.) — De la situation des médecins militaires en Autriche-Hongrie. (*Der Feldartzt*, n° 9.) — Trois cas de coup de feu du thorax. (*Wiener med. Presse*, n°s 36-37.) — Brancard à ressorts et à plancher pour le transport des blessés. (*Centralb. f. chir.*, n° 40.) — Coup de feu du thorax : enkystement pendant 20 ans de la balle dans le périoste d'une côte. (*St-Petersbourg med. Woch.*, n° 24.) — Du suicide dans l'armée italienne. (*Giornale di medicina militare*, p. 526.) — La folie dans l'armée italienne. (*Ibid.*, p. 537.) — La rougeole dans l'armée italienne. (*Ibid.*, p. 673.) — Aménagement d'une voiture du train pour le transport des blessés légèrement atteints. (*Deutsche med. zehft.*, p. 496.) — Sur le transport des malades et blessés par les voies ferrées, dans les climats tropicaux, par Govi. (*Amsterdam.*) — Les voitures pour transport des blessés et trains sanitaires à l'Exposition d'hygiène de Berlin. (*Deutsche mil. zehft.*, n° 10.) — Plaie pénétrante de l'abdomen ; deux balles de mitrailleuse, dont une restée dans la cavité abdominale. (*Ibid.*, p, 407.) — Les contrastes sanitaires entre les armées française et anglaise pendant la guerre de Crimée, par Longmore. (*Londres.*) — Harvey et la Méthode expérimentale. (*Revue scient.*, 28 juil.) — Trois lettres d'Arantius, Canano et Fallope. (*Anal. universali*, août.) — Rapport médico-légal sur un squelette trouvé dans un bois, avec perte de substance considérable au niveau d'un des pariétaux. (*Viertelj. f. gerichtliche med.*, p. 272, oct.) — Rapport médico-légal sur une question de priorité de genre de mort (suffocation par aliments ou apoplexie cérébrale. (*Ibid.*, t. XXXIX, 279. oct.) — Rapport du comité consultatif prussien pour les affaires médicales sur un cas de blessure suivi de mort. (*Ibid.*, 193, oct.) — Rapport médicolégal sur l'état mental d'une femme poursuivant un prêtre de ses obsessions amoureuses. (*Ann. d'hyg. publ.*, sept.) — Statistique de la pendaison. (*Lyon méd.*, 2 sept.) — La réorganisation de la médecine militaire. (*Revue scientif.*, 21 juillet.) — Programme des cours théoriques et pratiques de Berthoud (Berne), à l'usage des infirmiers volontaires. (*Corresp. Bl. f. schweizer Aerzte*, n° 20, p. 504, 15 oct.)

Médical. — Statistique quinquennale du personnel médical en France. (*Bull. acad. méd.*, p. 1367.) — Des déterminations articulaires des maladies infectieuses, pseudo-rhumatisme infectieux. (*Prog. méd.*, p. 593.) — La fièvre typhoïde et les bains froids à Lyon. (*Ibid.*, p. 593.) — De la fièvre typhoïde. (*Ibid.*, p. 593.) — Service médical à Nantes sous l'ancien régime. (*Gaz méd. Nantes*, p. 61, 93, 125, 161, 177.)

Médicaments. — Vétérinaires. Vente des médicaments vétérinaires par les vétérinaires. (*Bull. acad. méd.*, p. 1204.) — Erreurs dans l'administration des médicaments. (*Ibid.*, p. 1352.) — Vente de médicaments non-autorisés. (*Ibid.*, p. 1352.) — Doses maxima des médicaments toxiques (*Sem. méd.*, p. 270.) — Médicaments vendus par les médecins. (*Ibid.*, p. 321.) — Médicaments hypothermisants. (*Gaz. méd. Paris*, p. 516.) — Médicaments nouveaux. (*Ibid.*, p. 513.) — Influence de quelques médicaments sur la sécrétion lactée. (*Union méd.*, t. XXXV, p. 841.) — De quelques médicaments savoureux dans la thérapeutique infantile. (*Ibid.*, t. XXXVI, p. 350.) — Les médicaments dans l'armée. (*France méd.*, t. I, p. 288.) — Médicaments explosibles. (*Courrier méd.*, p. 211.) — Médicaments granulés de Mentel. (*Ibid.*, p. 42.) — Note sur la manière d'administrer les médicaments. (*Concours méd.*, p. 116.) — Médicaments galactogènes. (*Revue méd. chir. mal. femmes*, p. 291.) — Effets des médicaments sur la nourrice et le nourrisson pendant l'allaitement. (*Revue Sc. méd.*, t. XXI, p. 84.) — Passage des médicaments par la bile après leur résorption par la muqueuse rectale. (*Ibid.*, p. 90.)

Médication. — Alcaline. (*Gaz. méd. Paris*, p. 470.) — Antimicrobique. (*Prog. méd.*, p. 672.) — Purgative. (*Union. méd.*, t. XXXV, p. 1147.) — Arsénicale. (*Revue méd.*, t. II, p. 560.) — Reconstituante. (*Thérap. contemp.*, p. 201.)

Mégalanthropogonésie. — (*Praticien*, p. 575.)

Mégissier. — Hygiène du mégissier. (*Revue Sc. méd.*, t. XXII, p. 510.

Mélancolie. — Démence. (*Revue Sc. méd.*, t. XXII, p. 643.) — Bruit auriculaire objectif comme cause de mélancolie. (*Ibid.*, t. XXI, p. 719.)

Mélanosarcome. — Et mélaniémie chez un cheval blanc. (*Abeille méd.*, p. 208.)

Mélanose. — Présence du fer dans les tumeurs. (*Revue Sc. méd.*, t. XXI, p. 41.)

Membres. — La circulation dans les membres inférieurs. (*Union méd.*, t. XXXVI, p. 496.) — Nerfs vaso-dilatateurs du membre inférieur. (*Abeille méd.*, p. 325.) — De l'influence du retrait de la membrane interosseuse sur la perte des mouvements de supination dans les fractures de l'avant-bras. (*Revue Sc. méd.*, t. XXI, p. 292.) — Ulcères syphilitiques du membre inférieur. (*Ibid.*, p. 255.)

Mémoire. — Physiologie de la mémoire. (*Revue méd.*, t. I, p. 4.) — Perte de mémoire consécutive aux traumatismes crâniens. (*Revue Sc. méd.*, t. XXII, p. 642.)

Mémorandum. — Obstétrical. (*Union méd.*, t. XXXV, p. 3, 78, 161.)

Ménière. — Maladie de Ménière, traitement. (*Prog. méd.*. p. 580.) (*France méd.*, t. I, p. 337.) (*Revue méd.*, t. I, p. 381.)

Méninges. — Congestion rhumatismale. (*Journ. méd. chir. prat.*, p. 202.) — Calcification de la dure-mère spinale. (*Revue Sc. méd.*, t. XXII, p. 186. — Tumeur péri-méningée amenant l'atrophie de la moelle. (*Ibid.*, p. 187.) — Cancer de la pie-mère. (*Ibid.*, t. XXI, p. 557.) — Du micrococcus de la méningite cérébro-spinale. (*Cent. f. klin. med.*, p. 161.) — Double étranglement papillaire avec périnévrite dans un cas d'hématome de la dure-mère. (*Neurolog. centralbl.*, p. 125.) — Méningite probablement tuberculeuse, traitement par l'iodure de potassium. Guérisom. Aphasie consécutive. (*Gaz. hebd. des Sc. méd. Montp.*, n° 6.) — Un cas de méningite cérébro-spinale non épidémique. (*Protokol ziasiéd kawska-med. obsch.*, n° 2.) — De la méningite tuberculeuse. (*Jahrb. f. Kinderheilk.*, Bd, XIX, helft.) — Méningite cérébro-spinale chez une fille de 10 ans. Guérison. (*Journ. de méd. de Bordeaux*, 8 avril.) — Un cas de méningite tuberculeuse. (*Corr. Blatt. schweizer Aerzte*, août.) — Méningite tuberculeuse. (*Edim. med. Journ.*, février.) — Anomalies des sinus de la dure-mère. Développement de ces sinus, etc. (*Arch de physiol.*) — Anatomie pathologique de la méningite tuberculeuse. (*Arch. per le Sc. méd.*, VII, n° 1.) — Méningite aiguë à forme foudroyante, mort en vingt-quatre heures. Autopsie incomplète; probablement méningite cérébro-spinale. (*Lancet*, 7 avril.) — Méningite spinale consécutive à une contusion du rachis; guérison. (*Lancet*, 5 mai.) — Cérébro-spinale épidémique en

Grèce en 1869. (*Bull. acad. méd.*, p. 457.) — Méningite des enfants, traitement. (*Gaz. hôp.*, p. 387.) — Tuberculeuse. (*Sem méd.*, p. 312.) — Méningite aiguë suppurée consécutive à une otite moyenne et à la suppuration des cellules mastoïdiennes. (*Prog méd.*, p. 71.) — Méningite chronique, œdème sous-arachnoïdien très marqué. (*Ibid.*, p. 171.) — Suppurée. (*Ibid.*, p. 370.) — De la thermométrie dans la méningite tuberculeuse des enfants. (*Union méd.*, t. XXXVI, p. 327.) — Mortalité de la méningite comparée à celle de la fièvre typhoïde. (*Paris méd.*, p. 147.) — Méningite tuberculese, aphasie au début. (*Ibid.*, p. 425.) — Iodoforme dans la méningite tuberculeuse. (*Paris, méd.*, p. 190.) — Note sur le diagnostic de la méningite. (*Concours méd.*, p. 76.) — Méningite chronique chez les enfants. (*Revue mens. mal. enfance*, p. 497.) — Méningite centrale chronique. (*Revue Sc. méd.*, t. XXI, p. 556.) — Etat de la moelle dans la méningite tuberculeuse et purulente de la base du crâne. (*Ibid.*, t. XXII, p. 185.) — Méningite cérébro-spinale épidémique. (*Ibid.*, p. 187.) — Formation d'une néo-membrane dans la caisse du tympan comme résultat de la pachyméningite hémorrhagique. (*Ibid.*, t. XXI, p. 719.) — Encéphalite chez un nourrisson. (*Ibid.*, p. 228.) — Méningite aiguë de la convexité. (*Ibid.*, t. XXII, p. 613.) — Aiguë des buveurs. (*Ibid.*, p. 658.) — Cérébro-spinale des enfants. (*Ibid.*, t. XXI, p. 227.)

Méningocèle. — De la région occipitale. (*Paris méd.*, p. 114.) (*Courrier méd.*, p. 149.) (*Abeille méd.*, p. 165.) (*Revue mens. mal enfance*, p. 197.) — Pseudo-méningocèle. (*Revue Sc. méd.*, t. XXI, p. 225.) — Hydrocéphalie chronique avec méningocèle. (*Ibid.*, p. 228.)

Ménopause. — Hémorrhagie utérine après la ménopause. (*Abeille méd.*, p. 441.)

Ménorrhagie. — Potion contre la ménorrhagie. (*Sem. méd.*, p. 375.) — Du cannabis indica comme spécifique de la ménorrhagie. (*Bull. gén. thérap.*, p. 77.)

Menstruation. — Et manie aiguë. (*Gaz. hôp*, p. 988.) — Théorie physiologique de la menstruation. (*Ibid.*, p. 932.) — Menstruation supplémentaire. (*Sem. méd.*, p. 19.) — Menstruation et ovulation, p. 415.) — Menstruation précoce. (*Ibid.*, p. 462, 474.) — Age de sa première apparirition en Finlande. (*Courrier méd.*, p. 445.) — Menstruation à l'âge de septante-six ans. (*Journ. accouch. Liège*, p. 71.) — Muqueuse pendant la menstruation. (*Ibid.*, p. 183.) — Ovariotomie double suivie des phénomènes de menstruation. (*Revue méd.*, t. II, p. 347.) — Déviation ; hématurie. (*Journ. méd. chir. prat.*, p. 161.) — Menstruation compensatrice par le conduit auditif externe. (*Revue méd. chir. mal. femmes*, p. 350.) — Menstruation et métrorrhagie dans le typhus, la fièvre typhoïde et la fièvre récurrente. (*Revue méd. chir. mal. femmes*, p. 534.) — Troubles de la menstruation après les lésions chirurgicales ou traumatiques et après l'ovariotomie. (*Ibid.*, p. 103.) — Hémorrhagie chez les femmes opérées de hernie à l'époque de la menstruation. (*Revue Sc. méd.*, t. XXII, p. 693.) — Influence des lésions du cœur sur la menstruation. (*Ibid.*, t. XXI, p. 131.) — Influence des émanations du tabac sur la menstruation. (*Ibid.*, t. XXII, p. 525.) — Manie survenant à l'époque fixée pour la menstruation après une hystérotomie. (*Ibid.*, t. XXI, p. 651, — Herpès. (*Ibid.*, t. XXII, p. 628.) — Erysipèle. (*Ibid.*, t. XXI, p. 614.) — Troubles oculaires en relation avec la menstruation normale. (*Centralb. f. prakt. Augenheilk*, mai.) — Emploi du manganèse dans le traitement de l'aménorrhée. (*Lancet*, 6 janvier.) — Leçons sur la physiologie comparée de la menstruation. (*Brit. med. Jour.*, p. 395, mars.) — Menstruation après l'extirpation des ovaires. (*Med. news*, 29 sept., p. 346.) — Recherches sur l'époque du début de la menstruation en Finlande. (*Cent. f. Gynaek.*, n° 5.)

Mentagre. — Pommade contre la mentagre. (*Union méd.*, t. XXXV, p. 36.)

Mentales. — Leçons sur les maladies mentales. (*Thérap. contemp.*, p. 299.) — Manuel des maladies mentales. (*Ibid.*, p. 381.)

Menton. — Climat de Menton, sa spécialisation médicale. (*Gaz. méd. Nantes*, p. 123.)

Mercure. — Bichlorure de mercure dans les affections nasales. (*Prog. méd.*, p. 1041.) — Mercure métallique dans les rétrécissements de l'intestin. (*Paris méd.*, p. 186.) — Traitement de la syphilis par les frictions mercurielles. (*Bull. gén. thérap.*, p. 91.) — Analyse de la salive de stomatite. (*Revue Sc. méd.*, t. XXI, p. 444.) — Accidents par le mercure chez les ouvriers secréteurs. (*Ibid.*, t. XXII, p. 511.) — Empoisonnement par le mercure, simulant la sclérose en plaques. (*Ibid.*, t. XXI, p. 505.) — Calcification des reins et décalcification des os dans l'intoxication par le sublimé. (*Ibid.*, t. XXII, p. 80.) — Iléus guéri par le mercure coulant. (*Ibid.*, p. 686.) — De l'emploi du sublimé en solution pendant l'accouchement et les suites de couches. (*Ibid.*, p. 267.) — Des injections sous-cutanées de peptone dans le traitement de la syphilis. (*Ibid.*, t. XXI, p. 256.)

Mésentère. — Déductions chirurgicales du mésentère. (*Union méd.*, t. XXXV, p. 747.) — Extraction d'un kyste du mésentère. (*Abeille méd.*, p. 231.) — (*Revue Sc. méd.*, t. XXII, p. 693.)

Métalloscopie. — Explication des phénomènes. (*Gaz. hôp.*, p. 213.) (*Sem. méd.*, p. 47.) — Métalloscopie. (*Prog. méd.*, p. 190.) (*Revue méd.*, t. II, p. 6.)

Métallothérapie. — Et maladies virulentes. (*Gaz. hôp.*, p. 578, 717.) — Origine de la métallothérapie. (*Ibid.*, p. 475.) (*Sem. méd.*, p. 156.) (*Gaz. méd. Paris*, p. 369.) — Métallothérapie. (*Prog. méd.*, p. 511.) — Métallothérapie chez les enfants, hémisthésie guérie par l'or. (*Paris méd.*, p. 421.) — Métallothérapie contre l'hystérie. (*Journ. accouch. Liège*, p. 146.) — Métallothérapie. (*Revue thérap.*, p. 466.) — Action de la métallothérapie sur les mouvements vibratiles de l'épithélium. (*Revue Sc. méd.*, t. XXI, p. 491.)

Métallurgie. — Corps étrangers spéciaux aux ouvriers de la métallurgie. (*Bull. acad. méd.*, p. 1334.) (*Revue thérap.*, p. 244.)

Métamorphose. — Etude sur la métamorphose graisseuse des **reins.** (*Union méd.*, t. XXXVI, p. 444.)

Métastase. — Des tumeurs par l'intermédiaire des conduits lymphatiques du système nerveux et spécialement vers les franges arachnoïdiennes. (*Revue Sc. méd.*, t. XXI, p. 50.)

Métaoxybenzoïque. — Effets de l'acide métaoxybenzoïque. (*Revue Sc. méd.*, t. XXI, p. 499.)

Météorologiques. — Observations. (*Bull. acad. méd.*, p. 1492.)

Méthémoglobine. — De la méthémoglobine. (*Revue Sc. méd.*, t. XXI, p. 47.)

Méthylkyanaéthine. — Action de la méthylkyanaéthine. (*Revue Sc. méd.*, t. XXI, p. 497.)

Méthode. — Hypodermique chez les nerveux et les aliénés. (*Gaz. méd. Paris*, p. 403.) — Méthode réfrigérante dans la fièvre typhoïde. (*France méd.*, t. I, p. 390.) — Méthodes antiseptiques en obstétrique. (*Revue méd.*, t. II, p. 611.) — Méthodes de traitement, uniformes. (*Thérap. contemp.*, p. 89.)

Méthylchloroforme. — (*Sem. méd.*, p. 330.) (*Prog. méd.*, p. 955.)

Méthylène. — Chlorure de méthylène. (*Gaz. hôp.*, p. 381, 405.) — Bichlorure de méthylène. (*Gaz. méd. Nantes*, p. 122.)

Métis. — Humains. (*Bull. acad. méd.*, p. 208.)

Métrite. — Leçons sur la thérapeutique de la métrite. (*France méd.*, t. I, p. 28, 38, 53, 62.) — Métrite catarrhale chronique et son traitement. (*Paris méd.*, p. 524.) (*Abeille méd.*, p. 429.) — Préparation contre la métrite. (*Revue méd. chir. mal. femmes*, p. 358.) — Endo-métrite myomateuse. (*Revue Sc. méd.*, t. XXII, p. 235.) — Endo-métrite kystique de la caduque. (*Ibid.*, p. 504.) — Etiologie de l'endo-métrite fongueuse. (*Ibid.*, p. 572.)

Métrorrhagies. — Névralgiques. (*Gaz. hôp.*, p. 131.) — Simples, sans fluxions. (*Ibid.*, p. 658.) — Injections vaginales d'eau chaude. (*Paris méd.*, p. 225.) — Métrorrhagies consécutives aux congestions ovariennes. (*Journ. accouch. Liège*, p. 97.) — Suppositoire contre la métrorrhagie. (*Revue méd.*, t. II, p. 204.)

Miasmes. — Note sur les miasmes contagieux de la scarlatine et de la rougeole. (*Union méd.*, t. XXXV, p. 35.)

Mica panis. — Pilules de mica panis dans un cas de contracture hystérique ancienne. (*Bull. gén. thérap.*, p. 143.)

Microbes. — Rôle des microbes et des doctrines microbiennes dans la pathologie. (*Bull. acad. méd.*, p. 315, 332, 395, 416, 509, 547, 586, 614, 985, 1239, 1372.) — Microbes dysentériques. (*Ibid.*, p. 75.) — Microbes de la morve. (*Ibid.*, p. 1239.) — Microbes dans la variole, la vaccine et l'érysipèle. Du siège des microbes. (*Gaz. hôp.*, p. 765.) — Microbes dans le sang normal. (*Ibid.*, p. 669.) — De la phthisie. (*Ibid.*, p. 226.) — De la tuberculose. (*Ibid.*, p. 537.) — Microbes du choléra des poules. (*Ibid.*, p. 523.) — Microbes de vaccination charbonneuse. (*Ibid.*, p. 356.) —

Microbes et microzymas. (*Sem. méd.*, p. 248, 259.) — Action toxique des métaux sur les microbes. (*Gaz. méd. Paris*, p. 551.) — Microbes des poissons marins. (*Ibid.*, p. 73.) — Microbes dans le liquide des pustules ecthymateuses chez un typhique. (*Prog. méd.*, p. 392.) — Sur l'évolution des microbes. (*Union méd.*, t. XXXV, p. 31.) — Microbes en dermatologie et en syphiligraphie. (*Ibid.*, t. XXXVI, p. 720.) — Microbes et traitement de la fièvre typhoïde. (*France méd.*, t. I, p. 368, 439.) — Histoire des microbes et de leurs rapports avec les maladies. (*Ibid.*, t. II, p. 209, 272, 669, 704, 728, 849.) — Spécificité des microbes. (*Paris méd.*, p. 18.) — Microbes des suppurations bleues ou pyocyanine. (*Ibid.*, p. 38.) — Microbes et nitrate dans le sein de la terre. (*Ibid.*, p. 91.) — Dans l'atmosphère. (*Ibid.*, p. 149.) — Les microbes chez les animaux. (*Courrier méd.*, p. 55.) — Leur atténuation par l'oxygène et la chaleur. (*Ibid.*, p. 195.) — Les microbes et la pathologie médicale. (*Concours méd.*, p. 133, 169, 181.) — Microbes normaux. (*Art méd.*, t. LVI, p. 222.)

Microbie. — (*Gaz. hôp.*, p. 405, 468.) — Théories microbiennes de la tuberculose. (*Gaz. méd. Nantes*, p. 105.) (*Gaz. hebd. Sc. méd. Bord.*, p. 122.) — Microbie et vraie médecine. (*Revue méd.*, t. II, p. 803, 818.) — Doctrines microbiennes. (*Journ. méd. chir. prat.*, p. 228.) — Un éclat en microbie. (*Thérap. contemp.*, p. 209.)

Microbiatrie. — (*Revue méd.*, t. I, p. 383, 421, 454, 491, 533, 566, 590, 628, 668, 679, 709, 743.)

Microbiologie. — (*Revue méd.*, t. I, p. 210.)

Microchimie. — Végétale. (*Union méd.*, t. XXXV, p. 1031.)

Micrococcus. — De la pneumonie. (*Prog. méd.*, p. 989, 1014.) — De la méningite. (*Prog. méd.*, p. 243.)

Microphone. — Pour constater l'action sur le fœtus des médicaments pris par la mère. (*Revue méd. chir. mal. femmes*, p. 234.)

Microscope. — Nouveau s'adaptant aux thermomètres médicaux. (*Bull. gén. thérap.*, p. 36.)

Microscopie. — Manuel de microscopie clinique. (*Union méd.*, t. XXXVI, p. 547.) (*Bull. gén. thérap.*, p. 185.) (*Thérap. contemp.*, p. 427.)

Microzymas. — Choléra et quarantaines. (*Prog. méd.*, p. 719.) — Les microzymas. (*Union méd.*, t. XXXVI, p. 91, 550, 973.) — Microzymas et bactéries. (*France méd.*, t. II, p. 402, 440.) — Rôle des microzymas en pathologie. (*Ibid.*, p. 371.) — Sur les microzymas du tubercule pulmonaire. (*Ibid.*, p. 366.) — Mémoire sur les microzymas. (*Revue méd.*, t. I, p. 563.)

Migraine. — Avec paralysie de la troisième paire. (*Union méd.*, t. XXXV, p. 830.) (*France méd.*, t. I, p. 373, 385.) — Migraine ophthalmique à accès répétés suivis de mort. (*Paris méd.*, p. 464.) — Son traitement. (*Ibid.*, p. 178, 561.) — Migraine ophthalmique au début d'une paralysie générale. (*Journ. méd. chir. prat.*, p. 263.) (*Revue Sc. méd.*, t. XXI, p. 581.)

Mineurs. — Ankylostome duodénal chez les mineurs. (*Bull. acad. méd.*, p. 166.) — Leur pathologie. (*Revue thérap.*, p. 244.) — Anémie des mineurs. (*Revue Sc. méd.*, t. XXI, p. 168, t. XXII, p. 510.) — Nystagmus des mineurs. (*Ibid.*, p. 510.) — Résistance du mineur aux grands traumatismes. (*Ibid.*, p. 510.)

Minium. — Fabrication du minium. (*Bul. acad. méd.*, p. 207.)

Mirage. — Sur un phénomène de mirage lunaire. (*Union méd.*, t. XXXVI, p. 747.)

Misères. — Professionnelles. (*Praticien*, p. 277, 253.)

Missions. — Françaises et allemandes du choléra à Alexandrie. (*Sem. méd.*, p. 238, 287, 290, 321.) — Missions scientifiques. (*Prog. méd.*, p. 59, 359, 589, 626, 687.) (*Union méd.*, t. XXXV, p. 72.) — Mission sanitaire. (*France méd.*, t. II, p. 204.) — Mission Pasteur. (*Revue méd.*, t. II, p. 634.)

Mitral. — Le rétrécissement mitral. (*Concours méd.*, p. 590.)

Mixture. — Purgative. (*Sem. méd.*, p. 243.) — Contre la gravelle, contre la chorée. (*Union méd.*, t. XXXVI, p. 71.) — Mixture contre la dyspepsie flatulente. (*Ibid.*, p. 232.) — Contre l'inappétence des femmes enceintes. (*Ibid.*, p. 472.) — Mixture occlusive. (*Ibid.*, p. 642.) — Mixture dentifrice. (*Courrier méd.*, p. 389.)

Moelle. — Physiologie des racines de la moelle. (*Bull. acad. méd.*, p. 544.) — Des affections associées du cerveau et de la moelle. (*Gaz. hôp.*, p. 1.) — Moelle épinière. Excitabilité directe du faisceau antérieur de la moelle. (*Ibid.*, p. 141.) — Contusion de la moelle. (*Sem. méd.*, p. 243.) — Etude expérimentale des lésions de la moelle épinière. (*Gaz. méd. Paris*, p. 293.) (*Union méd.*, t. XXXV, p. 904.) — Comment on fait le diagnostic des maladies de la moelle. (*Concours méd.* p. 266.) — Lésions de moelle déterminées par l'hémisection de la moelle épinière. (*Abeille méd.*, p. 282). — Moelle et cerveau, affections associées. (*Praticien*, p. 29.) — Méthode de coloration des préparations de la moelle. (*Revue Sc. méd.*, t. XXI, p. 412.) — Cellules nerveuses des ganglions cérébro-spinaux. (*Ibid.*, p. 4.) — Modifications de structure des tubes nerveux en passant des racines spinales dans la moelle. (*Ibid.*, p. 403, t. XXII, p. 4.) — Excitabilité des cellules ganglionnaires motrices de la moelle. (*Ibid.*, p. 439.) — Centre respiratoire. (*Ibid.*, p. 425.) — Centre de déglutition. (*Ibid.*, p. 425.) — Rythme automatique commun à plusieurs centres nerveux de la moelle. (*Ibid.*, t. XXI, p. 17.) — Fonctions des colonnes grises antérieures. (*Ibid.*, t. XXII, p. 187.) — Anomalie de développement de la moelle. (*Ibid.*, t. XXI, p. 556.) — Dégénérescence de la moelle par arrêt de développement. (*Ibid.*, t. XXII, p. 467.) — Etat de la moelle dans l'empoisonnement par le phosphore. (*Ibid.*, t. XXI, p. 104.) — Lésion de la moelle dans un cas de pied bot congénital. (*Ibid.*, t. XXII, p. 188.) — Altération de la moelle dans la rage. (*Ibid.*, t. XXI, p. 62.) — Lésions de la moelle dans le tétanos. (*Ibid.*, p. 294.) — Dégénérescence spéciale de la moelle. (*Ibid.*, t. XXII, p. 655.) — Dégénérescences latérales de la moelle consécutives à des lésions unilatérales du cerveau. (*Ibid.*, p. 187.) — Sclérose latérale amyotrophique. (*Ibid.*, p. 186.) — Paralysie spasmodique congénitale. (*Ibid.*, p. 186.) — Paralysies. (*Ibid.*, p. 186.) — Atrophies musculaires d'origine moelle. (*Ibid.*, p. 186, 187.) — Paralysie ascendante aiguë. (*Ibid.*, p. 186, 187.) — Altération de la moelle dans la paralysie pseudo-hypertrophique. (*Ibid.*, p. 187.) — Sclérose bilatérale. (*Ibid.*, p. 187.) — Dégénérescence des cordons. (*Ibid.*, p. 187.) — Dégénérescence secondaire de la moelle. (*Ibid.*, p. 188.) — Relations du système vaso-moteur du bulbe avec celui de la moelle et des altérations de ces deux systèmes dans le tabès. (*Ibid.*, t. XXI, p. 457.) — De la curabilité du tabès dorsalis. (*Ibid.*, p. 125.) — Paralysie de la moelle d'origine palustre. (*Ibid.*, p. 124.) — Etat de la moelle dans la méningite tuberculeuse et purulente de la base du crâne. (*Ibid.*, t. XXII, p. 185.) — Affections tuberculeuses et inflammatoires de la moelle. (*Ibid.*, p. 185.) — Etat du fond de l'œil dans la commotion de la moelle. (*Ibid.*, p. 185.) — Affection de la moelle consécutive à la contusion du nerf sciatique. (*Ibid.*, p. 188.) — Sclérose en plaques chez l'enfant. (*Ibid.*, p. 614.) — Tumeur périméningée amenant l'atrophie de la moelle. (*Ibid.*, p. 187.) — Gliome de la moelle. (*Ibid.*, p. 185.) — Sarcome de la moelle. (*Ibid.*, p. 185.) — Diabète causé par une tumeur de la moelle allongée. (*Ibid.*, t. XXII, p. 171.) — Syphilis de la moelle. (*Ibid.*, t. XXI, p. 248.) — Deux faits de myélite. (*Charité annal*, VII, Jahrg, p. 366.) — Un cas de poliomyélite aiguë. (*Berlin. klin. Woch.*, 15 janv.) — De l'ataxie héréditaire. (*Arch., f. path. anat.*, t. XCI, p. 106.) — Pathologie et traitement de l'ataxie locomotrice. (*Berlin. klin. Woch.*, 22 janv.) — Le fer rouge dans le traitement de la pachyméningite cervicale hypertrophique. (*An. universal.*, février.) — Faits d'ataxie avec troubles psychiques et parésie des bulbes oculaires. (*Berlin. klin. Woch.*, 4 juin.) — Dystrophie des ongles dans l'ataxie locomotrice. (*Journ. de méd. de Bordeaux*, 8 juillet.) — Myélite cervicale avec tremblement paralytique. (*Riv. clin. e. terap.*, nᵒ 4.) — L'hémorrhagie et la commotion spinales. Revue générale. (*Lo Sperimentale*, fév., p. 1.) — Gliome de la moelle chez un jeune homme de 26 ans, simulant d'abord un mal de Pott cervical. (*Berlin. klin. Woch.*, 25 juin.) — Recherches expérimentales sur un nouveau centre automatique dans le tractus bulbo-spinal. (*Arch. Ital. de biol.*, III, nᵒ 3.) — Observation d'ataxie locomotrice insolite. (*Brit. med. journ.*, p. 570, sept.) — Deux cas d'ataxie locomotrice avec dystrophie unguéale. (*Journ. de méd. de Bordeaux.*) — Les blessures du rachis et de la moelle épinière sans lésion mécanique apparente, et du choc nerveux au point de vue chirurgical et médico-légal, par Herbert W. Page. (*Philadelphie.*) — Symptômes oculaires dans les affections de la moelle. (*Med. Times*, p. 295, 17 mars.) — Stade préataxique du tabès. (*Med. news*, 25 août.) — Sclérose latérale amyotrophique. (*Wiestn. klin. i. soudebn. psich. i nevropat.*, nᵒ 1.) — Ataxie locomotrice, leçon. (*Med. news*, 13 oct.) — Abcès apoplectiformes. (*Berlin. klin. Woch.*, p. 589, 17 sept.) — Arthropathie tabétique affectant le tarse des deux côtés. (*Lancet*, 20 avril.)

Moignon. — D'amputé de jambe. (*Prog. méd.*, p. 309.)

Môle. — Anatomie pathologique de la môle en grappes. (*Revue Sc. méd.*, t. XXII, p. 471.)

Molluscum. — Simplex de la grande lèvre. (*Courrier méd.*, p. 242.) — Molluscum fibreux. (*Gaz. méd. Nantes*, p. 66.)

Monde. — Le monde physique. (*Union méd.*, t. XXXVI, p. 1039.)

Monoplégie. — Brachiale gauche. (*Abeille méd.*, p. 304.) (*Revue méd.*, t. II, p. 86.)

Monstre. — (*Gaz. hôp.*, p. 1158.) (*Sem. méd.*, p. 365.) — Exencéphalien. (*Prog. méd.*, p. 974.) — Monstre triple. (*Journ. accouch. Liège*, p. 136.) — Monstre double vivant. (*Praticien*, p. 427.) — Production des monstres par l'inoculation tardive et les secousses imprimées aux œufs. (*Revue Sc. méd.*, t. XXII, p. 465.) — Cérébrale. (*Ibid.*, p. 467.) — Porencéphalie. (*Ibid.*, p. 466.) — Double autositaire. (*Ibid.*, t. XXI, p. 444.) — Difformité du crâne par encéphalocèle congénitale. (*Ibid.*, p. 444.) — Double parasitaire. (*Ibid.*, p. 452.) — Sternopage. (*Ibid.*, p. 452.) — Des acardiaques. (*Ibid.*, p. 444.) — Arrêt de développement de la peau. (*Ibid.*, p. 445.) — Anomalie des organes génitaux. (*Ibid.*, p. 445.) — Anomalie des membres. (*Ibid.*, p. 445.) — Absence du tibia et du péroné. (*Ibid.*, p. 445.) — Un cas de thoraco-gastro-ichiopagie de jumeaux. (*Med. obosren.*, mars.) — Monstre double thoraco-gastropage. (*Berlin. klin. Woch.*, 5 février.) — Obs. d'hémimélie bithoracique. (*Lyon médical*, p. 460, 5 août.) — Sur l'interprétation des monstres multiples. Contribution à la théorie de la radiation. (*Arch. f. pathol. Anat. u. Phys.*, Bd. XCI, Heft 3, p. 364.) — Deux faits de monstruosités des premiers temps de la grossesse (hémicéphale de 8 semaines et hernie ombilicale de 11 semaines.) (*Berlin. klin. Woch.*, 4 juin.) — Recherches expérimentales sur la cause de quelques monstruosités simples et de divers processus embryogéniques. (*Rec. zoolog. Suisse*, I, n° 1.) — Un monstre anencéphale. (*New-York med. Journ.*, 27 janv.)

Moral. — Influence physique du moral. (*Revue méd.*, t. II, p. 825.)

Morbidité. — Statistique de la morbidité. (*Revue Sc. méd.*, t. XXI, p. 527.)

Morceaux. — D'éponge, transplantation appliquée au pansement des plaies. (*Gaz. méd. Paris*, p. 234.) (*Thérap. contemp.*, p. 474.)

Morphine. — Action empirique de la morphine. (*Bul. acad. méd.*, p. 803.) Action de la morphine sur la circulation. (*Ibid.*, p. 1370.) — Morphine et chloroforme. (*Gaz. hôp.*, p. 1108.) — Et hernies étranglées. (*Ibid.*, p. 131.) — Hernies étranglées traitées par les injections de chlorhydrate de morphine. (*Ibid.*, p. 379, 418, 517.) — Morphine. (*Sem. méd.*, p. 351.) — Injections sous-cutanées de morphine. (*France méd.*, t. II, p. 678.) — Accidents tardifs d'intoxication à la suite d'injections hypodermiques. (*Paris méd.*, p. 201.) — De l'injection de morphine contre le mal de mer. (*Bull. gén. thérap.*, p. 425.) — Application de la morphine dans le traitement de la folie. (*Thérap. contemp.*, p. 18.) — Propriétés convulsivantes de la morphine. (*Revue Sc. méd.*, t. XXI, p. 100.) — Action de la morphine sur l'intestin. (*Ibid.*, t. XXII, p. 483.) — Antagonisme de la morphine et des alcaloïdes des solanées vireuses. (*Ibid.*, p. 75.) — Cas de tolérance de la morphine. (*Ibid.*, p. 79.) — Moyens de rendre inoffensives les injections de morphine en ajoutant de l'atropine. (*Ibid.*, t. XXI, p. 113.) — Empoisonnement par une injection de morphine. (*Ibid.*, t. XXII. p. 493.) — Anesthésie mixte par la morphine et le chloroforme. (*Ibid.*, t. XXI, p. 482.)

Morphinisme. — Et grossesse. (*Gaz. hôp.*, p. 970.) — Devant les tribunaux. (*Sem. méd.*, p. 98.) — Statistique de morphinisme. (*France méd.*, t. II, p. 438.) — Responsabilité du pharmacien. (*Journ. méd. chir. prat.*, p. 288.) (*Thérap. contemp.*, p. 229.)

Morphiomanie. — (*Bull. acad. méd.*, p. 610, 1369.) (*Gaz. hôp.*, p. 36, 290.) (*Sem. méd.*, p. 294.) (*Progr. méd.*, p. 980.) (*Union méd.*, t. XXXV, p. 577.) (*France méd.*, t. I, p. 761.) (*Courrier méd.*, p. 98, 388, 412.) (*Revue méd.*, t. II, p. 350.) (*Revue thérap.*, p. 185, 279, 658.) (*Thérap. contemp.*, p. 229.) — Au point de vue de la grossesse et de la vie du fœtus. (*Revue méd. chir. mal. femmes*, p. 630.)

Mort. — Mécanisme de la mort par piqûre du bec de calamus scriptorius. (*Gaz. hôp.*, p. 188.) — Mort sans agonie ou par inhibition cérébrale. (*Ibid.*, p. 125.) — Mort rapide dans la pneumonie. (*Gaz. méd. Paris*, p. 1.) — Mort. (*Prog. méd.*, p. 173.) — Du rôle de l'inhibition dans une espèce particulière de mort subite. (*France méd.*, t. I, p. 241.) — Mort subite par vaste tumeur hydatique développée dans la cavité péricardique. (*Ibid.*, p. 362.) — Mort apparente, son traitement chez les enfants. (*Gaz. hebd. Sc. méd. Bord.*, p. 69.) — Mort par entrée d'air dans les veines après l'accouchement. (*Journ. accouch. Liège*, p. 270.) — Mort subite pendant l'accouchement, rupture de l'aorte. (*Ibid.*, p. 96.) — Mort apparente de tous les habitants d'une province. (*Journ. méd. chir. prat.*, p. 527.) — Mort causée par le jeu de ballon. (*Ibid.*, p. 80.) — Mort de Rousseau. (*Revue thérap.*, p. 446.) — De Balzac. (*Ibid.*, p. 613.) — Mort subite dans un accès de coliques hépatiques. (*Art méd.*, t. LVI, p. 154.) — Mort par le froid chez les mammifères. (*Ibid.*, p. 155.) — Causes de la mort dans la diphtérie. (*Revue Sc. méd.*, t. XXII, p. 152.) — De la mort par le froid. (*Ibid.*, p. 52.) — Mort subite chez les jeunes enfants. (*Ibid.*, t. XXI, p. 225.) — Mort par le chloroforme. (*Ibid.*, t. XXII, p. 671.) — Par anesthésie par l'éther. (*Ibid.*, t. XXI, p. 281.)

Mortalité. — Des soldats français et allemands atteints de fièvre typhoïde. (*Bul. acad. méd.*, p. 75, 173.) — Mortalité de Fontenay-le-Comte en 1877. (*Ibid.*, p. 82, 456.) — Mortalité dans les armées. (*Sem. méd.*, p. 219.) — Mortalité par fièvre typhoïde. (*Gaz. méd. Paris*, p. 37.) — Cholérique à Calcutta en 1883. (*Prog. méd.*, p. 643.) — Mortalité imputable à l'alcool. (*Union méd.*, t. XXXV, p. 370.) — Mortalité dans les capitales de l'Europe. (*Paris méd.*, p. 223.) — D'après les professions. (*Revue Sc. méd.*, t. XXII, p. 509.) — Mortalité de la diphtérie et de la scarlatine. (*Ibid.*, p. 120.) — Mortalité comparée de la diphtérie et de la fièvre typhoïde. (*Ibid.*, p. 158.) — La mortalité dans la variole et le typhus abdominal exenthématique et recurrent pendant 1878-1882, à Saint-Pétersbourg. (*Wratch.*, n° 4.) — Statistique de la mortalité à Saint-Pétersbourg en

1881. (*Voienn. med. Journ.*, janv.) — Décroissance de la morbidité et de la mortalité à Meddelbourg, en Zélande. (*An. d'hyg. publ.*, 401, mai.) — Mortalité des villes anglaises en 1882. (*Sanitary Record.*, n° 306, p. 400, mars.) — Le récent abaissement du chiffre de la mortalité anglaise et son effet sur la durée de la vie. (*Sanitary Record.*, n° 308, p. 493.)

Morve. — Culture du microbe et inoculation de la morve. (*Bul. acad. méd.*, p. 1239.) — Morve et son microbe. (*Gaz. hôp.*, p. 1003.) — Histoire de la morve. (*Ibid.*, p. 833, 843, 881, 905.) — Microbe de la morve. (*Sem. méd.*, p. 3, 300.) — Etiologie de la morve. (*Gaz. méd. Paris*, p. 5.) — Contagion de la morve du cheval à l'homme. (*Concours méd.*, p. 470.) — Anatomie pathologique de la morve. (*Abeille méd.*, p. 288.) — Morve sur le chien. (*Ibid.*, p. 246.) — Aiguë chez la chienne. (*Ibid.*, p. 45.) — Les bacilles de la morve et leur valeur diagnostique. (*Jegénéd. Klinitch. Gazeta*, n° 6.) — Fait de morve avec altérations intestinales multiples, ayant évolué à la manière de l'iléus. (*Charit. annal.*, VII, Jahrg, p. 307.) — Contribution à la pathologie du sang dans la morve chez les chevaux, par N. Eckert. (*Saint-Pétersbourg.*)

Motilité. — Troubles déterminés par les lésions de la protubérance. (*Gaz. hôp.*, p. 188.) — Troubles produits par les besoins de l'appareil auditif. (*Ibid.*, p. 67.)

Moulage. — De la tête du fœtus. (*Revue Sc. méd.*, t. XXII, p. 670.)

Moutarde. — Farine de moutarde. (*Abeille méd.*, p. 69.)

Mouvements. — Localisés par excitation électrique à travers le crâne. (*Prog. méd.*, p. 9.) — Physiologie des mouvements. (*France méd.*, t. II, p. 512.) (*Courrier méd.*, p. 359.) (*Revue méd.*, t. II, p. 524.)

Moxa. — Dans les maladies chroniques de la moelle épinière. (*Paris méd.*, p. 452.)

Mucilage. — Contre l'ophthalmie chronique. (*Union méd.*, p. 182.)

Mucus. — Sécrétion du mucus dans les voies aériennes. (*Revue Sc. méd.*, t. XXI, p. 25.)

Muguet. — Etude comparative du muguet et de la digitale. (*Bull. acad. méd.*, p. 497, 1354.) — Muguet de la gorge dans la fièvre typhoïde. (*Gaz. hôp.*, p. 446.) (*Sem. méd.*, p. 106.) (*Gaz. méd. Paris*, p. 272.) (*Prog. méd.*, p. 395.) (*Union méd.*, t. XXXV, p. 196.) (*Ibid.*, t. XXXVI, p. 285, 297.) — Epidémie de muguet bénin chez le vieillard. (*France méd.*, t. I, p. 620.) — Le muguet dans la fièvre typhoïde. (*Courrier méd.*, p. 188, 198.) — Etude comparative du muguet et de la digitale. (*Gaz. hebd. des Sc. méd. Bordeaux*, p. 210.) — Muguet, causes et traitement. (*Journ. accouch. Liège*, p. 9.) — Muguet chez un typhique. (*Revue thérap.*, p. 16, 349.) — Alimentation dans le muguet. (*Ibid.*, p. 380.) — Muguet, convalaria. (*Revue thérap.*, p. 442.) — Muguet des nouveau-nés. (*Revue Sc. méd.*, t. XXI, p. 231.)

Mulet. — Lactogène. (*Sem. méd.*, p. 399.) — Lactifère. (*Progr. méd.*, p. 973.) — Mule laitière. (*Revue méd.*, t. II, p. 831.)

Muqueuse. — De Schneider. — Dégénérescence des os en rapport avec la muqueuse. (*Gaz. hôp.*, p. 42.) — Formules contre les phlegmasies chroniques des muqueuses. (*Gaz. méd. Nantes*, p. 105.) — Réflexe dépresseur par excitation des muqueuses. (*Revue Sc. méd.*, t. XXII, p. 430.)

Multipare. — A terme, présentation de l'épaule avec procidence du cordon, réduction, forceps. (*Journ. accouch. Liège*, p. 65.) — Multipare ayant un bassin de 8 centimètres, ses accouchements antérieurs, septième grossesse. Accouchement prématuré artificiel, réduction céphalique, version podalique et extraction. (*Ibid.*, p. 77.)

Musc. — Musc et teinture de musc en injections sous-cutanées. (*Progr. méd.*, p. 35.) — Le musc. (*Courrier méd.*, p. 93.) — Potion au musc. (*Revue méd.*, t. II, p. 629.)

Muscarine. — Action de la muscarine sur les nerfs du cœur. (*Revue Sc. méd.*, t. XXII, p. 483.) — Action de la muscarine sur les organes de la circulation. (*Ibid.*, t. XXI, p. 95.)

Muscles. — Etat cataleptiforme dans les muscles. (*Gaz. hôp.*, p. 261.) — Muscles et vératrine. (*Ibid.*, p. 188.) — Muscles simiens chez l'homme. (*Prog. méd.*, p. 91.) — Etat cataleptique des muscles après la section du bulbe. (*Prog. méd.*, p. 223, 244.) — Influence du pneumogastrique sur la nutrition du muscle cardiaque. (*Union méd.*, t. XXXV, p. 454.) — Sur quelques cas de division du muscle carré pronateur. (*Gaz. hebd. Sc. méd. Bord.*, p. 396.) — Le muscle court extenseur des doigts. (*Ibid.*, p. 415.) — Muscle sterno-cléido-mastoïdien. (*Ibid.*, p. 517.) — Muscle surnuméraire radio-carpien. (*Ibid.*, p. 403.) — Courbe de la secousse des muscles dans les différentes maladies du système nervo-musculaire. (*Art méd.*, t. LVII, p. 230.) — Histologie normale et pathologie des muscles. (*Revue Sc. méd.*, t. XXI, p. 458.) — Des fuseaux musculaires et de la structure des muscles striés. (*Ibid.*, t. XXII, p. 8.) — Terminaisons nerveuses dans les muscles. (*Ibid.*, p. 416.) — Terminaison des nerfs moteurs dans les muscles. (*Ibid.*, p. 3.) — Mode de contraction des fibres lisses. (*Ibid.*, p. 441.) — Durée d'excitation des terminaisons nerveuses dans les muscles. (*Ibid.*, p. 438.) — Influence de l'agent irritant sur le tétanos musculaire. (*Ibid.*, p. 440, 441.) — Réaction acide des muscles en activité. (*Ibid.*, t. XXI, p. 440.) — Influence de l'acide phosphorique dans le tétanos musculaire. (*Ibid.*, p. 440.) — Influence du travail musculaire sur l'excrétion de sucre et d'urée dans le diabète. (*Ibid.*, t. XXII, p. 477.) — Action de l'atropine sur les muscles lisses. (*Ibid.*, t. XXI, p. 99.) — Action de divers agents sur les muscles. (*Ibid.*, p. 490.) — Influence de l'alcool et de l'essence d'absinthe sur les fonctions musculaires. (*Ibid.*, p. 496.) — Fonctions du muscle de Crampton. (*Ibid.*, p. 446.) — Le muscle omo-hyoïdien. (*Ibid.*, t. XXI, p. 10.) — Régénération du muscle strié. (*Ibid.*, p. 77.) — Des atrophies musculaires. (*Ibid.*, p. 604, t. XXII, 186, 187.) — Influence de la paralysie infantile sur le développement de l'atrophie musculaire progressive. (*Ibid.*, p. 187.) — Atrophie musculaire consécutive aux lésions articulaires. (*Ibid.*, t. XXI, p. 657.) — Troubles fonctionnels du triceps fémoral de cause traumatique.

(*Ibid.*, t. XXII, p. 292.) — Paralysies et contractures musculaires d'origine ischémique. (*Ibid.*, t. XXI, p. 283.) — Rôle des muscles dans les luxations traumatiques. (*Ibid.*, p. 658.) — Atrophie musculaire consécutive au rhumatisme chronique. (*Ibid.*, t. XXII, p. 208.) — Myxome lobulaire des muscles du dos. (*Ibid.*, t. XXI, p. 53.) — Un cas de myosite ossifiante progressive. (*Berlin. klin. Woch.*, 7 mai.) — Excitabilité électrique anormale dans un cas d'atrophie musculaire. (*Zeitsch. f. klin. med.*, t. V, p. 127.) — Myosite circonscrite du sterno-cleïdo-mastoïdien. (*Gaz. hebd. Sc. méd. Montpellier*, n° 4.) — Des ruptures sous-cutanées des muscles et des tendons. Des fractures par arrachement. Leurs relations avec les lésions analogues, à ciel ouvert, produites par action directe. (*Deut. zeitsch. f. chirur.*, vol. XVIII, f. 1 et 2, p. 35.) Etude sur la physiologie des muscles. (*Inaug. diss. Dospat.*) — Sur la physiologie du tissu musculaire lisse. (*Arch. Ital. de biol.*, II, n° 3.) — Contribution à la consistance de l'adaptation fonctionnelle des muscles striés, par H. Stasser. (*Stuttgart.*) — De la myosite lombaire interstitielle à marche rapide. (*Gaz. degli osp.*, p. 197 et suiv.) — Sur la forme type de l'atrophie musculaire progressive. (*Belin. klin. Woch.*, 14 et 24 mai.) — Contribution à la physiologie générale des muscles lisses. (*Arch. ital. de biol.*, p. 78, avril.) — Observation de boiteries dues à des contractions anormales des muscles du pied et de leur aponévrose. (*Brit. med. Journ.*, p. 1111, juin.) — Chiasma musculaire présternal annexé aux muscles sterno-cléïdo-mastoïdiens. (*Gaz. hebd. des Sc. méd. Montpel.*, 19.) — Sur la physiologie des muscles lisses. (*Giorn. della R. acad. di Torino*, avril-mai.) — De l'influence du sommeil sur la force musculaire de l'homme, par Povarnine. (*Thèse de Saint-Pétersbourg.*) — De la périodicité dans le fonctionnement des appareils musculaires et nerveux. (*Mediz. Obosré.*, août.) — Discussion de la 56ᵉ réunion des médecins et naturalistes allemands tenue à Fribourg-en-Brisgau sur l'atrophie musculaire progressive et la pseudo-hypertrophie des muscles. (*Berlin. klin. Woch.*, 15 oct.) — Sur la forme et les caractères de la contraction musculaire réflexe. (*Acad. des Sc.*, 15 oct.)

Musculaires. — Les anomalies musculaires chez l'homme. (*Gaz. hebd. Sc. méd. Bord.*, p. 69, 176.)

Musée. — Catalogue des pièces pathologiques du musée du collège des chirurgiens d'Angleterre. (*Bull. acad. méd.*, p. 952.) — Musée municipal d'hygiène. (*Progr. méd.*; p. 33.) *Union méd.*, t. XXXV, p. 48.)

Mutilations. — Dentaires au Mexique et dans le Yucatan. (*Bull. acad. méd.*, p. 609.)

Mycose. — Hyphomycètes dans l'entéro-mycose. (*Revue Sc. méd.*, t. XXII, p. 475.) — Broncho-actinomycose. (*Ibid.*, p. 476.) — Transmission de l'actinomycose de l'homme au lapin. (*Centralbl. f. die med. Wiss.*, n° 27.)

Mycosis. — Fongoïde. (*Gaz. hôp.*, p. 866.) — Mycosis tonsillaire et lingual. (*Paris méd.*, p. 558.) (*Courrier méd.*, p. 384.) (*Journ. méd. chir. prat.*, p. 457.)

Mycrozymas. — Dans leurs rapports avec l'hétérogénie, l'histogénie, la physiologie et la pathologie. (*Bull. acad. méd.*, p. 497, 614, 690.) — Choléra et théorie du mycrozyma. (*Ibid.*, p. 1089, 1139, 1379.) — Mycrozymas du tubercule pulmonaire. (*Ibid.*, p. 1070.) — Mycrozymas du lait de femme. (*Ibid.*, p. 690.) — Théorie du mycrozyma. (*Revue méd.*, t. II, p. 865.)

Mydriatiques. — De la cure du strabisme convergent intermittent par les mydriatiques. (*Revue Sc. méd.*, t. XXI, p. 316.)

Myélite. — Ascendante aiguë des cornes antérieures. (*Bull. acad. méd.*, p. 697.) — Myélite descendante. (*Gaz. hôp.*, p. 729.) — Myélite disséminée de la corne grise antérieure. (*France méd.*, t. I, p. 631.)

Myocarde. — Foyers hémorrhagiques dans le myocarde. (*Prog. méd.*, p. 348.) — Myocardite chronique et sclérose. (*Union méd.*, t. XXXV, p. 493.)

Myomes. — De l'énucléation des myomes utérins. (*Union méd.*, t. XXXVI, p. 616.) (*Journ. accouch. Liège*, p. 256.) (*Bull. gén. thérap.*, p. 371.) — Confluents de la peau. (*Revue Sc. méd.*, t. XXII, p. 624.) — Myome du vagin. (*Ibid.*, p. 584.) — Etude des utérins dans leurs rapports avec la grossesse et l'accouchement. (*Ibid.*, p. 591.)

Myopie. — (*Gaz. hôp.*, p. 899.) — Les causes de la myopie. (*France méd.*, t. II, p. 91.) — Rapport clinique et pathogénique entre le décollement de la rétine, la myopie et le glaucome. (*Ibid.*, p. 343.) — Statistique des myopes. (*Revue méd.*, p. 699.) — Myopie des jeunes enfileurs de la broderie mécanique. (*Revue Sc. méd.*, t. XXII, p. 510.) — Myopie chez les écoliers. (*Ibid.*, p. 380.) — Pathogénie et traitement de la myopie, par O. Paulsen. (*Berlin.*) — La cause de la myopie. (*New York med. Journ.*, 10 mars.)

Myosite. — Suppurée. (*Sem. méd.*, p. 286.) (*Union méd.*, t. XXXVI, p. 912.) — Myosite ossifiante. (*Abeille méd.*, p. 194.)

Myriapode. — Un myriapode producteur d'acide prussique. (*Prog. méd.*, p. 280.)

Myringite. — Diphtéritique. (*Revue thérap.*, p. 291.)

Myxœdème. — Lésions anatomiques et nature du myxœdème. (*Bull. acad. méd.*, p. 49.) (*Gaz. hôp.*, p. 179.) — Observation d'un cas de myxœdème. (*Union méd.*, t. XXXV, p. 655.) — Pathogénie du myxœdème. (*Paris méd.*, p. 271.) (*Courrier méd.*, p. 152.) — Ses symptômes nerveux. (*Ibid.*, p. 145.) — Myxœdème et béribéri. (*Abeille méd.*, p. 379.) (*Revue méd.*, t. II, p. 85.) — Myxœdème. (*Journ. méd. chir. prat.*) (*Revue thérap.*, p. 13, 582.) — Du myxœdème en basse Bretagne. (*Revue Sc. méd.*, t. XXI, p. 609, 610, 611.) — Le myxœdème et la maladie de Bright. (*Annali universali di med. e di chir.*, janv.) — Leçon clinique sur le myxœdème. (*Brit. med Journ.*, p. 582, mars.) — La cachexie pachydermique (myxœdème des Anglais). (*Rev. méd. Suisse romande*, III, 523, sept.) — Observation de myxœdème. (*Italia medica*, n°s 35 et 38.)

Mixome. — Kystique du testicule droit. (*Gaz. méd. Paris*, p. 80.) (*Prog.*

méd., p. 111.) (*Union méd.*, t. XXXV, p. 260, 303.) (*Gaz. méd. Nantes*, p. 74.) (*Revue méd.*, t. I, p. 212.) (*Praticien*, p. 115.) — Du mixome lobulaire des muscles du dos. (*Revue Sc. méd.*, t. XXII, p. 472.)

N

Nacriers. — Hygiène des nacriers. (*Revue Sc. méd.*, t. XXII, p. 510.)

Napelline. — (*Sem. méd.*, p. 144.) — Action de la napelline sur un cas de névralgie faciale. (*Union méd.*, t. XXXVI, p. 972.) (*Bull. gén. thérap.*, p. 220.)

Naphtaline. — (*Union méd.*, t. XXXV, p. 949.) — Dans le pansement des plaies. (*Paris méd.*, p. 104.) — Et naphtol. (*Ibid.*, p. 445.) — En chirurgie. (*Revue thérap.*, p. 624.) — Emploi du naphtol et de la naphtaline dans les affections cutanées. (*Revue Sc. méd.*, t. XXII, p. 638.) — Réactions à la suite d'applications sur la peau. (*Ibid.*, t. XXI, p. 443.) — Traitement de la gale par le naphtol. (*Ibid.*, p. 633.) — Traitement des dermatoses. (*Ibid.*, p. 642.)

Naphtol. — (*Sem. méd.*, p. 72.) — Naphtol dans l'acné. (*Prog. méd.*, p. 794.) — Dans l'eczéma. (*Ibid.*, p. 562.) — Dans les affections de la peau. (*Union méd.*, t. XXXVI, p. 46.) — Emplois divers du naphtol. (*France méd.*, t. II, p. 631.) — Naphtol dans le traitement de la gale. (*Paris méd.*, p. 117.) — Contre les sueurs. (*Journ. méd. chir. prat.*, p. 129.)

Narcéïne. — Chlorhydrate de narcéïne. (*Prog. méd.*, p. 253.)

Narcotiques. — Mode d'action des narcotiques. (*Gaz. hôp.*, p. 261.) (*Sem. méd.*, p. 55.) — Leur influence sur la localisation des impressions tactiles. (*Gaz. méd. Paris*, p. 273.) — Administration des narcotiques chez les enfants. (*Revue Sc. méd.*, t. XXII, p. 88.)

Narcotisme. — Chez les enfants. (*Paris méd.*, p. 583.)

Nécrose. — Des maxillaires inférieur et supérieur. (*Gaz. hôp.*, p. 1075.) — Nécrose des os du nez, expulsion de la partie centrale du sphénoïde. (*Prog. méd.*, p. 126.) — Nécrose phosphorée des maxillaires inférieurs s'étant propagée à la base du crâne. (*France méd.*, t. I, p. 135.) — Nécrose invaginale de l'humérus. (*Courrier méd.*, p. 239.) — Nécrose multiple à la suite de la scarlatine. (*Gaz. méd. Nantes*, p. 55.) — Nécrose épiphysaire de l'humérus. (*Revue mens. mal. enfance*, p. 583.) — Nécrose et ses conséquences. (*Ibid.*, p. 520.) — Nécrose aseptique. (*Revue Sc. méd.*, t. XXII, p. 672.) — Nécrose de l'oreille osseuse. (*Ibid.*, t. XXI, p. 724.) — Nécrose des os du crâne. (*Ibid.*, p. 724.)

Néphrectomie. — (*Bull. acad. méd.*, p. 1077.) (*Gaz. hôp.*, p. 933.) (*Sem. méd.*, p. 233, 239, 254, 313.) (*Gaz. méd. Paris*, p. 440, 446, 148, 437.) — La première néphrectomie à Naples. (*Union méd.*, t. XXXV, p. 1029.) — Trois cas de néphrectomie. (*Ibid.*, t. XXXVI, p. 455.) — Néphrectomie.

(*France méd.*, t. I, p. 367.) (*Courrier méd.*, p. 325, 336.) — Néphrectomie et néphrotomie. (*Gaz. méd. Nantes*, p. 8.) — La néphrectomie en Italie. (*Gaz. degli ospitali*, 18 fév.) — Trois cas de néphrectomie suivis de succès. (*Lancet*, 26 mai.) — Néphrectomie dans un cas de pyélite chronique avec volumineux calculs phosphatiques dans le bassinet. (*New York med. Journ.*, 15 fév.)

Néphrites. — Infectieuses. (*Gaz. hôp.*, p. 889.) — Interstitielles. (*Ibid.*, p. 17.) — Par compression de l'urethère dans le cancer utérin. (*Gaz. méd. Paris*, p. 365.) — Néphrite chronique chez un jeune homme de dix-huit ans et demi. (*Prog. méd.*, p. 99, 123.) — Néphrite calculeuse avec dilatation des bassinets et des urethères. (*Prog. méd.*, p. 169.) — Néphrite en foyers avec points de suppuration. (*Ibid.*, p. 47.) — Parenchymateuse. (*Ibid.*, p. 1056.) — Des néphrites à frigore. (*Union méd.*, t. XXXV, p. 743.) — Contribution à l'étude de la néphrite infectieuse dans l'érysipèle de la face. (*Ibid.*, t. XXXVI, p. 532.) — Névralgie du diabète et des néphrites. (*Ibid.*, p. 820.) — Emploi du tannate de sodium. (*Courrier méd.*, p. 443.) — Néphrite scarlatineuse. (*Abeille méd.*, p. 442.) — Infectieuse de la fièvre typhoïde. (*Ibid.*, p. 338.) — Néphrite de la grossesse. (*Ibid.*, p. 35.) — Néphrite et ostéite. (*Revue thérap.*, p. 551.) — Néphrite albumineuse, phénomènes cardiaques. (*Praticien*, p. 292.) — Des anesthésies dans le mal de Bright. (*Revue Sc. méd.*, t. XXI, p. 281.) — Néphrite dothiénentérique. (*Bull. méd. du Nord*, mars-avril.) — De la néphrite gravidique. (*Lancet*, 13 janv.) — Sur l'action du tannate de soude dans la néphrite chronique. (*D. Arch. f. klin. med.*, Bd, XXXIII, Hft 2, p. 220.) — Des altérations des artères dans les néphrites chroniques par M. Kouskoff. (*Thèse inaug. St-Pétersbourg.*) — Sur un cas d'artérosclérose avec néphrite intersticielle. (*Berlin. klin. Woch.*, 3 déc.) — Observation de pyélo-néphrite suppurative. (*Il movimento*, nov.)

Néphrotomie. — (*Courrier méd.*, p. 143.)

Nérium odorum. — (*Sem. méd.*, p. 261.)

Nerf. — Portion brachiale du nerf musculo-cutané. (*Bull. acad. méd.*, p. 608.) — Régénération des nerfs périphériques par le procédé de la suture tubulaire, névrotisation du cartilage osseux dans la suture tubulaire des nerfs. (*Ibid.*, p. 881.) — Traitement du glaucome par l'arrachement du nerf nasal externe. (*Ibid.*, p. 1229.) — Influence du système nerveux sur les maladies cutanées. (*Ibid.*, p. 625, 1454.) — Phénomènes intellectuels et moraux. (*Ibid.*, p. 743.) — Troubles nerveux consécutifs à une fracture du crâne par accident de chemin de fer. (*Ibid.*, p. 1334.) — Elongation des nerfs. (*Gaz. hôp.*, p. 85.) — Névrôme interstitiel du nerf médian. (*Ibid.*, p. 226.) — Nerfs olfactifs, absence des nerfs. (*Ibid.*, p. 1083.) — Section, résection, cautérisation, élongation, arrachement des nerfs. (*Ibid.*, p. 89.) — Température locale des membres après l'élongation des nerfs. (*Ibid.*, p. 91.) — Nerfs vaso-dilatateurs. (*Ibid.*, p. 629.) — Nerfs vaso-moteurs et ganglions sympathiques. (*Ibid.*, p. 172.) — Contusion des nerfs. (*Sem. méd.*, p. 241.) — Elongation du nerf dentaire inférieur. (*Ibid.*, p. 30.) — Suture du nerf médian. (*Gaz. méd. Paris*,

p. 576.) — Névroses du nerf vague. (*Ibid.*, p. 162.) — Destruction du nerf facial dans son trajet intra-osseux. (*Prog. méd.*, p. 264.) — Développement et accroissement des nerfs. (*Ibid.*, p. 166, 190.) — Les synergies morbides du nerf pneumogastrique. (*Union méd.*, t. XXXV, p. 97.) — Nerf vague des névroses qui en dépendent. (*Ibid.*, p. 106.) — Nerf sciatique, élongation dans un cas d'ataxie locomotrice. (*Ibid.*, p. 392.) — Nerf pneumogastrique, son influence sur la nutrition du muscle cardiaque. (*Ibid.*, p. 454.) — Nerfs sensitifs, sur leur état dans l'intoxication strychnique. (*Union méd.*, t. XXXVI, p. 818.) — Nerfs employés comme catguts dans la ligature des vaisseaux. (*Paris méd.*, p. 160.) — Nerf démis. (*Abeille méd.*, p. 209.) — Suture secondaire des nerfs. (*Gaz. méd. Nantes*, p. 133.) — Etudes expérimentales sur les nerf phréniques. (*Ibid.*, p. 8.) — Elongation du nerf nasal. (*Gaz. hebd. Sc. méd. Bord.*, p. 76, 1, 6, 124, 147, 186, 221, 320.) — Terminaisons des nerfs dans les muscles. (*Revue Sc. méd.*, t. XXII, p. 3, 416.) — Entrecroisement des fibres du nerf optique dans le chiasma. (*Ibid.*, p. 46, 338, 340.) — Ganglions de l'hypoglosse. (*Ibid.*, t. XXI, p. 4.) — Modifications de structure qu'éprouvent les tubes nerveux en passant des racines spinales dans la moelle épinière. (*Ibid.*, p. 403, t. XXII, p. 4.) — Nerfs du cœur. (*Ibid.*, t. XXI, p. 20.) — Nerfs des capillaires, artères et veines. (*Ibid.*, p. 404.) — Nerf de l'utérus. (*Ibid.*, p. 478.) — Du rectum. (*Ibid.*, p. 30.) — Anastomoses du nerf médian et du cubital à la partie supérieure de l'avant-bras. (*Ibid.*, t. XXII, p. 5.) — Chimie des tubes à myéline. (*Ibid.*, p. 463.) — Durée d'excitation des terminaisons des nerfs dans les muscles. (*Ibid.*, p. 438.) — Influence du nerf vague sur l'activité du cœur. (*Ibid.*, p. 16.) — Etude comparée des deux pneumo-gastriques. (*Ibid.*, t. XXI, p 416.) — Effets respiratoires de l'excitation du pneumogastrique. (*Ibid.*, p. 417.) — Excitabilité électrique et mécanique du nerf phrénique. (*Ibid.*, p. 419.) — Etude expérimentale sur les fonctions du nerf phrénique. (*Ibid.*, p. 469.) — De la tétanie et de l'excitabilité mécanique des nerfs. (*Ibid.*, p. 602.) — Effets vaso-moteurs produits par l'excitation du segment périphérique du nerf lingual. (*Ibid.*, p. 416.) — Effets de la muscarine sur les nerfs du cœur. (*Ibid.*, t. XXII, p. 483.) — Des troubles fonctionnels du pneumogastrique d'origine centrale. (*Ibid.*, t. XXI, p. 581.) — Perte de la sensibilité gustative par affection de la 5ᵉ paire. (*Ibid.*, p. 415.) — Paralysie du nerf vague. (*Ibid.*, p. 148.) — Dégénération et régénération des nerfs dans les lésions non traumatiques. (*Ibid.*, p. 467.) — Myographie de la dégénérescence des nerfs. (*Ibid.*, p. 469.) — Des lésions des nerfs dans le zona. (*Ibid.*, t. XXII, p. 634.) — De la tropho-névrose de Romberg. (*Ibid.*, t. XXI, p. 581.) — Paralysie par compression des nerfs. (*Ibid.*, p. 601.) — Paralysies du plexus brachial. (*Ibid.*, p. 602.) — Affection spinale consécutive à la contusion du nerf sciatique. (*Ibid.*, t. XXII, p. 188.) — Paralysie bilatérale du nerf récurrent. (*Ibid.*, t. XXI, p. 709.) — De la vibration des nerfs comme agent thérapeutique. (*Ibid.*, p. 521.) — Effets de l'extirpation des nerfs. (*Ibid.*, p. 16.) — Suture et transplantation des nerfs. (*Ibid.*, t. XXII, p. 47.) — Elongation des nerfs sus-orbitaires pour un blépharospasme hystérique. (*Ibid.*, p. 714.) — Elongation du nerf facial. (*Ibid.*, t. XXI, p. 684.) — Elongation du nerf spinal pour un tic rotatoire. (*Ibid.*, p. 684.) — Elongation et résection du spinal pour le torticolis spasmodique. (*Ibid.*, p. 297.) — Elongation des nerfs dans le tétanos. (*Ibid.*, 295.) — Elongation des nerfs, statistique. (*Ibid.*, p. 682.) — Résection du nerf maxillaire supérieur après résection de l'os molaire. (*Ibid.*, p. 686.) — Du rapport fonctionnel entre les nerfs dépresseurs et vagues. (*Jégéned. klin. gazeta*, n° 4.) — Etude anatomique du nerf de Wrisberg. (*Med. contemp. de Lisboa*, janv.) — Etudes expérimentales sur la dégénérescence des tubes nerveux. (*Biol. centralbl.*, p. 23.) — Anesthésie universelle du trijumeau gauche. (*Berlin. klin. Woch.*, 2 avril.) — Tiraillement du sciatique simulant une fracture du col fémural. (*Berlin. klin. Woch.*, 26 mars.) — Etude sur la neurasthénie. (*Centralb. f. Nervenh.*, p. 97.) — Sciatique rebelle guérie par l'élongation du nerf. (*Ann. univ. di med. e di chir.*, janv., fév., mars.) — Trois cas d'extension des nerfs par affections médullaires. (*Berlin. klin. Woch.*, 5 mars.) — De l'élongation des nerfs dans le tabès. (Conclusions défavorables.) (*Charité ann.*, VII, Jahrg., p. 267.) — De l'extension des nerfs sans opération dans les névralgies. (*Corr. Bl. f. schweizer Aerzte*, 1er mars.) — Recherches anatomiques sur l'anastomose du nerf musculo-cutané avec le nerf médian. (*Journ. of anat. and phys.*, XIX, n° 1.) — Terminaison des nerfs dans les muscles striés. (*Arch. Ital. de biol.*, II, n° 3.) — Electrisation du sympathique cervical pour la céphalalgie nerveuse et l'hémicranie. (*Gaz. degli osp.*, 30 mai.) — Extirpation du ganglion de Meckel pour la guérison de la névralgie du trijumeau. (*Med. news*, p. 672, 9 juin.) — Un cas d'élongation des nerfs sciatiques. (*Wratch. Wiédom.*, n° 23.) — Note sur les racines motrices du plexus brachial et sur le nerf dilatateur de la pupille. (*Proc. of. royal. soc. Londres*, XXXV, p. 225.) — Structure intime des nerfs palatins de la grenouille et terminaisons des nerfs dans les vaisseaux sanguins et les glandes. (*Journ. of. anat. and phys.*, vol. XVII.) — De la valeur segmentaire des nerfs crâniens. (*Journ. of anat. and physiol.*, vol. XVI.) — Observations relatives à la pathologie de la sphère sensitive (3 observations très étendues) (*Charité annal.*, VIII, Jahr., p. 498.) — Des propriétés téléphoniques des nerfs excités. (*Centralb. f. med. Wis.*, n° 26.) — Névromes multiples dans le domaine du plexus brachial gauche ; angiomes caverneux, lymphangiomes et névromes fibreux de l'extrémité supérieure gauche. (*Arch. f. pathol. anat. u. physiol.*, Bd. XCLIII, Hft. 2.) — Tumeur maligne du cou, englobant les nerfs du plexus cervical et le grand sympathique. (*Glasg. med. Journ.*, p. 406.) — Suture secondaire du nerf cubital six mois après sa division. (*Brit. med. Journ.*, p. 1223, juin.) — Un fait de névrite multiple. (*Charité ann.*, VIII, Jahr., p. 284.) — Tic douloureux et névralgie dentaire. (*Cent. f. chir.*, n° 45.) — De l'élongation du nerf optique. (*Arch. f. ophthal.*, Bd. XXIX, 4 abt.) — Introduction à l'étude de l'électrotonus des nerfs moteurs et sensitifs chez l'homme, par A. de Watteville. (*Thèse de Bâle.*) — De la réaction électrique des nerfs auditifs. (*Mediz. Obosr.*, sept.) — De la suture immédiate des nerfs divisés. (*Glasg. med. Journ.*, XX, p. 241.) — Suture du nerf radial cinq mois après la section ; retour de toutes les fonctions. (*Lancet*, 16 juin.) — Contribution au pronostic de la résection d'un pneumogastrique. (*Corr. Blatt. f. schweiz. Aerzte*, n° 19, p. 469, 1er oct.) — Etude expérimentale et clinique sur l'extension des nerfs, par R. Stintzing. (*Leipsig.*) — Elongation du nerf facial dans les cas de tic douloureux. (*Lancet*, 9 juin.) — Notes sur trois cas d'élongation du sciatique pour névralgie. (*Med. news*, 29 sept.) — Elongation du nerf facial pour un tic convulsif. (*Med. Times*, p. 682, 16 juin.) — Tumeur du nerf sciatique. (*Med. news*, p. 215, 25 août.) — Deux observations de névrofibrome. (*Med. Times*, 7 juill.) — Cas de neurasthénie. (*Revis. sper. di fren. e di med. leg.*, fasc. II et III.)

Nerveux. — Phénomènes de culbute produits par la lésion de différents points du système nerveux. (*Gaz. hôp.*, p. 284.) — Ergot associé au bromure de potassium dans les maladies nerveuses. (*Paris méd.*, p. 358.) — Odeur du corps humain dans certaines maladies du système nerveux. (*Concours méd.*, p. 538.) — Nerveux traités par la méthode hypodermique. (*Bull. gén. thérap.*, p. 224.) — Affections du système nerveux. (*Revue thérap.*, p. 71.) — Anatomie des organes centraux du système nerveux. (*Revue Sc. méd.*, t. XXII, p. 2.) — Préparations anatomiques du système nerveux. (*Ibid.*, t. XXI, p. 412.) — Division des cellules. (*Ibid.*, p. 403.) — Cellules nerveuses des ganglions cerébro-spinaux. (*Ibid.*, p. 4.) — Influence du système nerveux sur les vaisseaux lymphatiques. (*Ibid.*, p. 422.) — Influence du système nerveux sur la rigidité cadavérique. (*Ibid.*, p. 32.) — Accroissement des ongles chez les hommes sains et chez les sujets atteints de maladies nerveuses. (*Ibid.*, t. XXII, p. 633.) — Des hémorrhagies cutanées liées à des affections du système nerveux. (*Ibid.*, p. 544.) — Métastase des tumeurs par les conduits lymphatiques du système nerveux. (*Ibid.*, t. XXI, p. 50.) — Remarques sur l'architecture générale du système nerveux chez l'homme. (*New-York med. Journ.*, 14 avril.) — Sur les corpuscules du tact et quelques autres terminaisons nerveuses. (*Arch. f. anat. u. physiol.*, p. 128.) — Terminaisons nerveuses dans les muscles. (*Riv. sper. di frematria*, VIII, 4.) — De la neurasthénie cérébro-spinale ; épuisement nerveux. (*Ann. universali*, mai.) — Recherches sur l'histologie des centres nerveux. (*Arch. Ital. de biol.*, III, n° 3.)

Nervosisme. — Et narcolepsie. (*Paris méd.*, p. 337.) — Avec paralysie vaso-motrice et musculaire gauche. (*Ibid.*, p. 352.) — Nervosisme et narcolepsie. (*Gaz. hebd. Sc. méd. Bord.*, p. 408.)

Nervo-tabes. — Périphérique. (*Gaz. méd. Paris*, p. 523.) (*Union méd.*, t. XXXVI, p. 865.) (*France méd.*, t. II, p. 605.) — Ataxie locomotrice par névrites périphériques avec intégrité absolue des racines postérieures des ganglions spinaux de la moelle épinière. (*Paris méd.*, p. 555.)

Neurasthénies. — Des neurasthénies et de leur traitement. (*Union méd.*, t. XXXVI, p. 869, 883.) (*Concours méd.*, p. 480.)

Neurypnologie. — Traité du sommeil nerveux ou hypnotisme. (*France* *méd.*, t. II, p. 382.) (*Bull. gén. thérap.*, p. 184.) (*Thérap. contemp.*, p. 477.)

Neutralisants. — Du suc tuberculeux. (*Bull. acad. méd.*, p. 70.) (*Thérap. contemp.*, p. 61.)

Névralgies. — Remèdes contre les névralgies. (*Bull. acad. méd.*, p. 1351.) — Névralgie costale et cardialgie. (*Gaz. hôp.*, p. 923.) — De la branche ophthalmique du trijumeau. (*Ibid.*, p. 939.) — Métrorrhagies. (*Ibid.*, p. 131.) — Sciatique, varices consécutives à une névralgie. (*Ibid.*, p. 130.) — Traitement chirurgical des névralgies. (*Ibid.*, p. 89.) — Névralgies syphilitiques. (*Gaz. méd. Paris*, p. 551.) — Névralgies crurales des dentistes. (*Union méd.*, t. XXXV, p. 59.) — Névralgie rebelle, élongation du nerf maxillaire supérieur. (*Ibid.*, p. 120.) — Du diabète sucré et des névralgies de la deuxième paire. (*Ibid.*, p. 13.) — Névralgie du diabète et des néphrites. (*Union méd.*, t. XXXVI, p. 820.) — Electricité faradique dans les névralgies. (*France méd.*, t. II, p. 569.) — Névralgie circonflexe, axillaire ou scapulalgie. (*Paris méd.*, p. 301.) — Névralgies invétérées et douleurs violentes, cautérisation au nitrate d'argent. (*Ibid.*, p. 274.) — Névralgie lombaire, emploi du camphre salicylé. (*Courrier méd.*, p. 401.) — Névralgie lombo-abdominale, emploi du camphre salicylé. (*Courrier méd.*, p. 430.) — Névralgie intestinale. (*Ibid.*, p. 363.) — Intercostale. (*Ibid.*, p. 328.) — Traitement des névralgies d'origine dentaire. (*Concours méd.*, p. 601.) — Névralgie faciale, formule contre. (*Gaz. méd. Nantes*, p. 121.) — Des prises contre la névralgie faciale. (*Ibid.*, p. 188.) — Des plexus lombaire et sacré consécutive à l'effort. (*Ibid.*, p. 47.) — Traitement par le diapason. (*Revue méd.*, t. I, p. 94.) — Emploi du sulfure de carbone. (*Journ. méd. chir. prat.*, p. 469.) — Injections sous-cutanées de strychnine contre les névralgies. (*Bull. gén. thérap.*, p. 240.) — Névralgies traitées par l'anémone. (*Ibid.*, p. 480.) — Traitement par le gelseminum sempervirens de la névralgie intercostale sous-mammaire liée aux affections utérines. (*Revue méd. chir. mal. femmes*, p. 299.) — Névralgie guérie par l'élongation. (*Praticien*, p. 111.) — Névralgies osseuses dans le diabète. (*Revue Sc. méd.*, t. XXII, p. 171.) — De l'aconitine dans les névralgies faciales. (*Ibid.*, t. XXI, p. 110.) — Traitement des névralgies par les eaux de la Malou. (*Ibid.*, p. 516.) — Un cas de névralgie guérie par la cautérisation ignée au point douloureux. (*New-York med. Journ.*, 3 février.) — Névralgie du nerf dentaire inférieur consécutive à une fracture maxillaire. (*Med. news*, 24 fév., p. 230.) — Névralgie sous-orbitaire, amaurose subite du côté malade, sans rien à l'ophthalmoscope, disparition de la névralgie et de l'amaurose à la suite d'issue de pus par le nez. (Suppuration d'une des anfractuosités de l'éthmoïde ?) (*Rev. méd. Suisse rom.*, III, 94, février.) — De la névralgie. (*Arch. de phys.*, février.) — Sur un cas de troubles vasomoteurs dans la névralgie. (*Berlin. klin. Woch.*, 21 mai.)

Névrite. — Cubitale provoquée. (*Gaz. hôp.*, p. 898.) — Sciatique des phtisiques. (*Ibid.*, p. 1025.) — Névrite ascendante. (*Sem. méd.*, p. 241.) — Traumatique. (*Gaz. méd. Paris*, p. 486.) — Névrite consécutive à une luxation de l'épaule. (*Courrier méd.*, p. 71.) (*Journ. méd. chir. prat.*, p. 19.) — Névrite brachiale. (*Revue thérap.*, p. 247.) — De la névrite non traumatique. (*Revue Sc. méd.*, t. XXI, p. 467.) — Névrite optique. (*Ibid.*, t. XXII, p. 338, 339, 340.) — Névrite optique dans la chorée. (*Ibid.*, t. XXI, p. 581.) — Rapports de la névrite multiple périphérique et du béribéri. (*Ibid.*, p. 544.) — De la polinévrite aiguë (névrite multiple.) (*Samml. klin. Vortraeg.*, n° 229.) — Sur un cas de névrite multiple du membre supérieur droit. (*Corr. Blatt. f. schweiz. Aerzte*, 15 sept.) — Névrite multiple traitée par l'élongation. (*Charité ann.*, VII, p. 314.)

Névrome. — Interstitiel du nerf médian. (*Gaz. hôp.*, p. 226.) — Etude sur les névromes multiples. (*Revue méd.*, t. II, p. 331.) — Etude des névromes. (*Revue Sc. méd.*, t. XXII, p. 474.)

Névropathes. — Exemple de l'intolérance des névropathes pour les médicaments. (*France méd.*, t. I, p. 606.) (*Courrier méd.*, p. 191.)

Névroses. — Traité des névroses. (*Bull. acad. méd.*, p. 329.) — Cardio-vasculaire, troubles. (*Gaz. hôp.*, p. 1098.) — Névroses motrices du cœur. (*Gaz. méd. Paris*, p. 163.) — Névrose du pneumogastrique. (*Union méd.*, t. XXXV, p. 940.) — Des névroses dépendant du nerf vague. (*Ibid.*, p. 108.) — Névroses du larynx. (*Ibid.*, p. 991.) — Névroses avec vertiges, folie, délire, etc., produites par les maladies de l'oreille interne chez les enfants. (*Paris méd.*, p. 349, 361.) — Vomissements de scybales dus à une névrose convulsive. (*Revue Sc. méd.*, t. XXII, p. 615.) — De l'emploi de l'argile dans les névroses du cœur et des vaisseaux. (*Ibid.*, p. 504.)

Névrotomie. — Du dentaire, (*Revue thérap.*, p. 348.)

Nez. — Cancroïde du nez. (*Gaz. hôp.*, p. 1033.) — Corps étrangers des fosses nasales. (*Ibid.*, p. 689.) — Sclérose hypertrophique du nez. (*Ibid.*, p. 748.) — Tumeur sarcomateuse des fosses nasales. (*Ibid.*, p. 210.) — Hypertrophie acquise de tous les éléments de la peau du nez. (*France méd.*, t. II, p. 187.) — Rapports de l'asthme et des maladies du nez. (*Gaz. méd. Nantes*, p. 131.) — Destruction des polypes du nez. (*Revue méd.*, t. II, p. 369.) — Déviation de la cloison du nez. (*Ibid.*, p. 773.) — Nez, sa décadence. (*Journ. méd. chir. prat.*, p. 238.) — Sa décortication. (*Ibid.*, p. 424.) — Epithélium de la membrane olfactive de la myxine glutineuse. (*Revue Sc. méd.*, t. XXI, p. 405.) — Inflammation de la muqueuse par un corps étranger. (*Ibid.*, t. XXII, p. 723.) — Rhinite vaso-motrice. (*Ibid.*, p. 722.) — Pseudo-tumeurs des fosses nasales. (*Ibid.*, t. XXI, p. 707.) — Elongation du nerf externe dans le glaucome et les douleurs ciliaires. (*Ibid.*, t. XXII, p. 713, 714.) — Les cavités nasales et le canal lacrymal des vertébrés. (*Morphol. Jahrb.*, VIII.) — Instrument pour l'ablation buccale des végétations adénoïdes de l'espace naso-pharyngien. (Pince de chiari à mors terminée en cuillers à bords tranchants, sauf dans la partie concave.) (*Rev. méd. Suisse romande*, III, 46, janv.) — Nouvelles recherches sur la rhinite chronique atrophique (ozène simple.) (*Arch. f. path. anat.*, 90, 3.) — De l'occlusion des orifices postérieurs du nez comme résultat du catarrhe nasal. (*Med. news*, 7 avril.) — Sur un cas d'extirpation de polype naso-pharyngien, par le procédé d'Ollier, récidive. (*Rev. méd. Suisse romande*, III, 44, janv.) — Note sur les rétrécissements de l'urèthre et du canal nasal. Contribution à l'étude du rétrécissement en général. (*Gaz. hebd. Sc. méd. Montpel.*, n° 5.) — Asymétrie des cavités nasales sans déviation de la cloison. (*Med. news*, p. 605, 26 mai.) — Recherches expérimentales sur la structure de la membrane olfactive. (*Nordiskt med. arkiv.*, n° 3.) — Des phénomènes dus à des maladies du nez. (*Med. news*, p. 604, 26 mai.) — Développement des kystes des sinus du nez. (*Allgem. Wien. med. Zeitung*, 8.) — Ozène syphilitique traité par la méthode de Rouge. (*Lancet*, 20 janv.) — Résultats du traitement des fibromes naso-pharyngiens : plusieurs guérisons ; relevé de 75 opérations par différents chirurgiens. (*Med. news*, 26 mai, p. 606.) — Quelques cas de polypes naso-pharyngiens. (*Lancet*, 27 janv.) — Destruction des polypes du nez par l'acide chromique. (*Med. news*, p. 597, 26 mai.) — Abcès du sinus frontal, guérison. (*Recueil d'ophthal.*, n° 3, p. 160.) — Nouveau diverticule de l'arrière cavité des fosses nasales. (*Arch. f. pathol. anat. u. physiol.*, Bd. XCIV, Hft. 1.) — Œdèmes fugitifs de la face en rapport avec une irritation des fosses nasales. (*Berlin. klin. Woch.*, 3 déc.) — Traitement du coryza fétide compliqué d'affection des sinus. (*Berlin. klin. Woch.*, 10 déc.) — Leçon sur le catarrhe naso-pharyngien. (*Brit. med. Journ.*, p. 161, juillet.) — Physiologie de la chirurgie plastique, et en particulier de la rhinoplastie. (*Dublin Journ. of med. Sc.*, p. 97, janv.) — Des résultats du traitement des fibromes naso-pharyngiens avec une statistique de 74 opérations. (Comprend des tumeurs de diverses natures chez des femmes (8 cas) et des sujets âgés.) (*Arch. of laryngol.*, IV, n° 4.) — Polype naso-pharyngien. Résection totale du maxillaire supérieur. (*Journ. de méd. de Bordeaux*, 16 déc.) — Large tumeur kystique des fosses nasales postérieures, guérison. (*Med. news*, 15 déc.) — Observation de catarrhe naso-pharyngé chronique. (*Arch. of laryn.*, IV, n° 2.) — De la médication hypodermique dans le catarrhe nasal. (*Arch. of laryngol.*, IV, n° 1.) — Périchondrite idiopathique aiguë et abcès de la cloison nasale. (*Arch. of laryng.*, IV, n° 2.) — Epistaxis très grave à la suite d'une petite opération sur la cloison nasale. (*Ibid.*) — Quelques effets des polypes du nez chez les enfants. (*New-York med. Journ.*, 7 avril.) — Résection du maxillaire supérieur gauche pour l'extirpation de polypes fibreux naso-pharyngiens. (*Med. news*, 11 août.) — Ozène dû à des corps étrangers. (*Med. Times*, p. 351, 31 mars.) — Destruction des polypes du nez par l'acide chromique. (*Arch. of laryngol.*, IX, n° 3.) — Dilatation de l'orifice naso-pharyngien. (*Rev. méd.*, t. I, p. 83.) — Bichlorure de mercure dans les affections nasales. (*Journ. méd. chir. prat.*, p. 556.)

Nickel. — Action antiseptique du chlorure de nickel. (*Revue Sc. méd.*, t. XXII, p. 487.)

Nicotine. — (*Prog. méd.*, p. 296.)

Nielle. — Principes actifs de la nielle cultivée. (*Rev. Sc. méd.*, t. XXII, p. 71.)

Nigella. — Saliva. (*Sem. méd.*, p. 261.)

Nitrate. — D'argent, injections sous-cutanées de nitrate d'argent. (*Sem. méd.*, p. 72.)

Nitrite. — D'amyle, administration par la voie sous-cutanée du nitrite d'amyle. (*Gaz. méd. Paris*, p. 233.) — Nitrite de soude dans le traitement de l'épilepsie. (*Union méd.*, t. XXXV, p. 432.) — Du nitrite d'amyle et de la nitro-glycérine dans l'asthme urémique. (*Ibid.*, t. XXXVI, p. 80.) — Du nitrite d'amyle dans la fièvre intermittente tétaniforme. (*Ibid.*, p. 193.) — Du nitrite d'amyle dans la chorée. (*Ibid.*, p. 585.) — Dans l'asthme urémique. (*Ibid.*, p. 621.) — Nitrite d'amyle. (*France méd.*, t. II, p. 506.) — Nitrite d'amyle en inhalation. (*Paris méd.*, p. 126, 127, 393, 417, 418.) — Nitrite d'amyle dans la coqueluche. (*Bull. gén. thérap.*, p. 189.)

Nitrobenzine. — Empoisonnement par la nitrobenzine. (*Revue Sc. méd.*, t. XXII, p. 491.)

Nitro-glycérine. — (*Paris méd.*, p. 286.) — Dans la migraine. (*Ibid.*, p. 561.) — Son emploi en thérapeutique. (*Courrier méd.*, p. 444.) — Action physiologique et thérapeutique de la nitro-glycérine. (*Concours méd.*, p. 273, 454.) — Propriétés toxiques de la nitro-glycérine et de la dynamite. (*Gaz. méd. Nantes*, p. 133.) — Emploi de la nitro-glycérine dans les maladies du cœur. (*Revue Sc. méd.*, t. XXI, p. 114.)

Nodosités. — Rhumatismales. (*Gaz. hôp.*, p. 1045.) — Rhumatismales éphémères. (*Ibid.*, p. 1110.) — (*Sem. méd.*, p. 301, 320, 339.) — (*Gaz. méd. Paris*, p. 529, 552.) — Les nodosités rhumatismales sous-cutanées. (*Prog. méd.*, p. 947, 966, 1047.) — Nodosités cutanées chez les arthritiques. (*France méd.*, t. II, p. 678, 754.)

Nœud. — Vital, rapports physiologiques du nœud vital et des mouvements respiratoires. (*Prog. méd.*, p. 207.)

Noix. — Vomique, vin de quinquina à la noix vomique. (*Union méd.*, t. XXXV, p. 1107.)

Noma. — Le noma et sa pathogénie. (*Union méd.*, t. XXXV, p. 594.) — Noma des organes génitaux externes. (*Revue méd. chir. mal. femmes*, p. 101.)

Nosographe. — Un nouveau nosographe. (*Thérap. contemp.*, p. 226.)

Note. — Sur le diagnostic des maladies utérines par l'inspection du cuir chevelu. (*Journ. accouch. Liège*, p. 38.)

Nourrice. — Choix d'une nourrice. (*Sem. méd.*, p. 69.) — Glycosurie des nourrices. (*Ibid.*, p. 63.) — Du choix d'une nourrice, qualité d'ordre secondaire. (*Praticien*, p. 328.) — Effets des médicaments sur la nourrice pendant l'allaitement. (*Revue Sc. méd.*, t. XXI, p. 84.)

Nouveau-né. — Vices de conformation de la bouche chez un nouveau-né. (*Gaz. hôp.*, p. 707.) — Fracture du crâne chez les nouveau-nés. (*Sem. méd.*, p. 221.) — Prophylaxie de l'opththalmie des nouveau-nés. (*Ibid.*, p. 210.) — Recherches sur le poids et la température des nouveau-nés.

(*Paris méd.*, p. 415.) — Persistance des battements du cœur chez le nouveau-né. (*Concours méd.*, p. 440.) — Cyanose fébrile entérique pernicieuse avec hémoglobinurie, maladie nouvelle des nouveau-nés. (*Revue mens. mal. enfance*, p. 190.) — Effets produits sur les nouveau-nés par l'administration du chloroforme à la mère pendant l'accouchement. (*Ibid.*, p. 191.) — Ictère des nouveau-nés. (*Ibid.*, p. 191.) — Tétanos des nouveau-nés, injections de fève de Calabar. (*Ibid.*, p. 196.) — Allaitement des nouveau-nés. (*Revue Sc. méd.*, t. XXI, p. 223.) — Aspiration thoracique qui se produit à la naissance. (*Ibid.*, p. 24.) — Muguet des nouveau-nés. (*Ibid.*, p. 231.) — Méningo-encéphalite suppurée chez un nouveau-né. (*Ibid.*, p. 237.) Ulcère de l'œsophage chez le nouveau-né. (*Ibid.*, t. XXII, p. 618.) — Laparotomie chez le nouveau-né pour une hernie ombilicale. (*Ibid.*, p. 619.) — Péritonite des nouveau-nés. (*Ibid.*, t. XXI, p. 235.) — Trachéotomie pratiquée à neuf semaines. (*Ibid.*, p. 233.) — De l'ostéochondrite syphilitique du nouveau-né. (*Ibid.*, p. 249.) — Rapport entre les pieds et le poids chez les nouveau-nés. (*Corr. bl. f. schweiz. Aerzte*, n° 8, p. 202, 16 avril.) — Persistance du canal artériel chez un nouveau-né. (*Gaz. hebd. des Sc. méd. Montpel.*, n° 25.) — Hémorrhagie cérébrale diffuse chez le nouveau-né après un accouchement facile. (*Lancet*, 31 mars.) — Hémorroïdes externes chez le nouveau-né. (*Lancet*, 12 mai.)

Noyau. — De cerise dans les fosses nasales d'un enfant. (*Abeille méd.*, p. 423.) (*Praticien*, p. 476.)

Noyer. — Traitement de la diphtérie par les feuilles de noyer. (*Revue Sc. méd.*, t. XXII, p. 138.)

Noyés. — Soins à donner aux noyés. (*Bull. acad. méd.*, p. 296.) (*Abeille méd.*, p. 336.) — Comment les ranimer. (*Praticien*, p. 358.)

Nutrition. — Troubles de la nutrition dans l'intoxication saturnine. (*Bull. acad. méd.*, p. 990.) — Maladie par ralentissement de la nutrition. (*Gaz. hôp.*, p. 177.) — Nutrition et thérapeutique. (*Journ. accouch. Liège*, p. 99.) (*Praticien*, p. 129.) — De la nutrition dans la santé et dans la maladie. (*Ibid.*, t. XXI, p. 431.) — Valeur nutritive de la gélatine. (*Ibid.*, p. 30.) — Sur la nutrition de la cornée. (*Ibid.*, p. 306.) — De l'oxydation physiologique au sein des tissus pendant les maladies. (*Cor. bl. f. schweiz. Aerzte*, 15 mars.)

Nystagmus. — Des mineurs. (*Revue Sc. méd.*, t. XXII, p. 510.)

O

Obésité. — Traitement à bride. (*Journ. méd. chir. prat.*, p. 222.) — Obésité et maigreur. (*Thérap. contemp.*, p. 755.)

Observation. — Ancienne interprétée d'après les idées récentes. (*Gaz. méd. Paris*, p. 415.) (*Prog. méd.*, p. 697.) (*Union méd.*, t. XXXVI, p. 735.) — Observation d'accouchement sans douleur, adhérence du placenta, délivrance artificielle. (*Journ. accouch. Liège*, p. 289.) — De grossesse tubaire. (*Ibid.*, p. 221.) — Observation sur les doctrines microbiennes. (*Ibid.*, p. 117.)

Observatoire. — D'Alger. (*Prog. méd.*, p. 421.) — Du Pic du Midi. (*Ibid.*, p. 1064.)

Obsessions. — Et impressions génitales. (*Journ. méd. chir. prat.*, p. 21.)

Obstétrical. — Un expédient obstétrical. (*Gaz. méd. Nantes*, p. 172.) — Anesthésie. (*Journ. méd. chir. prat.*, p. 147.) — Enseignement théologique et quelques interventions obstétricales. (*Journ. de méd. de l'Ouest*, janv.)

Obstétrique. — (*Gaz. hôp.*, p. 1153.) — Fausse couche à quatre mois et demi. (*Ibid.*, p. 417.) — En Italie. (*Gaz. méd. Paris*, p. 166.) — De la cause de l'ictère des nouveau-nés. (*Prog. méd.*, p. 310.) — De la conduite à tenir dans la présentation de l'extrémité pelvienne, mode des fesses. (*Ibid.*, p. 212.) — Notes cliniques d'obstétrique. (*Union méd.*, t. XXXV, p. 804.) — Revue d'obstétrique. (*Gaz. hebd. Sc. méd. Bord.*, p. 123.) — Des méthodes anti-septiques en obstétrique. (*Ibid.*, p. 550, 540, 552.) — Expédient d'obstétrique. (*Revue thérap.*, p. 604.) — Protoxyde d'azote en obstétrique. (*Revue méd. chir. mal. femmes*, p. 294.) — Obstétrique fantastique. (*Praticien*, p. 514.) — Mesures prophylactiques en obstétrique. (*Corresp. Blatt. f. schweiz. Aerzte*, 15 janv.)

Obstruction. — Intestinale. (*Gaz. méd. Paris*, p. 41.) — De la ponction dans l'obstruction intestinale. (*Ibid.*, p. 42.) — Obstruction des artères coronaires, ses conséquences. (*Union méd.*, t. XXXV, p. 940.) — Obstruction intestinale par noyaux de cerises, injection d'eau dans le rectum. (*Paris méd.*, p. 47.) — Accidents d'obstruction intestinale produits par des cristaux de cholestérine. (*Abeille méd.*, p. 142.) — Obstruction intestinale par calcul. (*Journ. méd. chir. prat.*, p. 356.) — Cas rare d'obstruction intestinale. (*Riv. Clin. di Bol.*, fév.) — Obstruction intestinale par lombricoïdes chez l'adulte. Paracentèse, mort par péritonite préexistante. (*Rev. méd. Suisse rom.*, III, p. 95, fév.) — Discussion sur l'obstruction intestinale et son traitement chirurgical. (*Brit. med. Journ.*, p. 669, oct.) — De la laparotomie en cas d'obstruction intestinale. (*Ibid.*, p. 672.) — Trois cas montrant que le rétrécissement du rectum ne suppose pas nécessairement l'obstruction intestinale. (*Ibid.*, p. 1067, déc.)

Occipital. — Chez les vertébrés. (*Bull. Sc. méd.*, p. 1422.)

Occipito. — Postérieures. Positions. (*Abeille méd.*, p. 403.)

Occlusion. — Laparotomie dans le traitement de l'occlusion intestinale. (*Bull. acad. méd.*, p. 1266.) — Occlusion génitale dans les fistules vésico-vaginales compliquées. (*Union méd.*, t. XXXVI, p. 833.) — Occlusion cicatricielle du vagin. (*Courrier méd.*, p. 198.) — Occlusion intestinale par invagination, par diverticulum de l'intestin grêle. (*Revue Sc. méd.*, t. XXII, p. 686.) — Par anneau fibreux de la muqueuse. (*Ibid.*, p. 686.) — Par lipome de l'intestin. (*Ibid.*, p. 686.) — Un cas d'étranglement intestinal. (*Med. Wiestnik.*, nᵒˢ 33 et 34.) — Occlusion intestinale par volvulus, laparotomie, mort. (*Lancet*, 30 juin.) — Occlusion intestinale aiguë ; double étranglement par des brides péritonéales. (*Med. Times*, p. 556, 19 mai.) — Sur un cas de guérison d'étranglement interne par des applications alternatives de chaud et de froid. (*Lyon méd.*, 9 sept.) — Occlusion intestinale par bride épiploïque, compliquée de volvulus de l'S iliaque. (*New York med. Journ.*, 3 mars.) — Du traitement chirurgical de l'occlusion intestinale. (*Med. Times*, p. 237, 3 mars.) — Occlusion intestinale par deux invaginations descendantes distinctes. (*Lyon méd.*, 25 fév.) — Un cas de torsion complète d'une anse de l'intestin grêle. (*Wratch. Wiedom.*, n° 11.) — Carcinome du cœcum, excision, anus contre nature, guérison complète. (*Wien. med. Presse*, n° 14.) — Cas d'ileus, guérison. (*Ibid.*, n° 13.) — De la suture de l'intestin. (*Deutsche med. Woch.*, n° 36.)

Oculaire. — Traitement de la syphilis oculaire. (*France méd.*, t. I, p. 468.) — Troubles oculaires d'origine nerveuse et dans la carie dentaire. (*Journ. méd. chir. prat.*, p. 263.)

Odeurs. — De Paris. (*Bull. acad. méd.*, p. 756, 781, 785, 790.) — Odeur dans la maladie. (*Journ. méd. chir. prat.*, p. 567.)

Odontalgie. — En Angleterre. (*Union méd.*, t. XXXV, p. 443.) — Elongation des nerfs oculaires. (*Paris méd.*, p. 102.) — Potion contre l'odontalgie. (*Revue méd. chir. mal. femmes*, p. 359.)

Œdème. — Des replis aryténo-épiglottiques. (*Gaz. hôp.*, p. 580.) — Œdème malin des paupières. (*Ibid.*, p. 12.) — Ponction contre l'œdème. (*Union méd.*, t. XXXV, p. 347.) — Œdème glottique. (*Courrier méd.*, p. 248.) — Œdème nerveux circonscrit de la peau. (*Ibid.*, p. 154.) — Œdème de la glotte, aigu et primitif. (*Revue méd.*, t. II, p. 834, 838.) — Œdème unilatéral par contusion du rein. (*Journ. méd. chir. prat.*, p. 436.) — Œdème rhumatismal. (*Revue Sc. méd.*, t. XXII, p. 208.)

Œil. — Précis théorique et pratique de l'examen de l'œil et de la vision. (*Bull. acad. méd.*, p. 355.) — Œil décentré. (*Gaz. hôp.*, p. 485.) — Refroidissement brusque du globe de l'œil, comme cause d'abcès de la cornée. (*Ibid.*, p. 987.) — Traitement des atrophies papillaires ataxiques. (*Ibid.*, p. 348.) — Blessures de l'œil. (*Sem. méd.*, p. 200.) — Examen fonctionnel de l'œil. (*Gaz. méd. Paris*, p. 9.) — Etat d'un moignon d'œil amputé précédemment. (*France méd.*, t. I, p. 334.) — Malaxation de l'œil après la sclérotomie. (*France méd.*, t. II, p. 6.) — La physique de l'œil. (*Courrier méd.*, p. 138.) — Plaies de l'œil dans les accouchements au forceps. (*Abeille méd.*, p. 443.) — Traitement de l'œil nitraté. (*Revue méd.*, t. I, p. 833.) — Expériences comparatives des effets produits sur l'œil par l'atropine, la duboisine et l'hématropine. (*Bull. gén. thérap.*, p. 140). — Note sur l'emploi du pulvérisateur dans le traitement des affections externes des yeux. (*Bull. gén. thérap.*, p. 160.) — De la greffe cutanée dans la chirurgie oculaire. (*Ibid.*, p. 285.) — Du massage de l'œil dans quelques affections de la cornée ou des paupières. (*Ibid.*, p. 527.) — Les lobes optiques. (*Revue Sc. méd.*, t. XXII, p. 415.) — Entrecroisement des fibres du nerf optique dans le chiasma. (*Ibid.*, p. 46, 338, 340.) — Influence de l'accommodation de l'œil sur les limites du champ visuel. (*Ibid.*, p. 702.) — Mesure de la lumière. (*Ibid.*, p. 703.) — Fonctions du muscle de Crampton. (*Ibid.*, p. 446.) — Action de certaines substances sur les mouvements associés des yeux. (*Ibid.*, t. XXI, p. 488.) — Absence congénitale des bulbes. (*Ibid.*, t. XXII, p. 311.) — Altération du fond de l'œil dans la stase veineuse générale. (*Ibid.*, p. 710.) — Sensations visuelles. (*Ibid.*, p. 702.) — Sensibilité chromatique. (*Ibid.*, p. 703.) — Altérations du fond de l'œil dans les affections du foie. (*Ibid.*, p. 538.) — Altérations des milieux réfringents de l'œil chez les fœtus macérés. (*Ibid.*, p. 665.) — Etat du fond de l'œil dans la commotion de la moelle. (*Ibid.*, p. 185.) — Hémianopie corticale. (*Ibid.*, t. XXI, p. 311.) — Névrite optique. (*Ibid.*, t. XXII, p. 338.) — Névrite après les hémorrhagies. (*Ibid.*, p. 338.) — Névrite rétrobulbaire. (*Ibid.*, p. 339, 340.) — Lésions cérébrales consécutives à l'ablation d'un œil. (*Ibid.*, p. 340.) — Névrite optique dans la chorée. (*Ibid.*, t. XXI, p. 581.) — Déviation conjuguée des yeux dans les affections cérébrales. (*Ibid.*, p. 593.) — Des troubles des yeux dans les maladies de l'encéphale. (*Ibid.*, p. 598.) — De l'ophthalmoplégie interne ou immobilité symétrique des yeux accompagnée de ptosis. (*Ibid.*, p. 581.) — Affections des yeux dépendant de la syphilis héréditaire. (*Ibid.*, p. 247.) — Simulation de l'amaurose et de l'amblyopie. (*Ibid.*, t. XXII, p. 323.) — De la ténotite. (*Ibid.*, p. 331.) — Panophthalmite pyémique consécutive à une embolie chez un cardiaque. (*Ibid.*, t. XXI, p. 138.) — Troubles des yeux chez les onanistes. (*Ibid.*, p. 308.) — Ablation des corps étrangers de l'œil au moyen de l'aimant. (*Ibid.*, t. XXII, p. 342.) — Emploi de l'hématropine dans les affections des yeux. (*Ibid.*, t. XXI, p. 318.) — Emploi de l'iodoforme en ophthalmologie. (*Ibid.*, t. XXII, p. 343.) — Emploi du jaborandi dans les affections de l'œil. (*Ibid.*, p. 717.) — De l'ésérine dans les affections des yeux. (*Ibid.*, t. XXI, p. 317.) — Un nouveau centre de vision dans l'œil humain. (*Rev. scient.*, 11 août.) — Des anomalies de la réfraction et de l'accommodation, par Kœnigstein. (*Vienne.*) — Mouvements des yeux provoqués par la compression sur une oreille malade. (*Opht. Soc. med. Times*, 20 janv.) — L'asthénopie, pathogénie et traitement. (*Ann. de. Ottalmol.*, XII, p. 305.) — La réfraction chez 414 écoliers après application d'hématropine. (*Arch. f. Opht.*, XXIX, 1, p. 103.) — Indice céphalique et réfraction oculaire. (*Giorn. della R. Ac. de Torino*, janv.) — Influence de la vie de collège sur la réfraction. (*New York med. Journ.*, 28 juil.) — L'effet de la lumière électrique sur l'œil. (*Brit. med. Journ.*, 5 mai.) — Relation entre les maladies oculaires et les affections génitales chez la femme. (*Med. Times*, p. 339, 24 mars.) — Etat du fond de l'œil longtemps après un accident d'embolie de l'artère centrale. (*Ibid.*, p. 337, 24 mars.) — De certains troubles fonctionnels de la vue indûment attribués à des lésions cérébrales par des anomalies physiologiques que présente le fond de l'œil à l'ophthalmoscope. (*New York med. Journ.*, 10 fév.) — Sur quelques modifications apportées à l'exophthalmomètre du professeur Zehender. (*Klin. monatsbl. f. augenheilk.*, sept.) — Un cas d'hémiascopsie temporale de l'œil droit consécutive à la trépanation du pariétal gauche.

(*Arch. f. opht. Band.*, XXIX, 3 *Abtch.*) — Un cas d'embolie puerpérale septique des deux yeux. (*Centralbl. f. prakt. augenheilk.*, sept.) — Contribution à la pathologie de l'œil ; lipome dermoïde congénital développé derrière la région équatoriale du globe oculaire. (*Ibid.*, oct.) — Exophthalmie pulsatile. (*Med. Times*, p. 338, 24 mars.) — Un cas de neuro-rétinite sympathique. (*New York med. Journ.*, 28 juillet.) — Quelques faits d'énucléations de l'œil comme moyen préventif ou curatif de l'ophthalmie sympathique. (*Ibid.*, 3 mars.) — De l'emploi de la suture en bourse de Wecker, dans l'ablation du staphylome et l'énucléation de l'œil. (*Klin. monatsbl. f. augenheilk*, sept.) — Cysticerque de l'œil. (*Lancet*, 26 mai.) — Contribution à la névrotomie optico-ciliaire. (*Ann. di Ottalmol.*, XXII, p. 340.) — Sur l'élongation du nerf nasal externe contre les douleurs ciliaires. (*Hygiea*, fév.) — Extraction d'un cil logé depuis quatre semaines dans la chambre antérieure de l'œil. (*Lancet*, 12 mai.) — Trois cas d'introduction d'un ou plusieurs cils dans la chambre antérieure de l'œil à la suite d'une plaie de la cornée. (*Ibid.*) — Extraction à travers la chambre antérieure, à l'aide de l'aiguille aimantée, d'une paillette de fer, longue de 4 millimètres environ, et implantée dans le sphincter de l'iris. (*Klin. monatsbl. f. augenheilk.*, sept.) — De l'électro-aimant pour l'extraction des corps étrangers de l'œil. (*Med. news*, 22 sept.) — Du jéquirity en oculistique. (*Berlin. klin. Woch.*, n° 44, p. 686, 29 oct.) — Boroglycéride dans le traitement de l'ophthalmie purulente. (*Lancet*, 17 fév.) — Anatomie de la zonule de Zuin. (*Arch. f. ophthalm.*, XXVIII, p. 28.) — De l'influence des excitations du trijumeau sur les sensations, principalement visuelles. (*Arch. f. d. ges. Physiol.*, XXX, 3, 4.) — De l'influence de l'accommodation sur les limites du champ visuel. (*Wratch.*, n° 2.) — Multiplicité des lésions congénitales des yeux chez une mère et ses trois enfants. (*Corr. Blatt. f. schweiz Aerzte*, 1er janv.) — Arbre généalogique d'une famille chez laquelle on retrouve l'héméralopie dès 1750. (*Ibid.*, 15 janv.) — Sur les changements de réfraction des yeux de 85 écoliers pendant une période de six ans. (*Wratch.*, n°s 8 et 9.) — Un cas d'hémianopsie gauche binoculaire avec autopsie et examen histologique. (*Arch. f. augenheilk.*, XII, p. 183.) — Observations ophthalmologiques. (Un cas de rétinite centrale syphilitique. Troubles de la vue après des lésions traumatiques du crâne. Atrophie des nerfs optiques ou simple glaucome? Endothéliome de la gaîne externe du nerf optique.) (*Medizin. Obosr.*, mars.) — Un cas de scléro-choroïdite antérieure avec staphylome terminé heureusement. (*Boll. d'ocul.*, IV, n° 8.) — Ankyloblépharon et symblépharon cornéo-conjonctival étendu, suite de brûlure. Trois opérations. Greffe animale, succès. (*Rev. méd. Suisse rom.*, III, 149, mars.) — Colobome de la paupière supérieure droite avec kyste dermoïde de la cornée et de la sclérotique correspondante chez une fillette de 15 jours. (*Corresp. Blatt. f. schweiz. Aerzte*, 15 janv.) — Du jéquirity dans le traitement de quelques affections oculaires. (*Med. news*, 14 avril.) — De l'antisepsie dans les maladies des yeux, par Hollstein. (*Inaug. Diss. Berlin.*) — Névrotomie optico-ciliaire pratiquée après anesthésie par le bromure d'éthyle. (*Med. news*, 27 janv.)

— Le développement de l'œil. (*Rev. scient.*, 12 mai.) — Recherches sur la marche des liquides dans l'œil au moyen d'injections sous-cutanées de fluorescine. (*Arch. f. augenheilk.*, XII, 2.) — Préparation de l'œil pour l'examen microscopique (*Ophthal. Review*, mars.) — Le kératoscope de Placido et l'optomètre de Seigel. (*Berlin. klin. Woch.*, 18 juin.) — De l'épreuve de la vue chez les marins. (*Nordiskt med. arkiv.*, XIV, 4.) — Mixo-fibrome du nerf optique. (Considérations générales sur les tumeurs du nerf optique.) (*Recueil d'ophthal.*, n° 1, p. 38.) — De l'atrophie axiale du nerf optique observée chez plusieurs membres d'une même famille. (*Ibid.*, n° 4, p. 193.) — Plaie par arme à feu de l'œil droit, atrophie du nerf optique avec conservation du bulbe, amaurose absolue. (*Klin. monats. fur augenheilk.*, juillet.) — Un cas d'amblyopie très intense, d'origine toxique, sans scotome central terminé par guérison absolue. (*Ibid.*) — Névrite double, consécutive à un érysipèle de la face et du cuir chevelu. (*Ibid.*) — Tumeur particulière développée sur un cil ayant pénétré dans la chambre antérieure. (*Opht. soc. of gr. Britain and Ireland*, 11 janv.) — Une nouvelle méthode pour déterminer la relation entre la convergence et l'accommodation. (*Ibid.*, 4 janv.) — Spasme aigu de l'accommodation par névralgie du trijumeau. (*Boll. d'oculistica*, V, 7.) — De la conjonctivite provoquée par l'infusion de jéquirity. (*Dniéwnik Kasansk. Obsch. Wratch*, n° 9.) — Une question sur l'emploi du jéquirity, dans le traitement des granulations. (*La oftalmologia practica*, mars.) — Le jéquirity et son emploi en ophthalmologie. (*Rev. méd. Suisse rom.*, III, 431, juillet.) — Pathologie et étiologie du xérosis épithélial de la conjonctive et de l'héméralopie idiopathique. (*Breslauer ärztliche zeitschrift*, n° 4.) — Jéquirity. (*Boll. d'oculistica*, V, 9.) — Le jéquirity dans les cas de pannus invétéré. (*New York med. Journ.*, 10 fév.) — Le jéquirity. (*Boll. d'oculistica*, V, 6, 7, 8 et 9.) — Jéquirity. (*Annali di ottalm.*, XI, 6.) — Parcours et terminaison du nerf optique dans la rétine des crocodiles. (*Arch. Ital. de biol.*, t. IV, f. 2.) — Recherches sur le muscle ciliaire des reptiles. (*Ibid.*) — Contributions à l'étude anatomique du nerf optique. (*Arch. f. ophthal.*, Bd. XXIX, 4 abth.) — Un cas de persistance des vaisseaux hyaloïdiens. (*Centralb. f. prakt. augenheilk.*, nov.) — Contribution à l'étude pathologique de l'œil. (*Arch. f. ophthal.*, Bd. XXIX, 4 abth.) — Contribution à l'étude des photopsies dans les environs du point de fixation. (*Ibid.*) — De la production de l'astigmatisme régulier dans certaines anomalies de la réfraction et de l'accommodation. (*Centralb. f. prakt. augenheilk.*, déc.) — Un nouveau procédé pour la détermination de la réfraction à l'image droite. (*Ibid.*) — La détermination de la réfraction au moyen de l'ophthalmoscope avant et après l'atropinisation. (*Opht. review.*, oct.) — Contribution à l'étude de l'amblyopie et de l'amaurose traumatique. (*Ann. di Ottalmol.*, XII, p. 394.) — Deux cas d'amblyopie dus à des excès sexuels. (*Opht. review*, avril.) — Notes de chirurgie oculaire. (*Arch. d'opht.*, sept.-oct.) — Des troubles oculaires dans la grossesse et l'accouchement. (*Rev. d'opht.*, IV, n° 10.) — Un cas d'affection oculaire par fulguration. (*Arch. f. opht.*, Bd. XXIX, 4 abth.) — Les effets de la lumière électrique sur l'œil. (*Opht. review*, avril.) — Amaurose et cécité par action de la lumière solaire. (*Sitz. d. Kais. akad. Wiss. Wien*, Bd. LVI, abth. 2.) — De l'uvéite antérieure. (*Allg. Wiener med. zeit.*, nº 40.) — Discussion sur les symptômes oculaires dans les maladies de la moelle. (*Opht. soc. Brit. med. Journ.*, p. 1228, juin.) — Sur l'ophthalmie jéquiri-tyque. (*Arch. f. opht.*, Bd. XXIX, 4 abth.) — Mélano-sarcome épi-bul-baire. (*Centralb. f. prakt. augenheilk.*, nov.) — Hémorrhagie autour de la macula, consécutive à un effort, galvanisation, guérison complète en six semaines. (*Ibid.*) — Un cas de sarcome de la choroïde avec enva-hissement précoce de la rétine, et dégénérescence sarcomateuse de toute la partie intra-oculaire du nerf optique. (*Arch. f. opht.*, Bd. XXIX, 4 abth.) — Contribution à l'étude des tumeurs mécaniques de l'œil. (*Ibid.*) — Cancer de l'œil d'origine traumatique chez un enfant. (*Rev. méd. Suisse rom.*, III, 865, déc.) — Des blessures de l'œil dans les applications de forceps. (*Deutsche med. Woch.*, nº 17.) — De la malaxa-tion de l'œil après la sclérotomie. (*Arch. d'ophth.*, sept.) — L'électro-magnétisme dans la thérapeutique. (*Deutsche med. Woch.*, nº 20.) — De la valeur thérapeutique de l'iodoforme dans les maladies de l'œil. (*Arch. f. opht.*, Bd. XXIX, 4 abth.) — De l'action des solutions étendues d'ésé-rine dans le traitement de l'affaiblissement du muscle ciliaire. (*Brit. med. Journ.*, 15 juil.) — Des moyens anti-septiques dans le traitement des maladies des yeux et des oreilles. (*Chicago med. Journ. and exami-ner*, sept.) — Extirpation d'une paillette de fer du corps vitré par l'inci-sion de la sclérotique et l'emploi de l'électro-aimant. (*Deutsche med. Woch.*, nº 46.) — De l'examen des yeux des marins au point de vue du daltonisme. (*Brit. med. Journ.*, p. 1008, nov.)

Œsophage. — Cancer annulaire de l'œsophage. (*Gaz. hóp.*, p. 713.) — Compression de l'œsophage. (*Ibid.*, p. 1009.) — Rétrécissement cancé-reux de l'œsophage. (*Ibid.*, p. 749, 1010.) — Rétrécissement primitif de l'œsophage. (*Ibid.*, p. 347.) — Rétrécissement spasmodique de l'œso-phage. (*Ibid.*, p. 73.) — Corps étrangers de l'œsophage, extraction, per-foration de l'aorte, mort. (*France méd.*, t. I, p. 17.) — Electrolyse dans le traitement des rétrécissements cicatriciels de l'œsophage. (*Gaz. méd. Nantes*, p. 73.) — Dilatateur de l'œsophage. (*Bull. gén. thérap.*, p. 38.) — Œsophage rétréci. (*Revue thérap.*, p. 267.) — Etude expérimentale des fonctions de l'œsophage. (*Revue Sc. méd.*, t. XXII, p. 442.) — Ulcère de l'œsophage chez les nouveau-nés. (*Ibid.*, p. 618.) — Deux cas d'œsopha-gotomie interne, guérison. (*Arch. of laryngol.*, IV, nº 1.) — Les bruits de déglutition au niveau du strabicule du cœur. (*Centralb. f. med. Wiss.*, nº 1.) — Plaie par arme à feu du cou avec perforation de l'œsophage, guérison. (*Brit. med. Journ.*, p. 611, mars.)

Œsophagiens. — Bruits œsophagiens durant la déglutition. (*Bul. acad. méd.*, p. 1087.)

Œsophagite. — Traitement. (*Union méd.*, t. XXXV, p. 1032.) — Œsopha-gite des enfants à la mamelle. (*Paris méd.*, p. 246.) — Deux cas d'œso-phagite dans l'enfance. (*Abeille méd.*, p. 143.) — De l'œsophagite comme maladie de l'enfance. (*Med. Record. New-York*, p. 35.)

Œsophagostasie. — Chez les ruminants. (*Abeille méd.*, p. 127, 175.)

Œstre. — Larve d'œstre humain provenant du Brésil. (*France méd.*, t. I, p. 792.)

Œstride. — Larve d'œstride. (*Courrier méd.*, p. 203.)

Œuf. — Cellules du follicule de l'œuf. (*Abeille méd.*, p. 281.) — Monstruosités produites par les secousses imprimées aux œufs de poule. (*Revue méd.*, t. I, p. 330.) — Œufs monstrueux. (*Ibid.*, p. 904.) — Phénomènes de maturation et de fécondation dans l'œuf. (*Revue Sc. méd.*, t. XXII, p. 10.) — Composition chimique de l'œuf et de ses enveloppes. (*Ibid.*, p. 41.) — Changements gazeux et chimiques qui se produisent dans l'œuf de poule pendant l'incubation. (*Ibid.*, t. XXI, p. 31.) — Cellules polaires des insectes. (*Ibid.*, t. XXII, p. 8.) — Œuf humain de six semaines. (*Berlin. klin. Woch.*, 8 janv.)

Oïdium. — Albicans. (*Thérap. contemp.*, p. 700.)

Oiseaux. — Lésion du cervelet chez les oiseaux. (*Sem. méd.*, p. 50.) — Comme quoi l'homme descend de l'oiseau. (*Praticien*, p. 611.)

Oléandrine. — (*Prog. méd.*, p. 296.)

Oléate. — De mercure dans le favus. (*Paris méd.*, p. 550.) — Oléates et oléopalmitates dans les maladies de la peau. (*Thérap. contemp.*, p. 497.)

Olfaction. — Absence des nerfs olfactifs avec conservation de l'olfaction. (*Revue méd.*, p. 829.)

Olfactorium. — De Hager. (*Sem. méd.*, p. 171.)

Ombilic. — Cancer de l'ombilic. (*Gaz. hôp.*, p. 315.) (*Sem. méd.*, p. 59.) (*Gaz. méd. Paris*, p. 151.) (*Progr. méd.*, p. 231.) (*France méd.*, t. I, p. 426.) (*Gaz. méd. Nantes*, p. 89.) — Laparotomie pour une hernie ombilicale. (*Revue Sc. méd.*, t. XXII, p. 619.)

Ombilical. — Abcès tuberculeux sous-ombilical. (*Gaz. méd. Nantes*, p. 32.)

Omphalite. — De l'omphalite des nouveau-nés. (*Union méd.*, t. XXXV, p. 1068.) (*Courrier méd.*, p. 235.) — Omphalite. (*Revue thérap.*, p. 414.)

Onanisme. — Chez l'homme. (*Bull. acad. méd.*, p. 168.) — Troubles visuels et oculaires dans l'onanisme. (*Revue Sc. méd.*, t. XXI, p. 308.)

Ongles. — Accroissement des ongles chez les hommes sains et chez les sujets atteints de maladies nerveuses. (*Revue Sc. méd.*, t. XXII, p. 633.)

Onyxis. — Et périonyxis syphilitique. (*Paris méd.*, p. 196, 209.) — Son traitement par le perchlorure de fer. (*Ibid.*, p. 282.) (*Courrier méd.*, p. 166, 172.) — Onyxis. (*Praticien*, p. 262.)

Opération. — Césarienne avec suture utérine. (*Bull. acad. méd.*, p. 288.) — Opérations graves chez les vieillards septuagénaires. (*Ibid.*, p. 72.) — Opérations usuelles. (*Ibid.*, p. 654.) — Modification de l'opération de Pirogoff. (*Gaz. hôp.*, p. 37.) — Influence des opérations sur les états pathologiques antérieurs. (*Ibid.*, p. 277.) — Opération d'Estlander. (*Sem. méd.*, p. 297.) — Grandes opérations chez les phthisiques. (*Union méd.*,

t. XXXVI, p. 561.) — Opération pour reconnaître le sexe d'un individu. (*Abeille méd.*, p. 320.) — Opération césarienne *in extremis*. (*Journ. accouch. Liège*, p. 122, 266, 280.) — Opération de Porro. (*Ibid.*, p. 49, 69, 95, 206.) — Influence des diathèses et états généraux sur les opérations. (*Revue méd.*, t. I, p. 816.) — Perfectionnement de l'opération césarienne. (*Revue méd.*, t. II, p. 130.) — Opération double chez un même sujet. (*Journ. méd. chir. prat.*, p. 348.) — Opérations antimaxillaires. (*Revue thérap.*, p. 544.)

Ophthalmie. — Jéquiritique. (*Bul. acad. méd.*, p. 1207.) — Purulente, nature et traitement. (*Gaz. hôp.*, p. 644.) — Ophthalmie purulente provoquée par l'infusion des graines de la liane à réglisse. (*Gaz. méd. Paris*, p. 259.) — (*Union méd.*, t. XXXV, p. 967.) — Traitement de l'ophthalmie blennorrhagique. (*Ibid.*, t. XXXVI, p. 47.) — Ophthalmie congénitale purulente du nouveau-né. (*Ibid.*, p. 155.) — Ophthalmie chronique, mucilage. (*Ibid.*, p. 182.) — Croupale. (*Ibid.*, p. 308.) — Conjonctivale, catarrhale. (*Ibid.*, p. 588.) — Conjonctivale, bain de sublimé. (*Ibid.*, p. 1024.) — Rhumatismale. (*France méd.*, t. I, p. 559, 625.) — Fibrome à point de départ périostique et remontant à six ans. (*Ibid.*, t. II, p. 355.) — Ophthalmie granuleuse traitée par le jéquirity. (*Paris méd.*, p. 322.) — Mucilage contre l'ophthalmie. (*Courrier méd.*, p. 286, 363.) — Ophthalmie des bergers. (*Ibid.*, p. 142.) — Ophthalmie des nouveau-nés. (*Abeille méd.*, p. 379.) (*Revue mens. mal. enfance*, p. 480.) — Ophthalmie diphtéritique et son traitement. (*Ibid.*, p. 474.) — Les ophthalmies contagieuses comme motif d'exclusion du service militaire. (*Revue Sc. méd.*, t. XXII, p. 757.) — Prophylaxie de l'ophthalmie des nouveau-nés. (*Ibid.*, t. XXI, p. 317.) — Inoculation du pus de l'ophthalmie blennorrhagique. (*Ibid.*, t. XXII, p. 328.) — Migraine ophthalmique au début de la paralysie générale. (*Ibid.*, t. XXI, p. 581, 652.) — Un cas d'ophthalmie sympathique. (*Klin. Monatsbl. f. Augenhreilk.*, oct.) — Des ophthalmies contagieuses au point de vue des opérations de recrutement. Réponse à Jacobson. (*Berlin. klin. Woch.*, 30 juil. et 6 août.) — L'ophthalmie du jéquirity (nouvelle maladie infectieuse). (*Wien med. Woch.*, n° 17.) — L'ophthalmie égyptienne en Angleterre. (*Med. Times*, août, p. 195.) — Prophylaxie de l'ophthalmie des nouveau-nés. (*Edimb. med. Journ.*, p. 877, avril.) — Ophthalmie sympathique disparaissant en dix-sept jours après l'énucléation de l'autre œil. (*Brit. med. Journ.*, p. 1000, mai.) — Démonstration expérimentale de l'ophthalmie sympathique. (*Arch. f. opht.*, Bd. XXIX, 4 abth.) — Traitement opératoire de l'ophthalmie sympathique. (*Brit. med. Journ.*, p. 1231, déc.)

Ophthalmique. — Migraine ophthalmique à accès répétés et suivis de mort. (*Gaz. méd. Nantes*, p. 103.)

Ophthalmodynamomètre. — (*France méd.*, t. I, p. 201.)

Ophthalmologie. — Emploi des verres correcteurs en ophthalmologie. (*Prog. méd.*, p. 976.) — Du rôle de la syphilis dans la cécité. (*Ibid.*, p. 976.) — Emploi du jéquirity dans la conjonctivite granuleuse. (*Ibid.*, p. 976.) — Diagnostic et traitement des affections oculaires. (*Ibid.*,

p. 396.) — De l'amblyopie et de l'hémianopsie dans les lésions cérébrales, schéma du trajet des fibres optiques. (*Ibid.*, p. 433.) — Etude clinique sur la maturation artificielle de la cataracte. (*Ibid.*, p. 755.) —
Hygiène de la vue chez les typographes. (*Ibid.*, p. 396.) — Nouvelle
leçon sur le strabisme. (*Ibid.*, p. 976.) — De l'inoculation purulente dans
le traitement des granulations de la conjonctive et de la cornée. (*Ibid.*,
p. 396.) — Fragments d'ophthalmologie pratique. (*Union méd.*, t. XXXV,
p. 521.) (*Thérap. contemp.*, p. 77.) — Traité d'ophthalmologie. (*Revue Sc.
méd.*, t. XXII, p. 701.)

Ophthalmométrie. — (*France méd.*, t. I, p. 203.)

Ophthalmoscopie. — Médicale, hémorrhagies rétiniennes dans l'anémie.
(*Paris méd.*, p. 91.) — Sur l'ophthalmoscopie médicale, par Ferreira dos
Santos. (*Thèse inaug.*, Porto.)

Opiat. — Fébrifuge. (*Union méd.*, t. XXXVI, p. 256.) — Antigonorrhéique.
(*Ibid.*, p. 939.)

Opium. — Recherches expérimentales sur l'action de l'opium. (*France
méd.*, t. I, p. 520.) — Douleur provoquée pour combattre l'empoi-
sonnement par l'opium. (*Ibid.*, t. II, p. 354.) — Empoisonnement par
l'opium chez un enfant. (*Paris méd.*, p. 379.) (*Courrier méd.*, p. 305.) —
Influence de l'opium et du hachisch sur la criminalité de l'île Maurice.
(*Abeille méd.*, p. 247.) — Emploi contre l'hématurie. (*Praticien*, p. 296.)
— Effets de l'opium à doses diététiques. (*Revue Sc. méd.*, t. XXI, p. 112.)
— Médication d'opium dans la variole. (*Ibid.*, p. 118.)

Optique. — Injection dans le nerf optique. (*France méd.*, t. II, p. 438.)

Orbitaire. — Anévrysme orbitaire double guéri spontanément. (*France
méd.*, t. II, p. 359.) — Nécrose de la voûte orbitaire chez un enfant.
(*Lancet*, 17 mars.) — Tumeur intra-orbitaire. (*Gacea med. de Grana-
da*, sept.)

Orbite. — Fibrome de l'orbite devenu sarcomateux sous l'influence d'un
sarcome utérin. (*Gaz. hôp.*, p. 901.) — Kyste hydatique de l'orbite.
(*Ibid.*, p. 1102.) (*Prog. méd.*, p. 995.) — Anévrysme de l'orbite. (*Revue
méd.*, t. II, p. 416.) — Orbite, corps étrangers. (*Journ. méd. chir. prat.*,
p. 79.) — Inflammation de la bourse celluleuse rétro-oculaire. (*Revue
Sc. méd.*, t. XXII, p. 331.) — Tumeur pulsatile de l'orbite. (*Ibid.*, p. 343.)
— Echinocoques de l'orbite. (*Ibid.*, p. 341.) — Fracture de l'orbite.
(*Ibid.*, p. 341.) — Etude des anastomoses entre les veines de l'orbite et
celles de la face. (*Arch. f. ophthal.*, XXIX Bd, 4 abth.)

Orchite. — Ourlienne. (*Gaz. hôp.*, p. 393.) — Traumatique. (*Gaz. méd.
Paris*, p. 70.) — Dans la fièvre typhoïde. (*Paris méd.*, p. 158.) — Guérison rapide par un badigeon inguinal phéniqué. (*Ibid.*, p. 538.) — Orchite
des oreillons. (*Courrier méd.*, p. 192, 217.) — Orchite blennorragique,
emploi de la médication salicylée. (*Ibid.*, p. 442.) — Traitement de
l'orchite. (*Revue méd.*, t. II, p. 65.) — Traitement par le chlorhydrate
d'ammoniaque. (*Journ. méd. chir. prat.*, p. 258.)

Ordonnances. — Répétitions des ordonnances. (*Sem. méd.*, p. 103, 127,

de l'oreille moyenne. (*New-York med. Journ.*, 19 mai.) — Corne sur le pavillon de l'oreille droite d'un homme. (*Boll. scient. di Pavia*, V, fasc. 1 et 2.) — Quelques remarques pratiques sur l'extraction des corps étrangers de l'oreille. (*New-York med. Journ.*, 5 mai.) — Un cas d'épithéliome de l'oreille externe consécutif à une morsure de rat, extirpation totale du pavillon à l'aide du thermo-cautère. (*Ibid.*, 28 juil.) — **De** l'accumulation du cérumen dans le conduit auditif. (*Lancet,* 10 mars.) — Nouvelle théorie de la fonction des canaux demi-circulaires. (*Journ. of. anat. and phys.*, XVII, 2.) — Un cas de simulation de surdité des deux oreilles. (*Medizin. Pribawlen. K. Morsk. Sbornikou*, janv.) — Un cas de cholestéatome du temporal sans carie, mort par abcès du cervelet. (*Berlin. klin. Woch.*, 3.) — Traitement mécanique des suppurations de la caisse du tympan. (*Amer. Journ. of otol.*, IV, 3.) — Fistules osseuses de l'apophyse mastoïde. (*Virchow's Arch.*, 1, 91.) — Microphotographie d'un corps pyriforme trouvé dans l'oreille moyenne. (*Amer. Journ. of otol.*, IV, 3.) — Du sulfure de calcium dans le traitement des affections inflammatoires et suppuratives de l'oreille. (*Amer. Journ. of otol.*, IV, 3.) — Appareil destiné à désobstruer les trompes d'Eustache. (*Lyon méd.*, 18 mars. p. 382.) — Des avantages du traitement local sec dans les maladies de l'oreille. (*Amer. Journ. of the med. Sc.*, janv., p. 83.) — Des accumulations épidermiques dans le conduit auditif externe. (*Boston med. and surg. Journ.*, p. 419.) — Mélange d'acide borique et de poudre de calendula officinalis. Le tympan artificiel de Delstanche. (*Corr. Blatt. f. schweiz. Aerzte*, 15 juin.) — Les épithéliums acoustiques. (*Arch. Ital. de biol.*, p. 62. Avril.) — Sur la membrane du tympan. (*Journ. of anat. and phys.*, vol. XVII, juillet.) — Préparations de l'organe humain de Corti. (*Berlin. klin. Woch.*, p. 751, 26 nov.) — Bourdonnements d'oreilles et vertiges comme signes de l'ithémie. (*Boston med. Journ.*, 13 déc.) — Leçons d'introduction sur les maladies de l'oreille et sur leur diagnostic. (*Glasgow med. Journ.*, janv.) — Diagnostic des maladies de l'oreille, leçons faites à l'hôpital otologique de Glasgow. (*Ibid.*, juin-juillet.) — Surdi-mutité, statistique. (*Eulemburg Real Encyclopedie.*) — Périostite et nécrose de l'apophyse mastoïde, guérison. (*Am. Journ. of the med. Sc.*, p. 490.) — Ouverture chirurgicale de l'apophyse mastoïde. (*Der practische Aerzt.*, nᵒˢ 8 et 9.) — Ankylose traumatique de l'étrier. (*Berlin. klin. Woch.*, p. 751, 26 nov.) — Détachement du pavillon et du conduit auditif cartilagineux pour l'extraction d'un calcul enchatonné de la caisse. (*Ibid.*, p. 752, 26 nov.) — Corps étranger de l'oreille datant de vingt ans. (*Brit. med. Journ.*, p. 204, fév.) — Les otorragies au point de vue médico-légal. (*Berlin. klin. Woch.*, p. 751, 26 nov.) — Nouveau tympan artificiel. (*Ibid.*, 3 déc.) — Contribution à la ténotomie du muscle du marteau. (*Monats. f. Ohrenh.*, nᵒ 7.) — Rapport sur les causes de la surdi-mutité, et les moyens d'en diminuer la fréquence. (*Ann. des mal. de l'oreille*, nov.) — Les maladies d'oreilles chez les employés de chemins de fer. (*Deutsche med. Woch.*, nᵒ 27.) — Cathétérisme de la trompe d'Eustache dans le catarrhe de l'oreille moyenne. (*Wien. med. Presse*, nᵒ 1.) — Exostose éburnée du conduit auditif externe : ablation au moyen de l'instrument américain (perforateur dentaire.) (*Brit. med. Journ.*, p. 1011, nov.) — Valeur comparative des diverses variétés de tympans artificiels. (*Ibid.*, p. 720, oct.) — Même sujet. (*Ibid.*, p. 722.) — Sur les indications et la valeur thérapeutique du tympan. (*Ibid.*, p. 814, oct.)

Oreillons. — Orchite des oreillons. (*Gaz. hôp.*, p. 393.) — Traitement. (*Ibid.*, p. 19.) — Oreillons épidémiques chez une femme en couches et chez son nouveau-né. (*Union méd.*, t. XXXV, p. 904.) — Complication des oreillons. (*Gaz. méd. Nantes*, p. 150.) — Oreillons suivis de surdité. (*Journ. méd. chir. prat.* p. 32.) — Epidémie chez une femme en couches et chez son nouveau-né. (*Rev. méd. Suisse romande*, III, 81, fév.) — Suppression complète de la salive à la suite des oreillons. (*Lancet*, 23 juin.) — De la surdité après les oreillons. (*Berlin. klin. Woch.*, n° 18, p. 267, 30 avril.) — Perte subite de l'ouïe d'un côté dans le cours d'oreillons. (*Berlin. klin. Woch.*, 26 mars.)

Orezza. — Etude sur l'eau ferrugineuse bicarbonatée d'Orezza. (*Paris méd.*, p. 138.) (*Abeille méd.*, p. 101.) (*Revue méd.*, t. I, p. 346.)

Organes. — Relations topographiques des organes génitaux de la femme. (*Union méd.*, t. XXXV, p. 927.) — Organes génitaux externes, leurs noms. (*Courrier méd.*, p. 89.)

Organismes. — Rôle des organismes inférieurs dans la complication des plaies. (*Bull. acad. méd.*, p. 775.) — Organismes vivants de l'atmosphère. (*Ibid.*, p. 609.) — Recherches sur les organismes inférieurs. (*Ibid.*, p. 1184.) — Organismes des solutions. (*Ibid.*, p. 1443.) — Microbe de la morve. (*Revue Sc. méd.*, t. XXII, p. 561.) — Virus de la rage. (*Ibid.*, p. 561.) — Microbe du rouget du porc. (*Ibid.*, p. 561.) — Spirille de la fièvre récurrente. (*Ibid.*, p. 477, 557.) — Organismes contenus dans les terrains palustres. (*Ibid.*, t. XXI, p. 73.) — Microbes pathologiques des truites. (*Boll. scient. di Pavia*, V, 1 et 2.) — Des micro-organismes et de leurs relations avec les maladies. (*Glasg. med. Journ.*, p. 355, 409.) — Contribution à l'étude des microzimas et des bactéries. (*Gaz. hebd. des Sc. méd. Montpel.*, n° 26.) — Les procédés pour la recherche des organismes inférieurs. (*Wratch.*, n°s 31 et 38.) — Des inflammations liées à la présence des microbes, péripneumonie contagieuse, pneumonie rubéolique, érythème cutané du rouget des porcs. (*Arch. de physiol.*, n° 6.) — Les bactéries et la théorie parasitaire des maladies, par Gradle. (*Chicago.*)

Organites. — Et maladies contagieuses. (*Bull. acad. méd.*, p. 1379.) (*Gaz. hôp.*, p. 1117.) — Organites et microzymas. (*France méd.*, t. II, p. 807.)

Organographie. — Plessimétrique. (*Bull. acad. méd.*, p. 250, 1422.)

Orgeolet. — Son traitement. (*Paris, méd.*, p. 499.)

Orifice. — Le pouls dans les lésions de l'orifice aortique. (*Gaz. hebd. Sc. méd. Bord.*, p. 417.)

Orphelinats. — Agricoles en Algérie. (*Prog. méd.*, p. 742.) (*Union méd.*, t. XXXVI, p. 356, 700.) (*France méd.*, t. II, p. 600.)

Orteil. — A marteau. (*Sem. méd.*, p. 285.) — Variété anormale de biffdité du gros orteil. (*Prog. méd.*, p. 719.) — Amputation d'un orteil surnuméraire. (*Union méd.*, p. 241.)

Orthocrésotinique. — Effets de l'acide orthocrésotinique. (*Revue Sc. méd.*, t. XXI, p. 499.)

Orthopédie. — Chirurgie orthopédique. (*Bull. acad. méd.*, p. 500.) (*Gaz. méd. Nantes*, p. 122.) — Orthopédie, gymnastique et massage, **par** Busek. (*Ziemssen's Allgemeine therapie*, II, 2ᶜ partie, *Leipzig.*) — Notice sur les malades traités à l'hospice orthopédique de la Suisse **rom.** (*Revue méd. Suisse romande*, III, p. 297, juin.) — Histoire de l'orthopédie. (*New-York med. Journ.*, 3 fév.)

Os. — De l'avant-bras, résection sous-périostique des os de l'avant-bras. (*Gaz. hôp.*, p. 1002.) — Douleurs osseuses. (*Ibid.*, p. 131.) — Matière colorante des os de l'orphie. (*Ibid.*, p. 435.) — Coloration des os. (*Sem. méd.*, p. 83.) — Os intermaxillaire. (*Gaz. méd. Paris*, p. 453.) — Lésions syphilitiques des os. (*Ibid.*, p. 272.) — Fracture des os longs. (*Prog. méd.*, p. 831.) — Etude anatomique et anthropologique sur les os wormiens. (*Union méd.*, p. 865.) — Soudure des os. (*Bull. gén. thérap.*, p. 144.) — Structure des corpuscules. (*Revue Sc. méd.*, t. XXI, p. 11.) — Ossification des cartilages du larynx. (*Ibid.*, p. 10.) — Régénération de l'os dans les cornes des ruminants. (*Ibid.*, p. 411.) — Absence du péroné et du tibia. (*Ibid.*, p. 445.) — Décalcification des os dans l'empoisonnement par le sublimé. (*Ibid.*, t. XXII, p. 80.) — Altérations du tissu osseux chez les hémiplégiques. (*Ibid.*, t. XXI, p. 581.) — Atrophie des os. (*Ibid.*, p. 604.) — Névralgies des os dans le diabète. (*Ibid.*, t. XXII, p. 171.) — Courbure des os longs dans le rachitisme. (*Ibid.*, t. XXI, p. 64.) — Exostose du fémur intéressant l'articulation du genou. (*Ibid.*, p. 204.) — Périostose syphilitique de l'omoplate. (*Ibid.*, p. 252.) — Syphilis osseuse héréditaire. (*Ibid.*, p. 245.) — Kyste du péroné, résection de l'os. (*Ibid.*, t. XXII, p. 300.) — Lésion des troncs veineux du cou dans la fracture de la clavicule. (*Ibid.*, t. XXI, p. 291.) — Résection d'un cal de la clavicule comprimant les vaisseaux et nerfs sous-claviers. (*Ibid.*, p. 291.) — Suture osseuse dans la fracture de l'olécrâne. (*Ibid.*, p. 293.) — Fracture du cubitus par cause indirecte. (*Ibid.*, t. XXII, p. 297.) — Fracture du fémur. (*Ibid.*, p. 298.) — Du calcanéum. (*Ibid.*, p. 298.) — Fracture de l'astragale sans fracture des malléoles. (*Ibid.*, t. XXI, p. 293.) — Trépanation du sternum pour extraire une balle. (*Ibid.*, t. XXII, p. 701.) — Un cas de fusion des os du squelette du pied. (*Arch. f. pathol. Anat. u. physiol.*, Bd. XCIV, Hft. 1, p. 23.) — Tumeur pulsatile du tibia. (*Brit. med. Journ.*, p. 1065, juin.) — Examen anatomique de la région claviculaire d'un sujet, chez qui la clavicule avait été enlevée cinquante-quatre ans auparavant, pour un ostéosarcome. (*Amer. Journ. of the med. Sc.*, p. 146, janv.) — Deux cas anormaux d'abcès des os. (*Lancet*, 12 mai.) — Ankylose angulaire des hanches consécutive à la coxalgie; section simultanée des deux fémurs au-dessous des trochanters. (*Am. Journ. of the med. Sc.*, p. 409.)

Osmose. — A travers des membranes animales. (*Revue Sc. méd.*, t. XXI, p. 442.)

Osseuses. — Douleurs osseuses. (*Revue thérap.*, p. 134.) — Lésions osseuses dépendant des maladies nerveuses. (*Med. news*, 8 déc.) — Plaie de la rotule, suture osseuse avec des fils d'argent, guérison. (*Brit. med. Journ.*, p. 1015, nov.)

Ossification. — Intra-oculaire. (*Courrier méd.*, p. 441.) — Ossification du temporal. (*Jour. of Anat. and physiol.*, vol. XVII, juillet.)

Ostéite. — Du tibia. (*Gaz. hôp.*, p. 12, 860.) — Tuberculeuse. (*Prog. méd.*, p. 92.) — Paralysie spinale de l'enfance. (*Ibid.*, p. 248.) — Ostéite peudo-syphilitique. (*Ibid.*, p. 395.) — Communication sur l'ostéite aiguë pendant la croissance. (*Union méd.*, t. XXXV, p. 81.) — Ostéite chondrite syphilitique des nouveau-nés. (*Revue Sc. méd.*, t. XXI, p. 249.) — De l'ostéite destructive. (*Ibid.*, p. 63.) — Ostéite primitive du fémur, tumeur blanche secondaire du genou, guérie par ankylose angulaire redressée par ostéoclasie dans le foyer même de l'ostéite. (*Lyon méd.*, 13 mai.) — Ostéite et nécrose de la rotule suivie d'arthrite du genou. (*Lancet*, 7 avril.)

Ostéochondrite. — Syphilitique des nouveau-nés. (*Journ. mens. mal. enfance*, p. 151.)

Ostéoclasie. — (*Bull. acad. méd.*, p. 456.) (*Gaz. hôp.*, p. 1148, 1189, 1190.) (*Sem. méd.*, p. 363.) (*Prog. méd.*, p. 996.) — Des cals vicieux. (*Union méd.*, t. XXXV, p. 1029.) — Appareils pour l'ostéoclasie. (*Revue méd.*, t. II, p. 893.) — Cal vicieux du fémur, ostéoclasie sus-condylienne, guérison. (*Lyon méd.*, 23 déc.)

Ostéomalacie. — A forme sénile. (*Sem. méd.*, p. 330.) — Traitement de l'ostéomalacie. (*Courrier méd.*, p. 334.) — Deux cas d'ostéomalacie. (*Revue méd.*, t. II, p. 237.) — De l'enfance. (*Revue mens. mal. enfance*, p. 190.) (*Revue Sc. méd.*, t. XXII, p. 610.)

Ostéomyélite. — (*Sem. méd.*, p. 13.) — Microcoque de l'ostéomyélite infectieuse. (*Ibid.*, p. 374.) — Ostéomyélite suppurative, rapport. (*Gaz. méd. Paris*, p. 20.) — Ostéomyélite aiguë pendant la croissance. (*Ibid.*, p. 32.) — Recherches sur l'ostéomyélite. (*Prog. méd.*, p. 31.) — Ostéomyélite du tibia et arthrite, amputation, guérison. (*Union méd.*, t. XXXV, p. 44.) — Ostéomyélite prolongée. (*Journ. méd. chir. prat.*, p. 248.) — Ostéomyélite aiguë, amputation de cuisse, évidement de la cavité médullaire suppurée, guérison. (*Berlin. klin. Woch.*, n° 17, p. 259, 23 avril.) — Six cas d'ostéomyélite granulo-purulente traités avec succès par l'amputation avec évidement de la moëlle osseuse et pansement du canal médullaire avec l'iodoforme (*Mediz. Wiest.*, n°ˢ 23, 25.)

Ostéopériostite. — Hémorrhagique. (*Revue méd.*, t. II, p. 62.) — De l'ostéopériostite tuberculeuse chronique ou carie des os. (*Arch. de phys.*, fév.)

Ostéotomie. — Appliquée au genu valgum de la première enfance. (*Gaz. hôp.*, p. 1148, 1189, 947.) — Ostéotomie. (*Sem. méd.*, p. 263.) (*Gaz. méd.*

Paris, p. 447, 604, 615.) (*Prog. méd.*, p. 674.) (*Ibid.*, p. 1019.) — Ostéotomie appliquée au redressement des membres. (*Union méd.*, t. XXXVI, p. 1100.) — Ostéotomie sous-cutanée dans la coxalgie. (*France méd.*, t. II, p. 364.) — Pince emporte-pièce pour l'ostéotomie cunéiforme. (*Ibid.*, p. 863.) — Ostéotomie et ostéoclasie. (*Courrier méd.*, p. 465.) — Observation d'ostéotomie. (*Revue méd.*, t. II, p. 858.) — Ostéotomie sur le maxillaire supérieur. (*Bull. gén. thérap.*, p. 240.) — Ostéotomie cunéiforme et linéaire. (*Revue mens. mal. enfance*, p. 572.) — Ostéotomie dans le traitement du pied bot congénital. (*Revue Sc. méd.*, t. XXII, p. 299.) — Ostéotomie fémorale pour l'ankylose de la hanche. (*Ibid.*, t. XXI, p. 657.) — Deux ostéotomies pour genu valgum, suivies de guérison complète. (*Il. morgagni*, mars.) — Ostéotomie fémorale par cal difforme chez un enfant de 11 ans. (*Revue méd. Suisse rom.*, t. III, p. 369. juin.) — Le redressement brusque et l'ostéotomie comparés aux autres moyens de traitement du genou valgus, statistique personnelle. (*Riv. della R. Acad. med. chir. Naples*, t. XXXVII.) — Ostéotomie du fémur pour le traitement de l'ankylose de la hanche dans une position vicieuse. (*Trans. of the Americ. surg. Assoc.*, t. I. p. 111.) — Remarques sur l'opération de l'ostéotomie dans les déformations des membres inférieurs. (*Brit. med. Journ.*, p. 1006, nov.)

Ostéosynovite. — Fongueuse du genou, résection. (*Union méd.*, t. XXXVI, p. 129.)

Otalgie. — Solution contre l'otalgie. (*Courrier méd.*, p. 286.) — Otalgie réflexe d'origine dentaire. (*Amer. Journ. of otology*, IV, 3.)

Otite. — Traitement de l'otite catarrhale. (*Union méd.*, p. 500.) — Otite chronique interne gauche, monoplégie du membre supérieur droit. (*Paris méd.*, p. 437.) — Otite et surdité par dent cariée. (*Journ. méd., chir. prat.*, p. 70.) — Nécrose, abcès du cervelet consécutif à une otite. (*Revue Sc. méd.*, t. XXI, p. 723, 724.) — Pyohémie suite d'otite moyenne suppurée. (*Ibid.*, p. 723.) — De l'otite labyrinthique infantile de Voltolini. (*Corr. Blatt. f. schweiz. Aerzte*, mai.) — Otite produisant des complications cérébrales (abcès, méningites, etc.). (*Am. med. Journ.*, p. 960, mai.)

Otologie. — Revue critique. (*Gaz. méd. Paris*, p. 306.) (*Prog. méd.*, p. 299, 318, 336, 364.) — Manuel pratique des maladies de l'oreille. (*Ibid.*, p. 150.) — Du traitement antiseptique en otologie. (*Berlin. klin. Woch.*, 2 avril.) — Progrès de l'otologie aux Etats-Unis prouvés par l'augmentation du nombre des malades traités dans les institutions charitables. (*Amer. Journ. of otology*, IV, 3.)

Otorrhée. — Insufflation d'iodoforme contre l'otorrhée chronique. (*Gaz. méd. Nantes*, p. 121.) — Otorrhée. (*Revue thérap.*, p. 72.) — Traitement de l'otorrhée. (*Thérap. contemp.*, p. 178.) — Salicylate de chinoline dans l'otorrhée. (*Revue Sc. méd.*, t. XXI, p. 724.) — Des otorrhées et de leur traitement par les injections tubo-tympaniques à l'aide d'un nouvel appareil. (*Lyon méd.*, 14 janv.) — Observations cliniques sur l'otorrhée avec perforation du tympan (24 observations). (*Amer. Journ. of the med. Sc.*, p. 468.)

Ouate. — Boulette d'ouate comme tympan artificiel. (*Abeille méd.*, p. 6.)

Ouïe. — Simulation de la dureté de l'ouïe. (*Abeille méd.*, p. 271.)

Ouvrages. — Reçus pour les concours de 1883. (*Bull. acad. méd.*, p. 822.)

Ouvriers. — Immunité des ouvriers en cuivre pour la fièvre typhoïde. (*Bull. acad. méd.*, p. 673.) — Plaies des ouvriers en bois. (*Ibid.*, p. 1334.) — Corps étrangers spéciaux aux ouvriers de la métallurgie. (*Ibid.*, p. 1334.) — Ouvriers en instruments de chirurgie. (*Prog. méd.*, p. 155.)

Ovaire. — Intervention chirurgicale dans les petites tumeurs de l'utérus et de l'ovaire. (*Bull. acad. méd.*, p. 863.) — Diagnostic des tumeurs de l'ovaire. (*Ibid.*, p. 1204.) — Kystes de l'ovaire. (*Gaz. hôp.*, p. 619, 620, 661, 921.) — Péritonite aiguë généralisée et kystes de l'ovaire. (*Ibid.*, p. 830.) — Traitement électrique de la douleur des ovaires chez les hystériques. (*Ibid.*, p. 898.) — Rapports avec le ligament large. (*Gaz. méd. Paris*, p. 320, 332, 342.) — Des adhérences dans les tumeurs kystiques de l'ovaire. (*Prog. méd.*, p. 707.) — Dangers et avantages de la ponction des kystes de l'ovaire. (*Revue méd.*, t. I, p. 268.) — Inflammation des ovaires. (*Revue méd.*, t. II, p. 331.) — Kystes de l'ovaire, inflammation sans adhérences. (*Journ. méd. chir. prat.*, p. 248.) — Accouchement compliqué de tumeurs de l'ovaire. (*Revue méd. chir. mal. femmes*, p. 48.) — Hernie de l'ovaire. (*Revue méd. chir. mal. femmes*, p. 48.) — Traitement des inflammations chroniques de l'ovaire. (*Revue Sc. méd.*, t. XXII, p. 226.) — Du prolapsus des ovaires. (*Ibid.*, t. XXI, p. 619.) — Mobilité excessive des ovaires. (*Ibid.*, t. XXII, p. 578, 693.) — Dystocie par les tumeurs de l'ovaire. (*Ibid.*, p. 603.) — Kystes de l'ovaire à paroi interne végétante. (*Ibid.*, t. XXI, p. 620.) — Liquides extraits des kystes de l'ovaire. (*Ibid.*, p. 43, 45.) — Kystes dermoïdes de l'ovaire. (*Ibid.*, t. XXII, p. 226.) — Ligature du pédicule de l'ovaire pour en amener l'atrophie. (*Ibid.*, p. 226.) — Des déplacements des ovaires. (*Corresp. Blatt. f. schweiz. Aerzte*, 1 mars.) — De l'hernie de l'ovaire, remarques sur les fonctions physiologiques de cet organe. (*Ann. de gynéc.*, sept.) — Kystes du paraovarium. (*Med. news*, p. 693, 22 déc.) — Deux kystes volumineux de l'ovaire guéris complètement par les injections de teinture d'iode. (*Lo speriment.*, oct.) — Kystes en connexion avec les deux reins, ouverts ou drainés, extirpation concomitante d'un ovaire, guérison. (*Brit. med. Journ.*, p. 1004, mai.) — Séparation et transplantation des kystes ovariens. (*Lancet*, 7 avril.) — Des tumeurs solides de l'ovaire. (*Med. Times*, 24 fév.) — Ouverture de kystes du rein, ablation simultanée d'une tumeur de l'ovaire droit. (*Ibid.*, p. 624, 2 juin.) — Enorme fibrome kystique de l'ovaire, ablation, mort. (*Med. news*, 18 août.) — Les dangers de la ponction des kystes de l'ovaire. (*Cent. f. Gynæk.*, n° 7.) — De l'opération de Tait en cas de troubles menstruels prolongés et de pelvi-péritonite à répétition. (*New-York med. Journ.*, 13 janv.) — Kyste de l'ovaire opéré avec succès par laparotomie, récurrence de la maladie, sept ans plus tard, ponction par le vagin, mort. (*Ibid.*, 28 juin.) — Tumeurs solides des deux ovaires, accompagnées d'un polype utérin; ovario-hystérectomie; guérison. (*Ibid.*, 7 juil.) — Extirpation des ovaires et des trompes chez une femme atteinte de névralgie pelvienne et d'hystérie, persistance des accidents. (*Ibid.*, 14 juil.) — Kyste de l'ovaire compliqué de polype utérin; ovariotomie; grangrène spontanée du polype et d'une partie du col de l'utérus. (*Ibid.*, 24 mars.)

Ovarienne. — Traitement électrique de la douleur ovarienne. (*Gaz. méd. Paris*, p. 415.) — Tumeur compliquant la grossesse. (*Gaz. hebd. Sc. méd. Bord.*, p. 67.)

Ovariotomie. — D'une jument. (*Bull. acad. méd.*, p. 1336.) — Une ovariotomie à la Pitié. (*Gaz. hôp.*, p. 769.) — Incertitude ou pronostic de l'ovariotomie. (*Ibid.*, p. 953.) (*Gaz. méd. Paris*, p. 232.) — Cas divers d'ovariotomie. (*Union méd.*, t. XXXV, p. 21.) — Ovariotomie faite pour la seconde fois sur la même femme, guérison. (*Ibid.*, t. XXXVI, p. 1074.) — Ovariotomie. (*France méd.*, t. II, p. 28, 64.) — Ovariotomie chez une enfant de huit ans et demi, réduction du pédicule, guérison. (*Paris méd.*, p. 390.) — Ovariotomie pendant la grossesse. (*Abeille méd.*, p. 136.) (*Gaz. méd. Nantes*, p. 38.) — Ovariotomies et hystérectomies. (*Ibid.*, p. 281.) — Extirpation de l'utérus. (*Ibid.*, p. 11.) — L'ovariotomie est-elle praticable dans le cours d'une péritonite? (*Revue méd. chir. mal. femmes*, p. 110.) — Suites éloignées de l'ovariotomie pendant la grossesse. (*Ibid.*, p. 460.) — Difficultés de l'ovariotomie. (*Revue Sc. méd.*, t. XXII, p. 226.) — Complications de l'ovariotomie. (*Ibid.*, p. 226.) — Ouverture de la vessie pendant l'ovariotomie. (*Ibid.*, p. 226.) — Pour remédier aux hémorrhagies des fibromes. (*Ibid.*, t. XXI, p. 622.) — Menstruation après l'ovariotomie. (*Ibid.*, t. XXII, p. 234.) — Troubles de la menstruation après l'ovariotomie. (*Ibid.*, t. XXI, p. 613.) — Ovariotomie pour fibromes utérins. (*Ibid.*, t. XXII, p. 235.) — Drainage dans l'ovariotomie. (*Ibid.*, p. 226.) — Ovariotomie, guérison. (*Gaz. hebd. des Sc. méd. Montpel.*, 1.) — 35 ovariotomies. (*Wratch.*, nᵒˢ 6, 7 et 8.) — 25 cas d'ovariotomies, six morts. (*Med. news*, 14 avril.) — Double ovariotomie, avec ablation de l'utérus et de ses annexes, guérison. (*Amer. Journ. of the med Sc.*, p. 108, janv.) — Ouverture de la vessie au cours d'une ovariotomie, guérison. (*Ibid.*, p. 119.) — Carcinome des deux ovaires, ovariotomie double, résection vésicale et intestinale, guérison. (*Wien. med. Woch.*, nᵒ 2.) — Ovariotomie double et hystérotomie, guérison, mort 36 jours après. (*Lo speriment.*, mars, p. 268.) — Ovariotomie, guérison, modifications récentes dans les procédés. (*Med. news*, 8 déc.) — Cinq ovariotomies. (*Ibid.*, 15 déc.) — Statistique des opérations d'ovariotomie faites en 1882 (70, dont 7 morts.) (*Brit. med. Journ.*, p. 700, août.) — De la méthode de réduction intra-péritonéale du pédicule dans l'ovariotomie. (*Med. news*, 6 oct.) — Ovariotomie deux fois pratiquée avec succès chez la même malade. (*Lancet*, 16 juin.) — Ovariotomie pratiquée avec succès chez une femme de 61 ans. (*Ibid.*, 15 fév.) — Cinq cas d'ovariotomie suivis de succès. (*Ibid.*, 30 juin.) — Ovariotomie

Ozone. — Recherches sur l'ozone. (*Bull. acad. méd.*, p. 1444.) — Effets de l'air. (*Revue Sc. méd.*, t. XXII, p. 485.)

Ozonométrique. — Inutilité de l'observation du papier dit ozonométrique. (*Gaz. méd. Nantes*, p. 77.)

P

Pachydermie. — Post-dothiénentérique du membre inférieur par troubles circulaires. (*Union méd.*, t. XXXV, p. 909.) — Pachydermie symétrique des membres inférieurs. (*Union méd.*, t. XXXVI, p. 529, 567.) — Pachydermie du larynx. (*Revue Sc. méd.*, t. XXII, p. 732.)

Pachyméningite. — Cervicale tuberculeuse. (*Prog. méd.*, p. 142.) (*Gaz. hôp.*, p. 729.) — Hémorrhagique de l'enfance, ses symptômes. (*Revue mens. mal. enfance*, p. 581.)

Pain. — Cuivre dans le pain. (*Bull. acad. méd.*, p. 544.) — Les vieilles croûtes de pain. (*Courrier méd.*, p. 16.) — Nouvelle préparation du pain de gluten. (*Revue méd.*, t. I, p. 698.) — Pain de gluten chez les diabétiques. (*Journ. méd. chir. prat.*, p. 225.) (*Bull. gén. thérap.*, p. 140.)

Palais. — Adhérence du voile du palais. (*Revue méd.*, t. II, p. 337.) — Adhérences du voile du palais au pharynx. (*Med. news*, 2 juin, p. 624.)

Palper. — Diagnostic de la mort du fœtus par le palper abdominal. (*Gaz. méd. Par.*, p. 174.) — Palper abdominal. (*Revue méd. chir. mal. femmes* p. 645.)

Paludéennes. — Maladies paludéennes à la Guyane. (*Bull. acad. méd.* p. 1206.) — Congestion du larynx, d'origine paludéenne. (*Gaz. hôp.*, p. 315.) — Intoxication, formes larvées. (*Journ. méd. chir. prat.*, p. 20.)

Paludisme. — Congénital. (*Gaz. hôp.*, p. 131.) — Paludisme et traumatisme. (*Ibid.*, p. 774.) (*Sem. méd.*, p. 217.) — Etiologie et nature du paludisme. (*Prog. méd.*, p. 716.) — Manifestations cutanées du paludisme. (*Abeille méd.*, p. 39.) — (*Revue méd.*, t. I, p. 45.) (*Thérap. contemp.*, p. 402.)

Panacée. — Merveilleuse. (*Courrier méd.*, p. 73.)

Panaris. — Remèdes pour la guérison des panaris. (*Bull. acad. méd.*, p. 101, 202, 496.) — Son traitement par la pommade jaune de mercure et par l'iodure de potassium à l'intérieur. (*Paris méd.*, p. 297.) — Son traitement abortif. (*Courrier méd.*, p. 89.) (*Praticien*, p. 547.)

Pancréas. — Cancer primitif du pancréas. (*Union méd.*, t. XXXV, p. 453.) — Selles grasses dans les maladies du pancréas. (*Abeille méd.*, p. 441.) — Sur les altérations du pancréas dans le diabète. (*Bull. gén. thérap.*, p. 188.) — De la digestion. (*Revue Sc. méd.*, t. XXI, p. 423.) — Traitement des kystes du pancréas. (*Ibid.*, t. XXII, p. 699.) — Cancer du pancréas accompagné de phlegmatia alba dolens (*Brit. med. Journ.*, fév.) — Des lésions calculeuses ou non des conduits pancréatiques. (*Amer. Journ. of the med. Sc.*, p. 404.)

Pancréatine. — Dans les dyspepsies. (*France méd.*, t. I, p. 893.) — Emploi thérapeutique de la pancréatine. (*Abeille méd.*, p. 406.)

Panique. — Psychologie de la panique. (*Journ. méd. chir. prat.*, p. 512.)

Pannus. — Traitement du pannus par inoculation blennorragique. (*Bull. acad. méd.*, p. 102.)

Panophthalmie. — Traitement de la panophthalmie. (*Union méd.*, t. XXXVI, p. 623.)

Pansement. — Etoupe à pansement purifiée et antiseptique. (*Bull. acad. méd.*, p. 679.) — Pansement ouaté. (*Ibid.*, p. 804.) — Pansement de Lister. (*Gaz. hôp.*, p. 770.) — Pansement des plaies. (*Ibid.*, p. 810.) — Pansement au bismuth. (*Gaz. méd. Par.*, p. 224.) — Au sucre. (*Ibid.*, p. 612.) — Pansement de Bœckel. (*Prog. méd.*, p. 662.) — Au chlorure de zinc. (*Paris méd.*, p. 598.) — Pansement antiseptique sec, poudre d'acide borique. (*Praticien.*, p. 19.) — Pansement à l'iodoforme. (*Revue Sc. méd.*, t. XXI, p. 738.) — Avec le tripolithe. (*Ibid.*, p. 281.) — De l'irrigation antiseptique permanente. (*Charité ann.* VII Jahrg, p. 613.) — Une nouvelle méthode de pansement et l'emploi du sublimé en chirurgie. (*Arch. f. klin. chir.*, t. XXVIII, p. 673.) — Le bismuth comme agent de pansement. (*Berl. k. W.*, 7 mai.) — La laine de bois, un nouvel agent de pansement. (*Ibid.*, 14 mai.) — Guide technique pour les pansements antiseptiques et les pansements rares, par G. Neuber. (*Kiel.*) — Troubles mentaux survenus à la suite de pansements prolongés à l'iodoforme. (*Berlin. klin. Woch.*, p. 589, 17 sept.) — De l'action thérapeutique du trichlorophénol. (*Centralbl. f. chir.*, n° 27, p. 425.) — Du pansement à l'iodoforme en particulier pour les plaies de la cavité abdominale. (*Verhandl. der deuts. Gesel. f. chir.* 12e congrès.) — Un nouveau mode de pansement pour les larges ulcères de jambe (pansement sec à l'acide borique.) (*Glasg. med. Journ.*, p. 377.) — De la méthode de Lister, du traitement aseptique des plaies et de ses modifications. (*Trans. of the Americ. surg. ass.*, I, p. 205.) — Avantages de la charpie hémostatique. (*Berlin. klin. Woch.*, 10 déc.) — Deux cas d'onyxis malin et un cas de fissure spasmodique de l'anus guéris par l'iodoforme. (*Gaz. med. Ital. Lombardia*, n° 29.)

Pantographie. — Chirurgicale. (*Sem. méd.*, p. 214.) (*Gaz. méd. Paris*, p. 415.) (*Prog. méd.*, p. 672.) (*France méd.*, t. II, p. 307.) (*Revue méd.*, t. II, p. 349.) (*Revue thérap.*, p. 516.)

Papaïne. — Ou pepsine végétale. (*Gaz. méd. Par.*, p. 506.) (*Journ. accouch. Liège*, p. 259.) (*Revue thérap.*, p. 547.) — Action de la papaïne. (*Revue Sc. méd.*, t. XXI, p. 109.)

Papayotine. — Dans la diphtérie. (*Revue Sc. méd.*, t. XXII, p. 139.)

Papier. — L'industrie des papiers peints. (*Revue Sc. méd.*, t. XXII, p. 511.)

Papille. — Son atrophie par fracture du crâne. (*Paris méd.*, p. 173.)

Papillome. — De la vessie. (*Abeille méd.*, p. 271.) — Du larynx. (*Revue Sc. méd.*, t. XXI, p. 710, t. XXII, p. 741.) — Multiple de la peau. (*Ibid.*, p. 623.)

Papulose. — Filarienne. (*Revue Sc. méd.*, t. XXI, p. 635.)

Paracentèse. — Péricardique. (*Revue thérap.*, p. 348.)

Paraffine. — Emploi de la paraffine dans la préparation des pièces anatomiques sèches. (*Revue Sc. méd.*, t. XXI, p. 14.)

Paraldéhyde. — (*Sem. méd.*, p. 343.) — Son action narcotique. (*Paris méd.*, p. 381.) — Son antagonisme avec la strychnine. (*Bull. gén. thérap.*, p. 179, 192.)

Paralysies. — Toxiques et syphilis. (*Bul. acad. méd.*, p. 256.) — Paralysie périphérique due à l'asphyxie par la vapeur de charbon. (*Ibid.*, p. 1073.) — Paralysie ascendante aiguë. (*Gaz. hôp.*, p. 605.) — Atrophique. (*Ibid.*, p. 249.) — Atrophique de l'enfance. (*Ibid.*, p. 771.) — De la vessie, platine. (*Ibid.*, p. 753.) — Du corps de la vessie. (*Ibid.*, p. 25.) — Du membre inférieur droit de cause syphilitique. (*Ibid.*, p. 26.) — Paralysie générale des aliénés. (*Ibid.*, p. 777, 801, 825, 849, 873.) — Paralysie générale spinale aiguë terminée par la guérison. (*Ibid.*, p. 386.) — Générale spinale à marche rapide, guérison. (*Ibid.*, p. 313.) — Générale syphilitique. (*Ibid.*, p. 129.) — Paralysie provoquée pendant l'état cataleptique. (*Ibid.*, p. 1115.) — Spinale de l'enfance. (*Ibid.*, p. 292.) — Toxique. (*Ibid.*, p. 361.) — Paralysie agitante et folie. (*Gaz. méd. Paris*, p. 561.) — De l'origine médullaire des paralysies consécutives aux lésions cérébrales. (*Ibid.*, p. 54.) — Paralysie générale prématurée. (*Ibid.*, p. 586.) — Paralysie et traumatisme. (*Ibid.*, p. 190.) — Note sur un cas de pseudo-paralysie syphilitique infantile. (*Gaz. méd. Paris*, p. 361.) — Diagnostic et curabilité de la pseudo-syphilitique. (*Ibid.*, p. 749.) — Paralysie provoquée par l'état léthargique. (*Prog. méd.*, p. 991.) — De quelques formes curables de paralysie spinale des adultes. (*Union méd.*, t. XXXV, p. 141.) — Paralysie pseudo-hypertrophique, p. 392.) — Générale, lésions ophtalmoscopiques. (*Ibid.*, p. 431.) — De la troisième paire dans la migraine. (*Ibid.*, p. 830.) — Labioglosso-laryngée cérébrale. (*Ibid.*, p. 1016. — Paralysies et contratures myogènes. (*Ibid.*, p. 547.) — Paralysies consécutives à des injections d'éther. (*Ibid.*, p. 1056.) — Hystériques, diagnostic avec la polyémyélite antérieure. (*Union méd.*, t. XXXVI, p. 193.) — Paralysie générale, la folie paralytique et la démence paralytique considérées comme deux maladies distinctes. (*Ibid.*, p. 900.) — Paralysie du nerf moteur oculaire commun pendant la période cataméniale. (*Ibid.*, p. 972.) — Observation de paralysie chez les enfants. (*France méd.*, t. I, p. 460, 495.) — Paralysie fonctionnelle des centres nerveux. (*Ibid.*, t. II, p. 266.) — Un cas d'ataxie locomotrice terminée par de la paralysie. (*France méd.*, t. II, p. 364.) — Saturnine déterminée par l'emploi d'un cosmétique. (*Paris méd.*, p. 174.) — Paralysie générale chez un enfant de douze ans. (*Ibid.*, p. 595.) — Trémulente avec anesthésie des extrémités chez un alcoolique. (*Abeille méd.*, p. 317.) — Paralysie vasomotrice et musculaire du côté gauche. (*Ibid.*, p. 251.) — Faciale et tétanos. (*Gaz. méd. Nantes*, p. 15, 83.) — Du moteur oculaire commun. (*Gaz. hebd. Sc. méd. Bord.*, p. 184.) — Paralysie guérie par l'imagination. (*Journ. accouch. Liège*, p. 208.) — Paralysie diphtéritique, suppositoires de strychnine. (*Revue méd.*, t. I, p. 734.) — Paralysie du voile du palais. (*Art. méd.*, t. LVII, p. 474.) — Paralysie des crico-aryténoïdiens postérieurs. (*Revue Sc. méd.*, t. XXI, p. 715.) — Paralysie des muscles abducteurs du larynx. (*Ibid.*, p. 736, 737, 739.) — Paralysie bilatérale du nerf récurrent. (*Ibid.*, p. 709.) — Du nerf vague. (*Ibid.*, p. 148.) — Bulbaire apoplectique. (*Ibid.*, p. 593.) — Spasmodique spinale. (*Ibid.*, t. XXII, p. 186, 187.) — Origine médullaire des paralysies consécutives aux lésions cérébrales. (*Ibid.*, p. 46.) — Complexe du membre supérieur gauche. (*Ibid.*, t. XXI, p. 581.) — Par compression des nerfs. (*Ibid.*, p. 601.) — Spinale d'origine palustre. (*Ibid.*, p. 124.) — Paralysie musculaire d'origine ischémique. (*Ibid.*, p. 283.) — Ankyloses artificielles pratiquées sur des membres paralysés. (*Ibid.*, p. 657.) — Diphtéritique. (*Ibid.*, t. XXII, p. 137, 138.) — D'origine intestinale. (*Ibid.*, t. XXI, p. 189.) — Physiologie pathologique de la paralysie. (*Ibid.*, t. XXII, p. 186.) — Des réflexes dans la paralysie. (*Ibid.*, t. XXI, p. 605.) — Diagnostic de la folie à double forme et de la paralysie. (*Ibid.*, t. XXII, p. 640.) — Diagnostic différentiel de la paralysie et de l'ataxie. (*Ibid.*, t. XXI, p. 275.) — Migraine ophthalmique au début de la paralysie. (*Ibid.*, p. 652.) — Traitement de la paralysie par l'électricité. (*Ibid.*, p. 229.) — Des paralysies atrophiques du membre supérieur. (*Deutsche arch. f. klin med.*, XXXI, 5 et 6, p. 485.) — Recherches sur un cas de paralysie spinale de l'enfance avec autopsie au 26° jour de la maladie. (*Rev. mens. des mal. de l'enfance*, fév.) — Sur un cas de paralysie spinale de l'enfance (type brachial). (*Berlin. klin. Woch.*, 1 janv.) — De la paralysie générale au point de vue des assurances sur la vie. (*Ann. d'hyg. publ.*, p. 60, janv.) — Remarques cliniques sur la paralysie faciale double. (*Lancet*, 6 janv.) — Paralysie du dentelé chez une fillette de dix ans, à la suite d'une chute sur l'épaule. (*Corr. Blatt. f. schweiz. Aerzte*, 15 mai.) — Des paralysies du membre inférieur d'origine corticale. (*L'Encéphale*, n° 3.) — Un cas d'hémiparaplégie spinale avec hémianesthésie croisée. (*Lancet*, 9 juin.) — Deux cas de paralysie ascendante atrophique mortelle chez l'adulte (sans autopsie). (*Berlin. klin. Woch.*, 24 sept.) — Paralysie pseudo-hypertrophique. (*Lancet*, 3 mars.) — Hémiplégie infantile avec phénomènes épileptoïdes du côté des membres paralysés. (*Ibid.*, 9 juin.) — Paralysie glosso-labiée pharyngée chez une femme de 23 ans. (*Ibid.*, 23 juin.) — Paralysie générale prématurée. (*L'Encéphale*, juillet.) — Etude clinique et anatomo-pathologique de la paralysie progressive chez la femme. (*Riv. di freniatria*, fasc. 1.) — Deux cas de paralysie pseudo-hypertrophique chez des adultes. (*Brit. med. Journ.*, p. 414, mars.) — Etude anatomique et clinique sur la paralysie labio-glosso-laryngée. (*Arch. de phys.*, n° 6.)

Paramétrite. — Abcès des 2 fosses iliaques. (*Journ. accouch. Liège*, p. 206.)

Paraoxybenzoïque. — Effets de l'acide paraoxybenzoïque. (*Revue Sc. méd.*, t. XXI, p. 499.)

Paraphimosis. — De la réduction du paraphimosis. (*France méd.*, t. II, p. 400.)

Paraplégie. — Un cas de paraplégie hystérique chez une petite fille de 12 ans. (*Union méd.*, t. XXXV, p. 392.) — Paraplégie produite par le ténia. (*Courrier méd.*, p. 168.) — Paraplégie consécutive à un phimosis guérie par la circoncision. (*Abeille méd.*, p. 200.) — De la paraplégie intestinale. (*Med. news.*, p. 607, 1er déc.)

Parasitaires. — Du danger des théories parasitaires. (*Prog. méd.*, p. 188.) — Doctrines parasitaires à la faculté de médecine de Paris. (*Concours méd.*, p. 589.)

Parasites. — Du tube digestif chez l'homme. (*Bull. acad. méd.*, p. 328.) — Nouveaux parasites des Japonais. (*Ibid.*, p. 573.) — Genèse du parasite de la tuberculose. (*Ibid.*, p. 1054, 1070.) — Contagiosité des parasites. (*Ibid.*, p. 1169.) — Etudes sur la genèse des parasites des maladies contagieuses. (*Ibid.*, p. 1297.) — Parasites de la peau. (*Gaz. hôp.*, p. 517.) — Parasites des serpents. (*Ibid.*, p. 1108.) — Sur un parasite de la peau observé en France à l'état vivant. (*Union méd.*, t. XXXV, p. 1006.) — Formule de glycéré parasiticide. (*Concours méd.*, p. 286.) — Parasites dans les maladies infectieuses. (*Praticien*, p. 539.)

Parasitisme. — Et bactéries. (*Sem. méd.*, p. 111.)

Parents. — Influence des parents. (*Sem. méd.*, p. 7.)

Parésie. — Trémulente à redoublements. (*Gaz. hôp.*, p. 731.) — Parésie des muscles constricteurs du pharynx simulant un rétrécissement de l'œsophage. (*Med. news*, p. 601, 26 mai.)

Parole. — Ataxie et hémiplégie verbales. (*Revue Sc. méd.*, t. XXII, p. 653.) — Surdité. (*Ibid.*, t. XXI, p. 589.)

Parotide. — Chondrome de la parotide. (*Gaz. hôp.* p. 353.) — Parotide double survenue au début d'une fièvre typhoïde et terminée sans suppuration. (*Ibid.*, p. 617.) — Altérations de la parotide par la ligature du canal excréteur. (*Revue Sc. méd.*, t. XXII, p. 53.) — Un cas de mixochondro-sarcome de la glande parotide. (*Med. Obosr.*, mars.)

Parotidienne. — Phlegmons anthracoïdes et anthrax malins de la région parotidienne. (*Gaz. hôp.*, p. 617.) — Deux cas d'extirpation d'endothéliome et de sarcome de la glande parotidienne. (*Med. Obosr.*, mars.) — Phlegmon parotidien, suite de fièvre typhoïde, guérison. (*Med. Times*, 17 fév.)

Parotidites. — Dans les suites des couches. (*Gaz. hôp.*, p. 593.) — Parotidite suppurée après péritonite, suite d'avortement. (*Ibid.*, p. 659.) — Influence des parotidites suppurées sur l'évolution de certaines maladies mentales. (*Revue Sc. méd.*, t. XXI, p. 650.)

Pas. — Physiologie du pas. (*Bull. acad. méd.*, p. 1028, 1117, 1187.)

Passage. — De la bactéridie charbonneuse à travers le placenta. (*Journ.*

l'adomen pendant la grossesse. (*Bull. gén. thérap.*, p. 124.) — Maladies de la peau traitées par l'ichthyol. (*Bull. gén. thérap.*, p. 172.) — Taches congestives symétriques de la peau. (*Thérap. contemp.*, p. 497.) — Sillons et plis de la peau. (*Revue Sc. méd.*, t. XXII, p. 420.) — Structure des cellules du corps muqueux de Malpighi. (*Ibid.*, p. 7.) — Rôle des lymphatiques dans la coloration de la peau. (*Ibid.*, t. XXI, p. 5.) — Absorption par la peau des substances dissoutes dans l'eau. (*Ibid.*, p. 432.) — Perspiration dans la fièvre. (*Ibid.*, t. XXII, p. 48.) — De l'albuminurie consécutive aux excitations cutanées. (*Ibid.*, p. 32.) — Arrêt de développement de la peau. (*Ibid.*, t. XXI, p. 445.) — Traité des maladies de la peau. (*Ibid.*, t. XXII, p. 619, 620.) — Manifestations cutanées du paludisme. (*Ibid.*, p. 621.) — Hémorhagies de la peau liées à des affections du système nerveux. (*Ibid.*, p. 544.) — De la tuberculose, de la lymphadénie. (*Ibid.*, t. XXI, p. 639, 640.) — Transformation cancéreuse de néoplasmes bénins de la peau. (*Ibid.*, t. XXII, p. 622.) — Sarcome pigmentaire de la peau. (*Ibid.*, p. 629.) — Papillomes de la peau. (*Ibid.*, p. 623.) — Myomes de la peau. (*Ibid.*, p. 624.) — Réaction du naphtol dans l'organisme à la suite d'applications sur la peau. (*Ibid.*, t. XXI, p. 443.) — Emploi du naphtol et de la naphtaline dans les affections de la peau. (*Ibid.*, t. XXII, p. 638.) — Du traitement de l'hypérémie du cerveau et de ses enveloppes par des excitations. (*Ibid.*, t. XXI, p. 637.) — Recherches sur les pertes caloriques par la peau de l'homme à l'état de santé et de maladie. (*Med. Wiest.*, n°ˢ 4-11.) — Rapports entre les maladies cutanées et l'organe de la vue. (*Ann. universali*, fév.) — Etiologie et pathogénie des maladies cutanées. (*Riv. clin. e terap.*, fév.) — Notes sur la leucodermie (observation relative à une négresse). (*Journ. of cut. and ven. diseases*, juin, p. 274.) — Lésions eczématiformes et pemphigoïdes de l'épiderme des mains et des pieds, symptomatiques de troubles trophiques consécutifs à une dermatite exfoliatrice probable. (*Ann. de syph. et de dermat.*, mars, p. 151.) — Note sur un cas d'hypertrophie papilliforme du cuir chevelu. (*Ann. de dermat. et de syph.*, août, p. 421.) — Observation de bouton de biskra. (*Ibid.*, sept.) — De l'impétigo contagieux; signes et nature. (*Med. news*, 22 déc.) — De l'emploi de l'antimoine dans certaines affections de la peau. (*Brit. med. Journ.*, p. 572, sept.) — De l'emploi du naphtol dans le traitement des maladies de la peau. (*Amer. Journ. of the med. Sc.*, p. 479.)

Pectoriloquie. — De la pectoriloquie aphone dans la tuberculose. (*Union méd.*, t. XXXV, p. 690.)

Pédicule. — Dans l'opération de Porro, traitement intra-peritonéal par la ligature élastique et l'inversion du moignon. (*Journ. accouch. Liège*, p. 218.) — Pédicule des paupières. (*Journ. méd. chir. prat.*, p. 502.)

Pédoncule. — Tumeur du pédoncule cérébelleux. (*Sem méd.*, p. 294.)

Peignes. — Plaies par les peignes de filature. (*Bull. acad. méd.*, p. 1334.)

Pélade. — Son traitement. (*Revue méd.*, t. II, p. 689.) (*Revue thérap.*, p. 549.) (*Revue Sc. méd.*, t. XXI, p. 637.)

Pellagre. — (*Bull. acad. méd.*, p. 1004.) — Etiologie de la pellagre. (*Revue*

Sc. méd., t. XXI, p. 633.) — Les réflexes tendineux chez les pellagreux. (*Riv. clin. de Bol.*, avril et mai.) — Troubles spinaux chez les fous pellagreux. (*Riv. sper. di fren. e di med. leg.*, fasc. 1.) — Recherches sur le sang des ouvriers pellagreux. (*Arch. Ital. de biol.*, II, fasc. 2.)

Pèlerinage. — De la Mecque et choléra au Hedjaz. (*Bull. acad. méd.*, p. 251, 294.)

Pelletiérine. — Note sur un cas d'empoisonnement par la pelletiérine. (*France méd.*, t. I, p. 225.) (*Courrier méd.*, p. 69.) (*Revue méd.*, t. I, p. 310.)

Pelvimétrie. — Nouveaux éléments de pelvimétrie. (*Thérap. contemp.*, p. 794.)

Pemphigus. — Du pemphigus aigu. (*Revue Sc. méd.* t. XXI, p. 625.) — Un cas de pemphigus aigu. (*Il morgagni.*, juil.)

Pendaison. — (*Courrier méd.*, p. 279.) — Mode d'exécution. (*Journ. méd. chir. prat.*, p. 432.) — Lésions de la pendaison. (*Revue Sc. méd.*, t. XXII, p. 660.)

Pénis. — Perte totale du pénis. (*Gaz. hôp.*, p. 20.) — Traitement des condylômes du pénis. (*Courrier med.*, p. 165.) — Amputation pour un épithélioma du pénis. (*Revue Sc. méd.*, t. XXII, p. 317.) — Amputation du pénis pour un épithéliome. (*Med. news*, p. 638, 8 déc.)

Pepsine. — Et diastase. (*France méd.*, t. I, p. 887.) — Prises contenant de la pepsine. (*Courrier méd.*, p. 424.) — Pepsine et alcalins. (*Concours méd.*, p. 249.) — Pepsine et diastase. (*Abcille méd.*, p. 22.)

Peptones. — (*Bull. acad. méd.*, p. 327.) (*Union méd.*, t. XXXV, p. 895.) — Dans la gastrite chronique avec dilatation de l'estomac. (*Journ. accouch. Liège*, p. 270.) - Dans la scrofule et le rachitisme. (*Ibid.*, p. 245.) — Valeur nutritive des peptones. (*Revue Sc. méd.*, t. XXI, p. 423.) — Action des peptones sur le sang et la lymphe. (*Ibid.*, t. XXII, p. 435.) — Du sort des peptones dans le sang. (*Ibid.*, t. XXI, p. 422.) — Formation des peptones. (*Ibid.*, p. 423.) — Peptones envisagées comme matériaux pour la formation du sucre dans le foie. (*Ibid.*, p. 29.) — Injection intra-veineuse de peptone. (*Ibid.*, p. 423.) — Des injections sous-cutanées de peptone mercurique dans le traitement de la syphilis. (*Ibid.*, p. 256.) — Sur la présence et la formation de la peptone en dehors de l'appareil digestif et sur sa transformation en albumine. (*Woienn. medizinsk Journ.*, janv. et fév.)

Peptonurie. — Dans les rhumatismes. (*Revue Sc. méd.*, t. XXII, p. 208.)

Perception. — Des couleurs et des formes. (*Gaz. méd. Paris*, p. 163.) — Perception des différences de clarté. (*Ibid.*, p. 614, 627.)

Perchlorure. — De fer dans la fièvre typhoïde. (*Gaz. hôp.*, p. 652.) — Perchlorure de fer à l'intérieur et à l'extérieur dans différentes affections de la peau. (*Paris méd.*, p. 525.) — Examen des urines diabétiques par le perchlorure de fer. (*Revue Sc. méd.*, t. XXII, p. 170.)

Percussion. — Diagnostic des lésions valvulaires du cœur par la percussion. (*Bull. acad. méd.*, p. 250.) — Quelques bruits de percussion thoracique. (*Gaz. hôp.*, p. 34.) (*Gaz. méd. Nantes*, p. 59.)

Perforant. — Le mal perforant. (*Concours méd.*, p. 656.)

Perforations. — Intestinales dans la fièvre typhoïde. (*Gaz. méd. Paris*, p. 41.) — Perforation intestinale et péritonite suraiguë. (*France méd.*, t. II, p. 43.) — Perforation de l'aorte produite par un corps étranger de l'œsophage. (*Paris méd.*, p. 348.) — Perforation de l'aorte par un corps étranger de l'œsophage. (*Praticien*, p. 344.)

Péribronchite. — Moduleuse. (*Abeille méd.*, p. 205.)

Péricarde. — Blessure du péricarde par coup de feu. (*Gaz. méd. Paris*, p. 103.) — Ponction du péricarde, empyème. (*Paris méd.*, p. 305.) — Paracentèse et incision. (*Ibid.*, p. 508.) (*Revue méd.*, t. II, p. 373.) — Développement du péricarde. (*Revue Sc. méd.*, t. XXII, p. 7.) — Etat du système nerveux dans les épanchements. (*Ibid.*, t. XXI, p. 472.) — Propagation de l'inflammation de la plèvre au péricarde. (*Ibid.*, p. 164.) — Un cas de néoplasie sarcomateuse du péricarde et des glandes bronchiques. (*Medizins. Pribawlen. K. morsk. sbornikou*, fév.)

Péricardite. — Plastique (*Sem. méd.*, p. 41, 49, 157.) — Pathogénie de la péricardite tuberculeuse. (*Gaz. méd. Paris*, p. 550.) — Idiopathique. (*Ibid.*, p. 104.) — Causes et diagnostic des péricardites. (*Concours méd.*, p. 86.) — Péricardite et pleurésie consécutive dans le rhumatisme. (*Journ. méd. chir. prat.*, p. 202.) — Symptomatologie de la péricardite chez les jeunes sujets. (*Revue mens. mal. enfance*, p. 196.) — Péricardite plastique. (*Praticien*, p. 173.) — Péricardite idiopathique. (*Revue Sc. méd.*, t. XXI, p. 164.) — Un deuxième exemple de pouls paradoxal dans une péricardite non compliquée de médiastinite. (*Berlin. klin. Woch.*, 26 mars.) — Péricardite purulente d'emblée. (*Ibid.*, 2 avril.) — Péricardite avec épanchement, paracentèse du péricarde ; guérison. (*Lancet*, 27 janv.) — Péricardite tuberculeuse. (*Lancet*, 26 mai.) — Péricardite purulente traitée par la ponction et l'incision, guérison ; remarques sur la paracentèse du péricarde. (*Med. Times*, p. 543, 12 mai.) — Péricardite avec épanchement ; développement insidieux des symptômes. (*Brit. med. Journ.*, p. 1174, juin.)

Périnée. — Dilatation præfœtale de la vulve comme moyen préventif contre les déchirures du périnée. (*Bull. acad. méd.*, p. 880, 1491.) — Périnéorrhaphie dans un cas de déchirure totale du périnée. (*France méd.*, t. I, p. 121.) — Moyen d'éviter la rupture du périnée. (*Journ. accouch. Liège*, p. 268.) (*Revue méd.*, t. II, p. 705.) — Traitement par l'iodoforme, des déchirures du périnée. (*Bull. gén. thérap.*, p. 267.) — Suture tardive du périnée. (*Revue Sc. méd.*, t. XXII, p. 605.) — Ectopie du testicule au périnée. (*Ibid.*, t. XXI, p. 299.) — Déchirure du périnée et du col utérin ; avivement et suture ; hémorrhagie secondaire provenant du col ; deuxième suture complémentaire, guérison. (*New-York med. Journ.*, 30 juin.)

Périnéphrétique. — Phlegmon périnéphrétique. (*Gaz. méd. Paris*, p. 332.) — Abcès périnéphrétique. (*Ibid.*, p. 369.)

Périnéorrhaphie. — Dans un cas de déchirure totale du périnée. (*France méd.*, t. I, p. 121.) (*Revue méd. chir. mal. femmes*, p. 573, 637.) — Débridement dans la périnéorrhaphie. (*Ibid.*, p. 593.)

Périodicité. — Régulière de l'excrétion de l'urée. (*Thérap. contemp.*, p. 108.)

Périostite. — De la périostite dans la fièvre typhoïde. (*Union méd.*, t. XXXV, p. 391.) — Périostite séreuse. (*Paris méd.*, p. 343.) — Note sur la périostite phlegmoneuse diffuse. (*Revue méd.*, t. I, p. 67.) — Périostite albumineuse. (*Revue thérap.*, p. 498.) — Valeur diagnostique de la maxillaire dans le diabète. (*Rev. Sc. méd.*, t. XXII, p. 170.)

Périostoses. — Crâniennes dans la période secondaire de la syphilis. (*Paris méd.*, p. 1.) — Syphilitiques de l'omoplate. (*Revue Sc. méd.*, t. XXI, p. 252.) — Périostose diffuse non syphilitique des os de la face. (*Ibid.*, t. XXII, p. 301.)

Péripneumonie. — Inoculation préventive de la péripneumonie par injection intra-veineuse. (*Bull. acad. méd.*, p. 1184.) — Processus qui suit l'inoculation de la péripneumonie. (*Abeille méd.*, p. 171.)

Périsplénite. — Dans la fièvre typhoïde. (*France méd.*, t. I, p. 679.)

Péritoine. — Ses propriétés au point de vue chirurgical. (*Prog. méd.*, p. 645.) — Expériences sur la faculté d'absorption du péritoine. (*Union. méd.*, t. XXXV, p. 663.) — Epanchement purulent. (*Ibid.*, p. 949.) — Résorption du sang par le péritoine. (*Revue méd.*, t. I, p. 901.) — Péritoine considéré dans ses rapports avec la vessie. (*Revue méd.* t. II, p. 529.) — Degré d'adhérence du péritoine au bassin. (*Revue Sc. méd.*, t. XXII, p. 226.) — De l'absorption par le péritoine. (*Ibid.*, t. XXI, p. 475.) — Sur le drainage du péritoine. (*Berlin. klin. Woch.*, 8 janv.) — Deux cancers péritonéaux chez des femmes, avec ascite laiteuse. (*Berlin. klin. Woch.*, 26 fév.) — Cancer colloïde du péritoine. (*Med. Times*, p. 165, 10 fév.) — De la pathologie du péritoine. (*Il movimento*, nov.)

Péritonite. — Intervention chirurgicale dans un cas de péritonite. (*Bull. acad. méd.*, p. 609.) — Péritonite chronique, anurie consécutive. (*Gaz. hôp.*, p. 804.) — Suite d'avortement, parotidite suppurée après une péritonite chronique. (*Ibid.*, p. 659.) — Traitement de la péritonite aiguë. (*Gaz. méd. Paris*, p. 297.) — Péritonite suppurée. (*Prog. méd.*, p. 403.) — Sarcomateuse primitive subaiguë. (*France méd.*, t. I, p. 443.) — Péritonite suraiguë à la suite d'une perforation intestinale. (*Ibid.*, t. II, p. 43.) — Péritonite des nouveau-nés. (*Paris méd.*, p. 577.) — De la pelvipéritonite ou périmétrite. (*Concours méd.*, p. 386, 448.) — Péritonisme et péritonite. (*Gaz. méd. Nantes*, p. 79.) — Péritonite aiguë consécutive à une ovarite suppurée. (*Gaz. hebd. Sc. méd. Bord.*, p. 309.) — Péritonite tuberculeuse, étiologie. (*Journ. méd. chir. prat.*, p. 362.) — Enkystée, traitée par le drainage et les injections anti-septiques. (*Revue méd., chirurg. mal. femmes*, p. 42.) — L'ovariotomie est-elle praticable dans le cours d'une péritonite? (*Ibid.*, p. 110.) — Péritonite simulée par la présence d'ascarides dans l'intestin. (*Revue Sc. méd.*, t. XXI, p. 182.) — Laparotomie dans la péritonite puerpérale. (*Ibid.*, t. XXII, p. 226, 266.) — Du traitement de la péritonite purulente. (*Mediz. obosr.*, janv.) — De la péritonite cancéreuse. (*Charité ann.*, VIII Jahrg., p. 109.)

Pérityphlite. — (*Gaz. hôp.*, p. 237.) (*Sem. méd.*, p. 2, 16.) — Gangréneuse, abcès du foie. (*Prog. méd.*, p. 747.) — Typhlite avec pérityphlite chez un homme de quarante-quatre ans. (*Union méd.*, t. XXXV, p. 658.) — Pérityphlite primitive. (*France méd.*, t. II, p. 413.) (*Courrier méd.*, p. 313.) (*Abeille méd.*, p. 309.) (*Journ. méd. chir. prat.*, p. 297.) (*Praticien*, p. 387.)

Perles. — Au sulfate de quinine. (*Courrier méd.*, p. 87.)

Permanganate. — Du permanganate de potasse dans le diabète. (*Union méd.*, t. XXXVI, p. 524.) — Permanganate de potasse dans la blennorrhagie. (*Journ. accouch. Liège*, p. 133.) — De potasse contre les morsures de serpents. (*Revue Sc. méd.*, t. XXI, p. 102.)

Pernicieux. — Pathogénie des accès pernicieux. (*Gaz. méd. Nantes*, p. 111.) — Fièvre pernicieuse éclamptique. (*Ibid.*, p. 87.) — Fièvres larvées et pernicieuses. (*Ibid.*, p. 125.) — Fièvre pernicieuse catarrhale, mort au second accès. (*Ibid.*, p. 168.)

Pérosmique. — Injections parenchymateuses d'acide pérosmique dans le traitement des tumeurs. (*Gaz. méd. Nantes*, p. 87.)

Péroné. — Fractures de l'extrémité inférieure du péroné. (*Gaz. hôp.*, p. 465.)

Péroxyde. — D'hydrogène, de son usage dans l'ophthalmie. (*Union méd.*, t. XXXVI, p. 782.)

Perroquets. — Action du persil sur les perroquets. (*Abeille méd.*, p. 270.)

Persécutions. — Cas remarquable de délire de persécutions. (*Abeille méd.*, p. 407.)

Persistance. — Des battements du cœur après la destruction du bulbe chez un fœtus. (*Journ. accouch. Liège*, p. 141.)

Personnel. — Statistique du personnel médical en France. (*Bull. acad. méd.*, p. 1367.) — Enseignement dans les Ecoles préparatoires de médecine et de pharmacie. (*Gaz. hebd. Sc. méd. Bord.*, p. 409.)

Perspiration. — Cutanée dans la fièvre. (*Revue Sc. méd.*, t. XXII, p. 48.)

Perturbations. — Solaires nouvellement observées. (*Union méd.*, t. XXXVI, p. 206.)

Pèse-bébés. — Nouveau. (*Union méd.*, t. XXXVI, p. 1058.) (*Bull. gén. thérap.*, p. 519.)

Pessaires. — (*Bull. acad. méd.*, p. 106, 1426.) — De l'emploi des pessaires. (*Revue méd.*, t. II, p. 47.) — Un nouveau pessaire. (*Bull. gén. thérap.*, p. 518.) — Sigmoïde élastique. (*Revue méd. chir. mal. femmes*, p. 157.)

Peste. — Prophylaxie de la peste. (*Revue méd.*, t. I, p. 836.) — Inoculation préventive de la peste bovine. (*Revue Sc. méd.*, t. XXI, p. 474.) — Lésions et prophylaxie de la peste bovine. (*Ibid.*, p. 541.)

Petites. — Lèvres, hypertrophie des petites lèvres. (*Sem. méd.*, p. 63.) (*France méd.*, t. I, p. 449.)

Pétrole. — Effets de la respiration des vapeurs de pétrole. (*Courrier méd.*, p. 48.) (*Revue thérap.*, p. 150.) (*Art. méd.*, t. LVI, p. 237.)

Phagédénisme. — Traitement du phagédénisme du chancre simple par l'acide pyrogallique ou pyrogallol. (*Bull. acad. méd.*, p. 14.) (*Gaz. méd. (Paris*, p. 7.) (*Union méd.*, t. XXXV, p. 7.) — Traitement du phagédénisme tertiaire. (*Concours méd.*, p. 322.)

Phalangines. — Luxation des phalangines des doigts en avant. (*Bull. acad. méd.*, p. 1229.) (*France méd.*, t. II, p. 265.)

Pharmacie. — Exercice de la pharmacie en Angleterre. (*Bull. acad. méd.*, p. 1492.) — Exercice de la pharmacie. (*Prog. méd.*, p. 483.) (*France méd.*, t. II, p. 59.)

Pharmacologie. — Des effets thérapeutiques du bromure de camphre (*Prog. méd.*, p. 370.) — La malline et ses composés. (*Ibid.*, p. 75.) — Des adjuvants rationnels de la médication ferrugineuse. (*Ibid.*, p. 959.) — Salicylate de soude. (*Ibid.*, p. 273.) — Extrait de foie de morue dans la convalescence de la fièvre typhoïde grave. (*Ibid.*, p. 194.) — De l'action physiologique du camphre. (*Jégéned. klinistschesk. gazeta*, n°s 12 et 13.) — Effets narcotiques de quelques composés nitreux. (*Berlin. klin. Woch.*, n° 20, p. 300, 14 mai.) — Matériaux pour la pharmacologie du bromhydrate de quinine. (*Jégéned. klinistschesk. gazeta*, n° 6.) — Sur l'action de l'extrait de fève de Calabar. (*Berlin. klin. Woch.*, 9 avril.) — Nouvelles recherches sur la cairine et les corps analogues. (*Ibid.*, 5 fév.) — Dissemblance d'effets des diverses cairines. (*Ibid.*, 16 avril.) — De l'antagonisme entre l'opium et la nicotine. (*Arch. méd. Ital.*, fasc. 3 et 4.) — La convallaria maialis. (*Arch. de terapeutica*, Barcelone, 15 mars.) — Contribution à l'étude de la résorcine. (*Ibid.*) — De la réduction du chlorate de potasse, dans l'organisme. (*Berlin. klin. Woch.*, 18 juin.) — Emploi clinique de la convallaria. (*Med. news*, 19 mai, p. 570.) — De l'action antifébrile de la résorcine et de ses isomères. (*Thèse inaug.*, *Berne.*) — Pharmacologie du muguet. (*Rev. méd. Suisse rom.*, III, 278, mai.) — Sur l'action physiologique de la paraldéhyde et contribution à l'étude du chloral hydraté. (*Arch. Ital. de biol.*, II, n° 3.) — Précis de pharmacologie, par O. Schmiedeberg. (*Leipzig.*) — Manuel de pharmacologie et de l'art de formuler, par Erieh-Harnaek. (*Hambourg et Leipzig.*) — Manuel de matière médicale à l'usage des étudiants, par Owen. (*Londres.*) — Observation sur les sels de nickel. (*Med. news*, 29 sept.) — Le curare. (*Rev. scient.*, 15 sept.) — Evolution de l'hydrate de chloral et de l'hydrate de butylchloral dans l'organisme animal. (*Arch. f. d. ges. phys.*, XXVIII, p. 506.) — Formation d'acide prussique par un myriapode. (*Foncaria.*) (*Arch. f. d. ges. phys.* Bd. 28, p. 576.) — Analogie d'action entre le curare et la strychnine. (*Italia medica*, n° 33.) — De l'action antipyrétique de la cairine. (*Berlin. klin. Woch.*, 12 nov.) — Note sur l'élatérine cristallisée. (*New-York med. Journ.*, 12 mai.) — Recherches expérimentales sur l'action du chloral, de l'opium et du bromure de potassium. (*Brit. med. Journ.*, p. 451, mars.) — Une réaction de l'iodoforme. (*Cent. f. chir.*, n° 48.) — Recherches expérimentales sur l'action physiologique et thérapeutique de la cocaïne. (*Rendeconte del R. Istituto Lombardo*, série II, vol. XIV, fasc. 18-19.) — La paraldéhyde antagoniste de la strychnine. (*Arch. per le Soc. med.*, VII, n° 1.) — Etude expérimentale sur l'action physiologique de l'iodoforme. (*Arch. de physiol.*, n° 6.) — Recherches sur l'action de la digitale. (*Brit. med. Journ.*, p. 1070, déc.) — Action physiologique de l'acide phénique. (*Edimb. med. Journ.*, p. 888, avril.) — Résorcine comme antipyrétique. (*Wien. med. presse*, n° 1.) — Les propriétés antiseptiques de l'acide citrique. (*Deuts. med. Woch.*, n° 27.)

Pharmacopée. — Comparaison de la pharmacopée belge avec le codex français. (*Bull. acad. méd.*, p. 821.) — La pharmacopée chinoise. (*Union méd.*, t. XXXV, p. 87.) — Pharmacopée clinique, guide pour la prescription des principaux médicaments : H. von Ziemssen. (*Erlangen.*) — Abu's Salt, et les simples qu'il employait. Contribution à l'étude de la pharmacopée des Arabes. (*Arch. f. path. anat. u. phys.* Bd. XCIV, Hft. I, p. 28.)

Pharyngites. — Leur traitement. (*Revue thérap.*, p. 106.) — Végétantes. (*Ibid.*, p. 438.) — Du traitement de la pharyngite granuleuse chronique par le galvano-cautère. (*Arch. of Laryng.*, IV, n° 1.) — De la pharyngite chronique, par W. Roth. (*Vienne.*)

Pharynx. — Atrésie du maxillaire par végétations adénoïdes du pharynx. (*Gaz. hôp.*, p. 923.) — Détermination de la fièvre typhoïde sur le pharynx. (*Ibid.*, p. 661.) — Pharynx nasal, végétations adénoïdes. (*Ibid.*, p. 474.) — Traité des maladies du pharynx. (*Revue Sc. méd.*, t. XXII, p. 727.) — Des tumeurs adénoïdes du pharynx et de leur influence sur l'audition, la phonation et la respiration. (*Ibid.*, p. 718.) — Abcès rétro-pharyngien ouvert par le cou. (*Ibid.*, t. XXI, p. 703.) — Tuberculose du pharynx. (*Ibid.*, t. XXII, p. 723, 726.) — Polypes naso-pharyngiens. (*Ibid.*, p. 722.) — Rétrécissement syphilitique du pharynx. (*Ibid.*, t. XXI, p. 705.) — Lésions du pharynx, du larynx et des bronches dans quelques maladies infectieuses aiguës. (*Jahrb. f. kinderheilk und psy. Erziehung.*, XIX, 1.) — Parésie des muscles constricteurs du pharynx simulant un rétrécissement spasmodique de l'œsophage. (*Med. news*, p. 601, 26 mai.) — Parésie des constricteurs du pharynx simulant un rétrécissement spasmodique de l'œsophage. (*Arch. of laryngol.*, IV, 3.) — Malformation du pharynx nasal non encore décrite (prolongation de la cloison du pharynx.) (*Ibid.*) — Des tumeurs adénoïdes du pharynx nasal. (*Berlin. klin. Woch.*, 3 déc.) — Traitement local des catarrhes chroniques pharyngo-laryngés avec le crayon de nitrate. (*Berlin. klin. Woch.*, n° 50, p. 782, 10 déc.) — Hyperplasie glandulaire de la voûte du pharynx. (*Med. news*, 15 déc.) — Nouvelle méthode pour nettoyer la voûte du pharynx. *New-York med. Record.*, 28 avril.) — Végétations adénoïdes du pharynx nasal. (*Der prakt. Aerzt.*, 2.) — Des névralgies qui accompagnent les maladies du pharynx. (*Deuts. med. Woch.*, n° 42.) — Opération sur le pharynx. (*Ibid.*)

Phénique. — Empoisonnement lent par l'acide phénique. (*Concours méd.*, p. 669.) — Injections d'acide phénique dans deux cas de phlegmon sublingnal. (*Abeille méd.*, p. 162.) — Traitement de la fièvre typhoïde par l'acide phénique. (*Gaz. méd. Nantes*, p. 9.) — Acide phénique dans les végétations. (*Journ. méd. chir. prat.*, p. 273.) — Intoxication aiguë. (*Ibid.*, p. 30.) — Intoxication lente. (*Ibid.*, p. 434.) — Moyens de diminuer les inconvénients de l'acide phénique. (*Ibid.*, p. 177.) — Amaurose dans l'empoisonnement. (*Revue Sc. méd.*, t. XXII, p. 488.) — Action et règles de la médication phénique dans la fièvre typhoïde. (*Ibid.*, t. XXI, p. 110.) — Traitement de la pustule maligne par la pommade phéniquée. (*Ibid.*, t. XXII, p. 562.) — Du spray phénique comme moyen préventif dans l'extraction de la cataracte. (*Ibid.*, t. XXI, p. 316, t. XXII, p. 708.)

Phénomènes. — Nerveux intellectuels et moraux, transmission par contagion. (*Gaz. méd. Paris*, p. 121.) — Sur un phénomène pupillaire observé dans quelques états pathologiques de la première enfance. (*Union méd.*, t. XXXV, p. 154.)

Philosophie. — Naturelle, problèmes. (*Thérap. contemp.*, p. 114.) — Ethnographique. (*Praticien*, p. 611.)

Phimosis. — (*Gaz. hôp.*, p. 204.) — Traitement par la dilatation. (*Journ. méd. chir. prat.*, p. 301.) — Phimosis congénital. (*Thérap. contemp.*, p. 436.) (*Revue mens. mal. enfance*, p. 155.) — Voir *Phymosis*.

Phlébite. — Utérine suppurée, post-puerpérale. (*France méd.*, t. I, p. 172.) — Suppurée, des veines du cou. (*Ibid.*, p. 185.) (*Revue thérap.*, p. 520.)

Phlébotomie. — Après l'opération de la cataracte. (*France méd.*, t. II, p. 365.)

Phlegmasies. — Broncho-pulmonaires. (*Gaz. méd. Paris*, p. 63, 74.) — Formule contre les phlegmasies chroniques des muqueuses. (*Gaz. méd. Nantes*, p. 105.) — Traitement des phlegmasies. (*Revue méd.*, t. II, p. 204.)

Phlegmatia alba dolens. — Chez une chlorotique. (*France méd.*, t. II, p. 918.) — Du membre supérieur. (*Paris méd.*, p. 376.) — Phlegmatia dolens dans la fièvre typhoïde. (*Journ. méd. chir. prat.*, p. 28.)

Phlegmon. — Périnéphrétique. (*Gaz. hôp.*, p. 580.) — Histologie pathologique du phlegmon. (*Sem. méd.*, p. 372.) — Phlegmon prévésical. (*Gaz. méd. Paris*, p. 426.) — Diffus du bras, érysipèle, infection purulente, guérison. (*France méd.*, t. I, p. 74.) — Des ligaments, emploi du savon mou. (*Courrier méd.*, p. 170.) — Sublingual guéri par les injections sous-cutanées d'acide phénique. (*Abeille méd.*, p. 162.) — Phlegmon de la paroi antérieure de l'aisselle. (*Ibid.*, p. 182.) — Phlegmon osseux. (*Journ. méd. chir. prat.*, p. 87.) (*Revue thérap.*, p. 95.) — Axillaire. (*Ibid.*, p. 333.) — Traitement du phlegmon laiteux de la mamelle. (*Revue méd. chir. mal. femmes*, p. 416.) — Phlegmon péri-utérin. (*Ibid.*, p. 454.) — Phlegmons anthracoïdes de la région parotidienne. (*Gaz. hôp.*, p. 617.) — Phlegmons de la paroi abdominale. (*Ibid.*, p. 794, 861, 989, 1017.) — Du phlegmon osseux. (*Ibid.*, p. 35.)

Phlyctènes. — Dans les fractures. (*Courrier méd.*, p. 374.) (*Bull. gén. thérap.*, p. 284.)

Phonation. — Influence des tumeurs adénoïdes du pharynx sur la phonation. (*Revue Sc. méd.*, t. XXII, p. 718.)

Phoque. — Mue fœtale chez le phoque. (*Sem. méd.*, p. 43.)

Phosphate. — Procédé de dissolution du phosphate de chaux pour l'usage médical. (*Bull. acad. méd.*, p. 802.) — Phosphate de chaux et rachitisme. (*Gaz. hôp.*, p. 1148.) — De la fonction primaire des phosphates de chaux. (*Ibid.*, p. 946.) (*Gaz. méd. Paris*, p. 419.) — Phosphate de chaux et ostéïne. (*Courrier méd.*, p. 210, 250.)

Phosphore. — Dans l'ostéomalácie. (*Prog. méd.*, p. 866.) (*Paris méd.*, p. 488.) — Empoisonnement par le phosphore. (*Courrier méd.*, p. 80.) (*Concours méd.*, p. 250.) (*Gaz. méd. Nantes*, p. 18.) — Brûlure par le phosphore. (*Praticien*, p. 271.) — Accidents professionnels par le phosphore. (*Revue Sc. méd.*, t. XXII, p. 511.) — Action du phosphore sur l'organisme. (*Ibid.*, t. XXI, p. 499.) — État de la moelle épinière dans l'empoisonnement par le phosphore. (*Ibid.*, p. 104.)

Phosphorique. — Rôle de l'acide phosphorique dans le tétanos des muscles. (*Revue Sc. méd.*, t. XXI, p. 440.) — Acide phosphorique du lait. (*Ibid.*, t. XXII, p. 462.)

Photographie. — Etude du vol par la photographie. (*Rev. Sc. méd.*, t. XXI, p. 433.)

Photophore. — Electrique frontal. (*Bull. acad. méd.*, p. 501.) (*Union méd.*, t. XXXV, p. 831.) (*Revue méd.*, t. I, p. 562.) (*Journ. méd. chir. prat.*, p. 220.) — Photophore du docteur Hélot. (*Bull. gén. thérap.*, p. 34.)

Phrénique. — Névrose du phrénique suivie de guérison. (*Abeille méd.*, p. 162.)

Phthiriasis. — Des paupières. (*Journ. méd. chir. prat.*, p. 551.) — Cause des taches bleues. (*Revue Sc. méd.*, t. XXII, p. 637.)

Phtisie. — Forme et traitement de la phtisie pulmonaire. (*Bull. acad. méd.*, p. 293.) — Contagion de la phtisie. (*Ibid.*, p. 294.) — Nature et traitement hydrologique de la phtisie pulmonaire. (*Ibid.*, p. 695.) — Diagnostic des phtisies pulmonaires douteuses par la présence des bacilles dans les crachats. (*Ibid.*, p. 1396, 1429, 1496.) (*Gaz. hôp.*, p. 1158.) — Phtisie et fièvre intermittente et typhoïde. (*Ibid.*, p. 893.) — Influence des poussières sur la phtisie (*Ibid.*, p. 225.) — Trachéotomie dans la phtisie laryngée. (*Ibid.*, p. 997.) — Microbe de la phtisie. (*Ibid.*, p. 226.) Névrite sciatique des phtisies. (*Ibid.*, p. 1025.) — Phtisie tuberculeuse. (*Sem. méd.*, p. 331.) — La phtisie est-elle contagieuse et peut-elle être transmise par les substances alimentaires ? (*Union méd.*, t. XXXVI, p. 351.) — La phtisie en Australie. (*Courrier méd.*, p. 206.) — Traitement de la phtisie par le séjour aux stations élevées. (*Concours méd.*, p. 59.) — Fausse phtisie des hystériques. (*Abeille méd.*, p. 98.) — Inhalation d'iodoforme dans la phtisie pulmonaire. (*Gaz. méd. Nantes*, p. 151.) (*Revue méd.*, t. II, p. 373.) — Traitement de la phtisie et de l'emphysème pulmonaires par les bains d'air comprimé. (*Bull. gén. thérap.*, p. 46.) — Recherches sur la suralimentation envisagée surtout dans le traitement de la phtisie pulmonaire. (*Bull. gén. thérap.*, p. 289, 350, 393, 441, 495, 541.) — Phtisie chez les roux. (*Revue thérap.*, p. 643.) — Phtisie, anorexie, diarrhée. (*Praticien*, p. 230). — De l'agaric dans le traitement des sueurs nocturnes des phtisiques. (*Revue Sc. méd.*, t. XXI, p. 114.) — Inhalations d'essence de térébenthine dans la phtisie. (*Ibid.*, t. XXII, p. 506.) — Diagnostic et traitement de la phtisie commençante. (*Collez. Ital. di lett. sull. med.*, vol. II, n° 9.)

Phtisiques. — Gavage et inhalations iodoformées chez les phtisiques. *Bull. acad. méd.*, p. 743.) — Grandes opérations chez les phtisiques. (*Union méd.*, t. XXXVI, p. 561.) — Injections intrapulmonaires chez les phtisiques. (*Paris méd.*, p. 353.) — Leur alimentation forcée. (*Courrier méd.*, p. 4, 12.) — Substance sucrée retirée des crachats des phtisiques. (*Ibid.*, p. 193, 203.) — Sciatique des phtisiques. (*Abeille méd.*, p. 433.)

Phymatose. — Pulmonaire et ganglionnaire, médiastine probable. (*Gaz. hôp.*, p. 1009.)

Phymosis. — Traitement du phymosis congénital. (*Revue méd.*, t. I, p. 779.) — Opération du phymosis. (*Ibid.*, p. 443.) — Voir *Phimosis*.

Physiologie. — Traité élémentaire de physiologie. (*Bull. acad. méd.*, p. 1352.) — Physiologie de la locomotion humaine. (*Ibid.*, p. 1028, 1117, 1187.) — ¦Physiologie du système nerveux cérébro-spinal. (*Gaz. hôp.*, p. 588.) — Etude de la physiologie. (*Ibid.*, p. 1081.) — Vitesse relative des transmissions visuelles, auditives et tactiles. (*Ibid.*, p. 1018.) — La physiologie dans diverses écoles de ¦médecine. (*Prog. méd.*, p. 879.) — Eléments de physiologie générale, par W. Preyer. (*Leipzig*.)

Physique. — Eléments de physique médicale. (*Bull. acad. méd.*, p. 778, 1321.)

Physométrie. — (*Journ. accouch. Liège*, p. 234.) (*Bull. gén. thérap.*, p. 269.)

Picoline. — Action physiologique de la picoline et de la lutidine. (*Union méd.*, t. XXXV, p. 149.)

Picrique. — Empoisonnement par l'acide picrique. (*Gaz. hebd. Sc. méd. Bord.*, p. 361.)

Picrotoxine. — Action de la picrotoxine. (*Revue Sc. méd.*, t. XXI, p. 479.)

Pièces. — Anatomiques. (*Gaz. méd. Paris*, p. 528.) — Présentation de pièces anatomiques. (*Ibid.*, p. 528.)

Pied-d'alouette. — Ses usages thérapeutiques. (*Paris méd.*, p. 21.) (*Courrier méd.*, p. 218.)

Pied. — Traitement de la sueur fétide des pieds par le sous-nitrate de bismuth. (*Bull. acad. méd.*, p. 352.) — Fracture des deux pieds. (*Gaz. hôp.*, p. 721.) — Gangrène des deux pieds. (*Ibid.*, p. 549.) — Mal perforant. (*Ibid.*, p. 945.) — Mal perforant d'origine spinale. (*Ibid.*, p. 1170.) — Suture osseuse dans les amputations ostéo-plastiques. (*Ibid.*, p. 341.) — Amputation du pied. (*Sem. méd.*, p. 10, 73.) (*Prog. méd.*, p. 31.) (*Courrier méd.*, p. 5.) — Luxation du pied. (*Revue Sc. méd.*, t. XXI, p. 658 ;

t. XXII, p. 293.) — Causes et mécanisme de développement du pied **plat** acquis avec indications thérapeutiques, par G. Hermann von **Meyer.** (*Iena.*) — Contribution au traitement du pied varus. (*Berlin. klin. Woch.*, 19 mars.) — Enfant ayant plusieurs orteils gigantesques (le **gros** orteil à lui seul est aussi gros que tout l'autre pied. (*Berlin. klin. Woch.*, 4 juin.)

Pied bot. — Talus. (*Gaz. hôp.*, p. 785.) — Traitement du pied bot. (*Sem. méd.*, p. 81.) (*Union méd.*, t. XXXV, p. 140.) — Pathologie du pied **bot** congénital. (*Union méd.*, t. XXXVI, p. 915.) — Pied bot, tarsotomie. (*Journ. méd. chir. prat.*, p. 231.) (*Rev. mens. mal. de l'enf.*, p. 248, 286.) (*Praticien*, p. 224.) — Lésion de la moelle dans un cas de pied bot congénital. (*Revue Sc. méd.*, t. XXII, p. 188.) — De l'ostéotomie dans le traitement du pied bot congénital. (*Ibid.*, p. 299.) — Pied bot traumatique. (*Ibid.*, p. 290.) — Procédé nouveau de résection dans le pied bot invétéré. (*Berlin. klin. Woch.*, 5 fév.) — Contribution au traitement du **pied** bot par l'ostéotomie, par L. Goldschmidt. (*Thèse inaug. Berlin.*) — **Du** pied bot varus équin congénital et du traitement le plus favorable, étude théorique et clinique. (*Giorn. int. delle Sc. méd.*, III.) — Nouvelles recherches sur le pied bot acquis, par Adolf Lorenz. (*Stuttgart.*)

Pigmentation. — Les causes de la pigmentation cutanée dans certaines affections. (*Union méd.*, t. XXXV, p. 548.) — Sarcome de la **peau.** (*Revue Sc. méd.*, t. XXII, p. 629.)

Piles. — Électriques au bichromate de potasse. (*Bull. acad. méd.*, p. 50.) — Pile médicale portative à courants continus. (*Ibid.*, p. 355.)

Pilocarpine. — Action antagoniste de l'atropine et de la pilocarpine. (*Gaz. hôp.*, p. 716.) (*Sem. méd.*, p. 202.) — Antagonisme de l'ergotine et de la pilocarpine. (*Ibid.*, p. 356.) — (*Prog. méd.*, p. 1018.) — Emploi de la pilocarpine dans la diphtérie. (*Union méd.*, t. XXXV, p. 153.) — Pilocarpine contre l'ascite symptomatique des maladies du foie. (*Paris méd.*, p. 610.) — Traitement de la coqueluche par la pilocarpine. (*Revue méd.*, t. II, p. 24.) — Son action sur la fonction glycogénique dans les maladies des yeux. (*Ibid.*, p. 264.) — Pilocarpine dans le prurigo. (*Journ. méd. chir. prat.*, p. 351.) — Dans le hoquet. (*Ibid.*, p. 558.) — Hoquet violent guéri par le chlorhydrate de pilocarpine. (*Bull. gén. thérap.*, p. 422.) — Pilocarpine dans l'éclampsie puerpérale. (*Praticien*, p. 191.) — Intoxication. (*Ibid.*, p. 46.) — Potion. (*Praticien*, p. 406, 597.)

Pilules. — Contre l'incontinence d'urine. (*Gaz. hôp.*, p. 100.) — Pilules drastiques. (*Ibid.*, p. 100.) — Contre la toux utérine. (*Union méd.*, t. XXXV, p. 287.) — Contre la chloro-anémie avec aménorrhée. (*Ibid.*, p. 384.) — Diurétiques. (*Ibid.*, p. 708.) — Contre la cystite chronique. (*Ibid.*, p. 756.) — Antisyphilitiques. (*Ibid.*, p. 767.) — Hémostatiques. (*Ibid.*, p. 932.) — Apéritives. (*Ibid.*, t. XXXVI, p. 375.) — Pilules **contre** la chorée. (*Ibid.*, p. 540.) — Pilules antinévralgiques. (*Ibid.*, p. 599.) — Fulminantes. (*Praticien*, p. 513.)

Pins. — Forêt de pins. (*Revue thérap.*, p. 151.)

Pince-cautère. — De l'emploi de la pince-cautère écrasante dans le traitement des hémorrhoïdes. (*France méd.*, t. II, p. 254.) — Pince-forceps à broche de Reverdin. (*Journ. méd. chir. prat.*, p. 371.)

Pipéridine. — Action de la pipéridine. (*Revue Sc. méd.*, t. XXI, p. 96.)

Pirogoff. — Opération de Pirogoff. (*Courrier méd.*, p. 34.)

Pisciculture. — Enseignement de la pisciculture à l'aquarium du Trocadéro. (*Prog. méd.*, p. 1005.)

Piscidia. — Erythrina. (*Gaz. hôp.*, p. 932.) (*Sem. méd.*, p. 215.) — Effets narcotiques de la piscidia érythrina. (*Gaz. méd. Paris*, p. 403.) (*Progr. méd.*, p. 672.) (*France méd.*, t. II, p. 308.) (*Courrier méd.*, p. 312.) — Piscidia érythrina succédanée de la morphine. (*Revue méd.*, t. II, p. 22, 351.) — Action de la piscidia érythrina. (*Revue Sc. méd.*, t. XXII, p. 481.)

Piscidine. — Principe actif de la piscidia erythrea jamaïca. (*Paris méd.*, p. 309.)

Pituitaire. — Vertige réflexe, guérison par la cautérisation du pituitaire. (*Union méd.*, t. XXXVI, p. 820.)

Placenta. — Anatomie comparée du placenta. (*Bull. acad. méd.*, p. 252.) — Insertion vicieuse du placenta. (*Gaz. hôp.*, p. 530.) — Passage des éléments figurés à travers le placenta. (*Ibid.*, p. 521, 546.) — Passage de l'oxyde de carbone à travers le placenta. (*Sem. méd.*, p. 195.) — *Progr. méd.*, p. 613.) — De l'insertion du placenta dans ses rapports avec la durée de la grossesse, l'époque de la rupture des membranes et le développement du fœtus. (*France méd.*, t. II, p. 453.) — Rétention du placenta. (*Courrier méd.*, p. 45.) — Structure du placenta chez les lapins. (*Abeille méd.*, p. 241.) — Placenta adhérent, délivrance artificielle. (*Journ. accouch. Liège*, p. 289.) — Placenta pesant trois livres immédiatement après l'expulsion. (*Ibid.*, p. 206.) — Mémoire sur le placenta prævia. (*Ibid.*, p. 113, 125, 137, 149, 161, 177, 189, 201, 203.) — Enchatonnement incomplet du placenta. (*Revue méd. chir. mal. femmes*, p. 415.) — Nouvelles recherches d'anatomie normale et pathologique sur la structure intime du placenta de la femme et des mammifères. (*Rendec. dell' Istit. di Bolonna*, 28 janv.) — Placenta gémellaire double. (*Rev. méd. Suisse rom.*, III, 160, mars.) — Rétention d'un placenta frais pendant deux mois après l'expulsion de l'embryon. (*Gaz. hebd. Sc. méd. Montpel.*, n° 6.) — Traitement du placenta prævia. (*Samml. klin. Vortrage*, n° 235.) — Deux cas de rétention placentaire. (*Glasg. med. Journ.*, XX, p. 29.)

Plaie. — Traitement des plaies par armes à feu dites plaies en séton. (*Bull. acad. méd.*, p. 107.) — Plaies du coude par arrachement. (*Ibid.*, p. 200.) — Rôle des organismes inférieurs dans la complication des plaies. (*Ibid.*, p. 775). — Plaies des ouvriers en bois. (*Ibid.*, p. 1334.) — Plaies par peigne de filature. (*Ibid.*, p. 1334.) — Remède contre les plaies. (*Ibid.*, p. 496.) — Frigidité anti-septique des plaies. (*Gaz. hôp.* p. 819.) — Pansement des plaies. (*Ibid.*, p. 810.) — Localisation du virus dans les plaies. (*Gaz. méd. Paris*, p. 292.) — Plaies de tête, hémiplégie, foyer de ramollissement rouge consécutif au traumatisme. (*Progr. méd.*, p. 408.) — Plaies du cœur, leur curabilité. (*Courrier méd.*, p. 82.) — Plaie ayant traversé l'encolure d'un cheval de part en part. (*Abeille méd.*, p. 87.) — Plaie contuse de l'arcade zygomatique droite. (*Gaz. méd. Nantes*, p. 82.) — Plaies multiples par instrument tranchant, fragment de la lame resté dans le frontal, guérison. (*Gaz. méd. Nantes*, p. 169.) — Traitement des plaies artérielles. (*Revue méd.*, t. I, p. 53.) — Rôle des antiseptiques dans le pansement des plaies. (*Ibid.*, t. II, p. 361, 398, 433, 469, 505, 511.) — Plaies du cœur, survie. (*Journ. méd. chir. prat.*, p. 114.) — Plaies du cou des suicidés. (*Revue thérap.*, p. 206.) — Plaies du testicule. (*Ibid.*, p. 439.) — Plaie de l'aorte. (*Revue Sc. méd.*, t. XXI, p. 152.) — Plaie par projection d'une fourche à fumier. (*Ibid.*, t. XXII, p. 668.) Des plaies causées par les explosifs. (*Ibid.*, p. 669.) — Divers cas de blessures par armes à feu. (*Cor. Blatt. f. schweiz. Aerzte*, 1er janv.) — Plaie par arme à feu, de la poitrine, pendant la guerre de 1870. Fistule d'empyème persistante malgré une résection totale. (*Berlin. klin. Woch.*, 4 juin.) — Des conditions hygiéniques en rapport avec le traitement des plaies chirurgicales avec une statistique de 387 cas d'ovariotomie ayant donné 113 morts. (*Trans of the Amer. surg. Ass.*, I, p. 23.)

Plaquettes. — Du sang. (*Gaz. méd. Paris*, p. 132.)

Plasticité. — Du sang, quelques expériences constatant la différence de plasticité du sang de l'homme, avec celui des animaux. (*France méd.*, t. II, p. 440.) (*Thérap. contemp.*, p. 633.)

Platine. — Dans l'amblyopie hystérique, la paralysie de la vessie. (*Gaz. hôp.*, p. 753.)

Plâtrage. — Et déplâtrage des vins. (*Concours méd.*, p. 298.) — Valeur des filtrations par le plâtre. (*Revue méd.*, t. I, p. 363.)

Plessimétrie. — (*Bul. acad. méd.*, p. 250, 1422.)

Pleurales. — Traitement chirurgical des fistules pleurales. (*Bull. gén. thérap.*, p. 262.)

Pleurésie. — Dans les maladies du cœur. (*Bull. acad. méd.*, p. 209, 1353.) — Pleurésie hémorrhagique. (*Gaz. hôp.*, p. 1180.) — Purulente et empyème. (*Ibid.*, p. 757, 763, 770.) — Pleurésie séreuse. (*Sem. méd.*, p. 305.) Pleurésie infectieuse. (*Prog. méd.*, p. 652.) — Sur la pleurésie dans l'état puerpéral. (*Union méd.*, t. XXXVI, p. 445.) — Pleurésie des enfants. (*Ibid.*, p. 988.) — Diaphragmatique dans la fièvre typhoïde. (*France méd.*, t. I, p. 679.) — Pleurésie interlobaire vidée dans les bronches par vomique. (*Paris méd.*, p. 293.) — Transmission des vibrations vocales dans les exsudats pleurétiques. (*Concours méd.*, p. 539.) — Pleurésie précédée par des phénomènes cérébraux à forme rhumatismale. (*Abeille méd.*, p. 179.) — Troubles gastriques dans le cas de pleurésie chronique. (*Ibid.*, p. 138.) — Traitement de la pleurésie. (*Gaz. hebd. Sc. méd. Bord.*, p. 78.) — Diagnostic de la congestion pulmonaire dans la pleurésie avec épanchement. (*Revue méd.*, t. II, p. 559.) — Pleurésie purulente bénigne avec phénomènes amphoriques. (*Journ. méd. chir. prat.*, p. 244.) — Pleurésie rhumatismale. (*Revue thérap.*, p. 107.) — Numération des globules blancs et rouges dans la pleurésie purulente. (*Revue Sc. méd.*, t. XXI, p. 461.) — Pleurésie, empyème circonscrit, fistule pleuro-pulmonaire; guérison. (*Med. news*, 19 mai.) — Pleurésie purulente chez un diabétique, guérie par la ponction suivie de lavages. (*Berlin. klin. Woch.*, 4 juin.) — Mort subite dans la pleurésie. (*The Dublin Journ. of med. Sc.*, p. 289, août.)

Pleurétique. — Diagnostic précoce d'une forme de tuberculose pulmonaire à début. (*Bull. acad. méd.*, p. 577.)

Pleurotomie. — Antiseptique. (*Prog. méd.*, p. 713.) — De la pleurotomie précoce. (*Ibid.*, p. 20, 41.) (*Paris méd.*, p. 535.)

Plèvre. — Adhérences anciennes de la plèvre. (*Gaz. méd. Paris*, p. 165.) — Propagation de l'inflammation de la plèvre au péricarde. (*Revue Sc. méd.*, t. XXI, p. 164.) — De l'hémothorax traumatique. (*Ibid.*, p. 131.) — Sarcome de la cavité thoracique ayant simulé un épanchement. (*Ibid.*, p. 130.) — Kystes hydatiques du foie ouverts dans la plèvre. (*Ibid.*, p. 186.) — Recherches sur l'étiologie et l'histologie des exsudats pleurétiques. (*Charité Ann.*, VII Jahrg., p. 199.) — Traitement de l'empyème de la plèvre. (*Corr. Blatt. f. schweiz. Aerzte*, 1er fév.) — Un cas de pleurésie purulente, suraiguë et fétide, traitée par l'empyème; guérison rapide. (*Glasg. med. Journ.*, p. 134.) — Large fistule d'empyème permettant de voir, avec un miroir, l'intérieur de la cavité pleurale. (*Berlin. klin. Woch.*, 4 juin.) — Empyème, perforation dans les bronches et le diaphragme. Guérison. (*New-York Surgic. soc. med. news*, 6 janv.) — Deux cas d'empyème guéri par l'incision de la paroi thoracique. (*Wratch.*, n° 24.) — Deux cas d'empyème : un guéri spontanément, l'autre par incision. (*Med. news*, 13 oct.) — Observation d'empyème. (*Med. Times*, 6 janv.) — Un cas d'empyème aigu fétide, traité avec succès. (*Glasg. med. Journ.*, XX, p. 186.) — Traitement de l'empyème. (*Brit. med. Journ.*, p. 112, juillet.) — Deux cas de paracentèse thoracique. (*Med. news*, 22 déc.) — De l'emploi du trépan dans l'empyème traumatique compliqué de fistule thoracique (perforation d'une côte par une couronne de trépan pour assurer l'écoulement et le libre passage de la canule.) (*Trans. of the Am. Surg. Ass.*, I, p. 241.) — Un cas de sarcome primaire de la plèvre. (*Journ. of anat. and phys.*, vol. XVII, avril.)

Plexus. — Fonction du plexus solaire. (*Sem. méd.*, p. 340.) (*Prog. méd.*, p. 88.) — Solaire dans la fièvre typhoïde. (*Revue méd.*, t. I, p. 219.) — Actions médicamenteuses sur le plexus solaire. (*Revue thérap.*, p. 21.)

Plomb. — *Et cuivre dans l'alimentation et l'industrie au point de vue de* l'hygiène. (*Bull. acad. méd.*, p. 206.) — Empoisonnement par le plomb. (*Gaz. méd. Nantes*, p. 136.) (*Revue méd.*, t. II, p. 199.) (*Praticien*, p. 275.) — Absorption continue du plomb dans notre alimentation. (*Revue Sc. méd.*, t. XXI, p. 537.)

Pneumatose. — Diabétique, développement spontané de gaz dans la vessie. (*Paris méd.*, p. 173.)

Pneumaturie. — Diabétique. (*France méd.*, t. I, p. 195, 207.)

Pneumographe. — (*Prog. méd.*, p. 262.)

Pneumogastrique. — Troubles fonctionnels du pneumogastrique. (*Gaz. hôp.*, p. 425.)

Pneumonie. — Étiologie et traitement de la pneumonie lobaire aiguë. (*Bull. acad. méd.*, p. 821.) — Pneumonies traitées par les bains froids. (*Ibid.*, p. 1491.) — Par les saignées coup sur coup. (*Gaz. hôp.*, p. 57.) — Microcoque de la pneumonie. (*Sem. méd.*, p. 342.) — Pneumonie dothiénentérique. (*Gaz. méd. Paris*, p. 8.) — Potion contre la pneumonie aiguë. (*Union méd.*, t. XXXV, p. 509.) — Pneumonies infectieuses par émanations d'égout. (*Ibid.*, p. 217.) — Pneumonie du début de la fièvre typhoïde. (*Ibid.*, p. 376.) — Note sur deux cas de pneumonie avec herpès. (*France méd.*, t. II, p. 361.) — Pneumonie grave, dite infectieuse, comparée avec les pneumonies dites à forme typhoïde. (*Ibid.*, p. 414.) — Mort foudroyante dans le cours d'une pneumonie. (*Abeille méd.*, p. 414.) — Pneumonie des alcooliques. (*Ibid.*, p. 301.) — Pneumonie disséquante. (*Gaz. méd. Nantes*, p. 21.) — Spléno-pneumonie. (*Revue thérap.*, p. 492.) — Pneumonie bilieuse. (*Praticien*, p. 611.) — Mortalité de la pneumonie suivant les climats. (*Rev. Sc. méd.*, t. XXI, p. 544.) — Pneumonie gangréneuse avec tumeur du cerveau. (*Ibid.*, p. 557.) — Traitement de la pneumonie croupeuse. (*Ibid.*, t. XXII, p. 506.) — Effets des bains tièdes dans la pneumonie. (*Ibid.*, p. 499.) — Injections d'éther dans la pneumonie adynamique. (*Ibid.*, t. XXI, p. 116.) — Lésions et prophylaxie de la péripneumonie des bêtes à cornes. (*Ibid.*, p. 541.) — Inoculation préventive de la pleuro-pneumonie contagieuse. (*Ibid.*, p. 474.) — La pneumonie fibrineuse, par Th. Jürgensen. (*Tubingue.*) — La thérapie de la pneumonie croupeuse. (*Wratch.*, nᵒˢ 7 et 8.) — Compte rendu des pneumonies franches traitées depuis trente ans à l'hôpital Sainte-Marie-Magdeleine, de Saint-Pétersbourg. (*Viertelj. f. gerich. med.*, juillet.) — De l'étiologie des pneumonies. (*Ibid.*) — L'anatomie pathologique de la pneumonie lobaire envisagée à un nouveau point de vue. (*New-York med. Journ.*, 4 août.) — Du traitement de la pneumonie par l'acide phénique à l'intérieur. (*Il Morgagni*, juil.) — Note sur une épidémie de pneumonies. (*Brit. med. Journ.*, p. 268-269, août.) — Pneumonie croupale et méningite cérébro-spinale. (*Deutsche med. Woch.*, nᵒ 1.) — Existe-t-il une pneumonie primitive lobaire tuberculeuse desquamative? (*Ibid.*, nᵒ 18.)

Pneumothorax. — Au début de la tuberculose pulmonaire. (*Paris méd.*, p. 181.)

Pneumo-typhoïde. — (*Revue méd.*, t. I, p. 238.)

Pneumus. — Boldo, usages thérapeutiques. (*Paris méd.*, p. 346.)

Poche herniaire. — Hernie ombilicale, congénitale irréductible traitée par l'incision de la poche herniaire, laparotomie. (*Bull. gén. thérap.*, p. 18.)

Podophyllin. — Des principes actifs du podophyllin. (*Revue Sc. méd.*,

t. XXI, p. 519.) — De la podophyllotoxine et de la picropodophylline. (*Ibid.*, p. 519.)

Podophyllotoxine. — (*Sem. méd.*, p. 145.)

Poids. — Augmentation du poids dans le cours de la première année. (*Revue Sc. méd.*, t. XXI, p. 224.)

Poignet. — Résection du poignet. (*Gaz. hôp.*, p. 37, 318.) (*Sem. méd.*, p. 67.) (*Prog. méd.*, p. 31, 272.) (*France méd.*, t. I, p. 487.) (*Gaz méd. Nantes*, p. 106.)

Poils. — Distinction entre les poils de l'homme et des animaux. (*Revue Sc. méd.*, t. XXII, p. 667.) — Etat des poils dans la trichoptilose. (*Ibid.*, p. 636.)

Points. — Des points douloureux à la pression. (*Union méd.*, t. XXXV, p. 655.)

Poison. — Des flèches des Foulahs. (*Gaz. hôp.*, p. 716.) — Poisons organiques, leur action sur les actinies. (*Ibid.*, p. 380.) — Modification de la toxicité des poisons. (*Sem. méd.*, p. 123.) (*Prog. méd.*, p. 429.) — Poisons et antidotes. (*Praticien*, p. 46, 107.) — Réactifs les plus délicats des poisons. (*Revue Sc. méd.*, t. XXI, p. 100.) — Poisons généraux et spécifiques. (*Ibid.*, p. 21.) — Des poisons musculaires. (*Ibid.*, p. 490.) — Des poisons du cœur. (*Ibid.*, p. 20, t. XXII, p. 67.)

Poissons. — Toxiques du Japon. (*Gaz. hôp.*, p. 349.) — Lymphe des poissons. (*Sem. méd.*, p. 330.) — Lumineux. (*Prog. méd.*, p. 253.) — Vivipares. (*Paris méd.*, p. 198.) — Poissons toxiques. (*Revue thérap.*, p. 270.) — Microbes des poissons. (*Revue Sc. méd.*, t. XXII, p. 562.)

Poitrine. — Mensuration directe de la poitrine. (*Revue méd.*, t. I, p. 59.)

Police. — Vade-mecum des fonctionnaires chargés de la police sanitaire. (*Bull. acad. méd.*, p. 327.)

Polygalactie. — Indéfinie. (*Journ. accouch. Liège*, p. 96.)

Polyomyélite. — Du diagnostic entre la paralysie hystérique et la polyomyélite antérieure. (*Union méd.*, t. XXXVI, p. 103.) (*Revue méd.*, t. II, p. 768.)

Polypes. — De la matrice, opération. (*Gaz. hôp.*, p. 467.) — Polypes fibreux et de leur ablation. (*Ibid.*, p. 409.) — Polypes muqueux des fosses nasales. (*Ibid.*, p. 42.) — Polype vasculaire pédiculé de l'urèthre chez une petite fille. (*Paris méd.*, p. 91.) — Opération radicale des polypes laryngiens. (*Courrier méd.*, p. 392.) — De quelques effets produits par les polypes du nez chez les enfants. (*Concours méd.*, p. 320.) — Polype de l'utérus, équivalent pécuniaire. (*Journ. accouch. Liège*, p. 284.) — Polypes du nez. (*Revue thérap.*, p. 70, 553.) — Polypes du larynx. (*Revue Sc. méd.*, t. XXI, p. 710.) — Polypes naso-pharyngiens. (*Ibid.*, t. XXII, p. 722.) — Rapports de l'asthme et des polypes du nez. (*Ibid.*, t. XXI, p. 707.) — Polypes de l'oreille. (*Ibid.*, t. XXII, p. 748.) — Mastoïdiens. (*Ibid.*, t. XXI, p. 722.) — Muqueux utérins. (*Ibid.*, t. XXII, p. 242.)

Polyurie. — Idiopathique. (*Gaz. hôp.*, p. 609.) (*Sem. méd.*, p. 219.) — Polyurie peptonurique. (*Ibid.*, p. 189.) — Polyurie guérie par l'ergot de seigle. (*Paris méd.*, p. 189.) — Polyurie traitée par les injections de pilocarpine. (*Revue méd.*, t. II, p. 773.) — Chez l'enfant dans le mal de Pott. (*Revue Sc. méd.*, t. XXI, p. 239.)

Pommades. — (*Bull. acad. méd.*, p. 292.) — Contre la mentagre. (*Union méd.*, t. XXXV, p. 36.) — Contre l'eczéma. (*Ibid.*, p. 95.) — Résolutive. (*Ibid.*, p. 120.) — Contre la scrofule ganglionnaire. (*Ibid.*, p. 263.) — Stimulante. (*Ibid.*, p. 300.) — Contre le lupus. (*Ibid.*, p. 503.) — Contre le prurit. (*Ibid.*, p. 780.) — Contre la gale. (*Ibid.*, p. 920.) — Contre la conjonctive. (*Ibid.*, t. XXXVI, p. 132.) — Contre l'ophthalmie croupale. (*Ibid.*, p. 308.) — Contre l'ophthalmie conjonctivale catarrhale. (*Ibid.*, p. 588.) — Et vaseline. (*France méd.*, t. II, p. 353.)

Pommes de terre. — Maladie des pommes de terre. (*Bull. acad. méd.*, p. 544.)

Ponction. — Dans l'obstruction intestinale. (*Union méd.*, t. XXXV, p. 829.) Ponction contre l'œdème. (*Ibid.*, p. 347.) — Ponction de l'utérus gravide pendant une ovariotomie. (*Journ. accouch. Liège*, p. 26.) — Ponction dans les kystes de l'ovaire. (*Journ méd. chir. prat.*, p. 6.) (*Revue méd. chir. mal. femmes*, p. 695.) — Ponction du péricarde. (*Revue Sc. méd.*, t. XXI, p. 165.)

Poplitée. — Anévrysme de l'artère. (*Bull. gén. thérap.*, p. 480.)

Population. — Décroissance de la population de certains départements de France. (*Bull. acad. méd.*, p. 661.) (*Gaz. hôp.*, p. 445.) (*Sem. méd.*, p. 174.) — Mouvement de la population en France. (*France méd.*, t. I, p. 684.) — Des causes de la diminution de la population. (*Ibid.*, t. II, p. 93.) — Population de la France comparée. (*Courrier méd.*, p. 175.) — Population française, prétendue dégénérescence. (*Praticien*, p. 349.)

Porcelaine. — Ulcère stomacal chez les tourneurs en porcelaine. (*Revue Sc. méd.*, t. XXII, p. 510.)

Porcs. — Vaccination des porcs contre le rouget. (*Bull. acad. méd.*, p. 1163, 1359.) — Trichinose des porcs. (*Ibid.*, p. 210, 419, 1184, 1501.) — Etude du rouget du porc. (*Revue Sc. méd.*, t. XXII, p. 561.)

Porro. — Deux cas d'opération de Porro. (*Union méd.*, t. XXXVI, p. 1115.) — Du pédicule dans l'opération de Porro. (*Bull. gén. thérap.*, p. 268.) (*Thérap. contemp.*, p. 569.)

Portion. — Brachiale du nerf musculo-cutané. (*Courrier méd.*, p. 387.)

Potasse. — De la solution de potasse à l'intérieur contre les morsures de serpents. (*Revue Sc. méd.*, t. XXII, p. 94.)

Poteries. — D'étain. (*Union méd.*, t. XXXV, p. 552.)

Potion. — Contre la coqueluche. (*Gaz. hôp.*, p. 100.) — Potion de Todd modifiée. (*Ibid.*, p. 268.) — Contre la bronchorrée. (*Union méd.*, t. XXXV, p. 11.) — Contre l'anasarque scarlatineuse. (*Ibid.*, p. 48.) — Antivomitive. (*Ibid.*, p. 83.) — Antidiarrhéique. (*Ibid.*, p. 334.) — Astringente.

(*Ibid.*, p. 455.) — Contre la blennorrhagie. (*Ibid.*, p. 574.) — Contre la pneumonie aiguë. (*Ibid.*, p. 599.) — Expectorante. (*Ibid.*, t. XXXVI, p. 611.) — Contre la pleurésie des enfants. (*Ibid.*, p. 988.) — Tonique et potion cordiale. (*Thérap. contemp.*, p. 289.)

Pott. — Quelques cas de guérison du mal de Pott. (*Revue méd.*, t. II, p. 268.)

Pouce. — Epithélioma du pouce. (*Revue méd.*, t. II, p. 904.)

Poudres. — Analyse des poudres de viande. (*Bull. acad. méd.*, p. 651.) — Poudre de lin inaltérable. (*Ibid.*, p. 1229.) — Antinévralgique. (*Union méd.*, t. XXXV, p. 216.) — Contre la transpiration des pieds. (*Ibid.*, p. 240.) — Dentifrice. (*Ibid.*, p. 311.) — Béchique. (*Ibid.*, p. 527.) — Contre la chlorose. (*Ibid.*, p. 868. — Poudre antidyspeptique. (*Ibid.*, t. XXXVI, p. 120.) — Désinfectante. (*Ibid.*, p. 459.) — Contre le prurit. (*Ibid.*, p. 723.) — Poudre antigastralgique. (*France méd.*, p. 102.)

Poule. — Feuillets blastodermiques de la poule. (*Revue Sc. méd.*, t. XXI, p. 8.)

Pouls. — Du ralentissement ou de la lenteur du pouls. (*Gaz. hôp.*, p. 699.) — Insuffisance aortique et retard du pouls. (*Ibid.*, p. 92.) — Le pouls capillaire visible. (*Prog. méd.*, p. 805.) — Valeur diagnostique et pronostique des rapports du pouls et de la température dans la fièvre typhoïde. (*Union méd.*, t. XXXV, p. 864.) — Nouvelle théorie du pouls de corrygan. (*France méd.*, t. II, p. 251.) — Pouls sous-unguéal. (*Ibid.*, p. 553.) — Dans les affections cardiaques. (*Courrier méd.*, p. 286.) — Importance du pouls dans les maladies du cœur. (*Concours méd.*, p. 394.) — Pouls veineux normal et pathologique. (*Revue Sc. méd.*, t. XXI, p. 132.)

Poumons. — Absorption des vapeurs d'alcool absolu par les poumons. (*Gaz. hôp.*, p. 589.) — Des fluxions pleuro-pulmonaires réflexes, d'origine utéro-ovarienne. (*Ibid.*, p. 947.) — Leur congestion chez les arthritiques. (*Ibid.*, p. 947.) — Chirurgie des poumons. (*Gaz. méd. Paris*, p. 273.) — La première résection du poumon en Italie. (*Prog. méd.*, p. 624.) — Extirpation du poumon. (*Union méd.*, t. XXXV, p. 22.) (*Ibid.*, t. XXXVI, p. 386.) — Résection et destruction du poumon par le thermo-cautère. (*Paris méd.*, p. 18.) — Le poumon est-il imperméable à l'air ? (*Courrier méd.*, p. 433.) (*Abeille méd.*, p. 463.) — Développement de l'épithélium. (*Revue Sc. méd.*, t. XXII, p. 6.) — Poumon à six lobes. (*Ibid.*, t. XXI, p. 445.) — De l'alectasie. (*Ibid.*, t. XXII, p. 662.) — Cirrhose des poumons. (*Ibid.*, p. 529.) — Complications de l'érythème noueux. (*Ibid.*, p. 131.) — Cavernes de la base du poumon. (*Ibid.*, t. XXI, p. 130.) — Tuberculose miliaire du poumon. (*Ibid.*, p. 55.) — Injections intra-parenchymateuses de médicaments dans le poumon. (*Ibid.*, p. 693, 695, 696.) — Sur l'extirpation de différents organes (poumon, foie, vessie, etc.) (*Arch. f. klin. chir.*, XXVIII, 3, p. 604.) — Des opérations chirurgicales sur les poumons. (*Berlin. klin. Woch.*, 7 mai.) — Deux cas d'abcès métastatiques des poumons qui se sont vidés par les bronches. (*Vratch. Wiedom.*, n° 19.) — De l'origine des râles crépitants et sous-crépitants. (*Canada med. Rec.*, p. 258.) — Etudes d'anatomie pathologique, par F. Delafield, t. I, phtisie, pleurésie, bronchite, etc. (*New-York.*) — Sclérose pulmonaire, transformation kystique du sommet du poumon. (*Dublin Journ. of. med. Sc.*, p. 165, fév.) — La créosote dans les maladies des voies respiratoires. (*Deutsche med. Woch.*, n° 13.) — Inhalations de poussières salées sèches dans les affections pulmonaires chroniques. (*Ibid.*, n° 47.) — Contribution à la chirurgie du poumon. (*Ibid.*, n° 29.)

Pourriture. — D'hôpital. (*Bull. acad. méd.*, p. 879.)

Poussière. — De tourbe, propriétés antiputrides de la poussière de tourbe. (*Thérap. contemp.*, p. 152.)

Pouvoirs. — Nutritifs de différentes substances. (*Paris méd.*, p. 211.)

Précis. — Théorique et pratique de l'examen de l'œil et de la vision. (*Union méd.*, t. XXXV, p. 663.)

Précocité. — (*Revue méd. chir. mal. femmes*, p. 642.)

Prématuration. — Dangers de la prématuration au point de vue des devoirs sociaux. (*Bull. acad. méd.*, p. 649.)

Préparations. — Antiseptiques. (*Sem. méd.*, p. 211.) — Médicamenteuses nouvelles à la clinique. (*Gaz. méd. Paris*, p. 137.)

Presbytie. — (*Courrier méd.*, p. 270.) — Etudes cliniques sur la presbytie. (*Gaz. hebd. Sc. méd. Bord.*, p. 361.) (*Revue thérap.*, p. 412.) (*Praticien*, p. 357.)

Présentation. — Du sommet avec procidence du bras gauche. (*Courrier méd.*, p. 207.) — Présentation simultanée par la vulve et par l'anus. (*Gaz. méd. Nantes*, p. 120.) — Présentation du sommet avec procidence du cordon et de trois membres. (*Journ. accouch. Liège*, p. 220.) — Présentation inclinée du siège, spina bifida, hydrocéphalie. (*Journ. accouch. Liège*, p. 153.) — De l'extrémité pelvienne, mode des fesses. (*Thérap. contemp.*, 357.) — De la face. (*Ibid.*, p. 663.) — Causes des présentations du sommet et des autres présentations pendant le travail. (*Revue méd. chir. mal. femmes*, p. 102.)

Presse. — Influence de la presse sur la criminalité. (*Prog. méd.*, p. 753). — Scientifique. (*Praticien*, p. 537.)

Pression. — Variations respiratoires de la pression sanguine. (*Revue Sc. méd.*, t. XXI, p. 417.) — Influence de la pression sanguine sur l'activité du cœur. (*Ibid.*, p. 131.) — Origine des oscillations respiratoires de la pression sanguine. (*Ibid.*, t. XXII, p. 433.) — Pression sanguine dans la fièvre. (*Ibid.*, p. 48.) — Influence du bain chaud dans la pression sanguine. (*Ibid.*, p. 75.) — Action des hautes pressions atmosphériques sur l'organisme. (*Ibid.*, t. XXI, p. 422.) — Accidents chez un scaphandrier. (*Ibid.*, t. XXII, p. 510.)

Preste. — Les eaux de la Preste. (*Gaz. hebd. Sc. méd. Bord.*, p. 247, 256.)

Prières publiques. — (*Bull. acad. méd.*, p. 48.)

Primipare. — A terme, bassin de 6 1/2 centimètres, perforation du crâne céphalotripsie au moyen de l'instrument de M. Bailly. (*Journ. accouch. Liège*, p. 273.) — Primipare à terme, bassin de 6 1/2 centimètres, sommet dévié, application du forceps, puis du céphalotribe, terminaison au moyen du cranioclaste de Braun, suite de couches normales. (*Ibid.*, p. 13.) — A terme, bassin rétréci mesurant 7 centimètres environ de diamètre sacro-pubien, perforation et céphalotripsie. (*Ibid.*, p. 237.) — Primipares âgées. (*Revue thérap.*, p. 582.)

Prises. — Antidiarrhéiques. (*Union méd.*, t. XXXV, p. 955.) — Béchiques. (*Ibid.*, p. 1107.)

Procidence. — Du cordon. (*Revue thérap.*, p. 161.)

Procréation. — Des sexes à volonté. (*Journ. accouch. Liège*, p. 272.)

Programme. — De l'influence des programmes scolaires sur la santé des enfants. (*Gaz. méd. Paris*, p. 4.)

Prolapsus. — Traitement du prolapsus utérin. (*Bull. acad. méd.*, p. 168.) — Injection d'ergotine dans le prolapsus rectal. (*Gaz. méd. Nantes*, p. 104.) — Prolapsus complet de l'utérus, conception, avortement, extirpation de l'utérus et des ovaires avec une grande portion de la paroi postérieure du vagin. (*Journ. accouch. Liège*, p. 156.) — Prolapsus de la muqueuse de l'urèthre. (*Revue méd., chir. mal. femmes*, p. 698.) — Double prolapsus utérin chez une hystérique. (*Ibid.*, p. 349.)

Propathies. — Et traumatismes. (*Gaz. hôp.*, p. 684.) (*Gaz. méd. Paris*, p. 368.) (*France méd.*, t. I, p. 646.) (*Gaz. méd. Nantes*, p. 89, 122, 134, 152.)

Prophylaxie. — Des maladies contagieuses humaines à Paris. (*Gaz. hôp.*, p. 587.) (*Prog. méd.*, p. 571.) — De la fièvre puerpérale. (*Journ. accouch. Liège*, p. 170.) — Des hémorrhagies puerpérales. (*Ibid.*, p. 207.) — Prophylaxie administrative. (*Praticien*, p. 313.)

Prosis. — De l'opération du prosis congénital. (*France méd.*, t. II, p. 437.)

Prostate. — Hypertrophie de la prostate. (*Gaz. hôp.*, p. 993.) — Kyste hydatique de la prostate. (*Ibid.*, p. 133.) (*Sem. méd.*, p. 31.) (*Prog. méd.*, p. 112.) (*France méd.*, t. I, p. 238.) — De la galvanopuncture dans le traitement de la prostate. (*Courrier méd.*, p. 172.) (*Abeille méd.*, p. 148.) (*Revue méd.*, t. I, p. 94.)

Prostatite. — Sur la prostatite d'origine hémorrhoïdale. (*Bull. gén. thérap.*, p. 191.) — De la prostatite aiguë. (*Revue Sc. méd.*, t. XXI, p. 699.)

Prostitution. — A la campagne. (*Bul. acad. méd.*, p. 3.) — En France. (*Gaz. méd. Paris*, p. 177.) (*Courrier méd.*, p. 203.) — En Chine. (*Revue méd. chir. mal. femmes*, p. 287.)

Prostration. — Nerveuse, son traitement. (*Abeille méd.*, p. 114.)

Prothèse. — De la bouche. (*Gaz. hôp.*, p. 796.) (*Abeille méd.*, p. 349.)

Protoxyde. — Anesthésie par le protoxyde d'azote. (*Bull. acad. méd.*, p. 293.) (*Sem. méd.*, p. 89.) (*Gaz. méd. Paris*, p. 217.) — (*Revue méd. chir. mal. femmes*, p. 294.)

Protubérance. — Lésions de la protubérance. (*Sem. méd.*, p. 43.) — Troubles de la motilité à la suite de lésions de la protubérance. (*Prog. méd.*, p. 166.) — Note sur un cas de compression de la protubérance par dilatation anévrysmale du tronc basilaire. (*Union méd.*, t. XXXVI, p. 1001.) — Hémiplégie homonyme de la face et des membres dans les lésions en foyer de la protubérance annulaire. (*France méd.*, t. II, p. 269.) (*Abeille méd.*, p. 263.) — Gliomes de la protubérance. (*Revue Sc. méd.*, t. XXI, p. 593.) — Hémorrhagie de la protubérance. (*Ibid.*, p. 593.)

Prurigo. — (*Abeille méd.*, p. 422.) — Lotion contre le prurigo. (*Revue méd.*, t. I, p. 126.) — Traité par la pilocarpine (*Journ. méd. chir. prat.*, p. 351.)

Prurit. — Pommade contre le prurit. (*Union méd.*, t. XXXV, p. 780.) — Poudre contre le prurit. (*Ibid.*, t. XXXVI, p. 723.) — Contre le prurit vulvaire. (*Courrier méd.*, p. 50, 432.) (*Concours méd.*, p. 648.) — Prurit et démangeaisons. (*Abeille méd.*, p. 175.) — Glycéré contre le prurit. (*Gaz. méd. Nantes*, p. 88.)

Pseudarthrose. — (*Gaz. hôp.*, p. 610.) — Du fémur. (*Courrier méd.*, p. 247.) Note sur le traitement de la pseudarthrose du tibia. (*Bull. gén. thérap.*, p. 57.) — Modifications de tissus dans les pseudarthroses. (*Rev. Sc. méd.*, t. XXI, p. 81.)

Pseudo-épilepsie. — Contribution à leur étude. (*Union méd.*, t. XXXV, p. 51, 73.)

Pseudo-paralysie. — Syphilitique. (*Gaz. hôp.*, p. 445.) — Syphilitique chez une petite fille de deux mois et demi. (*Ibid.*, p. 442.) — Syphilitique progressive. (*Gaz. méd. Paris*, p. 272, 296.) — Pseudo-paralysie syphilitique infantile terminée par la guérison. (*Union méd.*, t. XXXVI, p. 235.) (*Abeille méd.*, p. 276.) (*Revue méd.*, t. II, p. 84.) — Syphilitique et dégénérescence gélatinoïde. (*Revue mens. mal. enfance*, p. 195.)

Pseudo-rhumatisme. — Infectieux. (*Journ. méd. chir. prat.*, p. 360.)

Pseudo-scarlatine. — (*Union méd.*, t. XXXVI, p. 997.)

Psoriasis. — Empoisonnement par l'acide pyrogallique employé en frictions dans le psoriasis. (*Bull. acad. méd.*, p. 459.) — Traitement du psoriasis. (*Sem. méd.*, p. 144.) — Note sur l'anatomie pathologique et la nature du psoriasis lingual. (*Prog. méd.*, p. 1013.) — Psoriasis syphilitique de la paume des mains et de la plante des pieds. (*Union méd.*, t. XXXV, p. 762.) — Buccal. (*Revue thérap.*, p. 75.) (*Praticien*, p. 118.) — Eruption de psoriasis par l'usage du borax à l'intérieur. (*Ibid.*, p. 607.) — Traitement du psoriasis par l'acide chrysophanique. (*Revue Sc. méd.*, t. XXII, p. 633.) — Contribution à l'étude du (slepocalla repens) champignon élémentaire du psoriasis. (*Ann. de dermat. et de syph.*, avril.) — Le psoriasis buccal de Bazin (Revue critique). (*Ibid.*, mars et avril.) — Psoriasis après une scarlatine. (*Journ. of. cut. and. ven. diseases*, mars.) — Kéloïde et psoriasis. (*Ibid.*, avril, p. 202.) — Psoriasis des ongles. (*Brit. med. journ.*, p. 405, mars.) — Contribution à l'étude de la slepocalla repens, champignon parasite du psoriasis. (*G. italiano delle malattie veneree e della pelle*, fasc. 2, mars-avril.) — Le traitement du psoriasis. (*Boston med. and surg. Journ.*, 8 nov.)

Pupille. — Dilatation de la pupille dans les affections méningo-encéphaliques de l'enfance. (*Gaz. hôp.*, p. 805.)

Purée. — Préparation de la purée de bœuf. (*Revue méd.*, t. I, p. 698.)

Pureté. — De l'air dans Paris. (*Praticien*, p. 129.)

Purgatifs. — Au séné et au chloral. (*Gaz. méd. Nantes*, p. 73.) — Dans les affections cardiaques. (*Journ. méd. chir. prat.*, p. 325.) — Absorption par voie cutanée des substances purgatives. (*Bull. gén. thérap.*, p. 423, 432.) — Nouveaux. (*Thérap. contemp.*, p. 340.) — Des purgations en injections sous-cutanées. (*Revue Sc. méd.*, t. XXI, p. 517.)

Purpura. — Apyrétique rhumatismal. (*Gaz. hôp.*, p. 105.) — Purpura hémorrhagique. (*Ibid.*, p. 949.) — Des diverses espèces de purpura. (*Ibid.*, p. 289.) — Purpura myélopathique. (*Gaz. méd. Paris*, p. 143.) — Varioloïde. (*Ibid.*, p. 505.) — Du vieillard. (*Ibid.*, p. 409.) — Purpuras cachectiques. (*Union méd.*, t. XXXVI, p. 997.) — Des formes cliniques du purpura. (*France méd.*, t. II, p. 469.) — Purpura à disposition symétrique survenu à la période ultime d'un cancer de l'estomac. (*France méd.*, t. II, p. 469.) — (*Abeille méd.*, p. 395.) — Histoire des purpuras. (*Gaz. méd. Nantes*, p. 54.) — Purpura puerpéral. (*Journ. méd. chir. prat.*, p. 536.) — Purpura. (*Revue thérap.*, p. 47.) — Purpura des pays chauds. (*Revue Sc. méd.*, t. XXII, p. 544.) — Purpura accompagnant un sarcome multiple. (*Ibid.*, p. 551.) — Myélopathique. (*Ibid.*, p. 544.) — Hémorrhagies des centres nerveux dans le cours du purpura. (*Ibid.*, p. 544.) — D'une nouvelle forme de purpura hémorrhagique chez les nourrissons. (*Arch. di pat. infant.*, juil., sept.) — Discussion sur le purpura et sa nature. (*Brit. med. Journ.*, p. 409, sept.)

Pus. — Collections purulentes périspléniques. (*Gaz. hôp.*, p. 205.) — Microbes du pus bleu. (*Prog. méd.*, p. 9.) — De l'accumulation du pus dans la cavité utérine. (*Union méd.*, t. XXXVI, p. 480.) — (*Journ. accouch. Liège*, p. 269.) — Pus bleu et vert. (*Revue Sc. méd.*, t. XXI, p. 443.)

Pustules. — Traitement externe des pustules de la variole. (*Bull. acad. méd.*, p. 576.) — Pustules malignes, traitement. (*Gaz. hôp.*, p. 373.) — (*Sem. méd.*, p. 90, 152, 160, 169.) — Pustules malignes, injections iodées. *Gaz. méd. Paris*, p. 196.) — Pustule maligne guérie spontanément. (*Union méd.*, t. XXXVI, p. 7.) — (*France méd.*, t. I, p. 877.) — (*Gaz. méd. Nantes*, p. 135.) — (*Revue thérap.*, p. 262, 381.) — Pustule maligne intestinale. (*Revue Sc. méd.*, t. XXII, p. 561.) — Traitement de la pustule par la pommade phéniquée. (*Ibid.*, p. 562.)

Putréfaction. — De la putréfaction fœtale intra-utérine. (*France méd.*, t. II, p. 190.) — Putréfaction. Alcaloïdes. (*Revue Sc. méd.*, t. XXII, p. 458, 459, 460.)

Pyémie. — Guérie après une durée de six mois. (*Abeille méd.*, p. 194.)

Pylore. — Cancer du pylore. (*Sem. méd.*, p. 141.) — Rétrécissement cicatriciel du pylore. (*Gaz. méd. Paris*, p. 528.) — Cancer secondaire du foie et des ganglions rétro-hépatiques. (*Prog. méd.*, p. 650.) — De la division digitale du pylore. (*Union méd.*, t. XXXV, p. 803.) — Extirpation du pylore. (*Ibid.*, t. XXXVI, p. 585.) — (*Paris méd.*, p. 539.)

Pyohémie. — (*Bull. acad. méd.*, p. 879.) — Pyohémie spontanée. (*Gaz. hôp.*, p. 949.) — (*Gaz. méd. Paris*, p. 506.) — Un cas de pyohémie terminé par la guérison. (*Union méd.*, t. XXXV, p. 454.) — (*Courrier méd.*, p. 116, 379.) — Pyohémie sporadique, guérison spontanée. (*Revue méd.*, t. I, p. 892.) — Latente. (*Revue Sc. méd.*, t. XXI, p. 285.) — Suite d'otite suppurée. (*Ibid.*, p. 723.) — Un cas de pyohémie sporadique. (*Arch. de tocol.*, mai.) — Pyohémie aiguë d'origine urétrale. (*Med. news*, 22 déc., p. 693.) — Note sur un cas de pyohémie sporadique. (*Rev. de chir.*, 10 avril.)

Pyridine. — Action physiologique de la pyridine. (*Gaz. hop.*, p. 44.)

Pyrites. — Arsenicales, leur exploitation sur les bords d'un cours d'eau. (*Courrier méd.*, p. 301, 329.)

Pyrogallique. — Traitement du cancer simple et phagédénique par l'acide pyrogallique. (*Concours méd.*, p. 13.) — Empoisonnement par l'acide pyrogallique. (*Journ. méd. chir. prat.*, p. 123.) — Acide pyrogallique en dermatologie. (*Revue Sc. méd.*, t. XXI, p. 643.)

Pyrogallol. — Traitement du phagédénisme du chancre simple, par le pyrogallol. (*Bull. acad. méd.*, p. 14.) — (*Gaz. hôp.*, p. 3.) — Contre les ulcères. (*Praticien*, p. 13.)

Pyrosis. — (*Revue thérap.*, p. 598.)

Pyurie. — Son traitement. (*Prog. méd.*, p. 381, 406, 489.)

Q

Quarantaines. — L'épidémie de fièvre jaune de Pensacola et les quarantaines maritines. (*Union méd.*, t. XXXV, p. 721.) — Quarantaine et choléra. (*Journ. méd. chir. prat.*, p. 5.) — Des quarantaines. (*Rev. d'hyg.*, V, 847, oct.)

Quassine. — Emploi de la quassine en thérapeutique. (*Bull. acad. méd.*, p. 774.) — Pilules de quassine. (*France méd.*, t. II, p. 453.) — Effets physiologiques et thérapeutiques de la quassine. (*Concours méd.*, p. 142.) — Quassine. (*Courrier méd.*, p. 181.) — (*Revue thérap.*, p. 322.) — Quassine et ses applications. (*Revue méd. chir. mal. femmes*, p. 235.) (*Praticien*, p. 69.)

Québracho. — (*Sem. méd.*, p. 114.) — (*Progrès méd.*, p. 304.) — Québracho blanco, ses propriétés. (*Union méd.*, t. XXXV, p. 1007.) — Québracho aspidosperma dans le traitement de la dyspnée. (*Bull. gén. thérap.*, p. 31.) — (*Thérap. contemp.*, p. 621.) — Québracho et ses alcaloïdes. (*Praticien*, p. 488.) — Etude du québracho. (*Revue Sc. méd.*, t. XXI, p. 90, 92.)

Question. — Alimentaire ; étude sur la question alimentaire. (*Union méd.*, t. XXXVI, p. 842.)

Quinidine. — Effets physiologiques de la quinidine. (*Gaz. hôp.*, p. 557.) — (*Sem. méd.*, p. 147.) — (*Gaz. hebd. Sc. méd.*, p. 295.)

Quinine. — Action physiologique de la quinine. (*Sem. méd.*, p. 23.) — Sulfate de quinine. (*Ibid.*, p. 187.) — Du sulfate de quinine et du salicylate de soude administrés concurremment dans le traitement de la fièvre typhoïde. (*Union méd.*, t. XXXV, p. 301, 325, 373, 398.) — Employée dans la coqueluche. (*Union méd.*, t. XXXVI, p. 998.) — Pouvoir toxique de la quinine. (*France méd.*, t. I, p. 282.) — Action oxytocique de la quinine. (*France méd.*, t. II, p. 43.) — Falsification de la quinine dans les hôpitaux. (*Ibid.*, p. 95.) — La médication de quinine peut-elle causer l'avortement ? (*Abeille méd.*, p. 338.) — Altérations de la quinine. (*Ibid.*, p. 39.) — Quinine et cinchonine. (*Courrier méd.*, p. 85.) — (*Journ. méd. chir. prat.*, p. 88.) — Ses altérations. (*Revue thérap.*, p. 73.) — Quinine et cinchonine, comparaison expérimentale. (*Praticien*, p. 427.) — Effets de la quinine sur l'oreille. (*Revue Sc. méd.*, t. XXII, p. 482.) — Traitement de l'érysipèle par les injections de bimuriate de quinine carbamidé. (*Ibid.*, t. XXI, p. 519.) — De l'action abortive de la quinine (quatre observations). (*Brit. med. Journ.*, p. 352, fév.)

Quinoïdine. — Notice sur la quinoïdine. (*Thérap. contemp.*, p. 207.) — Action du citrate de quinoïdine. (*Revue Sc. méd.*, t. XXII, p. 74.)

Quinoléine. — Du tartrate de quinoléine. (*Rev. Sc. méd.*, t. XXI, p. 111.)

Quinoline. — Traitement de la dyphtérie par la quinoline. (*Rev. méd.*, t. II, p. 700.) (*Bull. gén. thérap.*, p. 240.)

Quinquina. — Cuivre dans l'extrait de quinquina des hôp. (*Bull. acad. méd.*, p. 252.) — Examen des extraits de quinquina du commerce de la droguerie. (*Ibid.*, p. 1489.) — Alcaloïdes du quinquina. (*Prog. méd.*, p. 592.) — Potion à l'extrait de quinquina. (*France méd.*, t. II, p. 452.) — — Quinquina et quinine. (*Concours méd.*, p. 2.) — Etudes sur les extraits de quinquina. (*Bull. gén. thérap.*, p. 65.) — Quinquina et sulfate de quinine dans la chorée. (*Art méd.*, t. LVI, p. 16, 118.)

R

Race. — Provençale. (*Bull. acad. méd.*, p. 697.) — Sélections de l'espèce humaine. (*Revue Sc. méd.*, t. XXI, p. 526.) — Etude anthropologique de la race juive. (*Ibid.*, p. 527.) — Conditions étiologiques de la pathologie de la race nègre. (*Ibid.*, p. 544.)

Rachis. — Lésions tardives après un traumatisme du rachis. (*Bull. acad. méd.*, p. 1334.) — Fracture du rachis. (*Gaz. hôp.*, p. 721.) — Lésion ancienne du rachis. (*Gaz. méd. Paris*, p. 188.) (*Courrier méd.*, p. 141.) — Ouverture du rachis. (*Revue méd.*, t. I, p. 374.) — Emplacements des vertèbres dans la région occipitale. (*Revue Sc. méd.*, t. XXI, p. 4.) —

Histoire de la rage. (*Gaz. hôp.*, p. 1044, 489, 497, 513, 553, 585, 633.) — Contribution à l'étude de la rage. (*Gaz. méd. Paris*, p. 5.) — Prophylaxie internationale de la rage. (*Ibid.*, p. 5.) — Plusieurs cas de rage. (*Union méd.*, t. XXXVI, p. 699.) — Rage chez l'homme, incubation de dix-huit mois. (*Paris méd.*, p. 520.) — Observation d'un cas de rage. (*Revue méd.*, t. I, p. 661.) — Rage intermittente, curabilité. (*Journ. méd. chir. prat.*, p. 99.) — Le hoang-nan et la rage. (*Bull. gén. thérap.*, p. 147.) (*Revue thérap.*, p. 404, 616.) — Etude du virus de la rage. (*Revue Sc. méd.*, t. XXII, p. 561.) — Altération de l'encéphale et de la moelle chez les chiens. (*Ibid.*, t. XXI, p. 62.) — Rage déclarée guérie. (*Ibid.*, t. XXII, p. 561.) — Trois cas de rage traités par le chloral, une guérison. (**Med. Times**, p. 308, 17 mars.) — Des altérations anatomo-pathologiques du système nerveux central dans la rage ; par S. Ivanoff. (*Thèse Saint-Pétersbourg.*)

Raison. — (*Revue méd.*, t. I, p. 112.)

Ramollissement. — Cérébral. (*Prog. méd.*, p. 770.) — Etendu et cortical du lobe occipital droit. (*Ibid.*, p. 166.)

Rash. — Morbilliforme dans la fièvre typhoïde. (*Union. méd.*, t. XXXVI, p. 831.) — Rashs anormaux. (*Ibid.*, p. 1058.)

Rate. — Guérison des plaies de la rate. (*Sem. méd.*, p. 243.) — Epithélioma primitif de la rate. (*Gaz. méd. Paris*, p. 142.) — Hypertrophie croissante de la rate. (*Prog. méd.*, p. 1056.) — Rupture de la rate. (*Ibid.*, p. 994.) — Abcès de la rate ouvert dans l'estomac. (*Abeille méd.*, p. 370.) — Fonction hématopoiétique de la rate. (*Revue Sc. méd.*, t. XXI, p. 68, 69.) — Tumeur pulsatile de la rate, dans une insuffisance aortique. (*Ibid.*, p. 142.) — Electrisation de la rate dans la fièvre intermittente. (*Ibid.*, p. 520.) — Extirpation de la rate. (*Ibid.*, p. 696; t. XXII, p. 307.) — Reproduction de la rate. (*Ibid.*, p. 69.) — Du rôle de la rate dans l'organisme. (*Wratch*, n°s 6 et 7.) — Un cas d'apoplexie de la rate avec rupture consécutive de l'organe. (*Mediz. Wiestn.*, n. 15.) — Sur le connexus physiologique entre la glande thyroïde et la rate. (*Mediz. Obosr.*, sept.) — Deux cas deleucocytémie splénique. (*Lancet*, 23 juin.)

Ration. — Alimentaire dans les hôpitaux de Paris. (*Bull. acad. méd.*, p. 1369.) — Ration alimentaire chez le chien. (*Gaz. méd. Paris*, p. 454.)

Réactions. — D'ordre chimique et champ magnétique. (*Gaz. hôp.*, p. 125.) — Réaction nouvelle de l'urine et du lait. (*Abeille méd.*, p. 215.)

Rebouteurs. — Leurs victimes. (*Prog. méd.*, p. 377.) — Exercice illégal de la médecine. (*Courrier méd.*, p. 129.) — Un haut fait de rebouteur. (*Praticien*, p. 70.)

Recherche. — Du sang dans les vêtements. (*Revue thérap.*, p. 627.)

Rectal. — Traitement du prolapsus rectal par les injections d'ergotine. (*Gaz. méd. Nantes*, p. 104.)

Rectotomie. — Linéaire dans le cancer du rectum. (*Thérap. contemp.*, p. 357.)

Recto-vaginales. — Fistules recto-vaginales. (*Gaz. méd. Nantes*, p. 11.) (*Revue méd.*, t. I, p. 185.)

Rectum. — Alimentation par le rectum. (*Gaz. hôp.*, p. 1180.) — Cancer du rectum. (*Ibid.*, p. 828.) — Cancroïde du rectum. (*Ibid.*, p. 649.) — Corps étranger du rectum. (*Ibid.*, p. 853.) — Rétrécissement syphilitique du rectum. (*Ibid.*, p. 1105.) — Rétrécissement annulaire cicatriciel du rectum, rectotomie, guérison. (*Ibid.*, p. 837.) — Traité des maladies du rectum. (*Fance méd.*, t. II, p. 571.) — Absence d'anus et d'une partie du rectum, abouchement anormal du rectum dans l'urèthre, opération, guérison. (*Gaz. méd. Nantes*, p. 129.) — Hydatides du rectum. (*Revue méd.*, t. I, p. 214.) — Malformation congénitale du rectum s'ouvrant sur la paroi postérieure du vagin. (*Revue méd. chir. mal. femmes*, p. 397.) — Son obstruction, traitement. (*Praticien*, p. 188, 199, 319.) — Tumeur érectile de l'extrémité inférieure du rectum. (*Praticien*, p. 542.) — Innervation du rectum. (*Revue Sc. méd.*, t. XXI, p. 30.) — Passage des médicaments par la bile après leur résorption par le rectum. (*Ibid.*, p. 90.) — Du rétrécissement congénital de l'éxtrémité supérieure du rectum comme cause de prolapsus chez les jeunes enfants. (*Ibid.*, p. 237.) — Invagination de l'S iliaque dans le rectum. (*Ibid.*, t. XXII, p. 686.) — Traitement du prolapsus. (*Ibid.*, p. 309.) — Chute du rectum. (*Ibid.*, p. 619.) — Traitement des ulcères syphilitiques du rectum. (*Berlin. klin. Woch.*, 14 mai.) — Phlegmon et abcès de la fosse ischio-rectale guéri sans fistule (par incision immédiate. (*New-York med. Journ.*, 20 janv.) — Proctoplastie suivie de succès pour atrésie rectale chez un enfant de 3 jours. (*Corr. Blatt. f. schweiz. Aerzte*, 1ᵉʳ nov.) — Deux cas de rétrécissement cicatriciel du rectum traités avec succès par incision. (*New-York med. Journ.*, 10 mars.) — Huit cas de cancer du rectum. (*Lancet*, 24 fév.) — Résection partielle du rectum, guérison. (*Brit. med. Journ.*, p. 6, janvier.)

Redressement. — Des dents de la mâchoire supérieure. (*Union méd.*, t. XXXVI, p. 574.)

Réduction. — Des luxations irréductibles de la hanche par la méthode sanglante. (*Thérap. contemp.*, p. 372.)

Reflexes. — Persistance des reflexes. (*Gaz. hôp.*, p. 1037.) — Les reflexes. (*Union méd.*, t. XXXVI, p. 257.) — Valeur seméiologique du reflexe rotulien. (*Revue méd.*, t. I, p. 704.) — Dépresseur par excitation des muqueuses. (*Revue Sc. méd.*, t. XXII, p. 430.) — Des reflexes et pseudo-reflexes. (*Ibid.*, t. XXI, p. 603.) — Reflexes dans la paralysie agitante. (*Ibid.*, p. 605.) — Action des anesthésiques sur les phénomènes reflexes. (*Ibid.*, p. 482.) — Absence du reflexe du genou chez les névropathiques. (*Ibid.*, t. XXII, p. 186.) — De l'observation du reflexe palpébral dans l'anesthésie chloroformique. (*Ibid.*, t. XXI, p. 280.) — Troubles reflexes causés par des indigestions chez les enfants. (*Ibid.*, t. XXII, p. 614.)

Réforme. — De l'enseignement médical. (*Thérap. contemp.*, p. 1.)

Réfractaire. — Constitution réfractaire à la vaccination. (*Journ. méd chir. prat.*, p. 250.)

Réfrigération. — Du corps humain dans les maladies hyperthermiques. (*Gaz. hôp.*, p. 350, 234.) (*Sem. méd.*, p. 51, 106, 194.) — Appareil à réfrigération. (*Ibid.*, p. 147.) — Réfrigération lente. (*Ibid.*, p. 74.) — Du corps dans la fièvre typhoïde. (*Gaz. méd. Paris*, p. 116.) (*Progr. méd.*, p. 395.) — Action de la réfrigération méthodique sur les congestions viscérales. (*Union méd.*, t. XXXVI, p. 209, 651.) — Réfrigération dans les maladies. (*Gaz. hebd. Sc. méd. Bord.*, p. 121, 122.) — Expériences de réfrigération. (*Revue méd.*, t. I, p. 292, 575.) — Réfrigération brusque, son influence sur les animaux. (*Praticien*, p. 441.) — Dans les pyrexies. (*Ibid.*, p. 152.)

Refroidissement. — Brusque du globe oculaire comme cause d'abcès de la cornée. (*Gaz. hôp.*, p. 987.) — Effets du refroidissement brusque. (*Ibid.*, p. 141.) — Refroidissement et acide carbonique. (*Sem. méd.*, p. 139.)

Régime. — Lacté. (*Concours méd.*, p. 53.)

Réglementation. — Sanitaire en Egypte. (*Union méd.*, t. XXXV, p. 347.)

Reine des prés. — (*Revue thérap.*, p. 633.)

Reins. — Rapports de l'albuminurie avec les lésions des reins. (*Bull. acad. méd.*, p. 740.) — Abcès du rein. (*Gaz. hôp.*, p. 1190.) — Accidents néphrétiques dans la tuberculose. (*Ibid.*, p. 818.) — Contusion du rein. (*Ibid.*, p. 154.) — Fréquence et dangers de l'intervention rénale dans les maladies. (*Ibid.*, p. 979, 995.) — Extirpation du rein. (*Sem. méd.*, p. 7, 19.) — Fixation d'un rein mobile. (*Ibid.*, p. 130.) — Cancer latent du rein gauche. (*Prog. méd.*, p. 391.) — Cancer primitif du rein droit. (*Ibid.*, p. 387.) — Hypertrophie du lobe moyen du rein. (*Ibid.*, p. 675.) — Engagement d'un calcul dans l'uretère, anurie, mort. (*Union méd.*, t. XXXV, p. 453.) — Abcès et néphrectomie. (*Ibid.*, t. XXXVI, p. 1102.) — Rein flottant. (*Ibid.*, p. 1102.) — Insuffisance du rein. (*France méd.*, t. I, p. 518.) — Dégénérescence kystique des deux reins. (*Ibid.*, t. II, p. 520.) Leur calcification et leur décalcification. (*Courrier méd.*, p. 37.) — Précurseur des batraciens. (*Revue Sc. méd.*, t. XXI, p. 408.) — Epithélium rénal. (*Ibid.*, p. 408.) — Etude des glomérules de Malpighi. (*Ibid.*, p. 12.) — Régénération des éléments du rein. (*Ibid.*, p. 52.) — Rapports entre les maladies des reins et les altérations secondaires du système circulatoire. (*Ibid.*, p. 79.) — Effets de l'occlusion passagère ou permanente de l'artère rénale. (*Ibid.*, p. 79.) — Hypertrophie compensatrice des reins. (*Ibid.*, p. 79.) — De l'albuminurie dans le cas où les reins sont sains. (*Ibid.*, p. 40.) — Calcification des reins dans l'intoxication par le sublimé. (*Ibid.*, t. XXII, p. 80.) — Pseudolipomes du rein. (*Ibid.*, p. 474.) — Note sur les conditions de la circulation du sang dans le rein. (*Wratch.*, nº 8.) — Un fait de néphrite consécutif à des frictions avec le baume du Pérou. (*Charité ann.*, VII Jahrg., p. 187.) — Un cas de rein mobile. (*Jégénéd. Klinitchésk. Gazeta*, nº 9.) — Le délire urémique maniaque dans les affections rénales. (*Riv. sper. de fren. e di med. leg.*, fasc. IV.) — Un cas de pyo-néphrose. (*Jégénéd. Klinitchésk. Gazeta*, nº 10.) — Un cas d'urémie suivie de paralysie. (*Jégénéd. Klinitchésk. Gazeta*, nº 13.)

— Un cas de carcinome du rein chez un enfant de quatre ans. (*Mediz. Obosr.*, mars.) — De l'extirpation du rein. (*Lyon méd.*, 22 juillet, p. 394.) — Des déplacements du rein. (*Glasg. med. Journ.*, XX, p. 81.) — Contribution à l'étude de l'albuminurie et de la néphrite expérimentale. (*Giorn. della R. acad. di Torino*, janv.) — Leçons sur l'acide urique et ses relations avec les calculs rénaux et la gravelle. (*Lancet*, 24 mars.) — Le rein sénile. (*Gaz. degli ospitali*, p. 449.) — Des altérations du tissu rénal dans les différentes formes de néphrite atrophique par Smirnoff. (*Thèse inaug.*, Saint-Pétersbourg.) — Mal de Bright chronique, dyspnée urémique extrême, œdème; soulagement par l'acuponcture. (*Med. news*, p. 158, 11 août.) — Néphro-lithotomie. (*Ibid.*, 17 fév.) — Observations de néphro-lithotomie suivie de guérison (calcul). (*Med. Times*, p. 187, 17 fév.) — Dégénérescence cancéreuse totale du rein ; néphrectomie. (*New-York med. Journ.*, 21 juil.) — Un bandage contentif pour le rein flottant. (*Ibid.*, 17 fév.) — Fixation d'un rein flottant par suture de la capsule à la paroi lombaire. (*Ibid.*) — Extirpation d'un rein flottant. (*Ibid.*) — Epithélium vibratile dans le rein de l'homme. (*Studies from the biolog. laborat.*, II, n° 4.) — Nouvelle note sur la polyurie. (*Zeitsch. f. klin. med.*, Bd. VI, p. 556.) — Leçon sur l'acide urique et ses rapports avec les calculs rénaux et la gravelle. (*Brit. med. Journ.*, p. 495, mars.) — Sur l'hypertrophie compensatrice des reins. (*Arch. Ital. de biol.*, t. II, fasc. 3.) — Sarcome primaire du rein. (*Journ. of anat. and physiol.*, XVIII, janv.) — Myxomyome de l'uretère. (*Arch. per le Sc. med.*, VII, n° 1.) — Myxosarcome du rein gauche, extirpation. (*Boston med. Journ.*, p. 567, 13 déc.) — Un cas de rein flottant avec guérison définitive. (*Glasg. med. Journ.*, p. 329.) — Du rein flottant, principalement au point de vue étiologique. (*Charité annal.*, VIII Jahrg., p. 309.) — Contribution au traitement de la néphrite aiguë. (*Berlin. klin. Woch.*, 17 déc.) — Le traitement de la maladie de Bright. (*Chicago med. Journ. and. examiner*, déc.)

Remèdes. — Secrets et nouveaux. (*Bull. acad. méd.*, p. 351, 589, 671, 971.) — Contre la dyphtérie, contre la syphilis. (*Ibid.*, p. 19.) — Contre les chancres, panaris et cors aux pieds. (*Ibid.*, p. 101.) — Contre les hernies. (*Ibid.*, p. 102.) — Contre les maladies de la gorge et du larynx. (*Ibid.*, p. 165.) — Contre la diarrhée. (*Ibid.*, p. 250.) — Pour la guérison des panaris, fistules, abcès, etc. (*Ibid.*, p. 292.) — Pommade orientale. (*Ibid.*, p. 292.) — Eau unique. (*Ibid.*, p. 326.) — Contre la rage. (*Ibid.*, p. 455, 1111.) — Contre les panaris, les plaies et les blessures. (*Ibid.*, p. 496.) — Elixir pour la guérison des fièvres. (*Ibid.*, p. 694.) — Entargine. (*Ibid.*, p. 742.) — Contre les maux de dents. (*Ibid.*, p. 742.) — Contre les fièvres paludéennes. (*Ibid.*, p. 802, 1060.) — Contre l'asthme et les rhumatismes. (*Ibid.*, p. 819.) — Contre les maladies des yeux. (*Ibid.*, p. 877.) — Contre le choléra. (*Ibid.*, p. 878, 951, 987, 1001, 1069, 1086.) — Produits hygiéniques. (*Ibid.*, p. 878.) — Contre les gerçures et les engelures. (*Ibid.*, p. 878.) — Vésicatoires Bidet. (*Ibid.*, p. 914.) — Vinaigre des quatre voleurs. (*Ibid.*, p. 952.) — Charpie végétale. (*Ibid.*, p. 981.) — Liqueur hygiophile. (*Ibid.*, p. 1003.) — Contre les brûlures et les écrouelles. (*Ibid.*, p. 1023.) — Contre les brûlures. (*Ibid.*, p. 1024.) — Pour la chloro-anémie. (*Ibid.*, p. 1086.) — Fébrifuge végétal africain. (*Ibid.*, p. 1233.) — Contre la coqueluche. (*Ibid.*, p. 1267.) — Contre les maladies cutanées. (*Ibid.*, p. 1332.) — Contre les névralgies. (*Ibid.*, p. 1351.) — Aliment reconstituant. (*Ibid.*, p. 1367.) — Taffetas. (*Ibid.*, p. 1487.) — Remède du Marseillais. (*Praticien*, p. 73.)

Relations. — Topographiques des organes génitaux de la femme. (*Union méd.*, t. XXXV, p. 927.) — Entre les affections pleuro-pulmonaires et les affections de l'utérus. (*Journ. méd. chir. prat.*, p. 152.)

Replis. — Œdème des replis aryténo-épiglottiques. (*Sem. méd.*, p. 161.) (*Gaz. méd. Paris*, p. 333.)

Résection. — De la hanche. (*Gaz. hôp.*, p. 1190.) — Du coude. (*Ibid.*, p. 661.) — D'une saillie osseuse. (*Ibid.*, p. 852.) — Du poignet. (*Ibid.*, p. 37.) — Résection sous-périostée. (*Ibid.*, p. 478.) — De l'intestin grêle. (*Gaz. méd. Par.*, p. 200.) — Du pylore dans les cas de rétrécissements. (*Ibid.*, p. 522.) — Résection radio-carpienne. (*Ibid.*, p. 177.) — Résection costale thoraco-plastique. (*Prog. méd.*, p. 272.) — Du nerf médian. (*Ibid.*, p. 416.) — Partielle du tarse pour une ostéïte tuberculeuse.(*Ibid.*, p. 196.) — Résection du genou. (*Union méd.*, t. XXXVI, p. 413.) — Du genou pour une ostéo-synovite fongueuse. (*Ibid.*, p. 429.) — Résection du corps maxillaire inférieur. (*Gaz. méd. Nantes*, p. 25.) — De l'estomac. (*Journ. accouch. Liège*, p. 166.) — De la reproduction des têtes articulaires dans les résections sous-capsulo-périostées. (*Revue méd.*, t. I, p. 406.) — Suture et résection de l'intestin. (*Bull. gén. thérap.*, p. 282.) — Résection du nerf dentaire inférieur. (*Revue Sc. méd.*, t. XXI, p. 685, 686.) — Résection du nerf maxillaire supérieur après la résection de l'os malaire. (*Ibid.*, p. 686.) — Du nerf spinal pour un torticolis fonctionnel. (*Ibid.*, p. 297.) — Du pylore. (*Ibid.*, t. XXII, p. 309.) — Résection de 63 centimètres d'intestin. (*Ibid.*, p. 686.) — De l'intestin pour anus contre nature. (*Ibid.*, p. 686.) — De l'intestin pour gangrène et cancer. (*Ibid.*, p. 686.) — Partielle de rocher. (*Ibid.*, p. 747.) — D'un cal de la clavicule comprimant les vaisseaux et nerfs sous-claviers. (*Ibid.*, t. XXI, p. 291.) — Résultats définitifs des résections du membre supérieur. (*Ibid.*, p. 657.) — Résection du péroné. (*Ibid.*, t. XXII, p. 300.) — Note sur l'examen d'une résection du radius, pratiquée par Rhea Barton en 1828. (*Med. news*, 14 avril, p. 421.) — Nouveau procédé de résection du cou-de-pied. (*Rev. méd. Suisse rom.*, III, 161, mars.) — De la résection du cou-de-pied. (*Berlin. klin. Woch.*, n° 20, p. 306, 14 mai.) — Résection pour carie du cou-de-pied. (*Berlin. klin. Woch.*, n° 17, p. 254, 23 avril.) — Résection totale du genou gauche pour tuberculose osseuse. Guérison et description d'un nouvel appareil. (*Ann. univ. di med. e di chir.*, fev.) — Notes sur la résection de la hanche. (*New-York surg. Soc. Med. news*, 7 avril.) — Résection sous-périostée de la moitié droite du maxillaire inférieur pour une tumeur à myéloplaxes. Reproduction osseuse au bout de six mois. (*Rev. méd. Suisse rom.*, III, 480, août.) — Un cas de résection de l'humérus avec prompt rétablissement des mouvements dans l'articulation du coude. (*Troudy obch. roussk. Wratch.*, W. S. *Petersb.*) — Résection de l'omoplate, enchondrome ossifié. (*Il Morgagni*, fév. p. 122.) — Deux cas de résection du poignet pour arthrite fongueuse. (*Corr. Bl. f. schweiz. Aerzte*, 15 mai.) — Résection de la hanche. (*Med. news*, 28 juil.) — La résection du cou-de-pied avec section temporaire de calcaneum. (*Berlin. klin. Woch.*, 21 mai.) — Observation de résection du genou. (*Clin. Soc. med. Times*, 27 janv.) — Sur une méthode pour empêcher l'hémorrhagie dans la résection ou la désarticulation de la hanche. (*Lancet*, 26 mai.) — Note sur la résection sous-périostée de l'articulation huméro-cubitale pour une ostéomyélite fongueuse. (*Giorn. dimed. milit.*, nov.) — Résection de l'articulation coxo-fémorale pour une coxalgie avec abcès iliaque. (*Gazz. med. Ital. prov. Venete*, n° 35.) — Enkylose coxo-fémorale en position vicieuse, traitée par la résection du fémur, guérison. (*Brit. med. Journ.*, p. 155, janv.) — Résection spontanée du genou par accident de chemin de fer, absence complète de stupeur et de douleur. (*Berlin. klin. Woch.*, 31 déc.) — Deux observations de résection du tarse, guérison, avec un tableau de 108 cas. (*Trans. of the Americ. Surg. Ass.*, I, p. 285.) — Des excisions du tarse. Deux cas suivis de guérison, d'ablation totale du tarse. (*Amer. Journ. of the med. Sc.*, p. 363.) — Résection de l'épaule et du coude, plusieurs mémoires. (*Brit. med. Journ.*, p. 905, nov.) — Nouvelle manière de faire la résection du genou. (*Brit. med. Journ.*, p. 758, oct.)

Résorcine. — (*Sem. méd.*, p. 59, 72.) — Contribution à l'étude physiologique et thérapeutique de la résorcine. (*Union méd.*, t. XXXV, p. 195.) — De quelques emplois de la résorcine. (*Ibid.*, t. XXXVI, p. 105, 585.) — La résorcine contre l'ozène. (*France méd.*, t. I, p. 520.) — Résorcine. (*Paris méd.*, p. 354.) — Dans le traitement du chancre simple chez la femme. (*Ibid.*, p. 177.) — Dans la pustule maligne. (*Ibid.*, p. 321, 441.) — Emploi de résorcine en gynécologie. (*Concours méd.*, p. 648.) — Dans l'anthrax. (*Abeille méd.*, p. 115.) — Action antiseptique et physiologique de la résorcine. (*Ibid.*, p. 63.) — Résorcine dans les fièvres intermittentes. (*Gaz. méd. Nantes*, p. 55.) — La résorcine comme médicament. (*Bul. gén. thérap.*, p. 172.) (*Revue thérap.*, p. 17, 95, 325, 416.) — Résorcine dans les dermatoses. (*Thérap. contemp.*, p. 402.) — Emploi de la résorcine au traitement de la vaginite. (*Revue méd. chir. mal. femmes*, p. 240.) — Traitement de l'érysipèle par les injections de résorcine. (*Revue Sc. méd.*, t. XXI, p. 519.) — Sur la résorcine médicinale et la phénorésorcine. (*Rev. méd. Suisse rom.*, III, p. 40, janv.) — Observations sur l'action physiologique et antiseptique de la résorcine. (*Amer. Journ. of the med. Sc.*, janv., p. 89.)

Respirateur. — Elastique. (*Bull. acad. méd.*, p. 800.) — Respirateur pour inhalations médicamenteuses. (*Ibid.*, p. 806.) — Emploi contre la dyspnée des emphysémateux, du respirateur élastique. (*Bull. gén. thérap.*, p. 104.)

Respiration. — Appareil pour étudier les phénomènes publics de la respiration. (*Gaz. hôp.*, p. 716.) — Capacité respiratoire des animaux terrestres et aquatiques. (*Ibid.*, p. 164.) — Centre respiratoire. (*Ibid.*, p. 260.) — Respiration chez l'homme, étude graphique. (*Ibid.*, p. 300.) — Respiration d'un air chargé de vapeurs de pétrole. (*Ibid.*, p. 123.) — Etude graphique de la respiration. (*Ibid.*, p. 348.) (*Sem. méd.*, p. 63.) — Note sur la respiration des plantes aquatiques. (*Union méd.*, t. XXXV, p. 284.) — Respiration du nouveau-né. (*Gaz. hebd. Sc. méd. Bord.*, p. 128.) — Ses produits. (*Ibid.*, p. 121.) — De l'exhalation d'acide carbonique dans la respiration. (*Revue Sc. méd.*, t. XXI, p. 470.) — Influence de la respiration sur la circulation. (*Ibid.*, p. 417.) — Variations de la pression sanguine. (*Ibid.*, p. 417.) — Aspiration thoracique qui se produit à la naissance. (*Ibid.*, p. 24.) — Influence des tumeurs adénoïdes du pharynx sur le respiration. (*Ibid.*, t. XXII, p. 718.) — Influence de l'air raréfié et condensé sur la respiration et la circulation. (*Zeits. f. klin. med.*, Bd. V, p. 469.) — Etudes sur l'innervation des mouvements respiratoires; le centre respiratoire des insectes. (*Arch. f. anat. und phys.*, p. 80.)

Respiratoire. — Hystérie de l'appareil respiratoire. (*Concours méd.*, p. 245.) — Des injections médicamenteuses par les voies respiratoires. (*Bull. gén. thérap.*, p. 233.) — Maladies de l'appareil respiratoire traitées par l'hélénine. (*Ibid.*, p. 54.)

Résurrectionnistes. — En Amérique. (*Praticien*, p. 141.)

Rétention. — D'urine. (*Gaz. hôp.*, p. 993.) — Rétention d'urine consécutive à des opérations. (*Ibid.*, p. 986.) — Rétention d'urine par rétrécissement blennorrhagique du canal de l'urèthre. (*Prog. méd.*, p. 809.) — Rétention de la sonde dans la vessie chez la femme. (*Courrier méd.*, p. 382.) — Rétention d'urine au début de la grossesse. (*Gaz. méd. Nantes*, p. 22.) — Rétention d'os fœtaux pendant dix-neuf mois dans l'utérus. (*Revue méd. chir. mal. femmes*, p. 280.)

Rétine. — Décollement de la rétine guéri par une opération d'iridectomie. (*Bul. acad. méd.*, p. 862.) — Pathologie du décollement arthritique de la rétine. (*Gaz. hôp.*, p. 898.) — Les radiations ultra-violettes et la rétine. (*France méd.*, t. I, p. 452.) — Rapport clinique et pathologique entre le décollement de la rétine, la myopie et le glaucome. (*Ibid.*, t. II, p. 343.) — Traitement mécanique du décollement de la rétine. (*Ibid.*, p. 595.) — Décollement artificiel de la rétine. (*Abeille méd.*, p. 499.) — Apoplexie de la rétine pendant la grossesse. (*Journ. med. chir. prat.*, p. 319.) — Fonctions physiologiques de la périphérie de la rétine. (*Revue Sc. méd.*, t. XXI, p. 305.) — Etat de la région de la macula. (*Ibid.*, p. 306.) — Traitement de la rétine par la galvano-puncture. (*Ibid.*, p. 310.) — Décollement de la rétine traité par les injections hypodermiques de pilocarpine. (*Bull. d'oculistica*, IV, n° 11.) — Contribution à l'histogénèse de la couche moléculaire interne de la rétine. (*Arch. Ital. de biol.*, III, p. 196.) — Une opération pour le traitement du décollement rétinien. (*Practitioner*, mars.) — Cas rare de rétinite albumineuse unilatérale, observée chez un malade n'ayant qu'un seul rein situé du même côté et atteint de néphrite parenchymateuse (gros rein blanc.) (*Recueil d'opthal.*, n° 5, p. 145.) — Deux cas de rétinite syphilitique avec thrombose et dilatation des vaisseaux du fond de l'œil. (*Corr. Blatt. f. sch. Aerzte*, 1 août.) — Physiologie du punctum cæcum de la rétine humaine, par Placido da Costa. (*Thèse de concours, Porto.*) — Le pouls veineux de la rétine, par Lamhofer. (*Inaug. diss., Leipzig.*) — Contribution à l'étude de la rétinite pigmentaire. (*Centralb. f. prak. Augenheilk.*, sept.) — Traitement du décollement de la rétine par l'iridectomie. (*Bull. méd. du nord*, juin.) — Histologie de la rétine. (*Centralb. f. die med. Wiss.*, n° 45.) — D'une lésion congénitale de la rétine ; est-ce une rétinite pigmentaire? (*Arch. d'opthalm.*, sept.) — Des différentes variétés des décollements de la rétine et de leur traitement. (*Rec. d'opth.*, IV, n° 11.) — Du gliome de la rétine. (*Correo méd. Castellano*, I, n° 1.) — D'une lésion congénitale de la rétine. (*Arch. d'opht.*, sept., oct.)

Rétinite. — Albuminurique de la grossesse. (*Union méd.*, t. XXXVI, p. 561.) — Syphilitique périmaculaire. (*Ibid.*, p. 785.) — Rétinite albuminurique unilatérale chez un malade n'ayant qu'un seul rein. (*Paris méd.*, p. 415.) (*Praticien*, p. 442.) — Névro-rétinite produite par la foudre. (*Revue Sc. méd.*, t. XXII, p. 334.) — Sous l'influence de la lumière solaire. (*Ibid.*, p. 336, 337.) — Rétinite albuminurique de la grossesse. (*Brit. med. Journ.*, p. 712, avril.) — Héméralopie dépendant d'une forme atypique de rétinite. (*Arch. d'opht.*, III, n° 6.) — De la rétinite pigmentaire. (*Ann. di ottalm.*, XII, p. 372.)

Rétraction. — De l'aponévrose palmaire. (*Revue thérap.*, p. 435.)

Rétrécissement. — De l'artère pulmonaire. (*Gaz. hôp.*, p. 763, 1180.) — De l'urèthre, chloroformisation, diabète. (*Ibid.*, p. 1178.) — Primitif de l'œsophage. (*Ibid.*, p. 347.) — Rétrécissement spasmodique de l'œsophage. (*Ibid.*, p. 73.) — Rétrécissement syphilitique du rectum. (*Ibid.*, p. 1105.) — Observation de gastro-stomie dans un cas de rétrécissement de l'œsophage. (*Union méd.*, t. XXXV, p. 471.) — Rétrécissement relatif des orifices du cœur. (*Union méd.*, t. XXXV, p. 676.) — Pronostic du rétrécissement mitral. (*Ibid.*, t. XXXVI, p. 214.) — Rétrécissement mitral et insuffisance aortique combinés. (*Ibid.*, p. 290.) — Rétrécissements cicatriciels de l'œsophage, electrolyse. (*Gaz. méd. Nantes*, p. 73.) — Rétrécissement de l'urèthre, emploi des liquides pour le franchir. (*Journ. méd. chir. prat.*, p. 119.) — Rétrécissement pylorique. (*Revue thérap.*, p. 384.) — Intestinal. (*Ibid.*, p. 531.) — Du rétrécissement congénital de l'extrémité supérieure du rectum comme cause de prolapsus. (*Revue Sc. méd.*, t. XXI, p. 237.) — Dilatation du pylore pour les rétrécissements de ce conduit. (*Ibid.*, t. XXII, p. 308.) — Rétrécissement du bassin. (*Ibid.*, t. XXI, p. 193.) — Anatomie pathologique des rétrécissements de l'urèthre. (*Ibid.*, p. 65.)

Rétroflexion. — De l'utérus. (*Revue méd. chir. mal. femmes*, p. 61, 125.)

Retzius. — Epanchement sanguin dans la cavité de Retzius. (*Sem. méd.*, p. 193.)

Réunion. — Sur les eaux thermales de la Réunion. (*Bull. gén. thérap.* p. 225.)

Revaccination. — *(Gaz. hôp.*, p. 763.) (*Gaz. méd. Paris,* p. 576.) — Obligatoire. (*Prog. méd.*, p. 678.) — Son utilité. (*Union méd.*, t. XXXV, p. 996.) — Des revaccinations dans les lycées et collèges. (*France méd.*, t. II, p. 150, 372.) (*Revue méd.*, t. II, p. 788.) — Revaccination avec le vaccin animal et avec le vaccin humain. (*Praticien*, p. 523.) — Obligatoire dans les hôpitaux. (*Ibid.*, p. 414.)

Rêve. — Sa physiologie. (*Revue méd.*, t. I, p. 1, 37, 109.) — Le délire alcoolique est un rêve. (*Revue Sc. méd.*, t. XXI, p. 274.)

Revendications. — Scientifiques. (*Revue méd.*, t. II, p. 604.)

Revolver. — Accidents. (*Journ. méd. chir. prat.*, p. 483.)

Revue. — Médico-historique. (*Gaz. méd. Paris*, p. 109, 133, 181, 217, 229.) — Revues générales, le microbe de la tuberculose. (*Revue Sc. méd.*, t. XXII, p. 344.) — Le pansement à l'iodoforme. (*Ibid.*, t. XXI, p. 738.) — La fièvre puerpérale. (*Ibid.*, p. 319.)

Rhinite. — Vaso-motrice. (*Revue Sc. méd.*, t. XXII, p. 722.)

Rhinosclérome. — (*Prog. méd.*, p. 587.) (*Gaz. méd. Nantes*, p. 120.) (*Revue Sc. méd.*, t. XXII, p. 636.)

Rhumatisme. — Traitement du rhumatisme goutteux. (*Bull. acad. méd.*, p. 695.) — Remède contre les rhumatismes. (*Ibid.*, 819.) — Rhumatisme articulaire subaigu. (*Gaz. hôp.*, p. 17.) — Nodosités. (*Ibid.*, p. 1045.) — Nodosités éphémères. (*Ibid.*, p. 998, 1110.) — Liniment contre le rhumatisme aigu. (*Sem. méd.*, p. 359.) — Luxations dans le rhumatisme aigu. (*Ibid.*, p. 310.) — Traitement du rhumatisme par le salicylate. (*Gaz. méd. Paris*, p. 561.) — Traitement par l'électricité, du rhumatisme chronique. (*Ibid.*, p. 562.) — Note sur un cas d'érythème scarlatiniforme survenu dans le cours d'un rhumatisme articulaire aigu. (*Union méd.*, t. XXXV, p. 86.) — Note clinique pour servir à l'histoire du rhumatisme et de ses complications. (*France méd.*, t. I, p. 313.) — Rhumatisme des poumons ou broncho-pneumonie rhumatismale. (*Paris méd.*, p. 270.) — Complications pulmonaires dans le rhumatisme articulaire aigu. (*Paris méd.*, p. 315.) — Rhumatisme articulaire aigu chez le nouveau-né. (*Gaz. méd. Nantes*, p. 21.) — Des luxations pathologiques subites dans le cours du rhumatisme aigu. (*Revue méd.*, t. II, p. 641.) — Rhumatisme avec péricardite et pleurésie. (*Journ. méd. chir. prat.*, p. 202.) — Congestion des méninges. (*Ibid.*, p. 202.) — Infectieux. (*Ibid.*, p. 360.) — Du cactus grandiflora dans le traitement du rhumatisme subaigu ou chronique. (*Bull. gén. thérap.*, p. 47.) — Action des vésicatoires appliqués sur la région précordiale dans le rhumatisme articulaire aigu. (*Ibid.*, p. 382.) — Douleurs rhumatismales et névralgies traitées par l'anémone de mer. (*Ibid.*, p. 480.) — Rhumatisme à caractère viscéral, traitement. (*Praticien*, p. 623.) — Traitement par l'essence de Wintergreen. (*Ibid.*, p. 548.) — Formes insolites de rhumatisme. (*Revue Sc. méd.*, t. XXII, p. 208.) — Pseudo-rhumatisme infectieux. (*Ibid.*, p. 208.) — Diathèse chez les enfants. (*Ibid.*, p. 208.) — Rhumatisme noueux chez les enfants. (*Ibid.*, p. 208.) — Articulaire aigu chez les enfants. (*Ibid.*, t. XXI, p. 230.) —

Chez le nouveau-né. (*Ibid.*, t. XXII, p. 617.) — Atrophie musculaire dans le rhumatisme chronique. (*Ibid.*, p. 208.) — Des nodosités rhumatismales sous-cutanées. (*Ibid.*, p. 208.) — De l'hyperpyrexie dans le rhumatisme. (*Ibid.*, p. 81.) — Méningite cérébro-spinale aiguë d'origine rhumatismale. (*Ibid.*, p. 186.) — Accès épileptiformes dans le cours du rhumatisme. (*Ibid.*, p. 208.) — Peptonurie dans le rhumatisme. (*Ibid.*, p. 208.) — Du rhumatisme cérébral et de son traitement par les bains froids. (*Ibid.*, p. 81, 85.) — Traitement du rhumatisme par la salicine et l'acide salicylique. (*Ibid.*, p. 81.) — Du salicylate de soude dans le rhumatisme. (*Ibid.*, p. 81.) — Note sur un cas de rhumatisme articulaire aigu compliqué de vastes eschares au sacrum et au niveau du grand trochanter. (*Bull. méd. du nord*, janv.) — Deux cas de rhumatisme articulaire aigu rapidement guéris par la salicine à haute dose. (*Lancet*, 5 mai.)

Rhumatismale. — Conjonctivite. (*Bull. acad. méd.*, p. 514, 584, 613.) (*Journ. méd. chir. prat.*, p. 278.)

Rocher. — Fracture du rocher. (*Bull. acad. méd.*, p. 775.) — Carie du rocher. (*Prog. méd.*, p. 264.) (*Revue méd.*, t. I, p. 737.)

Roséole. — Primitive ou pseudo-exanthématique. (*Paris méd.*, p. 157.) — De la roséole. (*Courrier méd.*, p. 242.)

Rotation. — (*Gaz. hôp.*, p. 970.) — Mouvement de rotation. (*Sem. méd.*, p. 295.)

Rotule. — Fracture de la rotule. (*Gaz. hôp.*, p. 1051, 1077, 1102.) — Luxation par contraction musculaire. (*Ibid.*, p. 805.) — Suture osseuse dans les fractures transversales de la rotule. (*Ibid.*, p. 389.) — Fracture récidivée de la rotule. (*Gaz. méd. Paris*, p. 124.) — Causes de l'impotence fonctionnelle dans les fractures de la rotule. (*Prog. méd.*, p. 995.) — Lésions tardives de la rotule dans les fractures du rachis. (*Ibid.*, p. 290.) — Ankylose de la rotule. (*Revue méd.*, t. II, p. 774.) — Rôle du triceps dans les fractures de la rotule. (*Ibid.*, p. 785.) — Traitement de la fracture par suture. (*Journ. méd. chir. prat.*, p. 532.)

Rougeole. — Anomale. (*Gaz. hôp.*, p. 1145.) — Contagion de la rougeole. (*Gaz. méd. Paris*, p. 82.) — Quelques réflexions sur le génie épidémique et la contagion de la rougeole. (*Prog. méd.*, p. 585.) — Vibrion observé pendant la rougeole. (*Abeille méd.*, p. 42.) (*Courrier méd.*, p. 11.) (*Gaz. hebd. Sc. méd. Bord.*, p. 13.) — Rougeole dans l'armée italienne. (*Revue Sc. méd.*, t. XXI, p. 734.) — Trois éruptions successives dans une même rougeole. (*Ibid.*, t. XXII, p. 120.) — Rougeole et scarlatine simultanées. (*Ibid.*, p. 130.) — Et variole simultanées. (*Ibid.*, p. 130.) — Et fièvre typhoïde. (*Ibid.*, p. 136.) — Pseudo-rougeole dans les états infectieux. (*Ibid.*, p. 135.) — De la fermeture des écoles en cas d'épidémie de rougeole. Discussion de la société vaudoise de médecine. (*Revue méd. Suisse romande*, III, 441, juil.) — Un cas de récidive rapide de rougeole. (33 jours entre les deux atteintes. (*Glasg. med. Journ.*, XX, p. 171.)

Rouget. — Vaccination contre le rouget des porcs. (*Bull. acad. méd.*, p. 1163, 1359.) (*Sem. méd.*, p. 336.) — Rouget des porcs. (*Gaz. méd. Paris*,

p. 574.) (*Gaz. hebd. Sc. méd. Bord.*, p. 22.) (*Journ. accouch. Liège*, p. 278.) — Epidémie de rouget. (*Revue méd.*, p. 492, 778.) — Etude du virus du rouget du porc. (*Revue Sc. méd.*, t. XXII, p. 561.)

Rubéole. — (*Union méd.*, t. XXXVI, p. 1080.) (*Revue Sc. méd.*, t. XXII, p. 120.) — De la rubéole (ou rougeole allemande.) (*Lancet*, 9 juin.)

Rumination. — Chez les aliénés. (*Revue méd.*, t. II, p. 201.) — Rumination. (*Revue thérap.*, p. 476.)

Rupture. — De l'utérus pendant le travail de l'accouchement. (*Gaz. méd. Paris*, p. 29.) (*Journ. accouch. Liège*, p. 2.) — Rupture utérine. (*Ibid.*, p. 48.) — Rupture intestinale, laparotomie. (*Journ. méd. chir. prat.*, p. 422.) — Rupture de la paroi abdominale. (*Praticien*, p. 404.) — Spontanée de l'estomac. (*Ibid.*, p. 34.) — Rupture de l'urèthre. (*Revue Sc. méd.*, t. XXI, p. 698.) — Traitement des ruptures utérines. (*Ibid.*, p. 197, 200.)

Rythme. — Dissociation du rythme auriculaire et ventriculaire. (*Revue méd.*, t. I, p. 342.) — Doublé du cœur. (*Revue Sc. méd.*, t. XXI, p. 148.) — Rythme automatique commun à plusieurs centres nerveux de la moelle. (*Ibid.*, p. 17.)

S

Sable. — Les mangeurs de sable. (*Courrier méd.*, p. 90.)

Sacrum. — Moyen d'empêcher les excoriations du sacrum. (*Paris méd.*, p. 202.) (*Abeille méd.*, p. 199.) — Tératum du sacrum. (*Revue méd. chir. mal. femmes*, p. 452.) — Fistule congénitale de la région lombo-sacrum. (*Revue Sc. méd.*, t. XXI, p. 702.) — Fistule paracoccygienne. (*Ibid.*, t. XXII, p. 318.)

Safranine. — Méthodes de coloration par la safranine. (*Revue Sc. méd.*, t. XXII, p. 12.)

Sages-femmes. — Et dentistes. (*Concours méd.*, p. 90.) — Sages-femmes et médecins. (*Ibid.*, p. 238.) (*Gaz. hebd. Sc. méd. Bord.*, p. 123.) — Au XVIᵉ siècle. (*Journ. accouch. Liège*, p. 199.) — Attributions des sages-femmes. (*Revue méd. chir. mal. femmes*, p. 274.)

Saignées. — Coup sur coup. (*Gaz. hôp.*, p. 57.) — De la saignée. (*Revue méd.*, t. I, p. 486.) — Saignée dans l'urémie. (*Journ. méd. chir. prat.*, p. 541.) — Saignée et vésicatoire. (*Revue thérap.*, p. 437.) — Saignée et excitation des pneumo-gastriques. (*Praticien*, p. 441.) — Influence de la saignée sur la tension sanguine chez l'homme. (*Giorn. della R. Acad. di Torino*, juin.) — De la saignée. (*Glasg. med. Journ.*, p. 256.)

Saint-Galmier. — (*Paris méd.*, p. 41.) (*Courrier méd.*, p. 63.) (*Revue thérap.*, p. 55.)

Saisons. — Leur hygiène. (*Bull. acad. méd.*, p. 1322.)

Salicine. — De la salicine dans l'endocardite rhumatismale. (*Union méd.*, t. XXXV, p. 93.) (*France méd.*, t. I, p. 658.) — Dans la diphtérie. (*Bull. gén. thérap.*, p. 288.) (*Revue Sc. méd.*, t. XXII, p. 138.)

Salicylage. — Des substances alimentaires. (*Union méd.*, t. XXXVI, p. 674.)

Salicylate. — Traitement de la fièvre typhoïde par le salicylate de bismuth. (*Bull. acad. méd.*, p. 952.) — Action du salicylate de soude sur le cœur. (*Gaz. méd. Paris,* p. 76.) — Du sulfate de quinine et du salicylate de soude administrés concurremment dans le traitement de la fièvre typhoïde. (*Union méd.*, t. XXXV, p. 301, 325, 373, 398.) — Salicylate de soude, dix grammes pris d'un seul coup. (*Ibid.*, t. XXXVI, p. 20.) — Association du salicylate de soude à l'ergot de seigle et au sulfate de quinine. (*France méd.*, t. II, p. 339, 565.) — Salicylate de soude. (*Courrier méd.*, p. 190.) — Action thérapeutique du salicylate de soude. (*Revue méd.*, t. I, p. 700.) — De la composition du salicylate de bismuth. (*Bull. gén. thérap.*, p. 328.) — Salicylate de caféine. (*Thérap. contemp.*, p. 340.)

Salicylique. — Traitement de la fièvre typhoïde par l'acide salicylique. (*Gaz. méd. Nantes*, p. 9.) — Dyspnée. (*Journ. méd. chir. prat.*, p. 413.) — Acide salicylique employé contre les verrues. (*Ibid.*, p. 129.) — Effets de l'acide salicylique sur l'organe auditif. (*Revue Sc. méd.*, t. XXII, p. 482.) — Action de l'acide salicylique sur le sang. (*Ibid.*, p. 67.) — Action du salicylate de soude sur l'utérus. (*Ibid.*, p. 495.) — Hydropisie, dyspnée et accès fébriles produits par l'acide salicylique. (*Ibid.*, 493.) — De l'acide salicylique et du salicylate de soude dans le rhumatisme. (*Ibid.*, p. 81.) — Salicylate de chinoline dans l'otorrhée. (*Ibid.*, t. XXI, p. 724.) — Folie passagère à la suite de l'administration de l'acide salicylique. (*Ibid.*, p. 656.) — Conservation des aliments par l'acide salicylique. (*Ibid.*, p. 583.)

Salivaire. — Traitement des fistules salivaires du canal de Stenon. (*Revue Sc. méd.*, t. XXII, p. 304.) — Expulsion spontanée de deux calculs salivaires. (*Journ. de méd. de Bordeaux*, 14 janv.) — De la structure intime des glandes salivaires. (*Mediz. Obosr.*, août.) — Analyse d'un calcul salivaire. (*Journ. de pharm.*, juil.) — Les tubes salivaires, par F. Merkel. (*Leipzig.*,) — Etude clinique sur le traitement des fistules du canal de Stenon. (*Rev. méd. Suisse rom.*, août, sept.) — Cancer primitif des glandes sous-maxillaires. (*Arch. per le Sc. méd.*, VII, n° 1.)

Salive. — Conditions qui influencent l'action amylolytique de la salive. (*Revue Sc. méd.*, t. XXII, p. 34.) — Action toxique de la salive humaine. (*Ibid.*, t. XXI, p. 403.) — Analyse de la salive stomatite mercurielle. (*Ibid.*, p. 444.) — Nouvelle méthode pour déceler l'iodure de potassium dans la salive. (*Berlin. klin. Woch.*, 7 mai.) — Examen de la salive dans les affections rénales. (*Ibid.*)

Salpingo-ovariotomie. -- (*Courrier méd.*, p. 399.)

Salubrité. — Des maisons. (*Bull. acad. méd.*, p. 104.)

Salutations. — Névropathiques. (*Prog. méd.*, p. 370.)

Sanatoria. — Maritimes pour les enfants. (*Bull. acad. méd.*, p. 252.)

Sang. — Plasticité du sang. (*Bull. acad. méd.*, p. 1136.) — Café et gaz du sang. (*Gaz. hôp.*, p. 1109.) — Epanchement considérable. (*Ibid.*, p. 708.) — Microbes dans le sang normal. (*Ibid.*, p. 669.) — Poudre de sang. (*Ibid.*, p. 669.) — Transfusion du sang. (*Ibid.*, p. 292, 411.) — Acidité du sang. (*Sem. méd.*, p. 330.) — Action du nitrite de sodium sur le sang. (*Ibid.*, p. 372.) — Le troisième élément du sang. (*Ibid.*, p. 232.) — Injections de sang. (*Ibid.*, p. 147.) — Recherche du sang dans les vêtements. (*Gaz. méd. Paris*, p. 538.) — Corpuscules du sang. (*Prog. méd.*, p. 621.) — Etude microscopique du sang des diverses races. (*Ibid.*, p. 811.) — Sang défibriné, employé en lavements. (*Union méd.*, t. XXXV, p. 1056.) — Altération du sang dans l'infection paludéenne. (*Ibid.*, t. XXXVI, p. 720.) — Sang de bœuf desséché en thérapeutique. (*Paris méd.*, p. 455.) — Plaquettes et hématoblastes. (*Gaz. hebd. Sc. méd. Bord.*, p. 389.) — Injections intra-péritonéales. (*Ibid.*, p. 389.) — Anatomie normale et pathologique du sang. (*Revue méd.*, t. II, p. 244.) — Injections sous-cutanées de sang dans l'ulcère simple de l'estomac. (*Bull. gén. thérap.*, p. 185.) — Transfusion du sang d'un animal à l'homme. (*Ibid.*, p. 382.) — Transfusion du sang par injection hypodermique (*Ibid.*, p. 275.) — Eléments cellulaires du sang. (*Revue Sc. méd.*, t. XXII, p. 401.) — Matière granuleuse du sang. (*Ibid.*, p. 401.) — Hématoblastes et hématies. (*Ibid.*, p. 401.) — Leucocytes qui renferment les corpuscules en bâtonnets. (*Ibid.*, p. 401.) — Production des globules rouges du sang pendant la vie extra-utérine. (*Ibid.*, t. XXI, p. 6.) — Distinction du sang de l'homme et des mammifères. (*Ibid.*, t. XXII, p. 605.) — Mesure du volume du sang. (*Ibid.*, t. XXI, p. 421.) — Propriétés digestives des globules blancs du sang. (*Ibid.*, p. 31.) — Physiologie et pathologie des différentes formes de leucocytes. (*Ibid.*, t. XXII, p. 401.) — La coagulation du sang. (*Ibid.*, p. 47.) — Rôle des hématoblastes dans la coagulation du sang. (*Ibid.*, p. 48.) — Quantité d'urée contenue dans le sang. (*Ibid.*, t. XXI, p. 421.) — Richesse en hémoglobine du sang des animaux vivants sur les hauts lieux. (*Ibid.*, p. 420.) — Substances basiques du sérum. (*Ibid.*, t. XXII, p. 448.) — Origine des oscillations respiratoires de la pression. (*Ibid.*, p. 433.) — Variations respiratoires de la pression. (*Ibid.*, t. XXI, p. 417.) — Influence des modifications de la pression sanguine sur l'activité du cœur. (*Ibid.*, p. 131.) — Pression dans la fièvre. (*Ibid.*, t. XXII, p. 48.) — Influence du bain chaud sur la pression. (*Ibid.*, p. 75.) — Action de quelques substances toxiques et médicamenteuses sur le sang. (*Ibid.*, p. 401.) — Action de l'acide carbonique du sang sur le centre respiratoire. (*Ibid.*, p. 428.) — Action des peptones et tryptones sur le sang. (*Ibid.*, p. 435.) — Du sort des peptones dans le sang. (*Ibid.*, t. XXI, p. 422.) — Action de l'acide salicylique sur le sang. (*Ibid.*, t. XXII, p. 67.) — Influence de l'emploi persistant du carbonate de soude sur la composition du sang. (*Ibid.*, t. XXI, p. 87.) — Des proportions de l'hémoglobine du sang dans la cure ferrugineuse. (*Ibid.*, p. 120.) — Crise hématique dans les maladies aiguës à défervescense brusque. (*Ibid.*, p. 123.) — Histologie du sang dans la fièvre récurrente. (*Ibid.*, p. 461.) — Numération des globules blancs et rouges dans la pleurésie purulente. (*Ibid.*, p. 461.) — Infection tuberculeuse du sang. (*Ibid.*, p. 56.) — Pénétration d'air dans le sang. (*Ibid.*, p. 462.) — Sang des aliénés. (*Ibid.*, p. 275.) — Des lépreux. (*Ibid.*, p. 685.) — Filaire du sang. (*Ibid.*, p. 182.) — Sur les phénomènes et les causes de la migration des éléments du sang dans les conditions normales et pathologiques. (*Voiénno mediz. Jour.*, fév.) — Sur quelques méthodes d'examen du sang. (*Corr. Blatt. f. schweiz. Aerzte*, nº 8, p. 201.) — Sur l'action de quelques substances toxiques et médicamenteuses sur les globules rouges du sang. (*Arch. de phys.*, mars.) — Etude des altérations morphologiques des globules rouges. (*Ibid.*, fév.) — D'un nouvel élément morphologique du sang et de son importance dans la thrombose et dans la coagulation. (*Arch. Ital. de biol.*, II, nº 3.) — Les Espagnols et la découverte de la circulation du sang. (*Arch. f. pathol. anat. u. phys.*, Bd. XCI, Hft. 3, p. 423.) — Des substances colorantes du sang, de la bile et de l'urine. (*Med. Obosr.*, août.) — De l'action des sels et du sucre sur les hématies. (*Sitzungsber der. k. akademie der Wissensc.*, Wien., t. 84, fasc. 1.) — Les Italiens et la découverte de la circulation du sang. (*Arch. f. pathol. anat. u. physiol.*, Bd. XCIII, Hft. 1.) — Sur l'action destructive des cellules hépatiques sur les globules rouges du sang. (*Memorie dell' acad. delle Sc. dell' Istit. di Bologna*, t. III, série IV.) — De la crise hématique dans la fièvre intermittente. (*Arch. de phys.*, nº 6.) — Injection hypodermique de sang. (*Arch. per le Sc. méd.*, III, nº 1.)

Sangsue. — Procédé opératoire de la sangsue. (*Bull. acad. méd.*, p. 776.) — Dans le larynx. (*Sem. méd.*, p. 285.) — Dans le pharynx. (*Ibid.*, p. 380.) — Morsure de la sangsue. (*Gaz. méd. Paris*, p. 221.) — Extraction d'une sangsue. (*Ibid.*, p. 505.) — Note sur le mécanisme de la succion et de la déglutition. (*Union méd.*, t. XXXV, p. 967.) — Hémorrhagie artérielle produite par une piqûre de sangsue. (*Ibid.*, t. XXXVI, p. 843.) — Empoisonnement par une morsure de sangsue. (*Journ. méd. chir. prat.*, p. 526.) — Septicémie aiguë à la suite d'une application de sangsues. (*Revue Sc. méd.*, t. XXI, p. 284.)

Santal. — Moyen d'administrer l'essence de santal. (*Bull. gén. thérap.*, p. 169.)

Santonate. — Dé soude en injections sous-cutanées. (*Prog. méd.*, p. 1018.)

Santonine. — Son action. (*Sem. méd.*, p. 351, 356.) — Meilleur mode d'administration de la santonine. (*Abeille méd.*, p. 276.) (*Revue thérap.*, p. 521.) (*Revue Sc. méd.*, t. XXII, p. 496.)

Saperfétation. — (*Courrier méd.*, p. 296.)

Saponine. — (*Prog. méd.*, p. 438.) — Ses effets physiologiques. (*Paris méd.*, p. 592.)

Sarcocèle. — Intra et rétro-péritonéal extirpé par la laparotomie. (*Revue Sc. méd.*, t. XXI, p. 299.)

Sarcome. — Fibrome de l'orbite devenu sarcomateux sous l'influence d'un sarcome. (*Gaz. hôp.*, p. 901.) — Du sarcome primitif des ganglions lymphatiques. (*Union méd.*, t. XXXV, p. 155.) — Sarcome primitif des reins. (*Ibid.*, p. 804.) — Contribution à l'étude du sarcome primitif du corps thyroïde. (*France méd.*, t. II, p. 473.) — Sarcomes périostiques. (*Gaz. méd. Nantes*, p. 187.) — Sarcome du membre chez les enfants. (*Revue mens. mal. enfance*, p. 412.) — Ostéo-sarcome du maxillaire supérieur. (*Revue Sc. méd.*, t. XXII, p. 300.) — Sarcome de l'orbite. (*Ibid.*, p. 341.) — De la choroïde. (*Ibid.*, p. 333.) — Des centres nerveux. (*Ibid.*, p. 185.) — Pigmentaire de la peau. (*Ibid.*, p. 629.) — De la cavité thoracique ayant simulé un épanchement pleurétique. (*Ibid.*, t. XXI, p. 130.) — Congénital de la paroi thoracique. (*Ibid.*, p. 234.) — Purpura accompagnant un sarcome multiple. (*Ibid.*, t. XXII, p. 551.) — Sarcome musculaire de la cuisse. Extirpation, hémorrhagie secondaire, ligature de la fémorale. (*Med. news*, 10 mars, p. 285.) — Sarcome secondaire du cœur, des poumons, de la vessie consécutif à un sarcome de la cuisse amputée. (*Boston med. and surg. Journ.*, p. 34.) — Deux observations de sarcome des parties molles (muscles) du bras et de l'avant-bras. (*Med. news*, 10 mars, p. 279.) — Sarcome de la cuisse développé aux dépens de la gaîne des vaisseaux fémoraux. (*Jour. de méd. de Bordeaux*, 18 mars.) — Histogenèse et histologie du sarcome. (*Samml. Klin. Vorträge*, n°ˢ 233-234.) — Structure du sarcome. (*Centralb. f. die med. Wiss.*, n° 49.)

Saturnin. — Empoisonnement saturnin. (*Bull. acad. méd.*, p. 207.) — Troubles de la nutrition dans l'intoxication saturnine. (*Ibid.*, p. 990.) — La goutte des saturnins. (*France méd.*, t. I, p. 811, 824.) (*Journ. méd. chir. prat.*, p. 297.) — L'intoxication saturnine chez les fabricants d'instruments de musique. (*Rev. d'hyg.*, V, 237, mars.) — Paralysie saturnine généralisée. Guérison. (*Lyon méd.*, 18 mars, p. 383.) — De l'amblyopie saturnine. (*Berlin. klin. Woch.*, 27 août.) — Empoisonnement saturnin par des aliments de conserves (boîtes d'étain). (*Med. news*, 8 sept.) — Folie hallucinatoire aiguë chez un saturnin. Epilepsie, hémiplégie, etc., chez un saturnin. (*Charité ann.*, VIII Jahrg., 538.)

Saturnisme. — Dans les céruseries anglaises. (*Revue Sc. méd.*, t. XXII, p. 511.) — Chez les fabricants d'instruments de musique. (*Ibid.*, p. 511.) — Absorption continue du plomb par l'alimentation. (*Ibid.*, t. XXI, p. 537.) — Nouvelles recherches sur la localisation et l'élimination du plomb.) (*Zeit. f. phys. chemie*, VI, p. 528.)

Saumon. — Acclimatation du saumon aux antipodes. (*Bul. acad. méd.*, p. 352.)

Saut. — Physiologie du saut. (*Bull. acad. méd.*, p. 1117, 1187.

Savon. — Mou de potasse dans le phlegmon du ligament large. (*Progrès méd.*, p. 358.) — Son emploi en thérapeutique. (*Paris méd.*, p. 33.) — Savon noir, ses applications. (*Courrier méd.*, p. 16.) — Traitement des verrues par le savon noir. (*Revue méd.*, t. II, p. 126.)

Scarificateur. — Du col utérin. (*Bull. acad. méd.*, p. 166.)

Scarification. — Traitement des affections cutanées par les scarifications. (*Revue Sc. méd.*, t. XXI, p. 643.)

Scarlatine. — Note sur les miasmes contagieux de la scarlatine et de la rougeole. (*Union méd.*, t. XXXV, p. 35.) — Nature et traitement de la scarlatine. (*Ibid.*, t. XXXVI, p. 1044, 1051, 1068.) — Emploi de l'acide sulfureux dans la scarlatine maligne. (*France méd.*, t. I, p. 389.) — Scarlatine chirurgicale ou pseudo-scarlatine. (*Paris méd.*, p. 39.) — Scarlatine des opérés. (*Ibid.*, p. 475.) — Hémorrhagie de la gorge, suite de la scarlatine. (*Courrier méd.*, p. 152.) — Nécrose aiguë multiple à la suite de la scarlatine. (*Gaz. méd. Nantes*, p. 55.) — Prophylaxie de la scarlatine. (*Revue Sc. méd.*, t. XXII, p. 152.) — Contagion de la scarlatine. (*Ibid.*, p. 120.) — Scarlatine propagée par le lait. (*Ibid.*, p. 120.) — Epidémies de scarlatine, mortalité et diphtérie. (*Ibid.*, p. 120.) — Symptômes de la scarlatine. (*Ibid.*, p. 120.) — Scarlatine avec rougeole, avec variole. (*Ibid.*, p. 130.) — Endocardite dans la scarlatine. (*Ibid.*, p. 120.) — Complications de la scarlatine. (*Ibid.*, p. 134.) — Température dans la scarlatine. (*Ibid.*, p. 135.) — Manifestations nerveuses de la scarlatine. (*Ibid.*, p. 136.) — Du pouvoir infectieux du poison scarlatineux dans la période prééruptive de la maladie. (*Brit. med. Journ.*, p. 207.) — Recherches sur la scarlatine. (Faits d'arthrite suppurée, d'endocardite, de récidives.) (*Charité ann.*, VII Jahrg., p. 641.) — Deux attaques de scarlatine chez le même sujet dans l'espace de huit mois. (*Med. record. New-York*, p. 232.) — Sur un cas de néphrite scarlatineuse. (*Berlin. klin. Woch.*, 5 mars.) — Des particularités cliniques de la scarlatine en 1882-1883 à l'hôpital de marine Kalnikine. (*Mediz. Pribawlen. K. Morsk. Sbornikou*, sept.) — La néphrite scarlatineuse et l'hypertrophie du cœur. (*Gaz. degli. ospit.*, p. 531.) — Bacille dans la scarlatine. (*Lancet*, 3 mars.) — Usage du jaborandi ou de la pilocarpine dans le collapsus de la scarlatine maligne. (*Ibid.*, 16 juin.) — Durée de l'incubation de la scarlatine. (*Brit. med. Journ.*, p. 150, janv.) — Sur l'activité du pouvoir infectieux du poison scarlatineux pendant le stade de la maladie précédant l'éruption. (*Ibid.*, p. 207, fév.) — Examen des lambeaux épidermiques chez les scarlatineux et desquamation, présence de micrococcus, altération des noyaux et du protoplasme des cellules épidermiques. (*Centralb. f. die med. Wiss.*, n° 36.) — Scarlatine compliquée d'une ophthalmie purulente de l'œil droit. (*Brit. med. Journ.*, p. 1225, juin.) — Emploi de l'acide sulfureux comme topique dans l'angine scarlatineuse. (*Ibid.*, p. 249, fév.)

Scialorrhée. — Idiopathique chez un enfant. (*Paris méd.*, p. 488.) — Scialorrhée dans la grossesse. (*Revue méd. chir. mal. femmes*, p. 55.)

Sciatique. — Double chez une cancéreuse. (*Prog. méd.*, p. 335, 362.) — Blennorrhagique. (*Abeille méd.*, p. 192.) — Des phtisiques. (*Ibid.*, p. 433.) — Effets de l'élongation du sciatique. (*Revue méd.*, t. I, p. 433.) — Traitement mécanique de la sciatique. (*Ibid.*, t. II, p. 370.) (*Revue thérap.*, p. 156.) — Sciatique et varices. (*Ibid.*, p. 441.)

Scillaïne. — Et scillipicrine. (*Prog. méd.*, p. 544.)

Sciure. — De bois phéniquée. (*Sem. méd.*, p. 295.)

Sclérème. — Glycosurique. (*Abeille méd.*, p. 50.) (*Praticien*, p. 39.) (*Revue Sc. méd.*, t. XXI, p. 393.)

Sclérite. — Traitement chirurgical de la sclérite. (*Union méd.*, t. XXXV, p. 515.)

Sclérodermie. — Des adultes. (*Bull. acad. méd.*, p. 803.) (*Gaz. méd. Paris*, p. 311.) — De la sclérodermie. (*Union méd.*, t. XXXV, p. 1147.)

Scléro-kératite. — De l'iridectomie dans la kératite parenchymateuse et dans la scléro-kératite. (*Bull. gén. thérap.*, p. 92.)

Sclérose. — Hypertrophique du nez. (*Gaz. hôp.*, p. 748.) — Spinale posté-rolatérale. (*Ibid.*, p. 1.) — Descendante du faisceau pyramidal. (*Prog. méd.*, p. 8.) — Myocardite chronique et sclérose. (*Union méd.*, t. XXXV, p. 493.) — En plaques chez les enfants. (*Ibid.*, t. XXXVI, p. 341.) — Con-tribution à l'étude de la sclérose. (*France méd.*, t. II, p. 259.) — Anoma-lies de la sclérose en plaques disséminées. (*Paris méd.*, p. 386.) — Sclé-rose du cerveau. (*Courrier méd.*, p. 189.) — Sclérose cérébrale chez les enfants. (*Revue mens. mal. enfance*, p. 555.) — De la moëlle. (*Revue Sc. méd.*, t. XXII, p. 186, 187.) — Sclérose insulaire multiple et congéni-tale des centres nerveux. (*Ibid.*, t. XXI, p. 276.)

Sclérotique. — Des taches mélaniques congénitales de la sclérotique. (*Berlin. klin. Woch.*, 29 janv.)

Sclérotomie. — De la malaxation de l'œil après la sclérotomie. (*Union méd.*, t. XXXVI, p. 8.) (*France méd.*, t. II, p. 6.) (*Gaz. méd. Nantes*, p. 144, 152.) (*Revue méd.*, t. II, p. 590, 625.)

Scoliose. — Corset de Sayre dans le traitement de la scoliose. (*Gaz. méd. Paris*, p. 465, 478.) — Scoliose aiguë. (*Union méd.*, t. XXXV, p. 660.)

Scorbut. — (*Bull. acad. méd.*, p. 1370.) — Dans les prisons de la Seine. (*Union méd.*, t. XXXVI, p. 636.) — Scorbut et traitement. (*Revue thérap.*, p. 193.) (*Art méd.*, t. LVII, p. 52.) — Théorie miasmatique du scorbut. (*Rev. Sc. méd.*, t. XXI, p. 607.) — Formes légères du scorbut. (*Ibid.*, p. 607.) — Note sur quelques points de l'étiologie du scorbut. (*Brit. med. Journ.*, p. 410, mars.)

Scrofule. — Pommade contre la scrofule ganglionnaire. (*Union méd.*, t. XXXV, p. 263.) — Scrofule dans ses rapports avec la phthisie pulmo-naire. (*Ibid.*, p. 685.) — Considérations cliniques et thérapeutiques sur la scrofule et la syphilis héréditaires. (*Ibid.*, t. XXXVI, p. 590, 625.) — Derniers travaux sur la scrofule. (*France méd.*, t. II, p. 625.) — Scrofule et tuberculose. (*Art méd.*, t. LVII, p. 32.) — Nature des adénites ex-ternes dites scrofule. (*Revue Sc. méd.*, t. XXI, p. 638.) — Ichtyose an-sérine des scrofules. (*Ibid.*, p. 630.) — Des gommes scrofuleuses. (*Ibid.*, t. XXII, p. 622.) — Abcès scrofuleux parasynoviaux du genou. (*Ibid.*, t. XXI, p. 657.)

Scrofulides. — Traitement des scrofulides cutanées légères. (*Union méd.*, t. XXXV, p. 944.) — Scrofulides cutanées chez les enfants guéries par le grattage et le thermo-cautère. (*Paris méd.*, p. 538.) (*Bull. gén. thérap.*, p. 187.)

Scrotum. — Gangrène, anaplastie, réunion immédiate. (*Gaz. hôp.*, p. 220.) — Cas d'éléphantiasis du scrotum. (*Revue méd.*, t. II, p. 599.) — Taille-

méd., p. 537.) — Le sel et le vinaigre au point de vue de l'alimentation. (*Courrier méd.*, p. 203.) — Transfusion de sel de cuisine dans l'anémie aiguë. (*Bull. gén. thérap.*, p. 383.) — Injections intra-veineuses de solutions salines dans le choléra. (*Ibid.*, p. 425.)

Séméiotique. — (*Art méd.*, t. LVII, p. 401, 404.)

Séné. — Purgatifs au séné et au chloral. (*Gaz. méd. Nantes*, p. 73.)

Sens. — Le sixième sens. (*Union méd.*, t. XXXV, p. 312.) — Inversion du sens génésique. (*Praticien*, p. 37, 121.)

Sensations. — Physiologie des sensations colorées. (*Bull. acad. méd.*, p. 524, 659.) — Sur le temps de réaction des sensations olfactives. (*Gaz. méd. Paris*, p. 65.) — Sensations du blanc et des couleurs complémentaires. (*Ibid.*, p. 19.)

Sensibilité. — Physiologie de la sensibilité chromatique. (*Bull. acad. méd.*, p. 524.) — Troubles de la sensibilité dans les lésions du cerveau. (*Ibid.*, p. 630.) — Ses troubles dans l'alcoolisme chronique. (*Gaz. hôp.*, p. 683.) — Des lobes cérébraux chez les mammifères. (*Revue Sc. méd.*, t. XXI, p. 414.) — Oscillations spontanées ou provoquées de la sensibilité dans l'hémianesthésie. (*Ibid.*, p. 581.)

Septicémie. — Chauffage des instruments afin de prévenir la septicémie gangréneuse. (*Bull. acad. méd.*, p. 1323.) — Septicémie aiguë à forme gangréneuse. (*Gaz. hôp.*, p. 124.) — Septicémie puerpérale expérimentale. (*Union méd.*, t. XXXV, p. 1016.) (*Courrier méd.*, p. 45, 310.) — Septicémie et pyohémie à la suite d'une cautérisation du col avec le thermo-cautère. (*Journ. accouch. Liège*, p. 120.) — Septicémie puerpérale traitée et guérie par les injections hypodermiques d'acide phénique. (*Revue méd. chir. mal. femmes*, p. 52.) — De l'immunité acquise à l'égard du poison. (*Revue Sc. méd.*, t. XXI, p. 473.) — Septicémie provoquée chez le lapin. (*Ibid.*, p. 77.) — Aiguë à la suite d'une application de sangsues. (*Ibid.*, p. 284.) — Diabète compliqué de septicémie. (*Ibid.*, t. XXII, p. 170.) — De la septicémie sans plaie extérieure. (*Lyon méd.*, 21 janv.)

Séquestration. — Des aliénés dits criminels. (*Bull. acad. méd.*, p. 589.)

Séreuses. — De l'inflammation purulente de toutes les glandes séreuses. (*Union méd.*, t. XXXVI, p. 1020.)

Serpents. — Iode dans les morsures de serpents. (*Paris méd.*, p. 525.) — Du venin de serpent à sonnettes. (*Revue Sc. méd.*, t. XXI, p. 101.) — Morsure de serpent traitée par la solution de potasse à l'intérieur. (*Ibid.*, t. XXII, p. 94.) — Du permanganate de potasse contre les morsures de serpent. (*Ibid.*, t. XXI, p. 102.) — Du permanganate de potasse contre le venin du cobra. (*Ibid.*, p. 102.) — Expériences sur le venin du coclopeltis insignitus. (*Giorn. della R. Accad. di Torino*, juin.) — De quelques expériences récentes sur le venin des serpents. (*Am. Journ. of the med. Sc.*, p. 131, juil.) — Inefficacité du permanganate de potasse contre le venin des vipères. (*Lancet*, 5 mai.) — La morsure de la vipère et le permanganate de potasse. (*Arch. ed At. della Soc. di chir.*, I, fasc. 1.)

Serrurier. — Diminution de l'ouïe chez les serruriers. (*Revue Sc. méd.*, t. XXI, p. 721.)

Serum. — Formation, albumine dans l'estomac. (*Revue Sc. méd.*, t. XXII, p. 434.)

Service. — Médical de nuit dans la ville de Paris. (*Gaz. hôp.*, p. 381, 654.) (*Prog. méd.*, p. 78, 79, 380, 578, 855.) — Service sanitaire en Egypte. (*Ibid.*, p. 1042.) — Médical à Nantes sous l'ancien régime. (*Gaz. méd. Nantes*, p. 61, 93, 125, 161, 177.) — Pharmaceutique de nuit. (*Praticien*, p. 47.)

Séton. — Filiforme dans les phlegmasies chroniques de la poitrine. (*Thérap. contemp.*, p. 323.)

Sève. — Son transport. (*Sem. méd.*, p. 12.)

Sevrage. — Etude comparative du sevrage dans les diverses régions de la France. (*Bul. acad. méd.*, p. 807.) — Dangers du sevrage prématuré. (*Abeille méd.*, p. 378.) — Du sevrage et de son étude. (*Art. méd.*, t. LVII, p. 32.) (*Revue méd. chir. mal. femmes*, p. 58.)

Science. — La science des Arabes. (*Courrier méd.*, p. 130.)

Siège. — Sur la présentation du siège. (*Courrier méd.*, p. 351.)

Signes. — De la mort. (*Gaz. méd. Paris*, p. 507.) (*Union méd.*, t. XXXVI, p. 194.)

Simulation. — De l'amaurose et de l'amblyopie. (*Union méd.*, t. XXXV, p. 521.) — De la simulation des calculs urinaires chez les hystériques. (*France méd.*, t. I, p. 639.) — De la contracture. (*Journ. méd. chir. prat.*, p. 53.) — Des paralysies. (*Ibid.*, p. 95.)

Singe. — Syphilis du singe. (*Bull. acad. méd.*, p. 983.) (*Sem. méd.*, p. 12, 23.)

Sinus. — Abcès du sinus frontal, guérison. (*Union méd.*, t. XXXV, p. 125.) — Entrée de l'air dans les sinus utérins. (*Revue méd. chir. mal. femmes*, p. 161.)

Siphon. — Note sur un modèle de siphon stomacal. (*Union méd.*, t. XXXV, p. 67.)

Soif. — Son appétit. (*Sem. méd.*, p. 9.) — Centre nerveux qui préside au phénomène de la soif. (*Revue méd.*, t. I, p. 202.)

Solutions. — Organismes des solutions. (*Bull. acad. méd.*, p. 1443.) — Antipsorique. (*Union méd.*, t. XXXV, p. 203.) — Solution phéniquée pour inhalation. (*Ibid.*, t. XXXVI, p. 807.) — Solution contre la kératite ulcéreuse. (*Ibid.*, p. 832.) — Solutions salines purgatives concentrées employées contre l'hydropisie. (*Ibid.*, p. 998.) — Solution iodurée caustique pour remplacer la teinture d'iode. (*Praticien*, p. 140.)

Sommeil. — Maladie du sommeil. (*Bull. acad. méd.*, p. 74.) — Sommeil provoqué, hypnotisme. (*Gaz. hôp.*, p. 1156.) — Contribution à l'étude du sommeil pathologique. (*Union méd.*, t. XXXV, p. 238.) — Mensurations sur la profondeur du sommeil. (*Zeits. f. biol.*, XIX Bd., p. 114.)

Sommet. — Causes de la présentation du sommet. (*Revue méd.*, t. I, p. 367.)

Son. — Lumineux. (*Journ. méd. chir. prat.*, p. 47.)

Sonde. — Utérine. (*Bull. acad. méd.*, p. 1368.) — Série de sondes pour la trompe d'Eustache. (*Union méd.*, t. XXXV, p. 34.) — Sonde pour les lavements. (*Courrier méd.*, p. 129.) — Sonde retenue trois heures dans l'urèthre d'une femme après le cathétérisme. (*Abeille méd.*, p. 311.) — Sondes et bougies nouvelles. (*Praticien*, p. 178.)

Soude. — Santonate de soude, son action. (*Gaz. hebd. Sc. méd. Bord.*, p. 596.)

Soudure. — Osseuse. (*Bul. gén. thérap.*, p. 144.)

Souffles. — La théorie de Balfour sur la dilatation du cœur considérée comme cause des souffles inorganiques. (*Union méd.*, t. XXXV, p. 1004.) — Nouvelle application des souffles présystoliques avec intégrité de l'orifice mitral. (*Gaz. méd. Nantes*, p. 172.) — Des bruits de souffle diastoliques. (*Revue Sc. méd.*, t. XXI, p. 132.) — Causes et significations du redoublement des bruits de souffles. (*Ibid.*, p. 142.) — Bruits de souffle du rétrécissement pulmonaire. (*Ibid.*, p. 142.)

Soufre. — De l'urine. (*Gaz. méd. Paris*, p. 563.) — Dans l'acné. (*Paris méd.*, p. 488.) (*Journ. méd. chir. prat.*, p. 351.)

Soupe. — Dyspepsie et anémie chez les mangeurs de soupe. (*Revue méd.*, t. I, p. 419.)

Sourcil. — Traitement des blessures du sourcil. (*Courrier méd.*, p. 401.) — Kyste dermoïde de la queue du sourcil. (*Abeille méd.*, p. 422.)

Sourds-muets. — Instruction des sourds-muets. (*Bull. acad. méd.*, p. 695.)

Sparadrap. — A l'huile de morue. (*Journ. méd. chir. prat.*, p. 61.)

Spartéïne. — (*Prog. méd.*, p. 500.)

Spasme. — Musculaire. (*Journ. méd. chir. prat.*, p. 124.) — Spasme fonctionnel du cou. (*Ibid.*, p. 502.) — Rythmique du larynx. (*Revue Sc. méd.*, t. XXI, p. 708.) — Pathogenèse des spasmes fonctionnels périphériques. (*Ibid.*, p. 581.) — Le fer rouge contre les spasmes. (*Ibid.*, t. XXII, p. 93.)

Spécificité. — Des maladies. (*Gaz. méd. Paris*, p. 109.)

Spécimen. — D'antéflexion de l'utérus. (*Journ. accouch. Liège*, p. 70.)

Spectre solaire. — (*Thérap. contemp.*, p. 331.) — Vision des radiations ultra-violettes. (*Revue Sc. méd.*, t. XXII, p. 320.)

Spéculum. — Pour l'électrisation utérine. (*Bull. acad. méd.*, p. 806.) — Spéculum vaginal à deux mouvements indépendants. (*Ibid.*, p. 1377.) — Spéculum de Seiler. (*Gaz. méd. Paris*, p. 319.) — Spéculum nouveau. (*Prog. méd.*, p. 996.) — Quelques réflexions cliniques sur l'application du spéculum. (*Union méd.*, t. XXXV, p. 41.)

Spédalskhed. — La spédalskhed à l'île Maurice. (*Union méd.*, t. XXXVI, p. 849.)

Spermatogenèse. — Chez les Sélaciens. (*Revue Sc. méd.*, t. XXI, p. 405.) — Chez les mammifères. (*Ibid.*, p. 406.)

Spermatorrhée. — Chez un vieillard à la suite de lésion médullaire. (*Paris méd.*, p. 318.) (*Abeille méd.*, p. 263.) — Sur un cas de véritable spermatorrhée survenue chez un homme âgé à la suite de plusieurs lésions de la corde spinale. (*Bull. gén. thérap.*, p. 94.)

Sperme. — Variations de la composition du sperme dans quelques cas pathologiques. (*Journ. de pharm.*, juil.)

Sphéroïdal. — Etude sur les corps à l'état sphéroïdal. (*Bull. acad. méd.*, p. 653.)

Sphygmographe. — Application du sphygmographe à l'étude de la bronchite. (*Bull. acad. méd.*, p. 672.) (*Gaz. hebd. Sc. méd. Bord.*, p. 266.) — Pour le diagnostic des lésions du cœur. (*Revue Sc. méd.*, t. XXI, p. 131.) — Moyen rapide de transporter sur collodion les tracés obtenus sur papier enfumé. (*Ibid.*, p. 414.)

Sphygmogrammes. — Thérapeutiques. (*Bull. acad. méd.*, p. 295.)

Sphygmomanomètre. — (*Bull. acad. méd.*, p. 420.)

Spina. — Bifida congénital opéré dans l'enfance, paralysie du corps de la vessie. (*Gaz. hôp.*, p. 25.) — Spina bifida. (*France méd.*, t. I, p. 694.) — Spina bifida, nouvelle opération. (*Courrier méd.*, p. 306, 391.) — Traitement du spina bifida par les injections d'idio-glycérine. (*Gaz. méd. Nantes*, p. 104.) — Spina bifida dans une présentation du siège. (*Journ. accouch. Liège*, p. 153, 157.) — Spina bifida lombaire. (*Revue Sc. méd.*, t. XXII, p. 467.) — Spina bifida opéré. Mort subite après guérison apparente. (*Berlin. klin. Woch.*, 26 fév.) — Spina bifida lombaire traité et guéri par la ligature élastique. (*Annali universali*, mai.) — Spina bifida traité avec succès par l'injection iodée. (*Lancet*, 20 janv.) — Nouvelle opération pour spina bifida. (*Brit. med. Journ.*, p. 358, mars.)

Spirilles. — Recherches des spirilles. (*Revue Sc. méd.*, t. XXII, p. 477.) — Spirilles de la fièvre récurrente. (*Ibid.*, p. 557.)

Spirométrique. — Appareil spirométrique et carbonimétrique. (*Bull. acad. méd.*, p. 778.) — Spiromètre de Bellangé. (*Union méd.*, t. XXXV, p. 1129.) — Et carbonimètre. (*Bull. gén. thérap.*, p. 40.)

Splénotomie. — Chez l'homme et les animaux. (*Union méd.*, t. XXXV, p. 940.) — Splénotomie. (*Revue Sc. méd.*, t. XXI, p. 696.)

Spléno-pneumonie. — (*Gaz. hôp.*, p. 763.) (*Sem. méd.*, p. 208.) (*Gaz. méd. Paris*, p. 385.) (*Union méd.*, t. XXXVI, p. 1078, 1108, 1117.) (*France méd.*, t. II, p. 223, 229.) (*Courrier méd.*, p. 300.) (*Abeille méd.*, p. 339.) (*Gaz. hebd. Sc. méd. Bord.*, p. 392.) (*Journ. méd. chir. prat.*, p. 428.) (*Thérap. contemp.*, p. 583.) — Simulant la pleurésie. (*Praticien*, p. 415.)

Spondylizème. — (*Bull. acad. méd.*, p. 696.) — Du bassin. (*Revue Sc. méd.*, t. XXII, p. 596.)

Spondylolisthésis. — (*Bull. acad. méd.*, p. 696.) (*Revue Sc. méd.*, t. XXII, p. 596.)

Spontanéité. — Dans les maladies virulentes et les épidémies. (*Bull. acad. méd.*, p. 1321.)

Spray. — Phénique dans le croup. (*Gaz. méd. Paris*, p. 114.)

Squirrhe. — Ulcéré du sein, opéré par l'anesthésie caustique. (*France méd.*, t. I, p. 568.) (*Courrier méd.*, p. 148.) (*Revue méd. chir. mal. femmes*, p. 684.)

Staphylome. — (*Gaz. hôp.*, p. 852.) — Ciliaire. (*Journ. méd. chir. prat.*, p. 401.)

Stase. — Fécale dans ses rapports avec la fièvre. (*Journ. accouch. Liège*, p. 72.)

Statistique. — Des malades dans les hôpitaux. (*Union méd.*, t. XXXVI, p. 724.) — De l'aliénation mentale. (*Ibid.*, p. 648, 736.) — Municipale. (*France méd.*, t. I, p. 761.) — Du personnel médical. (*Ibid.*, t. II, p. 851.) — Médicale. (*Courrier méd.*, p. 19.) — De la morbidité. (*Revue Sc. méd.*, t. XXI, p. 527.) — Etude statistique démographique. (*Viertelz. f. zerich. med.*, 337, avril.)

Stéatopygie. — (*Sem. méd.*, p. 123.) (*Revue méd.*, t. II, p. 292.) — Des Hottentotes. (*Revue méd. chir. mal. femmes*, p. 641.)

Sténon. — Fistules du canal de Sténon. (*Paris méd.*, p. 268.) (*Bull. gén. thérap.*, p. 369.)

Stérilité. — Affections utérines et stérilité. (*France méd.*, t. I, p. 648.) — Stérilité chez l'homme. (*Courrier méd.*, p. 253.) — Causée par la présence d'une membrane anormale. (*Journ. accouch. Liège*, p. 130.) — Suite de dysménorrhée membraneuse. (*Ibid.*, p. 208.) — Des formes de l'orifice utérin dans leurs rapports avec la stérilité. (*Revue méd. chir. mal. femmes*, p. 17, 78, 142, 700.)

Sternum. — Sa bifidité. (*Gaz. hôp.*, p. 700.)

Stomatite. — (*Revue thérap.*, p. 569.) — Analyse de la salive de stomatite mercurielle. (*Revue Sc. méd.*, t. XXI, p. 444.)

Strabisme. — Opération au moyen de l'avancement capsulaire. (*Gaz. hôp.*, p. 981.) (*Gaz. méd. Paris*, p. 525.) — Leçon sur le strabisme. (*Union méd.*, t. XXXV, p. 721, 759, 812, 821, 857, 1101.) (*France méd.*, t. II, p. 593.) — De l'opération du strabisme. (*Courrier méd.*, p. 377.) — Strabisme. (*Gaz. hebd. Sc. méd.* p. 511.) — Moyen propre à corriger le strabisme. (*Revue méd.*, t. II, p. 621.) — Correction du strabisme monolatéral. (*Revue Sc. méd.*, t. XXII, p. 321.) — De la cure du strabisme convergent intermittent par les mydriatiques. (*Ibid.*, t. XXI, p. 316.) — Influence du strabisme sur l'acuité visuelle. (*Berlin. klin. Woch.*, n° 19, p. 288, 7 mai.) — De l'avancement musculaire combiné avec la ténotomie. (*Arch. d'oph.*, juil.-août.) — Du strabisme conjugué paralytique par tubercule du noyau de la septième paire. (*Ann. di ottalm.*, XII, p. 274.)

Strabotomie. — De l'emploi des louchettes après la strabotomie. (*France méd.*, t. I, p. 297.)

Stramoine. — Empoisonnement par la stramoine. (*Revue méd.*, t. II, p. 741.)

Strangulation. — Et pendaison. (*Thérap. contemp.*, p. 8.) — Observation de strangulation. (*Revue Sc. méd.*, t. XXII, p. 656.) — Lésion de la strangulation. (*Ibid.*, p. 656, 660.) — Hémorrhagie de la protubérance, hémiplégie persistante et ataxie, suite de strangulation. (*Ibid.*, t. XXI, p. 593.)

Strychnine. — Empoisonnement par la strychnine. (*Gaz. hôp.*, p. 205, 494.) — Action de la strychnine sur la dilatation cardiaque. (*Gaz. méd. Paris*, p. 76.) — Strychnine et ses sels. (*Prog. méd.*, p. 419.) — Dans l'asystolie. (*Paris méd.*, p. 503.) — Traitement par le chloral de l'empoisonnement par la strychnine. (*Ibid.*, p. 585.) — Intoxication strychnique. (*Gaz. hebd. Sc. méd. Bord.*, p. 559.) — Antagonisme de la strychnine avec la paraldéhyde. (*Bull. gén. thérap.*, p. 179.) — Strychnine en injections sous-cutanées dans les névralgies. (*Ibid.*, p. 240.) — Propriétés antiseptiques de la strychnine et de la brucine. (*Ibid.*, p. 287.) — Traitement de l'alcoolisme par la strychnine. (*Thérap. contemp.*, p. 130.) — Guérison d'un cas de gastrite alcoolique par la strychnine. (*Ibid.*, p. 392.) — Emploi de la strychnine dans le traitement des hémorrhagies consécutives à la regression incomplète de l'utérus après l'accouchement ou l'avortement. (*Revue méd. chir. mal. femmes*, p. 50.) — Action de fortes doses de strychnine. (*Revue Sc. méd.*, t. XXI, p. 503.) — Analogies et différences entre le curare et la strychnine. (*Ibid.*, t. XXII, p. 73.)

Strychnisation. — (*Gaz. hôp.*, p. 1083.) (*Sem. méd.*, p. 339.) — Première période de la strychnisation. (*Progr. méd.*, p. 972.)

Styloïde. — Développement anormal de l'apophyse gênant la déglutition. (*Abeille méd.*, p. 103.)

Stylosanthes. — Du stylosanthes. (*Union méd.*, t. XXXVI, p. 711.)

Styrone. — Son action. (*Revue Sc. méd.*, t. XXI, p. 497.)

Sublimé. — Corrosif, intoxication. (*Gaz. méd. Paris*, p. 66.) — Dans le traitement de la diphthérite. (*Paris méd.*, p. 286.) — Son action. (*Gaz. hebd. Sc. méd. Bord.*, p. 73.) — Emploi du sublimé en chirurgie. (*Bull. gén. thérap.*, p. 265.) — Du sublimé corrosif dans l'antisepsie puerpérale. (*Ibid.*, p. 373.) — Sublimé en gynécologie. (*Revue thérap.*, p. 160.) — Dans les accouchements. (*Thérap. contemp.*, p. 377.)

Subluxation. — Iliaque droite. (*Abeille méd.*, p. 172.)

Submersion. — (*Revue Sc. méd.*, t. XXII, p. 663, 664.)

Substance. — Liquides organiques neutres et substance organisée. (*Gaz. hôp.*, p. 43.) (*Sem. méd.*, p. 12.) — Conférence sur les substances explosibles. (*Gaz. méd. Paris*, p. 533, 545, 557, 581.)

Suc. — Neutralisants du suc tuberculeux. (*Bull. acad. méd.*, p. 70.) (*Sem. méd.*, p. 10.) (*Gaz. méd. Paris*, p. 31.) (*Union méd.*, t. XXXV, p. 92.) (*Courrier méd.*, p. 19.)

Succédanés. — En thérapeutique. (*France méd.*, t. II, p. 464.)

Sucre. — L'acide picrique employé pour reconnaître dans l'urine la présence du sucre. (*France méd.*, t. I, p. 448.) — Détermination du sucre des aliments. (*Revue Sc. méd.*, t. XXII, p. 461.) — Des réactifs pour la recherche du sucre. (*Ibid.*, t. XXI, p. 437.) — Recherche du sucre dans l'urine diabétique. (*Ibid.*, p. 41.) — Peptones envisagées comme matériaux pour la formation du sucre dans le foie. (*Ibid.*, p. 29.)

Sueur. — Traitement de la sueur fétide des pieds par le sous-nitrate de bismuth. (*Bull. acad. méd.*, p. 352.) — Sueur de la peau. (*Ibid.*, p. 1201.) — Sueurs locales liées à la syphilis. (*Gaz. hôp.*, p. 716.) (*Sem. méd.*, p. 202.) — Traitement des sueurs des phtisiques. (*Ibid.*, p. 99.) — Sueurs colorées, leur parasite. (*Paris méd.*, p. 583.) — Agaric blanc contre les sueurs nocturnes. (*Abeille méd.*, p. 120.) — Sueur axillaire chez les personnes nues. (*Journ. méd. chir. prat.*, p. 168.) — Effet des frictions alcooliques. (*Revue Sc. méd.*, t. XXI, p. 120.)

Suggestion. — A l'état de veille. (*Gaz. hôp.*, p. 932, 1012.) (*Gaz. méd. Paris*, p. 442.) (*Paris méd.*, p. 532.) (*Courrier méd.*, p. 345.)

Suicides. — A New-York. (*Bull. acad. méd.*, p. 72.) — A Philadelphie. (*Ibid.*, p. 863.) — Suicide tragique. (*France méd.*, t. I, p. 120.) — Par l'acide sulfurique. (*Ibid.*, p. 421.) — Suicide à deux. (*Abeille méd.*, p. 176.) — Par excision du larynx. (*Journ. méd. chir. prat.*, p. 365.)

Suisse. — Pureté de l'air de la Suisse. (*Sem. méd.*, p. 274.)

Sulfates. — Traitement de la fièvre typhoïde par le sulfate de quinine. (*Bull. acad. méd.*, p. 863.) — Sulfate de quinine, pureté. (*Gaz. hôp.*, p. 1077.) — Action physiologique du sulfate de quinine sur l'appareil circulatoire. (*Gaz. méd. Paris*, p. 52.) — Sulfate de magnésie en injections hypodermiques. (*Progr. méd.*, p. 61.) — Sulfate de cinchondine, recherches expérimentales sur son action physiologique. (*France méd.*, t. II, p. 104.) — Association de l'ergot de seigle au salicylate de soude et au sulfate de quinine. (*Ibid.*, p. 339.) — Abus et administration peu judicieuse du sulfate de quinine. (*Paris méd.*, p. 521.) — Falsification du sulfate de quinine. (*Courrier méd.*, p. 421, 55.) (*Revue méd.*, t. II, p. 66.) — Sulfate de quinine chez les enfants. (*Revue mens. mal. enfance*, p. 82.)

Sulfite. — Traitement de la bronchite fétide par l'hypo-sulfite de soude. (*Revue Sc. méd.*, t. XXII, p. 505.)

Sulfure. — De carbone dans les douleurs névralgiques. (*Paris méd.*, p. 537.) (*Journ. méd. chir. prat.*, p. 469.)

Sulfuraire. — Dans les eaux thermales des Pyrénées. (*Bull. acad. méd.*, p. 650.)

Sulfureux. — Traitement de la scarlatine par l'acide sulfureux. (*Revue Sc. méd.*, t. XXII, p. 92.)

Sulfurine. — Ou foie de soufre cristallisé pour bains sulfureux sans odeur. (*Paris méd.*, p. 416.)

Superfœtation. — (*Revue méd. chir. mal. femmes*, p. 453.) (*Revue Sc. méd.*, t. XXII, p. 257.)

Suppositoires. — Contre la métrorrhagie. (*Union méd.*, t. XXXV, p. 1084.) — Topiques, argileux vaginaux. (*Bull. gén. thérap.*, p. 145.)

Suppuration. — Des organismes inférieurs dans les suppurations. (*Gaz.*

hôp., p. 1158.) — Rôle des micro-organismes dans la production de la suppuration. (*Sem. méd.*, p. 366.) — Suppuration. (*Gaz. hebd. Sc. méd. Bord.*, p. 609.) — Suppuration des bourses séreuses. (*Revue thérap.*, p. 514.) — Suppuration des oreilles, dangers. (*Praticien*, p. 43.) — Y a-t-il de la suppuration sans organismes inférieurs? (*Revue Sc. méd.*, t. XXII, p. 50.)

Suralimentation. — (*Gaz. hôp.*, p. 388.) (*Gaz. méd. Paris*, p. 393.) (*Gaz. hebd. Sc. méd. Bord.*, p. 397.) (*Praticien*, p. 405.)

Surdité. — Et surdi-mutité. (*Bull. acad. méd.*, p. 1229.) — Verbale. (*Sem. méd.*, p. 107.) (*Prog. méd.*, p. 386.) — De la surdité dans l'hémianesthésie hystérique. (*Union méd.*, t. XXXV, p. 1148.) — Surdité complète uni ou bi-latérale consécutive aux oreillons. (*Ibid.*, t. XXXVI, p. 865.) — Surdité causée par l'usage du foulard. (*Courrier méd.*, p. 392.) — Surdité sur une cause peu connue. (*Gaz. méd. Nantes*, p. 22.) — Surdité cérébrale. (*Revue Sc. méd.*, t. XXI, p. 589.) — Aplatissement du pavillon, cause de surdité. (*Ibid.*, t. XXII, p. 747.) — Statistique sur la surdi-mutité dans le Palatinat. (*Fried. Blass. f. gericht Mediz.*, 33ᵉ année, V.)

Surmenage. — Sur le surmenage du cœur. (*Union méd.*, t. XXXV, p. 940.)

Surveillance. — Des enfants du premièr âge. (*Concours méd.*, p. 252.)

Susceptibilités. — Idiosyncrasiques vis-à-vis de l'ipéca. (*Union méd.*, t. XXXVI, p. 549.)

Suspensoir. — Nouveau. (*Union méd.*, t. XXXV, p. 382.)

Suture. — Nerveuse suivie de séparation fonctionnelle des muscles. (*Gaz. hôp.*, p. 1102.) — Suture osseuse dans les amputations ostéo-plastiques du pied. (*Ibid.*, p. 341.) — Suture osseuse dans les fractures de la rotule. (*Ibid.*, p. 389, 1028.) (*Prog. méd.*, p. 939.) — Suture de la vessie. (*Union méd.*, t. XXXV, p. 777.) — Suture des nerfs et la régénération chez l'homme. (*Ibid.*, t. XXXVI, p. 953.) — Suture du nerf radial six mois après sa division complète avec réintégration fonctionnelle douze mois après l'opération. (*Ibid.*, p. 966.) — Suture du moignon dans l'hystérectomie. (*Journ. accouch. Liège*, p. 220.) — Suture et résection de l'intestin. (*Bull. gén. thérap.*, p. 282.) — Suture des vaisseaux. (*Revue Sc. méd.*, t. XXII, p. 286.) — Des tendons. (*Ibid.*, p. 315.)

Sycosis. — (*Revue thérap.*, p. 371.)

Sympathique. — Action des ganglions sympathiques. (*Gaz. hebd. Sc. méd. Bord.*, p. 88.) — Blessure du sympathique cervical. (*Revue Sc. méd.*, t. XXI, p. 581.)

Symphiséotomie. — (*Sem. méd.*, p. 43.) (*Journ. accouch. Liège*, p. 48, 268.) — Symphiséotomie en Italie. (*Revue Sc. méd.*, t. XXII, p. 257.)

Symphyse. — De la symphyse cardiaque et des insuffisances valvulaires qui peuvent en résulter. (*Union méd.*, t. XXXVI, p. 541, 577.) (*Paris méd.*, p. 277.)

Syncope. — Du déplacement du cœur et de la syncope dans la pleurésie. (*Union méd.*, t. XXXV, p. 1016.) — Syncope pendant le coït. (*Courrier méd.*, p. 183.) (*Journ. accouch. Liège*, p. 97.) — Dangers de l'inversion de la tête dans la syncope chloroformique. (*Bull. gén. thérap.*, p. 371.)

Synergies. — Les synergies morbides du nerf pneumogastrique. (*Union méd.*, t. XXXV, p. 97.)

Synoviale. — Traitement des maladies de la synoviale. (*Prog. méd.*, p. 831.) — Développement et structure des membranes synoviales. (*Revue Sc. méd.*, t. XXI, p. 409.)

Synovite. — Pseudo-membraneuse du genou. (*Gaz. hôp.*, p. 785.) — Tendineuses. (*Sem. méd.*, p. 135.) — Synovite à grains riziformes. (*Courrier méd.*, p. 217.) — Synovite fongueuse des gaînes des tendons. (*Abeille méd.*, p. 320.) — Synovite tendineuse, tuberculeuse. (*Thérap. contemp.*, p. 78.)

Syphilides. — Muqueuses. (*Gaz. hôp.*, p. 9, 50.) — Note pour servir à l'histoire des syphilides traumatiques. (*Union méd.*, t. XXXV, p. 445, 469.) — Syphilides palmaire et plantaire, pansement. (*Journ. méd. chir. prat.*, p. 308.) — Pigmentaires, traitement. (*Ibid.*, p. 308.) — Ulcéreuses, pansement. (*Ibid.*, p. 308.)

Syphilis. — Histoire de la syphilis. (*Bull. acad. méd.*, p. 256.) — Paralysies toxiques et syphilis. (*Ibid.*, p. 256.) — Altérations du placenta dues à la syphilis. (*Ibid.*, p. 821.) — Syphilis du singe. (*Ibid.*, p. 983.) — Remède contre la syphilis. (*Ibid.*, p. 19.) — Syphilis cérébrale traumatique. (*Gaz. hôp.*, p. 548.) — Syphilis et fièvre typhoïde. (*Ibid.*, p. 141.) — Syphilis et rachitisme. (*Ibid.*, p. 133, 156, 181, 206, 341, 619, 1190.) — Rétrécissement du rectum. (*Ibid.*, p. 1105.) — Héréditaire tardive. (*Ibid.*, p. 626, 634, 642, 650, 690, 714.) — Hérédité. (*Ibid.*, p. 449.) — Paralysie du membre inférieur droit, interprétation des troubles nerveux. (*Ibid.*, p. 26.) — Paralysie générale. (*Ibid.*, p. 129.) — Phagédénisme. (*Ibid.*, p. 217, 305, 330, 354, 404, 434, 457, 491, 506, 515.) — Son inoculation au singe. (*Ibid.*, p. 68, 93.) — Sueurs locales liées à la syphilis. (*Ibid.*, p. 716.) — Thallium dans la syphilis. (*Ibid.*, p. 396.) — Erosions dentaires et syphilis. (*Sem. méd.*, p. 88.) — Rapports de l'ataxie locomotrice et de la syphilis. (*Ibid.*, p. 217.) — Rapports du cancer et de la syphilis. (*Ibid.*, p. 61.) — Traitement de la syphilis. (*Ibid.*, p. 7.) — Syphilis et scrofule. (*Prog. méd.*, p. 112.) — Lésions des bourses séreuses sous-cutanées et tendineuses dans la syphilis secondaire. (*Union méd.*, t. XXXV, p. 32.) — Influence des maladies aiguës sur son évolution. (*Ibid.*, p. 393.) — Syphilis articulaire. (*Ibid.*, p. 418.) — Hépatique. (*Ibid.*, p. 565.) — De la glande lacrymale. (*Ibid.*, p. 829.) — Observation de syphilis pulmonaire. (*France méd.*, t. II, p. 798, 816, 829.) — Syphilis héréditaire des nouveau-nés. (*Paris méd.*, p. 385.) — Des petits enfants. (*Ibid.*, p. 437.) — Chez les scrofuleux. (*Ibid.*, p. 507.) — Artropathies dans la syphilis. (*Ibid.*, p. 517.) — Syphilis traitée par l'excision des chancres. (*Courrier méd.*, p. 101.) — Par les frictions mercurielles. (*Ibid.*, p. 306.) — Congénitales du larynx. (*Ibid.*, p. 135.) — Injections sous-cutanées d'iodoforme dans le traitement de la syphilis. (*Abeille méd.*, p. 174.) — Pseudo-paralysie produite par la syphilis. (*Revue méd.*, t. I, p. 639, 715, 787.) — Injection de cyanure d'or, d'argent, de mercure, de platine contre la syphilis. (*Revue méd.*, t. II, p. 192.) — Syphilis non traitée, accidents tardifs. (*Journ. méd. chir. prat.*, p. 351.) — Influence de l'érysipèle. (*Ibid.*, p. 304.) — Albuminurie dans la syphilis. (*Ibid.*, p. 316.) — Syphilis héréditaire tardive, manifestations diverses sur les os, l'œil, l'oreille, la peau, etc. (*Ibid.*, p. 489.) — Syphilis des ongles.(*Revue thérap.*, p. 303.)—Et sueurs. (*Ibid.*, p. 466.) — Syphilis tertiaire. (*Ibid.*, p. 486.) — Traitement de la syphilis par les eaux sulfureuses. (*Thérap. contemp.*, p. 428.) — Par le remède des Creeks. (*Ibid.*, p. 507.) — Sans mercure. (*Ibid.*, p. 497.) — Décollement des épiphyses dans la syphilis héréditaire. (*Revue mens. mal. enfance*, p. 151.) — Syphilis héréditaire des os. (*Ibid.*, p. 151.) — Bactéries de la syphilis. (*Revue Sc. méd.*, t. XXII, p. 274.) — Prophylaxie de la syphilis. (*Ibid.*, t. XXI, p. 240, 243.) — Manifestations secondaires de la syphilis. (*Ibid.*, t. XXII, p. 272.) — Marche naturelle de la syphilis. (*Ibid.*, p. 273.) — Syphilis vaccinale. (*Ibid.*, p. 95, 121.) — Affections oculaires d'origine syphilitique héréditaires. (*Ibid.*, t. XXI, p. 247.) — Syphilis du cœur. (*Ibid.*, p. 248.) — De la cavité buccale. (*Ibid.*, p. 249.) — Hypertrophie amygdalienne. (*Ibid.*, p. 249.) — Syphilis de la trachée et des bronches. (*Revue Sc. méd.*, t. XXII, p. 271, 234.) — Syphilis de l'appareil lacrymal. (*Ibid.*, p. 326.) — Périostose syphilitique de l'omoplate. (*Ibid.*, t. XXI, p. 252.) — Syphilis des os et des articulations. (*Ibid.*, p. 250, 251.) — Accidents tardifs de syphilis apparaissant sur d'anciens foyers traumatiques. (*Ibid.*, t. XXII, p. 281.) — Des injections sous-cutanées de peptone mercurique contre la syphilis. (*Ibid.*, t. XXI, p. 256.) — Leçon sur les maladies vénériennes et syphilitiques, par Mazzitelli. (*Naples.*) — De la syphilis héréditaire. (*Arch. di pat. infant.*, p. 54.) — Degré et cause de l'extension de la syphilis à Buda-Pesth. (*Viertelj. f. gericht. med.*, XXXVIII, 112, janv.) — Deux cas de réinfection syphilitique. (*Monats. f. prak. Dermat.*, p. 15.) — Influence de l'alcoolisme sur la syphilis. (*Ann. d'hyg. publ.*, IX, 66, janv.) — Syphilis et tabès. (*Berlin. klin. Woch.*, 15 janv.) — Un cas d'ataxie locomotrice avec symptômes secondaires de syphilis. (*Ibid.*) — Un cas de syphilis cérébro-spinale. (*Cent. f. Nervenheilk.*, p. 1.) — Deux cas d'affection syphilitique des poumons et des intestins. (*Wratch.*, n° 2 et 3.) — Extirpation d'une gomme du médiastin. Guérison. (*Berlin. klin. Woch.*, 26 fév.) — Gomme du sternum pénétrant dans le médiastin. (*Ibid.*, 5 mars.) — Gommes à siège, dureté et évolution anormales. (*Charité Ann.*, VII jahrg., p. 729.) — Du traitement de la syphilis par les injections sous-cutanées mercurielles. (*Monats. f. prak. Dermat*, p. 23.) — Contribution à l'histoire de la syphilis. (*Arch. f. pathol. anat. u. phys.*, Bd XCI, Hft 3.) — Essais infructueux d'inoculation de la syphilis aux animaux. (*Wien. med. Woch.*, n° 8.) — Diagnostic de la syphilis des nourrices. (*Troudy ob. roussk. Wratch. W. Moskwié.*) — Des altérations des vaisseaux du placenta dans la syphilis. (*Ibid.*) — Syphilis héréditaire tardive. Perte de substance du voile du palais et ulcération de l'amygdale chez un enfant de 10 ans. (*Bul. méd. du Nord*, avril.) — Note à propos de quelques cas de syphilis héréditaire tardive. (*Ann. de derm. et de syph.*, mars, p. 135.)— Syphilis héréditaire tardive, sarcocèle syphilitique, gomme de la langue. (*Ann. de syph. et derm.*, mai.) — Arthropathies syphilitiques chez un garçon de 15 ans. (*Berlin. klin. Woch.*, 13 août.) — Du traitement de la syphilis par les injections sous-cutanées de sublimé. (*Berlin. klin. Woch.*, 20 août.)— Du traitement de la syphilis par les injections hypodermiques de peptone mercurique ammonique. (*Rev. méd. Suisse rom.*, III, 203, avril.) — Le traitement de la syphilis par injections hypodermiques. (*Chicago med. Journ.*, p. 459.) — Présence simultanée de chancre et de chancroïde. (*Med. news*, 20 oct.) — Deux observations de syphilis congénitale du larynx. (*Med. Times*, p. 543, 12 mai.) — Deux cas de syphilis du poumon guéris rapidement par le traitement spécifique. (*New - York med. Journ.*, 26 mai.) — Altération syphilitique précoce des artères. (*Med. Times*, p. 106, 27 janv.) — Etude clinique sur la syphilis de l'œil et de ses annexes. (*Am. journ. of the med. Sc.*, p. 378.) — Gomme de la langue dans un cas de syphilis héréditaire. (*Lancet*, 14 avril.) — Affection syphilitique du foie. (*Med. Times*, p. 107, 27 janv.) — Le traitement mercuriel et non mercuriel de la syphilis. (*Glasg. med. Journ.*, p. 189.) — Traitement de la syphilis par les injections sous-cutanées mercurielles. (*Med. Obosr.*, juil.) — Précis de pathologie et de thérapeutique des affections vénériennes, par F. Wilhelm. (*Leipzig.*) — La prophylaxie des maladies vénériennes en Italie. (*Giorn. ital. delle mal. vener.*, juillet-août.) — Syphilis héréditaire tardive, dents syphilitiques. (*Ann. de derm. et de syphil.*, sept. et oct.) — Observation de syphilis héréditaire tardive. (*Ibid.*, août.) — Observation de syphilis cérébrale. (*Giorn. int. di Sc. med.*, nov.) Syphilis cérébrale. (*Arch. méd. nav.*, n° 8, p. 150.) — Arthérite syphilitique précoce des artères de la base du cerveau. Thrombose du tronc basilaire. (*Ann. de derm. et de syphil.*, août.) — Gommes de la sclérotique. (*Brit. med. Journ.*, p. 247, fév.) — Sur une cause de surdité (siphilome cérébral à l'origine des nerfs crâniens. (*Lyon méd.*, 2 déc.)

Syphilitique. — Pseudo-paralysie. (*Gaz. méd. Paris*, p. 262.) (*France méd.*, t. I, p. 613, 684.) — Ataxie locomotrice syphilitique. (*Ibid.*, t. II, p. 9, 77.) — Fièvre syphilitique. (*Ibid.*, p. 292.) — Microorganismes dans les productions syphilitiques. (*Paris méd.*, p. 16.) — Erythème noueux syphilitique. (*Journ. méd. chir. prat.*, p. 304.) — Ulcère syphilitique. (*Ibid.*, p. 19.)

Syrie. — Actuelle. (*Gaz. méd. Paris*, p. 630.)

Système nerveux. — Affection du système nerveux. (*Gaz. méd. Paris*, p. 8.) — Recherches sur le système nerveux vasculaire. (*Ibid.*, p. 187.) — Système lymphatique, procédé pour observer ses premières radicules. (*Union méd.*, t. XXXV, p. 1118.) — De quelques troubles du système nerveux chez les enfants. (*Ibid.*, t. XXXVI, p. 476.) — Système nerveux des poissons. (*Ibid.*, p. 747.) — Son influence sur la pathogénie des affections du système vasculaire. (*Ibid.*, p. 758.)

T

Tabac. — Effets physiologiques du tabac. (*Paris méd.*, p. 41.) — Le tabac considéré comme cause de dégénérescence. (*Courrier méd.*, p. 255.) — Accidents nerveux consécutifs à l'abus du tabac. (*Abeille méd.*, p. 402.) — Intoxication. (*Journ. méd. chir. prat.*, p. 217.) — Sur les matières contenues dans la fumée du tabac. (*Bull. gén. thérap.*, p. 92.) — Influence du tabac sur les fonctions de l'utérus, la menstruation et la grossesse. (*Revue Sc. méd.*, t. XXII, p. 525.). — Sur quelques accidents causés par le tabac. (*Rev. d'hyg.*, V, 223, mars.) — Les enfants qui fument. (*Rev. d'hyg. et pol. sanit.*, V, 422, mai.) — Des troubles visuels consécutifs à l'abus du tabac. (*Rec. d'opht.*, IV, n° 11.)

Tabagisme. — Amblyopie par tabagisme. (*Union méd.*, t. XXXV, p. 642.)

Tabès. — Anormal. (*Gaz. hôp.*, p. 427.) — Recherches sur les troubles fonctionnels des nerfs vaso-moteurs dans l'évolution du tabès sensitif. (*Union méd.*, t. XXXV, p. 250.) — Dorsalis, d'origine manifestement syphilitique. (*Ibid.*, p. 532.) Troubles vertigineux. (*Ibid.*, p. 1003.) — Atrophies papillaires du tabès. (*Revue méd.*, t. I, p. 760.) — Elongation sous-cutanée du nerf sciatique dans le tabès. (*Thérap. contemp.*, p. 331.)

Tabétiques. — Affections osseuses et articulaires du pied chez les tabétiques. (*Prog. méd.*, p. 606.) — Note sur un trouble trophique de la peau observé chez les tabétiques. (*Ibid.*, 379.) — Lipémanie et délire des persécutions chez les tabétiques. (*Revue méd.*, t. I, p. 409.)

Tablier. — Des femmes hottentotes et boschimanes. (*Prog. méd.*, p. 525, 548.) — (*Ibid.*, p. 596.)

Taches. — Pigmentaires traitées par la mousseline enduite de pommade mercurielle. (*Paris méd.*, p. 57.) — Taches bleues. (*Journ. méd. chir. prat.*, p. 264.) (*Revue thérap.*, p. 24.) (*Revue Sc. méd.*, t. XXII, p. 637.)

Taffetas. — (*Bull. acad. méd.*, p. 1487.)

Taille. — Hypogastrique. (*Gaz. hôp.*, p. 107, 939, 941, 965, 1101.) (*Sem. méd.*, p. 26, 277, 284, 292, 355.) (*Gaz. méd. Paris*, p. 304, 314, 326, 337, 350, 361.) (*Union méd.*, t. XXXVI, p. 633.) (*France méd.*, t. I, p. 160, 424.) (*Ibid.*, t. II, p. 397, 486, 522, 558, 818.) (*Paris méd.*, p. 125.) (*Courrier méd.*, p. 49, 113, 370, 379, 465.) (*Concours méd.*, p. 263.) (*Gaz. méd. Nantes*, p. 57, 74.) — Rapports du péritoine et de la vessie. (*Gaz. hebd. Sc. méd. Bord.*, p. 511, 525.) — Utilité de la sonde en caoutchouc rouge vulcanisé dans l'opération de la taille. (*Revue méd.*, t. II, p. 703.) — Taille hypogastrique. (*Journ. méd. chir. prat.*, p. 135, 518.) (*Revue thérap.*, p. 127, 599.) (*Thérap. contemp.*, p. 372.) — (*Praticien*, p. 91, 533, 557, 617.) — Taille latéralisée. (*Ibid.*, p. 42.) — Scrotale pour un calcul engagé dans le scrotum. (*Revue Sc. méd.*, t. XXI, p. 699.) — Taille latérale et sus-pubienne. (*Ibid.*, p. 700.) — De la taille et de la lithotritie à l'hôpital de la société médicale à Canton (Chine), en 1882. (*Med. news*, 7 avril.) — Quarante-neuf lithotomies. (*Mediz. Obosr.*, sept.) — Observation de taille. (*Med. Times*, 20 janv.) — Statistique de 272 opérations de taille. (*Am. Journ. of the med. Sc.*, juil., p. 151.) — Taille hypogastrique chez un enfant de 16 ans ; extraction d'un calcul pesant 230 gram. (*New-York med. Journ.*, 17 fév.)

Tampon. — Contre l'ozène. (*Union méd.*, t. XXXV, p. 855.)

Tannate. — De cannabine. (*Sem. méd.*, p. 72.) (*Paris méd.*, p. 21.) — Emploi du tannate de quinine. (*Revue méd.*, t. II, p. 243.)

Tarsotomie. — (*Gaz hôp.*, p. 365.) (*Sem. méd.*, p. 81.) — Dans le pied bot. (*Gaz. méd. Paris*, p. 199.) — Communication sur la tarsotomie. (*Union méd.*, t. XXXV, p. 703.) (*Gaz. méd. Nantes*, p. 25.) (*Revue thérap.*, p. 11.)

Tartrate. — De quinoline. (*Sem. méd.*, p. 72.)

Tartre. — Contre-poison du tartre stibié. (*Revue méd.*, t. I, p. 126.)

Taurocholate. — De soude. (*Paris méd.*, p. 430.)

Taxis. — Abdominal dans l'étranglement intestinal. (*Gaz. hôp.*, p. 900.) — Taxis progressif et prolongé dans le traitement des hernies. (*Ibid.*, p. 459.) — Valeur séméiologique et thérapeutique du taxis abdominal dans l'étranglement interne. (*Prog. méd.*, p. 717.) (*France méd.*, t. II, p. 359.) — Taxis dans les hernies. (*Gaz. hebd. Sc. méd. Bord.*, p. 449.)

Teignes. — Leur traitement. (*Sem. méd.*, p. 265.) (*Union méd.*, t. XXXVI, p. 586, 658.) — Teigne faveuse. (*Courrier méd.*, p. 70, 79.) — Traitement de la teigne sans épilation. (*Concours méd.*, p. 370.) — De la tricophytie par contagion animale. (*Revue Sc. méd.*, t. XXII, p. 635.) — Traitement de la teigne tonsurante. (*Ibid.*, p. 635.)

Teintures. — Alcooliques et alcoolatures. (*Bull. acad. méd.*, p. 1441.) — — Teinture d'iode. (*Gaz. hôp.*, p. 100.) — Teinture de quinquina. (*France méd.*, p. 103.) — De colombo. (*Ibid.*, p. 103.) — Pour les cheveux. (*Paris méd.*, p. 341.) — Teinture vésicante. (*Courrier méd.*, p. 303.) (*Praticien*, p. 511.)

Téléphone. — Et microphone, applications aux sciences biologiques. (*Union méd.*, t. XXXV, p. 664.)

Tempe. — Historique des tumeurs de la tempe. (*Revue méd.*, t. I, p. 863.)

Température. — Des membres après l'élongation des nerfs. (*Gaz. hôp.*, p. 91.) — Température locale. (*Ibid.*, p. 593.) — Influence de la réfrigération sur la température corporelle. (*Sem. méd.*, p. 31, 36.) — Influence de la température sur les intoxications. (*Prog. méd.*, p. 955.) — Comparaison de la température des différentes parties du corps. (*Concours méd.*, p. 106.) — Température locale dans les maladies des viscères abdominaux. (*Revue méd.*, t. II, p. 198.) — Des organes périphériques. (*Rev. Sc. méd.*, t. XXI, p. 471.) — Influence des bains de mer sur la température du corps. (*Ibid.*, p. 510.) — Générale et locale dans les maladies du cœur. (*Ibid.*, p. 131.) — Morbide locale dans les maladies de l'abdomen. (*Ibid.*, t. XXII, p. 220.) — Locale dans la chlorose et la tuberculose au début. (*Ibid.*, p. 220.) — Dans la diphtérie. (*Ibid.*, t. XXII, p. 159.) — Dans la scarlatine. (*Ibid.*, p. 135.) — Perte de chaleur dans la fièvre. (*Ibid.*, p. 48.) — Appareil régulateur du calorique. (*Ibid.*, p. 498.) — Action du nitrite d'amyle sur la température. (*Ibid.*, t. XXI, p. 520.) — Action des températures élevées sur les ferments amorphes. (*Ibid.*, p. 433.) — De l'influence de la haute température sur les animaux. (*Wralch*, n° 10.) — Expériences sur l'action des narcotiques à l'égard de la température du corps. (*Berlin. klin. Woch.*, 15 oct.)

Tendons. — Inflammation des gaînes des tendons fléchisseurs de la main (*Gaz. hôp.*, p. 1177.) — Suture des tendons. (*Revue Sc. méd.*, t. XXII, p. 315.) — Suture des deux bouts des tendons extenseurs de l'avant-bras. (*Med. news*, 7 avril, p. 394.) — Réflexes tendineux. (*Gaz. med. Ital. prov. Venete*, n°. 33.)

Ténonite. — (*Revue Sc. méd.*, t. XXII, p. 331.)

Ténosité. — Crépitante au point de vue professionnel. (*Revue Sc. méd.*, t. XXII, p. 509.)

Térébenthine. — Essence de térébenthine dans la coqueluche. (*Paris, méd.*, p. 320.) — Dans la diphtérie. (*Bull. gén. thérap.*, p. 513.) — Inhalations d'essence de térébenthine dans la phtisie. (*Revue Sc. méd.*, t. XXII, p. 506.) — Empoisonnement par l'essence de térébenthine. (*Ibid.*, p. 79.) — Traitement de la lithiase urique par les bains de vapeurs térébenthinées. (*Bull. acad. méd.*, p. 1228.)

Terre glaise. — En thérapeutique électrique. (*Bull. gén. thérap.*, p. 529.)

Testament. — Etude sur les testaments contestés pour cause de folie. (*Revue Sc. méd.*, t. XXI, p. 260.)

Testicule. — Castration à gauche, hypertrophie compensatrice du testicule à droite. (*Gaz. hôp.*, p. 233.) — Contusion du testicule. (*Ibid.*, p. 1099.) — Testicule et tuberculose. (*Ibid.*, p. 740.) — Maladie kystique du testicule. (*Ibid.*, p. 132, 156.) — Tuberculose du testicule. (*Ibid.*, p. 978.) (*Sem. méd.*, p. 197.) — Tumeur kystique du testicule. (*Gaz. méd. Paris*, p. 94.) — Lymphadénome du testicule. (*Prog. méd.*, p. 172.) — Etude sur les maladies du testicule, leur diagnostic et leur traitement. (*Concours méd.*, p. 64, 134, 207.) — Sarcome du testicule droit. (*Abeille méd.*, p. 268.) — Mixome kystique du testicule. (*Gaz. méd. Nantes*, p. 74.) (*Revue méd.*, t. I, p. 212.) (*Ibid.*, t. II, p. 265.) — Syphilis du testicule. (*Journ. méd. chir. prat.*, p. 199.) — Ectopie du testicule au périnée. (*Revue Sc. méd.*, t. XXI, p. 299.) — Hydrocèles symptomatiques des tumeurs du testicule. (*Ibid.*, p. 299.) — Tuberculose de la tunique vaginale du testicule. (*Ibid.*, t. XXII, p. 472.) — De l'enchondrome du testicule. (*Ibid.*, t. XXI, p. 299.) — Sarcocèle intra et rétropéritonéal enlevé par la laparotomie. (*Ibid.*, p. 299.) — Sarcome du cordon spermatique avec hernie de l'appendice vermiculaire. (*Med. news*, 19 mai.) — Un cas de testicule surnuméraire. (*Jéjénéd. klin. Gazeta*, n° 22.) — Des méthodes d'injections dans le traitement de l'hydrocèle ; moyen d'employer l'iodoforme. (*Lo Sperimentale*, mars, p. 259.) — Cure radicale d'hydrocèle chez un enfant de 8 ans par extirpation totale de la vaginale (sans détails.) (*Rev. méd. Suisse rom.*, III, 369, juin.) — Tumeur kystique du testicule avec dépôts dans les poumons et le foie. (*Med. Times*, p. 512, 5 mai.) — Gangrène du scrotum ; dénudation complète des testicules ; génitoplastie par la méthode française ; réunion immédiate. (*Montpellier, méd.*, avril.) — Observation du testicule arrêté au périnée, compliqué d'une hernie inguinale congénitale et d'une orchite aiguë. (*Brit. med. Journ.*, p. 118, juil.)

Testimonial. — Des médecins anglais. (*Prog. méd.*, p. 419.) (*Union méd.*, t. XXXV, p. 844.) — A. Hart. (*Jour. méd. chir. prat.*, p. 198.)

Tétanie. — D'origine gastrique. (*Gaz. hôp.*, p. 900.) (*Gaz. méd. Paris*, p. 442.) (*Prog. méd.*, p. 672.) (*France méd.*, t. II, p. 307.) — Dans la dilatation gastrique. (*Revue méd.*, t. II, p. 615.) — De la tétanie et de l'excitabilité des nerfs. (*Revue Sc. méd.*, t. XXI, p. 602.) — Chez un enfant. (*Ibid.*, p. 230.) — Après l'extirpation du goître. (*Ibid.*, t. XXII, p. 677.)

Tétanos. — (*Bull. acad. méd.*, p. 1206.) — Traumatique, traitement mixte. (*Gaz. hôp.*, p. 195.) — Des applications d'eau chaude dans le tétanos. (*Union méd.*, t. XXXV, p. 844.) — Kystes de l'ovaire, ovariotomie, mort. (*Ibid.*, t. XXXVI, p. 502.) — Réflexions au sujet d'un cas de tétanos. (*Concours méd.*, p. 566.) — Son traitement. (*Ibid.*, p. 662.) — Tétanos traumatique guéri par la teinture de belladone. (*Abeille méd.*, p. 234.) — Tétanos et paralysie faciale. (*Gaz. méd. Nantes*, p. 83, 150.) — Tétanos traumatique enrayé par l'amputation et le chloral. (*Thérap. contemp.*, p. 12.) — Influence de l'irritant sur la forme et la grandeur de la courbe du tétanos. (*Revue Sc. méd.*, t. XXII, p. 440, 441.) — Rôle de l'acide phosphorique dans le tétanos des muscles. (*Ibid.*, t. XXI, p. 440.) — Trismus unilatéral. (*Ibid.*, p. 688.) — Tétanos rhumatismal. (*Ibid.*, p. 295.) — Traitement du tétanos par le bromure de potassium. (*Ibid.*, p. 295.) — Traitement par le chanvre indien. (*Ibid.*, p. 295.) — Elongation des nerfs dans le tétanos. (*Ibid.*, p. 295.) — Traitement du tétanos. (*Coll. Ital. di lett. sulla med.*, vol. II, n° 8.) — Tétanos consécutif à un écrasement des orteils, durant quarante-deux jours, amputation de Syme, guérison. (*Med. Times*, p. 421, 14 avril.) — Un cas de tétanos prolongé. (*Lancet*, 3 mars.) — Tétanos traumatique traité sans succès par la fève de Calabar. (*Glasg. med. Journ.*, t. XX, p. 26.) — Tétanos des nouveaunés traité avec succès par le bromure de potassium. (*Boston med. and surg. Journ.*, 18 oct.)

Tête. — Dangers de l'inversion de la tête dans la syncope produite par le chloroforme. (*Bull. gén. thérap.*, p. 371.) — Température de la tête. (*Revue Sc. méd.*, t. XXI, p. 68.)

Thachéite. — (*Revue thérap.*, p. 454.)

Thallium. — Dans la syphilis. (*Gaz. hôp.*, p. 470, 396.) — Thallium. (*Sem. méd.*, p. 18, 89, 107.) — Etude sur le thallium. (*Prog. méd.*, p. 69.) — Ses effets. (*Gaz. hebd. Sc. méd. Bord.*, p. 38.)

Thé. — Empoisonnement par l'opium, traité par les lavements de thé. (*Revue méd.*, t. II, p. 204.)

Théorie. — D'Young, des trois fibres nerveuses fondamentales. (*Bull. acad. méd.*, p. 524.) — Théories microbiennes. (*Sem. méd.*, p. 61.) — Pastoriennes. (*France méd.*, t. I, p. 473, 581, 625.)

Thérapeutique. — Traité de thérapeutique médicale. (*Bull. acad. méd.*, p. 293.) — Eléments de thérapeutique et de matière médicale. (*Ibid.*, p. 294.) — Thérapeutique algérienne. (*Gaz. hôp.*, p. 481.) — Thérapeutique chirurgicale. (*Prog. méd.*, p. 931.) — Thérapeutique infantile. (*Ibid.*, p. 255, 283, 426, 444, 485, 583, 604, 648, 727, 745, 763, 823, 862, 949, 985.) — Manuel de thérapeutique. (*Union méd.*, t. XXXV, p. 939.) — La thérapeutique en Italie. (*France méd.*, t. II, p. 493, 505, 542, 565.) — La tolérance en thérapeutique. (*Concours méd.*, p. 182.) — Les doses thérapeutiques. (*Ibid.*, p. 232, 254, 395.) — Administration des médicaments. (*Ibid.*, p. 116, 117.) — Le mode en thérapeutique. (*Ibid.*, p. 73.) — Thérapeutique de la procidence du cordon dans les présentations du sommet. (*Journ. accouch. Liège*, p. 73.) — Des difformités congénitales ou acquises. (*Revue méd. chir. mal. femmes*, p. 419.) — Sur l'état actuel de la thérapeutique interne et sur l'enseignement de la thérapeutique dans les universités allemandes, par M. J. Rossbach. (*Berlin.*) — Etude de l'action thérapeutique de la résorcine. (*Gaz. degli ospit.*, p. 212.) — Innocuité et applications thérapeutiques du fumer d'opium. (*Berlin. klin. Woch.*, n° 20, p. 307, 14 mai.) — Etude sur la convallaria maïalis. (*Gaz. degli ospit.*, janv.) — Etude sur l'action et l'emploi de la caféine et de la convallaria maïalis comme toniques cardiaques. (*Med. news*, 14 avril, p. 422.) — De l'influence des différentes conditions dans lesquelles se trouve le malade sur l'action des remèdes. De l'influence du mouvement et du repos sur l'action des purgatifs. (*Wratch.*, n° 24.) — Sur la bière de gingembre. (*Corr. bl. f. schweiz. Aerzte*, 14 mai et 1er août.) — Moyen de tolérer l'iodure de potassium (associé à la belladone). (*Lyon méd.*, 29 juillet, p. 430.) — Tendances de la thérapeutique moderne. (*Berlin. klin. Woch.*, 8 et 15 oct.) — Traitement des maladies infectieuses par les vapeurs d'eucalyptus. (*Lancet*, 24 fév.) - Action thérapeutique du chlorate de potasse. (*Glasg. med. Journ.*, p. 277.) — Possédons-nous des moyens thérapeutiques démontrés expérimentalement capables de modifier le processus local de l'inflammation ? (*Trans. of the amer surg. assoc.*, t. I, p. 185.) — Notes sur les propriétés thérapeutiques de l'érythrina corallodendron. (*Ann. méd. psych.*, sept.) — Usage du cascara sagrada dans la constipation. (*Med. news*, 10 nov.) — Le naphtol, ses usages médicaux. (*Boston med. and surg. Journ.*, 8 nov.)

Thermes romains. — (*Bull. acad. méd.*, p. 1235.)

Thermocautère. — Inconvénients du thermocautère. (*Gaz. hôp.*, p. 25.)

— Scrofulides cutanées des enfants traitées par le grattage et le thermocautère. (*Bull. gén. thérap.*, p. 187.) — Avantage de l'emploi du thermocautère dans le traitement de la fistule à l'anus. (*Ibid.*, p. 479.)

Thermomètre. — A maxima. (*Bull. acad. méd.*, p. 806.) — Circulaire à index maxima et minima, avec cartons thermographiques. (*Ibid.*, p. 822.) — Thermoscope. (*Gaz. méd. Paris*, p. 331.) — Nouveau microscope s'adaptant aux thermomètres médicaux. (*Bull. gén. thérap.*, p. 36.)

Thermométrie. — Clinique. (*Gaz. méd. Paris*, p. 262.) — Médicale. (*Revue méd.*, t. I, p. 469, 505, 545, 577, 613, 649.) — Méthode graphique de thermométrie dans les maladies fiévreuses aiguës. (*Wratch*, nos 10 et 11.)

Thomsen. — La maladie de Thomsen, dysmyotomie congénitale. (*Union méd.*, t. XXXVI, p. 905.) — Sa contracture. (*Paris méd.*, p. 547.) — Maladie de Thomsen. (*Gaz. méd. Nantes*, p. 103.) (*Journ. méd. chir. prat.*, p. 124.) (*Thérap. contemp.*, p. 781.)

Thoracique. — Blessures du canal thoracique. (*Revue Sc. méd.*, t. XXII, p. 675.) — Nouvelles recherches sur les mouvements de la cage thoracique. (*Corr. Blatt. f. schweiz. Aerzte*, mars.) — Manuel d'exploration clinique par les organes thoraciques et abdominaux, par P. Guttmann. (*Berlin.*) — Sur la cause du son thoracique. (*Riv. clin. di Bologna*, no 8.)

Thoracentèse. — Dans la pleurésie purulente. (*Union méd.*, t. XXXV, p. 462.)

Thorax. — Du thorax en entonnoir. (*Revue Sc. méd.*, t. XXI, p. 455.) — Contribution à l'étude des tumeurs du médiastin. (Deux observations.) (*Arch. f. pathol. anat. u. physiol.*, Bd. XCIII, Heft 3.) — Côte cervicale et côte dite tricipitale chez l'homme ; ses rapports avec une disposition correspondante chez les cétacés. (*Journ. of anat. and physiol.*, Bd. XVII, avril.)

Thrombose. — Pulmonaire, puerpérale. (*Rev. méd. ch. mal. femmes*, p. 704.) — Thrombose veineuse. (*Gaz. hebd. Sc. méd. Bord.*, p. 14, 27, 51.) — Importance des éléments morphologiques du sang dans la thrombose. (*Revue Sc. méd.*, t. XXII, p. 401.) — Thrombose des sinus cérébraux. (*Ibid.*, t. XXI, p. 556.) — Thrombose des sinus dans le choléra infantile. (*Ibid.*, t. XXII, p. 616.) — Remarques sur la thrombose de l'artère pulmonaire. (*Lancet*, 13 janv.)

Thym. — Emploi du thym en thérapeutique. (*Bull. acad. méd.*, p. 774.)

Thymol. — Formules diverses. (*Courrier méd.*, p. 340.)

Thymus. — Hémorrhagie du thymus. (*Union méd.*, t. XXXVI, p. 497.) — Thymus. (*Revue Sc. méd.*, t. XXII, p. 395.)

Thyro-cricoïdien. (*Revue thérap.*, p. 356.)

Thyroïde. — Contribution à l'étude des kystes sanguins du corps thyroïde et de leur traitement par la ponction simple. (*Paris méd.*, p. 30.) — Sur le cancer du corps thyroïde. (*Bull. gén. thérap.*, p. 189.) — Cancer du corps thyroïde amenant une compression de la trachée et une paralysie du larynx. (*Revue Sc. méd.*, t. XXII, p. 735.) — Cancer de la glande thyroïde. (*Ibid.*, t. XXI, p. 692.) — Extirpation du corps thyroïde. (*Ibid.*, p. 692.) — Lésions trachéales d'origine goîtreuse. (*Berlin. klin. Woch.*, 16 avril.) — De l'extirpation du goître. (*Ibid.*, n° 19, p. 290 et 291, 7 mai.) — Six cas d'opération du goître. (*Mediz. Obosr.*, mars.) — Deux cas d'extirpation du goître (1° inflammatoire ; 2° plongeant, kyste hémorrhagique) guéris par première intention. (*Revue méd. Suisse rom.*, III, p. 94, fév.) — Physiologie pathologique du goître exophthalmique. (*Dublin Journ. of med. Sc.*, mars, p. 201.) — Goître exophthalmique traité par la duboisine. (*Brit. med. Journ.*, p. 958, mai.) — Trente cas de goître aigu traité avec succès par l'application externe d'une pommade au biiodure de mercure sur la tumeur. (*Dublin Journ. of med. Sc.*, p. 476, juin.) — Le goître endémique et ses rapports avec la surdi-mutité et le crétinisme, par H. Bircher. (*Bâle.*) — Un cas de goître exophthalmique. (*New-York med. Journ.*, 21 juil.) — Extirpation d'un petit goître, guérison. (*Med. Times*, p. 656, 9 juin.) — Six cas d'extirpation du goître. (*Wratch.*, n° 32.) — Excision d'un goître suffocant. (*Lancet*, 2 juin.) — Traitement médical du goître (irrigation contiguë et iodure de potassium). (*Berlin klin. Woch.*, 10 déc.) — Récidive du goître après extirpation du corps tyroïde chez un enfant de sept ans (sans détails). — (*Rev. méd. Suisse rom.*, III, 685, déc.) — Pathogénie des troubles de la voix après l'extirpation du corps tyroïde (action directe de l'acide phénique sur les récurrents. (*Ibid.*, p. 686.) — Excision d'un large goître avec trachéotomie préalable. (*Brit. med. Journ.*, p. 1227, juin.)

Thyroïdectomie. — (*Gaz. hôp.*, p. 37,966.) (*Sem. méd.*, p. 10, 294.) (*Gaz. méd. Paris*, p. 31.) — Observation de thyroïdectomie. (*Union méd.*, t. XXXV, p. 80.) — Opération de thyroïdectomie. (*Union méd.*, t. XXXVI, p. 709.) — Rapport sur une thyroïdectomie. (*France méd.*, t. I, p. 80.) (*Ibid.*, t. II, p. 561.) (*Courrier méd.*, p. 34, 379.) (*Gaz. hebd. Sc. méd. Bord.*, p. 512.) (*Revue méd.*, t. II, p. 569, 602.) (*Praticien*, p. 67, 558.)

Tibia. — Traitement de la pseudarthrose du tibia. (*Bull. acad. méd.*, p. 1334.) — Ostéite du tibia. (*Gaz. hôp.*, p. 860.)

Tic. — De Salaam, les salutations névropathiques. (*Prog. méd.*, p. 970.) — Tic douloureux de la face. (*France méd.*, t. I, p. 128.) — Tic douloureux, névralgie du trijumeau, élongation du nerf dentaire inférieur droit. (*Ibid.*, p. 233.) — Le tic est héréditaire. (*Abeille méd.*, p. 327.)

Tisane. — Benzoïque. (*Union méd.*, t. XXXV, p. 744.)

Tœnia. — (*Gaz. hôp.*, p. 436.) (*Sem. méd.*, p. 98, 249.) — Développement du tœnia. (*Prog. méd.*, p. 368.) — Le tœnia, à l'hôpital de Cherbourg. (*Union méd.*, t. XXXV, p. 59.) — Note sur la reproduction directe des tœnias. (*Ibid.*, p. 917.) — Hémiplégie réflexe causée par la présence d'un tœnia. (*Paris méd.*, p. 240.) — Tœnia produisant la paraplégie. (*Courrier méd.*, p. 168.) — Tœnia chez les enfants. (*Ibid.*, p. 333.) — Leur production directe. (*Ibid.*, p. 175.) — Tœnia provoquant l'aphasie. (*Revue méd.*, t. I, p. 529.) — Sans cysticerque. (*Ibid.*, p. 829.) — Fougère mâle. (*Journ. med. chir. prat.*, p. 233.) — Origine du bothriocephalus latus. (*Revue Sc. méd.*, t. XXI, p. 186.) — Le tœnia solium. (*Ibid.*, p. 186.) — Contribution à l'embryogénie du bothriocéphale, par M. Braun. (*Wurzbourg.*)

Toile. — D'araignée contre la malaria. (*Bull. gén. thérap.*, p. 31.) — Dans le traitement de la fièvre intermittente. (*Praticien*, p. 512.)

Tonga. — Des propriétés thérapeutiques du tonga. (*Union méd.*, t. XXXV, p. 431.) (*Paris méd.*, p. 202.)

Toniques. — Cardiaques. (*Union méd.*, t. XXXVI, p. 1034.)

Topique. — Et poudre béchiques. (*Union méd.*, t. XXXV, p. 527.) — Topiques argileux, suppositoires vaginaux. (*Bull. gén. thérap.*, p. 145.)

Torpille. — (*Revue Sc. méd.*, t. XXII, p. 795.)

Torticolis. — Spasmodique. (*Union méd.*, t. XXXV, p. 468.) — Traité par l'élongation et la résection du spinal. (*Revue Sc. méd.*, t. XXI, p. 297.)

Tourbe. — Pour le tamponnement du vagin. (*Paris méd.*, p. 609.) — Propriétés antiputrides de la tourbe. (*Abeille méd.*, p. 478.) (*Revue méd.*, t. I, p. 409.) (*Praticien*, p. 190.)

Toux. — Spléno-hépathique. (*Sem. méd.*, p. 27.) — Pilules contre la toux utérine. (*Union méd.*, t. XXXV, p. 287.) — Préparation contre la toux nerveuse et les vomissements spasmodiques. (*Abeille méd.*, p. 26.) (*Gaz. méd. Nantes*, p. 74.) — Toux nerveuse, traitement. (*Journ. méd. chir. prat.*, p. 11.)

Toxicité. — Des poisons, moyen de la diminuer. (*Gaz. hebd. Sc. méd. Bord.*, p. 254.)

Toxicologie. — Précis de toxicologie. (*Bull. acad. méd.*, p. 1439.) — Troubles de la nutrition par l'intoxication saturnine. (*Art méd.*, t. LVII, p. 300.) — De la vapeur du charbon. (*Ibid.*, p. 301.) — Leçons de toxicologie. (*Revue Sc. méd.*, t. XXI, p. 479, 480.)

Toxiques. — Paralysies toxiques et syphilis. (*Bull. acad. méd.*, p. 256.)

Trachée. — Injections médicamenteuses dans la trachée. (*Gaz. hôp.*, p. 946.) — Oblitération de la trachée. (*Prog. méd.*, p. 674.) — Ouverture d'un ganglion tuberculeux dans la trachée. (*Ibid.*, p. 674.) — Rupture de la trachée. (*Abeille méd.*, p. 34.) — Diverticule de la trachée. (*Revue Sc. méd.*, t. XXI, p. 452.) — Sécrétion de mucus dans la trachée. (*Ibid.*, p. 25.) — Oblitération de la trachée par des bouchons caséeux venant d'un ganglion tuberculeux. (*Ibid.*, t. XXII, p. 617.) — Double rétrécissement laryngo-trachée par compression due à un cancer thyroïdien. (*Ibid.*, p. 735.) — Altération de la trachée par le goître. (*Ibid.*, p. 680.) — Syphilis de la trachée. (*Ibid.*, p. 271.) — Tamponnement permanent de la trachée. (*Ibid.*, p. 743.) — Les résultats obtenus actuellement par le tamponnement permanent de la trachée. (*Berlin. klin. Woch.*, 7 mai.) — Tamponnement de la trachée, suivi de gangrène mortelle. (*Ibid.*, 14 mai.) — Un cas de carcinome primaire de la trachée. (*Mediz. Wiestnik.*, n° 26.) — De l'emploi du froid dans les maladies des voies aériennes. (*Arch. of laryngol.*, IV, n° 1.) — Du tamponnement permanent de la trachée. (*Verh. der deuts. ges. f. chir.*, 12° congrès.) — Corps étrangers dans les voies aériennes. (*Lancet*, 17 fév.) — Corps étrangers de la trachée. (*Gaz. med. Ital. prov. Venete*, n° 27.)

De la fistule vésico-vaginale. (*Ibid.*, p. 172.) — De la galactorrhée. (*Ibid.*,. p. 712.) — De la leucorrhée par l'aulnée. (*Ibid.*, p. 659.) — De la vaginite blennorrhagique. (*Ibid.*, p. 292.) — Emploi de la résorcine au traitement de la vaginite. (*Ibid.*, p. 240.) — De la vaginite et de l'uréthrite purulente par le glycère d'acide borique. (*Ibid.*, p. 119.) — De la vulvite diphtéroïdique chez les petites filles. (*Ibid.*, p. 295.) — De l'écoulement purulent âcre et irritant qui vient de l'utérus chez les malades sujettes aux poussées d'eczéma. (*Ibid.*, p. 539.) — De l'endométrite cervicale par l'iode. (*Ibid.*, p. 419.) — De l'hémorrhagie post-partum par les injections hypodermiques d'ergotine. (*Ibid.*, p. 346.) — Traitement de l'hystérie. (*Ibid.*, p. 595.) — De l'inversion utérine chronique. (*Ibid.*, p. 107.) — De l'ovarite. (*Ibid.*, p. 707.) — Des déplacements utérins. (*Ibid.*, p. 411.) — Des fibromes utérins. (*Ibid.*, p. 292.) — Des hémorrhoïdes. (*Ibid.*,. 293.) — Nouvelles sondes pour le traitement des maladies des voies urinaires. (*Ibid.*, p. 298.) — Des métrorrhagies par les injections vaginales d'eau chaude. (*Ibid.*, p. 417.) — Des vomissements incoercibles de la grossesse. (*Ibid.*, p. 294, 352.) — Du cancer du sein. (*Ibid.*, p. 396.) — Du catarrhe chronique du col de l'utérus. (*Ibid.*, p. 414.) — Du phlegmon laiteux de la mamelle. (*Ibid.*, p. 416.) — Electrique de la douleur ovarienne chez les hystériques. (*Ibid.*, p. 511.)

Transformisme. — Anatomie du cerveau au point de vue du transformisme. (*Revue méd.*, t. II, p. 181, 217, 253.)

Transfuseur. — (*Progr. méd.*, p. 248.)

Transfusion. — Directe dans la gastrorrhagie et les affections stomacales. (*Gaz. hôp.*, p. 867.) — Transfusion du sang. (*Ibid.*, p. 292, 411.) (*Sem. méd.*, p. 60.) (*Gaz. méd. Paris*, p. 334.) — De la transfusion du sang en chirurgie d'armée. (*Union méd.*, t. XXXV, p. 119.) — Transfusion directe du sang vivant. (*Ibid.*, p. 975.) — Transfusion du sang et injection d'eau salée. (*Abeille méd.*, p. 381.) — Du sang par injection hypodermique. (*Bull. gén. thérap.*, p. 295.) — Transfusion du sang d'un animal à l'homme. (*Ibid.*, p. 382.) — Transfusion de sel de cuisine dans l'anémie aiguë. (*Ibid.*, p. 383.) — Transfusion de solution alcaline de chlorure de potassium. (*Rev. Sc. méd.*, t. XXI, p. 681.) — Valeur de la transfusion de substances inorganiques. (*Ibid.*, p. 681.) — De la transfusion. (*Eulenberg's Real Encyk.*, XIII, p. 598.) — Sur la transfusion du sang dans le péritoine. (*Coll. Ital. di lett. sull. med.*, vol. II, n° 6.) — La transfusion,. son histoire, ses modes d'application, par Jennings. (*Londres.*) — Une injection veineuse de chlorure de sodium qui a sauvé la vie à un malade. (*Berlin. klin. Woch.*, 21 mai.) — Injections intra-veineuses de solutions salines comme succédané de la transfusion dans les hémorrhagies graves. (*Lancet*, 10 fév.) — Transfusion du sang défibriné dans la cavité pleurale. (*Giorn. della R. accad. di Torino*, juin.) — Transfusion dans un cas d'empoisonnement par le gaz d'éclairage. (*New-York med. Journ.*, 3 mars.) — Observation d'injections intra-veineuses de liquides salins pour des hémorrhagies profuses. (*Med. Times*, 17 mars.) — De la transfusion. (*Med. Times*, p. 108, 27 janv.) — De la transfusion. (*Med.*

Times, 20 janvier.) — De la transfusion du lait et de la solution de chlorure de sodium dans les veines comme traitement de l'anémie aiguë. (*Ann. universali*, août.)

Transmissions. — Sur la vitesse des transmissions visuelles. (*Gaz. méd. Paris*, p. 588.)

Transpiration. — Végétale. (*Gaz. hôp.*, p. 60.) — Influence de la transpiration sur la circulation des sucs nutritifs de la sensitive. (*Prog. méd.*, p. 44.) — Poudre contre la transpiration des pieds. (*Union méd.*, t. XXXV, p. 240.)

Transplantation. — Musculaire chez l'homme. (*Courrier méd.*, p. 295.)

Trauma. — Et états pathologiques. (*Gaz. méd. Paris*, p. 151.) — Et paludisme. (*Ibid.*, p. 405.)

Traumatisme. — Cérébral. (*Gaz. hôp.*, p. 1109.) — Du coude, névrose consécutive. (*Ibid.*, p. 226.) — Et affections antérieures. (*Ibid.*, p. 157.) — Et diathèses. (*Ibid.*, p. 301, 428.) — Traumatisme et kystes hydatiques. (*Ibid.*, p. 1026.) — Et propathies. (*Ibid.*, p. 684.) — Et tuberculose. (*Ibid.*, p. 748.) — Et syphilis cérébrale. (*Ibid.*, p. 548.) — Traumatisme du rachis, luxation consécutive de la rotule en dehors. (*Union méd.*, t. XXXV, p. 863.) — Son influence sur le paludisme. (*Ibid.*, t. XXXVI, p. 268.) — De l'ongle. (*Ibid.*, p. 472.) — Son influence sur l'hystérie. (*Ibid.*, p. 1008.) — Influences du traumatisme sur les états pathologiques antérieurs. (*France méd.*, t. I, p. 424, 450, 636, 675, 696, 808.) (*Courrier méd.*, p. 67, 188, 283.) — Action du traumatisme. (*Gaz. hebd. Sc. méd. Bord.*, p. 87, 146, 294.) — Influence des traumatismes et des opérations chirurgicales sur la marche des affections organiques. (*Bul. gén. thérap.*, p. 132.) — Traumatisme et diabète. (*Revue thérap.*, p. 203.) — Influence du traumatisme sur les lésions cardiaques. (*Revue Sc. méd.*, t. XXII, p. 281.) — Accidents tardifs de syphilis sur d'anciens foyers traumatiques. (*Ibid.*, p. 281.) — Rapports de la paralysie générale et des traumatismes. (*Ibid.*, t. XXI, p. 274.) — Troubles de la menstruation après les lésions traumatiques. (*Ibid.*, p. 613.) — Résistance du houilleur aux grands traumatismes. (*Ibid.*, t. XXII, p. 510.)

Travail. — Des anesthésiques pendant le travail. (*France méd.*, t. I, p. 30.) Hymen imperforé persistant pendant le travail. (*Ibid.*, p. 694.) — Le travail chez les primipares âgées. (*Courrier méd.*, p. 399.) — Travail compliqué par une occlusion cicatricielle du vagin. (*Journ. accouch. Liège*, p. 49, 106, 143.)

Tremblements. — Toxiques, traitement. (*Sem. méd.*, p. 170, 187). — Guérison du tremblement par la vératrine. (*Prog. méd.*, p. 552.) — Tremblement du bras, guérison à la suite de l'élongation nerveuse. (*Union méd.*, t. XXXV, p. 805.) — Tremblements pré et posthémiplégiques. (*Ibid.*, t. XXXVI, p. 340.) (*France méd.*, t. II, p. 277.) (*Revue méd.*, t. I, p. 870.) — Traitement du tremblement. (*Ibid.*, t. II, p. 77.) — Tremblement héréditaire. (*Journ. méd. chir. prat.*, p. 74.) (*Revue thérap.*, p. 190.)

Trépan. — Action du trépan dans les fractures du crâne. (*Revue Sc. méd.*

t. XXI, p. 287, 288, 289, 291.) — Pour un abcès du cerveau. (*Ibid.*, t. XXII, p. 303.) — La question du [trépan dans les plaies de tête. (*Med. news*, 28 avril.)

Trépanation. — (*Bull. acad. méd.*, p. 459.) (*Gaz. hôp.*, p. 524.) — Du crâne. (*Sem. méd.*, p. 66.) (*Gaz. méd. Paris*, p. 284, 295.) — Pour des accidents tardifs à la suite d'une fracture du crâne. (*Union méd.*, t. XXXV, p. 595.) — Tardive des os du crâne. (*Ibid.*, p. 1045.) — Chez un malade atteint de syphilis cérébrale. (*Ibid.*, p. 1091.) — Trépanation tardive dans les cas d'hémiplégie et d'épilepsie d'origine traumatique. (*France méd.*, t. I, p. 806, 843.) — Pour accès épileptiformes à la suite d'une chute sur la tête, guérison. (*Concours méd.*, p. 329.) — Traitement d'accidents épileptoïdes par la trépanation. (*Revue méd.*, t. I, p. 815.) — Trépanation préhistorique. (*Journ. méd. chir. prat.*, p. 292.) — Trépanation du sternum pour extraire une balle. (*Revue Sc. méd.*, t. XXII, p. 701.) — Un cas de trépanation crânienne pour plaie cérébrale. (*Corr. Blatt. f. schweiz. Aerzte*, 1er janv.) — Trépanation pour abcès du cerveau, guérison après élimination de matière cérébrale sphacelée. Rétrécissement persistant du champ visuel. (*Berlin. klin. Woch.*, 6 août.) — De la trépanation dans les traumatismes du crâne. (*New-York. med. Journ.*, 21 avril.)

Trichines. — Destruction des trichines par le froid. (*Bull. acad. méd.*, p. 419.) — Et trichinose. (*Ibid.*, p. 210, 1184.) — Importation des porcs salés américains infestés de trichines. (*Ibid.*, p. 1501.) — Action des viandes. (*Journ. méd. chir. prat.*, p. 28.) — Les lards américains devant le Reichstag allemand. (*Viertelj. f. Gericht. med.*, juil.)

Trichinose. — Epidémie de trichinose à Malaga. (*Bull. acad. méd.*, p. 498.) Epidémie de trichinose à Emersleben en 1883. (*Ibid.*, p. 1501.) — Par les viandes américaines. (*Ibid.*, p. 1501.) — Trichinose et acrodynie. (*Ibid.*, p. 1521.) — Epidémie de trichinose d'Halberstadt. (*Gaz. méd. Paris*, p. 621.) — En Allemagne. (*Journ. méd. chir. prat.*, p. 239.) — Mesures administratives prises contre la trichinose. (*Revue Sc. méd.*, t. XXI, p. 174.) — Causes de la mort dans la trichinose. (*Ibid.*, p. 174.) — Epidémie de trichinose par l'usage de la viande d'un sanglier. (*Ibid.*, p. 174.) — Epidémie de trichinose dans la garnison de Cologne. (*Ibid.*, t. XXII, p. 755.) — De la trichinose. (*Eulemb. Real encyklop.*, t. XIII, p. 623.) — Trichinologie, par L. Kuntz. (*Stuttgart.*) — L'épidémie de trichinose à Brunswich en octobre 1882. (*Deutsche med. Woch.*, n° 49.) — De la trichinose au point de vue de l'hygiène publique et de l'économie politique. (*New-York med. Journ.*, 3 mars.)

Trichloro-phénol. — (*Concours méd.*, p. 309.) — Comme désinfectant et antiseptique. (*Gaz. méd. Nantes*, p. 87.) — Traitement de l'érysipèle par le trichloro-phénol. (*Revue Sc. méd.*, t. XXII, p. 91.)

Tricophytie. — Histologie de la tricophytie. (*Revue Sc. méd.*, t. XXI, p. 637.)

Trichoptilose. — Etat des poils dans la trichoptilose. (*Revue Sc. méd.*, t XXII, p. 636.)

Tricuspide. — Rétrécissement. (*Abeille méd.*, p. 191.)

Trijumeau. — Névralgie du trijumeau. (*Sem. méd.*, p. 170.) — De l'action des trijumeaux sur l'organe de l'ouïe. — (*Union méd.*, t. XXXVI, p. 194.) — Névralgie du trijumeau, élongation du nerf dentaire inférieur. (*France méd.*, t. I, p. 233.)

Trichlorure. — De phénol comme désinfectant. (*Paris méd.*, p. 117.)

Triméthylamine. — De la présence de triméthylamine dans le vagin. (*Revue Sc. méd.*, t. XXII, p. 247.)

Trinitrine. — Propriétés physiologiques et thérapeutiques de la trinitrine. (*Bull. acad. méd.*, p. 803, 1425.) — Trinitrine ou nitroglycérine dans les névroses. (*Paris méd.*, p. 394.)

Tripolithe. — Pansement du tripolithe. (*Revue Sc. méd.*, t. XXI, p. 282.)

Trismus. — D'origine cérébrale, contribution à l'étude des localisations corticales. (*Union méd.*, t. XXXV, p. 156.) (*Praticien*, p. 130.)

Trochanter. — Fistules osseuses de la région du trochanter. (*Gaz. hôp.*, p. 1033.)

Trompe. — D'Eustache, cathétérisme de la trompe d'Eustache. (*Bull. acad. méd.*, p. 1525.) — Dilatation de la trompe d'Eustache. (*Sem. méd.*, p. 380.) — (*Gaz. méd. Paris*, p. 629.) — Kyste de la trompe de Fallope. (*Prog. méd.*, p. 415.) — Sondes pour la trompe d'Eustache. (*Union méd.*, t. XXXV, p. 34.) — Migration de l'ovule dans les trompes. (*Revue méd.*, t. I. p. 883.) — Obstruction congénitale de la trompe d'Eustache. (*Revue Sc. méd.*, t. XXI, p. 721.)

Tronc. — Basilaire, note sur un cas de compression de la protubérance par dilatation anévrysmale du tronc basilaire. (*Union méd.*, t. XXXVI, p. 1001.)

Trophime. — Elixir pour la guérison des fièvres. (*Bull. acad. méd.*, p. 693.)

Tropho-névrose. — De la tropho-névrose de Romberg. (*Revue Sc. méd.*, t. XXI, p. 581.)

Troubles. — Mécaniques de la circulation du sang dans les maladies du cœur. (*Gaz. méd. Paris*, p. 33.) — Troubles de la motilité produits par les lésions de l'appareil auditif, expériences. (*Ibid.*, p. 29.) — Troubles de l'ouïe par le salicylate de soude, emploi de l'ergot de seigle pour les prévenir. (*Ibid.*, p. 234.) — Troubles trophiques dans la paralysie générale. (*Ibid.*, p. 587.) — Etude sur les troubles de la miction se rattachant aux divers états physiologiques et pathologiques de l'utérus. (*Union méd.*, t. XXXVI, p. 933.) — Troubles psychiques consécutifs aux accidents de chemin de fer. (*Courrier méd.*, p. 270.) — Troubles cérébraux chez un enfant. (*Abeille méd.*, p. 103.) — Troubles réflexes dépendant d'une affection du tube digestif. (*Journ. accouch. Liège*, p. 133.)

Trousse. — Anthropométrique. (*Prog. méd.*, p. 91.)

Truites. — Maladies des truites. (*Sem. méd.*, p. 43.)

Tryptones. — Action des tryptones sur le sang et la lymphe. (*Revue Sc. méd.*, t. XXII, p. 435.)

Tubercule. — Bacillum du tubercule. (*Gaz. hôp.*, p. 396, 405.) — Tubercule et inflammation. (*Ibid.*, p. 94.) (*Sem. méd.*, p. 23.) (*Gaz. méd. Paris*, p. 81.) — Sur la transformation du tubercule vrai ou infectieux en corps étranger inerte sous l'influence de hautes températures et de réactifs divers. (*Union méd.*, t. XXXV, p. 237.) — Tubercule du cœur chez un enfant. (*Ibid.*, t. XXXVI, p. 497.) — Sa contagiosité et ses conséquences cliniques. (*Ibid.*, p. 601.) — Sur les mycrozymas du tubercule pulmonaire. (*France méd.*, t. II, p. 366.) — Tumeur composée de tubercules miliaires. (*Paris méd.*, p. 547.) — Tubercules sous-cutanés douloureux. (*Revue Sc. méd.*, t. XXII, p. 474.) — Recherches expérimentales sur l'étiologie et la thérapeutique du tubercule. (*Riv. clin. terap.*, n° 4.)

Tuberculeux. — Neutralisants du suc tuberculeux. (*Bull. acad. méd.*, p. 70.) — Bacilles dans les crachats des tuberculeux. (*Ibid.*, p. 1396, 1429, 1496.) — Pénétration du virus tuberculeux dans l'économie. (*Gaz. méd. Paris*, p. 613.) — Pièces anatomiques d'un transfuseur tuberculeux. (*Prog. méd.*, p. 868.) — Double lipome symétrique de la langue chez un tuberculeux. (*France méd.*, t. II, p. 30.) — Leur séparation dans l'armée allemande. (*Paris méd.*, p. 485.) — Grandes opérations chez les tuberculeux. (*Ibid.*, p. 547.) — Leur isolement. (*Courrier méd.*, p. 383.) — Abcès tuberculeux sous-ombilical. (*Gaz. méd. Nantes*, p. 32.) — Ostéite tuberculeuse. (*Gaz. hebd. Sc. méd. Bord.*, p. 50.) — Résection et amputation chez les tuberculeux. (*Revue méd.*, t. II, p. 87, 223.) — Nouvelle méthode pour teindre les bacilles tuberculeux. (*Berlin. klin. Woch.*, 1er janv.) — De la présence régulière des bacilles tuberculeux dans l'expectoration des phtisiques. (*Ibid.*, 15 janv.) — De la valeur diagnostique des bacilles tuberculeux chez l'enfant. (*Ibid.*, 9 avril.) — Méthode simple pour la découverte des bacilles du tubercule dans les crachats. (*Wien. med. Presse*, n° 52.) — De la constatation des bacilles tuberculeux dans les préparations à l'acide chromique. (*Berlin. klin. Woch.*, 26 mars.) — Sur les différents procédés de recherches des bacilles tuberculeux dans les crachats. (*Berlin. klin. Woch.*, 13 août.) — Des causes de la phtisie tuberculeuse d'après les données anatomo-pathologiques. (*Wratch. Wiédom.*, nᵒˢ 17-20.) — Le bacille tuberculeux et la clinique. (*Cent. f. chir.*, n° 22, p. 345.) — Le bacille tuberculeux et ses relations avec la phtisie pulmonaire. (*Glasg. med. Journ.*, p. 345.) — Remarques sur la relation du bacille tuberculeux avec la phtisie pulmonaire. (*Lancet*, 24 fév.) — Bacilles tuberculeux dans l'urine. (*Lancet*, 2 juin.) — Diagnostic des tumeurs malignes et certaines affections tuberculeuses du testicule. (*Med. Times*, 2 juin.) — Du traitement climatérique de la phtisie pulmonaire. (*New-York med. Journ.*, 26 mai.) — Bacille tuberculeux dans les urines. (*Cent. fur med. Wiss.*, n° 5.) — Transmissibilité de la phtisie. (*Soc. méd. de Cambridge.*) (*Brit. med. Journ.*, p. 415, mars.)

Tuberculose. — Alimentation dans la tuberculose. (*Bull. acad. méd.*, p. 421.) — Débuts cérébraux précoces de la tuberculose chez l'adulte. (*Ibid.*, p. 805.) — Microzymas de la tuberculose pulmonaire. (*Ibid.*, p. 1070.) — Topographie et rôle des bacilles dans l'anatomie pathologique de la tuberculose. (*Ibid.* p. 574, 601.) — Genèse du parasite de la tuberculose. (*Ibid.*, p. 1054, 1070.) — Contagiosité de la tuberculose pulmonaire. (*Ibid.*, p. 1063, 1169.) — Accidents gastro-intestinaux de la tuberculose. (*Gaz. hôp.*, p. 1074.) — Tuberculose au point de vue chirurgical. (*Ibid.*, p. 1138.) — Accidents cérébraux de la tuberculose. (*Ibid.*, p. 588.) — Amputation de la cuisse. (*Ibid.*, p. 621.) — Bacilles de la tuberculose. (*Ibid.*, p. 485.) — Bruit de tempête, fistule ombilicale. (*Ibid.*, p. 854.) — Tuberculose et tympanisme. (*Ibid.*, p. 594.) — Généralisée. (*Ibid.*, p. 581.) — Laryngienne et trachéotomie. (*Ibid.*, p. 892.) — Microbe de la tuberculose. (*Ibid.*, p. 537.) — Tuberculose pulmonaire, accidents néphrétiques, hypertrophie du cœur. (*Ibid.*, p. 818.) — Ses rapports avec l'inflammation. (*Ibid.*, p. 385.) — Testiculaire. (*Ibid.*, p. 740, 978.) — Traumatisme et tuberculose. (*Ibid.*, p. 748.) — Tuberculose inoculée. (*Sem. méd.*, p. 340.) — Et pneumonie caséeuse. (*Ibid.*, p. 341.) — Tuberculose zoocléique. (*Sem. méd.*, p. 107, 147.) — Chirurgicale. (*Gaz. méd. Paris*, p. 377.) — Infiltrée. (*Ibid.*, p. 614.) — De l'intestin. (*Ibid.*, p. 613.) — Osseuse. (*Ibid.*, p. 614.) — Traitement antiparasitaire de la tuberculose. (*Ibid.*, p. 451.) — Recherches sur l'inoculation et le mode de propagation du bacillus de la tuberculose. (*Prog. méd.*, p. 162.) — Tuberculose génito-urinaire. (*Ibid.*, p. 654.) — De la tuberculose expérimentale. (*Union méd.*, t. XXXV, p. 685.) — Quelle place doit occuper la tuberculose parmi les maladies contagieuses? (*France méd.*, t. II, p. 478.) — Rapports du lupus et de la tuberculose. (*Ibid.*, p. 625.) — Diagnostic de la tuberculose. (*Ibid.*, p. 807.) — Tuberculose primitive des voies génitales, sa marche ascendante et les indications pratiques qui en découlent. (*Paris méd.*, p. 127.) — Tuberculose et aluminium. (*Ibid.*, p. 586.) — Injections interstitielles de chlorure de zinc. (*Courrier méd.*, p. 142.) — Tuberculose volumineuse, désarticulation du fémur. (*Ibid.*, p. 427.) — A forme azymétique. (*Abeille méd.*, p. 329.) — Débuts cérébraux précoces de la tuberculose. (*Ibid.*, p. 383.) — Du tissu conjonctif de l'orbite. (*Gaz. méd. Nantes*, p. 126.) — Des gaines des fléchisseurs. (*Ibid.*, p. 3.) — La tuberculose est-elle parasitaire ? (*Gaz. hebd. Sc. méd. Bord.*, p. 253.) — Tuberculose miliaire et résection du coude. (*Ibid.*, p. 597.) — Des organes génitaux. (*Revue méd.*, t. I, p. 82.) — A forme asthmatique. (*Ibid.*, t. II, p. 554.) (*Journ. méd. chir. prat.*, p. 343.) — Prédisposition des roux. (*Ibid.*, p. 508.) — Antagonisme avec fièvre intermittente et fièvre typhoïde. (*Ibid.*, p. 426.) — Choix d'un climat. (*Praticien*, p. 532.) — Températures locales dans la tuberculose au début. (*Revue Sc. méd.*, t. XXII, p. 220.) — Dyspnée dans la tuberculose. (*Ibid.*, t. XXI, p. 148.) — Des circonvolutions cérébrales. (*Ibid.*, p. 581.) — Méningite tuberculeuse. (*Ibid.*, t. XXII, p. 185.) — Tuberculose des veines. (*Ibid.*, t. XXI, p. 56.) — De l'iris. (*Ibid.*, t. XXII, p. 333, 708.) — Inoculation de la tuberculose à l'iris du lapin. (*Ibid.*, t. XXI, p. 476.) — Tuberculose du pharynx. (*Ibid.*, t. XXII, p. 723, 726.) — Angine tuberculeuse. (*Ibid.*, p. 723.) — Ulcération tuberculeuse de la lèvre. (*Ibid.*, t. XXI, p. 450.) — Oblitération de la trachée par des bouchons caséeux venant d'un ganglion tuberculeux. (*Ibid.*, t. XXII, p. 617.) — Tuberculose du foie. (*Ibid.*, p. 470.) —

Des trompes. (*Ibid.*, p. 471.) — De la vaginale du testicule. (*Ibid.*, p. 472.) — De la tuberculose cutanée. (*Ibid.*, t. XXI, p. 639.) — Le lupus n'est qu'une tuberculose locale. (*Ibid.*, t. XXII, p. 632.) — Tuberculose des articulations. (*Ibid.*, t. XXI, p. 657.) — Traitement des cavernes tuberculeuses par les injections médicamenteuses. (*Ibid.*, p. 693, 695, 696.) — L'influence de la découverte des bacilles tuberculeux sur la pathologie, le diagnostic, la prophylaxie et le traitement de la tuberculose. (*Berlin. klin. Woch.*, n° 18, p. 275, 30 avril.) — Le bacille de Koch et l'hérédité de la tuberculose. (*Ibid.*, 14 mai.) — Quelques mots sur la recherche des bacilles de Koch dans les crachats des phtisiques et sur les divers moyens de colorer les bacilles. (*Wratch.*, n° 7.) — Procédé simplifié pour découvrir les bacilles de la tuberculose. (*Mediz. Obosr.*, fév.) — Le bacille de la tuberculose et la phtisie pulmonaire. (*Berlin. klin. Woch.*, 12 fév.) — Du pseudo-bacillus de la tuberculose. (*Chicago med. Journ. and examiner*, p. 225.) — Du bacillus de la tuberculose dans la phtisie diabétique. (*Cent. f. klin. med.*, p. 193.) — Discussion sur le bacillus de la tuberculose. (*Med. Soc. Lond.*, *Lancet*, p. 234.) — Du bacillus de la tuberculose. (*Prager med. Woch.*, p. 1.) — Etudes sur la tuberculose, par A. Spina. (*Vienne.*) — L'histoire de la tuberculose, surtout chez le bœuf, et de ses conséquences en police sanitaire et vétérinaire, par A. Johne. (*Leipsig.*) — La nature intime de la tuberculose, sa transmissibilité et son origine parasitaire. (*Med. record. New-York*, p. 246.) — Du développement de la tuberculose miliaire aiguë après la résorption très rapide ou l'évacuation artificielle d'épanchements pleuraux. (*Charité ann.*, VII Jahrg., p. 191.) — Tuberculose de la rate, du foie et des reins. (*Med. news*, 27 janv., p. 109.) — Lupus ou tuberculose. (*Berlin. klin. Woch.*, 7 mai.) — Les bacilles de Koch et la théorie de la tuberculose. (*Med. Wiestnik*, n°s 23-25.) — Observations cliniques et diagnostiques sur le bacille de la tuberculose. (*Lancet*, 3 fév.) — Des rapports de la tuberculose de l'homme et de la tuberculose bovine, par H. Puetz. (*Stuttgart.*) — Tuberculose miliaire aiguë pharingo-laryngée. (*Ann. des mal. du larynx.*, juil.) — Un cas de tuberculose généralisée avec terminaison par une méningite tuberculeuse. (*Protok. zasiéd. hawk. med. Obs.*, n° 3.) — De la tuberculose de la hanche, par A. Rolte. (*Thèse d'agrég. Sassari.*) — Du traitement de la tuberculose par l'arsenic. (*Berlin. klin. Woch.*, 30 juil.) — Thérapie de la tuberculose pulmonaire. (*Med. Obsr.*, juin.) — Quelques faits de guérison spontanée de la tuberculose pulmonaire à une période avancée de son évolution. (*New-York med. Journ.*, 26 mai.) — Leçons sur le bacillus de la tuberculose et la phtisie. (*Brit. med. Journ.*, p. 193, fév.) — Les idées modernes sur la phtisie. (*Il movimento med.*, n° 4.) — Les nouvelles considérations sur la nature de la tuberculose. (*Deutsche med. Woch.*, n° 15.) — De la recherche du bacillus de la tuberculose dans les crachats. (*Ibid.*, n° 2.) — Présence du bacille de la tuberculose dans un abcès périanal. (*Brit. med. Journ.*, p. 1282, juin.) — Observation de tuberculose généralisée consécutive à la fièvre typhoïde. (*Boston med. Journ.*, 27 déc.) — Tuberculose de l'iris produite chez un lapin par inoculation dans la chambre antérieure de l'œil, de matières provenant de la pommelière. (*Berlin. klin. Woch.*, 19 nov.) — De la tuberculose infiltrée chez les enfants. (*Ibid.*, 3 déc.) — Traitement de la phtisie par des inhalations d'iodoforme. (*Brit. med. Journ.*, p. 817, avril.) — Du traitement de la phtisie. Notes d'un voyage de printemps. (*Deutsche med. Woch.*, n⁰ 24.) — La tuberculose produite par les crachats pulvérisés. (*Med. record.*, nov.) — De la prophylaxie de la tuberculose, étude d'hygiène expérimentale. (*Gaz. degli ospit.*, n⁰ 56.) — Notes cliniques sur l'importance diagnostique du bacille de la tuberculose. (*Ibid.*) — De la contagiosité de la tuberculose. (*Riv. int. di med. e chir.*, p. 3.) — De l'infection de la muqueuse intestinale par les crachats tuberculeux. (*Deutsche med. Woch.*, n⁰ 50.) — Traitement de la tuberculose par l'arsenic. (*Ibid.*, n⁰ 34.) — Des inhalations méthodiques d'oxygène chimiquement pur contre la tuberculose. (*Ibid.*, n⁰ 29.)

Tuberculisation. — Pulmonaire, diagnostic précoce d'une forme de tuberculisation à début pleurétique. (*Bull. acad. méd.*, p. 577.)

Tubes. — Nouveaux tubes à drainage. (*Union méd.*, t. XXXVI, p. 611.)

Tumeurs. — Indications et contre-indications des eaux de Bourbonne dans le traitement des tumeurs blanches. (*Bull. acad. méd.*, p. 654.) — Intervention chirurgicale dans les petites tumeurs. (*Ibid.*, p. 863.) — Diagnostic des tumeurs de l'ovaire. (*Ibid.*, p. 1204.) — Tumeur anale de nature érectile. (*Gaz. hôp.*, p. 785.) — Tumeur blanche guérie par la compression et l'immobilisation. (*Ibid.*, p. 622.) — Tumeurs cérébrales. (*Ibid.*, p. 58.) — De la joue. (*Ibid.*, p. 1103.) — De la vessie. (*Ibid.*, p. 549.) — De l'ovaire et de l'utérus. (*Ibid.*, p. 636.) — Tumeur dermoïde du plancher de la bouche. (*Ibid.*, p. 939.) — Dermoïde congénitale. (*Ibid.*, p. 389.) — Tumeurs douloureuses du genou. (*Ibid.*, p. 12.) — Du cou. (*Ibid.*, p. 661.) — Tumeurs érectiles chez l'enfant, traitement. (*Ibid.*, p. 441.) — Tumeurs fibreuses de l'utérus, hystérotomie, guérison. (*Ibid.*, p. 74.) — Tumeurs hémorroïdales. (*Ibid.*, p. 553.) — Parotidienne. (*Ibid.*, p. 921.) — Sarcomateuses des fosses nasales. (*Ibid.*, p. 210.) — Utérines, gastrotomie. (*Ibid.*, p. 228.) — Tumeurs de la cicatrice ombilicale. (*Sem. méd.*, p. 64.) — Graisseuse congénitale. (*Ibid.*, p. 313.) — Tumeur sarcomateuse de la région stylo-hyoïdienne. (*Ibid.*, p. 313.) — Tumeur dermoïde de l'œil. (*Gaz. méd. Paris*, p. 211.) — Tumeurs polypiformes consécutives à l'accouchement. (*Prog. méd.*, p. 832.) — Adénoïdes du pharynx nasal. (*Ibid.*, p. 808.) — Tumeur maligne de la vulve et du pubis développée chez un enfant de cinq ans. (*Ibid.*, p. 848.) — Tumeur fibreuse de la mâchoire inférieure. (*Union méd.*, t. XXXV, p. 316.) — Sous-cutanées, cautérisation superficielle dans leur traitement. (*Ibid.*, t. XXXVI, p. 913.) — Tumeurs abdominales simulées par l'hystérie. (*Union méd.*, t. XXXVI, p. 878.) — Dermoïdes enkystées de la paupière. (*France méd.*, t. I, p. 55.) — Erectiles de la région temporo-frontale, différents modes de traitement des tumeurs en général. (*Ibid.*, p. 433.) — Tumeur lacrymale congénitale. (*Ibid.*, p. 334.) — Tumeur du pont de Varole. (*Paris méd.*, p. 317.) — Injections parenchymateuses d'acide pérosmique dans le traitement des tumeurs. (*Gaz. méd. Nantes*, p. 87.) — Tumeur énorme de l'abdomen. (*Journ. accouch. Liège*, p. 10, 279, 289.) — Du traitement des tumeurs par l'électrolyse. (*Bull. gén. thérap.*, p. 95.) — Traitement des tumeurs épithéliales par le caustique arsénical. (*Ibid.*, p. 143.) — Ablation des tumeurs de la vessie. (*Ibid.*, p. 467.) — Tumeurs mammaires. (*Revue thérap.*, p. 385.) — De la paroi thoracique et du creux axillaire. (*Revue mens. mal. enfance*, p. 456.) — Tumeurs malignes de l'enfance. (*Ibid.*, p. 26.) — Développement des tumeurs malignes aux dépens des tumeurs bénignes. (*Revue méd. chir. mal. femmes*, p. 168.) — Accouchement compliqué de tumeurs de l'ovaire. (*Ibid.*, p. 48.) — Métastase des tumeurs par l'intermédiaire des conduits lymphatiques du système nerveux et le rôle qu'y jouent les franges arachnoïdiennes. (*Revue Sc. méd.*, t. XXI, p. 50.)

Tunnels. — Anémie des ouvriers des tunnels. (*Revue Sc. méd.*, t. XXI, p. 168.) — Anchilostomiase des ouvriers des tunnels. (*Ibid.*, p. 168.)

Turbith. — Croup traité par le turbith minéral. (*Revue méd.*, t. I, p. 233.)

Tympan. — Boulettes d'ouate comme tympan artificiel. (*Paris méd.*, p. 201.) (*Abeille méd.*, p. 199.)

Tympanisme. — Chez un tuberculeux. (*Gaz. hôp.*, p. 594.) — Tympanite hystérique. (*Concours méd.*, p. 243.) — Tympanisme intestinal, traitement. (*Praticien*, p. 9.)

Types. — Indigènes de l'Algérie. (*Bull. acad. méd.*, p. 208.)

Typhlite. — (*Gaz. hôp.*, p. 237.) — Typhlite et pérityphlite. (*Gaz. méd. Paris*, p. 165.) (*Prog. méd.*, p. 210.) — Chez un homme de 44 ans. (*Union méd.*, t. XXXV, p. 658.) — Typhlite aiguë. (*Paris méd.*, p. 145.) (*Revue méd.*, t. I, p. 167.)

Typhoïde. — Fièvre. (*Gaz. méd. Nantes*, p. 9, 10, 24, 38, 56, 88, 103, 122, 134, 146, 151, 174.) — Epidémie de fièvre typhoïde. (*Gaz. hebd. Sc. méd. Bord.*, p. 402.) — Son traitement par les bains froids. (*Ibid.*, p. 13, 37, 49, 50, 181.) — Sa contagion. (*Ibid.*, p. 26.) — Mortalité comparée de la diphtérie et de la fièvre typhoïde. (*Revue Sc. méd.*, t. XXII, p. 158.) — Rougeole et fièvre typhoïde simultanées. (*Ibid.*, p. 136.) — Effets des bains tièdes dans la fièvre typhoïde. (*Ibid.*, p. 499.) — Action et règles de la médication phéniquée dans la fièvre typhoïde. (*Ibid.*, t. XXI, p. 119.) — Traitement de la fièvre typhoïde par les lavements froids. (*Ibid.*, p. 119.) — De la mortalité par la fièvre typhoïde à l'hôpital militaire de Lyon. (*Lyon méd.*, 1ᵉʳ avril.) — Une épidémie de fièvre typhoïde dans une ferme. (*Viertelj. f. gericht. med.*, avril.) — Nouvelles recherches sur l'étiologie et la transmission de la fièvre typhoïde. (*Rev. d'hyg.*, V, 3, janv.) — La fièvre typhoïde à l'infirmerie de Saint-Olaf. (*Sanit. Rec.*, p. 301, janv.) — Statistique de la fièvre typhoïde, par Wieger. (*Inaug. dis. Jena.*) — De la fièvre typhoïde et de quelques-unes de ses complications. (*Bull. méd. du Nord*, fév.) — Hémiplégie droite sans aphasie chez un enfant convalescent de la fièvre typhoïde. (*Berlin. klin. Woch.*,

26 fév.) — L'iodure de potassium dans le traitement de la fièvre typhoïde. (*Berlin. klin. Woch.*, 12 mars.) — Contribution au traitement hydrothérapique de la fièvre typhoïde. (*Berlin klin. Woch.*, 2 avril. — Contribution à l'étude de la disposition à la fièvre typhoïde, d'après les conditions de temps, de lieu, d'idiosyncrasie, d'après les registres d'autopsie du grand-duché de Bade de 1872 à 1877. (*Arch. f. pathol. anat. u. Physiol.*, Bd., XCI, Hft 3, XCII, Hft 1 et 2.) — De l'étiologie des épidémies de fièvre typhoïde dans les casernes. (*Wratch Wied.*, nᵒˢ 25-27.) — De l'état de l'irritabilité reflexe de la moelle épinière dans la fièvre typhoïde.(*Wratch. Wied.*, nᵒˢ 21-23.) — Sur un point de l'étiologie de la fièvre typhoïde à propos d'un cas de pneumo-typhoïde. (*Lyon méd.*, 5 août.) — Fièvre typhoïde, ataxie choréiforme, aphasie. (*Rev. méd. Suisse rom.*, III, 364, juin.) — Expériences sur l'étiologie de la fièvre typhoïde, par L. Scizerich. (*Leipzig.*) — Les émanations de fosses d'aisances sont-elles la cause de la fièvre typhoïde ? (Réponse négative.) (*New-York med. Journ.*, 30 juin.) — Importance de l'entière désinfection des selles dans la fièvre typhoïde. (*Amer. journ. of the med. Sc.*, p. 344.) — Epidémie de fièvre typhoïde à Newton-Heath, Manchester. (*Lancet*, 3 mars.) — Sur l'étiologie de l'épidémie de fièvre typhoïde à Paris. (*Giorn. della R. Acad. di Torino.*, janv.) — La fièvre typhoïde d'après la discussion de l'Académie de médecine de Paris. (*Ann. universali*, août.) — Notes sur la fièvre typhoïde. (*Mediz. Pribawlen, K. Morsk. Sbornikou*, sept.) — Un cas de fièvre typhoïde chez un nouveau-né de neuf jours. (*Mediz. Obosr.*, sept.) — Sommeil profond et tenace comme phénomène capital d'une fièvre typhoïde bénigne. (*Charité ann.*, VII Jahrg., p. 314.) — Fièvre typhoïde abortive avec phénomènes de collapsus grave. (*Ibid.*) — Fièvre typhoïde à double rechute avec intervalle remarquablement long entre la première et la seconde atteinte. (*Glasg. med. Journ.*, p. 368.) — Un cas de fièvre typhoïde prolongée. (*Ibid.*, XX, p. 1.) — Orchite avec gangrène d'une portion du testicule, consécutive à la fièvre typhoïde. (*Lancet*, 9 juin.) — Deux cas de rash scarlatiniforme dans la fièvre typhoïde. (*Ibid.*, 21 avril.) — Notes statistiques et cliniques sur les cas de fièvre typhoïde traités à la clinique de Freiburg in B. du 1ᵉʳ oct. 1876 au 31 déc. 1881. (*D. Arch. f. Klin med.*, Bd. XCIII, Hft, 3 avril, p. 4.) — Remarques sur 31 cas de fièvre typhoïde traités à l'hôpital Saint-Thomas pendant la dernière année. (*St.-Thomas's hosp. Rep.*, XI, p. 91.) — Observation d'un cas de fièvre typhoïde traité à Madras montrant que la maladie évolue comme dans nos climats et sans mélange d'impaludisme, contrairement aux assertions du Dʳ Gordon. (*Dublin Journ. of med. Sc.*, 1ᵉʳ janv.) — Fièvre typhoïde, avortement au troisième mois, mort. (*Med. news*, p. 523, 10 nov.)

Typhus. — A Athènes en 1868. (*Bull. acad. méd.*, p. 953.) — Etiologie du typhus Fever. (*Ibid.*, p. 1297.) — Typhus cardiaque. (*Gaz. hôp.*, p. 841.) — Hépatique. (*Ibid.*, p. 913.) — Typhus cérébro-spinal. (*Union méd.*, t. XXXV, p. 643.) — Typhus exanthématique, son développement sous l'influence des eaux malsaines et d'une mauvaise alimentation. (*Ibid.*,

p. 802.) — Typhus Fever, son parasite. (*Gaz. hebd. Sc. méd. Bord.*, p. 535.) — Art de prévenir le typhus des bêtes à cornes. (*Revue méd.*, t. II, p. 39.) — Anatomie pathologique du typhus bilieux. (*Revue Sc. méd.*, t. XXII, p. 557.) — Matériaux pour la symptomatologie du typhus exanthématique. (*Mediz. Obosr.*, mars.)

Typographe. — Hygiène du typographe. (*Revue Sc. méd.*, t. XXII, p. 510.) — Hygiène de la vue chez les typographes. (*Ibid.*, p. 704.)

Tyrosine. — Formation et décomposition de la tyrosine dans l'organisme. (*Revue Sc. méd.*, t. XXI, p. 438.)

Tyrosinhydantoinique. — De l'acide tyrosinhydantoinique. (*Revue Sc. méd.*, t. XXII, p. 455.)

U

Ulcération. — Linguale. (*Gaz. hôp.*, p. 189.) (*Courrier méd.*, p. 86.) — Diagnostic et traitement des ulcérations de la langue. (*Concours méd.*, p. 340.) — Ulcération du col de l'utérus. (*Ibid.*, p. 643.) — Du traitement local des ulcérations par le sous-carbonate de fer en poudre. (*Bull. gén. thérap.*, p. 139.)

Ulcères. — Hémorroïdaires. (*Gaz. hôp.*, p. 241.) — Idiopathiques de la jambe, pathogénie. (*Ibid.*, p. 662.) — Simple de l'estomac. (*Gaz. méd. Paris*, p. 34.) — Cas d'ulcère farcineux chronique chez l'homme. (*Prog. méd.*, p. 268.) — Etude sur la pathogénie des ulcères variqueux. (*Union méd.*, t. XXXV, p. 118.) — Ulcère de la cornée, traitement. (*Ibid.*, p. 920.) — Ulcère stomacal avec dégénérescence artérielle. (*Union méd.*, t. XXXVI, p. 217.) — Ulcère perforant du duodénum. (*Paris méd.*, p. 553.) — Syphilitique de la jambe. (*Journ. méd. chir. prat.*, p. 19.) — Ulcères phagédéniques, traitement par le pyrogallol. (*Praticien*, p. 13.) — Ulcère tuberculeux de la lèvre. (*Revue Sc. méd.*, t. XXI, p. 459.) — De l'œsophage chez un nouveau-né. (*Ibid.*, t. XXII, p. 618.) — De l'estomac chez un nouveau-né. (*Ibid.*, t. XXI, p. 237.) — Stomacal chez les tourneurs en porcelaine. (*Ibid.*, t. XXII, p. 510.) — Ulcère rond de l'estomac déterminé par les injections de cantharidine. (*Ibid.*, t. XXI, p. 501.) — Simple perforant de la vessie. (*Ibid.*, p. 468.) — Des ulcères catarrhaux. (*Berlin. klin. Woch.*, n° 8.) — Un cas d'ulcère perforant symétrique des deux pieds. (*Lancet*, 17 mars.)

Urée. — Dosage de l'urée. (*Gaz. méd. Paris*, p. 341.) — Variations de l'urée, des chlorures et des phosphates dans la tuberculose. (*Union méd.*, t. XXXVI, p. 842.) — Son excrétion dans le croup, l'angine couenneuse et le faux croup. (*Revue méd.*, t. II, p. 706.) — Centres de production de l'urée. (*Revue Sc. méd.*, t. XXII, p. 28.) — Quantité d'urée contenue dans le sang. (*Ibid.*, t. XXI, p. 421.) — Détermination de l'urée par l'acide oxalique. (*Ibid.*, t. XXII, p. 457.)

Urémie. — Expérimentale. (*Bull. acad. méd.*, p. 628.) — D'origine hépatique. (*Gaz. hôp.*, p. 141.) — Mécanique et toxique. (*Ibid.*, p. 1186.) — Du traitement des accidents de l'urémie aiguë par la saignée et les purgatifs. (*Union méd.*, t. XXXV, p. 655.) — Urémie. (*France méd.*, t. I, p. 515.) (*Ibid.*, t. II, p. 373.) — Son traitement. (*Paris méd.*, p. 539.) (*Courrier méd.*, p. 392.) — Pathogénie des accidents de l'urémie. (*Revue méd.*, t. I, p. 204.) — Théorie nouvelle. (*Revue thérap.*, p. 75.)

Urémique. — Intoxication urémique par malformation du prépuce. (*Paris méd.*, p. 5.)

Uretère. — Traitement des fistules uretères vaginales. (*Revue Sc. méd.*, t. XXI, p. 617.) — Procédé pour sonder l'uretère de la femme. (*Ibid.*, p. 618.)

Urétérite. — Son diagnostic. (*Sem. méd.*, p. 312.)

Urèthre. — Dilatation préalable dans les fistules urétro-vaginales. (*Gaz. hôp.*, p. 229.) — Urèthre, méat étroit placé haut sur le gland, hématurie et colique spermatique. (*Ibid.*, p. 275, 283.) — Rétrécissement, chloroformisation, diabète. (*Ibid.*, p. 1178.) — Traitement des rétrécissements de l'urèthre. (*Prog. méd.*, p. 832.) — Ulcération de l'urèthre. (*Ibid.*, p. 493.) — Contracture de la portion musculaire du canal de l'urèthre, calcul vésical, taille latéralisée, guérison. (*Union méd.*, t. XXXV, p. 9.) — Rétrécissement de l'urèthre. (*France méd.*, t. I, p. 515.) — Rupture traumatique de l'urèthre. (*Ibid.*, t. II, p. 61.) — Corps étrangers de l'urèthre. (*Ibid.*, p. 198.) — Absence de l'anus et d'une partie du rectum, abouchement du rectum dans l'urèthre, opération, guérison. (*Gaz. méd. Nantes*, p. 129.) — Prolapsus de la muqueuse de l'urèthre. (*Revue méd.*, t. I, p. 732.) — Traitement des rétrécissements infranchissables de l'urèthre. (*Ibid.*, t. II, p. 266.) — Rétrécissement de l'urèthre, emploi des liquides pour les franchir. (*Journ. méd. chir. prat.*, p. 116.) — Canaux de Gartner de la femme. (*Revue Sc. méd.*, t. XXII, p. 422.) — Traitement de la rupture de l'urèthre par contusion du périnée. (*Ibid.*, t. XXI, p. 608.) — Etiologie et genèse de l'épispadias et de l'hypospadias. (*Corr. Blatt. f. schweiz. Aerzte*, 1ᵉʳ avril.) — Un cas de calcul urinaire énorme dans l'urèthre. (*Med. Obosr.*, fév.) — Un cas de rétrécissement infranchissable de l'urèthre, traité par l'incision périnéale. (*Glasg. med. Journ.*, janv., p. 18.) — Des calculs de l'urèthre masculin, par M. Zeissel. (*Stuttgart.*) — Le canal de Gartner. (*New-York med. Journ.*, 31 mars.) — Des écoulements purulents de l'urèthre d'origine non blennorrhagique. (*Brit. med. Journ.*, p. 203, fév.)

Uréthrite. — Chronique blennorragique. (*Bull. acad. méd.*, p. 803.) (*Gaz. méd. Paris*, p. 382.) — L'uréthrite ourlienne existe-t-elle ? (*Union méd.*, t. XXXVI, p. 1008.) — Uréthrite chronique, son diagnostic et son traitement. (*Courrier méd.*, p. 152, 431.) — Uréthrite chronique, influence des diathèses. (*Journ. méd. chir. prat.*, p. 156.) — Traitement de l'uréthrite purulente par le glycéré d'acide borique. (*Revue méd. chir. mal. femmes*, p. 119.)

Uréthrographe. — Ou instrument permettant d'obtenir le tracé autographique de la circonférence du canal de l'urèthre. (*Lancet*, 2 juin.)

Uréthrotomie. — Externe, guérison. (*France méd.*, t. II, p. 61.) (*Bull. gén. thérap.*, p. 96.) — Uréthrotomie interne, rupture ou section accidentelle de la bougie conductrice, extraction du fragment précédée de celle d'un calcul. (*Rev. méd. Suisse rom.*, III, 284, mai.) — Uréthrotomie externe comme moyen de diagnostic et de traitement de la vessie. (*Gaz. méd. de Nantes*, p. 100.) — Leçons cliniques sur l'uréthrotomie. (*Méd. Times*, 10 fév.) — 19 opérations d'uréthrotomie interne avec remarques. (*Boston med. and surg. Journ.*, 25 oct.)

Urétro-vaginales. — Leur traitement. (*Revue méd.*, t. I, p. 185.)

Urinaires. — Formulaire des maladies des voies urinaires. (*Bull. acad. méd.*, p. 421.) — Etude sur la gravelle simultanée et ses rapports chez la femme avec l'hystérie. (*Ibid.*, p. 644.) — Sur un point relatif à l'examen microscopique des voies urinaires. (*Gaz. méd. Nantes*, p. 8.) — Développement des voies urinaires. (*Revue Sc. méd.*, t. XXI, p. 408.) — Arrêt de développement des urinaires. (*Ibid.*, p. 445.) — Deux cas de tuberculose descendante des organes génitaux-urinaires chez la femme. (*Rev. méd. Suisse rom.*, III, 214, avril.) — Notes sur les cylindres urinaires en dehors des néphrites. (*Lyon méd.*, 22 juil.) — Sur la redissolution des pigments de l'urine en vue de faciliter l'examen microscopique des sédiments urinaires. (*Ann. des mal. des org. gén. urin.*, août.)

Urine. — Dosage rapide de l'acide urique dans l'urine. (*Bull. acad. méd.*, p. 608.) — Manuel clinique de l'analyse des urines. (*Ibid.*, p. 1492.) — Acide chlorhydrique pour empêcher la fermentation de l'urine. (*Gaz. hôp.*, p. 508.) — Albuminuriques, injection d'urine. (*Ibid.*, p. 669.) — Les chlorures de l'urine. (*Ibid.*, p. 901.) (*Sem. méd.*, p. 227.) (*Prog. méd.*, p. 695.) — De l'acide picrique comme moyen de reconnaître la présence de l'albumine et du sucre dans l'urine. (*Union méd.*, t. XXXV, p. 915.) — Etude clinique et expérimentale sur la transformation ammoniacale des urines, spécialement dans les maladies des voies urinaires. (*Ibid.*, t. XXXVI, p. 386.) — Urines myosuriques. (*Paris méd.*, p. 160.) Rétention d'urine au début de la grossesse. (*Gaz. méd. Nantes*, p. 22.) — Acide trichloracétique comme réactif de l'albumine dans l'urine. (*Bull. gén. thérap.*, p. 287.) — Besoin fréquent d'uriner dans ses rapports avec les affections utérines. (*Revue méd. chir. mal. femmes*, p. 360.) — Sur les ferments et les fermentations de l'urine. (*Revue Sc. méd.*, t. XXI, p. 436.) — Ferments de l'urine normale. (*Ibid.*, t. XXII, p. 43.) — Modifications de l'urine dans les troubles digestifs. (*Ibid.*, p. 44.) — Influence du bain chaud sur la secrétion urinaire. (*Ibid.*, p. 75.) — Présence du fer dans l'urine. (*Ibid.*, t. XXI, p. 41.) — Précipité produit par l'alcool dans l'urine normale. (*Ibid.*, p. 42.) — Dosage des substances azotées de l'urine. (*Ibid.*, p. 434.) — Acide acétique dans l'urine. (*Ibid.*, t. XXII, p. 457.) — Mannite dans l'urine. (*Ibid.*, p. 456.) — Indigo de l'urine. (*Ibid.*, p. 451.) — Nouveau corps cristallin et coloré contenu dans l'urine. (*Ibid.*, t. XXI, p. 435.) — Action de l'oxyde de cuivre. (*Ibid.*, p. 437.) — Analyse de l'urine des rhumatisants. (*Ibid.*, t. XXII, p. 208.) — Présence

d'alcaloïdes dans l'urine au cours de maladies infectieuses. (*Ibid.*, p. 49.)
— Etude des urines dans les maladies du cœur. (*Ibid.*, t. XXI, p. 131.)
— Détermination du sucre dans l'urine diabétique. (*Ibid.*, p. 41.) —
Examen des urines diabétiques par le perchlorure de fer. (*Ibid.*, t. XXII,
p. 170.) — Traitement chirurgical de l'incontinence d'urine chez la
femme. (*Ibid.*, p. 584.) — Nouvelle réaction de l'urine dans la tuberculose et les maladies infectieuses (couleur rouge vif par addition d'acide
sulfanilique et d'ammoniaque). (*Berlin. klin. Woch.*, 1ᵉʳ janv.) — Exemple
d'urine contenant de l'hémialbuminose. (*Corr. Blat f. schweiz. Aerzte*,
1ᵉʳ fév.) — Etude sur l'urine des nouveau-nés, dans ses rapports avec
les maladies du premier âge. (*Arch. di patol. infant.*, p. 25.) — L'incontinence de l'urine, son diagnostic et son traitement. (*Wratch Wiédom.*,
nᵒˢ 1-6.) — Réaction de l'urine par l'acide sulfanilique et l'azotite de
soude. (*Berlin. klin. Woch.*, 26 fév.) — Valeur diagnostique de la réaction de l'urine additionnée d'acide sulfobiazobenzoïque au point de vue
de la présence du glucose. (*Ibid.*, 2 avril.) — Quelques points du traitement des abcès ulcéreux et de l'infiltration d'urine. (*Lancet*, 13 janv.) —
Procédé nouveau de dosage des matières extractives et de l'urée de
l'urine. (*Arch. de physiol.*, p. 636.) — Note sur un appareil portatif pour
l'essai clinique de l'urine. (*Rev. méd. Suisse rom.*, III, 198, avril.) — Le
nouveau réactif d'Ehrlich pour l'urine. (*Wratch.*, nᵒ 28.) — Papiers
d'épreuve pour reconnaître la présence du sucre dans l'urine au lit du
malade. (*Lancet*, 19 mai.) — De l'hémialbuminose dans l'urine. (*Zeitshr. f.
Biol.*, Bd. XIX, p. 209.) — Sur l'origine de l'acide hippurique dans
l'urine. (*Zeitschrift f. physiol. Chemie*, t. VIII, p. 60.) — Etude sur les
substances qui forment l'indigo dans l'urine. (*Zeitsch. f. physiol. Chemie*, t. VIII, p. 79.) — Sur une substance toxique de l'urine. (*Deutsch
med. Woch.*, nᵒ 16.) — Incontinence nocturne d'urine chez un garçon de
15 ans, guérie par les courants continus. (*Brit. med. Journ.*, p. 760, oct.)
— Des divers procédés pour reconnaître la présence de l'albumine dans
l'urine. (*Brit. med. Journ.*, p. 1105, déc.)

Urique. — Synthèse de l'acide urique. (*Revue Sc. méd.*, t. XXI, p. 438.) —
Moyen de doser l'acide urique. (*Ibid.*, p. 438.) — Excrétion de l'acide
urique chez les oiseaux. (*Ibid.*, p. 43.) — De la diathèse urique dans les
maladies chroniques. (*Ibid.*, p. 612.) — Les changements de l'acide
urique. (*Arch. Ital. de biol.*, t. XVII, fév.)

Urticaire. — De l'emploi du jaborandi dans l'urticaire. (*Union méd.*,
t. XXXV, p. 141.) — Paludique. (*Ibid.*, p. 865.) — Des ouvriers qui travaillent les joncs. (*Paris méd.*, p. 234.) — De l'urticaire pigmentaire.
(*Revue Sc. méd.*, t. XXI, p. 627.) — L'urticaire est-elle transmissible par
la conception ? (*Berlin. klin. Woch.*, 5 fév.) — Trois observations d'urticaire paludique. (*Ann. de derm. et de syphil.*, avril, p. 213.) — Etiologie
de l'urticaire. (*Journ. of cut. and ven. dis.*, janv.) — Le traitement de
l'urticaire. (*Ibid.*, p. 197, avril.)

Utérine. — Sonde. (*Bull. acad. méd.*, p. 1368.) — Grossesse extra-utérine.
(*Ibid.*, p. 1423.) — Des affections utérines. (*Courrier méd.*, p. 238.) —

Besoin fréquent d'uriner dans les affections utérines. (*Revue méd.*, t. II, p. 593.) — Contractilité sous l'influence de l'électricité. (*Praticien*, p. 1.) — De l'involution utérine. (*Med. news*, 2 juin.) — Contribution à l'étude de l'étiologie de l'inversion utérine d'origine puerpérale. (*Arch. fur Gynäk.*, XX, 3.) — De l'hématocèle rétro-utérine. (*Charité Ann.*, VIII Jahrg, p. 326, 11 obs.)

Utéro-ovarienne. — Congestions pleuro-pulmonaires d'origine utéro-ovarienne. (*France méd.*, t. II, p. 368.)

Utérus. — Contractilité de l'utérus sous l'influence des courants électriques. (*Bull. acad. méd.*, p. 20.) — Scarificateur du col de l'utérus. (*Ibid.*, p. 168.) — Traitement du prolapsus de l'utérus. (*Ibid.*, p. 168.) — Excitateur double de l'utérus. (*Ibid.*, p. 260.) — Opération césarienne avec suture de l'utérus. (*Ibid.*, p. 288.) — Traitement des fibrômes de l'utérus. (*Ibid.*, p. 456.) — Extirpation totale de l'utérus par le vagin. (*Ibid.*, p. 768, 879.) — Traité clinique de l'inversion de l'utérus. (*Ibid.*, p. 775.) — Spéculum pour l'électrisation de l'utérus. (*Ibid.*, p. 806.) — Intervention chirurgicale dans les petites tumeurs de l'ovaire et de l'utérus. (*Ibid.*, p. 863.) — Pathologie de l'utérus. (*Ibid.*, p. 1268.) — Absence du col de l'utérus. (*Gaz. hôp.*, p. 1027.) — Chancres simples de l'utérus. (*Ibid.*, p. 188.) — Déviation, phénomène reflexe, anneau pessaire. (*Ibid.*, p. 155.) — Le système cérébro-spinal indépendant des contractions de l'utérus (*Ibid.*, p. 20.) — Grossesse et fibrôme de l'utérus. (*Ibid.*, p. 125.) — La caduque utérine. (*Ibid.*, p. 261.) — Polypes de l'utérus. (*Ibid.*, p. 467.) — Traitement de la chute de l'utérus (*Ibid.*, p. 657.) — Tumeur fibreuse de l'utérus. (*Ibid.*, p. 74.) — Corps fibreux de l'utérus, septicémie à forme gangréneuse, mort. (*Prog. méd.*, p. 204.) — Du besoin fréquent d'uriner dans les affections de l'utérus. (*Ibid.*, p. 543.) — Cloisonnement du col de l'utérus. (*Ibid.*, p. 55.) — Contractions spontanées de l'utérus chez les mammifères. (*Union méd.*, t. XXXV, p. 5.) — Affections de l'utérus et stérilité. (*France méd.*, t. I, p. 648.) — De quelques signes fonctionnels pour le diagnostic différentiel des tumeurs fibroïdes de l'utérus. (*France méd.*, t. II, p. 618.) — Ablation de l'utérus pour un cancer. (*Paris méd.*, p. 79.) — Fragment de chandelier dans l'utérus chez une aliénée. (*Paris, méd.*, p. 437.) — Des ulcérations du col de l'utérus, diagnostic et traitement. (*Concours méd.*, p. 643.) — Rétroflexion de l'utérus gravide. (*Abeille méd.*, p. 62.) — Recherches sur la forme de la portion vaginale de l'utérus. (*Ibid.*, p. 255.) — Dilatation dans la médication intra-utérine. (*Ibid.*, p. 159.) — Rétroversion de l'utérus suivie de gangrène de la vessie. (*Ibid.*, p. 233.) — Entrée de l'air dans les veines de l'utérus comme cause de mort subite chez la femme en couches. (*Gaz. méd. Nantes*, p. 169.) — Suture de l'utérus au catgut après la gastro-hystérotomie. (*Ibid.*, p. 184.) — Traitement de la dyspepsie dans les affections de l'utérus. (*Ibid.*, p. 187.) — Enlèvement des annexes de l'utérus dans les cas d'inflammation. (*Gaz. hebd. Sc. méd. Bord.*, p. 126.) — Métamorphoses histologiques des fibromes de l'utérus. (*Revue méd.*, t. I, p. 291.) — De la cautérisation dans l'engorgement du col de l'utérus.

(*Ibid.*, p. 447.) — Relations entre les affections pleuro-pulmonaires et les affections de l'utérus. (*Ibid.*, p. 762.) — Nouvelle méthode pour traiter les déplacements de l'utérus. (*Ibid.*, p. 708.) — Amputation du col de l'utérus. (*Ibid.*, t. II, p. 266.) — Diagnostic de l'absence de l'utérus. (*Ibid.*, p. 559.) — Des changements de position de l'utérus et de leur traitement. (*Bull. gén. thérap.*, p. 130.) — Déviation de l'utérus pendant les suites de couches. (*Ibid.*, p. 21.) — Enucléation des myomes de l'utérus.(*Ibid.*, p. 37.) — De l'emploi des injections médicamenteuses dans le tissu de l'utérus. (*Ibid.*, p. 378.) — Electrisation et contractilité de l'utérus. (*Thérap. contemp.*, p. 663.) — Fibromyome de l'utérus double et symétrique. (*Revue méd. chir. mal. femmes*, p. 268.) — Hystérectomie totale pour fibromyome de l'utérus. (*Ibid.*, p. 639.) — Indépendances des contractions de l'utérus par rapport au système cérébro-spinal. (*Ibid.*, p. 9.) — Massages utérins comme moyen de traiter certaines formes d'hypertrophie de l'utérus. (*Ibid.*, p. 231.) — Rétention d'os fœtaux pendant 19 mois dans l'utérus. (*Ibid.*, p. 280.) — Traitement du catarrhe chronique de l'utérus. (*Ibid.*, p. 414.) — Tumeur fibrocystique de l'utérus et des ligaments larges. (*Ibid.*, p. 226.) — Innervation de l'utérus. (*Revue Sc. méd.*, t. XXI, p. 478.) — Capsules surrénales accessoires dans le ligament large. (*Ibid.*, t. XXII, p. 421.) — Structure des ligaments larges. (*Ibid.*, t. XXI, p. 5.) — Position normale de l'utérus. (*Ibid.*, t. XXII, p. 10.) — Disposition et contractilité des fibres. (*Ibid.*, p. 9.) — Action du salycilate de soude sur l'utérus. (*Ibid.*, p. 495.) — Erosion de la portion vaginale de l'utérus. (*Ibid.*, p. 580.) — Distension du segment inférieur de l'utérus. (*Ibid.*, p. 251.) — Des déviations de l'utérus. (*Ibid.*, p. 222, 223.) — De la sténose cervicale. (*Ibid.*, t. XXI, p. 614.) — Traitement de la rétroflexion. (*Ibid.*, p. 616.) — Elimination spontanée d'un utérus en inversion. (*Ibid.*, t. XXII, p. 574.) — Tuberculose des trompes. (*Ibid.*, p. 471.) — Hématocèle péri-utérin extra-peritonéal. (*Ibid.*, p. 576.) — Du traitement consécutif à l'ouverture des tumeurs sanguines du canal génital. (*Ibid.*, p. 577.) — Traitement des affections utérines par les injections parenchymateuses. (*Ibid.*, p. 585.) — Des déchirures du col de l'utérus au point de vue médico-légal. (*Ibid.*, p. 668.) — Hypertrophie du museau de tanche chez deux sœurs. (*Ibid.*, t. XXI, p. 615.) — Colporraphie contre le prolapsus utérin. (*Ibid.*, p. 616.) — Traitement des ruptures. (*Ibid.*, p. 197, 200.) — Rupture de l'utérus pendant l'accouchement. (*Ibid.*, p. 198.) — Dégénérescence kystique de la caduque. (*Ibid.*, t. XXII, p. 594.) — Dilatation naturelle et artificielle du col de l'utérus vers la fin de la grossesse. (*Ibid.*, p. 590.) — Rétention d'un fœtus à terme dans la cornée non complètement développée d'un utérus bicorne. (*Ibid.*, t. XXI, p. 202.) — Dystocie par cloisonnement transversal de l'utérus. (*Ibid.*, t. XXII, p. 603.) — Accouchement compliqué par un kyste hydatique de l'utérus. (*Ibid.*, p. 258.) — De la grossesse extra-utérine. (*Ibid.*, t. XXI, p. 202.) — Du déciduome ou adénome. (*Ibid.*, p. 197.) — Traitement des fibromes par les injections d'ergotine. (*Ibid.*, t. XXII, p. 235.) — Excision partielle d'un fibrome. (*Ibid.*, p. 240.) — Résection des annexes de l'utérus pour un cas d'hémorrhagie rebelle consécutive à un myome. (*Ibid.*, t. XXI, p. 622.) — Ablation des fibromes. (*Ibid.*, t. XXII, p. 235.) — Castration contre les fibromes utérins. (*Ibid.*, p. 235.) — Extirpation de l'utérus. (*Ibid.*, p. 242.) — Ablation de l'utérus cancéreux. (*Ibid.*, p. 242, 246.) — Récidive de cancer après l'ablation de l'utérus. (*Ibid.*, p. 243.) — Traitement du pédicule après l'ablation de l'utérus. (*Ibid.*, p. 243.) — Réduction du pédicule et de la ligature dans l'amputation de l'utérus. (*Ibid.*, p. 583.) — Utilité des lavages utérins après l'accouchement. (*Journ. accouch. Liège*, p. 145.) — Un cas de tuberculose de l'utérus et de la trompe de Fallope. (*Glasg. med. Journ.*, janv., p. 1.) — Analyse de 27 opérations pour restaurer les déchirures du col, leurs effets sur la stérilité et la parturition (*Obs. Sc. Philad. med. news*, 24 fév.) — Enucléation d'un myôme utérin colossal. (*Berlin. klin. Woch.*, 9 avril.) — Fibromyome utérin enlevé à l'aide de la galvanocaustie. (*Corr. bl. f. schweiz. Aerzte*, 1er mars.) — Un cas d'absence congénitale de l'utérus. (*Med. obosr.*, avril.) — De la tente éponge et de la dilatation du col; ses inconvénients et ses dangers. (*Ann. de gynéc.*, janv.) — Polypes membraneux du col de l'utérus. (*Lancet*, 6 janv.) — Des fibromes kystiques vrais de l'utérus. (*Berlin. klin. Woch.*, 27 août.) — Myome gros comme le poing de la lèvre postérieure du col, énuclée par le vagin. (*Berlin. klin. Woch.*, 6 août.) — Myomes utérins, raclage et injections de perchlorure, péritonite mortelle. (*Ibid.*) — De la position normale de l'utérus. (*New-York med. Journ.*, 27 janv.) — Troubles profonds de la nutrition et du développement chez une chlorotique causés probablement par une atrophie congénitale de l'utérus. (*Charité ann.*, VIII, p. 314.) — Leçons sur la stérilité des femmes. (*Brit. med. Journ.*, mars et avril.) — Analyse de vingt-sept opérations de restauration du col utérin déchiré, au point de vue des effets ultérieurs sur la conception et l'accouchement. (*New-York med. Journ.*, 14 juin.) — Deux cas de déchirure du col utérin traités avec succès par avivement et suture. (*Ibid.*, 3 mars.) — Inversion de l'utérus avec prolapsus. (*Cent. f. gyn.*, n° 6.) — Deux cas d'inversion aiguë de l'utérus. (*Med. Wiestnik*, n°s 35-37.) — Prolapsus utérin, élytrorraphie. (*Med. Times*, 25 août.) — Un cas de prolapsus complet des organes du bassin chez une femme; guérison. (*Médiz. Wiestnik*, n° 41.) — De la latéro-version congénitale de l'utérus. (*Médiz. obosr.*, sept.) — Replacement de l'utérus inverti depuis cinq ans. (*Brit. med. Journ.*, p. 561, mars.) — Fibro-myome rétro-cervical sous-céreux de l'utérus. (*Médiz. Wiestnik*, n°s 31-34.) — Leçon sur le traitement chirurgical des myomes fibreux de l'utérus. (*Med. Times*, 7 juil.) — Cancer du col et du corps de l'utérus; laparotomie, extirpation du corps utérin; impossibilité d'enlever la totalité du néoplasme; mort au bout de vingt-quatre heures. (*New-York med. Journ.*, 10 fév.) — L'extirpation de l'utérus cancéreux est-elle une opération justifiée ? (*Med. news*, 22 sept., p. 330.) — Observation d'extirpation de l'utérus et de ses annexes pour un épithélioma de la cavité. (*Med. Times*, p. 108, 27 janv.) — Quatre cas de sarcome de l'utérus. (*New-York med. Journ.*, 21 juil.) — Recherches expérimentales sur la circulation utéro-placentaire par J. Pyle. (*Thèse de l'univers. de Pensylvanie, London med. record.*, 15 oct.)

V

(*Berlin. klin. Woch.*, 22 janv.) — Utilité des revaccinations. (*Ibid.*, 15 janv.) — Sur la vaccination en Pologne, en Russie et en Finlande. (*Rev. d'hyg.*, V, 463, juin.) — D'une alternance forcée dans l'intensité des maladies et dans la valeur des moyens préventifs, tels que la vacci-nation. (*Rev. d'hyg.*, juil.) — Preuve à l'actif de la vaccination. (*Berlin. klin. Woch.*, p. 585, 17 sept.) — Psoriasis et autres maladies associées à la vaccination. (*Journ. of cut. and ven. dis.*, janv., p. 119.) — Urticaire consécutive à la vaccination. (*New-York med. Journ.*, 21 juil.)

Vaccine. — Expériences sur la vaccine. (*Bull. acad. méd.*, p. 611.) — Son origine. (*Ibid.*, p. 72, 1224.) — Des microbes de la vaccine. (*Gaz. hôp.*, p. 765.) — Vaccine efficace sans manifestations extérieures. (*Ibid.*, p. 909.) — Vaccine et vaccinogènes. (*Concours méd.*, p. 541.) — Obser-vations sur la fausse vaccine. (*Revue méd.*, t. II, p. 495.) — Influence sur la diminution de la mortalité de la variole. (*Journ. méd. chir. prat.*, p. 341.)

Vagin. — Traitement de la chute de matrice par le cloisonnement du va-gin. (*Bul. acad. méd.*, p. 72.) — Extirpation totale de l'utérus par le vagin. (*Ibid.*, p. 768.) (*Gaz. hôp.*, p. 540.) — Corps étranger du vagin. (*Ibid.*, p. 962.) — Injections vaginales glycéro-tanniques laudanisées. (*Concours méd.*, p. 491.) — Vagin cloisonné antérieurement et rétréci vers sa moitié. (*Journ. accouch. Liège*, p. 143.) — Vagin cloisonné par une membrane transversale. (*Ibid.*, p. 225.) — Kyste du vagin. (*Journ. méd. chir. prat.*, p. 164.) — Topiques argileux vaginaux. (*Bull. gén. thérap.*, p. 145.) — Occlusion du vagin. (*Revue méd. chir. mal. femmes*, p. 174, 392.) — Malformation congénitale du rectum s'ouvrant sur la pa-roi postérieure du vagin. (*Ibid.*, p. 397.) — De l'atrésie. (*Revue Sc. méd.*, t. XXII, p. 582.) — De l'emphysème et de la présence de triméthylamine dans le vagin. (*Ibid.*, p. 247.) — Inversion du vagin. (*Ibid.*, p. 225.) — Fibromes et myomes du vagin. (*Ibid.*, p. 584.) — Dystocie par rétrécisse-ment circulaire du vagin. (*Ibid.*, p. 602.) — Désinfection du vagin après les opérations. (*Ibid.*, p. 586.) — Injections d'eau très chaude dans le va-gin contre diverses infections utérines. (*Ibid.*, p. 586.) — Un cas d'atrésie partielle de la vulve et d'atrésie totale des petites lèvres. (*Mediz. Obosr.*, fév.) — Occlusion cicatricielle du vagin. (*Dublin Journ. of med. Sc.*, fév., p. 159.) — Kyste volumineux du vagin. (*Zeit f. Geburtsh.*, VIII, Heft 2.) — Occlusion spontanée du vagin à la suite d'un accouchement difficile, rétention du sang menstruel, ponction et dilatation, guérison. (*Lancet*, 2 juin.)

Vaginite. — De la vaginite non spécifique survenant chez les femmes âgées. (*Gaz. hôp.*, p. 689.) — Leçons sur la vaginite non blennorrha-gique. (*France méd.*, t. II, p. 578, 589, 601, 613, 629, 637, 673, 699, 734, 738.) — Vaginite blennorrhagique. (*Courrier méd.*, p. 26.) — Vaginite simple et vaginite virulente. (*Ibid.*, p. 78.) — Traitement de la vulvo-vaginite des petites filles. (*Concours méd.*, p. 671.) — Traitement de la vaginite purulente. (*Revue méd.*, t. I, p. 886.) — Emploi de l'acide borique. (*Journ. méd. chir. prat.*, p. 128.) — Emploi de la résorcine au traitement de la vaginite. (*Revue méd. chir. mal. femmes*, p. 240.)

Vague. — Action du plomb sur le nerf vague. (*Bul. gén. thérap.*, p. 240.)

Vaisseaux. — Lymphatiques. (*Gaz. hôp.*, p. 1012.) — Modifications du calibre des vaisseaux dans les membres amputés. (*Ibid.*, p. 20.) — Rôle des vaisseaux dans la production de certains phénomènes pathologiques. (*Thérap. contemp.*, p. 235.) — Lésions des vaisseaux dans les luxations de l'épaule. (*Revue Sc. méd.*, t. XXI, p. 658.) — Rupture des vaisseaux poplités dans le redressement d'une ankylose. (*Ibid.*, p. 672.) — De la suture des vaisseaux. (*Ibid.*, t. XXII, p. 287.) — De l'emploi de l'argile dans les névroses des vaisseaux. (*Ibid.*, p. 504.)

Valvules. — Auriculo-ventriculaires, leur fonctionnement. (*Bull. acad. méd.*, p. 1423.)

Vanillisme. — (*Prog. méd.*, p. 770.) (*France méd.*, t. II, p. 521.) (*Gaz. hebd. Sc. méd. Bord.*, p. 464.)

Vapeur. — Emploi thérapeutique de la vapeur d'eau surchauffée. (*Bull. acad. méd.*, p. 990.) — Traitement de la lithiase urique par les bains de vapeur térébenthinés. (*Ibid.*, p. 1228.)

Varicelle. — Spécificité de la varicelle. (*Revue Sc. méd.*, t. XXII, p. 121.) — Varicelle gangréneuse. (*Ibid.*, p. 616.)

Varices. — Consécutives à une névralgie sciatique. (*Gaz. hôp.*, p. 130.) — Que deviennent les varices chez les femmes enceintes qui succombent? (*Prog. méd.*, p. 861.) — Varices et sciatique. (*Revue thérap.*, p. 441.) — Ligature de la saphène pour la cure des varices. (*Revue Sc. méd.*, t. XXI, p. 284.) — Varices des veines pariétales de l'abdomen. (*Corr. blatt. f. schweiz. Aerzte*, n° 8, p. 206, 15 avril.)

Varicocèle. — De la cure radicale du varicocèle. (*Gaz. méd. Nantes*, p. 124.) (*Courrier méd.*, p. 117, 332.) — Opération simple pour le varicocèle. (*Gaz. méd. Nantes*, p. 10.) — Traitement du varicocèle. (*Bull. gén. thérap.*, p. 261.) — Cure radicale du varicocèle. (*Am. Journ. of the med. Sc.*, juil.)

Variole. — Epidémie de variole à Plouay, en 1881. (*Bull. acad. méd.*, p. 355.) — Traitement externe des pustules de la variole. (*Ibid.*, p. 576.) Prophylaxie de la variole. (*Ibid.*, p. 1112.) — Influence des revaccinations en masse sur un début d'épidémie de variole. (*Ibid.*, p. 1333.) — Inoculation de la variole légère. (*Ibid.*, p. 1336.) — Variole confluente pendant la grossesse, immunité vaccinale de l'enfant. (*Gaz. hôp.*, p. 547.) — Des microbes dans la variole. (*Ibid.*, p. 765.) — Granulation de la variole. (*Ibid.*, p. 546.) — Variole intercurrente. (*Ibid.*, p. 949.) — Isolement dans la variole. (*Ibid.*, p. 532, 581, 646.) — Dans les hôpitaux. (*Gaz. méd. Nantes*, p. 142, 165.) — Epidémie de variole hémorrhagique au Tonkin. (*Progr. méd. Nantes*, p. 377, 439.) — Badigeonnage de teinture d'iode dans la variole. (*France méd.*, p. 438.) — Traitement de la variole hémorrhagique par l'essence de térébenthine. (*Abeille méd.*, p. 39, 98.) — Médication éthérée-opiacée dans la variole. (*Gaz. méd. Nantes*, p. 10.) — Des propriétés préservatrices du cow-pox contre la vaccine. (*Gaz.*

hebd. Sc. méd. Bord., p. 123.) — Variole à Haïti. (*Revue méd.*, t. I, p. 92.) — Moyen de prévenir les cicatrices de la variole. (*Ibid.*, p. 125.) — Variole fœtale et vaccination congénitale. (*Journ. méd. chir. prat.*, p. 269.) — Traitement de la variole par les antiseptiques. (*Thérap. contemp.*, p. 93.) — Variole et vaccine. (*Ibid.*, p. 141.) — Mesures d'hygiène contre la variole. (*Revue Sc. méd.*, t. XXII, p. 113.) — Transport des varioleux à l'hôpital. (*Ibid.*, p. 113.) — Stade pré-éruptif de la variole. (*Ibid.*, p. 120.) — Prophylaxie de la variole. (*Ibid.*, p. 113.) — Variole et scarlatine simultanées. (*Ibid.*, p. 130.) — Accidents de la convalescence de la variole. (*Ibid.*, p. 121.) -- Injections d'éther dans la variole. (*Ibid.*, t. XXI, p. 117.) — Médication éthérée-opiacée dans la variole. (*Ibid.*, p. 118.) — La variole en Bretagne. (*Journ. d'hyg.*, p. 143.) — L'épidémie varioleuse de 1870 à 1873, dans ses rapports avec la vaccination. (*Sanit. Record.*, n° 307, p. 439, avril.) — Notes sur la variole et la vaccine. (*Med. new.*, 31 mars.) — Applications de la statistique médicale, notamment en ce qui concerne les questions de variole et de vaccination. (*Berlin. klin. Woch.*, 29 janv.) — Contribution à la statistique de la variole. (*Berlin. klin. Woch.*, 19 fév.) — Variole, éruption vaccinale, éruption hybride vaccinale et eczémateuse. (*Journ. of cut. and ven. dis.*, mars, p. 165.) — Phlegmon sous-péritonéal de la paroi abdominale antérieure dans la convalescence de la variole. (*Gaz. hebd. Sc. méd. Montpellier*, n° 30.) — Prophylaxie de la variole ; les revaccinations. (*Ibid.*, n°ˢ 45, 47.)

Varioleux. — Isolement des varioleux. (*Sem. méd.*, p. 137, 154, 178, 194.) (*Gaz. méd. Nantes*, p. 320.) (*Union méd.*, t. XXXVI, p. 534.) (*France méd.*, t. I, p. 816.) (*Ibid.*, t. II, p. 11, 78.) (*Courrier méd.*, p. 104, 224, 249, 292.) (*Gaz. hebd. Sc. méd. Bord.*, p. 139.) (*Revue méd.*, t. I, p. 859.) (*Ibid,.* t. II, p. 104.) (*Praticien*, p. 306, 332.)

Variolique. — Etude rétrospective sur l'inoculation variolique. (*Gaz. hebd. Sc. méd. Bord.*, p. 5, 18, 30.)

Varioloïde. — Observation de purpura hémorrhagique, varioloïde intercurrente. (*Union méd.*, t. XXXVI, p. 821.)

Vaseline. — Camphrée. (*Union méd.*, t. XXXV, p. 668.) — Vaseline et pommades. (*France méd.*, t. II, p. 353.) — Vaseline inflammable, ses inconvénients. (*Paris méd.*, p. 508.) — Vaseline à l'acide borique pour les plaies superficielles irritables, eczémas fétides, etc. (*Paris méd.*, p. 56.) — Vaseline. (*Revue thérap.*, p. 335, 638.)

Vaso-moteurs. -- Excitation des centres vaso-moteurs par sommation d'excitants électriques. (*Revue Sc. méd.*, t. XXII, p. 13.) — Effets vaso-moteurs produits par l'excitation du segment périphérique du nerf lingual. (*Ibid.*, t. XXI, p. 416.) — Relations du système vaso-moteur du bulbe avec celui de la moelle et des altérations de ces deux systèmes dans le tabès. (*Ibid.*, p. 457.) — Rhinite vaso-motrice. (*Ibid.*, t. XXII, p. 722.) — Innervation vaso-motrice. (*Gaz. hebd. Sc. méd. Bord.*, p. 331.)

Végétations. — Et condylomes, traitement par l'acide phénique. (*Journ. méd. chir. prat.*, p. 273.) — Végétations des adénoïdes du pharynx nasal. (*Bull. gén. thérap.*, p. 479.) (*Praticien*, p. 619.)

Veine. — Altérations de la veine cave inférieure dans la cirrhose hépatique. (*Union méd.*, t. XXXVI, p. 318.) — Nerfs des petites veines. (*Revue Sc. méd.*, t. XXI, p. 404.) — Canaux de sûreté du système veineux. (*Ibid.*, t. XXII, p. 418.) — Analogie des systèmes veineux du crâne et du rachis. (*Ibid.*, t. XXI, p. 410.) — Communication du système veineux intra et extra-crânien. (*Ibid.*, t. XXII, p. 416.) — Communication entre les branches intra-hépatiques de la veine porte et les veines sus-hépatiques. (*Ibid.*, p. 9.) — Rôle des veines hépatiques dans la circulation du foie et la circulation générale. (*Ibid.*, t. XXI, p. 26.) — Du pouls veineux. (*Ibid.*, p. 472.) — Du pouls veineux normal et pathologique. (*Ibid.*, p. 132.) — Tuberculose des veines, leurs rapports avec l'infection tuberculeuse du sang. (*Ibid.*, p. 56.) — Etat du système nerveux dans les cas d'épanchement péricardique. (*Ibid.*, p. 472.) — Congestion veineuse dans le diabète. (*Ibid.*, t. XXII, p. 170.) — Altération du fond de l'œil dans la stase veineuse générale. (*Ibid.*, p. 710.) — Lésions du système nerveux dans un cas de rétrécissement de l'artère pulmonaire. (*Ibid.*, t. XXI, p. 142.) — Anévrysme artério-veineux de la crosse aortique et de la veine cave supérieure. (*Ibid.*, p. 155.) — Anévrysme artério-veineux de l'artère et de la veine fémorales. (*Ibid.*, p. 672.) — Lésions veineuses du cou dans les fractures de la clavicule. (*Ibid.*, p. 291.) — Rupture de la veine jugulaire interne. (*Ibid.*, p. 672.) — Effets de la ligature fémorale sur la circulation du membre. (*Ibid.*, p. 679.) — De l'occlusion latérale des plaies veineuses. (*Ibid.*, t. XXII, p. 286.) — Ligature de la veine axillaire. (*Ibid.*, t. XXI, p. 672.) — Ligature de la veine sous-clavière. (*Ibid.*, p. 672.) — Ligature de la veine fémorale. (*Ibid.*, t. XXII, p. 674.) — Ligature de la saphène pour la cure des varices. (*Ibid.*, t. XXI, p. 284.) — Injection intra-veineuse de peptone. (*Ibid.*, p. 423.) — Valeur diagnostique du pouls veineux. (*Samml. klin. Vorträge*, n° 227.) — Dyscrasie veineuse. (*Bull. acad. méd.*, p. 544.) — Sur les anastomoses entre les veines de la face et de l'orbite. (*Voiénn. mediz. Journ.*, janv.) — Des anastomoses des veines pulmonaires avec les veines bronchiques et avec le réseau veineux du médiastin. (*Comptes rendus des séances de l'académie impériale des Sciences de Vienne*, vol. LXXXIV, fasc. 1.) — Un cas d'oblitération de la veine cave supérieure. (*Lancet*, 12 mai.) — Blessure de la veine jugulaire interne pendant l'ablation d'une tumeur du cou; excision et ligature du vaisseau, guérison. (*New York med. Journ.*, 26 mai.) — Micrococcus dans les viscères chez un nouveau-né atteint de phlébite ombilicale. (*Centralb. f. med. Wiss.*, n° 16.) — Mort subite par entrée de l'air dans les veines utérines. (*Boston med. Journ.*, p. 516, 29 nov.) — De l'entrée de l'air dans les veines pendant les opérations. (*Brit. med. Journ.*, p. 1278, juin.) — Cas d'oblitération de la veine porte, pyléphlébite adhésive. (*Journ. of anat. and physiol.*, XVI.)

Vénériens. — Des champs. (*Bull. acad. méd.*, p. 3.) (*Journ. méd. chir. prat.*, p. 287.) — Maladies vénériennes. (*Bull. acad. méd.*, p. 672.) (*Concours méd.*, p. 480.) — Maladies vénériennes dans l'armée. (*Journ. méd. chir. prat.*, p. 94.)

Venin. — Des venins du serpent à sonnettes. (*Revue Sc. méd.*, t. XXI,

p. 101.) — Du permanganate de potasse contre le venin du cobra. (*Ibid.*, **p. 102.**) — Etude histologique des glandes à venin du crapaud et recherches sur les modifications apportées dans leur évolution normale, par l'excitation électrique de l'animal. (*Arch. de phys.*, mars.)

Ventricule. — Mécanisme de la mort par piqûre du quatrième ventricule. (*Gaz. hebd. Sc. méd. Bord.*, p. 99.)

Ver. — Macaque. (*Sem. méd.*, p. 127.) — Larve de ver macaque de Cayenne. (*Revue méd.*, t. I, p. 810.) — Vers lombrics, issue par l'oreille. (*Journ. méd. chir. prat.*, p. 258.) — Vers lombricoïdes, expulsion de 441 vers en trente-quatre jours. (*Revue mens. mal. enfance*, p. 193.)

Vératrine. — Et muscles. (*Gaz. hôp.*, p. 188.) (*Sem. méd.*, p. 43,170.) — Action physiologique de la vératrine. (*Gaz. méd. Nantes*, p. 209.) (*Courrier méd.*, p. 148.) (*Concours méd.*, p. 66.) — Traitement du tremblement par la vératrine. (*Ibid.*, p. 667.) (*Gaz. hebd. Sc. méd. Bord.*, p. 98.) (*Revue méd.*, t. II, p. 76.) — Vératrine contre les tremblements. (*Praticien*, p. 452.)

Verge. — Corps étrangers enserrant la verge. (*Gaz. hôp.*, p. 301.) — Gangrène foudroyante de la verge. (*Sem. méd.*, p. 345.) — Nodus de la verge. (*Ibid.*, p. 30.) — Du phlegmon de la verge. (*France méd.*, t. II, p. 400.) — Etiologie des corps caverneux de la verge. (*Courrier méd.*, p. 6.)

Vernis. — Pour plâtrer. (*Paris méd.*, p. 550.)

Version. — Podalique pratiquée par les accoucheuses. (*Journ. accouch. Liège*, p. 77, 276, 277.)

Vertébrale. — Traitement des déviations de la colonne vertébrale. (*Gaz. méd. Nantes*, p. 70.)

Vertèbre. — Luxation bilatérale antérieure de la cinquième cervicale. (*Prog. méd.*, p. 535.)

Vertiges. — Avec délire. (*Bull. acad. méd.*, p. 632, 1448.) — Etude clinique du vertige. (*Ibid.*, p. 610.) — Du vertige auriculaire. (*Union méd.*, t. XXXV, p. 743.) — Vertige réflexe, guérison par la cautérisation de la pituitaire. (*Union méd.*, t. XXVI, p. 820.) — Vertige chez les sourds-muets. (*Ibid.*, p. 985.) — Vertige dans les affections du cœur. (*Revue méd.*, t. I, p. 729.) (*Praticien*, p. 142.) — Vertige et accès incomplet dans l'épilepsie. (*Ibid.*, p. 482.)

Verrues. — Guérison des verrues. (*France méd.*, t. I, p. 829.) — Traitement des verrues par la magnésie. (*Ibid.*, t. II, p. 220.) — Verrues confluentes aux mains, leur traitement. (*Courrier méd.*, p. 144, 307, 155.) — Traitement par le savon noir. (*Journ. méd. chir. prat.*, p. 62.) — Traitement par les cautérisations. (*Ibid.*, p. 117.) — Par le collodion salicylé. (*Ibid.*, p. 129.) — Par le citron. (*Ibid.*, p. 274.) — Verrues séborrhétiques de la vieillesse. (*Revue Sc. méd.*, t. XXI, p. 641.)

Vésicants. — (*Sem. méd.*, p. 55.)

Vésicatoire. — (*Bull. acad. méd.*, p. 914.) — Appliqué sur la région précordiale dans le rhumatisme articulaire aigu. (*Paris méd.*, p. 105.) (*Bull. gén. thérap.*, p. 382.)

Vésico-vaginale. — Nouvelle manière de fixer la cloison vésico-vaginale pendant l'opération de la fistule. (*Gaz. méd. Nantes*, p. 104.) — Traitement des fistules vésico-vaginales. (*Revue méd.*, t. I, p. 185.)

Vésicule. — Ovarienne, hémorrhagie de la vésicule ovarienne. (*Sem. méd.*, p. 129.) — Absence congénitale de la vésicule biliaire. (*Prog. méd.*, p. 534.) — Calcification de la vésicule biliaire. (*Ibid.*, p. 993.) — Vésicule biliaire, son extirpation. (*Paris méd.*, p. 605.) — Cas de rupture de la vésicule biliaire. (*Rev. méd.*, t. I, p. 200.) — Etude sur les vésicules séminales. (*Ibid.*, t. II, p. 761, 813, 844.) (*Bull. gén. thérap.*, p. 89.)

Vessie. — Hémorroïdes de la vessie. (*Bull. acad. méd.*, p. 1369.) — Ablation d'un cancer de la vessie. (*Gaz. hôp.*, p. 707.) — Paralysie du corps de la vessie. (*Ibid.*, p. 25.) — Ponctions de la vessie. (*Ibid.*, p. 123.) Tumeurs de la vessie. (*Ibid.*, p. 549.) — Exstrophie de la vessie. (*Sem. méd.*, p. 5.) — Intervention dans les tumeurs de la vessie. (*Gaz. méd. Nantes*, p. 389.) — Vessie irritable chez la femme. (*Union méd.*, t. XXXV, p. 454.) — Vessie à cellules. (*Prog. méd.*, p. 993.) — Rétractée. (*Ibid.*, p. 786.) — Cancer ancéphaloïde de la vessie. (*Ibid.*, p. 531.) Hernies tuniquaires multiples de la vessie avec abcès sous-péritonéal communiquant avec la vessie. (*Ibid.*, p. 786.) — Muqueuse de la vessie recouverte d'une couche épaisse et adhérente de graviers.(*Ibid.*, p. 169.) — Développement spontané de gaz dans la vessie. (*France méd.*, t. I, p. 195, 207.) — Suture de la vessie. (*Courrier méd.*, p. 172.) — L'uréthrotomie externe dans le diagnostic et le traitement des maladies obscures de la vessie. (*Gaz. méd. Nantes*, p. 100.) — Intervention chirurgicale dans les tumeurs de la vessie. (*Ibid.*, p. 135.) — Gangrène par rétroflexion de l'utérus. (*Gaz. hebd. Sc. méd. Bord.*, p. 68.) — Conduite à tenir dans le cancer de la vessie. (*Revue méd.*, t. II, p. 134.) — Rapports de la paroi abdominale avec la vessie. (*Ibid.*, p. 663.) — Ablation d'un fibro-papilleux de la vessie. (*Revue méd. chir. mal. femmes*, p. 463.) — Ulcère simple perforant de la vessie. (*Revue Sc. méd.*, t. XXI, p. 463.) — Opération de la fistule vésico-vaginale. (*Ibid.*, t. XXII, p. 248.) — Ouverture de la vessie pendant l'ovariotomie. (*Ibid.*, p. 226.) — Calculs de la vessie. (*Ibid.*, t. XXI, p. 700.) — Rôle du distoma hœmatobium dans la formation des calculs. (*Ibid.*, p. 166.) — Névralgie de la vessie. (*Bol. de cien. med. de Mexico*, janv.) — Kyste suppuré du ligament large ayant perforé la vessie. (*Med. news*, 14 avril, p. 425.) — D'une modification nécessaire des cathéters vésicaux. (*Berlin. klin. Woch.*, 15 janv.) — Suture de la vessie. (*Rev. méd. Suisse rom.*, t. III, 27 janv.) — De l'action physiologique de quelques substances sur les muscles de la vessie des animaux et de l'homme. (*Arch. Ital. de biol.*, t. II, n° 3.) — Suture de la vessie pour une très grande plaie intra et extra-péritonéale, réparation en deux actes opératoires éloignés, guérison. (*Ann. des mal. des org. génito-urin.*, 1er mai.) — De l'exploration de la vessie par une boutonnière pratiquée au périnée, comme moyen de diagnostic de certaines affections vésicales obscures. (*Lancet*, 3 fév.) — Corps étranger de la vessie. Hypertrophie de la prostate, taille médiane, ablation de la tumeur prostatique ; guérison. (*Philad. med. Times*, 2 déc.) — Papillome fibreux de la vessie chez la femme. (*Lancet*, 13 janv.) — Suppression absolue des urines pendant 75 heures ; guérison. (*Lancet*, 10 mars.) Remarques sur l'exploration de la vessie et le traitement de la cystite par l'uréthrotomie médiane. (*Med. Times*, p. 89, 28 juil.) — Opération (incision périnéale de l'urèthre) pour l'exploration de la vessie et l'extirpation des calculs, tumeurs, etc., (*Ibid.*, p. 183, 3 fév.) — Quatre observations de polypes de la vessie extirpés par une opération. (*Med. Times*, p. 138, 3 fév.) — Douze observations de tumeurs de la vessie (10 h., 2 f.) extirpées par une nouvelle opération. (*Ibid.*, p. 714, 23 juin.) — Quatorze cas d'exploration digitale de la vessie par une boutonnière périnéale, parmi lesquels, dix fois, une tumeur vésicale a été découverte et enlevée. (*Lancet*, 10 fév.) — Polype de la vessie chez une enfant de 5 ans. (*Pathol. Soc. med. Times*, 13 janv.) — Sarcome de la vessie. (*Med. news.*, p. 133, août.) — Epithéliome de la vessie. (*Pathol. Soc. med. Times*, 27 janv.) — Une observation de séjour dans la vessie d'un tube en verre. (*Glasg. med. Journ.*, t. XX, p. 24.) — Plaies pénétrantes de la vessie. (*Med. Times*, p. 257, 3 mars.) — Sur la rupture de la vessie. (*Lancet*, 17 fév.) — Prophylaxie et traitement de la cystite des femmes. (*Deutsche med. Woch.*, n° 20.) — Hématurie datant de trois ans causée probablement par une tumeur bilieuse du fond de la vessie. (*Med. news*, 10 nov.) — Douze cas de tumeurs de la vessie avec opération. (*Brit. med. Journ.*, p. 1179, juin.) — Rupture de la vessie chez une femme pendant un avortement. (*Ibid.*, p. 8, janv.)

Vétérinaires. — Jurisprudence commerciale et médecine légale. (*Bul. acad. méd.*, p. 5.) — Vente des médicaments par les vétérinaires. (*Ibid.*, p. 1204.)

Viabilité. — Des enfants nés avant terme. (*Courrier méd.*, p. 9.)

Viandes. — Conservation des viandes par le froid. (*Bull. acad. méd.*, p. 419.) — Inspection des viandes alimentaires. (*Ibid.*, p. 456.) — Analyse des poudres de viandes. (*Ibid.*, p. 651.) — Importation des viandes américaines trichinées. (*Ibid.*, p. 1501.) — Mode d'administration des poudres de viande. (*Progr. méd.*, p. 603.) (*Courrier méd.*, p. 249, 304.) — Empoisonnement par la viande, gastro-entérite septique. Héréditaire tardive. (*Abeille méd.*, p. 406, 497.) — Des poudres de viande et des viandes granulées. (*Gaz. heb. Sc. méd. Bord.*, p. 578.) — Epidémie de trichinose par l'usage de la viande d'un sanglier. (*Revue Sc. méd.*, t. XXI, p. 174.) — Examen des viandes. (*Ibid.*, p. 174.) — Prohibition des viandes américaines. (*Ibid.*, p. 537.) — Préparation de la poudre de viande. (*Corr. Blatt. f. schweiz. Aerzte*, 15 août.)

Vibrions. — Septiques et charbonneux. (*Sem. méd.*, p. 111.) (*Gaz. heb. Sc. méd. Bord.*, p. 242.)

Viburnum prunifolium. — (*Sem. méd.*, p. 342.) — Dans la dysménorrhée.

(*Union méd.*, t. XXXVI, p. 597.) (*Paris méd.*, p. 550.) — Du viburnum prunifolium et de ses usages médicaux. (*Bull. gén. thérap.*, p. 334.) — Emploi du viburnum opulus dans la dysménorrhée. (*Revue Sc. méd.*, t. XXII, p. 583.)

Vidange. — Système de vidange pneumatique. (*Bull. acad. méd.*, p. 577.)

Vie. — Chances de vie à un âge déterminé. (*Paris méd.*, p. 546.)

Vieillards. — Opérations graves chez les vieillards septuagénaires. (*Bull. acad. méd.*, p. 72.) — Ramollissement cérébral chez les vieillards. (*Revue Sc. méd.*, |t. XXI, p. 566.) — Ostéomalacie des vieillards. (*Ibid.*, t. XXII, p. 571.) — Zona chez un vieillard. (*Ibid.*, t. XXI, p. 628.) — Verrues séborrhétiques des vieillards. (*Ibid.*, p. 641.)

Vigne. — Et vin en Sologne. (*Bull. acad. méd.*, p. 1186.) — Traitement des vignes phyloxérées par le sulfo-carbonate de potasse. (*Union méd.*, t. XXXV, p. 879.)

Vin. — Ferrugineux. (*Bull. acad. méd.*, p. 288.) — Vins blancs. (*Gaz. hôp.*, p. 300.) — Plâtrage des vins. (*Ibid.*, p. 284.) (*Sem. méd.*, p. 59.) — Vin tonique amer. (*Union méd.*, t. XXXVI, p. 132.) — Vin hydragogue. (*France méd.*, t. II, p. 321.) — Vin à l'extrait de foie de morue. (*Courrier méd.*, p. 172.) — Les vins de sucre. (*Gaz. heb. Sc. méd. Bord.*, p. 149, 163.) — Coloration artificielle des vins. (*Revue Sc. méd.*, t. XXI, p. 536.) Vins mélangés d'acide salicylique. (*Ann. d'hyg. publ.*, juin.)

Vinaigrail. — (*Bull. acad. méd.*, p. 878.)

Vinaigre. — Des quatre voleurs. (*Bull. acad. méd.*, p. 952.) — Antiseptique de Pennès. (*Gaz. heb. Sc. méd. Bord.*, p. 276.)

Vipères. — Traitement des morsures de vipères à cornes. (*Union méd.*, t. XXXV, p. 431.) (*Gaz. méd. Nantes*, p. 104.)

Virus. — Eau oxygénée comme moyen d'atténuation de certains virus (*Bull. acad. méd.*, p. 3.) — Atténuation des virus. (*Ibid.*, p. 332, 395, 416, 509, 547, 985, 1239, 1372.) — Virus du charbon symptomatique. (*Gaz. hôp.*, p. 164.) — Virus et métallothérapie. (*Ibid.*, p. 717.) — Virus bactériens. (*Sem. méd.*, p. 35.) — Chauffage des virus, atténuation des cultures virulentes par la chaleur. (*Union méd.*, t. XXXV, p. 417.) — Leur localisation et leur dissémination. (*Ibid.*, p. 1068.) (*France méd.*, t. II, p. 41.) — Localisation du virus dans les plaies. (*Courrier méd.*, p. 213.) (*Abeille méd.*, p. 245.) — Effets du froid sur les virus. (*Gaz. heb. Bord.*, p.   ) — Antagonisme des virus vaccin et syphilitique. (*Revue méd.*, t. II, p. 340.) — Virus charbonneux. (*Praticien*, p. 587.) — Transmission des maladies de la mère au fœtus. (*Revue Sc. méd.*, t. XXII, p. 562.) — Rapidité de l'absorption des virus à la surface des plaies. (*Ibid.*, t. XXI, p. 77.)

Viscères. — Températures locales dans les maladies des viscères abdominaux. (*Abeille méd.*, p. 311.)

Visibilité. — Des points lumineux. (*Revue méd.*, t. I, p. 793.)

Vision. — Précis théorique et pratique de l'examen de l'œil et de la vision. (*Bull. acad. méd.*, p. 355.) — Physiologie de la vision. (*Ibid.*, p. 524, 659.) — Examen de la vision au point de vue de la médecine générale. (*Ibid.*, p. 1439.) — Un cas de suppression brusque et isolée de la vision mentale des signes et des objets, formes et couleurs. (*Gaz. méd. Nantes*, p. 568.) — A propos de la physiologie de la vision. (*Courrier méd.*, p. 175.) — Sensation. (*Revue Sc. méd.*, t. XXII, p. 702.) — Sensibilité chromatique. (*Ibid.*, p. 703.) — Vision des radiations ultraviolettes. (*Ibid.*, p. 320.) — Durée de la perception lumineuse dans la vision directe et indirecte. (*Ibid.*, t. XXI, p. 306.) — Influence de l'accommodation sur les limites de la vision. (*Ibid.*, t. XXII, p. 319.) — Hygiène de la vision chez les typographes. (*Ibid.*, p. 704.) — Troubles de la vision après les pertes de sang. (*Ibid.*, p. 338.) — Expériences relatives à l'influence de l'éclairage sur l'acuité visuelle. (*Arch. d'opht.*, janv.) — Quelques considérations sur les variations du diamètre de l'image sensible d'un point lumineux. (*Arch. d'opht.*, mai juin.) — Du champ visuel simple ou achromatique et de ses anomalies. (*Arch. d'opht.*, n° 1.) — Recherches sur le sens de la lumière et sur l'acuité visuelle dans différentes affections oculaires. (*Nordiskt. med. Arkiv.*, n° 1.) — Etude de la durée de la perception des impressions visuelles composées. (*Zeit. biol.*, XIX, 1.) — Le champ de la vision. (*Am. Journ. of the med. sc.*, p. 77, juil.)

Vitesse. — Relative des transmissions visuelles auditives et tactiles. (*Courrier méd.*, p. 436.)

Vitré. — Corps vitré. (*Revue Sc. méd.*, t. XXI, p. 400, 800 ; t. XXII, p. 800.) — Recherches chimiques sur le corps vitré de l'homme. (*Arch. per le sc. med.*, VI, 4.) — Observation du bouquet artériel faisant saillie dans le corps vitré avec élargissement de la papille. (*Centralb. f. prakt. augenheilk. oct.*)

Vivisection. — Démonstration en faveur des vivisections. (*Gaz. hôp.*, p. 508.) — Vivisection. (*Sem. méd.*, p. 87, 130.) — La ligue contre les abus de la vivisection. (*Gaz. méd. Nantes*, p. 767.) — De l'utilité de la vivisection. (*Union méd.*, t. XXXVI, p. 689.) — Croisade contre la vivisection. (*Revue méd.*, t. II, p. 176.) — Vivisection. (*Revue thérap.*, p. 383, 391, 615.)

Vocale. — Anche vocale chez l'homme et chez la femme. (*Bull. acad. méd.*, p. 999.) — Recherches expérimentales sur la tension des cordes vocales. (*Gaz. méd. Nantes*, p. 173.) — Anche vocale ou cricoglottique de l'homme. (*Gaz. hôp.*, p. 747.)

Voies. — Respiratoires, emploi de la créosote dans le traitement des affections des voies respiratoires. (*Courrier méd.*, p. 341.) — Corps étranger des voies aériennes. (*Abeille méd.*, p. 34.) — Maladies des voies respiratoires chez les enfants, traitées aux eaux minérales. (*Revue mens. mal. enfance*, p. 473.)

Voile. — Tumeur du voile du palais. (*Gaz. méd. Nantes*, p. 373, 398.) — Paralysie du voile du palais. (*Abeille méd.*, p. 52.)

Voix. — Voix humaine. (*Gaz. hebd. Sc. méd. Bord.*, p. 389.) — Influence de l'hypermégalie et de la paralysie de la luette sur la voix. (*Revue Sc. méd.*, t. XXI, p. 703.)

Vol. — Photographies instantanées du vol des oiseaux. (*Revue Sc. méd.*, t. XXI, p. 433.)

Vomissement. — Du vomissement fonctionnel de l'hystérie. (*Union méd.*, t. XXXV, p. 1148.) — Des vomissements périodiques. (*Ibid.*, t. XXXVI, p. 46.) — Vomissements incoercibles. (*Prog. méd.*, p. 50.) — Vomissements nerveux formés de matières stercorales. (*Ibid.*, p. 545.) — Vomissements incoercibles de la grossesse traités par la lotion du col utérin avec la solution de nitrate d'argent. (*Paris méd.*, p. 345.) — Causes et traitement des vomissements. (*Concours méd.*, p. 290.) — Vomissements hystériques. (*Ibid.*, p. 221.) — Formule contre les vomissements spasmodiques. (*Gaz. méd. Nantes*, p. 74.) — L'iode contre les vomissements. (*Ibid.*, p. 120.) — Vomissements rebelles après l'avortement. (*Journ. méd. chir. prat.*, p. 65.) — Vomissements gravidiques. (*Revue thérap.*, p. 471.) — Traitement des vomissements incoercibles de la grossesse par le valérianate de cerium. (*Revue méd. chir. mal. femmes*, p. 294, 352.) — Vomissements et nausées, traitement. (*Praticien*, p. 548.) — Vomissements à répétition. (*Revue Sc. méd.*, t. XXII, p. 615.) — Vomissements de scybales dus à une névrose convulsive. (*Ibid.*, p. 615.) — Traitement des vomissements incoercibles des femmes enceintes, par les scarifications de la portion vaginale de l'utérus. (*Wratch. wiédom.*, n° 7.)

Vue. — Des lampes électriques à incandescence dans leurs rapports avec l'hygiène de la vue. (*France méd.*, t. II, p. 269, 611.)

Vulvaires. — Déformations vulvaires et anales. (*Bull. acad. méd.*, p. 1236.)

Vulve. — Dilatation préfœtale de la vulve comme moyen de prévenir les déchirures du périnée. (*Bull. acad. méd.*, p. 880, 1491.) — Cancroïde de la vulve. (*Gaz. hôp.*, p. 1115.) — Présentation simultanée par la vulve et l'anus. (*Ibid.*, p. 114.) (*Revue méd. chir. mal. femmes*, p. 527.) — Des folliculites externes. (*Rev. Sc. méd.*, t. XXI, p. 255.).— Vaginite chez les enfants. (*Ibid.*, p. 238.) — Du cancer de la vulve. (*Ibid.*, t. XXII, p. 246.) — Eléphantiasis de la vulve. (*Ibid.*, p. 633.) — Un cas d'hymen imperforé avec hématomètre. (*Mediz. Wiestnik.*, n° 39.) — Un cas d'hymen double. (*Ibid.*, n° 36.)

Vulvite. — Ulcéreuse chez un enfant de 10 mois, traitement par les émollients et la sylvestrine. (*Journ. accouch. Liège*, p. 66.) — Traitement de la vulvite diphtéroïdique chez les petites filles. (*Revue méd. chir. mal. femmes*, p. 295.)

Vulvo-vaginite. — Des petites filles traitée par les crayons médicamenteux d'iodoforme. (*Paris méd.*, p. 201.) (*Praticien*, p. 45.)

W

Werlhoff. — Maladie de Werlhoff. (*Revue méd.*, t. I, p. 313.)

Wintergreen. — Traitement du rhumatisme par l'essence de Wintergreen. (*Revue méd.*, t. II, p. 123.) (*Thérap. contemp.*, p. 426.)

X

Xanthelasma. — Recherches cliniques sur le xanthelasma. (*Union méd.*, t. XXXVI, p. 430.)

Xanthéloma. — Généralisé. (*Rev. Sc. méd.*, t. XXII, p. 634.)

Xantine. — De la xantine et de l'hypo-xantine. (*Revue Sc. méd.*, t. XXI, p. 439.) — Sur la paraxantine. (*Ibid.*, t. XXII, p. 38.)

Xérodermie. — (*Sem. méd.*, p. 195.) — Xéroderma pigmentosum, nouvelle maladie de la peau. (*Journ. accouch. Liège*, p. 278.) (*Praticien*, p. 418.)

Xérophtalmie. — Traitement de la xérophtalmie par la transplantation de conjonctive de lapin. (*Revue Sc. méd.*, t. XXI, p. 309.)

Y

Yerba-reuma. — De l'yerba-reuma dans certaines affections catarrhales. (*Bull. gén. thérap.*, p. 426.)

Yeux. — Spécifique contre les maladies des yeux. (*Bull. acad. méd.*, p. 877.) — Yeux de lapins. (*France méd.*, t. II, p. 263.)

Yttrium. — (*Sem. méd.*, p. 55.)

Z

Zinc. — Son action thérapeutique. (*Paris méd.*, p. 117.) (*Revue méd.*, t. I, p. 234.)

Zona. — (*Bull. acad. méd.*, t.   p. 458.) — Et sa récidivité exceptionnelle. (*Gaz. hôp.*, p. 985.) — Etude sur le zona. (*Ibid.*, p. 932.) (*Sem. méd.*, p.

INDEX

DE LA

LIBRAIRIE MÉDICALE FRANÇAISE

LISTE COMPLÈTE DES OUVRAGES ET DES THÈSES

PARUS EN 1883

TABLE DES AUTEURS

Aubert (P.). Anesthésies mixtes par l'éther, la morphine et l'atropine.
— Du chauffage des organes génitaux et des lésions vénériennes.
— Influence des bains de mer sur la température du corps.
Audhoui (V.). Mélanges de médecine pratique.
— Traité des maladies de l'estomac.
Auger (C.). A propos de l'épidémie de Saintes.
Augier (G.). De l'emploi de la pilocarpine dans l'éclampsie puerpérale.
Auquier (E.). Note sur les rétrécissements de l'urèthre et du canal nasal.
— Pneumo-thorax traumatique et adhésion moléculaire intra-pleurale.
Auriol (L.). Contribution à l'étude de la thrombose cachecticque de la veine porte.
Azam. Double conscience ; Etat actuel de Félida X.
Azéma (M.). La Variole à l'île de la Réunion.

B

Bacon (A.). Traitement des kystes de l'ovaire par la ponction.
Balacakis (E.). Des lésions aortiques chez les ataxiques.
Balan (F. de). Petit guide de la santé : hygiène, médecine, pharmacie.
Balfour (F. M.). Traité d'embryologie et d'organogénie comparée. Traduit par H. A. Robin. T. 1er.
Baldy. De l'eau oxygénée, sa préparation à l'état de pureté.
Balette (E.). De l'action du salicylate de soude sur l'utérus.
Ball (B.). Leçons sur les maladies mentales. Fascicules 2 à 5. (Fin).
Baraban (L.). Des résultats éloignés des résections des grandes articulations.
Barbarin (J.). Hygiène de la nouvelle accouchée.
Barbé (H.). Contribution à l'étude des fractures du métacarpe.
Barbolain (J. B.). Etude sur l'eau oxygénée.
Bard (L.). Des accidents pernicieux d'origine palustre.
Barette (J.). De l'intervention chirurgicale dans les hernies étranglées.
Barnes (R.). De la hernie de l'ovaire.
Barrabé et Legallois. Rapport sur les syndicats médicaux.
Barrera (A. M.). De la variabilité des signes d'auscultation de rétrécissement mitral.
Barrère (F.). Valeur séméiologique de la tache cérébrale.
Barthélemy. Note pour servir à l'histoire des purpuras.
Barthélemy (E. E.). Contribution à l'étude de l'autoplastie des joues.

Barthélemy (F.). Le Hoàng-nàn et la Rage.
Barthélemy (L.). Les Médecins à Marseille avant et pendant le moyen âge.
Bastings (A.). Réforme médicale sous le double rapport scientifique et pratique.
Batut (L.). De la scarlatine chez les blessés et chez les opérés.
Baudelot (E.). Recherches sur le système nerveux des poissons.
Baudrimont (E.). De la fracture de la paroi antérieure du conduit auditif.
Baudrimont (E.). Dictionnaire des altérations et falsifications des substances alimentaires.
Baudry (S.). De l'amblyopie unilatérale simulée.
Baumel (L.). Des lésions non congénitales du cœur droit et de leurs effets.
Baux (C.). De la sudation locale par la pilocarpine.
Bazin (P. L. P.). Contribution à l'étude des arthrites dans la fièvre typhoïde.
Bazy. Contribution à l'étude du traitement de la cystite du col.
Beaudère (H.). Contribution à l'étude des sueurs locales.
Beaunis (H.). Recherches expérimentales sur les conditions de l'activité cérébrale.
Beauregard. Questions de chirurgie, 1881-1883.
Béchamp (A.). Les Microzymas.
Becquerel (A.). Traité élémentaire d'hygiène privée et publique.
Belot de Regla (C.). Du traitement des maladies des voies respiratoires.
Belugou (A.). Des indications ou des contre-indications des eaux minérales.
Beni-Barde. Manuel médical d'hydrothérapie.
Benito del Rio. Le plus grand fléau de l'humanité c'est la tuberculose.
Bérenger-Féraud (L. J. B.). La Race provençale.
— Traité théorique et pratique de la dysenterie.
Berlioz. Manuel de thérapeutique.
Bernard (le Dr). Constitution médicale de Cannes pendant l'année 1881-82.
Bernard (Claude). Leçons sur les effets des substances toxiques et médicamenteuses.
Bernard (D.). Clinique des maladies nerveuses.
Bernard (Pierre). Du catgut considéré au point de vue de la ligature des vaisseaux.
Bernasconi (E.). Des effets toxiques du bichromate de potasse.
Berne. Leçons de pathologie chirurgicale générale. 2 vol.
Bernède (L.). Etude sur l'amaurose.
Bernheim. Sur la question de l'école ou des écoles du service de santé militaire.
Bernou (E.). Etude de l'écorce de sapotillier.

— Guérison de la phthisie pulmonaire et de la bronchite chronique.

Bra (M.). *Manuel des maladies mentales.*

Braid (J.). Neurypnologie, traité du sommeil nerveux ou hypnotisme. Traduit de l'anglais par le Dr Jules Simon.

Brame (C.). Notes diverses de thérapeutique médico-chirurgicale.

Brémond (E.). De l'emploi des bains de vapeur térébenthinés dans le traitement de la lithiase urique.

Bressot (S. J.). De la pleurésie rhumatismale.

Briolle. *Du sang considéré comme aliment.*

Broca (A.). Contribution à l'étude des hypohémas consécutifs aux iritis et aux irido-cyclites.

— Du lavage de l'estomac.

Broca (P.). Mémoires d'anthropologie. T. 4.

Brodier (C.). Des sueurs locales exagérées *et de leur traitement.*

Bron (F.). Observations de guérison spontanée des rétrécissements de l'urèthre.

Brongniard (C.) Note complémentaire sur le titano-phasma Fayoli.

Brongniard (J.). Action de l'eau minérale de Contrexéville chez les calculeux.

Brothier (C. B. P.). De la Forme apyrétique de la dothiénentérie.

Brouardel. Rapport sur le salicylage des substances alimentaires.

Bruch (E.). *Le Brancard.*

Bruel (G.). De l'Ether amyl-valérianique.

Bruguier (J.). De l'Usage de la saignée comme méthode abortive.

Bruncher (J.). Essai sur les lésions de l'appareil auditif dans la syphilis.

Brunet (D.). Traitement et curabilité de la péricérébrite.

Brunet (Léonce). Etude clinique et physiologique de l'état d'opportunité de contracture.

Brunfaut (J.). *Hygiène publique. Les Odeurs de Paris.*

Brunschvig (N.). Contribution à l'étude du pneumatocèle du crâne.

Bucquet (H.). Du traitement de la variole par la médication éthérée opiacée.

Bucquoy. La Pleurésie dans les maladies *du cœur.*

Budin (P.). A propos d'un cas d'obstétrique.

— De la Situation des œufs et des fœtus dans la grossesse gémellaire.

Buot (P.). Du Pseudo-rhumatisme typhique.

Burel (H.). Etude sur l'étiologie et la pathogénie du béribéri.

Buret (F.). Du Diagnostic de l'ectopie rénale.

Burq (V.). *Des Origines de la métallothérapie.*

Butte (L.). Etude de physiologie expérimentale.

Buttura (A.). L'Hiver à Cannes et au Cannet.

Byrom-Bramwel. Maladies de la moelle

épinière. Traduit de l'anglais par MM. G. Poupinel et L. H. Thoinot.

C

Cadet de Gassicourt. *Affection congénitale du cœur.*

Cadet-Naudet (L. O.). Du côté sain dans la coxalgie des enfants.

Cadiz (J. E.). Contribution à l'étude du traitement de la rupture de l'utérus.

Cahagnet (A.). Thérapeutique du magnétisme et du somnambulisme.

Caix (F.). Etude sur un cas d'éclampsie puerpérale précoce.

Callais (L. L.). De l'Ectopie rénale.

Cambouliu (L.). *Complications de la conjonctivite granuleuse chronique et leur traitement.*

Campardon. De la Quassine, recherches sur ses effets physiologiques et thérapeutiques.

— De l'Emploi thérapeutique des deux *plantes indigènes.*

Campenon (V.). Du Redressement des membres par l'ostéotomie.

Camus-Govignon (A.). Des Polypes de l'estomac.

Capitan (L.). Recherches expérimentales et cliniques sur les albuminuries transitoires.

Capron (E.). Traité pratique des maladies des chiens.

Carnet (J.). La Santé ; Mécanisme de la vie.

Carret (F.). *Du traitement des fistules vésico-vaginales par l'occlusion vaginale.*

Carrieu. Des Angines dans la fièvre typhoïde.

— Kyste hydatique du foie expectoré.

Casaubon (G.). Contribution à l'étude de la granulie des synoviales articulaires.

Casedevant (F.). De la Menstruation pendant la grossesse.

Castan (Dr A.). De la contagion de la phthisie pulmonaire.

Castang (P.). De la Marche du délire chronique.

Castri (J.). Du traitement palliatif du cancer ulcéré du col de l'utérus.

Catuffe (F.). Contribution à l'étude de la périostite albumineuse ou exsudative.

Caulet. Etude physiologique et thérapeutique *du bain tempéré.*

— Notes et observations pour servir à l'histoire du traitement thermal pendant la grossesse.

Cavalié (A.). Heureuse intervention de l'érysipèle sur certaines lésions chirurgicales.

Cazalis (J.). Etude sur le traitement de l'asthme sec au Mont-Dore.

Cazenave de la Roche. Climat de Menton, sa spécialisation médicale.

Cazeneuve (J. B. A.). *Etude sur les troubles gastrique dans la tuberculose.*

Chabannes. Historique des eaux minérales

Courtin (A.). Carie de l'épine de l'omoplate.

Courty (A.). De la mémoire des choses.

Cousyn (E.). Quelques considérations sur la pathologie des troupes d'infanterie de marine en Nouvelle-Calédonie.

Coutagne (J. P. H.). Des ruptures utérines pendant la grossesse.

Coutaret (C. L.). Vingt-cinq ans de chirurgie dans un hôpital de petite ville.

Coutenot. Le cœur; discours de réception à l'Académie de Besançon.

Creuzel (J.) et F. Peuch. Traité pratique des maladies de l'espèce bovine.

Crochot. Enzootie typhoïde du cheval à Auxerre et ses environs en 1881.

Cros (A.). L'organographie plessimétrique.

Curé (L.). Des parotidites dans les maladies graves.

Curet (L.). De l'ergot de seigle dans le traitement de la fièvre typhoïde.

Curling (T. B.). Traité des maladies du rectum.

Cyr (J.). Note sur la périodicité de certains symptômes hépatiques.

D

Dabeaux (G.). Contribution à l'étude de la phlegmatia alba dolens du membre supérieur.

Damalix (A.). Des larmes de sang.

Damaschino et Archambault. Recherches sur un cas de paralysie spinale de l'enfance.

Daniel (C.). Des abcès glandulaires du sein chez les nouvelles accouchées.

Daremberg (G.). Sur les débuts précoces de la tuberculose chez l'adulte.

Dartigues (P. I.). Guérison de la rage; réponse à M. H. Couley, de l'Institut.

Dat (C.). Des formes légères de l'ictère infectieux.

Daubresse (G. D.). Du goître exophthalmique chez l'homme (étude clinique).

Dauchez (H.). Du rôle de l'imagination en médecine.

Dautel (L.). De la pérityphlite primitive.

David (H.). Essai sur les altérations fonctionnelles et organiques de l'appareil de la vision.

David (P.). Quelques considérations sur la fièvre typhoïde.

Debay (A.). Hygiène et physiologie du mariage.

Debierre (C.). Développement de la vessie, de la prostate et du canal de l'urèthre.

Debout d'Estrées. Medical guide to Contrexéville (Vosges).

Debrand (L.). Du traitement de la péritonite aiguë.

Décamps (A.). De l'allaitement artificiel des nouveau-nés.

Decaye (P.). Précis de thérapeutique chirurgicale.

Dechambre (A.). Le médecin, devoirs privés et publics.

Dechambre (A.), M. Duval et L. Lereboullet. Dictionnaire usuel des sciences médicales.

Dèche (J. L. B. O.). Plaies par projectiles de petit calibre.

Decroix (E.). Le tabac devant l'hygiène et la morale, conférence.

Defond (P.). Etude sur la proportion centésimale de l'acide carbonique de l'air expiré.

Defontaine (L.). De la syphilis articulaire.

Dehaene. De la préservation du croup consécutif à l'angine couenneuse ou diphtérie.

Dehaut. Manuel de médecine, d'hygiène, de chirurgie, etc.

Delaittre (E.). Etude sur l'historique, l'étiologie et la pathogénie de la syphilis héréditaire.

Delas (A.). De la laryngite catarrhale aiguë dans la première enfance.

Delastre (P.). Contribution à l'étude de la rubéole ou Rotheln des Allemands.

Delaux (E.). Contribution à l'étude des sarcomes des fosses nasales.

Deligny (L.). De la fissure à l'anus.

Délore et Lutaud. Traité pratique de l'art des accouchements.

Delorme (E.). De la ligature des artères de la paume de la main.

Delpech (E.). Compte rendu des travaux de la Société de pharmacie de Paris pour 1882.

Delpeuch (A.). Essai sur la péritonite tuberculeuse de l'adolescent et de l'adulte.

Demesse (A.). Du traitement de la pustule maligne par les injections iodées.

Demons (A.). Extirpation totale de l'utérus par le vagin.

Deniau (L.). De l'hystérie gastrique.

Denis-Dumont. Propriétés médicales et hygiéniques du cidre.

Denucé (P.). Traité clinique de l'inversion utérine.

Depierris (J. G. A.). Essai sur l'embryotomie dans les présentations du tronc.

Derblich (W.). Des maladies simulées dans l'armée. Traduit de l'allemand par le Dr Adrien Schmit.

Deroye. La question médicale, enseignement et exercice de la médecine.

Deschamps (A.). Contribution à l'étude des atrophies musculaires à distance.

Deschamps (L.). Des complications pulmonaires de l'érysipèle.

Des Cilleuls (F. L.). Petit guide de l'étudiant en médecine et en pharmacie.

Descroizilles (A.). Manuel de pathologie et de clinique infantiles.

Deshayes. L'hygiène au congrès de Genève.

— Les eaux de Saint-Gervais (Savoie) (1882).

— Les établissements de bienfaisance indigènes et les institutions sanitaires étrangères en Chine, notes d'un voyageur.

— Traité des eaux minérales de la France et de l'étranger.

Durand-Fardel et Lefort. Etude sur les applications thérapeutiques des eaux minérales d'Heucheloup (Vosges).

Duret (H.). Des variétés rares de la hernie inguinale.

Duterque. De l'épidémie de fièvre typhoïde à Auxerre en 1882.

Duval (E.). La fièvre typhoïde et ses divers traitements.

E

Eaux (les) thermales d'Alet (Aude) et leur emploi.

Edouard (F.). Du redressement de l'ankylose du genou.

Ellaby (Miss C.). L'ation de la strychnine et du courant constant sur l'œil normal.

Ellis (E.). Manuel pratique des maladies de l'enfance.

Elettro-omeopia (la) del conte Cesare Mattei di Bologna.

Eloy (C.). Contribution à l'étude des pseudo-épilepsies.

Encausse (L.) et L. H. Goizet. De l'absorption cutanée des médicaments à l'aide du générateur Encausse.

Encyclopédie internationale de chirurgie.

Enghien et ses thermes, guide du baigneur et de l'étranger.

Eperon. De l'avancement musculaire combiné avec la ténotomie.

— Sarcome de la paupière, extirpation, autoplastie.

Ernault (L.). Des idées et connaissances médicales chez les Celtes.

Ertaud (E. J.). De la malaxation de l'œil après la sclérotomie dans le glaucome.

Esbach (G.). L'oxalurie.

— Sur les albumines normales et anormales de l'urine.

Escalaïs. Traitement de l'ophthalmie des nouveau-nés par l'acide phénique.

Eschangon (F.). La fièvre jaune à bord du *Jaguar* (Sénégal).

Espagne (M. V. G.). De l'éclampsie puerpérale.

Espanet (R.). Du pronostic des paralysies diphthériques.

Estorc (A.). Contribution à l'étude de l'électro-diagnostic.

Etude sur les eaux minérales d'Andabre (Aveyron).

— Sur l'organisation actuelle de la médecine navale.

Eude. Considérations cliniques et étiologiques sur une série de cas d'ictère.

Eustache (G.). Des opérations graves chez les vieillards septuagénaires.

Eyssautier (J.). Des procidences des membres dans les présentations du sommet de la face.

F

Fabre (G.). Etude sur les eaux minérales de Capvern (Hautes-Pyrénées).

Fabre (P.). De la maladie d'Hébra (érythème polymorphe exsudatif).

— Du rôle des entozoaires et en particulier des anchylostomes.

Faliu. De la spontanéité dans les maladies virulentes et dans les épidémies.

Farges (P. G.). Eruptions, granulations, ulcérations des organes sexuels de la femme.

Faucon (A.). Gynécologie clinique. Des rapports du gravidisme et du traumatisme.

— Note sur deux cas de hernies inguinales étranglées.

— Traitement des fractures du fémur.

— Traitement des plaies artérielles du membre thoracique.

Faucon (V.). Mémoire sur un cas d'empoisonnement par la strychnine.

Fauvel (A.). Mémoire sur le choléra.

Félix (B.). Emploi dans la dyspnée des emphysémateux du respirateur élastique.

Félix (C.-E.). Recherches sur l'excision des organes génitaux externes chez l'homme.

Féris (B.). Traitement de la diarrhée chronique dite de Cochinchine au moyen de la peptone.

Ferrand (Alphonse). Les épileptiques considérés au point de vue médico-légal.

Ferrand (E.). Aide-mémoire de pharmacie.

Ferrand (H.). Contribution à l'étude de la paracentèse du péricarde.

Ferras (P.). Luchon dans le traitement de la syphilis.

Ferraton (L.). Des ruptures intrapéritonéales de la vessie.

Fiessinger. Notes cliniques : Sur l'hépatite suppurée. 2ᵉ fascicule.

— Notes cliniques : Sur un cas de vertige auriculaire.

Figuet (H.). Etude du rythme couplé du cœur.

Filhoud-Lavergne. Etude sur le convallaria maïalis.

Fillion (L.). Des fractures du maxillaire supérieur.

Foissac (P.). Hygiène des saisons.

Foix. Indications et contre-indications des eaux de Salies-de-Béarn.

Fonnegra (L.). Des épithéliomes glandulaires enkystés du voile du palais.

Fonssagrives (J. B.). Leçons d'hygiène infantile.

tistiques militaires sur la mortalité de la fièvre typhoïde.

Godot (A.). De l'érysipèle menstruel.

Goix. Rhumatisme cérébral traité par les bains froids.

Gomot (E.). Du purpura idiopathique aigu ou typhus angéio-hématique.

Gonod. Compte rendu des travaux des conseils d'hygiène du département du Puy-de-Dôme, 1881-1882 (2e livraison).

Gosselin (U.). Etude sur les rapports de la tuberculose et du cancer.

Goudot (H.). Etude sur la goutte saturnine.

Gouéry (J.). Traitement des fractures de l'humérus.

Gougelet (A.). Du tremblement.

Gouguenheim (A.). Des névroses du larynx.

Gouguenheim et G. Morin. De la valeur comparative de la médication iodurique et de la médication hydrargyrique de la syphilis.

Goupil (le Dr). Les grandes maladies du siècle.

— L'urine et ses altérations ; notions d'uroscopie.

Gowers (W.-R.). De l'épilepsie et autres maladies convulsives chroniques. Traduit de l'anglais par le docteur Albert Carrier.

Goyon (J.). Notes médicales sur une expédition en Nouvelle-Irlande (Océanie).

Gral (R.). De la fièvre typhoïde chez les tuberculeux.

Grand (E.). Hygiène de la vue.

Grandet (J.-B.), Calviac et Bourguignon. La connaissance de l'art vétérinaire.

Grandjean (C.). Table des lois applicables au service de santé de l'armée de terre.

Grandmaison (E. de). Lettres médicales sur Néris-les-Bains (Allier).

Granier (L.). Etude clinique sur Amélie-les-Bains, ses eaux et son climat.

Grasset (J.). L'art de prescrire, préleçons du cours de thérapeutique.

— De l'amblyopie croisée et de l'hémianopsie dans les lésions cérébrales.

Grégoire (Aimable). De la paralysie faciale chez les diabétiques.

Grellety. De la fièvre typhoïde.

— Vichy-Cusset et leurs eaux minérales.

Grenet (A.). Des injections de sang dans la cavité péritonéale.

Greuell. De l'hydrothérapie dans le traitement du goitre exophtalmique.

Grollemund (W.). Empoisonnement par le chlorate de potasse.

Gros (Albert). Troubles et lésions cardiaques chez les phtisiques.

Grossmann (L.). Etudes cliniques. Traduit de l'allemand par de Lapersonne.

Grynfeltt (J.). Quelques réflexions sur la version par manœuvres externes.

Guardia (J.-M.). Histoire de la médecine, d'Hippocrate à Broussais et ses successeurs.

Guasco (P.). Etude sur une épidémie d'oreillons.

Guelliot (C.). Des soins à donner aux nouveau-nés.

— Des vésicules séminales ; anatomie et pathologie.

Gueneau de Mussy (H.). Rapport général sur les épidémies pendant l'année 1880.

Guérard (G.). Quelques considérations sur le marais et la fièvre intermittente.

Guerder (P.). Manuel pratique des maladies de l'oreille.

Guérin (C.). Principales affections de l'oreille.

Guérin (G.). Essai chimique sur la taurine.

Guerlin de Guer (E.). Les établissements insalubres, l'industrie et l'hygiène.

Guermonprez. La ladrerie chez l'homme.

Guermonprez (F.). Corps étrangers spéciaux aux ouvriers de la métallurgie.

— Etude sur les plaies déterminées par les peignes de filature.

— Lésions tardives après un traumatisme du rachis.

— Manœuvres de réduction appliquées à un cas de traumatisme du rachis.

Guerrier (H.). Contribution à l'étude des fibromes du tronc.

Guettier. Rapport sur les travaux des conseils d'hygiène et de salubrité du département de la Sarthe pendant les années 1879, 1880 et 1881.

Guiard (F.-P.). Du développement spontané de gaz dans la vessie.

— Du rein mobile.

— Note sur un cas d'hémorrhagie à la suite de l'incision d'un abcès de la prostate.

— Transformation en épithélioma de trajets fistuleux consécutifs à un rétrécissement de l'urèthre.

Guibout (E.). Les vacances d'un médecin ; 1re et 2e séries. 2 vol.

— Les vacances d'un médecin (3e série, 1882.)

— Principes généraux de dermatologie, nosographie et thérapeutique.

Guichard de Choisity. Hôpital de la Conception de Marseille, section d'allaitement.

Guillemin (L.). Essai sur la valeur des signes de la guérison chez les aliénés.

Guillon. De la pleurésie purulente dans la pneumonie.

Guillouet (R.). Des effets toxiques du senecio canicida ou yerba del perro.

Gustin (P.-F.). Etude clinique sur l'inoculabilité de la diphthérie.

Guyenot (F.). De l'emploi des eaux mères de Salins du Jura en chirurgie et en médecine.

Guyon (J.-C.-F.). Contribution clinique à l'étude de la taille hypogastrique.

Ludger (H. E. G.). De la mensuration clinique du cœur chez les enfants du sexe masculin.

Ludre (de). Etude sur les agnostiques anglais.

Luizi (L. E. G.). De la restauration du périnée pratiquée immédiatement après l'accouchement.

Lutaud (A.). Précis des maladies des femmes.

M

Mabit (J. S.). De la manie chronique à forme remittente.

Madaille. Du diagnostic différentiel de l'angine scrofuleuse d'avec l'angine syphilitique.

Madet. Fréquence du pouls et élévation thermique dans la fièvre typhoïde.

Madre (C.). Etude clinique sur le cancer primitif et secondaire du pancréas.

Magne (J. H.). Hygiène vétérinaire appliquée.

Magniatis. La Fièvre intermittente à Paris.

Maguin (P.). De la rhinoplastie par méthode française.

Mahé. Rapport adressé à M. le ministre du commerce ayant pour objet la recherche de l'origine du choléra en 1883.

Mairel (R.). Des complications urémiques de l'épithélium du col utérin.

Mairet (A.). De la démence mélancolique.

Maladies de la vessie, des reins et des voies urinaires.

Malherbe. Etudes cliniques.

Malherbe (A.). Valeur des rapports du pouls et de la température dans la fièvre typhoïde.

Mallez (F.). Formulaire des maladies des voies urinaires.

Manchon. Syphilis cérébrale précoce.

Manolescu. L'Iodoforme dans la chirurgie oculaire.

Marangos (A.). De la résection du coude dans les cas d'ankylose.

Marchand (L.). Botanique cryptogamique pharmaco-médicale. T. 1 (fin). Deuxième partie : des Ferments.

Marchand et H. Boulland. Monstre sternopage, étude obstétricale anatomique.

Marian (A.). Etude sur le molluscum simplex de la grande lèvre.

Marie (P.). Contribution à l'étude des formes de la maladie de Basedow.

— Des manifestations médullaires de l'ergotisme et du lathyrisme.

Martin (Adolphe). Essai sur le traitement de l'otite moyenne suppurée.

Martin (C.). De l'anesthésie par le protoxyde d'azote avec ou sans tension, etc.

Martin (Henri). Des tumeurs fibro-plastiques.

Martin (P.). De la compression du nerf radial par un cal vicieux.

Martin (V.). Etude expérimentale et clinique sur l'emploi chirurgical de l'iodoforme.

Martineau (L.). Leçons sur les déformations vulvaires et anales produites par la masturbation.

Maschat (G.). Contribution à l'étude des anomalies de la mamelle.

Masquard (E. de). Protestation de la Ligue universelle des antivaccinateurs contre les considérants du projet de loi Pasteur.

Masselon (J.). Mémoires d'ophtalmoscopie Choriorétinite spécifique.

Mathelin (G. J. C.). Quelques observations de pneumonies traitées par les saignées coup sur coup.

Mathieu (A.). Etat et rôle du foie dans l'asystolie des alcooliques.

— Péricardite tuberculeuse.

— Purpuras cachectiques.

— Purpuras hémorrhagiques; Essai de nosographie générale.

Mathieu (L.). Contribution à l'étude des fièvres intermittentes pernicieuses cérébro-spinales.

Matienzo y Ederra (A.). Des antipyrétiques dans la fièvre typhoïde.

Mattei (C.). Médecine électro-homœopathique.

Maucotel (C.). De la polyurie consécutive aux traumatismes du crâne.

Maurel (E.). Contribution à la pathologie des pays chauds.

Mauriac (C.). Leçons sur les maladies vénériennes.

Mauricet (A.). Compte rendu des épidémies du Morbihan en 1881.

— Compte rendu des épidémies du Morbihan en 1882.

Maurin (E. S.). Préceptes pour élever l'enfant en bas âge.

Maygrier (C.). Des formes diverses d'épidémies puerpérales.

Maynadié (A.). Contribution à l'étude des ophtalmies purulentes.

Mayolle (V.). Réflexions sur une épidémie de choléra en Cochinchine, en 1882.

Mazade (H.). Nouveau guide pratique de la jeune mère.

Médard (I. L.). De l'étroitesse du méat urinaire chez l'homme.

Médecins (les) de la marine devant le parlement.

Médecine militaire; par un médecin civil.

Mégnin (P.). Le Chien, histoire, hygiène, médecine.

Méhu (C.). Remarques sur les variations de la composition du sperme.

— Sur la redissolution des pigments de l'urine.

— Sur l'extraction des matières colorantes des urines bleues

Mémorial thérapeutique du baume caustique de J. E. Gombault.

Olivier (L.). Les procédés opératoires en histologie végétale.

Ollier (L.). Des résections et des amputations chez les tuberculeux.

Ollive (G.). Des paralysies chez les choréiques.

Ollivier (A.). De l'influence de la diphtérie sur la grossesse.

Ollivier (J. M.). Des injections sous-cutanées d'éther dans les états adynamiques.

Omouton (F.). Conférence sur l'hygiène.

Onimus. Contracture pseudo-paralytique infantile.

— Etude sur l'électrisation et la contractilité de la matrice.

Orchanski. Recherches craniologiques sur une série de crânes d'assassins.

Ozenne (E.). Des kystes dermoïdes sublinguaux.

P

Pagès (C.). Contributions à l'étude de la pourriture d'hôpital.

Pallardy (T.). De la pustule maligne et de son traitement.

Panas. A propos de deux nouvelles observations d'angiomes caverneux de l'orbite.

— De l'inflammation de la bourse celluleuse rétro-oculaire, ou ténonite.

— Des exostoses fronto-orbitaires.

— Sur la cataracte nucléaire de l'enfance.

Papadakis (G. C.). Contribution à l'étude de l'intoxication arsenicale aiguë.

Papillian (C.). Contribution à l'étude des tumeurs malignes de l'œil chez les enfants.

Parant (L.). Traitement du trichiasis et de l'entropion par la tarsoplastie.

Parant (V.). La Paralysie agitante étudiée comme cause de folie.

Parinaud (H.). La Kératite interstitielle et la Syphilis héréditaire.

Parizot (L.). Des formes atténuées de l'ophtalmie blennorrhagique.

— Du purpura syphilitique secondaire.

Parreño (J. F.). De la version céphalique par manœuvres externes pendant la grossesse.

Parrot (J.). La Fièvre typhoïde chez les enfants, leçons cliniques.

Pasquier. Quelques remarques sur le traitement des kystes périostiques des mâchoires.

Pasteur. La Vaccination charbonneuse, réponse à un mémoire de M. Koch.

Pastriot (J.). Etude médico-légale sur la folie hystérique.

Patin (G.), et J. Beverwyck. Une lettre de Guy Patin à Jean Beverwyck, médecin hollandais, et réponse de ce médecin.

Pauc (E.). Des erreurs et des préjugés populaires en médecine.

Paul (C.). Diagnostic et traitement des maladies du cœur.

— Mort de Byasson, discours.

Pautry (H.). Essai sur la morphœa alba.

Péan. De l'intervention chirurgicale dans les petites tumeurs de l'ovaire et de l'utérus.

— Discours prononcé aux funérailles de M. le baron Jules Cloquet.

— Leçons de clinique chirurgicale.

Péchin (A.). Traitement de la conjonctivite purulente grave.

Pécholier (G.). Note sur l'emploi des bains dans la variole.

Pécholier (G.), et L. Rédier. Nouvelles recherches expérimentales sur l'action physiologique de la vératrine.

Peisson (E. C. J.). Des végétations adénoïdes du pharynx nasal.

Penard (L.). De quelques redites au sujet des experts en matière médico-légale.

— Guide pratique de l'accoucheur et de la sage-femme.

Percheron (E.). Notes relatives à l'organisation du service sanitaire du département de la Seine.

Percheron (G.). Le Vétérinaire des campagnes.

Perronnet (C.). Etude critique sur la pathogénie et le traitement du chancre syphilitique.

Peter (M.). Traité clinique et pratique des maladies du cœur.

Petit (Albert). De la balano-posthite chancrelleuse.

Petit (André). — De la conception au cours de l'aménorrhée.

Petit (A.). Rapport sur les travaux des commissions nommées pour la révision du Codex.

Petit (L. H.). De l'anus contre nature iléo-vaginal.

— Sur l'étiologie et la pathogénie de la variole hémorrhagique.

Petit (P.). Essai de philosophie médicale.

Petitbien (E.). Des ulcérations intestinales dans l'érysipèle.

Petrucci. Traumatisme avec perforation du crâne.

Peyronnet (P.). De l'emploi du chloral en clinique obstétricale.

Phelippeaux. Croup et trachéotomie.

Phénoménow (N.). De la gastrotomie dans la grossesse extra-utérine.

Philbert (E.). Etude clinique sur les eaux thermales de Brides-les-Bains (Savoie).

Pichancourt (A. A.). Etude sur la pathogénie des abcès fétides.

Picot (P.). Traitement de la fistule à l'anus par la ligature élastique.

Piéchaud (T.). Traitement du cancer du rectum.

Pimbet (D.). De la hernie obturatrice.

Pinot (J.). Les Légumes et les Fruits au point de vue hygiénique et thérapeutique.

Q

R

Régénération de l'espèce humaine par l'herculéine ; par A. B. du C.

Regimbeau. Traitement par l'électricité de l'hémiplégie consécutive à l'hémorrhagie cérébrale.

Regnaud (J.) et Villejean. Composition et propriétés singulières du liquide séreux.

— Recherches pharmacologiques sur le chlorure de méthylène.

Régnier (P.). Conseils pratiques sur les soins à donner dans les accidents.

Renard (E.). Station thermo-minérale d'Hammam-Rira. Deuxième partie : Résultats thérapeutiques.

Renaut (J.). Le Doctorat ès-sciences médicales et Titre professionnel.

Rendall (S. M.). Etudes sur l'albuminurie alimentaire.

Repéré (L.). Des manifestations hystériques simulant le rhumatisme cérébral.

Respaut (J.). Le Délire épileptique.

Respect dans le lieu saint.

Reveil (E.). Etude nouvelle du bassin généralement rétréci.

Rey (P.). Note sur les propriétés thérapeutiques de l'Erythrina corallodendron.

Reygasse (E.). Quelques considérations sur le sang, ses maladies et la médication ferrugineuse.

Reynier (P.). Du développement de la portion susdiaphragmatique du tube digestif.

Rézard de Wouves. De la fièvre typhoïde.

Rialan (C.). Quelques considérations sur la pleurésie aiguë franche.

Riant (A.). Hygiène du cabinet de travail.

Ribemont-Dessaignes (A.). De la délivrance par tractions et par expressions.

Richard (D.). Histoire de la génération chez l'homme et chez la femme.

Richard (E.). De l'asthénie syphilitique.

Riera y Bezzina (A.). Quelques considérations sur l'emploi de l'ergot de seigle dans la pratique obstétricale.

Rigaud (J.). Du traitement des points de côté chez les tuberculeux par les applications du collodion.

Rivet (G.). De l'hémorrhagie par rupture spontanée des vaisseaux du cordon.

Roberts (W.). Les Ferments digestifs.

Robin (A.). Des affections cérébrales consécutives aux lésions non traumatiques du rocher.

Robin (V.). Ostéite primitive du fémur.

Roché (L.). Note sur une épidémie de fièvre typhoïde qui a sévi à Fontaines.

Rodet (P.). Manuel de thérapeutique et de pharmacologie.

Roger (H.). Recherches cliniques sur les maladies de l'enfance. T. 2 : Syphilis-coqueluche.

Rohmer. Le Sarcocèle syphilitique.

— Observations de clinique chirurgicale.

Rojas. Considérations relatives aux douches nommées utérines.

Rollet (J.). Influence des filtres naturels sur les eaux potables.

Roquancourt (G.). Etude sur les amputations traumatiques secondaires.

Rossignol (H.). Les Nouvelles expériences de Pouilly-le-Fort.

Rossignol (S.). Traité élémentaire d'hygiène militaire.

Rouanet (M.). Recherches sur la guérison du pneumo-thorax chez les phtisiques.

Rougon (J. C.). Observation d'un cas de purpura hemorrhagica suivi de mort.

Rousse (C.). Des ouvertures des abcès du foie.

Rousseau. Des poudres de viande et des viandes granulées.

Rousseau (le Dr). De l'aphasie dans ses rapports avec l'aliénation mentale.

Rousseau (G. I.). Contribution à l'étude des indications de la médecine antipyrétique.

Roustan. Ostéite épiphysaire double du tibia.

Rouvier (L.). Des altérations professionnelles des ouvriers gantiers et palissonneurs.

Roux (A.). De l'hygiène militaire : le Vêtement du soldat.

Roux (P. P. E.). Des nouvelles acquisitions sur la rage.

Royer. Rapport général sur la station hydro-minérale de Challes (Savoie).

Rozat (J. G.). Le Choléra épidémique est-il contagieux ?

Ruault (A. E. A.). Recherches sur le pouls capillaire visible.

Ruelle (H. L.). Etude clinique sur la tuberculose pulmonaire des vieillards.

Rutliandis. Contribution à l'étude de la névralgie faciale.

S

Saint-Germain (L. A. de). Chirurgie orthopédique, thérapeutique des difformités.

Saint-Martin (de). Sur une forme spéciale de gazomètres propre à divers usages médicaux et physiologiques.

Saint-Vincent (A. C. de). Nouvelle médecine des familles à la ville et à la campagne.

Saissinel (A. P.). De quelques accidents de l'emploi de la morphine.

Saliège (J.). Diagnostic du début de la tuberculose pulmonaire commune.

Sallier-Dupin (C. de). De la cautérisation ignée dans les hydrophtalmies.

Salviat. De l'uréthrotomie externe.

Sancery. Du nervosisme et des névropathies.

Sanger. Nouvelle contribution à l'étude des tumeurs conjonctives primitives des ligaments de l'utérus.

Santi (L. de). Les Dernières évolutions des pansements antiseptiques.

Sappey (C.). Histoire d'un enfant qui a

Toison (J.). Contribution à l'étude des premiers états du cœur.

Trastour. Asthmatique et Catarrheux; Asthme vrai ou faux.

— Toux splénique , toux hépathique ; Aspect cachectique.

Travaux de l'année 1882 du laboratoire d'étiologie du collège de France.

— Des conseils d'hygiène publique et de salubrité du département de la Somme. T. XXV, 1882.

— Du conseil d'hygiène publique et de salubrité de la Gironde, 1882.

Trilhe (L.). Contribution à l'étude de la périencéphalite diffuse.

Tripier (A.). Leçons cliniques sur les maladies des femmes.

Troisier. Un cas de ladrerie chez l'homme.

Trossat (F.) et Eraud. Recherches sur le rôle étiologique de l'ankylostome duodénal.

Trousseau (A.). De l'élongation du nerf nasal externe dans le traitement du glaucome.

Truc (H.). Ataxie locomotrice et lésions cardiaques.

U

Uminski (A.). Des avortements sanglants et non sanglants.

V

Vacher (E.). De la glycosurie dans les abcès du sein chez les nourrices.

Vallin. Instruction populaire sur les précautions d'hygiène à prendre en cas de choléra.

Vandamme (N.). De l'occlusion intestinale.

Vaslin. Trépanation de l'apophyse mastoïde, ses indications, etc.

Vassaux (G.). Sur quatre cas de dermoïde de l'œil.

Vassaux (G.) et A. Broca. Contribution à l'étude des kystes à contenu huileux.

Vassile (J.). De l'angine phlegmoneuse (phlegmon de l'amygdale).

Veil (A.). Quelques considérations sur la pneumonie typhoïde.

Verdan. Essai sur la pathogénie du crétinisme.

Verdugo (J.-G.). Contribution à l'étude de la goutte saturnine.

Véret (L.). Des troubles de la sécrétion urinaire.

Vergueido (N. P. de C.). Lithotritie dans une vessie artificielle.

Verne (C.). Etude sur le boldo.

Verneuil. De la pulvérisation prolongée ou continue.

Verneuil (H.). Le Cerveau : les Maladies du cerveau.

Verrier (E.). Influence de la luxation coxo-fémorale sur la conformation du bassin.

— La femme devant la science, considérée au point de vue du système cérébral.

Vérut (E.). Contribution à l'étude des abcès chauds.

Vidal (E.). Traitement du phagédénisme du chancre simple par l'acide pyrogallique.

Vidal (H.-R.). Considérations sur le traitement de l'épilepsie.

Vigot (A.). Des polypes fibro-muqueux de la cavité naso-pharyngienne.

Vigouroux (H.). Hygiène du compositeur-typographe.

Villard (F.). Rapport général sur les travaux des conseils d'hygiène de la Creuse.

Villot (A.). Classification des cystiques des ténias.

Vince (C.-B.). Etude sur la maladie d'Addison.

Vincent (E.). L'Exposition allemande d'hygiène à Berlin.

— Notes gynécologiques.

Vivien (G.). Essai sur les tumeurs de la voûte du crâne.

Vogt (C.) et E. Yung. Traité d'anatomie comparée pratique.

Voisin (A.). Résultats du traitement de l'asphyxie et de la syncope par submersion.

W

Waite (Mme M.). Contribution à l'étude de la rupture des kystes de l'ovaire.

Wakefield (W.). Le Choléra asiatique, histoire, étiologie, symptômes et traitement.

Wecker (L. de) et E. Landolt. Traité complet d'ophtalmologie. T. II, fascicule 1.

Weis (T.). Mémoire sur quelques cas de chirurgie observés à l'hôpital de Nancy.

— Note sur deux cas de tétanos.

Wertheimer (E.). De la structure du bord libre de la lèvre aux divers âges.

Wichinsky (Mlle). De la péritonite puerpérale chez les nouveau-nés.

Witkowski (G.-J.). La génération humaine.

— Le corps humain.

— Les Drôleries médicales.

Wolters (A.). Contribution à l'étude de la morphine et du morphinisme.

Wundt (W.). Traité élémentaire de physique médicale.

Y

Yung (E.). Le Sommeil normal et le Sommeil pathologique.

Yvon (P.). Manuel clinique de l'analyse des urines.

TABLE DES MATIÈRES

LES NOMS RENVOIENT A LA TABLE DES AUTEURS

B

Bains antiseptiques. — Jannin.
Bains froids. — Bouveret.
Bains de mer. — Aubert.
Bains de vapeur térébenthinés. — Brémond.
Balnéation. — Sonnenburg.
Bassedow (maladie de). — Marie.
Bassin. — Montaz, Reveil, Verrier.
Baume caustique. — Mémorial.
Béribéri (étiologie du). — Burel.
Bichromate de potasse. — Bernasconi.
Bi-chromatisation. — Laujorrois.
Boldo. — Verne.
Botanique. — Marchand.
Bourse céreuse. — Quantin.
Bourboule. — Chateau.
Blennorrhagie. — Lauga.
Brancard. — Bruch.
Bright (maladie de). — Longbois.
Bronchite. — Boyer, Lahillome, Leviez.

C

Cabinet de travail (Hygiène du). — Riant.
Caféine. — Leblond.
Calculeux. — Brongniart.
Calculs salivaires. — Schmit.
Cals vicieux. — Gandolphe, Martin.
Canal nasal. — Auquier.
Canal péritonéo-vaginal. — Ramonède.
Canaux de sûreté. — Jarjavay.
Cancer. — Abeille, Castri, Coulon, Gosselin, Journet, Madre, Schmeltz.
Cancroïdes. — Blum.
Cannes (l'hiver à). — Buttura.
Cardiaques. — Coulomb, Gros, Juhel-Renoy, Latorre. — Madrigal.
Cardiopathies. — Lassègue.
Carie. — Courtin.
Carpo-métacarpiennes (luxations). — Habillon.
Cataracte. — Lapersonne, Léviste.
Catarrhe intestinal. — Thevenot.
Catarrhe vésical. — Dionis des Carrières.
Catarrheux. — Trastour.
Catgut. — Bernard.
Cavité péritonéale. — Grenet.
Cécité. — Binet, Heilly.
Celtes (leurs connaissances médicales). — Ernault.
Céphalæmatome. — Zabala-y-Hermoso.
Céphalalgie. — Blache.
Cérébrale (activité). — Beaunis.
Cérébrales (lésions). — Grasset.
Cérébrale (tache). — Barrère.
Cerveau. — Gillet de Grandmont, Leven, Verneuil.
Champ visuel. — Stoeber.
Chancre. — Leblond, Spillmann, Vidal.
Charbon. — Chamberlan, Kruger.
Charbon bactérien. — Arloing.
Charbonneuses (affections). — Knolf.

Cheveux. — Amat.
Chien. — Capron, Mégnin.
Chimie biologique. — Quinquaud.
Chine (l'art médical en). — Meyners d'Estrey.
Chirurgicale (clinique). — Dubreuil.
Chirurgie. — Beauregard, Coutaret, Weiss.
Chirurgie oculaire. — Nicati.
Chirurgie orthopédique. — Saint-Germain.
Chlorate de potasse. — Grollemund.
Chlorhydrate de kairine. — Girat.
Chloroforme. — Dujardin-Beaumetz, Sauve, Schmitt.
Chlorose. — Mollière.
Chlorure de méthylène. — Regnaud.
Choléra. — Alibran, Chabassu, Fauvel, Mahé, Mougeot, Proust, Rozat, Vallin, Wakefield.
Choléra en Cochinchine. — Mayolle.
Choléra du Hedjaz. — Suret.
Chorée. — Foucherand.
Cidre (ses propriétés). — Denis-Dumont.
Cinchonidine (sulfate de). — Drouveleur.
Cirrhose. — Moroux.
Clavicule (fracture de la). — Serre.
Clinique médicale. — Raymond.
Clinique obstétricale. — Gerbaud.
Clinique thérapeutique. — Desplats.
Cloison nasale. — Lœsvenberg.
Cœur. — Beaumel, Cadet de Gassicourt, Chiniat, Coutenot, Figuet, L'Huillier, Ludger, Quénu, Sée, Toison.
Coloration (influence de la). — Charpentier.
Conduit auditif. — Baudrimont.
Conjonctivite. — Bordet, Camboulin, Collache.
Conseils d'hygiène. — Ladrey, Mignot, Mercier, Rabot, Trastour, Villard.
Constitution médicale. — Bernard.
Constriction des mâchoires. — Duchateau.
Contracture. — Brunet.
Contrexéville (guide médical de). — Debout d'Estrées.
Convallaria maïalis. — Filhoud Lavergne, Noguès.
Convalescence et rechutes. — Hutinel.
Cornaro (le secret de). — Hutinel.
Corps étrangers. — Guermonprez.
Corps humain. — Witkowsky.
Cou (tumeurs du). — Le Breton.
Coude. — Marangos.
Couperose. — Morin.
Courants électriques. — Gillet de Grandmont.
Coxalgie des enfants. — Cadet-Naudet.
Coxalgie tuberculeuse. — Simonneaux.
Crachats. — Sauvage.
Crâne (traumatisme du). — Maucotel.
Crâne (voûte du). — Vivien.
Crétinisme. — Verdan.
Cristallin. — Hocquart.

F

Falsifications. — Baudrimont.
Farcin (du). — Chénier.
Fémur (fractures du). — Faucon.
Femme (guide de la). — Clément.
Femmes enceintes. — Didsbury.
Femmes (maladies des). — Lutaud, Sinéty, Tripier.
Fer magnétique. — Iack.
Ferments digestifs. — Roberts.
Feuille de chou. — Blanc.
Fibromes du tronc. — Guerrier.
Fibro-plastiques (tumeurs). — Martin.
Fièvre bilieuse. — Corre.
Fièvres intermittentes. — Magniatis, Mathieu, Guérard, Serres.
Fièvre jaune. — Eschangon, Monard.
Fièvre typhoïde. — Albuquerque, Bazin, Biot, Bertillon, Boiteux, Bouveret, Chapuis, Desplats, Didion, Duboué, Duché, Durand, Duterque, Duval, Girard, Gral, Grellety, Labat, Lecuyer, Lemaigre, Matienzo, Meunier, Rézard de Wouves, Servoles, Siredey.
Filtres naturels. — Rollet.
Fissures à l'anus. — Deligny.
Fistules du canal de Sténon. — Pris.
Fistules ombilicales. — Nicolas.
Fistules vésico-vaginales. — Carret.
Fistule vestibulo-uréthrale. — Lormand.
Fœtus (situation des). — Budin.
Foie (maladies du). — Boucaud, Punac, Rousse.
Folie. — Mordret.
Folie (histoire de la). — Giraud.
Forceps. — Poullet.
Fosses nasales. — Delaux.
Fous. — Bordet.
Fractures. — Barbé, Baudrimont.

G

Gaines synoviales. — Bolognèsi.
Gangrène pulmonaire. — Liandier.
Gastro-entéralgie anémique. — Jeanne.
Gastro-entérite alcoolique. — Leudet.
Gaz. — Duchesne.
Gazomètres. — De Saint-Martin.
Gencives. — Didsbury.
Générateur Encausse. — Encausse.
Génération (histoire de la). — Richard.
Génésique (du sens). — Moreau.
Génito-urinaires (organes). — Moreau-Wolf.
Genou (luxation du). — Hénaff.
Géographie médicale. — Bordier, Colin.
Gestation. — Doré.
Glaucome chronique. — Hocquard, Trousseau.
Glossite exfoliatrice marginée. — Lemonnier.
Glucose (dosage du). — Lebaigue.
Glycosurie. — Bouchardat, Duhomme, Vacher.
Goître. — Daubresse, Garrigou.

Goître exophtalmique. — Greuell.
Goutte. — Cocheux, Dibot, Tartenson, Souligoux.
Goutte saturnine. — Goudot, Verdugo.
Goutteux. — Blanchet.
Graines mucilagineuses. — Langlebert.
Granulations. — Farges.
Granulie. — Casauban.
Gravelle. — Cocheux.
Gravidisme. — Faucon.
Grossesse. — François, Loviot.
Grossesse (traitement thermal). — **Caulet.**
Grossesse gémellaire. — Budin.
Guide de la femme. — Clément.
Gynécologie. — Sinéty.

H

Hallucinations. — Gaultier-de-Beauvallon, Sémerie.
Hammam-Rira (station thermo-minérale d'). — Renard.
Hanche. — Angot.
Hébra. — Fabre.
Hématocèles utérines intra-péritonéales. — Jousset.
Héméralopie. — Dor.
Hémianopsie. — Grasset.
Hémiplégie. — Regimbeau.
Hémorrhagies. — Charier, Duplaix, Guiard, Rivet.
Hémorrhagie cérébrale. — Regimbeau.
Hépatique (symptôme). — Cyr.
Hépatite suppurée. — Fiessinger.
Herculéine. — A. B. du C.
Hérédité. — Jagot.
Hérédité syphilitique. — Blaise.
Hernies. — Barnes, Duret, Michaux, Segond.
Hernies étranglées. — Barette, Nepveu, Ramonède.
Hernies inguinales. — Faucon.
Herpétisme. — Lancereaux.
Hoang-nan. — Barthélemy.
Homœopathie. — Claude.
Humérus (fractures de). — Gouéry.
Hydrophtalmie. — Sallier-Dupin.
Hydrothérapie. — Beni-Barde, Dumas, Gruelle.
Hygiène. — Balan, Barbarin, Becquerel, Bourgeois, Bourrier, Deshayes, Duchesne, Foissac, Proust, Vigouroux, Vincent.
Hygiène (Conseils d'). — Gonod, Lefèvre.
Hygiène de l'Annam et du Tonkin. — Collomb.
Hygiène infantile. — Fonssagrives.
Hygiène du mariage. — Debay.
Hygiène militaire. — Rossignol, Roux.
Hygiène pratique. — Lelièvre.
Hygiène publique. — Brunfaut, Guettier, Hermel.
Hygiène de la vue. — Grand, Motais.
Hygiène vétérinaire. — Magne.
Hygroma. — Boutin.
Hymen persistant. — Dumas.

Miction. — Boissard.
Moelle épinière. — Byrom-Bramwel.
Molluscum simplex. — Marfan.
Monstre sternopage. — Marchand.
Montauban (odeurs de). — Limayrac.
Mortalité de la fièvre typhoïde. — Glénard.
Mortalité nosocomiale. — *Leudet.*
Morphine. — Saissinel, Wolters.
Mort (signe de la). — Bouchut.
Morve (de la). — Chénier.
Muguet. — Desplats, Duguet, Lebrun.
Muqueuses. — Arragon.
Muscle biceps brachial. — Hervé.
Muscles des yeux. — Comte-Lagauterie.
Musculaire (exercice). — Bouchet.
Mycrozymas. — Béchamp.
Myomes utérins. — Doléris.
Myxœdème. — Henrot.

N

Naphtol. — Sombret.
Néoplasmes. — Leclerc.
Néphrite. — Blechmann, Germont.
Néphrite dothiénentérique. — Tapret.
Néphrite infectieuse. — Mouret.
Nerf radial. — *Martin.*
Nerfs vaso-moteurs. — Putnam.
Néris-les-bains. — Grandmaison, De Ranse.
Nervosisme. — Sancery.
Neurypnologie. — Braid.
Névropathie. — Sancery.
Névralgie. — Ruffiandis.
Névroses du larynx. — Gouguenheim.
Nouveau-nés. — Art de donner des soins aux nouveau-nés. — Décamps, Guelliot.

O

Obstétrique. — Aron, Budin.
Occlusion intestinale. — Chaudot, Vandamme.
Odeurs de Paris. — Brunfaut.
Odontalgie. — Galippe.
Œdème. — Charier.
Œil (dermoïde de l'). — Vassaux.
Œil (examen de l'). — Chauvel.
Œil (malaxation de l'). — Dianoux, Ertaud.
Œil (membranes de l'). — Coundouris.
Œil (muscles de l'). — Motais.
Œil normal. — Miss Ellaby.
Œsophage. — Frey, Lannegrace.
Œsophage (cancer de l'). — *Genty.*
Œufs (situation des). — Budin.
Omoplate (carie de l'). — Courtin.
Onanisme. — Fourrier, Pouillet.
Ongles. — Militchévith.
Ophtalmie. — Escalaïs, Maynadié.
Ophtalmologie. — Wecker.
Ophtalmoscopie. — *Masselon.*
Opium et Alcool — Quéré.

Oreille (maladies de l'). — Guerder, Guérin.
Oreillons (épidémie d'). — Guasco.
Organes génitaux. — Aubert, Félix, Kuhff.
Organes sexuels (de la femme). — Farges.
Organogénie. — Balfour.
Organographie plessimétrique. — Gros.
Orifice mitral. — Albespy.
Ostéite. — Robin, Roustan.
Ostéo-arthrites. — Iresco.
Ostéologie. — *Arloing.*
Ostéomyélite. — Thellier.
Ostéo-périostite. — Mouret.
Ostéotomie. — Campenon, Gandolphe.
Othorrées. — Jacob.
Otite suppurée. — Martin.
Ovaire. — Bacon, Barnes, Spencer-Wells.
Ovariotomie. — Duplouy, Millot-Carpentier, Saussol.
Oxalurie. — Esbach.
Oxyde de carbone. — Simon.

P

Pachyméningite. — Langlet.
Palustre. — Bard.
Pancréas. — Madre.
Pansement antiseptique. — Desmoulins.
Paracentèse. — Ferrand.
Paralysie. — Boyer, Damaschino, Simon.
Paralysies diphtériques. — Espanet.
Paralysie faciale. — Grégoire.
Parkinson (maladie de). — Lhirondel.
Parasites. — Dupré.
Parotidites. — Curé, Mirabel, Rabec.
Pathogénie. — Charrin.
Pathologie. — Berne, Moynac.
Pathologie (infantile). — Descroizilles.
Pathologie interne. — Jaccoud.
Pathologie médicale. — Laveran.
Pays chauds (pathologie des). — Maurel.
Pays chauds (de l'habitation dans les). — Dessoliers.
Peau (maladies de la). — Duhring.
Pemphigus. — Franceschi.
Periencéphalite. — Trilhe.
Périnée (restauration du). — Luizi.
Péricarde. — Ferrand, Quénu.
Péricardite hémorrhagique. — Mendiondo.
Péricardite tuberculeuse. — Mathieu.
Péricérébrite. — Brunet.
Périostite albumineuse. — Catuffe.
Périphérie de la rétine. — Charpentier.
Péritonite. — Huc.
Péritonite aiguë. — Debrand.
Péritonite puerpérale. — Mlle Wichinsky.
Péritonite tuberculeuse. — Delpeuch, Jarrige, Moroux.
Pérityphlite. — Dautel, Geoffroy.
Pernicieux (accidents). — *Bard.*
Péroné (fractures du). — Lompré.
Peroxyde d'hydrogène. — Landolt.
Pharmacie. — Berquier, Lefort.
Pharmacie (étudiant en). — Des Cilleuls.

Q

R

S

BIBLIOTHÈQUE NATIONALE

REVUE BIBLIOGRAPHIQUE
UNIVERSELLE
DES SCIENCES MÉDICALES

Publiée par fascicules mensuels grand in-8°

Par le Dr Cte MEYNERS D'ESTREY

RÉDACTEUR EN CHEF : **Le Dr Eug. MARTEL**

Avec la collaboration de Médecins français et étrangers

Cette revue forme tous les ans un beau volume de 500 à 600 pages. Chaque livraison mensuelle contient un article sur un ou plusieurs sujets importants du jour, des comptes-rendus, résumés analytiques, traductions et analectes, un aperçu de la Librairie et de la Presse médicales, indiquant les travaux en langues française, allemande, anglaise, espagnole, italienne, danoise, norwégienne, suédoise, russe, hollandaise, etc., avec classement méthodique des matières, un ou plusieurs mémoires, des variétés, des notes de thérapeutique et de pharmacologie, un formulaire, des informations, des communications et de la correspondance. L'abonnement est de **15 fr.** par an pour tous pays, **12 fr.** pour MM. les Étudiants.

INDEX BIBLIOGRAPHIQUE
DE LA
PRESSE & DE LA LIBRAIRIE MÉDICALES

Supplément de la Revue Bibliographique universelle des Sciences Médicales

Un gros volume annuel du même format in-8°. Cet index forme un répertoire général par ordre alphabétique des matières, des travaux de chaque année à partir de 1883 et une liste complète des ouvrages parus en France, classés alphabétiquement par noms d'auteurs et par matières. L'abonnement à l'**Index Bibliographique** est de **20 fr.** par an pour tous pays, **16 fr.** pour MM. les Étudiants. L'abonnement à la **Revue** et à l'**Index** ensemble est de **30 fr.**, **24 fr.** pour MM. les Étudiants.

ADMINISTRATION ET RÉDACTION
PARIS, 6, place Saint-Michel, 6

Les Abonnements sont pris pour un an à partir du 1er de chaque mois.

ÉTUDES

SUR LA

PHYSIOLOGIE DE LA PHONATION

PAR

M. le Docteur Eug. MARTEL

Rédacteur en chef de la *Revue Bibliographique universelle
des Sciences Médicales.*

PRIX : 1 fr. 25

PARIS

REVUE BIBLIOGRAPHIQUE UNIVERSELLE DES SCIENCES MÉDICALES

6, PLACE SAINT-MICHEL, 6

Et chez les principaux Libraires en France et à l'Étranger

—

1885

OCTAVE DOIN, Éditeur, 8, place de l'Odéon, PARIS

TRAITÉ

DE

PATHOLOGIE EXTERNE

A. POULET

Médecin-major
Professeur agrégé au Val-de-Grâce
Lauréat de l'Académie de médecine
Membre correspondant de la Société de chirurgie.

H. BOUSQUET

Médecin-major
Professeur agrégé au Val-de-Grâce
Lauréat de la Société de chirurgie.

3 volumes grand in-8 de 1000 pages avec 700 figures dans le texte.

Prix de l'ouvrage complet : 48 francs.

Depuis nombre d'années, étudiants et praticiens expriment le regret de ne pas trouver dans la littérature médicale un Traité de pathologie externe complet. Nos meilleurs traités ne sont pas achevés ; quelques-uns, commencés il y a plus de vingt ans, n'offrent aucune homogénéité, et bien des parties vieillies ne répondent plus aux idées actuelles ; en outre, beaucoup de personnes hésitent à acheter une publication chère et incomplète.

Les mêmes remarques s'appliquent également aux manuels les plus en vogue ; créés spécialement pour l'étudiant, ils ne sauraient remplacer le Traité de pathologie externe dans la bibliothèque du praticien.

Nous présentons aujourd'hui aux premiers comme aux seconds un ouvrage *complet* tenant le milieu entre les grands traités et les manuels et absolument au courant de tous les progrès de la chirurgie contemporaine française et étrangère. Cet énorme labeur n'aura pas demandé aux auteurs moins de *cinq années* d'un travail incessant, aussi ne doutons-nous pas que leur œuvre ne soit vivement appréciée du public médical.

Le premier volume comprend la pathologie générale chirurgicale et les maladies des tissus ; le second est consacré à la pathologie des régions (tête, cou et poitrine) ; enfin le troisième est réservé aux affections chirurgicales de l'abdomen, des organes génito-urinaires et des membres.

Les tomes I et II sont en vente
Le tome III et dernier, *sous presse,* **paraîtra en une seule fois et sera remis aux souscripteurs le 15 juin 1885 au plus tard.**

NOUVEAU DICTIONNAIRE ABRÉGÉ

DE MÉDECINE

DE CHIRURGIE, DE PHARMACIE

ET DES SCIENCES PHYSIQUES, CHIMIQUES ET NATURELLES

Par Ch. ROBIN

Membre de l'Institut et de l'Académie de médecine
Professeur à la Faculté de médecine de Paris.

PREMIÈRE PARTIE : A — MÉTALDÉHYDE

1 vol. gr. in-8 jésus de 480 pages, imprimé à 2 col. — Prix de l'ouvrage complet : **16 fr.**

La 2ᵐᵉ partie qui complétera l'ouvrage et dont le manuscrit est entièrement terminé sera remise aux souscripteurs avant le 1ᵉʳ juillet 1885 au plus tard.

OCTAVE DOIN, Éditeur, 8, place de l'Odéon, PARIS

BIBLIOTHÈQUE DE L'ÉLÈVE ET DU PRATICIEN

Collection publiée dans le format in-18 jésus, cartonnage diamant, tranches rouges.

Ouvrages parus dans cette collection :

HISTOIRE DE LA MÉDECINE D'HIPPOCRATE A BROUSSAIS ET SES SUCCESSEURS, par le Dr J.-M. GUARDIA. 1 volume de 600 pages. Prix : **7** fr.

MANUEL PRATIQUE DE MÉDECINE MENTALE par le Dr E. RÉGIS, ancien chef de clinique de la Faculté de médecine de Paris à Sainte-Anne, précédé d'une préface de M. B. BALL, professeur de clinique des maladies mentales à la Faculté de médecine de Paris. 1 volume de 600 pages avec planches. Prix : **7** fr. **50**.

MANUEL PRATIQUE DE LARYNGOSCOPIE ET DE LARYNGOLOGIE par le docteur G. POYET, ancien interne des hôpitaux de Paris. 1 volume de 400 pages avec figures dans le texte et 24 dessins chromolithographiques hors texte. Prix : **7** fr. **50**.

MANUEL PRATIQUE DES MALADIES DE L'OREILLE par le Dr GUERDER, 1 volume de 320 pages. Prix : **5** fr.

MANUEL D'OPHTALMOSCOPIE par le Dr A. LANDOLT, directeur du laboratoire d'ophtalmologie à la Sorbonne. 1 volume avec figures dans le texte. Prix : **3** fr. **50**.

HIGIÈNE DE LA VUE par le D. G. SOUS (de Bordeaux). 1 volume de 350 pages avec 67 figures. Prix : **6** fr.

MANUEL D'ACCOUCHEMENT ET DE PATHOLOGIE PUERPÉRALE par M. A. CORRE. 1 v. de 600 p. avec 80 fig. et 4 pl. chromolithographiées hors texte. Prix : **6** fr.

TRAITÉ PRATIQUE DES MALADIES DES ORGANES SEXUELS par le Dr LANGLEBERT. 1 volume de 550 pages avec figures. Prix : **7** fr.

MANUEL CLINIQUE DE L'ANALYSE DES URINES par P. YVON, pharmacien de 1re classe, ancien interne des hôpitaux de Paris, 2e édition, revue et augmentée. 1 vol. de 320 p. avec 37 figures dans le texte et 4 planches hors texte. Prix : **6** fr.

MANUEL PRATIQUE DES MALADIES DE LA PEAU par le Dr BERLIOZ, professeur à l'Ecole de médecine de Grenoble. 1 volume de 500 pages. Prix : **6** fr.

TRAITÉ PRATIQUE DE MASSAGE ET DE GYMNASTIQUE MÉDICALE par le Dr J. SCHREIBER, ancien professeur libre à l'université de Vienne, membre des Sociétés d'hygiène et d'hydrologie de Paris. 1 v. de 350 p. avec 117 fig. dans le texte. Prix : **7** fr.

MANUEL PRATIQUE DE MÉDECINE THERMALE par le Dr H. CANDELLÉ, ancien interne des hôpitaux de Paris, membre la Société d'hydrologie médicale. 1 vol. de 450 pages. Prix : **6** fr.

GUIDE THÉRAPEUTIQUE AUX EAUX MINÉRALES ET AUX BAINS DE MER par le Dr CAMPARDON, avec une préface de M. Dujardin-Beaumetz. 1 volume de 300 pages. Prix : **5** fr.

MANUEL PRATIQUE DES MALADIES DE L'ENFANCE suivi d'un formulaire complet de thérapeutique infantile, par le Dr E. ELLIS, médecin en chef de l'hôpital Victoria, traduit sur la 4e édition anglaise et annoté par le Dr L. WAQUET et précédé d'une préface de M. CADET DE GASSICOURT, médecin de l'hôpital Sainte-Eugénie. 1 volume de 590 pages. Prix : **6** fr.

DES VERS CHEZ LES ENFANTS ET DES MALADIES VERMINEUSES par le Dr Elie GOUBERT. Ouvrage couronné (médaille d'or) par la Société protectrice de l'enfance. 1 volume de 180 pages avec 60 figures dans le texte. Prix : **4** fr.

NOUVEAUX ÉLÉMENTS D'HISTOLOGIE par R. KLEIN, professeur adjoint d'anatomie et de physiologie à l'Ecole médicale de Saint-Bartholomew's hospital de Londres, traduit de l'anglais et augmenté de nombreuses notes. par le Dr G. VARIOT, chef de clinique des Enfants assistés et préparateur des travaux d'histologie de la Faculté de médecine de Paris, et précédé d'une préface du professeur CH. ROBIN. 1 vol. de 540 pages avec 183 figures dans le texte. Prix : **8** fr.

MANUEL DE DISSECTION DES RÉGIONS ET DES NERFS par le Dr Charles AUFFRET, professeur d'anatomie et de physiologie à l'école de médecine navale de Brest. 1 volume de 471 pages, avec 60 figures originales dans le texte exécutées pour la plupart d'après les préparations de l'auteur. Prix : **7** fr.

MANUEL PRATIQUE DE MÉDECINE MILITAIRE par le Dr AUDET, médecin-major à l'école spéciale militaire de St-Cyr. 1 v. de 300 p. avec pl. hors texte. Prix : **5** fr.

GUIDE DU MÉDECIN ET DU PHARMACIEN DE RÉSERVE DE L'ARMÉE TERRITORIALE ET DU MÉDECIN AUXILIAIRE, par A. PETIT, médecin aide-major de 1re Classe, attaché à la direction du service de santé du 16e corps d'armée. 1 vol de 250 p. avec fig. et planche de couleur. Prix : **5** fr.

St LEGER

ÉTABLISSEMENT THERMAL DE PREMIER ORDRE

15 Mai au 15 Octobre. — 5 h. de Paris, 9 h. de Lyon.

EAUX MINÉRALES NATURELLES GAZEUSES

HORS CONCOURS — EXPOSITION UNIV. 1878

Alcalines : *Bicarbonatées calciques.* — *Magnésie.*
Ferrugineuses : *Reconstituantes.* — *Apéritives.*

Les Eaux de **POUGUES SAINT-LÉGER**, les plus anciennement employées de France, sont très gazeuses, légèrement ferrugineuses ; la grande quantité de gaz acide carbonique qu'elles contiennent leur donne un goût agréable et les fait ranger parmi les Eaux acidules gazeuses. Elles agissent spécialement sur le canal gastro-intestinal, qu'elles stimulent légèrement, tout en neutralisant l'accès d'acide que peut sécréter la muqueuse, et sur les organes génito-urinaires, dont elles réveillent les fonctions. Ces Eaux *très riches*, contiennent près de 5 grammes de sels par litre ; les plus abondantes sont les *carbonates de chaux et de magnésie*, ce qui les différencie complètement d'autres sources alcalines de France qui renferment spécialement des sels débilitants de soude et de potasse.

On comprend de quel avantage doit être leur emploi dans les maladies de ces deux appareils : la *gastrite chronique*, la *gastrorrhée*, les *tiraillements* et *faiblesses* d'estomac, les *aigreurs*, le pyrosis, les **vomissements**, etc., etc., les *engorgements* du **foie** et de la **rate**, la **gravelle**, les *coliques* néphrétiques, les *catarrhes de la* **vessie**, l'*asthénie génitale*, l'*engorgement de la* **matrice**, les *flueurs blanches*, l'*aménorrhée*, le *diabète*, l'*albuminerie*.

L'action excitante de ces Eaux les rend très efficaces dans les **scrofules**, les *affections lymphatiques de l'enfance*, les *convalescences* des fièvres, les **fièvres** intermittentes *prolongées*, la **chlorose**. — Dans tous les cas, elles régularisent les *fonctions digestives*, augmentent l'*appétit* et facilitent la *réparation*.

C'est le remède le plus puissant et le plus agréable contre

L'INAPPÉTENCE, les DYSPEPSIES et les GASTRALGIES

CASINO — SALONS DE JEUX — BALS — CONCERTS — THÉATRES

Pour Renseignements, Notices, Brochures, Locations dans les Hôtels ou Villas, s'adresser : **Paris, 15, Chaussée-d'Antin,**

AU SIÈGE SOCIAL DE LA COMPAGNIE DES EAUX DE POUGUES

Des caisses sont mises à titre gracieux à la disposition de MM. les Docteurs pour leurs expériences cliniques par l'Administration, 15, Chaussée-d'Antin, Paris.

ROYAT

(PUY-DE-DÔME)

Approbation de l'Académie de Médecine. — Décret d'intérêt public.

SOURCE SAINT-MART
Chloro-Lithinée

DITE **FONTAINE** DES **GOUTTEUX**

Est arsenicale et lithinée (35 milligrammes de chlorure de lithium par litre); s'emploie avec succès contre la goutte et le rhumatisme.

SOURCE SAINT-VICTOR
Ferro-Arsenicale

ANÉMIE — VOIES RESPIRATOIRES
CHLOROSE — AFFECTION de la PEAU

Son emploi est indiqué spécialement contre les Maladies causées par **l'appauvrissement du sang.**

SOURCE CÉSAR

excite la muqueuse de l'estomac; développe l'appétit et facilite la digestion.

Pour Commandes, Notices & Prospectus, s'adresser à

l'Administration, 5, rue Drouot, PARIS

ACADÉMIE DE MÉDECINE

GUBLER CHATEL-GUYON

(Puy-de-Dôme)

Seule Source exportée par l'Établissement thermal.

ESTOMAC, FOIE, INTESTINS

Les affections chroniques les plus graves de l'estomac, de l'intestin, du foie et de la vessie, notamment la **Dyspepsie** et la **Constipation**, sont toujours guéries par l'usage en boisson de l'eau chlorurée magnésienne de la Source **GUBLER CHATEL-GUYON.** — Cette eau minérale naturelle possède une action *stimulante du tube digestif*; elle est diurétique, et, caractère spécial, elle est à la fois *tonique* et *laxative*. Essentiellement décongestionnante, et très recommandée aux personnes menacées d'apoplexie.

EN VENTE PARTOUT

Exiger sur les étiquettes des bouteilles le nom de Source GUBLER

Adresser les Commandes à

l'Administration, 5, rue Drouot, PARIS

DIPLOME D'HONNEUR 1884

ÉTABLISSEMENT FONDÉ EN 1849, A TERRE-NEUVE

HUILE DE FOIE DE MORUE

de HOGG, Ph^{en}

2, rue de Castiglione, à PARIS

EXTRAITE DES FOIES DE MORUES FRAICHEMENT PÊCHÉES
Sans odeur ni saveur des huiles du commerce

SON EFFICACITÉ EST CERTAINE CONTRE :

**Maladies de poitrine, Bronchites,
Tumeurs glandulaires, Affections scrofuleuses,
Dartres, Affaiblissement, etc.**
et pour fortifier les enfants chétifs et délicats

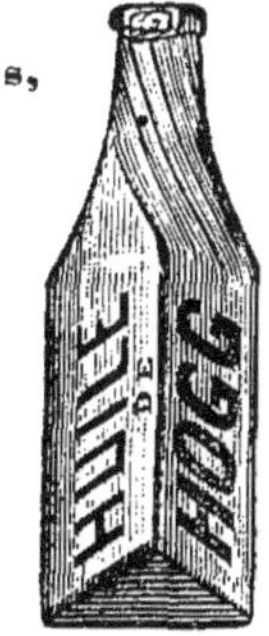

L'HUILE DE FOIE DE MORUE DE HOGG

ne se vend qu'en Flacons et 1/2 Flacons triangulaires
dont modèle ci-contre.

AVIS. — *Exiger sur l'Étiquette le Timbre de l'État Français.*

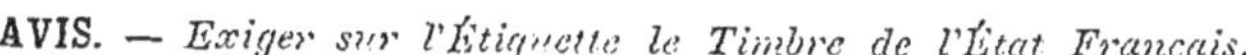

PILULES DE PEPSINE
DE HOGG

CES PILULES SONT DE TROIS SORTES DIFFÉRENTES :

1° **PILULES de HOGG, à la Pepsine acidifiée ;**
Contenant 10 centigrammes de Pepsine.

2° **PILULES de HOGG, à la Pepsine et au Fer réduit par
l'Hydrogène ;**
Contenant 5 centigrammes de Pepsine et 5 centigrammes de Fer réduit.

3° **PILULES de HOGG, à la Pepsine et à l'Iodure de Fer ;**
Contenant 5 centigrammes de Pepsine et 5 centigrammes d'Iodure.

Ces PILULES se vendent à la Ph^{ie} HOGG, 2, rue Castiglione, PARIS
DÉPÔT DANS LES PRINCIPALES PHARMACIES DE FRANCE ET DE L'ÉTRANGER
Envoi par la Poste pour 1 ou 2 Flacons.

BAR-LE-DUC — TYP. L. PHILIPONA ET C° — 1158

www.ingramcontent.com/pod-product-compliance
Lightning Source LLC
LaVergne TN
LVHW010859060726
842526LV00002B/519